中国科学院第十二次院士大会和中国工程院第七次院士大会，于2004年6月2-6日在北京隆重召开

胡锦涛总书记等党和国家领导人亲切接见两院院士

温家宝总理听取我院油气资源项目汇报

温家宝总理接见参加我院十周年院庆活动的国际工程科技界来宾

温家宝总理出席“朱光亚院士科技思想座谈会”

在院庆十周年大会上，徐匡迪院长作“为了祖国的繁荣，为了社会的发展”的主旨演讲

在院学术报告会上，瑞典皇家工程院院长LENA TORELL教授作“经济增长的革新策略”学术报告

在院学术报告会上，郑健超院士作“中国可持续能源供应的挑战和技术机遇”学术报告

师昌绪院士荣获第五届光华工程科技奖成就奖

21 位工程科技专家获光华奖

各学部举行学术报告会

工程院举办院庆十周年展览，图为罗沛霖院士在观看展览

院领导与参加院庆十周年活动的机关全体工作人员合影

国家重大战略研究项目咨询会议

工程科技论坛

技术创新院士行活动

专门委员会会议

院地合作

在第六届上海工业博览会上我院举办“中国重大工程成就展”

专题学术会议

专题学术会议

我院参与举办第七届“西部论坛”

东北水资源项目组赴内蒙古调研

院士专家考察东软集团的发展情况

院士专家考察哈尔滨动力设备公司

院士专家考察秦山三期核电站

院士专家考察宏福公司磷肥生产车间

徐匡迪院长在2004年世界工程师大会上作主题报告

第8届中日韩工程院圆桌会议在苏州召开

我院与 4 个国家的工程院签定了双边合作协议

徐匡迪院长率团出席在挪威举行的CAETS年会，并进行专业考察

我院代表团访问俄罗斯科学院

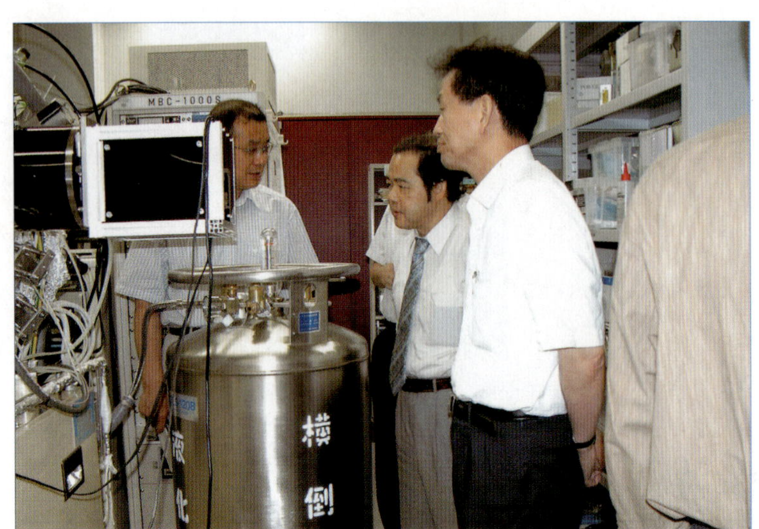

院士专家赴日本考察东京大学应用物理系

院士专家赴韩国考察汉城大学农业与生命科学院

中国工程院年鉴

2004

高等教育出版社

图书在版编目(CIP)数据

中国工程院年鉴. 2004 / 中国工程院办公厅编. —北京: 高等教育出版社, 2005.9
ISBN 7-04-018178-9

Ⅰ. 中...　Ⅱ. 中...　Ⅲ. 中国工程院-2004-年鉴
Ⅳ. N242-54

中国版本图书馆 CIP 数据核字(2005)第 105260 号

策划编辑　刘　英　　**责任编辑**　刘　英
封面设计　李卫青　　**责任印制**　宋克学

出版发行　高等教育出版社
社　　址　北京市西城区德外大街 4 号
邮政编码　100011
总　　机　010-58581000
购书热线　010-58581118
免费咨询　800-810-0598
网　　址　http://www.hep.edu.cn
　　　　　　http://www.hep.com.cn
网上订购　http://www.landraco.com
　　　　　　http://www.landraco.com.cn
经　　销　北京蓝色畅想图书发行有限公司
印　　刷　北京中科印刷有限公司

开　　本　889×1194　1/16
印　　张　33.5
字　　数　830 000
插　　页　6
版　　次　2005 年 9 月第 1 版
印　　次　2005 年 9 月第 1 次印刷
定　　价　120.00 元(含光盘)

物料号　18178-00

编辑说明

《中国工程院年鉴》是记载中国工程院历史的文献资料。该书较为全面、系统地反映工程院当年开展的工作、取得的业绩和各方面情况进展，是一部综合性资料书。

本书为2004年卷，根据2004年的工作内容，全书分17部分，共85万字。主要内容为：1. 重要讲话；2. 重要文件；3. 院士大会暨院庆十周年；4. 会议纪要；5. 咨询报告；6. 院士建议；7. 技术创新院士行；8. 学术活动；9. 院地合作；10. 国际交流；11. 规章制度；12. 任免事项；13. 其他院发文；14. 出版物介绍；15. 光华工程科技奖；16. 院机关工作；17. 附录。收编的内容和统计数字以2004年1月1日始至12月31日止。

在编辑过程中承蒙院领导及机关各部门同志的大力支持，提供了珍贵的原始资料，在此一并致谢。限于水平，编改中之不足处，恳请读者不吝指正。

编　者

2005年6月

《中国工程院年鉴》编辑委员会

目　录

一、重要讲话

二、重要文件

三、院士大会暨院庆十周年

四、会议纪要

五、咨询报告

六、院士建议

七、技术创新院士行

八、学术活动

【工程科技论坛】

九、院地合作

十、国际交流

【合作协议】

十一、规章制度

十二、任免事项

十三、其他院发文

十四、出版物介绍

十五、光华工程科技奖

十六、院机关工作

十七、附　录

重 要 讲 话

在中国科学院第十二次院士大会和中国工程院第七次院士大会上的讲话

胡锦涛

2004 年 6 月 2 日

各位院士，同志们：

今天，来参加中国科学院第十二次院士大会和中国工程院第七次院士大会，我感到十分高兴。首先，我代表党中央、国务院，向大会的召开表示热烈的祝贺！

中国科学院学部和中国工程院是国家科学技术和工程方面的最高咨询机构，是国家的科学技术思想库。长期以来，以两院院士为代表的我国广大科技人员发扬爱国奉献、顽强拼搏、团结合作、开拓创新的精神，创造了举世瞩目的科技成就，为党和人民作出了杰出贡献。在这里，我代表党中央、国务院，向各位院士和全国各条战线的广大科技人员致以崇高的敬意！

下面，我就推进我国科技进步和创新谈几点意见。

一、深刻认识我国科技工作面临的机遇和挑战

进入新世纪以来，国际形势继续发生深刻而复杂的变化，世界多极化和经济全球化的趋势在曲折中发展，我们既面临着必须紧紧抓住的发展机遇，也面临着必须认真应对的严峻挑战。这种机遇和挑战并存的情况，不仅表现在经济、政治、文化等领域，也突出地表现在科学技术领域。

当今世界，科技进步日新月异。特别是上个世纪 80 年代以后，世界科学技术发生了新的重大突破，以信息科学、生命科学为标志的现代科学技术突飞猛进，不仅给世界生产力的发展带来了巨大推动，而且也给人类的生产方式和生活方式造成了深刻影响。世界科学技术酝酿着新的突破，一场新的科技革命和产业革命正在孕育之中。专家们预计，在未来 30 年到 50 年内，世界科学技术将会继续出现重大创新，很有可能在信息科学、生命科学、物质科学、脑与认知科学、地球与环境科学、数学与系统科学以及自然科学与社会科学的交叉领域中形成新的科学前沿，出现新的科学飞跃，为人类社会发展打开新的广阔前景。未来科学技术引发的重大创新，将会推动世界范围内生产力、生产方式以及人们生活方式进一步发生深刻变革，也将会进一步引起全球经济格局的深刻变化和利益格局的重大调整。这个发展趋势，必然对世界经济、科技发展和国际综合国力竞争带来重大影响。在这样的大背景下，如果看清世界科技进步的大势，能够制定出正确的科技发展战略，奋力跟

上科技发展的时代潮流，就可以在未来的发展中进一步把握住机遇、赢得主动。反之，如果没有看清世界科技进步的大势，不能制定出正确的科技发展战略，在全球激烈的科技竞争中落伍了，那就会失去机遇、陷于被动。机遇和挑战并存，关键看我们能不能把握住机遇、加快发展，开创事业发展的新局面。

科学技术作为第一生产力，对一个国家、一个民族现在和未来的发展具有决定性意义。综观当今世界，尽管各国在历史文化、发展水平、社会制度等方面存在着这样那样的差异，但普遍关注和重视科技进步。特别是各大国都高度关注科学技术的发展趋势，纷纷加强科学展望和技术预见，认真思考和积极实施新的科技发展战略和科技政策，希望通过科技进步来推动本国的经济发展和社会进步。

我们党和政府一向高度重视科学技术的发展。新中国成立后不久，毛泽东同志就深刻地指出，不搞科学技术，生产力无法提高。上个世纪80年代，邓小平同志提出了科学技术是第一生产力的著名论断，强调科学技术要走在前面，中国要在世界高科技领域占有一席之地。江泽民同志也反复强调，要坚持把科学技术放在优先发展的战略地位，充分发挥科学技术对发展我国先进生产力和先进文化、对维护和发展我国最广大人民根本利益的重要作用。党的十一届三中全会以来，我国的科技事业在改革开放中焕发出新的活力，取得了长足的发展，对推进现代化建设、实现人民生活总体上由温饱到小康的历史性跨越作出了重大贡献。在新世纪新阶段，为了更好地推进我国社会主义物质文明、政治文明和精神文明的协调发展，为了全面建设小康社会、不断开创中国特色社会主义事业的新局面，我们必须大力推进科技进步和创新，进一步发挥科学技术对经济社会全面发展的关键性作用。新的形势和任务对我国科技界提出了更高的要求。广大科技人员要肩负起光荣而艰巨的历史使命，为进一步推进我国科技事业的发展，为全面建设小康社会、加快推进社会主义现代化贡献智慧和力量。

二、坚持以科学发展观指导科技工作

坚持以人为本，全面、协调、可持续的发展观，是我们以邓小平理论和“三个代表”重要思想为指导，从新世纪新阶段党和国家事业发展全局出发提出的重大战略思想，揭示了经济社会发展的客观规律，反映了我们党对发展问题的新认识。

我们提出树立和落实科学发展观，就是要以实现人的全面发展为目标，让发展的成果惠及全体人民；就是要以经济建设为中心，实现经济发展和社会全面进步；就是要统筹城乡发展、统筹区域发展、统筹经济社会发展、统筹人与自然和谐发展、统筹国内发展和对外开放，推进生产力和生产关系、经济基础和上层建筑相协调；就是要促进人与自然的和谐，走生产发展、生活富裕、生态良好的文明发展道路。树立和落实科学发展观，要依靠全党全国人民思想认识的普遍提高，依靠正确的方针政策和工作措施，依靠科学有效的制度和机制，也要依靠科技进步和创新。促进人的全面发展也好，促进经济发展和社会全面进步也好，优化经济结构也好，做到“五个统筹”也好，实现经济发展和人口、资源、环境相协调也好，都离不开科技进步和创新。因此，我们必须坚定不移地实施科教兴国战略，把经济发展真正转到依靠科技进步和提高劳动者素质的轨道上来，坚定不移地依靠科技进步和创新来实现全面、协调、可持续发展。

当前，我国发展势头很好，但也存在一些亟待解决的重大问题。比如，农业和农村经济的科技水平还比较低，提高农业综合生产能力还缺乏有力的技术支撑；高新技术产业在整个经济增长中所占的比例还不高，传统产业优化升级的任务十分繁重；产业技术的一些关键领域存在较大的对外技术依赖，不少高技术含量和高附加值产品主要靠进口；人口、资源、环境对经济发展的压力越来越大，特别是资源的制约作用日益明显；生态环境总体恶化的趋势尚未根本扭转，环境治理的任务依然相当艰巨；大江大河防洪体系尚不完善，农村基础设施比较薄弱；消耗高、资源浪费、污染环境等粗放经营方式仍比较严重，如此等等。这些问题，既是我国现代化建设进程中需要不懈努力解决的长期问题，也是当前必须下大气力解决的紧迫问题。如果这些问题不能得到有效解决，最终势必影响经济社会发展的全局。我们必须清醒地看到，我国人口多、资源人均占有量少的国情不会改变，不可再生性资源储量和可用量不断减少的趋势难以改变。从长远看，经济发展和人口、资源、环境的矛盾会越来越突出，可持续发展的压力会越来越大。我们必须按照科学发展观的要求，立足当前，着眼长远，坚持用改革和发展的办法，坚持依靠科技进步和创新，抓紧解决这些问题。

我国科技界和广大科技人员要在解决经济社会发展中急需解决的科技问题上发挥重大作用，更要在树立和落实科学发展观中起到先锋作用。为此，要切实做好以下三项工作。

第一，要从科学的角度不断充实和丰富科学发展观。落实科学发展观，是一项系统工程，不仅涉及经济社会发展的方方面面，而且涉及经济活动、社会活动和自然界的复杂关系，涉及人与经济社会环境、自然环境的相互作用。这就需要我们采用系统科学的方法来分析、解决问题，从多因素、多层次、多方面入手研究经济社会发展和社会形态、自然形态的大系统。我们不仅要从科学理论上进一步明确科学发展观的内涵，而且要从科学的基础研究和应用研究、各学科研究和跨学科研究等方面来确定在经济社会发展的各个领域落实科学发展观的具体要求。要把自然科学、人文科学、社会科学等方方面面的知识、方法、手段协调和集成起来，不断认识和把握社会发展的客观规律，对科学发展观进行周密的科学解释，为科学发展观提供坚实的科学理论基础。

第二，要为全面、协调、可持续发展提供强有力的科技支撑。党的十六大提出，要坚持以信息化带动工业化，以工业化促进信息化，走出一条科技含量高、经济效益好、资源消耗低、环境污染少、人力资源优势得到充分发挥的新型工业化路子。不断探索和走出一条既适应现代经济、科技发展要求、又适合我国国情的新型工业化道路，对我国实现全面、协调、可持续发展具有重大意义。走新型工业化道路，必须发挥科学技术的重要作用，注重依靠科技进步和提高劳动者素质来改善经济增长的质量和效益。为探索和走出新型工业化道路，提高经济增长的质量和效益，实现全面、协调、可持续发展提供科技支撑，是我国科技界和广大科技人员的一项重要任务，也是贯彻科学技术工作面向经济建设、经济建设依靠科学技术的战略方针的必然要求。要大力发展高新技术和先进适用技术，促进经济结构的调整，推动高新技术产业发展和传统产业改造，促进产业结构优化升级，增强企业的开发创新能力、核心竞争力和国际竞争力，加快经济增长方式由粗放型向集约型转变。要大力加强能源领域的科技进步和创新，提高我国资源特别是能源和水资源的使用效率，减少资源浪费，寻找和开发替代资源，发展可再生资源，为建立节约型社会提供技术保证。要大力加强生态、环境领域的科技进步和创新，降低污染物的排放，加强对废弃物的再次利用，加快治理环境污染和促进生态修复，保护生物多样性，遏制生态退化现象，发展循环经济。

第三，要在全社会广泛宣传科学发展观。在全社会大力宣传和普及科学发展观，使科学发展观深入人心，是树立和落实科学发展观的基础性工作。只有全体人民和社会方方面面都了解科学发展观、掌握科学发展观、实践科学发展观，科学发展观才能成为全社会的自觉行动，才能真正贯彻到经济社会发展和社会生活的各个领域、各个环节。科技创新和科学普及，是科技工作的两个重要方面。广大科技人员特别是两院院士要承担起向全社会传播科学知识、科学方法、科学思想、科学精神的重任。要把宣传和普及科学发展观作为科学普及工作的重要内容，在全社会大力普及以人为本，全面、协调、可持续发展的观念和知识，使广大干部群众牢固树立正确的生产观和生活观，树立节约资源的意识、保护环境的意识、保护生物多样性的意识。要通过普及科学发展观和其他科技知识的持久活动，使广大人民群众更多地了解科技知识和科技创新，更好地接受科学知识和科学技术的武装，在全社会进一步形成讲科学、爱科学、学科学、用科学的浓厚氛围和良好风尚。

三、加快推进我国科学技术事业的发展

科学技术是经济社会发展的一个重要基础资源，是引领未来发展的主导力量。实现现代化，关键是科学技术现代化。新中国成立以来特别是改革开放以来，我国科技事业蓬勃发展，初步建立了学科齐全的科学技术体系，产生了一大批重大创新成果，为经济发展、社会进步和国家安全作出了重大贡献。但是，我们也必须看到，与现代化建设的需要相比，与世界先进水平相比，我国科技发展的水平还相对落后，有利于科技进步和创新的充满活力的体制机制还没有完全形成，有利于科技成果更快更好地向现实生产力转化的有效机制还没有真正建立起来。这些问题，必须抓紧解决。为了推进我国科技事业的发展，使科学技术在全面建设小康社会、加快推进社会主义现代化的进程中更好地发挥作用，尤其要抓紧做好以下三项工作。

第一，深化科技体制改革，促进科技资源的合理配置。深化科技体制改革，是推进科技进步和创新、加速科技成果向现实生产力转化、加强科技同经济社会发展结合的根本途径。要自觉适应我国经济社会发展和科技事业发展的要求，进一步推进科技体制改革。一是要深化宏观管理体制改革。要加强政策规划引导，改进宏观调控手段，进一步完善适应社会主义市场经济发展要求的政府管理科技事业的体制机制。要以制定国家中长期科技发展规划为契机，完善国家科技计划体系，将重点集中到事关现代化全局的战略高技术，事关实现全面、协调、可持续发展的重大公益性科技创新和重要基础研究领域。要依据政府引导市场、市场引导企业的原则完善科技开发性计划，减少重复计划、重复投资、重复建设。要充分发挥市场配置资源的基础性作用，通过市场引导，调整科技创新目标，促进科技创新要素和其他社会生产要素的有机结合，形成科技不断促进经济社会发展、社会不断增加科技投入的良好机制。二是要深化科技体制改革。要适应国家发展需要和世界科技发展趋势，改革科技管理体制，加快国家创新体系建设，提高科技创新能力，进一步密切科技和经济社会发展的结合。对于国家支持的从事基础研究、战略高技术、重要公益性研究领域创新活动的研究机构，要按照职责明确、评价科学、开放有序、管理规范的原则，加快建立现代科研院所制度。对于面向市场的应用技术研究开发机构，要坚持向企业化转制，加快建立现代企业制度。要积极推动高等教育和科技创新紧密结合，加快建立军民结合、寓军于民的创新机制。三是要完善科技资源配置方式。要建立健全绩效优先、鼓励创新、竞争向上、协同发展、创新增值的资源分配机制和评价机制，优化科技资源配置，使资源真正向创新能力强、创新效率高的科技队伍、创新团队和科研机构倾斜，从根本上改变长期形成的分散重复、忽视绩效的资源配置方式，彻底改变一些地方和部门中存在的科技资源平均分配、科技产出自我循环的现象。要支持企业大力开展技术创新活动，真正成为技术创新和科技成果产业化的主体。各级党委和政府要加强对科技事业的支持，把科技投入作为公共战略性投资，加大投入的力度，同时要重视科学技术在制定发展规划和促进经济社会发展中的重要作用，努力做到依靠科学决策、依靠科学统筹。

第二，要选择重点领域实现跨越式发展，带动科学技术的整体发展。当代科技革命的一个显著特点，是科技创新出现群体性突破态势，表现为新的技术群和新的产业群的蓬勃发展。尤其是科技创新、转化和技术更新速度不断加快，自主创新能力已经成为国家核心竞争力的决定性因素。我国要在激烈的国际科技竞争中赢得主动，就必须把促进科技进步和创新作为推动整个科技事业发展的关键环节，通过重点领域的突破，带动国家整个科技竞争力的显著跃升。要大力加强基础研究和高技术研究，推进关键技术创新和系统集成，实现技术跨越式发展。要坚持有所为有所不为的方针，选择事关我国经济社会发展、国家安全、人民生命健康和生态环境全局的若干领域，重点发展，重点突破，努力在关键领域和若干技术发展前沿掌握核心技术，拥有一批自主知识产权。要加大对信息、生物、能源、纳米和材料等关键性领域实施重大科技研究的支持，积极促进战略技术及产业的发展。广大科技人员要大力发扬“两弹一星”精神和载人航天精神，树立创新跨越的勇气和信心，加强自主创新，努力创造世界一流的科技成果。

第三，坚持以人为本，充分发挥广大科技人员的创造性。人才是科技创新的关键。要坚持贯彻尊重劳动、尊重知识、尊重人才、尊重创造的方针，全面贯彻人才强国战略，完善适合我国科技发展需要的人才结构，不断发展壮大我国科技人才队伍。要坚持在创新实践中识别人才，在创新活动中培育人才，在创新事业中凝聚人才，努力造就一批德才兼备、国际一流的科技创新人才，建设一支高素质的科技创新队伍，特别是要为年轻人才脱颖而出、施展才干提供更大的舞台和更多的机会。要大力加强科技创新文化建设，形成能够极大提高创新能力和创新效率的体制机制，最大限度地激发科研人员的创新激情和活力。要在全社会培育创新意识，倡导创新精神，完善创新机制，充分营造鼓励科技人员积极创新、支持科技人员实现创新的社会氛围。广大科技人员要始终把祖国和人民放在心中，坚持从推动国家发展和创造人民幸福生活的需要出发，确定科研方向，开展科研工作，不断在为祖国和人民的奉献中实现自己的理想和价值。我国广大海外留学人员是我们的宝贵财富，要积极创造条件，完善政策措施，鼓励和支持他们通过多种方式为祖国现代化建设服务。

同志们，我国宏大的科技队伍，是实现全面建设小康社会的宏伟目标、进而实现现代化和中华民族伟大复兴的一支重要生力军。中央殷切希望我国广大科技人员坚持以邓小平理论和“三个代表”重要思想为指导，进一步增强推进我国科技事业发展的责任感、使命感，与时俱进，发愤图强，锐意创新，在全面建设小康社会的伟大征程上，不断创造无愧于时代的新业绩，不断铸造我国科技事业的新辉煌。

为全面建设小康社会提供科技支撑(摘要)

——在中国科学院第十二次院士大会和中国工程院第七次院士大会上的讲话

温家宝

2004年6月3日

中共中央政治局常委、国务院总理温家宝3日下午在中国科学院第十二次院士大会和中国工程院第七次院士大会上作报告,介绍当前经济形势,强调要把搞好宏观调控和推进科技进步结合起来,把提高经济增长的质量和效益放在首位,进一步深化改革,推动经济结构调整和经济增长方式转变,保持经济的持续、协调、快速、健康发展。

温家宝指出,当前我国经济形势总体上是好的。经济快速增长,效益继续提高,农业形势较好,工业继续较快增长,对外贸易增势强劲,居民收入增长较快,消费稳中趋旺。加强宏观调控,重点控制固定资产投资过快增长,已经初见成效。实践证明,中央采取的宏观调控措施是及时的、正确的、有效的,只要真正落实到位,就一定能保持经济平稳较快发展。

温家宝强调,当前我国经济生活中存在的问题,从根本上说是体制问题、结构问题、增长方式问题。我国社会主义市场经济体制还不够完善,市场配置资源的基础性作用还发挥不够,科技与经济社会发展结合得还不够紧密,企业还没有真正成为技术开发的主体。经济发展的结构性矛盾突出,有些行业增长过快,超过了资源、环境和市场的承载能力。经济发展中还存在许多薄弱环节。农业发展相对滞后,农业科技储备和创新能力不足;相当部分工业企业技术水平低,产品竞争能力不强。经济发展中粗放经营还比较普遍,资源浪费和环境污染也很严重。解决这些问题,必须依靠深化改革,依靠科技进步。

温家宝指出,本世纪头20年是我国经济社会发展的重要战略机遇期,也是我国科技发展的重要战略机遇期,为全面建设小康社会提供科技支撑,是我国科技发展的重大任务。要依靠科技进步,转变经济增长方式,走出一条以科技发展和创新为主导,带动经济发展的新路子。要依靠科技进步,积极推进经济结构战略性调整,增强发展后劲。要依靠科技进步,推进经济社会全面、协调、可持续发展。为此,必须制定好新的国家中长期科技发展规划,加强科技人才队伍建设,加快国家创新体系建设,深化科技体制改革,激发广大科技工作者和全社会科技创新的活力。他希望"两院"院士为我国科技攻关和创新取得突破性进展继续发挥关键和带动作用;努力提掣后学、培养人才;深入调查研究,为政府工作出谋划策;积极参与科普活动,为提高全民的科学素质多做贡献。

新华社

关于国家中长期科学和技术发展规划制定工作进展情况的报告(摘要)

——在中国科学院第十二次院士大会和中国工程院第七次院士大会上的讲话

陈至立

2004年6月4日

各位院士,同志们:

中国科学院、中国工程院两院院士大会隆重召开,胡锦涛总书记和温家宝总理亲临大会并作了重要讲话和报告,从经济社会发展全局的高度,深刻分析了新形势下科学技术工作面临的机遇和挑战,对新形势下的科技工作提出了明确的要求,对广大科技工作者寄予厚望。讲话对于我们把握全局,开拓科学技术工作新局面,对于制定好中长期科学和技术发展规划都具有十分重要的指导意义。我们要认真学习领会,全面贯彻落实。

党的十六大提出要制定国家中长期科学和技术发展规划。从2003年6月起,国务院开始组织制定未来15年国家中长期科学和技术发展规划。这是本届政府着力抓好的一项重要工作,也是科技界十分关注的一件大事。最近,规划战略研究工作已经基本告一段落,各专题研究报告正在征求中国科学院、中国工程院和中国社会科学院的意见。在此请允许我代表科教领导小组,向各位院士和科技工作者,以及所有关心、支持、参与规划工作的同志们表示衷心的感谢和崇高的敬意!下面,我就规划制定工作的总体进展情况和下一步工作安排向大家做汇报。

一、中长期科学和技术发展规划制定工作的进展情况

(一)国务院把这项工作作为本届政府要着力做好的一件大事,提出了明确的要求。为了搞好规划工作,国务院专门成立了国家中长期科学和技术发展规划领导小组,温家宝总理亲自担任组长。2003年5月30日在新一届国家科教领导小组第一次会议上,温家宝总理明确指出,要加强领导,精心组织,大力协同,把这件关系国家兴旺发达和中华民族繁荣昌盛的大事抓紧抓好。他对规划工作提出了三个方面的总要求,即一要有一个正确的指导方针,二要确定主攻方向和目标,三要实行决策的科学化、民主化。此外,还提出了十条重要原则。这些要求和原则是搞好本次规划的前提和基础。根据温家宝总理的重要指示精神,这次科技规划应该成为一个目标明确、重点突出、能对未来10~20年我国经济社会发展、国家安全和科技自身发展产生重大影响的规划。

（二）组织力量深入开展战略研究。战略研究是制定好规划的基础。在广泛听取各界意见的基础上，从2003年8月开始，启动了规划战略研究工作。组织了我国科技、社会、经济和管理界大批骨干研究人员，开展了20个专题的战略研究。这些专题分别是：中长期科学和技术发展总体战略研究（组长徐冠华），科技体制改革与国家创新体系研究（组长马俊如），制造业发展科技问题研究（组长徐匡迪），农业科技问题研究（组长石元春），能源、资源与海洋发展科技问题研究（组长王大中），交通科技问题研究（组长傅志寰），现代服务业发展科技问题研究（组长胡启恒），人口与健康科技问题研究（组长刘德培），公共安全科技问题研究（组长范维唐），生态建设、环境保护与循环经济科技问题研究（组长孙鸿烈），城市发展与城镇化科技问题研究（组长叶如棠），国防科技问题研究（组长郭桂蓉），战略高技术与高新技术产业化研究（组长路甬祥），基础科学问题研究（组长陈佳洱），科技条件平台与基础设施建设问题研究（组长孙枢），科技人才队伍建设研究（组长方新），科技投入及其管理模式研究（组长贾康），科技发展法制和政策研究（组长罗玉中），创新文化与科学普及研究（组长王渝生），区域科技发展研究（组长孙海鹰）。20个专题下还设了181个课题，参与战略研究的人数超过2000人。为了搞好战略研究，还成立了国家中长期科学和技术发展规划总体战略专家顾问组，由周光召、宋健和朱光亚等三位同志亲自任召集人。为了保证战略研究工作的质量，还组织了近500名骨干研究人员，开展了两次集中研究。各专题研究报告均数易其稿，精益求精。此外，多次召开交流研讨会，开通了规划工作网站，在相关报刊媒体开辟了规划专栏，促进了社会各界的广泛参与。为了使战略研究工作更紧密结合经济社会的需求，召开了战略研究专家与国家发改委的大型交流座谈会，曾培炎副总理到会并做了重要讲话。组织了20余次与有关部门的交流座谈会，各专题还安排与100多个大型企业集团、转制科研院所、科技型中小企业及行业协会的广泛交流，力求使战略研究更加贴近国民经济和社会发展的需求。

（三）这次规划工作体现了这样几个特点：第一，党中央、国务院高度重视，加强领导，为规划工作的顺利进行提供了保证。温家宝总理多次主持召开了国家科教领导小组会议和国家中长期科学和技术发展规划领导小组会议，研究部署规划及战略研究工作。温总理、黄菊副总理和国务院其他领导同志及有关部门领导逐个专题听取规划战略研究工作汇报，对规划工作做了一系列重要指示。第二，形成了发扬民主、集思广益，社会各界广泛参与的规划工作机制。在战略研究过程中实施了沟通协调、战略咨询和公众参与三个机制。第三，注意研究世界各国的先进经验、先进技术，努力使未来我国科技发展战略具有全球战略视野。

这次研究体现了几个结合：一是科研与经济社会发展的结合，特别是同当前经济社会发展中遇到的重大关键问题的紧密结合，做到了边研究边应用。二是科技规划战略研究同经济社会发展的长远规划紧密结合。三是基础研究、开发应用、工程研究以及社会研究相互紧密结合。四是理论工作者和实际工作者相结合。

总之，正如温总理在听取专题汇报时指出的那样，这次规划工作进展是顺利的，专题研究报告里有很多基础性的研究内容，战略研究工作做得很好。下一步要在20个专题研究的基础上，广泛征求科学家和各地方、各部门的意见，再经过科学的筛选，反复论证，确定重大领域、关键技术、重大专项等。实际上，从去年6月算起，我们共需要近两年的时间，才能最后完成规划制定工作。

二、中长期科学和技术发展规划战略研究取得了阶段性成果

温家宝总理在专门听取了中长期科学和技术发展规划前期战略研究专题汇报时，充分肯定了

这项工作取得的成果。归纳起来,这次战略研究的成果主要体现在以下几个方面:

(一)进行了系统的国情和发展调研,明确了未来15年我国经济社会发展和国家安全对科技的需求,为制定科技规划和贯彻落实科学的发展观提供了战略研究基础。

本世纪头20年我国经济社会发展处在一个新的关键阶段和重要机遇期。我国人均GDP在1996年超过650美元,开始迈出低收入国家行列,去年又迈上了1000美元的新台阶。国际经验表明,走出低收入国家并向中等收入国家迈进的时期,往往可以成为一个"黄金发展时期",同时也是一个"矛盾凸现时期"。这一时期,消费结构不断升级,产业结构加快调整,城镇化加速发展,为国内经济的进一步发展创造了有利条件。另一方面,我国经济社会发展也面临若干瓶颈和压力,一是资源和环境的瓶颈约束加剧,二是社会矛盾突显,就业压力加大,城乡之间的收入差距持续扩大,社会发展长期滞后于经济发展等。我国的经济社会发展处在一个十分重要的关口。

这次战略研究首先从我国经济社会和国家安全等重要领域发展情况、国际比较、科技需求等入手,进行深入的调查研究,收集了大量数据和资料,在科学、全面分析的基础上,提出了事关经济社会和我国未来发展全局的战略任务、重大政策建议和科技发展方向,形成了若干重要共识,为规划的制定奠定了基础,对国家的重要决策也将产生深远影响,意义十分重大。

第一,科技工作要把突破资源与环境的瓶颈性约束作为紧迫任务,为形成资源节约型和环境友好型社会提供科技支撑能力。长期以来,我国经济的高速增长主要依赖资源的高投入和高消耗,这种建立在传统工业化道路基础上的经济增长,使我们付出了沉重的资源代价。我国人均能源资源占有量不到世界平均水平的一半,石油仅为1/10,此外,我国能源效率约为31.2%,与先进国家相差约10个百分点,主要工业产品单位能耗比先进国家高出30%以上。我国人均水资源仅相当于世界人均水平的1/4。在未来20年里,如果没有基于科技进步和人力资源的大力开发,我国的能源和资源将难以支撑实现国内生产总值翻两番的目标。总之,传统的粗放型经济增长方式已经走到尽头,我国未来必须走新型工业化道路,必须依靠科技和人力资源,走资源节约型、环境友好型的道路。为此必须努力突破相关关键技术,构建多元化能源结构,开发节能技术;提高用水效率和效益,尤其要发展农业节水技术,建设节水防污型社会;大力提升我国矿产勘查和评价的水平,发展成矿地质理论和先进的探矿技术,提高找矿率,推进矿产资源的清洁、安全、高效开发和综合循环利用;发展海洋生物资源可持续利用技术、海底资源勘探和深海研究技术,使我国逐步成为海洋科技强国。

此外,未来我国生态与环境形势严峻并面临新一轮经济社会发展的巨大压力。我们必须通过自主创新与综合集成研究,建立符合我国国情的生态与环境科学理论和技术体系,为建立环境友好型社会提供科技支撑。制定更严格的法律、法规和政策,完善管理体系,鼓励生态与环境科技的创新,促进可持续发展。

第二,大力加强农业科技创新能力,保障国家粮食安全,促进"三农"问题的解决。我国以世界9%的耕地养活了22%的人口,创造了世界农业发展的奇迹。但我国农业发展面临的形势相当严峻,耕地面积剧减,水土等资源严重短缺,生态环境恶化,农业经营规模太小,组织化程度、劳动生产率和自我发展能力很低,农民收入水平低、增长慢,大量富余劳动力需要安置。"三农"问题是我国新世纪直面的严峻挑战之一。当前,农业科技创新能力不足,符合市场经济规律的农业社会化科技服务体系仍未系统建立,大量先进实用的农业科技成果难以为农民所用。为此,农业科技必须保障粮食、食物和生态安全,保障水、土、林、草等紧缺资源的保护和替代,还要为农、林、牧、渔等产业的广度与深度拓展和产业化经营提供科技保障。要以高产优质，高效低耗和可持续发展为目标，将传统农业技术进行全面升级，大力发展农业生物技术和农业信息技术，带动整个农业技术体系和生产体系的改造和提升；建设一批重要的农业科技平台，为实现全面建设小康社会的农业目标和现代农业建设提供强有力的科技支撑。

第三，我国产业结构调整及激烈的国际竞争，对科技进步与创新提出了现实和紧迫的需求。当前，科学技术日新月异，经济全球化趋势继续发展，全球产业结构调整步伐加快，产业转移趋势仍在延续，国际竞争更加激烈。这既为我国提供了承接发达国家产业转移、实现产业结构升级的历史机遇，也对我国提出了严峻挑战。现在我国虽然已成为世界第四制造业大国，但我国制造业的工业增加值和劳动生产率仍较低。很多产品处于产业链的低端，代表制造业技术水平的装备制造业的发展水平严重落后于发达国家，大多数制造企业缺乏核心技术。在一些领域又未能在引进后组织好消化吸收与自主创新的结合。因此，全面提升我国产业核心竞争力，在若干制造业领域，形成强大的产品与工艺技术装备自主研发能力和重大成套装备及高技术产业所需装备的国内供给能力，并大力推进制造业信息化，使我国成为名副其实的世界制造业中心之一，是一项紧迫任务。

战略高技术是现代国家科技创新能力的综合体现，是新产业革命和新军事变革的重要技术基础，也是当今国际科技和经济竞争的制高点。要面向世界科技发展前沿，加强关键技术创新与系统集成，加强前瞻性战略高技术的布局和研究，在有相对优势的战略高技术方向，集中力量取得突破。特别要在关系国家安全的战略高技术领域，加速形成我国自主技术创新能力。促进传统产业的更新改造、产业技术升级和结构调整。在信息、生物、材料、纳米等高技术领域，加强先导性的战略高技术研究，培育具有国际竞争力的高技术产业新生长点，发展具有自主知识产权的高新技术产业。

现代服务业是在工业化比较发达的阶段产生的，主要依托信息技术和现代管理而发展起来，知识和技术相对密集，发达的现代服务业是知识经济社会的基本组成部分和主要标志之一。在现代服务业中，通信、金融、保险、物流、批发、采购、农业支撑服务、中介和专业咨询服务等生产性服务比重不断增加，成为服务业的主流，在产业结构调整中战略地位十分突出。当前我国的服务业在GDP中的比重仍偏低，为生产服务的行业所占比重更小。我国服务业与制造业发展的关联度比较低，导致产业价值链短，经济效益低，是国民经济调整结构、提高效益的一大障碍。我们要依靠科学技术特别是信息技术支撑现代服务业加快发展，建设高效的服务于生产的现代服务业。政府要协调制定应用的目标、法律法规，并引导、鼓励、支持、吸引企业开拓应用的市场，建成一个基于先进信息网络的，能够满足多层次需求的、人人受益的，高效、安全、可信并可持续发展的现代服务体系。

第四，必须强化科技创新，为维护国家安全和社会稳定提供可靠的保障。当前，国际战略格局正在发生冷战结束以来最为深刻而复杂的变化，维护国家安全的任务十分繁重。

当前我们的国防科技整体水平与世界先进水平仍存在差距。因此，我们必须把国防科技发展摆在国家科技发展的突出位置，不断发展和应用先进的国防科学技术，保持与国防有关的战略性产业的核心能力，以满足国防和军队现代化的需求，满足国家战略利益的需求，确保国家安全的战略主动性，维护来之不易的和平建设环境，为最终实现祖国和平统一的战略目标奠定坚实的基础。

在公共安全领域，目前的形势相当严峻。除了自然灾害、交通安全、生产安全、食品安全、社会安全、核安全、国境检验检疫等传统安全外，经济安全、信息安全、生物安全、防恐反恐等非传统安全问题也日益突出。为此，要建立更加完备的公共安全保障体系，推动公共安全的科学理论方法及预测、预防、预警和应急管理系统关键技术的创新，建立国家公共安全主体多功能监测和监控系统以及信息化平台，形成比较完整的国家公共安全科学和技术支撑体系。

第五，提高公共科技服务能力，关注国计民生，关心人民健康和福祉。人口与健康问题是国家发展必须解决的两大根本问题。中国的人口和健康问题几乎比任何国家都突出。“人口安全发展，人人享有健康”既是国家发展的目标，也是促进社会经济可持续发展的重要手段。当前，我国人民的健康和生命正面临着艾滋病、乙肝、结核、心脑血管病、肿瘤、糖尿病、血吸虫病等疾病的严重威胁。此外，当前我国资源消耗高的产业比例过大，而消耗资源较小的健康类产业比例过小。随着经济水平的不断提高，广大人民群众自身的发展需求问题日渐突出和紧迫。我们必须大幅度提升我国人口与健康科技领域的自主创新能力，在优生优育，重大疾病防治、传染病预警与控制，生物医药技术，药物开发、包括中药开发及生物医学工程等方面总体上达到中等发达国家水平，重要学科和关键技术接近或达到国际先进水平。要大力发展与人口和健康密切相关的产业。此外，还要用先进的科学技术来保证食品、药品安全和生物安全。

城镇化伴随工业化是不以人们意志为转移的客观规律，必须引起我们的高度重视。据估算，我国未来城镇化水平年均增长约 1 个百分点，2020 年的城镇化水平将达到 57%，城镇总人口 8.40 亿。当前我国城镇化的基础工作薄弱，缺乏科学规划；城镇建筑能耗大、污染加剧、交通堵塞、事故增多，城镇防灾能力薄弱；在城市高速发展过程中，城市自然和历史人文资源受到很大的破坏；城镇建设相关产业不适应城镇发展要求。要解决上述问题，一要依靠现代科学技术，二要依靠管理和制度创新。科技工作要在城镇化的基础性科技问题和城镇化过程中的共性关键技术方面有所突破。加强绿色建筑关键技术、建筑节能关键技术、热电冷三联供技术、城镇水系统健康循环理论与关键技术、城镇减灾防灾关键技术和应急系统、废弃物资源化等技术的研究。

交通是经济社会发展的基础，对保障国民经济持续健康快速发展、改善人民生活、促进国土开发和国防现代化建设，具有十分重要的作用。50 多年特别是近 10 年来，我国交通运输业取得了巨大发展，但运输能力紧张、综合交通体系建设进展缓慢、交通能耗与环境污染问题严峻。科技创新是解决这些问题的根本途径。要研究交通的整体合理布局，把发展现代综合交通体系，解决交通安全、大城市交通拥堵和交通能源环保三个热点问题作为主要任务，解决基础设施、载运工具、现代管理、事故预防、城市智能交通、汽车的节能化和洁净化等关键技术问题，建立通畅、便捷、安全、经济、可持续发展的综合交通体系，保证人便其行、货畅其流。

第六，加强基础研究，全面提高原始创新能力。基础研究是高新技术发展的重要源头，是培育创新人才的重要摇篮，实现可持续发展的基本保障，建设先进文化的基础和综合国力竞争的重要战略资源，是一个国家跻身世界强国之列的必要条件，具有独特的战略地位。战略研究表明，我国基础科学整体水平居于发展中国家的前列，但整体创新能力和研究水平落后于国际平均水平。基础研究投入偏低，投入结构也不合理。

规划战略研究提出基础研究必须遵循以下原则：一是必须坚持“学科推动与需求牵引”相结合，即在科学前沿的自由探索与国家战略需求相结合。二是必须坚持长期稳定支持的基本方针和超前部署的战略原则。三是必须突出和重视科学的长远价值，遵循基础科学自身发展规律。四是必须立足当前，放眼未来，实现基础科学、技术科学和工程科学，基础研究和应用研究全面、协调和可持续的发展。

战略研究提出，未来 15 年基础研究要大幅提升科学创新能力，力争在世界科学发展的主流方向上取得一批具有重大影响的原始性创新成果；在若干国家重大战略需求领域解决一批瓶颈性关键科学问题，显著提升我国基础研究解决重大问题的能力；拥有一批具有世界影响力的科学家和研究团队；建设一批重要基础科研基地和基础设施，创造有利于创新的科学文化氛围。要在生命过程的定量研究和系统整合及脑与认知科学，量子调控和未来信息科学基础，深层次的物质结构、大尺度的物理规律以及宇宙的起源和演化，核心数学以及数学与科学技术的交叉，地球系统过程与资源、环境和灾害，新物质创造与转化的化学过程，凝聚态物质与量子特征的研究等方面进行研究布局，并力争取得重要成果。

（二）必须建设国家创新体系，提高自主创新能力。

战略研究表明，建立一个运行有效的国家创新体系至关重要，其核心内容是促进创新要素的良性互动，整合创新要素网络，提高国家创新能力和效率。战略研究得出以下重要结论：

第一，国家创新体系建设是一项十分重要而紧迫的任务。改革开放以来，我国一直坚持以改革为动力，调整科技系统的管理机制和组织结构，不断完善有利于调动全社会科技创新积极性的科技发展环境。目前，我国科学技术活动结构已经发生了重大转变，企业正在逐步成为科技投入与科技活动的主体，中科院知识创新工程试点取得实质性进展，以科研机构、高等院校为基础的科学研究体系得到加强，社会化科技中介服务体系初步建立，科研机构的内在活力和科技人员的创新创业意识显著增强。2002 年我国企业研究开发经费占全社会总量的比重，已经从上世纪 90 年代初不到 40% 上升到 61.2%；大中型工业企业科技活动人员达 136 万人，占全国总数的 42%；全国民营科技企业总数已达 10 万余家，年投入科技活动经费近 500 亿元，成为研究开发和技术创新的生力军。

但是，我国作为一个发展中大国，不仅总体上与发达国家在科学积累和技术水平方面存在相当大的差距，而且在国家创新体系的建设方面也存在很大差距。因此，国家创新体系建设，是深化我国科技体制改革的必然选择。

我们要努力在未来十到二十年，形成一个结构合理、机制灵活，具有持续创新能力的国家创新体系。极大地提高我国以技术创新能力为重点的整体创新能力和效率，特别是要大力提高自主创新能力。到2020 年科技进步对经济增长的贡献率接近60%（现在为 40% 左右），研究开发能力，发明专利的数量、质量和结构都有显著提升，并显示出原始性创新整体性的活力，国家科技竞争力在若干领域进入世界前列。一批有条件的研究所和大学成为国际上有影响力的科研基地，一批有条件的企业通过技术创新在国际上具有影响力。

第二，必须加快建立以企业为核心、产学研有机结合的技术创新体系。规划战略研究认为，在形成具有市场竞争力的产品和产业方面，企业具有其他各类创新机构无法替代的主导性地位和优势。因此，把提升企业自主创新能力放到科技发展战略的优先位置，是未来科技发展适应市场经济体制的客观要求，是我国科技政策必须坚持的重要战略措施。我国科技创新能力的提升，从根本上有赖于一大批高扬创新和自主知识产权大旗企业的崛起。此外，我们还要建立以科研机构和大学为主体的知识创新体系，以各种中介机构为纽带的科技服务体系，军民融合的科技创新体系，具有地域特色的区域创新体系。

第三，必须提高自主创新能力。作为一个发展中国家，在改革开放的形势下，我国必须把引进和消化吸收国外先进技术作为一项长期战略。与此同时，增强自主创新能力，则是关系到我国经济未来走向，涉及国家战略决策的重大问题。

增强我国自主创新能力，一是重点产业的成长和国家重大建设工程必须与提升国家创新能力有机地结合；二是科技创新的政策必须与产业政策、投资政策、贸易政策、税收政策等有效衔接；三是要有体现为国家政治意愿的创新战略目标，四是必须整合创新资源，实现协同与集成创新；五要实施国家知识产权战略和技术标准战略，增强我国在科技创新及相关产业的国际竞争力。只有这样，我们才能经过几十年的努力成为科技强国。

科技条件平台与基础设施是国家创新体系的重要组成部分和必要支撑。根据我国国情，我们必须加大研究实验与观测支撑体系，大型科学设施，自然科技资源保存和利用体系，网络科技环境与科技信息共享服务体系，计量、技术标准和检测体系及共享机制与相关制度等方面的建设力度，以加强我国的创新能力基础。

第四，建立国家创新体制必须大力弘扬创新文化。规划战略研究认为，大力推进创新文化建设，普及科学知识，是今后一个时期我国科学技术发展的内在要求。广大科技工作者不仅要有良好的科学文化素质，而且要有较高的思想政治素质；不仅要有独立思考、大胆探索的科学精神，而且要有团结协作的团队精神。科学家本身的道德修养和科学精神对社会公众有着特殊的影响，科技界在培育科学精神与科学道德，普及科学知识方面要担当全社会的表率。我们要大力弘扬科学创新精神，鼓励学术争鸣，特别是鼓励年轻人大胆探索，锐意创新。要坚决克服学术浮燥、学术浮夸等不端行为，在科技界旗帜鲜明地大力弘扬爱国主义精神和集体主义精神，倡导崇尚献身科学、勇于创新、求真务实、严谨治学、勇于拼搏、攀登高峰的风尚。

第五，科技竞争归根结底是人才的竞争，人才是国家最重要的战略资源。科学技术是第一生产力，人才资源是第一资源。科技人才是科技知识的创造者、应用者和传播者，是两个"第一"的集中体现，是国家发展的重要战略资源。我国科技人才的整体质量仍有待提高，结构性矛盾突出，人才严重短缺和人才大量浪费现象并存。

规划战略研究认为，要坚持"以人为本"，全面提升我国科技人才的创新能力与水平。要充分尊重科学家基于探索精神而进行科学研究的自由；保护科技人员对技术发明和研究成果的知识产权；充分尊重人才的特殊禀赋和才能；坚持在竞争中识别人才，在实践中培育人才。科学家要承担社会责任，为经济加速发展、社会全面进步、人民生活更加殷实贡献力量。我们要把全面提升创新能力和水平作为科技人才队伍建设的重点。把发现、培养、使用、凝聚和服务科技人才作为科技工作的重要着力点，最大限度地发挥科技人才的聪明才智和创造精神。培养和凝聚高层次科技人才，要给舞台、压担子，并解决他们的后顾之忧，创造人才辈出、人尽其才、才尽其用的良好环境。要充分发挥国家重大科技项目自主创新对人才的培养作用，大项目不仅要出大成果，而且要出大人才。要在国家重大科研和工程项目中不拘一格地大胆选用青年优秀科技人才，使他们能够脱颖而出，尽快成长起来。此外，要更新教育观念，推进教育、教学改革，为培养创新人才奠定基础。

（三）必须增加科技投入，完善科技宏观管理，加强科技政策法制建设，为科技发展创造良好环境和条件。

战略研究成果表明，高效的宏观管理、高强度的投入和良好的基础设施及政策、法制环境是科技发展的重要保证。

第一，必须加大科技投入。在创新成为经济社会发展主导力量的今天，科技投资应被视为国家最重要的战略性投资。近年来，国家科技投入规模迅速增长，但财政科技拨款占政府财政支出的比重却呈现下降趋势。另外，我国尚未形成引导和动员更多社会资本投入科技的有效机制，社会资金难以有效进入到研究开发和科技成果产业化领域。因此，我们必须尽快采取措施，一方面增加国家财政科技经费；另一方面，要引导、调动全社会的积极性，建立多层次、多元化的投融资渠道，大幅度增加科技创新投入。

第二，必须完善宏观管理。我国具有集中力量办大事的社会主义制度优势。“两弹一星”的伟大成就和我国首次载人航天飞行圆满成功，靠的就是这种优势。

规划战略研究认为，由于体制和机制等方面的问题，我国科技资源分散、浪费的现象严重，科技宏观管理还不能适应发展的需要，部门所属的管理体制导致创新要素之间缺乏互动机制、公共科技资源在部门之间分割，科技投入多头分散，科研项目重复立项。这些问题严重制约了我国整体科技创新能力的提高。据了解，发达国家大型科研仪器设备的利用率高达170% -200%，而在我国的利用率只有25%左右，闲置浪费现象相当突出。我们的创新资源本来就不够充足，但又存在着比较严重的分散重复和低效利用问题。为此，必须在国家层面上加强全社会创新资源的整合，切实提高国家科技投入的效率。一要建立健全国家科技规划管理和科技决策与咨询机制，建立有效的宏观协调机制，理顺科技宏观管理体制。二要打破部门之间、地方之间、军民之间、产学研之间长期以来条块分割、相互封闭的格局，形成协调一致、分工合作和紧密联系的良性机制。三要建立全社会科技资源共享机制。四要统筹协调区域科技发展，支持区域科技提高水平，带动地区经济增长和国际竞争力的提高。

第三，必须完善科技发展的法制和政策。战略研究表明，一个国家的创新能力，不仅表现在科技创新能力上，而且体现为制度创新水平。制度创新，要靠符合科技发展和经济运行规律的方针政策，更要确立集中表达国家意志的法律，并切实付诸实施。

伴随着改革的深入发展，我国科技政策法律环境建设取得了长足进步。一是在邓小平同志“科学技术是第一生产力”科学论断指导下，提出了“经济建设依靠科学技术，科技工作面向经济建设”的基本方针，作出了“科教兴国”、“可持续发展”和“人才强国”三大战略决策。二是以《科学技术进步法》为龙头的法律体系初具规模。三是落实了科技政策法律的相关配套措施。但是，我国科学技术法制尚不健全，龙头法律有待修改和提升阶位，重要政策有待上升为法律，现有大量政策文件还有待清理。

下一步科技政策法制建设的重点如下：一是确立科研机构的法律地位，二是确立科技资源保护和共享制度，推进科技进步与创新，三是完善国家科技投入的政策法规，四是加强国家科技计划管理的政策法律制度建设，五是改善企业技术创新的政策法律环境，六是推进高新技术产业开发区法制建设，七是完善知识产权保护制度，促进国家知识产权战略的实施，八是建立生物安全和信息安全方面的法律制度，九是创造有利于创新人才成长的政策环境。

三、关于中长期科学和技术发展规划的下一阶段工作

目前，中长期科学和技术发展规划的制定工作正处在关键阶段。在今后一段时期里，我们将重点做好以下几方面工作：

（一）切实做好“三院”咨询和部门征求意见工作。咨询、征求意见的过程是专题深化研究的过程。咨询工作重点围绕以下五个方面进行：(1)按照战略研究要充分体现长期性、前瞻性和全局性的要求，对相关领域提出的发展思路、总体目标提出咨询意见。(2)按照符合国情、“有所为、有所不为”的要求，对相关领域提出的战略任务和重大关键问题提出咨询意见，并提出需要补充的重大问题。(3)按照战略研究要充分体现“三个紧密结合”(即与经济发展紧密结合，与国家安全紧密结合，与可持续发展紧密结合)的要求，对科技发展的战略、目标和任务提出咨询的意见。(4)对科

技发展的重点领域和主题之间的优先性和重要性提出咨询意见。(5)对政策措施的针对性和可操作性提出咨询意见。

(二)进一步深化规划战略研究。认真按照温家宝总理的指示,集中主要力量,把进一步深化科技发展战略研究作为下一步工作的主要任务抓紧抓好,确保高质量完成战略研究任务。温总理指出,通过战略研究、明确方针后,最后落实到重大问题、关键技术、突破性技术、紧迫性课题、带动性强的技术和若干标志性课题上。

(三)提出对经济社会发展相关政策的建议。要充分利用这次战略研究所做的大量基础性研究工作,加强经济社会发展宏观政策研究,为国民经济和社会发展决策提供咨询。战略研究表明,许多问题不仅是科技问题,而且是社会科学、国家意志和法制及政策导向问题。我们要在现有专题组专家队伍的基础上,吸收经济、社会领域的专家和管理专家,参与研究工作。拟设置10个与经济社会发展密切相关的专题进行研究:一、农业发展战略与技术经济政策研究;二、制造业发展战略与技术经济政策研究;三、能源与资源发展战略与技术经济政策研究;四、海洋发展战略与技术经济政策研究;五、交通发展战略与技术经济政策研究;六、现代服务业发展战略与技术经济政策研究;七、人口与医药卫生领域发展战略与技术经济政策研究;八、公共安全发展战略与技术经济政策研究;九、生态建设、环境保护与循环经济发展战略与技术经济政策研究;十、城市发展与城镇化发展战略与技术经济政策研究。取得研究成果后将向国务院提交国民经济社会发展相关政策建议报告。

(四)编制规划纲要。在前期规划战略研究的基础上,高水平、高质量、高效率地完成《国家中长期科学和技术发展规划纲要》的编制工作,是今年下半年至明年初规划工作的重中之重。编制工作应遵循以下原则:(1)充分吸收战略研究的成果,进行深化、凝练和提高,突出重点,综合集成。(2)紧密结合社会经济发展需求和国情国力,体现国家发展战略和目标。(3)强化编制工作顶层设计,统筹考虑学科发展和经济社会发展对科技的需求。(4)发扬民主、鼓励争鸣、集思广益,保证决策的民主性和科学性。(5)建立广泛的咨询交流机制,体现编制工作的透明性与开放性。

在《纲要》编写过程中还要凝练和论证重大专项。

制定国家中长期科学和技术发展规划是党中央的重大战略决策,是加速我国科技发展、提高科技竞争力和综合国力的重要举措,是各位院士及整个科技界共同的事业。在规划的战略研究阶段,各位表现出对国家和民族振兴伟大事业的高度的责任感和使命感,通力合作、献计献策,为规划战略研究获得丰硕成果付出了辛勤劳动,倾注了大量心血,为下一阶段的规划编制工作打下坚实的基础。让我们在以胡锦涛同志为总书记的党中央领导下,以邓小平理论和“三个代表”重要思想为指针,按照全面、协调和可持续科学发展观的要求,继续发扬团结协作的精神,携手并肩,共同为制定一个符合国家未来10－20年经济社会可持续发展和国家安全战略需求及科学和技术自身发展规律的中长期科学和技术发展规划,做出更大的贡献。谢谢大家!

《科技日报》

工程师——从物质财富的创造者到可持续发展的实践者

——在2004年世界工程师大会上的主题发言

徐匡迪

2004年11月3日

摘 要:工程师为人类物质文明的进步做出了巨大的贡献,工程科技是工程师推动社会经济进步的手段。几个世纪以来,工程师的主要追求是不断提高劳动生产率,但是随着工业化的进程,不可再生资源大量消耗、环境的严重污染、对生态的无情破坏,给人类的生存和发展造成了严重的威胁。在这种历史背景下,工程师应担负起社会可持续发展实践者的光荣使命。中国在21世纪实现新型工业化和可持续发展将更加依靠工程科技的进步,工程科学的基础要从20世纪单纯追求规模、效益的模式转向建设4R(Reduce减量化、Reuse再利用、Recycle再循环、Remanufacture再制造)的循环经济,使工程科技不仅满足人们在物质文化生活方面的需求,还满足人们对生态环境的需要,工程科技将在高效利用资源、保护生态环境方面发挥积极作用。

关键词:工程师;使命;工程科技;方向;循环经济;可持续发展

1 前言——工程师是先进生产力的开拓者和实践者

工程师(Engineer)一词来源于拉丁文[1]。该词最初用于称呼操纵军械的人,从16世纪最初在荷兰用于称呼从事建筑的人;在英国,起初把从事水利工程的专家称为工程师,后来又称铁路建设者为工程师;在法国,则用“工程师”一词称建筑学者[1,2]。

工程师为人类社会物质文明的进步做出了巨大的贡献,工程科技是工程师推动社会经济进步的手段。从18世纪后期以瓦特发明蒸汽机为标志的第一次技术革命起,由于蒸汽机广泛应用在纺织、冶金、火车、轮船等方面,实现了从手工工场向机器工业的转变,创造了巨大的生产力;19世纪后半叶到20世纪初,以法拉第的发电机、爱迪生的电灯、贝尔的电话、马可尼和波波夫的无线电通讯、奥托的内燃机等为代表的第二次技术革命,使人类社会从蒸汽机时代走入电气化和内燃机时代,又一次实现了生产力的巨大飞跃,并极大地改变了人类生产和生活方式。

20世纪下半叶,以电子计算机、原子能、互联网技术等以信息技术为核心的第三次技术革命,极大地提高了劳动生产率,改善了人们的生活质量,创造了巨大的财富,再一次引起人类社会生产和生活方式的革命性的变化。回顾人类社会的现代物质文明进步的历程,可以毫不夸张地说,“工程科学技术在推动人类物质文明中的进步中一直起着发动机的作用”。[3]

以材料为例,它在整个工程技术中占有重要的地位。人类文明史的所谓石器、铜器、铁器时代就是按生产活动中起重要作用的材料划分的。从材料的演变看,随着工程科技的进步,材料的性能(强度、韧性等)不断提高并出现了各种新型材料(图1),随着未来社会对材料和工业技术的要求(图2),材料还要同时具备价格便宜、易回收、节能、节材和环境友好等方面的特性。

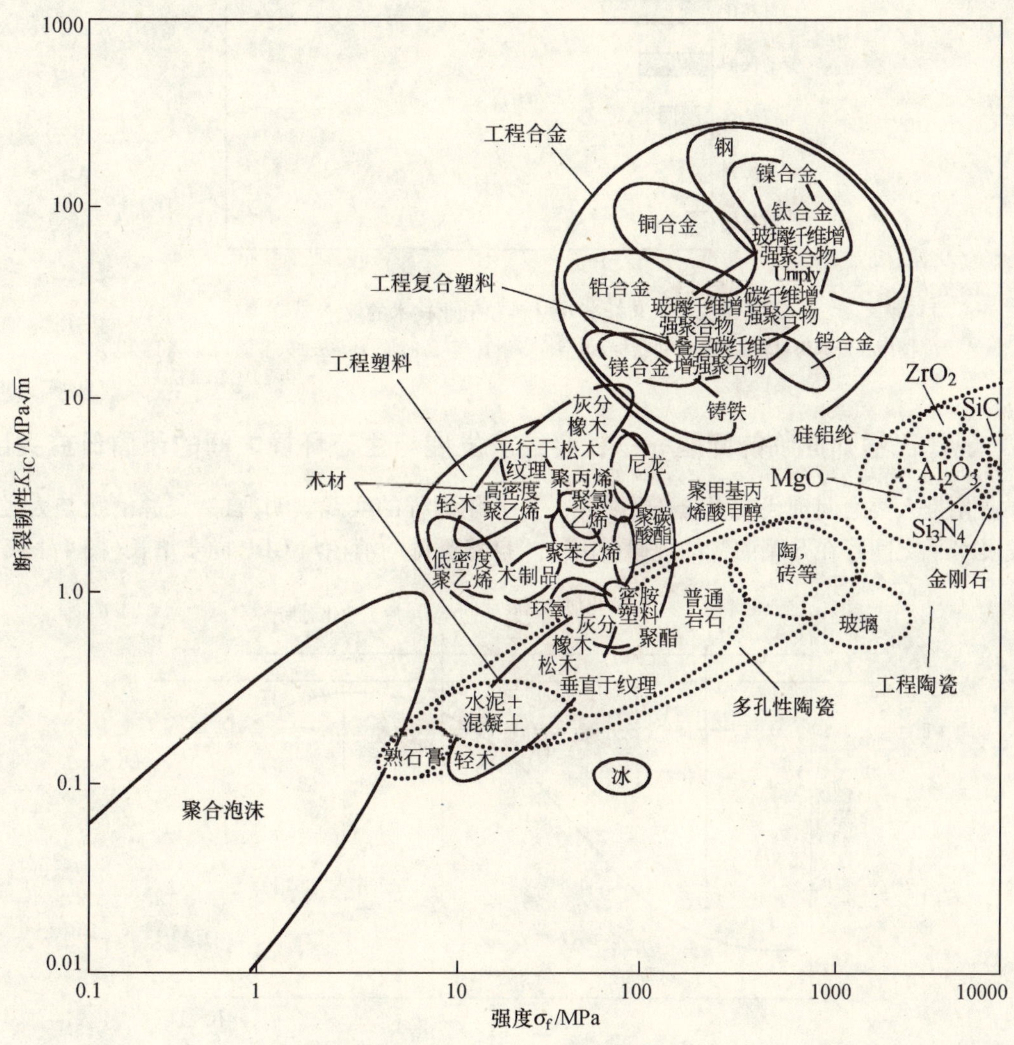

图1 各种工程材料的断裂韧性与强度的关系[4]

工程师通过工程科学技术将天然资源转换成物质财富,促进了社会和经济的发展。几个世纪以来,工程师的主要追求是不断提高劳动生产率。但是随着工业化的进程,不可再生资源大量消耗、环境的严重污染、对生态的无情破坏,给人类的生存和发展造成了严重的威胁,因此有人提出了"发展的极限"。但是发展是必然的选择,由此,提出了可持续发展的概念。在1992年里约热内卢召开的联合国环境与发展会议上,制定了《21世纪议程》,标志着人类社会进入了追求可持续发展的新的历史时期。未来工程师应是可持续发展的实践者。

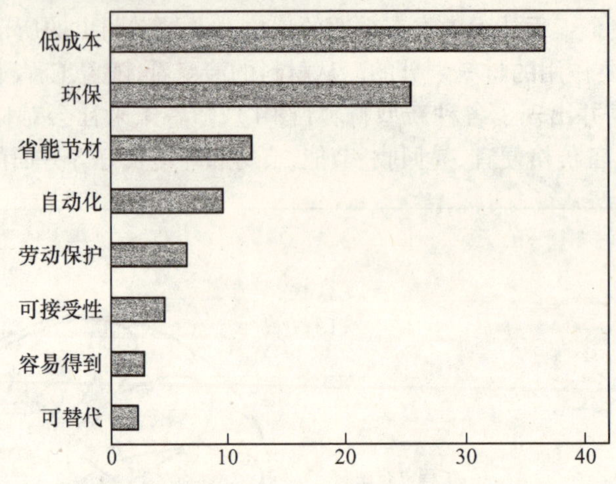

图2 未来社会对材料和工业技术的要求[4]

(图中横坐标为材料的综合评价指标,包括价格便宜、容易回收、环境友好、节能、节材等因素。)

2 现代工程师面临的问题——社会经济发展与生态环境之间的矛盾日益突出

工业化是人类通向现代文明的必经之路。工业化进程的实践表明,自然资源消费与人类经济社会发展水平之间存在S型曲线的规律(图3)。自然资源的消耗与GDP同步增长(图4、图5)[5]。

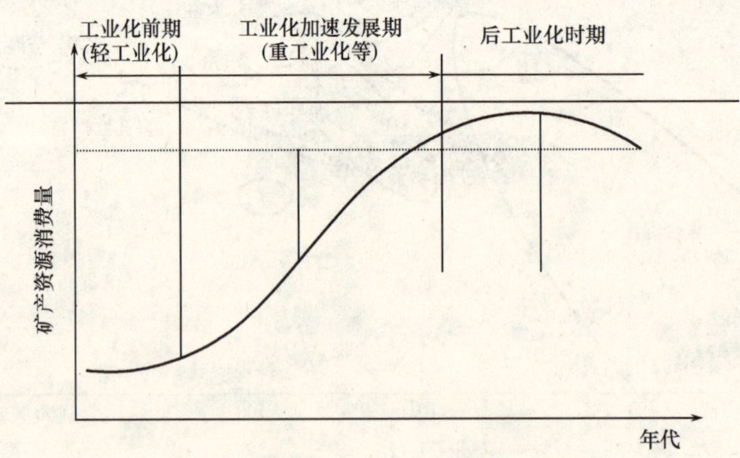

图3 不同发展阶段的资源消费趋势

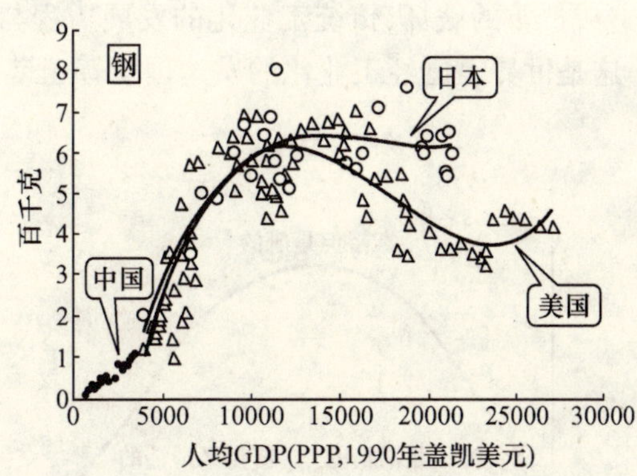

图4 人均 GDP 与人均钢消费量的关系

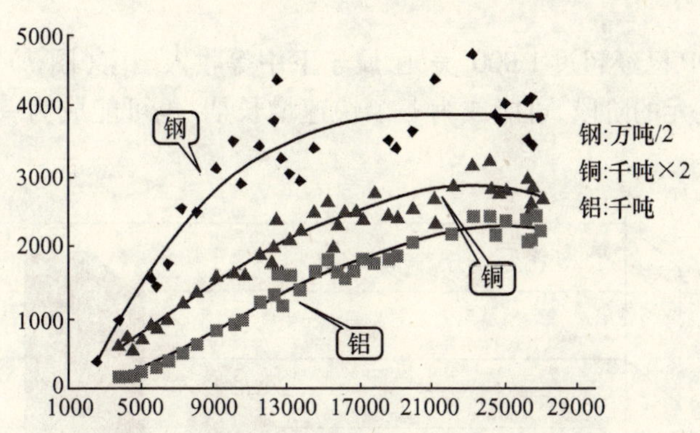

图5 日本钢铜铝消费总量与 GDP 总量的关系

自然资源,特别是各种矿产资源是人类社会赖以生存和发展的宝贵财富,世界能源资源已确认的储量和可开采时间非常有限,如表1所示[6]。

表1 世界能源资源已确认的储量和可开采时间

资 源	存 储 量	可开采时间/年
石油	$10\,075\times10^9$ 桶	45
天然气	141×10^6 m^3	65
煤炭	$10\,316\times10^9$ 吨	231
铀	208×10^4 吨	43

由于工业化的推进,在短短200多年中,全世界消耗的矿产资源超过了之前几百万年的总和,其中包括大量不可再生的化石能源。不足世界人口15%的15个已经工业化的国家用掉了世界上化石能源的一半,他们对全世界环境污染,包括大气中温室气体的积累也是最大的贡献者。这些发达国家至今仍然消耗着世界60%的化石能源和50%以上的矿产资源,而占世界人口80%以上的国家还要发展,资源、能源和环境已成为主要的瓶颈。

发达国家的工业化过程基本是大量消耗资源、能源、以污染环境为代价的传统工业化的道路。

工业化和城市化对生态环境造成严重的破坏,传统工业化的发展历程与带来的环境污染大致呈倒U型曲线关系,如图6所示。这是世界上已经工业化的发达国家普遍遵循的一般规律。

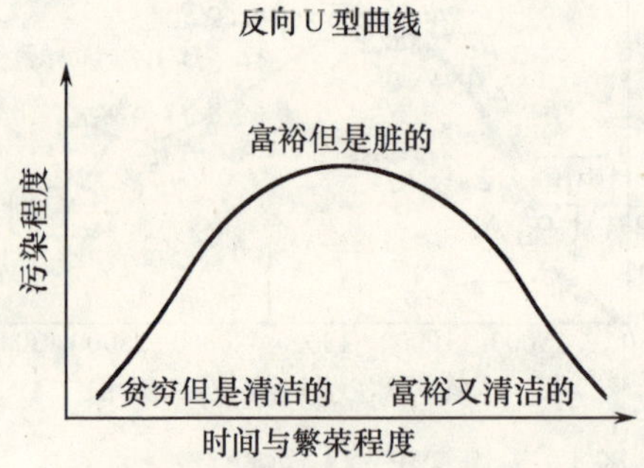

图6 传统工业化不同发展阶段与环境污染趋势曲线

目前,中国人均GDP已经超过1 000美元,属于下中等收入国家(图7)[7]。从国际上看,人均GDP在1 000~3 000美元的阶段,可能成为一个快速增长期,也可能成为一个经济社会矛盾多发的徘徊期。

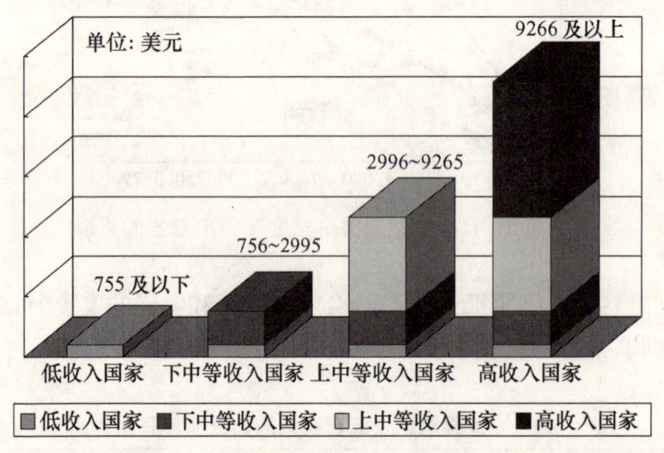

图7 世界银行按GNP分类图

中国国土辽阔,矿产资源丰富,但人口众多,除煤炭外,主要矿产资源人均占有量基本上都低于世界平均水平,其中石油为8%,铝为9.70%,铜为26%,铁为45%(图8)。中国目前还处在工业化的中间阶段,面临着资源、能源和环境的严峻挑战。因此,中国必须走出一条科技含量高、经济效益好、资源消耗低、环境污染少、人力资源优势得到充分发挥的新型工业化道路。可以说,减少资源能源消耗、控制环境污染是中国新型工业化的核心。

3 现代工程师应努力成为可持续发展的实践者

工程科技的不断进步提高了人类利用自然资源的能力,推动了经济社会的发展,也增强了人类保护环境和生态的能力。

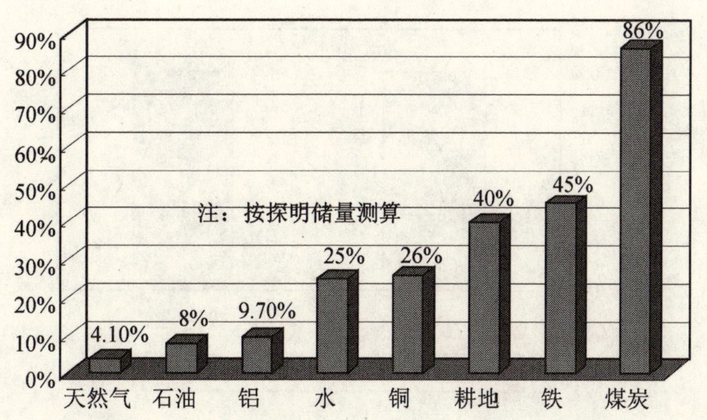

图 8　中国人均资源相当于世界平均水平的比重

中国改革开放以来，工程科技和经济发展取得了显著的效果，劳动生产率不断提高，万元 GDP 能源消耗大幅度下降（图 9）[8]。但在工程科技进步方面与发达国家仍有差距（图 10），资源、能源利用率低于世界先进水平（图 11、12）[9]。中国在 21 世纪实现新型工业化和可持续发展将更加依靠工程科技的进步。在新世纪里，工程科学的基础要从 20 世纪单纯追求规模、效益的模式转向建设 4R 的循环经济。

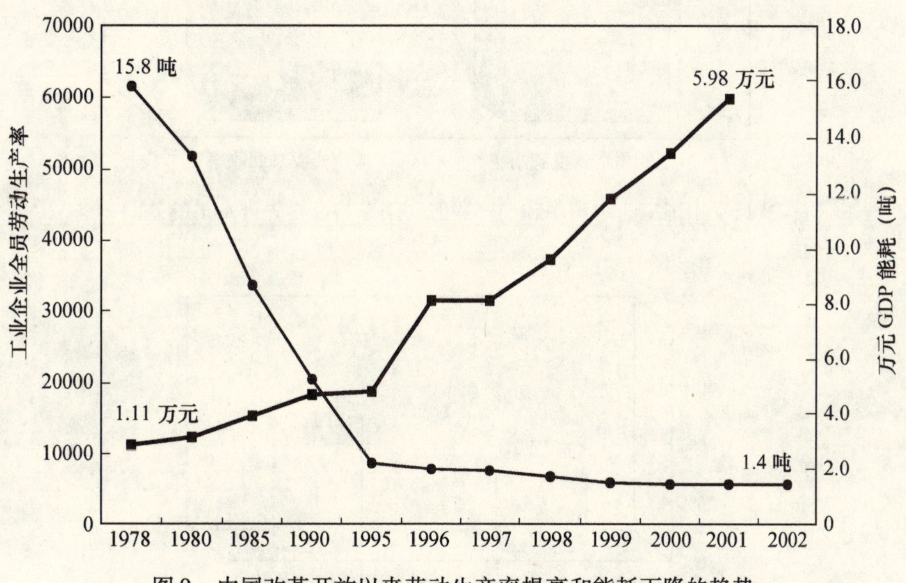

图 9　中国改革开放以来劳动生产率提高和能耗下降的趋势

3.1　4R——新世纪工程科技的发展方向

4R 即 Reduce（减量化），Reuse（再利用），Recycle（再循环）和 Remanufacture（再制造）。大力推进 4R 是我们刻不容缓的任务，也是实现可持续发展的重要内容和必然选择。追求 4R 的最终目标是实现循环经济，用尽可能少的资源满足经济社会发展的需求，通过节约、回收和利用废旧资源，使尚未被充分利用的价值得到开发和使用，产生新的经济和社会效益。

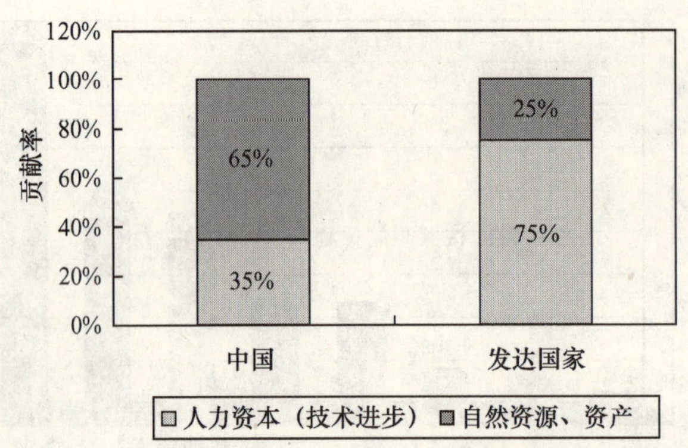

图 10　中国人力资本对经济增长的贡献率与发达国家比较

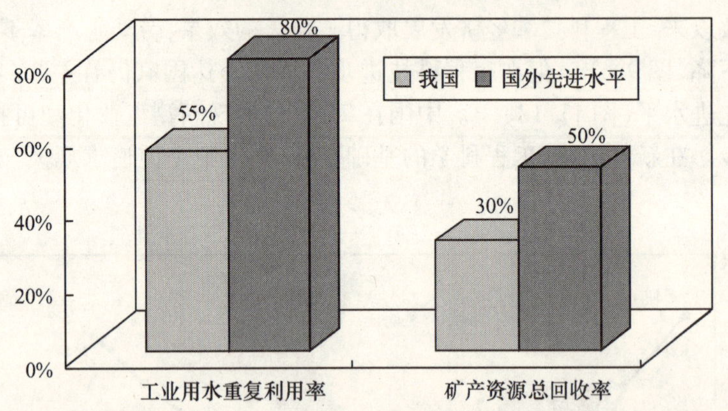

图 11　中国工业水利用和矿产资源利用率与世界先进水平的差距

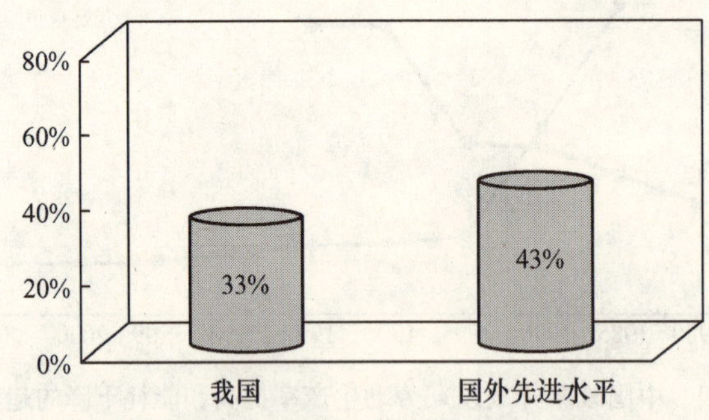

图 12　中国能源利用效率与国际先进水平的比较

在 Reduce（减量化）方面，汽车工业是一个很好的例子。现在人们不仅追求汽车的安全、舒适性，也开始努力减少化石能源的消耗和 CO_2 排放量。欧盟和日本正在推行汽车“减重化”计划，预计 2010 年汽车燃料使用效率可提高 22.8%，CO_2 排放量降低 20%[10]。现在我国人民的生活水平有很大提高，夏季北京、上海等大都市用电高峰时居民的用电量高达 40%，因此，我们要大力发展综合节能型的建筑材料和建筑物，芬兰 Oulu 高科技园区的“Smart House”就是这样的节能型的建筑。食品、生活用品的过度包装现象也十分普遍，产生大量的社会废弃物，应该引起重视。上海著名的杏花楼月饼，多年来坚持品牌质量，并采用简单纸盒包装，很受广大消费者的欢迎。

在 Reuse（再利用）方面，目前大部分废钢铁都得到回收，美国用废钢铁生产的钢已近 60%。中国由于废钢资源少，目前利用废钢冶炼的电炉钢仅占 20% 左右。据测算，利用废钢作为再生资源与从铁矿石中提取铁素资源相比，使用 1 吨废钢可节约 1.3 吨左右的铁矿石（按铁品位 64% 计），减少能耗 60%，减少温室气体 CO_2 排放量 60%，节水 50% 以上[11]。这对节约天然矿物资源、节能和环境都具有十分重要的意义。废旧硅基及合成材料，如旧的玻璃容器和树脂饮料瓶，回收后加以严格的清洗消毒，达到规定的标准后，也可以重新使用。

在 Recycle（再循环）方面，废纸、废玻璃、废塑料、废渣的再循环已很成功。早期人们主要利用木材造纸，后来发展用非成材木材作为原料，现在人们在大量利用废纸作为造纸原料，既减少了废纸垃圾，也节省了资源，减少了污染，降低了成本。废塑料对环境造成的污染和危害越来越严重，目前，我国塑料制品的产量已接近 1 000 万吨，废塑料的年发生量接近 500 万吨，其中北京地区废塑料年发生量达 50 多万吨，大约相当 500 万吨钢材的体积。废塑料的利用在发达国家逐渐受到重视，包括将废塑料直接再加工成其他品种塑料，或将废塑料经裂解催化改质制造液体燃料，还可以在 1 100℃ 以上高温的焦炉和高炉中作为燃料及还原剂，替代部分煤炭，并显著减少简单焚烧法产生二恶英和 CO_2。我国在废渣利用上有很好的经验，高炉渣水淬后磨细制造成矿渣水泥，使水泥和钢铁行业形成废料循环的生态链。使用高炉渣制造的水泥与普通用天然石灰石制造的水泥相比，可节约石灰石原料 40% 左右，能源节约一半，同时减少 CO_2 排放 40%[12]，具有明显的经济效益、环境效益和社会效益。

在 Remanufacture（再制造）方面，再制造技术以废旧设备和零部件为毛坯，采用最先进的快速成型技术和功能覆层技术，按照工业化的生产模式生产出质量合格的设备，再次供应市场[13]，可大大减少材料消耗和能源消耗，生产周期大大缩短，且产品价格也具有可观的竞争性。

中国电子产品垃圾的高峰已经来临，每年报废的废旧冰箱约 400 万台，电视机 500 万台。目前废旧家电、电脑的回收率达 80% 以上，但仍停留在用手工拆解和焚烧等原始处理阶段，而电视机、电脑、手机、音响等产品含有大量的有害物质，简单的焚烧会对环境和操作者带来严重危险，因此对循环利用提出了新的课题。在中国政府制定的《能源节约和资源综合利用“十五”规划》中，明确地把橡胶、废塑料、废旧家电、废电脑、废电池等再生资源的回收、分选和处理作为重要目标。

3.2 工程科技应走绿色化制造的道路

绿色制造业被称为清洁制造（Clean Manufacturing）、环境意识制造（Environmentally Conscious Manufacturing）、环境负责制造（Environmentally Responsible Manufacturing）、全面环境质量管理（Total Quality Environmental Management）和工业生态（Industrial Ecology）等。尽管对这种制造战略的称谓有所不同，其目标是一致的，即通过设计和制造使得产品在其使用、生产和处理过程中对环境的负面影响最小。发展绿色制造技术对于合理利用资源、减少环境生态破坏具有重要意义。

绿色制造，就是利用先进技术将污染物消化在制造过程中。而不是等污染排放出去后再治理，同时利用污染物生产出市场需要的产品，实现无废弃物生产。这样既防止了污染排放，也使企业获得了经济效益。特别是对于石油、化工、钢铁、有色金属这类高能耗、高污染的流程制造业而言，绿色工艺既能提高生产效益和质量，又能减少对环境的影响。其实现途径包括：改变原材料投入，有用副产品的利用,回收产品的再利用和循环利用;改变生产工艺或制造技术;利用 LCA(Life Cycle Assessment)方法对资源使用及其对环境的影响进行评价研究等。中国正在积极推进绿色制造和清洁生产。大批钢铁企业正在努力建立“绿色钢材生命周期体系”(图 13)[14],涉及钢材整个生命周期的全过程,目的是减少包括资源的开采和输送、钢材制造、加工组装、使用、废弃、回收利用等各个环节对环境的负荷。

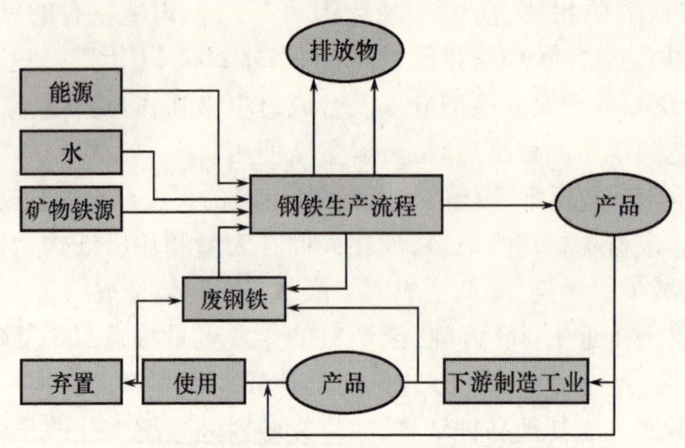

图 13　钢铁产品生命周期概念[14]

3.3　工程科技应融入循环经济社会

近年来,循环经济在国内外日益引起人们的高度关注。根据这一理念,工业生态园得到蓬勃发展,这是解决“资源 - 环境 - 发展”矛盾的理想模式(图 14)。园区内的资源在内部进行循环,建立行业共生、共存的工业生态链,实现无废弃物生产。中国钢铁工业正在努力开发循环经济的绿色新流程,未来的钢铁厂不仅生产钢材,而且是清洁、高效的能源转换工厂和废弃物回收及综合利用的新型环境友好的钢厂(图 15)。

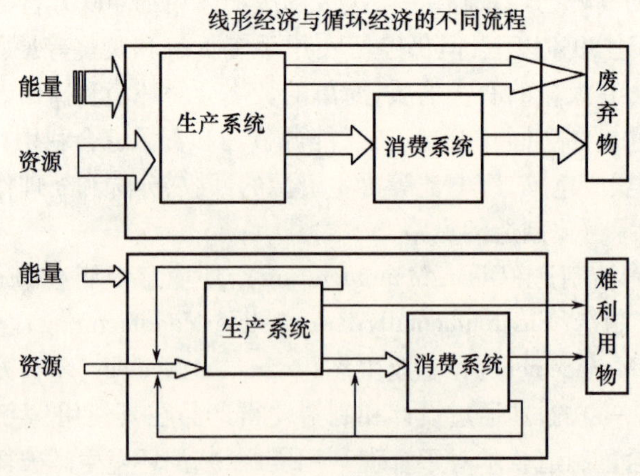

图 14　传统经济与循环经济的方式比较

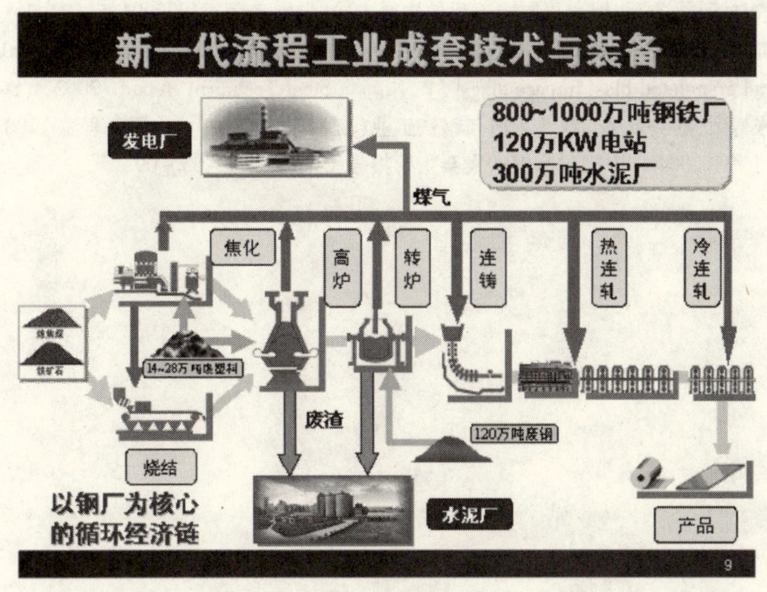

图 15　以千万吨级钢铁联合企业为核心的循环经济链

4　结束语

工程科技不仅要满足人们在物质文化生活方面的需求,还要满足人们对保护生态环境的需要。工程科技将在高效利用资源、保护生态环境方面发挥积极作用。因此,21 世纪的工程师应从单纯追求创造丰富的物质财富转向可持续发展,成为可持续发展的实践者。

中国的现代化建设为工程师们提供了广阔的舞台。本世纪内,中国要完成城市化建设,亿万人口的城市化建设在全世界也是史无前例的。此外,我们还要完成三峡、西气东输、青藏铁路、南水北调、探月计划等重大工程的建设,这是中国工程师千载难逢的机遇,我们也欢迎世界工程师同仁们积极参与中国的现代化建设。

参考文献

[1] (日)伊东俊太郎,坂本贤三,山田庆儿等. 科学技术史词典 [K]. 樊洪业, 乐秀成, 刁培德等译. 北京:光明日报出版社,1986

[2] (苏)曼古托夫. 工程师纵横谈 [M]. 李成滋,刘敏译. 银川:宁夏人民出版社,1985

[3] 江泽民. 在国际工程科技大会上的讲话(2002 年) [N]. 中国工程院年报(上), 2004:3 ~4

[4] Horst Czichos. Werkstofftenchnik als basis industrieller produkte [J]. Stahl und Eisen,1994,114(2):63 ~70

[5] 徐匡迪. 合理利用资源,走新兴工业化道路 [R]. 中国发展高层论坛. 2004

[6] 日本综合能源委员会资料 [B]. 1998

[7] 2000 – 2001 年世界发展报告 [R]. 世界银行, 279 页

[8] 国家统计局. 中国统计年鉴(2003 年). 北京: 中国统计出版社, 2004

[9] 日本通产省资料 [B]. 1998

[10] 王淀佐等. 中国可持续发展矿产资源战略研究(咨询报告) [R]. 中国工程院, 2004

[11] 徐滨士,李仁涵,梁秀兵.绿色再制造工程的进展 [J].中国表面工程,2001,51(2):1~4

[12] Kenji NOBATA, Yasutomo UEKI. Basic property and the method of effective use on Portland blast - furnace slag cement and ground granulated blast furnace slag [J]. Nippon Steel Technical Report. 2002, (86): 44~47

[13] 殷瑞钰,张寿荣,陆钟武等. 绿色制造与钢铁工业(咨询报告) [R]. 中国工程院. 2002

[14] 徐匡迪. 上海: 2004 年中国国际钢铁大会主旨报告 [R]. 2004-05-09

重 要 文 件

关于印发《中国工程院2004－2006年度工作纲要》的通知

中工发[2004]89号

各位院士，院机关各部门：

为了指导我院今后两年的工作，2004年11月2日第三届主席团第十二次会议审议通过了《中国工程院2004－2006年度工作纲要》。现印发给大家，请遵照执行。

中　国　工　程　院
二〇〇四年十一月十六日

中国工程院2004－2006年度工作纲要

（2004年11月2日主席团会议审议通过）

中国工程院在党中央、国务院的领导和关怀下，在主席团的带领下，通过全体院士和机关同志的共同努力，圆满完成了《中国工程院2002－2004年度工作纲要》制定的各项任务。

根据《中国工程院章程》，为了更好地完成今后两年的工作任务，特制定《中国工程院2004－2006年度工作纲要》。

一、总体思路

认真学习贯彻党的十六大精神，以邓小平理论和“三个代表”重要思想为指导，坚持以人为本，树立全面、协调、可持续的发展观，落实科教兴国和人才强国战略，贯彻中央领导同志在第七次院士大会上的讲话精神，继续以院士队伍建设和咨询工作为重点，努力提高机关服务意识和质量，充分发挥中国工程院在我国工程科技界的"最高荣誉性、咨询性学术机构"的作用,团结全国工程科技工作者,推动我国工程科技进步和经济社会发展,为我国现代化建设做出更大贡献。

二、主要工作

未来两年的主要工作是:

(一) 加强院士队伍建设。

始终将院士队伍建设作为一项基础性的重点工作,常抓不懈。

做好2005年的院士增选工作。充分认识提高增选质量的必要性和重要性,认真抓好增选过程中各环节的各项工作。增选政策委员会要在总结经验的基础上,提出2005年增选的政策建议,修改院士增选办法,经主席团通过后实施。按照《中国工程院章程》和《院士增选工作实施办法》,严格掌握院士的标准和条件,特别强调对候选人科学道德标准的要求。既要坚持宁缺毋滥的原则,又要注意发现和选拔优秀的年轻人才,优化院士队伍结构。在2005年增选中试行《中国工程院院士增选学部专业划分标准》,以后逐步修改、完善。

加强院士队伍科学道德建设。院士科学道德建设是工程院的基础性工作。要严格执行中国工程院《院士科学道德行为准则》、《院士增选工作中院士行为规范》和《院士科学道德行为准则若干自律规定》,不断提高院士自律的自觉性。大力弘扬科学精神,传播科学知识,坚决抵制一切违反科学道德的行为,成为发展先进文化的实践者。大力宣传院士典型事迹,大力倡导无私奉献的高尚品德和创新精神。科学道德建设委员会要按照《关于对涉及院士科学道德问题投诉信件处理程序和办法的规定》,认真对待各种投诉信件,做到公正规范地处理。院士在评选中要公平、公正,严守纪律,自觉抵制各种不良的干扰和影响。

(二) 加强决策咨询研究。

认真做好重点咨询研究领域的工作。决策咨询研究要体现科学发展观和宏观性、战略性、综合性和前瞻性的要求,重点完成油气资源、矿产资源、可再生新能源、城市化、水资源、综合交通运输、反恐、信息化、粮食安全等课题;积极参与国家中长期科技发展规划纲要的制定工作,做好由我院承担的中长期科技规划中有关领域的研究;完成国家发改委、国防科工委委托的"十一五"高技术产业领域规划和有关材料领域的研究等;认真做好五矿集团、船舶工业公司和上海通用汽车等企业委托咨询项目;紧紧围绕我院开展的重大决策咨询研究工作,主动开拓国际合作渠道,有效利用国外资源,开展国际合作咨询研究;加强咨询工作的基础建设。

规范咨询工作。在原国家计委、科技部分别制定的《关于将院士咨询纳入国家重大工程科技问题决策程序的意见》和《关于加强院士咨询工作的若干意见》的基础上,进一步推进咨询工作程序化。采取措施,进一步扩大咨询成果的影响,使其发挥作用。

继续开展技术创新院士行活动。围绕国家对国民经济的战略部署,继续与发改委合作,每年完成8-10次技术创新院士行活动,并不断总结经验,提高针对性和实效性,加强与产业界的联系。

加强与地方和部门合作。本着"量力而行、突出重点、稳步推进、务求实效"的原则,继续推进与山东省、深圳市、上海市、北京市及空军等的合作,充分发挥各地院士的群体作用,依靠当地政府及其有关部门,为西部大开发,振兴东北老工业基地,促进区域经济发展服务。

进一步做好有关《院士建议》的工作。积极鼓励院士为国家经济建设和工程科技发展建言献计,完善《院士建议》上报程序,提高采纳率。

（三）做好第八次院士大会的各项工作。

作为主办单位，加强与中办、国办以及中国科学院的联系与协调，为顺利完成院士大会的各项议程，做好各项准备和服务工作。

（四）开展学术交流活动。

统筹学术活动的管理，整合资源、提高质量。搭建学术交流平台，发挥学部和专业委员会的作用，根据工程科技发展的前沿问题或重点领域发展趋势，有针对性地开展学术探讨、工程技术论坛、科学普及等各类学术活动。

办好各种学术会议。在认真办好工程科技论坛、工程科技前沿研讨会的基础上，每年主办1－2次高层次的学术会议。继续参办好香山会议、东方科技论坛，与有关部门、地方、协会、学会以及高校和科研单位合作，每年举办5－10次专业性的学术会议。进一步开展各学部组织的学术活动，促进工程科技领域的发展和工程科技人才队伍的培养。与中国科协合作开展有针对性的科普活动。

适时成立工业研究院所研究生教育学术委员会，促进工程教育事业的发展。

（五）拓展国际交流渠道，推动实质性合作。

配合我院决策咨询等中心工作，广泛开展国际交流与合作，充分发挥院士的作用，搞好外事工作。

积极参与国际工程院理事会（CAETS）、国际医学组织（IAMP）等国际组织的活动。在中日韩（东亚）工程院圆桌会议中争取发挥更重要的作用，促进区域性国际交流与合作。积极拓展和利用联合国系统等官方国际组织的联系与合作，配合联合国亚太经济社会委员会（UNESCAP）和国内有关主管部门，继续做好联合国亚太农业工程与机械中心（APCAEM）在中国归口点的工作。

积极联合有关国际组织和国内有关部门，共同办好2004年世界华人生物医学大会、2004年世界工程师大会、第8届中日韩（东亚）工程院圆桌会议（2004年）、国际医学组织（IAMP）第二次全球会议（2005年）、世界矿业大会等国际会议。认真组织好2005年中俄工程科技研讨会等双边国际会议。

积极开展与瑞典、澳大利亚、美国、韩国、俄罗斯等国工程院的双边合作。认真执行已签署的合作协议，争取开展人员交流、合作研究等更多的实质性合作项目。

认真组织好我院团组出访和接待来访工作。继续提高我院外事宣传工作水平。逐步规范我院外事工作的管理。

（六）做好宣传、出版和奖励工作。

加强与中办、国办的联系，及时报送院士建议和工程院的重要信息，提高报送质量和采用率。

加强与国务院新闻办公室的联系，保持与各新闻媒体的畅通渠道。利用各种传媒向全社会介绍工程科技在经济建设和社会发展中的重要作用，以及院士为国家科技进步所作的突出贡献。

加强编辑力量，进一步提高《中国工程科学》杂志的质量，努力扩大发行量。继续办好《中国工程科学》英文版，力争被SCI收录。

加强院出版委员会工作，建立“中国工程院学术著作出版专项资助”制度，支持院士学术著作出版。

继续做好“光华工程科技奖”等奖励的评选工作。

（七）加强党的建设和机关队伍建设。

认真学习贯彻党的十六大和十六届四中全会精神，扎实开展以学习贯彻“三个代表”重要思想为中心内容的保持共产党员先进性的教育活动。及时组织学习、贯彻党的方针政策；坚持党组中心组学习制度和党内民主生活会制度，对机关党委开展工作给予指导；加强机关干部队伍建设。

院机关要紧密围绕工程院的中心任务和中央国家机关工委的部署，加强机关党的思想建设、组织建设和作风建设。坚持学习制度，努力提高职工的理论水平和思想道德素质；组织开好局级干部和各党支部民主生活会；做好思想政治工作，弘扬正气，树立服务意识和大局观念，发挥党员的先锋模范作用；加强对机关工、青、妇等群众组织的领导，提高机关党组织的凝聚力和战斗力；加强党的纪检监察工作，落实党风廉政建设责任制。

认真贯彻落实国家干部人事政策，在院党组领导下，进一步细化院机关各部门岗位设置和职责分工，做好新增编制的招聘录用工作；继续完善机关人事管理的各项制度，做好干部的日常管理；加强院机关岗位培训和业务知识培训，提高干部素质；完善外聘人员的管理制度。

（八）加强基础设施建设和行政管理。

完善制度，规范管理，严格按照工程建设程序及相关的规定要求，做好新综合楼的建设和搬迁准备，推进后勤服务社会化进程。

推进工程院信息化建设。加快建设先进、安全、高效的工程院专用网络系统，保障国务院办公网络系统的正常运行，为全体院士的学术交流提供便捷平台。开发和完善机关办公自动化系统，为提高机关办公效率创造条件。

进行工程院预算改革，加强财务管理和资产管理，建立同工程院的职能、体制、目标和任务相适应的预算管理制度，完善重大咨询项目和大型活动经费管理制度、绩效评估、问责制度。完善工程院固定资产的管理制度及相应的计算机管理系统，提高资金和资产的使用效率。

（九）完成党中央、国务院交办的其他任务。

各位院士和机关全体人员要同广大工程科技工作者一道，为推动我国工程科技的进步和发展，为祖国繁荣昌盛做出新的贡献！

关于印发《中国工程院2004年工作要点》的通知

中工发[2004]29号

各位院士，院机关各部门：

第三届主席团第九次会议于2004年3月31日审议通过了《中国工程院2004年工作要点》，现印发大家,请遵照执行。

中　国　工　程　院
二〇〇四年四月五日

中国工程院2004年工作要点

一、总体要求

以“三个代表”重要思想为指导,深入学习贯彻十六大和中央有关会议精神,按照科学发展观的要求,认真贯彻实施科教兴国战略和人才强国战略,围绕国民经济和社会发展中的重大工程科技问题,深入开展咨询研究,为国家经济的协调发展做贡献。努力推动我国工程科技事业的发展,继续加强院士队伍建设,开好第七次院士大会,精心组织建院10周年纪念活动。全面完成《2002－2004年度工作纲要》确定的任务和国务院交办的各项任务。

二、工作要点

(一)加强决策咨询工作,不断提高决策咨询水平

调动全院力量,发挥院士群体跨学科、跨行业、跨部门的综合优势,为国家在科技、经济和社会发展中的重大关键问题提出前瞻性的咨询意见,发挥国家最高咨询性学术机构的作用。

1. 突出重点,完成好制定国家中长期科技发展规划的咨询任务和国家“十一五”计划的委托咨询任务。继续作好已启动的矿产资源、油气资源、城市化等重大咨询项目组织实施。根据国家经济和社会发展的要求,安排好新设项目。

2. 推进将两院院士专家咨询纳入国家重大科技与工程建设决策程序的工作。

按照国务院领导的要求,在原国家计委和科技部印发文件的基础上以国务院办公厅名义发文加以落实。

3. 加强咨询报告的提炼、加工和整理工作。

加强政策研究室的工作,对重大咨询研究阶段性成果和结题报告进行分析提炼,及时向国务院和有关部门上报简明扼要和政策性、操作性强的信息,更好地为领导决策提供参考。重大的咨询报告要在媒体上公布。

4. 贯彻温家宝总理关于“边研究,边应用”的指示精神,进一步发挥咨询报告的作用。通过专题汇报、举办学术研讨会等形式,供国务院相关部门和地区领导决策参考。汇集整理研究成果、出版印刷,建立信息资料库,实现咨询研究成果的资源共享。

（二）加强院士队伍建设

1. 弘扬楷模、落实制度

认真贯彻落实工程院已制定的《院士科学道德行为准则》、《院士增选工作中院士行为规范》、《院士科学道德行为准则若干自律规定》等制度。在把好增选关的同时，从院士自律、完善制度、弘扬楷模、社会监督等四方面加强院士队伍建设。

2. 加强院士增选相关政策和问题的研究

（1）研究院士队伍的长远发展目标和工程科技人才的成长规律，在此基础上提出更加科学、合理的增选名额，不断优化院士队伍的结构；

（2）研究制定工程技术的学科分类标准，优化院士队伍的学科分布和指导未来学部的设置；

（3）研究改进院士评选办法，提高评选的水平和效率。

（三）开好第七次院士大会，精心组织建院 10 周年的纪念活动

1. 加强与中科院的协调，共同作好院士大会的筹备工作，办好国际性的学术报告会，邀请有关国家工程院院长和外籍院士出席并作学术报告。制定院士大会应急预案，作好会议文件的起草和各项会务工作。做好评选和颁发光华工程科技奖的组织协调工作。

2. 办好建院 10 周年展览，展示中国工程院及院士们为推动我国工程科技事业发展所做的历史性贡献和艰苦创业的精神，感召后人，激发青年一代献身国家工程技术事业的积极性。

3. 编印、出版《中国工程院 1994－1997 年年鉴》、《院士学术报告文集》、《建院 10 周年纪念文集》等。

（四）继续开展企业技术创新院士行活动

与国家发改委合作，继续作好“院士行”活动。调整健全组织机构，突出重点，注重实效，围绕企业、行业和地区的重大关键技术问题开展技术咨询，提高创新能力和竞争力。

（五）充分发挥各学部作用，积极开展学术活动

紧紧围绕工程科技发展中的重点、热点和前沿问题，举办 6 次左右的工程科技论坛。推荐部分院士到相关部委或国务院作科技讲座；与基金委合作，举办 2 次“工程前沿”研讨会；积极参办香山会议；各学部举办相关专业领域的学术活动。院机关要为组织学术活动创造条件。

（六）深入推进国际工程科技交流与合作

1. 与中国科协、上海市合作，努力办好第二届世界工程师大会；办好东亚工程院圆桌会议以及 3 次专题国际学术研讨会。

2. 认真履行已签署的国际合作协议，落实合作内容；围绕全院的中心工作，结合重大咨询课题，积极开拓新合作领域，抓好一批有影响、有实效的国际交流与合作项目，提高出访的实效性。

3. 重点组织好院领导和院士 20 多个团组的出访。

4. 按照党中央、国务院的要求，认真作好 APCAEM 国内归口点的有关工作。

（七）继续作好与重点省市的合作，逐步完善院士咨询活动机构

1. 继续坚持“量力而行、突出重点、稳步推进、务求实效”的原则，按照年度计划，落实与山东省和深圳市的全面合作。推动与北京、上海以及空军的双边合作。根据需要与可能，开展与有关地方的专项合作。

2. 加强与现有院士活动中心的联系，委托开展相关的咨询项目。在院士相对集中的地区，与相关省市协商，逐步建立新的院士活动中心或院士联络处。鼓励院士为当地经济和社会发展服务。

（八）与有关部委进一步加强联系，增进了解，开展合作

1. 巩固与已走访15个部委的联系，落实有关合作事项。

2. 继续走访中宣部、人事部、交通部、外交部、国家环保总局等部委办局。

（九）进一步加强工程科技的出版和宣传工作

1. 加强与新闻界的联系，争取在相关报纸上开辟专栏，宣传院士咨询调研成果，弘扬院士们严谨求实的科学道德风范。

2. 出版工作要在原有基础上再上一个台阶，不断提高质量。办好《中国工程科学》中英文版和《中国科学技术前沿》，从更高层次反映中国工程科技水平和技术前沿。适当扩大《中国工程科学》的发行量，办好《中国工程院院士通讯》，扩大院士工作信息来源，做好《中国工程院年鉴》的编辑出版工作，汇总和延续工程院的历史档案。

3. 改版设计中国工程院互联网主页，增加信息量及功能，及时更新，提高访问点击率。

4. 加强对国际工程科技界的宣传工作。完成我院英文网页英文版改版工作、每月出一期CAE Newsletter，编印好《中国工程院年报（英文版）》，提高英文编辑水平。建立完善的外事工作数据库。

（十）克服困难，加快综合楼建设

尽快完成有关审批手续，严格财务管理，抓紧开工建设，力争在年内完成主体结构。

（十一）加强机关队伍建设，进一步落实各项工作制度，提高办事效率

1. 认真贯彻执行中共中央《党政领导干部选拔任用工作条例》和《中国工程院选拔任用干部工作实施细则》，健全人事管理的各项规章制度。

2. 做好机构调整，明确岗位职责；逐步落实新增编制的对内竞聘上岗和对外招聘工作；健全各部门领导班子。

3. 机关行政工作要以规范化、制度化为重点，树立照章办事的观念。狠抓已有规章制度的学习与落实，完善办事规则。

4. 做好2004年预算执行工作，编制好2005年预算，加强对财务法规的学习和执行的自觉性。

5. 加强职工培训，提高业务素质。制定2004年培训计划，开办各类业务培训班。

6. 提高办事效率。加强网络建设，加速办公自动化进程。

7. 开展关于事业单位试行人员聘任制度的调查研究，逐步试行人员聘任制。

8. 进一步改善工作条件，逐步改善职工待遇。

国家发展改革委办公厅、中国工程院办公厅关于继续开展“技术创新院士行”工作的通知

发改办高技[2004]886号

各省、自治区、直辖市及计划单列市、新疆生产建设兵团发展改革委(计委)、经贸委(经委)、中央管理企业:

为促进以企业为主体的技术创新体系建设,广泛整合社会科学资源,提高企业和产业的创新能力和市场竞争力,原国家经贸委与中国工程院共同组织开展了“企业技术创新院士行”(以下简称“院士行”)工作,主要针对企业发展战略、技术创新体系、重大技术改造方案以及培育创新能力等问题组织工程院院士和专家进行实地考察和技术咨询,以促进企业和产业技术创新水平的整体提高。“院士行”工作开展以来,共针对燕山石化、春兰集团、大唐电信和武钢集团等34家企业以及相关行业进行了36次“院士行”活动,涉及机械、信息、冶金、石化、轻工、纺织、电力、农业及制药等重点行业和重点技术领域,对促进企业和产业的技术创新发挥了重要作用,产生了积极影响,得到了国务院领导的重视和肯定。

为适应新的形势要求,进一步加快国家创新体系建设,在此前工作的基础上,国家发展和改革委员会与中国工程院决定:根据国家创新体系建设的总体要求,针对我国经济结构调整和产业技术升级的重点问题,选择一批影响面大、带动力强的重点题目,继续组织有关方面的院士、专家开展“技术创新院士行”工作。工作的重点将围绕解决产业重大关键、共性技术问题,提升产业整体技术水平;促进东北等老工业基地和西部地区的产业结构调整,加快区域创新体系和能力建设;培育自主知识产权的核心技术,促进大企业集团的国际化发展等方面,充分发挥院士和专家的群体优势,为结构调整、产业升级和区域经济发展服务。

今后将根据需要,每年确定并公布“技术创新院士行”活动的工作计划,请各有关单位根据工作计划安排,结合本单位实际,提出开展院士行活动的具体建议,并做好相关的组织和落实工作。

特此通知。

国家发展改革委办公厅
中国工程院办公厅
二〇〇四年五月二十四日

院士大会暨院庆十周年

2004年6月2－5日，中国工程院第七次院士大会与中国科学院第十二次院士大会同时在北京隆重召开。胡锦涛、温家宝等党和国家领导人出席开幕式，亲切接见两院院士，并与全体院士合影。

胡锦涛主席在开幕式上作了重要讲话，温家宝总理为两院院士大会作了关于经济形势的报告，陈至立国务委员作了关于国家中长期科学和技术发展规划制定工作的报告。几位国家领导人都对院士们以至科技界提出了希望。

2004年6月3日，是中国工程院成立十周年的纪念日。6月2日下午，中国工程院院庆十周年纪念会在人民大会堂举行，600多名工程院院士和来自世界各国工程科技界的80多位外宾欢聚一堂，共同庆祝中国工程院走过10年。院庆活动从观看纪录片《中国工程百年》开始，随后徐匡迪院长用丰富多彩的历史资料和精练生动的语言，回顾了中国工程院10年的历史，勾画出未来的前景。会上特意安排由院士介绍国家最高科学技术奖获得者袁隆平、王选、金怡濂和王永志四位院士，并制作了精致的电视短片。中国交响乐团演奏了交响乐曲。庆祝大会自始至终洋溢着热烈、亲切和融洽的气氛，独具匠心的安排、轻松活泼的形式，给所有亲临现场的人留下了深刻的印象。2004年6月2日这一天会以其独特而深刻的方式永远留在人们的记忆中。

院士大会还举行了全院学术报告会和各学部的学术报告会。共80多位院士、外国工程院的嘉宾作了高水平的学术报告。各学部院士分别听取了学部主任的工作报告，并进行了学部常委会和主任、副主任的换届选举。

大会期间颁发了光华工程科技奖，师昌绪院士获成就奖，徐滨士等14位院士、专家获工程奖，钟志华等7位青年工程科技专家获青年奖。

第七次院士大会在圆满完成各项议程后于6月5日闭幕。

为了祖国的繁荣　为了社会的发展

——在中国工程院建院10周年院庆活动上的讲话

徐匡迪

2004年6月2日

各位院士，各位嘉宾，女士们、先生们：

今天，中国工程院全体院士和来自世界各国工程科技界的朋友们欢聚一堂，共同庆祝中国工程院建院10周年。我代表中国工程院热烈欢迎各位嘉宾的到来，并向为中国工程科技事业发展做出贡献的全体院士和朋友们表示崇高的敬意和衷心的感谢!

各位院士,各位嘉宾:

工程科学技术是推动人类文明进步的发动机,是科学和产业之间的重要桥梁。近代世界社会生产力的发展史,就是一部科学发现、技术革命和产业革命相互推进的壮丽史册。

第二次世界大战后,工程科技在全世界取得了巨大发展,其广度和深度超过了历史上的任何一个时代。宇宙之宏大,粒子之细微,天地之变迁,生物之奥秘,火箭之飞速,机械之精巧,视听之便捷,共同为人类描绘出缤纷多彩的新的风景线。工程科技在人类社会发展中的作用越来越受到重视。20 世纪 60 年代后,世界上许多国家相继成立了工程和技术科学院。

新中国诞生后的半个世纪中,工业化建设取得了巨大的成就,一代又一代的工程科技工作者用艰苦而富有创造性的劳动,为中国工程科学技术的发展和祖国的繁荣富强做出了卓越贡献。上个世纪 80 年代,中国进入改革开放的新的历史时期,"科学技术是第一生产力"成为尽人皆知的响亮口号,工程科学技术的重要作用日益突显。

邓小平同志在 1998 年指出:"中国这么一个国家,必须在高科技领域里边有一席之地。现在世界的发展,特别是高科技领域的发展一日千里,中国不能落后,必须始终占有一席之地"。

面对世界科学技术的迅猛发展和我国工业化建设高潮的到来,一批有识之士意识到,必须尽快提高中国工程科技的整体水平,这将决定我国现代化建设的成败乃至中华民族的前途和命运。科技界许多专家积极地酝酿在我国建立工程院,成立中国工程院已经势在必行。

1992 年,中国科学院张光斗、王大珩、师昌绪、张维、侯祥麟和罗沛霖等 6 位院士提出了"关于早日建立中国工程与技术科学院的建议",引起了国家的高度重视。1994 年初,国务院正式批准成立中国工程院,1994 年 6 月 3 日,中国工程院成立暨首次院士大会在北京举行,中国工程院正式宣布成立。

10 年前的这一天,是中国工程院全体院士们的节日、也是全国一千多万工程科学技术人员的节日。中国工程院在全世界科学技术迅猛发展和中国向实现工业化的宏伟目标奋勇迈进的形势下应运而生。

正如江泽民同志所指出:"中国在现代化建设中取得的一切成就,都离不开工程科技的巨大支撑。尊重工程师的创造性劳动,培养大批工程技术人才,是推进经济建设和社会发展的必然要求。这就是中国成立中国工程院的原因所在。"

今天回顾历史,我们可以自豪地说,中国工程院的成立不仅是中国工程科学技术发展史上的一个重要里程碑,而且也将成为中国现代化建设历史上浓墨重彩的一笔。

各位院士,各位嘉宾:

中国工程院是中国工程科学技术界的最高荣誉性、咨询性学术机构,中国工程院院士是中国工程科技领域的最高学术称号,授予对中国工程科技发展做出杰出成就和贡献的工程科技工作者。

中国工程院的中心任务是充分发挥院士队伍跨学科、跨部门、高水平的群体优势,努力推动科教兴国战略的实施,围绕国家、产业和地方经济社会发展面临的重大工程科技问题,开展宏观性、战略性、前瞻性、综合性的决策咨询。

中国工程院建院之初,设有机械与运载工程,信息与电子工程,化工、冶金与材料工程,能源与矿业工程，土木、水利与建筑工程，农业、轻纺与环境工程等6个学部，1995年和2000年又分别增设了医药卫生工程和工程管理学部。

10年来，经过五次增选，中国工程院现有院士660名，外籍院士27名，院士的一级学科覆盖率达到100%，二级学科达到73%，已经建成一支与国家工程科技发展状况相适应的院士队伍。

10年来，全体院士始终以发展工程科技、促进经济社会发展为己任，他们勤奋工作，忘我奉献，殚精竭虑，鞠躬尽瘁，为祖国的繁荣昌盛、为国家安全和国防建设，做出了卓越的贡献，赢得了全国人民的尊重。他们是中国工程科技领域的佼佼者，是中华民族的骄傲！

我们为拥有钱学森等为代表的一批国际著名工程科技专家而自豪，为拥有荣获中国科学技术最高奖的袁隆平、王选、金怡濂和王永志等一大批新时代的著名工程科技专家而自豪！

三峡水利工程是举世瞩目的宏伟工程。钱正英、张光斗、潘家铮、陆佑楣等一大批院士，为三峡这一世界上规模最大的水利工程建设做出了重要贡献，三峡工程取得的成就，记录着数十位不同专业院士的智慧、辛劳与汗水。

去年10月，我国载人航天工程取得更大成就。丁衡高、王永志、戚发轫等一大批院士和工程科技人员艰苦奋斗十几年，攻克了一个又一个技术难关。“神舟”五号邀游太空，实现了中华民族几千年来的“飞天”梦想，极大地鼓舞了中国人民攀登世界科学技术高峰的壮志。

去年春夏之交，我国爆发了非典疫情，严重危及广大人民的生命和健康，党中央、国务院高度重视，果断决策，依靠科技，战胜疫情。在此生死考验的关键时刻，钟南山院士等一大批医务工作者挺身而出，为抗击非典做出了重大贡献，赢得了全国人民的高度赞扬。

在过去的10年中，中国工程院组织全体院士为工程科技和国家经济社会发展献计献策，先后开展了100多项咨询研究，内容涵盖国家经济、社会、科学技术发展的计划和规划、重大工程建设项目、产业技术提升、地区经济发展、企业技术创新、工程科学教育等广泛领域，为政府、企业、大学和科研院所的决策提供了重要支持。

中国工程院组织院士和专家开展《国家“十一五”计划咨询项目研究》，涉及振兴装备制造业、能源发展战略、综合交通网络规划、技术创新和高技术产业发展、农业发展、医药卫生、区域发展和重大建设工程等8个课题，为国家经济社会发展提供决策支持。

《国家中长期科学技术发展规划》是部署我国未来科学技术发展的纲领性文件，中国工程院承担了规划战略研究中的《制造业科技发展战略研究》专题，并组织院士和专家对全部20个专题研究的报告进行咨询评议。

我国人口众多，水资源严重短缺。中国工程院从1999年起，组织院士和专家开展了《我国可持续发展水资源战略研究》，涉及水资源状况、防洪减灾、农业和城市用水、水体污染防治、生态环境和重大水利工程布局等内容。研究报告提出的一批重要发展建议在政府工作中得到广泛的采纳。

中国是世界石油生产大国，但随着经济社会不断发展，石油消费迅速增加，2003年进口石油达到9000多万吨，中国政府对此极为关注。去年5月，温家宝总理亲自委托侯祥麟院士组织开展《我国可持续发展油气资源战略研究》。去年10月，温家宝总理听取课题组汇报后指出：研究内容丰富，集中和反映了科学家、政府部门和企业的意见，是科学民主决策方法的新的尝试。

10年来，中国工程院开展了多种形式的咨询工作。我院近年来开展了企业技术创新院士行活动，先后组织300多名院士和专家奔赴30多个企业进行现场咨询，推动了企业的技术进步。我院先后与山东、北京、上海、深圳等省、市建立了合作关系，为振兴地方经济和促进地方科技发展服务。

我院还通过工程科技论坛等各种学术交流活动，推动我国工程科技事业发展，促进优秀年轻工程科技人才的成长。

在过去的10年中，中国工程院的国际交流与合作日益扩大和丰富，1997年，中国工程院加入了国际工程与技术科学院理事会（CAETS），国际交流与合作的渠道日益畅通，我们的朋友越来越多。

10年的时间并不漫长，但中国工程院已经逐渐走向成熟，这是全体院士和工作人员共同努力、携手并进的结果。我代表全体院士向中国工程院的第一任院长朱光亚院士、第二任院长宋健院士表示最崇高的敬意！他们为中国工程院的发展奠定了坚实的基础，并为中国工程科技的发展做出了卓有成效的贡献。

中国工程院的诞生、成长、壮大，得到了党中央和国务院、有关政府部门、地方政府、相关单位和社会各界的大力支持和帮助。我代表中国工程院向所有关心和支持中国工程院和中国工程科技事业的朋友们表示衷心的感谢！

10年携手并进，10年共同创业。在我们祖国过去10年取得的巨大进步中，有中国工程院院士们的一份贡献，这是我们的最大欣慰，也是一千多万中国工程科技人员的至高荣誉！

各位院士，各位嘉宾：

在今后的20多年中，祖国的辽阔大地上将掀起人类历史上最宏伟的工业化建设高潮，它为工程科技的发展提供了更为广阔的舞台，也对中国工程院的发展提出了更高的要求。

今天，中国的工程科技水平在总体上仍落后于发达国家。我国农业生产技术水平不高，生物、信息技术的应用还十分薄弱；我国制造业规模虽居世界第三，但总体上处于产品低端，大量先进技术装备依赖进口，亟待用高技术提升改造传统制造业；我国在工业化进程中，面临巨大的资源和环境压力，必须依靠先进的工程科学技术，实现高效、清洁、可循环的资源利用。

在21世纪中国实现工业化和现代化的进程中，挑战与机遇并存，工程科学技术肩负着巨大的历史责任。我们决心坚持以人为本、全面、协调、可持续的科学发展观，努力引进、消化、吸收国外先进技术，加强自主研究开发，不断推进技术创新，力争在2020年前后，使我国的产业技术在整体上接近或达到工业化国家水平，采用先进技术建设一大批重大工程项目，为我国全面建设小康社会、走新型工业化道路提供强有力的支撑。

中国工程院建院10年来取得了有目共睹的成就，但今后的道路更漫长、任务更繁重。中国工程院为能够推动中国工程科技的进步而感到无比的荣幸，也因此深感责任重大，不能有丝毫的懈怠。中国工程院将继续加强院士队伍建设，全力做好决策咨询工作，团结全国广大工程科技人员，与国际工程科技界的朋友们共同努力，为了祖国的繁荣，为了社会的发展，付出我们更多的心血，奉献我们全部的才华！

最后，请允许我用李白的诗句来衷心地祝愿中国工程院的明天："长风破浪会有时，直挂云帆济沧海"。

祝大家事业有成，生活愉快，身体健康。

谢谢。

中国工程院建院十周年致辞

中国科学技术协会主席　周光召

2004 年 6 月 2 日

各位院士、各位来宾，女士们、先生们：

在中国工程院成立十周年之际，谨代表中国科协、国家各有关部委、省市以及全国广大的科技工作者向中国工程院致以热烈的祝贺！

十年前的 6 月 3 日，中国工程院正式成立，他体现了党中央、国务院对发展我国工程科技事业的高度重视，也是对全国一千万工程技术人员的关怀和重托。他是一面旗帜，号召全国的科技工作者投身于国家的工程技术事业，为国家的经济建设和民族振兴贡献自己的力量。

十年来，我们高兴地看到，在党中央、国务院的领导下，中国工程院不断壮大，全体院士奋发努力，在国家重大工程建设方面为国家献计献策，培养和造就优秀的青年人才，举办多种形式的学术活动，开展高层次的国际交流与合作，为国家的工程技术事业作出了重大贡献，中国工程院以他出色的工作赢得了世人的尊敬。

在新世纪，结合我国的国情，我们更需要用科学的发展观指导国家的经济建设和工程建设，节约资源，改善环境，提高效益。在党中央坚持科教兴国、人才强国和可持续发展战略的指导下，全体院士和广大科技人员大有用武之地，中国工程院也必将发挥更大的作用。

再次对中国工程院成立十周年致以热烈的祝贺！

中国工程院建院十周年致辞

国际工程与技术科学院理事会主席　阿尼·伯利克

2004年6月2日

我谨代表国际工程与技术科学院理事会(CAETS),向中国工程院成立十周年表示祝贺!

经过十年的发展,中国工程院不仅成为中国的一个强大机构,而且也成为国际工程与技术科学院理事会的重要成员。国际工程与技术科学院理事会是一个独立的机构,它的目标是“为提高可持续的经济增长和社会福利,致力于加强工程和科技活动”;另一个重要目标是“为共同关心的工程与技术问题,提供一个可供讨论和交流的国标论坛”。

只有具备更好的工程技术,才能带来可持续的经济增长和社会福利。因此,工程技术研究上的投资是非常重要的。中国科研上的进步给我留下深刻印象。我认为对一个国家来说,最重要的是要有长期的目标,比如美国的阿波罗计划。中国在工程技术领域和自然科学领域的雄心也很大。我非常期待明天去参观北京生物芯片国家工程研究中心。

未来的能源供应是全球面临的一个重要的问题。国际工程与技术科学院理事会(CAETS)与挪威技术科学院合作,于上周召开了“全球能源展望”研讨会。像中国和印度这样经济快速增长的国家,能源消耗也将迅速增加,这些国家增加能源产量的计划将会使全球受益。我们知道,从技术上讲,我们可以采用在发电厂分离二氧化碳并将其注入地层予以固定的方式来制造能源,从而不会产生二氧化碳。我们所不知道的是:这样生产能源的成本,及与其他可持续能源供应相比是否具有竞争力。

国际工程与技术科学院理事会(CAETS)提供了一个非政治、非政府的氛围,可以进行自由公开的讨论。我们知道科技会被误用,而最可能误用科技的人员莫过于这方面领域的专家。生物技术的迅速发展,引发了科学家们在国际论坛上对伦理道德的讨论。

在我们生活的社会中,工程技术对社会、工业和个人来说变得越来越重要。同时我们也可以看到,在一些国家,人们对科学技术和自然科学的兴趣在减弱。这个矛盾说明,仅仅作为一个卓越的科学家或工程师是不够的,还要能讲出令人兴奋的故事。我们有很多引人入胜的故事,比如:我们如何采用纳米技术建造新材料,如何实施显微外科手术,怎样找到火星上有生命的迹象,以及怎样生产可持续的能源。

最后,研究投资必须基于公众的兴趣。瑞典的一个研究显示,报纸和电视低估了公众对科学技术的兴趣,当有了大卫·阿藤伯勒这么优秀的讲故事的人时,我们可以看出公众的兴趣是很大的。

因此,激励科学家讲好听的故事是非常重要的。

作为政府和公众在技术发展上的顾问,作为各个技术领域专家集会的场所,工程院应该起到非常重要的作用。在第一个十年中,中国工程院成长为一个重要的组织。她将在未来继续发展,备受关注。

在此,我再次向中国工程院十周年院庆表示祝贺!

〔大会学术报告〕

经济增长的革新策略(摘要)

瑞典皇家工程院院长　莱娜·托瑞

摘要　2000 年 3 月,在里兹本欧洲会议上提出以知识为本的经济增长模式,已经成为欧盟的一个主要目标。里兹本会议邀请了很多重要机构参会,以达到将欧洲发展成知识型经济的目标,其中包括很多大学,它们在知识经济中扮演极其重要的角色。

大学两个传统任务是研究和教学,与此同时,大学也是革新的发动机,其企业性和经济竞争能力日益重要。

本报告将以欧洲和国际为背景介绍瑞典的革新和企业活动。报告人将对新知识推动经济增长的因素及社会发展方面提出新的观点。本报告同时讨论大学在推动此进程中角色转变的几个因素,例如:学术职业生涯,知识产权和股份公司等等。

工程院与 21 世纪可持续的未来(摘要)

英国皇家工程院副院长　彼得·萨里嘉

摘要　本文分析了工程科技对贸易增长以及国家交往的贡献,工程科技对世界的影响,在此基础上,阐述了工程院的角色以及英国工程院所采取的战略来达到既定的现实目标,同时探讨了未来 30 年世界面临的挑战以及可持续发展之路。

生物－社会－造物工程与人类进步(摘要)

美国工程院外事秘书　乔治·巴格列瑞洛

摘要　众多工程人造物(例如机械)、生物机体、社会实体及其进程相互作用,正日益塑造着我们社会的未来,已经形成一个不可分割的整体。生物－社会－造物内部的三要素以及它作为一个整体与环境的制衡,标志着人类进步迈上了新台阶。生物－社会－造物要素的不同特点(包括他们不同程度的可预见性)都有特定的相关性。本文以一种更为宽广的视野来理解工程学,即生物－社会－造物这种研究的一个关键工具是矩阵。矩阵可以用来识别材料、能源、信息和系统设计等生物－社会－机械的一般主题;有助于聚焦诸如生物机械等新的事物;同时有助于更清晰的理解生物－社会－机械本身的病症。人类将日益要求工程学为他们提供必要的生物－社会－造物,除此之外,人类还望获得科技力量能达到的、更为理想的生物－社会－造物。达到这些目标,生物－社会－造物工程要求进一步拓宽工程师的教育,并且在工程与生物科学、社会科学和道德规范之间进行更加积极的对话。

中国可持续能源供应的挑战和技术机遇

郑健超

一、概要

本文概括介绍中国能源的现状和未来发展,特别谈及能源界面临的挑战和可能的解决方案。

二、现状与未来发展

由于人口众多和经济的快速增长,中国要满足可持续的能源供应正面临巨大挑战。2000 年一次能源消费 13.7 亿吨标准煤,占全球总量的 11%,而人均能源消费仅为 OECD 国家均值的七分之一和世界均值的一半。未来 20 年,由于工业化和城市化的驱动,中国能源需求预计将显著增长。按照经济高增长情景设计,2020 年能源需求将达到 31 亿吨标准煤左右,为当年全球的 13.2%,美国的 60%,印度的 3.29 倍, 英国的 7 倍。但人均能源消费仍旧远远低于 OECD 国家均值。

在可预见到的未来,煤炭仍是主要的燃料,因而造成温室效应气体和其他污染排放的进一步增加。如果强化投入以扩大生产能力和补偿低效煤矿的关闭,煤炭产量预计可达21亿吨左右。

过去20年,发电量以每年8% ~9% 的速率增长,2003年底装机容量和发电量分别达到380 GW和1911 TWh,仅次于美国。按照电气化的进程,2020年装机容量和发电量预计分别达到850 -950 GW和3 600 - 4 300 TWh,即2000年的3倍。这相当于整个西欧2020年预测发电量的总和。

运输能源的需求是造成过去10年中国石油消费快速增长的主要因素。2003年中国消费了2.6亿吨油,其中包括净进口9 000万吨原油和石油制品。中国将很快成为仅次于美国的石油消费大国。石油需求将继续攀升,2020年很可能达到4.3亿吨的规模。

三、挑战与制约

在供应能力方面,中国虽然幅员广大,但能源不如美国丰富,也缺乏多样性。事实上,从人均的意义上,中国的能源资源非常有限。人均化石燃料资源仅为世界均值的56%。石油的人均可采储量仅为世界均值的8%。天然气的情况也大致如此。

水电被认为是替代化石燃料的首选。目前水电提供了全国20%的电力供应,约占世界水电发电量的10%左右。从满足未来大量的能源需求的角度,我国水电资源也很有限。我国水电资源理论蕴藏量6.7亿千瓦,技术可开发量3.79亿千瓦,经济开发量2.9亿千瓦(年发电量12 600亿千瓦时)。发电量折合发电一次能源为3.78亿吨标煤。换句话说,即使我国经济上合理开发的水电全部开发完毕(从现在起再建设12座三峡水电站的装机容量),仅可满足2020年发电量的28%,占当年一次能源需求的12%左右。

目前我国核电在电力中所占比例更小。已运行的核电站总容量为6 300 MW,另有3台核电机组正在建设中。2020年我国核电有望在发电量中占4%的比例。核电面临的挑战性问题是:初始投资大、运行安全、核废料处置、防止核扩散。如何使核电在电力市场中有竞争力,也是在我国需要特别关注的问题。由于我国煤炭价格较低,燃煤电厂发电价格一般比核电便宜。当环境危害的外部成本未能在价格体系中恰当反映时,情况更是这样。经济竞争力同样是非水电的可再生能源规模应用的主要障碍。为推动核电和可再生能源发电技术进入市场,需要体制和技术的创新。

在未来一段时期,中国将经受与能源相关的污染排放的快速增长。二氧化碳排放预计将从2000年全球总量的12.7% 增加到2020年的16.7%。中国政府意识到,全球对温室效应气体的排放日益关切,对此给与高度重视,通过强化节能和转向应用较低排放的替代能源,以降低排放。

除了温室效应气体排放以外,我国特别关注的与能源利用相关的空气污染包括:二氧化硫、氮氧化物、城市的粉尘排放等。我国三分之一以上的国土处在酸雨的威胁之下。106个城市的降雨的统计数字表明,有43个城市的雨水的年平均pH值低于4.3。如果不采取进一步的控制措施,2020年中国的二氧化硫和二氧化氮的排放将分别超过4 000万吨和3 500万吨。

我国大多数城市的空气污染可部分归咎于小型工业锅炉及炉灶中煤的直接燃烧。另一导致排放(主要是氮氧化物、一氧化碳、及可吸入颗粒物)增加的根本原因是近年来车辆的高速增长。

中国面临的挑战还包括能源基础设施(电网、油气管道等)尚不健全。由于能源基础设施的建设需要大笔基建投资,为降低投资风险,至关重要的是:通过全局规划和技术创新,建设更加可靠和有效的基础设施。此外,大量能源基础设施的建设还受到诸多条件的制约。例如,火电厂建设受到水资源条件的制约，电力线路和变电站的建设受到土地和空间的限制等等。

四、应对挑战的战略

强化能源效率是实现可持续的能源供应的关键。我国能源消费强度（Energy Intensity）的历史纪录表明，自1977年以来，我国的能源消费强度以平均每年4%的速率下降。假设没有这样的大幅度下降，中国到1995年就需要消耗两倍于实际消费的能源。大多数专家认为，经济结构的变化的贡献是主要的。

尽管我国的节能成就巨大，但目前的能源强度仍旧比较高，约为OECD国家均值的4.6倍。为了保持能源供需平衡，我国能源消费强度需要在2020年前再降低50%。另一方面，由于大规模建设的驱动，高能耗产品将继续增长，这就使得进一步降低能源强度变得更加困难。过去3年，我国的钢的需求以每年3 000万吨的速率增加，2003年达到2.3亿吨，占全球总量的30%。如果保持这个发展趋势，我国的钢产量将在2020年前达到2.8亿吨的峰值。此外，2003年我国生产了8.62亿吨水泥，占全球总量的40%。如果没有调控措施，水泥产量可能在2020年前达到10亿吨。其他高能耗产品如有色金属、玻璃、建筑陶瓷等的情况也类似。高能耗产品的过热引起对能源供需失衡的严重忧虑。毫无疑问，如果这种扩张势头不减的话，中国的能源未来将是不可持续的。

抵消能源强度进一步下降的另一重要因素是近年来车辆和各种家用电器的高速增长。由以下的数字就可见一斑：2003年中国生产了5 000万台空调、6 500万台电视机、2 300万台电冰箱，大部分在国内销售。

然而，人们确信节能还有很大的潜力。能源开采、生产、转换储存等中间环节的能效比国际先进水平差距还很大，节能潜力不小。与国际先进标准相比，我国的主要产品能耗至少可以降低20%。由于新技术的出现，能源终端使用的效率与日俱增，节能的潜力更大。在各个领域积极推行能效计划就可以实现这个目标，例如：高效照明、高效电器、工业余热利用、电力系统中的需求侧管理、小区供热供冷的优化、新的工业流程等。

增加高附加值产品对高能耗产品的份额，可以进一步大幅度降低能源消耗。但是，应当强调指出，为此目的，需要调整能源政策。

电力代表清洁、有效和便于控制的能源。电气化为现代国家提供了物质基础。增加电力的使用可以降低有害物质的排放，即使用煤这样的矿物燃料来发电也是如此。核能、可再生能源需要转换成电力才能供最终用户使用。电力在终端能源中的比例越来越大是客观的发展规律。因此，电气化被称为通向可持续发展未来的桥梁，列入国家可持续发展的紧迫议事日程。

五、应对挑战的技术创新机遇

我们可以抓住许多技术机遇以应对面临的挑战。高效洁净的发电技术是减少能源利用产生的环境影响的首选措施。超临界煤粉发电技术被认为是我国洁净煤发电技术的主流。对于新建的燃煤发电厂，采用超临界或超超临界机组配以经济的脱硫脱硝设备得到政府的鼓励。未来的“超洁净燃煤发电厂”，把高温燃料电池技术、联合循环技术和固碳技术集成起来，可以实现零排放的高效发电。

运输的替代燃料对我国可持续的能源供应至关重要。当前研究中的运输燃料的替代品是那些可以减少污染排放或将来可以取代汽油的燃料。压缩的天然气驱动的公共汽车在一些城市试点。

煤基液体燃料被认为是我国最有希望的交通运输的替代燃料。通过液化和气化将煤转化为液体燃料的技术已臻成熟。工业规模的煤液化示范工程正在我国的产煤省份开始建设。从长远看,随着燃料电池技术和储氢技术的进步,以氢为燃料的电动车将成为未来的绿色交通工具。但是,氢燃料的电动车的大规模应用要求传统的油料生产和分配的基础设施作重大改变,因此,氢经济时代的到来尚需时日。

在核电领域,中国准备在成熟技术和国际经验的基础上,发展自主设计的百万千瓦级的压水堆核电站。现有核反应堆的运行性能可以采用先进的运行技术加以提高,例如风险指引的在役检查技术、先进的维修技术和监控技术等。现在世界范围内正在研究所谓"先进堆",以满足更高的安全性、经济性、核废料处置和防止核扩散的要求。中国的专家在建设第二代核电站的同时,正密切跟踪先进堆的发展趋势。以更加充分利用铀资源为目标的快中子增值堆的试验工程和高温气冷堆的试验工程正在建设中。展望未来,聚变技术是实现可持续的能源供应最有吸引力的技术。有朝一日聚变技术实现了商业化,将为人类提供永不枯竭的清洁能源。

一个可靠、高效的电网对电力基础设施投资的回收至关重要。由于输电距离很长,我国的电力系统稳定问题比西欧国家突出。仅仅依靠传统的技术不能解决提高电网安全的问题,需要把先进的技术集成起来。灵活的交流输电技术,依靠电力电子技术和现代控制技术的集成,可以克服电网的瓶颈、加强电网稳定。将来,应用电力电子技术、分布式电源、储能技术、智能化设备和现代信息技术,可以把电力系统建设成为不易损坏、甚至可以自行康复的系统。

SARS疫情对我国科技和政府工作的启示

钟南山

2003年突发的急性传染病SARS在全球29个国家和地区爆发,有8 422人感染并造成916人死亡(病死率11%)。据亚洲发展银行2003年11月的统计,SARS直接带来的全球经济损失达590亿美元,其中中国大陆179亿美元(相当于1.3%GDP,或降低0.7%的GDP增长率),香港120亿美元(相当于7.6%GDP)。SARS疫情也使2003年在中国举行的女子世界足球赛易地美国举行。若近两年仍有疫情,将危及2008年在中国举行的奥运会。

对于政府和行政部门来说,应认识在当今世界传染性疾病(流感、结核、艾滋病、传染性肝炎)仍是危害人民健康的主要疾病;要处理好群众知情和社会稳定的关系。一般来说,政府对疫情发展实情越是透明,公众越是知情,社会越是稳定,因而诚实永远是上策;突发传染病事件有很强的时间性和破坏性,因此有两点尤其重要:其一,政府部门必须建立一个全国性的、有效的预警系统,去年下半年以来,我国已经建立一个预警网络,疫情一旦发生,通过此网络可以在几小时内通报中央及有关部门,以及时采取措施;其二,政府的决策更需依靠科技,但不能走常规,即等多次验证才能决策。例如在冬季进入大量食用野生动物的季节,已有较强的证据说明野生动物(特别是果子狸)是SARS的重要传染源,广东政府立即采取有力措施在5天内封闭果子狸饲养场,禁止其销售、输送、屠宰及食用。这个措施对预防今年SARS疫情暴发起了重要作用。

对突发事件的防治并非单纯卫生部门的事,只有依靠政府部门对多部门的组织协调以及强制性行动,才能在短期内控制疫情。

对于科技工作者来说,尊重事实,及时向有关部门提供病原体、疾病控制的评价、传染源等的准确可靠资料对政府正确决策极为重要。中国科技工作者应多一点自信,这对于开拓性研究十分重要。在SARS防治工作中,中国医务人员创造了世界最低的病死率,并依靠自己研制的试剂,在去冬今春确诊和排除了可疑SARS患者,对社会稳定起重要作用。通过大协作,中国科学家短期内在Science、Lancet等杂志发表了高质量论文,说明对待突发性传染病,只有流行病学、临床医学、预防医学等密切配合,各国各地有专长的学科合作,才能在短期作出成绩。突发性传染病迫使我们短期内找出防治的方法。

普及防治知识,是广大市民正确对待疾病,减少恐慌,维护社会稳定的关键,也是科技工作者的重要任务。

农业发展中的重大科技工程

石元春

在未来一二十年的中国农业发展中,粮食与生态安全、农业生物、农业信息,以及生物质能源等科技工程的建设具有重要意义。

全面建设小康社会中,保障粮食及肉类的有效供给,是一件十分艰巨的任务。既要求单产的年均增长率由过去十年的0.9%,提高到2.8%,而农业用水无增,耕地还要净减10%。水土资源的约束以及提高单产的压力都必须要有一个强大科技工程的支撑。我们提出的紧缺资源替代,包括对水土资源生产率的提高和非常规灌溉水与耕地对常规灌溉水与耕地的替代,它们构成了一个整体的科技工程,以保障粮食与肉类供给的安全。

生态恶化之于农业,如影随形。几十年治理的结论是“治理赶不上破坏”,“局部改善,整体恶化”,其原因是误区太多和决策失当。生态恶化,主要是指自然生态系统受人为因素的损害所导致的退化,人为因素中首要的是粗放和掠夺式的农业经营。解铃还须系铃人,从源头上解决问题,就要改掠夺式农业经营为资源节约和环境友好的现代化农业经营,在不同尺度生态区建立人工-经济-社会的生态系统及相应的科技工程,实现生产与生态的共建双赢。

DNA双螺旋结构的发现和重组成功开创了生命科学的新时代，不仅能在分子水平上认识生命现象，而且可以作生物体遗传性状的改良。农业生物工程涉及动物、植物和微生物；涉及育种、种植与养殖、施肥与灌溉、植保与防疫，以及众多新领域的开拓，它是生物学和农业领域的源头性和战略性的高技术，是农业科技发展的强大推动力。不失时机地、全面而有重点地开展农业生物技术的研究和产业化开发是发展中国农业的一个重大战略。

农业是以土、肥、光、温、气等自然要素为基本生产资料，从事生命物质生产的产业；是个变量因素很多，时空变异很大的复杂系统。所以，经验性强、稳定性差和可控程度低成为农业的先天性行业弱势。农业信息工程将从对象与过程的数字化、生产与管理的智能化、资源与农情的实时测报及管理的科学化、农事操作的精准化和信息服务的网络化对农业进行全面的改造和装备。

农业的发展和农民的增收，都需要农业在初级农产品生产的基础上，向着农产品加工的方向拓展，延伸其生产链条，这也是市场经济条件下，优化生产过程，提高竞争力的需要。在化石能源渐趋枯竭，以及对保护环境和可持续发展的追求中，利用丰富和可再生的生物质为原料，生产更加安全、环保和高性价比的能源和材料已成大的趋势，它将极大地影响和推进我国农村经济的发展和农民增收。生物质能源和材料的科技工程建设意义重大。

生态工程与可持续发展

李文华

1. 生态学的进展与生态工程的产生

我们的时代具有两大基本特征：第一，人类史无前例的创造力和极大的破坏力与日俱增；第二，人们的活动具有全球的规模，并负有全球责任。人们正面临着两大挑战，即环境上的全球变化和经济上的全球化。

从学科定义上看，生态学是一门研究生物及其环境之间关系的科学。由于在其发展初期研究对象的局限性和它纯自然主义的倾向，使生态学一度进展缓慢。但由于全球性环境问题的产生以及人们对于可持续发展的需要，极大地促进了生态学的进步。当前，生态学正在进入一个新的发展阶段。这一阶段的特点表现为：

- 从纯自然规律的探索到社会－经济－自然复合系统的研究；
- 面向解决全球性的环境问题；
- 研究尺度向微观和宏观两方面拓展；
- 从系统结构研究向系统的功能和动态研究转变；

- 研究方法和技术进行了革新；
- 从孤立分散研究向系统性网络集成研究发展；
- 强化学科间的结合与融汇，并导致一系列新的分支学科的产生。

生态学对于当代社会的最大贡献之一，就是其对于可持续发展战略思想形成和实施的促进。生态学所固有的系统性理论和整体论思想，促进了可持续发展概念的产生。在投身社会变革的过程中，生态学自身也得到了发展与革新。使生态学从一门默默无闻，甚至是具有一定争议的学科，跻身于当代科学之林，成为宏观科学领域中一支十分活跃的力量。在可持续发展“从概念到行动”的过程中，生态学在与相关学科结合产生了一系列新的分支学科，其中生态工程就是一个突出的代表。

2. 生态工程的概念与特点

生态工程是一门新兴的学科分支，在过去数十年时间里得到了快速发展。它可以被定义为：按照生态系统的整体、协调、循环、再生的原理，系统地分析、设计、规划和调控人工生态系统的结构要素、功能过程、反馈关系和控制机构，以便使人类长期获得最大的效益。

中国的生态工程一方面借鉴了国际的先进经验，同时也结合了我国国情，它与西方的生态工程相比，具有自己的特点：

- 强调经济效益的提高以及生产、生活中替代性资源的开发；
- 强调自然资源和废弃物的多层与多级利用；
- 强调建立不同部门之间和不同区域之间的共生关系；
- 强调传统生态技术和现代高新技术的结合、自然科学和社会科学的结合；
- 在政府的支持下，专家和公众之间有良好的合作关系；
- 不仅关注技术手段，而且还关注体制建设和人们的行为方式。

3. 生态工程：可持续发展的有效途径

生态工程的基本任务，就是通过对面临问题的系统诊断分析与机遇、挑战的分析，建立一个可持续的生态系统。我国正在实施、而且已经取得很大成就的生态工程主要有三类：农业生态工程，产业生态工程和区域生态建设工程。

(1) 农业生态工程(Agro - ecological engineering)

生态农业工程，或者称为中国的生态农业，是在总结数千年传统农业实践的基础上，并按照可持续发展原理发展起来的，目前已受到国内外的广泛认可。其基本原理就是共生、协调、循环、再生。

农业生态工程可以定义为：在生态经济学原理和系统工程学方法的基础上，通过不同子系统在时间或空间上复合的农业生产系统，其目的是实现经济、生态与社会效益的同步提高，以满足人们当前和未来对经济发展的需要。

农业生态工程的特点，包括方法上的整体性，结构上的多元性，部门上的交叉性，类型上的层次性，就业机会与收入水平的最大化，能量与物质消耗上的高效性。

我国科学工作者在不同层次上创造了多种农业生态工程的模式，并取得了显著的经济、社会和生态效益。例如，近几年在我国北方地区出现的一种“四位一体”农业生态工程模式，是一种以沼气为纽带,将种植业、养殖业等进行有效整合的复合系统。在这种模式中,庭院是基础,太阳能是主要的能源输入。这种模式一般包括4个部分:沼气池、养猪舍、卫生间和温室大棚。来自养猪舍和卫生间的粪便,被输入到沼气池中,沼渣用作种植作物或蔬菜的肥料,沼气作为农户的能源。

(2)产业生态工程(Industrial ecological engineering)

产业生态工程,就是按照循环经济原理,将工厂、农场和公司进行有机组合。它通过模拟自然生态系统的生产者-消费者-分解者的循环途径而改造我们的生产系统,以实现物质的梯级利用和闭路循环;通过建立系统的产业链,形成工业共生网络,以实现物质、能源的优化利用。

按照 Graedel 和 Allenby(1995)的定义,产业生态就是在给定的经济、文化和技术演化条件下,人类能够有意而合理地实现并维持所期望的承载能力的一种手段。根据这一概念,一个产业系统不应孤立于其周围的环境,而是应当与环境保持协调。产业生态是一种系统的观点,人们可以利用这种观点寻求优化从原料到中间产品、到组分、到最终产品的全生产过程的物质循环,被优化的因素包括资源、能量和资本。

像生物系统一样,产业生态工程的最重要的内涵之一就是改变过去对废弃物的观念。废弃物一般被认为是无用的或没有价值的材料,但在自然界中并没有永远被抛弃的物质,所有的物质在产业生态工程中都力图以各种不同的方式加以重新利用,并产生经济、社会和生态效益。因此,一个生产过程的陈旧的物质和产品,应当被看作是剩余物(residues)而不应是废物(wastes)。我们应当认识到,所谓废物,只不过是我们在经济活动中还没有学会有效利用的剩余物。

1994年我们曾与瑞典、日本等国提出了零排放计划的倡议,并召开了一系列国际会议,提出的以啤酒生产为中心的零排放框架在日本和纳米比亚等国得到实施。近年来,我国学者在把磷矿、磷肥厂、水泥厂以及劣质煤的高效利用结合成一个完整的循环经济系统,铬化工生产的循环经济模式等研究方面,都取得了很好的效果。

(3)区域生态建设工程(Eco-regional engineering)

可持续发展涉及到生态、经济和社会三个方面,因此,可持续发展战略应当在一个发展系统上,通过协调社会、经济、自然之间的关系进行实施。这个发展系统可以是一个省、一个市、一个县,甚至是一个镇、一个村。目前我国政府倡导的生态村、生态镇、生态县、生态市、生态省,正是为了探索适合中国特色的可持续发展之路。

例如,城市就是一类典型的社会-经济-自然复合生态系统,它是物质、能量、信息、资金和人口的“汇”,同时也是污染及其他造成区域甚至全球环境问题的“源”。城市的核心是“人”,人是城市的创造者,也是破坏者。一个可持续发展的城市,应当是在城市居民和其自然环境与社会环境之间具有可持续的生态关系。生态城市的建设是一项系统工程,它综合了行政管理、生态高效的产业、满足人们的需求、具有和谐的文化,而且自然景观、农业、基础设施等都进行了功能整合。

2002年8月23日在“第五次国际生态城市大会”上通过了“关于生态城市的深圳宣言”。该《宣言》指出生态城市的建设包含以下五个层面:

- 生态安全保障:向所有居民提供洁净的空气、安全可靠的水、食物、住房和就业机会,以及市政服务设施和减灾防灾措施的保障。
- 生态卫生:通过高效率低成本的生态工程手段,对粪便、污水和垃圾进行处理和再生利用。
- 生态产业代谢:促进产业的生态转型,强化资源的再利用、产品的生命周期设计、可更新能源的开发、生态高效的运输,在保护资源和环境的同时,满足居民的生活需求。

• 生态景观整合：通过对人工环境、开放空间（如公园、广场）、街道桥梁等连接点和自然要素（水路和城市轮廓线）的整合，在节约能源、资源，减少交通事故和空气污染的前提下，为所有居民提供便利的城市交通。同时，防止水环境恶化，减少热岛效应和对全球环境恶化的影响。

• 生态意识培养：帮助人们认识其在与自然关系中所处的位置和应负的环境责任，尊重地方文化，诱导人们的消费行为，改变传统的消费方式，增强自我调节的能力，以维持城市生态系统的高质量运行。

4. 展望

目前，生态学以其丰富的哲学内涵和整体、协调、循环、再生为核心的基本原理，对于促进社会经济的可持续发展发挥着越来越重要的作用。正如美国著名生态学家 Odum 所认为的那样：对于一个高度复杂问题的解决，需要一种整体性方法与途径。生态学恰恰提供了这样的方法与途径。但是，尽管生态学在促进社会经济可持续发展方面已经有了长足的进步，但仍然有一些问题需要解决。这些问题包括：

• 社会 – 经济 – 自然复合生态系统内各组分之间的协调发展机制；
• 宏观生态学研究中的不确定因素和非定量组分的概念框架；
• 可持续发展面临的机遇、挑战及生态学的新任务；
• 生态学研究的边界及发展空间。

对 21 世纪初信息技术发展趋势的思考

汪成为

第一部分：对信息技术发展规律的思考

信息技术是 20 世纪下半叶起世界上发展最迅猛的技术之一。例如：在因特网技术成熟前，高性能计算机是信息领域中标志性的技术，在因特网开始广泛应用后，基于网络的计算就成为信息领域中技术发展的“领跑者”。回顾自 1945 年以来计算机和网络技术的盛衰经历，梳理其演变规律，可以从中领悟出对未来发展具有指导意义的方略。

由信息资源的建设和应用所提出的需求才是信息技术发展的根本动力。概括而言，在过去的 50 年中，在信息资源的建设和应用的需求牵引下取得持续发展和显著效益的技术是：1. 网络技术：增强了对信息资源的处理和服务能力。2. 多媒体技术：丰富了信息处理对象的种类。3. 面向对象技术:缩小了人的认知域和计算机的处理域之间的距离。4. 嵌入技术:扩展了信息技术渗透的领域。而这些技术都是与信息资源的建设和应用直接相关的,是需求推动着它们的发展。

在过去20年中,是哪些信息技术对未来的信息社会产生着深刻的影响呢?仔细分析后可以发现,基本上还是基于上述四项技术的拓展。1. 从网络技术,向人在网络中基于网格和海量信息处理的发展,促进了未来信息社会的协同化(Cooperative)。2. 从多媒体技术,向可视化计算和虚拟现实技术的发展,促进了未来信息社会的沉浸化(Immersive)。3. 从面向对象技术,向面向 Agent 技术的发展,促进了未来信息社会的智能化(Intelligent)。4. 从嵌入技术,向信息技术的全面嵌入和应用拓展的发展,促进了未来信息社会的普适化(Pervasive)。

第二部分:美国对21世纪初信息技术发展趋势的评述

一、总统信息技术顾问委员会(PITAC)

回顾最近5年 PITAC 报告的战略取向(括号内是信息资源建设的重点),可以清晰地看出,虽然 PITAC 报告是对下一财年内信息技术发展战略的总述,但 PITAC 报告始终认为,信息资源的开发应用和信息基础设施建设是战略重点和发展动力。

1999 财年:强调网络计算(网格技术;主动联网;人机协同计算);

2000 财年:高性能计算和通信(大规模联网;下一代互联网;高可信系统;以人为中心的系统);

2001 财年:促进21世纪革命的信息技术(改善人机接口和信息资源管理;可剪裁的信息基础设施);

2002 财年:网络和信息技术正改变着世界(下一代的计算和海量信息存储技术;为真实世界编制软件;对知识进行管理和应用);

2003 财年:加强国土和经济安全(开发解决系统复杂性问题的技术;为网格开发中间件);

2004 财年的总报告尚未公布,但近期专题研讨的重点是:IT 与保健,以及信息系统的安保。

二、国防高级研究计划署(DARPA)

在本世纪初,DARPA 发表了一份信息技术发展的战略性文件,题为“21 世纪的信息技术”,其要点是:

1. 基础软件:面向需求的软件工程;面向最终用户的程序设计;基于构件的软件开发;主动软件;自治软件;高可信软件。

2. 人机交互作用和信息管理:提高计算机能够听、说和理解自然语言的能力;提高信息的可视化程度。

3. 可剪裁的信息基础设施:深度的网络互联系统;任何时间、任何地点的互联;网络系统的建模和仿真。

4. 高端计算:改善超级计算机的性能和效率;创建计算网格;研发革命性的计算算法。

由此可见,提高信息资源的建设和信息应用水平也是 DARPA 的主要战略取向。

第三部分:对21世纪初我国信息技术发展战略的建议

一、我们应该切实地了解用户当前的需求

当前,用户最迫切的需求是确保能安全地共享资源和信息,发挥信息的增值作用,为用户所需求解的问题提供有效的解决方案——Total Solution。作为信息科技工作者,不仅仅应探索“Know How”,更重要的是明了“Know What”。

二、我们应主动地应对新的技术挑战

1. 在网络时代,主要的开发和应用已经从“计算”转向了“服务”。

2. 在网格时代,网络上传输的将不再是以FTP、HTTP、POP3等为代表的数据,而是以UDDI、SOAP、GSML等为代表的服务,处理对象已发生巨大的变化,处理的难点是如何完成资源聚合和协同工作。但当前的信息处理手段都是以任务和数据为对象的,已经不能适应海量信息服务的处理要求。

3. 必须研究相应的模型、开发手段和演示验证的方法,以及建立与之相适应的基准测试程序(Benchmark)。

三、深化发展战略的研究,尽快地对长远目标取得共识

随着信息技术和应用的发展,我们必须自觉地认识到信息技术的发展趋势是:

- 从“人围着计算机转”发展为“计算机围着人转”;
- 从“计算机具有联网功能”发展为“网络具有计算功能”;
- 从“源于符号获取信息”发展为“源于信息获取知识”;
- 从“人应用计算机增长了人的知识”发展为“计算环境在被人应用的同时也优化了计算环境的功能”。

支持这样一个人机和谐的信息基础设施可能是一种“深度联网”的计算环境。

四、“深度联网计算环境”体系结构的基本特征

1. 深度联网计算环境将是高性能的因特网、传感器网和工作平台网三者的综合集成。

2. 深度联网计算环境中,系统能够根据用户的实际需求,向用户提供优化聚合后的计算资源,并按用户的个性提供协同的、及时的服务。

3. 不久的将来,当用户使用由深度联网计算环境所提供的计算资源时,就像目前使用水、电和煤气一样,只需要了解水站、电站和煤气站的应用、操作、服务和支付原则。

五、几点建议

1. 把信息资源的建设和应用放在战略发展的高度加以重视。

2. 加强对自然科学基金、863计划、973计划和信息领域中国家级的重大项目进行统筹部署的力度,宏观有序,整体最优。

3. 建议信息领域的有关部门,在近期内对以下10个方面增加支持强度。

(1) 新型的计算机体系结构及相应的算法(如:新型网格计算的结构和算法);

(2) 复杂系统的建模和控制(如:因特网与深度联网系统的建模);

(3) 人在回路中的分布协同工作机理(如:协同工作和资源聚合的机理及实现);

(4) 语义网络(如:由未来计算和网络处理对象而引起的剧变);

(5) 基于需求工程的软件(如:需求导引的中间件和智能主体的发展);

(6) 知识挖掘、推理和确认(如:从信息到知识、从知识到决策的认知和形成);

(7) 可视化、普适化、沉浸化的环境(如:人机和谐信息环境的实现途径);

(8) 中文处理的基础和技术(如:从信息处理和软件也是文化的视角出发,规划中文信息处理技术的发展);

(9) 信息系统的安全理论和机理(如:怎样系统性地解决信息系统的安保问题);

(10) 如何培养信息领域的有用人才,提高谋划和应变能力(如:怎样适应信息社会的实际需求和信息技术的迅变形势,以"授之以鱼,不如授之以渔"的理念改进教学)。

〔学部工作报告〕

机械与运载工程学部工作报告

王永志

各位院士：

在两年一度的院士大会召开之际，我们全体院士迎来了中国工程院建院十周年的庆典。大家聚集一堂，共同欢度这个特别的日子。我代表学部常委会向各位院士表示节日的祝贺，对大家在百忙中参加会议表示衷心的感谢。这里还要特别向在2003年底加入我们院士队伍的9名新院士，表示最热烈的欢迎。

本次院士大会，得到了党中央和国务院领导十分关心和重视。6月2日，胡锦涛总书记和中央领导亲切接见了出席本次大会的两院全体院士。6月3日，温家宝总理亲临大会作了重要讲话。党中央和国务院领导给我们全体院士的关怀和期望，使我们倍感鼓舞和深受鞭策。这既是对我们全体院士积极参与以经济建设为主战场所作出贡献的充分肯定；又是对我们科技工作者在新世纪全面建设小康社会中发挥更大作用的殷切期盼。我们既肩负着科技强国的历史重任，又是实践科教兴国国策的一只重要力量。我们唯有不断贡献智慧，才能回报社会和人民，才能不辱院士这个光荣称号。

各位院士，本届学部常委会是在2002年5月第六次院士大会上由学部院士大会选举产生的，是在上一届关桥院士领导的常委会奠定良好的基础上开展工作的。两年来，学部常委会召开了15次会议，总结和部署了学部的有关工作（有关重要事情，均形成了会议纪要，并及时发给各位院士）。徐院长3次到会，在对我学部的工作给予充分肯定的基础上，提出了希望，很好地指导了学部工作的开展。

自工程院第六次院士大会以来，按照《中国工程院章程》和《中国工程院2003－2004年度工作纲要》和学部常委会会议纪要的要求，在学部全体院士的共同努力和相互合作下，通过紧张、认真、高效和有序的工作，我们克服了各种困难，特别是2003年上半年因“非典”带来的不利影响，顺利完成了院里交给我们学部的各项任务，取得了成绩，得到院领导和社会有关各界的肯定和支持。

现在我代表本届常委会向大家汇报两年来学部的工作有关情况。

一、关于学部咨询与学术工作

两年来，在工程院主席团的领导下，通过进一步开展学部咨询研究、“院士行”活动、学术活动以及参与工程院各项活动和其他学部组织的有关活动，对我国科技中长期发展规划、国家有关的“十一五”规划、国民经济发展中的重大和热点问题、基础性问题以及可持续发展等问题进行了大量的咨询研究和学术研讨，加强了学部院士之间及与其他各学部院士、科学院院士和社会各界的联系，得到了国家及社会对发挥院士群体作用的充分肯定。可以说，学部院士作为工程院的一部分已经积极参加到了我国国民经济建设的主战场。

（一）关于咨询工作

咨询工作是工程院的两大主要任务之一。随着我院咨询工作的开展和不断的深入，目前已逐步走向学部交叉、综合性、前瞻性和战略性的方向。因此，由我学部承担的咨询研究项目，必须要请其他学部的院士及有关专家参加。同时，我学部的院士也要参加到其他学部为主的咨询项目中。两年来，参与完成的咨询、评审等工作共18项，正在进行的3项。具体是：

（1）参与完成了《新世纪如何提高和发展我国制造业研究》咨询研究项目。由宋健原院长任顾问，朱高峰原副院长任组长，60多位院士和专家参加，我学部有14位院士参与了该课题的研究。

内容包括：我国制造业现状、历史地位及作用、发展的对策研究、企业深层次的体制改革以及军工制造等5个方面。该报告主要是解决当时条件下人们对我国制造业的重新认识问题。研究工作完成后，于2002年3月上报中央和国务院，受到了高度重视。“十六大”报告起草小组参考了报告的部分成果，在“十六大”报告中有多处文字与该课题的提法相吻合。2003年2月，对该研究报告又进行了重新改编，并以书名《经济全球化时代的中国制造业》正式出版(40.6万字)。

（2）参与完成了《我国安全生产形势、差距和决策研究》咨询研究项目。该咨询工作由近百名院士和专家参加。在对全国15个行业生产安全调查研究的基础上，于2003年2月完成咨询总报告，并上报国务院。

该报告总结了近年来我国安全生产治理、整顿的成绩和经验，从六个方面提出了建议：一是依靠科技进步，促进我国安全生产水平的提高；二是通过法律、行政、经济和社会舆论等综合手段，促进企业建立“预防为主，持续改进”的安全生产自我约束和奖励机制；三是尽快建立适应社会主义市场经济的工伤保险机制；四是建立健全安全生产的六大制成体系；五是加大国家和企业对安全生产的投入；六是设立直属国务院的权威、高效的国家安全生产监察机构。这些建议基本都被国务院采纳。

（3）2003年6月，向国务院上报《私人轿车与中国》咨询研究报告，国务院曾培炎副总理专门批示国家发改委研究。

该项目研究工作是分两阶段进行的，由朱高峰原副院长负责。第一个阶段，国内部分研究已于2001年完成，以《21世纪我国私用汽车发展》的题目上报国务院。第二个阶段，中方专家组与美国国家研究理事会经过1年多的合作研究，并经双方咨询委员会组织评审后，完成了研究报告。并于2003年3月，共同出版《私人轿车与中国》一书（中、英文版，向全世界发行，共33.9万字）。

（4）参与完成了《发展我国大型飞机的研究》咨询项目。由中国科学院技术科学学部与我学部联合开展进行研究的，8位院士参加了该课题的咨询研究项目。研究报告于2002年6月完成，并上报国务院。在此基础上，并根据当前我国的需要，2003年7月又向中央提出了新的建议。

（5）2004年1月，向国务院呈报了《我国建设大型锻压装备研究》咨询报告。该课题由师昌绪院士牵头，5位院士和24位专家历时一年完成。报告从航空航天、兵器、核工业、能源等领域发展需求出发，提出尽快批准大型锻压装备立项的建议，并被中长期规划和国家“十一五”规划采纳。

(6) 2004 年 1 月,向国务院呈报了《航空发动机试验设施建设研究》咨询报告。13 位院士和 20 位专家经过一年的研究,建议将航空发动机试验设施建设列为国家专项工程。

(7) 2004 年 3 月,向国务院呈报了《废旧机电产品资源化》咨询研究报告。该项目于 2002 年立项,由国内 14 家单位参加。在近一年半的工作中,调研了 16 家企事业单位,查阅了 400 余篇文献资料,书面征询了 53 位专家的意见,先后召开了 6 次座谈会。最后通过了 29 位院士的咨询评议。

该报告指出:当前,我国汽车、家电、计算机等机电产品每年报废量惊人。到 2010 年以前,汽车年均报废达 200 万辆以上,电冰箱 400 万台以上,洗衣机、电视机 500 万台以上,计算机 500 万台以上。这些机电产品如果不及时进行有效利用和处理,将会成为“社会公害”之一。为此,报告里提出了在 2020 年前,实施“全民节约资源工程”;出台“资源综合利用法”和“再生资源回收管理办法”;完善逆向物流,促进产业发展;以项目带动技术开发和人才培养的发展目标和建议。

(8) 2004 年 3 月,向国家发改委、国防科工委、科技部等呈送了《我国制造业中焊接技术的现状及发展战略》咨询报告。11 位院士和 16 位专家历时两年,对国内 93 家企业进行了调研,还书面调查了 115 家企业。提出了我国制造业中焊接技术的发展战略,并被中长期科技规划中有关专题采纳。

(9) 受国家发改委委托,我院对“十一五”规划 8 个方面的问题进行预研究。

我学部承担了《国家“十一五”振兴装备制造业的途径和对策》的研究课题。该课题由朱高峰原副院长任组长,我学部 23 位院士参加了该项目的研究。研究项目共分 12 个子课题,分别对电力装备、石化装备、机械(通用和重型装备)、轨道交通装备、飞机、船舶、农机、仪器仪表、信息电子装备、基础元器件、共性技术等进行专题研究。研究分析了装备制造业的地位、作用及内涵、现状、问题和原因;提出了“十一五”期间,重点发展的原则,组织方式,自主开发和引进关键技术等对策与建议。

还有部分院士参与了由邬副院长为组长的《“十一五”高技术产业发展》的咨询研究。

2004 年 4 月 22 日,院里组织召开了承担“十一五” 各课题组的负责人会议,分别对每一个课题进行了最后的总结,讨论了准备向国家发改委集中报告的有关内容和建议。

(10) 受国家中长期科技规划领导小组委托,参与了徐匡迪院长担任组长并亲自主持的《我国中长期科技规划专题 3:制造业发展科技问题研究》,经过 100 多位院士和专家半年多的努力,按期完成了这项战略性的研究课题。

该课题以 2020 年我国的 GDP 翻两番、全面实现小康社会为目标,提出了未来 20 年,我国经济持续增长、国家综合实力增强、人民生活水平提高的主要基础是走以实现制造业为核心的工业化道路。整个课题分 20 个专题,涉及农业、能源、钢铁、交通、运输、制造业基础、信息和国家安全等多个领域,从市场需求、重大项目带动、关键技术突破到人才培养等各个方面提出了发展重点、战略方针和措施建议。整个课题体现了战略性、前瞻性和宏观性。

在起草和讨论中,先后召开过 3 次会议集中进行讨论和修改。徐院长、王淀佐、邬贺铨、杜祥琬三位副院长也多次参加会议。期间,国务委员陈至立还专题听取了部分课题的汇报,对课题小组取得的阶段性成果表示非常满意。

2004 年 4 月 21 日,家宝总理在听取该研究项目汇报后,给予了充分的肯定。

我学部的院士在完成这个课题中发挥了重要的作用。

(11) 参与完成的其他咨询研究项目有:

• 由国家发改委委托的《我国汽车产业政策》项目,提出了书面咨询意见;

• 由科技部委托的《国家科技基础条件平台》和《国家中长期科学技术发展规划》征求意见稿,参与提出了咨询意见;

• 参与了由浙江省政府委托的《浙江省先进制造基地建设规划纲要》的咨询,并提出书面意见;

• 由北京市委托的《北京市交通发展》(以土木学部为主)和北京市开关厂的有关项目咨询,提出了咨询意见;

• 受航空一集团的委托,参加对某飞机定型前的评审意见;

• 参与由土木学部为主的《降低地铁造价保证我国地铁建设可持续发展》咨询研究;

• 参与工程院增选政策委员会承担的工程院学科分类研究中有关我学部一级、二级学科分布的研究;

• 参加由杜祥琬副院长主持的《中国船舶工业集团公司发展战略与规划的咨询研究》。我学部有9位院士参加了这一研究项目,2004年5月完成。

(二)"院士行"活动

院士行活动是由我院和原国家经贸委联合组织进行的,现在此项工作已转到国家发改委。

1. 在2002年,我学部组织了两次"院士行"活动

2002年7月,由我学部5位院士以及其他有关专家参加,开展对第一重型机械集团公司"院士行"活动。"一重"是国务院批准的57家大型企业集团之一,正式员工一万多人。经过40多年的发展和建设,已形成了从炼钢、铸造、锻压、热处理到机械加工、装配、检测等配套齐全的先进手段和生产能力。这次活动的内容包括举办学术报告会,专题技术讲座以及交流、参观等。根据"一重"当前的实际需要,双方通过交流达成合作意向13项。

2002年10月,由中国工程院副院长王淀佐院士带队,包括我学部在内的12位院士以及6位专家对沈阳黎明发动机集团公司开展了"院士行"活动。黎明发动机集团公司现有职工一万多名,主要任务是修理军机发动机,承担部分发动机的制造以及一些部件的出口。活动的内容主要有四个方面:举办学术报告会,对黎明公司提出的《制造技术发展计划》进行评议,进行技术座谈,参观黎明公司的有关车间。最后通过交流协商,根据黎明公司当前的实际需求达成合作意向10项。

2. 2003年对两个企业开展了"院士行"活动

2003年8月,我学部组织了对中国航空工业第二集团哈尔滨飞机工业公司、哈尔滨东安发动机公司开展"院士行"活动。宋健、师昌绪、朱高峰等20位院士和2名专家参加这一活动。期间,院士们在哈飞和东安集团分别作了学术报告、进行了考察、调研和座谈。同时,对东安集团公司《"十一五"发展规划纲要》进行了咨询,并就一些技术问题进行了咨询。

参加了信息学部组织的对青岛矿务局咨询诊断院士行活动。2004年3月,青岛市科委组织了鉴定。

(三)学术活动

两年来,我学部共举办和参与有关学术活动共计11次。具体是:

1. 从2002年5月到当年底,我们举办和参与的活动有5次。

由我们学部举办的学术活动有:2002年10月,在中国科技会堂学术报告厅举办了工程科技论

坛第21场——“航空工程科技论坛”。主题为:中国航空工程的成绩与展望。本次论坛得到了沈阳飞机研究所的资助和有关单位的大力协助。选题均为当前我国航空工程技术中的热点问题,对于推进航空工程技术的发展具有十分重要的意义。会议形成了《航空工程科技论坛学术报告》文集,汇编了12篇论文。有关院士出席了论坛,来自国家经贸委、科技部、国防科工委、中航一、二集团、航天研究院所、有关大专院校的代表共200多人参加了此次论坛。

2002年6月,在北京香山召开了以“21世纪的材料成形加工技术与科学”为主题的第184次香山科学会议,由柳百成院士负责。会议中心议题是:材料成形加工的技术进步;材料成形加工新方法(工艺)与新技术;材料成形加工过程的多尺度、多学科模拟仿真;材料成形加工可持续发展战略、绿色制造。

2002年6月,在北京香山召开了以“高超声速技术持续发展战略”为主题的第185次香山科学会议,由李椿萱院士负责。会议的中心议题包括:我国国家安全的需求,高超声速技术发展战略与需求背景分析;高超声速技术的发展途径与关键技术;我国开展高超声速技术研究发展的条件评估。

2002年9月,参与了由能源学部主办的“氢能源战略及其运用前景研讨会”。本次国际研讨会的主题为:氢能源开发和利用对可持续发展的意义。徐匡迪院长、杜祥琬副院长应邀出席了会议,顾国彪等8位院士和有关部门领导、专家学者共100多人出席了会议。

此外, 2002年10月,根据中国工程院国际部提出的请求,我学部推荐了青年专家参加了“日—美工程技术前沿讨论会”。

2. 2003年组织和参与组织的学术活动共有4次。

2003年1月,受中国科学院电工研究所和清江水电开发公司的委托,由顾国彪院士负责在湖北召开蒸发冷却应用研讨会等。

2003年3月,我学部徐秉汉、林尚扬院士赴渤海造船厂作学术报告,受到好评。

2003年9月,同上海市中国工程院院士咨询与学术活动中心在上海主办了第十一期院士沙龙,主题为《中国制造业的展望与振兴》。大家认为:我国在新世纪前20年要实现翻两番、全面实现小康社会的目标,必须要走新型工业化的道路。而振兴制造业是实现工业化道路的根本途径。郭重庆、周勤之、张炳炎、潘健生等8位院士和上海交通大学、同济大学、复旦大学、上海机床厂等单位的多位专家参加了此次沙龙。

2003年10月,同国家自然科学基金委联合在香山举办首次“工程科学前沿”学术研讨会议,主题是“未来的制造科学与技术”。26位院士参加了会议并作了学术报告。

3. 今年2月,徐匡迪院长主持召开了“润滑优化”座谈会,我学部的8位院士参加了会议。

推广润滑应用技术,对建设可持续发展的资源节约型社会有特别重要的意义。据资料介绍,目前世界能源有相当部分最终为某种形式的摩擦而被消耗。工业发达国家在进行充分的调查后认为:应用现有的知识和技术减少磨损,每年可节约国民生产总值的1%。因此改善润滑和减少磨损已成为各国科技攻关的重大课题之一。此次座谈会上,大家就我国的润滑现状、存在的问题进行了分析,并就下一步如何开展工作提出了建设性的建议。

根据大家的意见,计划在上海组织一次学术报告会,时间定在6月下旬。目前,已收到近50篇论文,准备挑选10位左右的专家学者在大会上发言。欢迎学部院士积极参加。

“发展中国家的工业化道路”网上论坛作为2004年11月举办的“世界工程师大会”的一部分,

我学部刘人怀院士被邀作为该论坛的主持人。论坛已于5月8日开通。计划今年9月底或10月初在广州举办工程科技论坛,专门就"发展中国家的工业化道路"进行研讨。

此外,在2003年12月,同国防科工委联合举办《绕月工程》座谈会。徐匡迪、宋健等20位院士和专家参加了会议。开展绕月探测工程将使我国在科学研究方面取得填补空白的成果,也有利于我国空间技术的发展,是我国掌握绕地球轨道飞行后,在开展深空探测领域迈出的第一步,具有里程碑式的意义。

除以上活动外,学部有许多院士参与了各专业委员会的活动、工程院《工程科学技术》杂志以及其他出版物的撰稿等工作;对国家工程技术图书馆国外期刊的增订工作提出咨询意见等。

(四)出访活动

1. 2002年10月,徐匡迪院长率团赴汉城出席第6届中日韩工程院圆桌会议,高金吉院士随团。韩国工程院主办此次圆桌会议。徐院长在会上作了即席发言。高金吉院士作了题为"现代工程师在发展工程科学中的作用"发言。

2. 2003年6月,杜祥琬副院长带队访问了俄罗斯,徐滨士院士随行。双方商定就材料纳米加工技术进一步进行交流。

(五)其他方面

1. 我学部近期推荐参加院学术著作出版专项资助委员会的院士有:柳百成(主任委员)、钟群鹏。

2. 积极推荐何梁何利奖候选人,2003年和2004年两届共推荐了4位院士候选人参加评选。

3. 参与组织本学部领域的学科分类研究工作。此项工作涉及到同其他学部学科的交叉,比较复杂。此次院士大会提交了由各学部汇总后的试用稿,供大家讨论,希望我们学部的院士多提建设性意见。

4. 为庆祝建院十周年,我学部共有23位院士,分别以诗歌、散文等形式表达了对工程院的深厚情谊。

5. 日常工作

学部的日常工作主要是在院领导的直接领导下进行的。主要是:及时做好工程院各级领导交给我学部的工作;认真落实和圆满完成常委会纪要所要求的各项工作;为学部各项工作的开展尽最大努力做好协调和服务;及时把有关信息通报《中国工程院院士通讯》和组织有关院士向《中国工程院院士建议》及《中国工程科学杂志》投稿等。近年来,随着工程院的发展,咨询和学术活动日趋增多,各种咨询、院士行和学术活动的联系、协调、组织以及事后总结等工作是相当繁重的。我学部虽已尽了很大的努力,但难免也存在不足之处,希望院士们能够及时地提出宝贵意见和建议。

总的来讲,在全体学部院士支持下和办公室同志的辅助下,为学部的工作开展,做了大量而有成效的工作,不辞辛劳,成效显著。借此机会,请允许我代表本届常委会向各位院士和办公室同志表示衷心的感谢。

二、关于院士增选工作

院士增选是2003年一项很重要的工作。根据《中国工程院章程》,按照院里的统一部署,我们学部顺利完成了工程院成立以来的第五次院士增选工作。具体情况是:

在有效日期内,我学部共收到院士候选人78位。在对候选人进行资格审查后,最终实际有效候选人为77位,分3个专业小组进行评审。2003年8月,学部第一轮选出21位候选人进入第二轮。2003年12月初,在第二轮选举中共有9位候选人当选。

在第一轮结束后,我们收到了9位候选人的投诉信。在对这些投诉信进行分析后,受理调查了7位。都是由院士带队对投诉信进行调查,还向组织发函进行调查。两轮选举中,我们基本做到:本着对候选人负责,坚持以事实为依据,不受已收到的、未经核查的材料的影响,按照工程院院士的标准,公平、公正地进行评审。

为了能够让参加会议的院士能够充分发表意见,而没有顾虑,各位院士基本能够严格按照保密要求,确保了评审的公正性。

另外,因我学部在本次会议中没有外籍院士候选人,按照规定,仅填写《征求意见表》。

三、关于下一步工作安排的建议

今年学部的主要工作:选举产生新一届学部常委会;继续做好院士咨询工作,特别是国家级的重大咨询课题结题;继续开展“院士行”和有关学术活动。

1. 在组织召开好本次院士大会的基础上,我们要选举出新的一届学部常委会组成人员。

2. 继续做好各项咨询工作。

一是做好国家中长期科技规划的咨询工作。目前,我学部承担了《制造业发展科技问题研究》和《基础科学问题研究》两项专题报告的咨询工作。有关院士分别参加了这两个专题的咨询。还有部分院士参加了其他学部组织的专题咨询。

二是完成《国家“十一五”振兴装备制造业的途径和对策》的研究课题结题工作。

三是继续做好其他项目的咨询工作。如《环黄海经济圈经济合作与交通运输发展战略》咨询研究。

3. 做好“院士行”工作。下半年准备组织实施,具体企业待院里统一安排后进一步落实。

认真准备好6月20日在上海召开的第28场“摩擦学工程科技论坛——润滑应用技术”和年底在香山召开的摩擦学工程科技前沿论坛。

参与做好9月底或10月初在广州举办“发展中国家的工业化道路”工程科技论坛的准备工作。

另外,希望各位院士或由院士推荐有关专家积极为《中国科学技术前沿》撰稿。可直接联系工程院出版委员会办公室或我学部办公室。

各位院士,以上是我学部两年来的主要工作汇报。如果说取得了一些成绩的话,首先是在院主席团和院领导的正确领导和大力支持下取得的;是在上一届以关桥院士为首的常委会打下好的基础上取得的;是学部全体院士的积极支持和参与的结果;是学部办公室几位同志不辞辛苦主动开展工作的结果。这里要特别感谢李仁涵同志,他在机械与运载工程学部办公室工作十年,为学部正常开展各项业务活动和更好的发挥院士作用,做了大量的组织协调工作、付出了辛勤的劳动。他的勤奋好学和出色的组织才能得到了几任学部领导和大家的称赞。今年初,他被提拔为工程院学部工作局副局长,便是对他多年来为我学部勤奋工作取得优异成绩的肯定。在此,向他表示衷心的祝贺。希望仁涵同志在新的工作岗位上做出更大的成绩。

本届常委会即将完成历史使命,我作为常委会的主任,代表本届常委会的全体成员,感谢大家两年来在各方面给予的支持和帮助。新的一届常委会即将产生,我们大家要一如既往地支持新常委会的工作,积极参加各项活动,把学部的各项工作推向一个新的台阶。

谢谢大家!

信息与电子工程学部工作报告

陆建勋

自2002年第五次院士大会选出新一届我学部常委会以来,信息与电子工程学部在院领导、各位常委和学部全体院士的积极支持下,本届常委会圆满地完成工程院交给的各项任务。两年来,我们学部主要开展了以下几个方面的工作:

一、圆满完成了2003年院士增选各项工作

2003年是工程院的院士增选年,一年来,围绕院士增选和院士学风道德建设主要做了大量工作。

首先是组织进行了第一轮评审。77名候选人中有20名进入第二轮。在第一轮评审结束后,学部重点组织进行了院士候选人投诉信的调查处理工作。20名第二轮候选人15名受到投诉,其中7个署名投诉8个匿名投诉。2003年9月25日学部召开了常委会,根据投诉信内容的实际情况,会议决定对其中12名候选人的投诉信进行调查核实,另3名候选人的投诉信因无实质内容不做调查处理。常委会每位常委和有关院士参加调查核实工作,同时,学部给12名被投诉候选人的遴选部门或单位均发函或开介绍信配合院士进行了调查核实。对于署名投诉的,要求与投诉人、被投诉人进行面谈或电话交谈。

2003年11月15日,学部召开了常委扩大会,逐一听取了各位常委和有关院士对12位候选人投诉信调查核实情况的汇报,研究讨论了针对每位被投诉人的调查核实意见,为了保护被投诉人,避免产生不必要的影响,常委扩大会一致同意将投诉信的内容要点和常委会认同的调查核实结论向全体院士简要如实汇报。对于部门、单位反馈证明材料和院士调查了解情况尚不能使常委扩大会得出确切意见的,比如涉及学术水平看法、排名争议等,常委扩大会决定,将情况向全体院士说明,由院士自行判断或在通过候选人报告、答疑中去了解和判断。

第二轮评审选举我们学部成功组织进行了二轮候选人大会自我介绍与答疑的试点,普遍反映试点十分成功。

通过两轮评审,信息与电子工程学部又增加了7名新院士,他们分别是:马远良、王天然、叶声华、邬江兴、周寿桓、柴天佑和龚知本院士,让我们向他们表示祝贺。

此外,今年学部陆续收到道德委员会转来的几封有关我学部两位院士的投诉信,学部召开了几次主任碰头会进行研究,并委托有关院士进行了深入的调查,有的情况在学部常委会上也做了说

明,调查结果、意见和有关答复投诉人的信函均已经报道德委员会统一处理。毛二可院士、俞大光院士等做了大量细致工作。

二、承担了大量的咨询工作

(一) 完成并结题的主动咨询项目

两年来,在学部院士的积极参与下,信息与电子工程学部共涉及各类咨询工作16项,其中正式结题的主动咨询项目7个,分别是:

1. 由陆建勋和马宗晋院士主持的"利用超低频/极低频进行资源勘探和地震预报的研究",2002年4月结题。已经向国家计委申报重大专项。此项目得到院领导的重视和支持。

2. 由吴佑寿和童志鹏院士主持的"对流层通信平台研究",2002年4月结题。有关报告和建议已经报送有关部门。

3. 由梁骏吾院士主持的"我国半导体硅材料发展战略研究",2002年9月结题。咨询报告和建议已经报送国家计委和科技部。

4. 由陆建勋和陈良惠院士主持的"红外电子元器件发展研究",先后组织了两次规模较大的调研,召开了三次座谈会,陆建勋、陈良惠、张履谦、毛二可、孙玉院士等专家参加此项研究,2003年2月结题。综合研究报告和咨询建议,受到国防科工委的高度重视,已经被确定为国防科工委重大专项,决定投资6-7亿元发展我国红外电子元器件。

5. 由李德仁院士主持的"关于建立我国平战结合、军民两用的空间对地观测系统的建议",2003年6月结题。黄菊、陈至立等在该课题的咨询建议报告上做了重要批示。目前,正在争取列入国家重大专项。

6. 由沈昌祥院士主持的"强化我国信息网络保障体系战略研究",2003年2月结题。有关建议和综合报告已报国信办参阅。

7. 由朱高峰副院长主持的"关于推动我国软件产业的对策研究",2003年5月结题。形成的研究报告和工作建议报国务院参阅。

(二) 完成了6个受托专题技术咨询工作

两年来,共完成了6项委托咨询工作,分别是:

1. 完成了国家计委委托的关于对我国数字电视地面传输标准方案的测试、评估工作。2003年1月17日国家计委正式委托工程院对中国数字电视地面传输标准方案即清华大学基于多载波技术的DMB-T方案和上海交通大学、浙江大学基于单载波技术的ADBT-T方案进行评估。由我和童志鹏院士、广电科技委章之俭研究员任正副组长,在邬副院长领导下,在广电标委会的大力支持协助下,经过几个月的工作,先后召开了30多次大小各类会议,从2月底到4月底先后进行了两个月的实验室比对测试和外场测试(因SARS中间停了一个月)。6月19-21日召开了评估专家组全体会议,审议通过了评估工作报告。7月4日,工程院正式行文将评估结果报国家发改委。

2. 组织进行了对中科院计算机所研究开发的数字音视频编解码技术标准(简称"AVS")的咨询评估。2003年7月12日,受信息产业部科技司、科技部高新司、科学院高技术局的委托,信息与电子工程学部组织有关院士、专家对中科院计算机所研究开发的数字音视频编解码技术标准(简称"AVS")进行了评估。

3. 组织进行了总参二部侦察情报装备发展规划咨询。2003年7月14日,应总参二部的邀请,根据院领导的批示，信息与电子工程学部组织30多位院士和30多位有关专家对总参二部《侦察情报装备发展规划》进行了咨询。在参观卫星地面应用系统，听取总参关于2020年前部队侦察和情报自动化装备发展、航天侦察装备发展规划介绍之后，针对部队侦察情报装备发展院士、专家进行了咨询座谈，对两个规划提出了许多十分重要的修改意见和工作建议。邬贺铨副院长、陆建勋院士等参加了此项工作。

4. 完成了科技部两个重大科技专项——“集成电路设计和软件专项”和“信息安全、电子政务、电子金融专项”实施情况的中期咨询评估工作。这两项咨询评估总体历时一个月左右，基本按照科技部要求时限完成。为完成好两项咨询评估，在组织成立两个咨询评估专家组的基础上，分别按照准备启动阶段、考察调研阶段和综合评估阶段三个阶段，两个咨询评估专家组先后合计召开了6次全体会议、进行了9个现场考察，听取了15个专项汇报，召开了12次小组会议，分别于2003年11月25日和12月5日审议通过了咨询评估报告的送审稿。

5. 组织进行了空四所“歼击机飞行训练模拟器”立项咨询。2003年12月25日上午，吴澄院士等7名院士应空四所的邀请，参加了“歼击机飞行训练模拟器”立项咨询。

（三）正在进行的主动与受托咨询项目6个

1. 国家发改委委托的“十一五”国家技术创新与高技术产业发展规划的咨询研究，由邬贺铨副院长负责，目前已基本完成。

2. 关于发展我国电磁脉冲防护技术的咨询研究，由陆建勋院士和刘尚合院士负责，预计2004年7月完成总报告。

3. 关于发展我国固态白光照明技术的研究，由陈良惠院士负责，预计2004年底前完成。

4. 关于我国卫星大地测量工作的咨询研究，由魏子卿院士负责。此项研究为2001年确立的主动咨询项目，由于国家有关工作推迟原因未能完成，预计需2004年内可以完成。

5. 关于中国船舶工业总公司发展战略与规划的咨询。此项咨询除领导层工作会见原则敲定此项工作外，在工作层面召开了一次工作座谈会，工程院又召开了评议咨询专家组正副组长碰头会，讨论了评议咨询工作的初步方案。此项工作由杜祥琬副院长负责。

（四）进行的专题技术咨询

1. 组织了方大集团技术咨询。2003年9月25－26日，由陈良惠院士带队，信息学部会同深圳院士基地组织了深圳方大集团技术咨询，有5位院士参加此次活动。

2. 组织了空四所重大项目技术咨询。2003年10月23日应空军政治部和空四所邀请，信息学部组织6位院士对空四所正在进行的“飞机模拟仿真系统”研制工作进行了技术咨询。

3. 关于珠三角电子信息产业发展战略与规划的咨询。此项工作11月24日正式启动，11月24－26日，6位院士对深圳、惠州、广州有关单位进行了考察；12月19日，在工程院召开了珠三角电子信息产业发展战略与规划咨询会议，12位院士出席会议。此项工作由邬贺铨副院长负责。

三、组织的学术活动

1. 召开了网络信息安全保障体系战略研讨会。2002年7月19日，在中国科技会堂召开了网络信息安全保障体系战略研讨会。徐匡迪院长和邬贺铨副院长等出席，徐匡迪院长发表了讲话，8位院士、专家进行了大会发言。

2. 中国工程科技论坛第24场——“第三代移动通信（简称3G）成熟性”工程科技论坛。2003

年8月21日,中国工程院、深圳市政府、信息产业部在深圳市共同主办了本场论坛。论坛中国工程院副院长邬贺铨院士主持,深圳市政府、信息产业部、国信办有关领导,中国工程院杨士中院士,深圳中国工程院院士活动基地主任刘大响院士等出席。来自深圳市和国内的一些手机制造商、移动通信运营商、有关企业、高校和科研机构的科技人员与经营管理人员参加了此次活动。8位专家分别就"3G标准的成熟性及其发展"、"从移动梦网看3G业务的发展趋势"、"中国联通CDMA网络发展与研究"、"WCDMA系统开发进展"、"CDMA2000和WCDMA产品成熟性分析"、"从SCDMA看TD-SCDMA成熟度"、"B3G研究开发进展"和"固网运营商移动通信业务发展策略"为主题进行了演讲。演讲过程中,与会者与演讲者进行了热烈的讨论。

3. 2003年8月26-28日,由姜景山院士负责组织,举办了以"空间编队飞行与空间虚拟探测技术"为主题的香山会议。

4. 2003年9月19日,在中国科技会堂召开了"电磁脉冲防护技术研讨会"。

5. 2003年10月29日,中国工程院信息与电子学部、四川省科技顾问团在成都共同主办了"四川光电技术产业研讨会"。四川省人大副主任陈德玉、副省长柯尊平、省政协副主席陈次昌、工程院副院长杜祥琬和黄尚廉院士、赵梓森院士、姜文汉院士、李乐民院士以及彭波教授和70多位四川同行的专家参加了此次研讨会。研讨会上黄尚廉院士介绍了重庆市光电产业发展的问题与对策,赵梓森院士介绍了武汉光电子产业发展情况,同时就光网的发展方向、光纤通信进一步发展需要的器件、光电子产业发展的项目与市场、发展我国光电子产业的途径等作了学术报告,李乐民院士以光纤通信网络为主题做了报告,彭波博士等6位光电技术产业发展方面的专家分别在研讨会上作了发言,并就四川省发展光电技术产业的有关问题和与会者进行了讨论。会议还参观了中科院成都光电产业园。

6. 2003年11月2-3日,中国工程院信息与电子工程学部、中国科学院技术学部、信息产业部科技司在武汉市以共同主办了"光通信技术论坛"。论坛由武汉邮电科学院、烽火科技集团、武汉东湖新技术开发区管委会承办。本次论坛的主题是"FTTH——光纤技术到家庭"。

在本次论坛上,著名科学家、原香港中文大学校长、中国、香港、美国、英国、瑞典科学院院士,世界光纤通信之父——高锟教授、中国工程院副院长邬贺铨院士、中国科学院简水生院士、中国工程院赵梓森院士分别以"免费的全光核心网"、"我国光网络的宽带需求"、"建立新一代高度安全、超大容量、无阻塞全光网是我国本世纪初叶重大科技战略工程"、"接入网和光纤到家庭的发展动向"为题做了主题演讲。中国科学院声学所侯自强研究员、中国网通研究院张翎副院长、烽火科技集团规划研究部主任王建利博士、武汉邮电科学研究院毛谦副院长、中国工程院黄尚廉院士、台湾原交通大学校长邓启福教授、台湾工业技术研究院刘容生所长等分别就光纤到家庭涉及的系列问题进行了大会学术交流。出席本次论坛的科技界、企业界和有关行业管理部门的人员有500多人,论坛场面十分活跃。

7. 2003年12月27-28日在深圳举办了通信与光电子技术报告会。本次报告会由中国科学院技术学部、信息与电子工程学部和深圳大学共同主办,17位院士出席。

四、开展了3次企业技术创新院士行活动

一是开展了青岛港务局院士行。2002年7月23-26日,吴澄、郭重庆、李德仁、钟群鹏、高金吉、张明高等6位中国工程院院士,清华大学柴跃廷教授、刘民教授、国办秘书局陈拂晓专员、国家

质检总局锅炉压力容器检测研究中心陈钢研究员、北京航空航天大学张峥教授等6位专家学者,国家经贸委技术进步与装备司、山东省和青岛市政府、青岛市经贸委、交通部科教司、有关省市经贸委领导,上海、天津、厦门港等10个港口代表参加了此次院士行活动。

二是组织了大唐电信集团院士行。2002年8月26－28日,由陆建勋院士带队,副院长邬贺铨、朱高峰等14位院士和4位专家参加了大唐电信集团院士行活动。

三是与管理学部联合组织了无锡小天鹅集团院士行。2002年9月17日工程管理学部会同信息学部共同组织了无锡小天鹅集团院士行活动。吴澄院士和许居衍院士等参加了此次活动。

五、参与了14次工程院与地方及空军的合作活动

一是参与深圳市有关活动。

(1) 协助组织了第三届"中国青年科技企业家管理论坛"。2002年6月18日,在深圳报业大厦举行了第三届"中国青年科技企业家管理论坛",邬贺铨副院长和有关院士、专家出席。

(2) 召开了第四次合作委员会会议。徐匡迪院长、王淀佐副院长、邬贺铨副院长等出席。会后,徐匡迪院长等一行参观考察了大亚湾核电站。

(3) 组团参加深圳高交会并协办了"两院院士论坛"。

(4) 分别组织了深圳西风集团和方大集团技术咨询活动。

二是参与空军合作活动。

(1) 协助召开了空军顾问委员会会议。

(2) 配合空军以中国工程院的名义向教育部提出了《关于加速空军高层次人才培养的建议》。

(3) 召开了研究落实加速空军高层次人才培养问题的专题联席会,教育部、工程院、空军主要领导出席。目前,空军高层次人才培养"绿色通道"建设工作已经基本落实。

(4) 组织了空四所"飞行模拟系统研究"技术咨询。

三是参与山东省合作活动。

(1) 组织院士参加济宁市技术对接。

(2) 参加潍纺市院士论坛活动。

(3) 协办山东省信息技术国际博览会技术论坛。本学部16位院士出席。

(4) 以学部名义分别与济南市和潍纺市政府签定了合作协议。

四是组织两位院士出席了昌吉科技合作洽谈会。应新疆自治区政府的邀请,2003年8月26－29日,我院信息与电子工程学部毛二可和倪光南两位院士,出席了由中国科学院新疆分院、新疆自治区科技厅共同组织的中国科学院—新疆科技合作昌吉洽谈会。洽谈会期间,倪光南院士在洽谈会"科技与产业论坛"上以"计算机领域若干发展动向"为题进行了演讲。毛二可、倪光南院士还与当地新闻界进行了座谈,介绍了中国工程院的有关情况,探讨了工程院参与新疆科技开发的可能性。

此外,协助组织了2002年10月28－30日院士情系故土杭州行活动,信息学部9名院士出席。协助组织了2002年11月21－23日上海工业信息化院士圆桌会议,信息学部10位院士出席。

六、组织的参观考察活动

1. 参观考察合肥光机所强激光实验。2002年6月23－25日,学部组织有关院士参观了合肥光机所激光实验。

2. 参观考察中国联通。2002 年 9 月 9 日，徐匡迪院长、邬贺铨副院长和信息学部 15 位院士参观考察了中国联通的“UNINET 业务”演示系统，院士们就联通集团技术发展战略等进行了讨论，徐匡迪院长发表了讲话。

3. 参观考察西北工业大学。2002 年 11 月 5 – 8 日，陆建勋院士率信息学部 10 位院士参观考察了西北工业大学并进行了咨询座谈。

4. 参观考察中国电信。2002 年 11 月 19 日，徐匡迪院长、邬贺铨副院长和信息学部 16 位院士参观考察了中国电信集团公司。

5. 参观考察天津大学和河北工业大学。2002 年 12 月 5 – 6 日由陈良惠院士带队，信息学部有关院士参观考察了天津大学和河北工业大学。期间，分别就天津大学学科建设和河北工业大学电子与信息学科发展进行了咨询座谈。

6. 2003 年 1 月，协助组织在京有关院士参观考察了神州-Ⅳ计算机，工程院有关领导和在京 20 多位院士参加。

7. 2003 年 10 月，协助组织了在京有关院士对航天二院的参观考察，工程院 10 多位院士参加。

8. 2003 年 9 月 26 – 29 日，组织学部有关院士参加了由徐匡迪院长等一行对浙江省制造业信息化工作的考察。陆建勋、朱高峰、邬贺铨、吴澄、倪光南、李德毅院士等参加了此次活动。

9. 2003 年 11 月 24 – 26 日，配合广东省信息与电子产业发展战略咨询工作，学部 6 位院士到广州软件园、深圳华为、中兴通讯公司和惠州 TCL、德赛公司进行了参观考察。

院士们对学部组织参观考察活动十分欢迎，认为这是院士深入实际了解同行和相关学科发展的好机会。

从两年来的工作看，信息与电子工程学部常委会在各位院士的大力支持下，圆满地完成了上述的大量工作，我代表本届常委会向各位院士表示感谢，并预祝新的一届常委会工作更上一层楼。

化工、冶金与材料工程学部工作报告

周　廉

一、2004 年工作总结

一年以来，我学部办公室在院领导、学部工作局领导、学部常委会的共同领导下，在学部全体院士的大力支持下，在院各处室相互协作下，紧密围绕院和学部工作局制定的 2004 年工作要点，经过紧张、认真、高效和有序的工作，顺利完成了院和学部制定的各项任务，现总结如下：

(一) 完成第七次院士大会的有关工作

中国工程院第七次院士大会于2004年6月1-5日在北京隆重召开,我学部80多位院士欢聚一堂。会议期间,周廉主任作了学部工作报告;学部常委会进行改选并顺利交接;院士们还进行了广泛而深入的学术交流,并对学部今后的工作提出了很多建设性的意见和建议;其他各项议程也顺利完成。通过这次院士大会,加深了院士之间的相互了解、团结、友谊和合作。在大会期间,颁发了第五届光华奖,学部师昌绪院士荣获光华成就奖,陆钟武院士、邱定蕃院士荣获光华工程奖。

(二) 学部咨询工作更加扎实深入,注重实效

随着学部院士队伍建设的不断加强、专业覆盖面的不断扩大,学部在总结经验的基础上,坚持"积极稳妥、滚动发展、注重落实、收到实效"的原则,在委托与主动咨询方面的工作取得了新的进展。

1. 委托咨询

(1)《军用先进材料技术发展战略研究》

国防科工委委托的《军用先进材料技术发展战略研究》院级咨询项目,由师昌绪院士任组长,王淀佐副院长任副组长,2004年7月8日正式启动,计划2005年6月前完成,由学部主要负责。项目分为总体组和金属材料组、有机材料组、无机材料组、复合材料组、信息材料组5个专题组。目前,各专题组已完成专题报告初稿,12月底前将提交正式专题报告,课题总体报告起草工作即将启动。

(2)《高技术产业发展"十一五"规划研究》

国家发改委委托的《高技术产业发展"十一五"规划研究》院级咨询项目,由王淀佐副院长任组长,2004年7月26日正式启动,计划2005年3月前完成。学部负责其中的《高技术在若干重要产业中的应用和发展咨询研究》课题,由殷瑞钰院士任组长,科学院费维扬院士任副组长,分为有色、建材、化工、钢铁、石油、化工6个专题。目前,各专题组已完成分报告初步框架,进展顺利。

结合此项目,国家发改委希望工程院就"十一五"期间高技术产业发展重大项目或工程提出建议,供国家和有关部门决策参考。按照院统一要求,学部办公室于2004年10月15日向学部全体院士(资深院士除外)印发了征集建议的通知,共收到30位院士返回的64个重大项目或工程建议。学部办公室已汇总上报院里。

(3)《高层次工程技术人才成长规律研究》

院增选政策委员会设立的《高层次工程技术人才成长规律研究》院级咨询项目,由沈国舫副院长任组长,计划2005年4月30日前完成。学部承担的人才课题由汪燮卿院士任组长,委托中石化人力资源部以石化部分为对象开展研究。目前,课题研究进度与计划安排已经确定,进展顺利。

(4) 中国工业经济联合会委托评审工作

中国工业经济联合会委托的《中国鼓励引进技术目录》、《中国禁止进口限制进口技术目录》、《中国禁止出口限制出口技术目录》3个目录评审工作,根据院分配至我学部评审部分所涉及专业,向8位院士寄发了相关的评审材料。

(5) 河北工业大学微电子技术与材料研究所发展规划论证会

2004年12月18日,由天津科委主持召开了河北工业大学微电子技术与材料研究所发展规划论证会,并邀请我学部参加。经请示学部周廉主任同意,邀请了顾真安、陈蕴博、王静康、赵连城、闻立时5位院士参加,提出了一些意见和建议。

2. 主动咨询

(1)《中国可持续发展油气资源战略研究》院级项目及后续研究

“油气”项目自2003年5月26日正式启动以来,在国家有关部委、课题咨询委员会、三大石油公司和中化公司的大力支持下,以侯祥麟院士为组长的31位院士和相关单位的120名专家学者经过一年多的共同努力,取得丰硕成果。项目组于2004年6月25日向国务院及有关部委领导作了汇报,温家宝总理给予高度评价,标志项目顺利结题。课题组拟近期召开表彰会,届时将向项目组有关人员颁发奖励证书。

根据侯祥麟院士和有关院领导的意见及项目经费节余情况,经院常务会议研究同意,决定开展“油气”项目后续研究。通过研究,对我国2020—2050年阶段的汽车燃料需求,从化石能源的合理利用、可再生能源的多样化和实现的可能性,提出一个可能实现的、科学的大致估计,确保汽车燃料的供应,实现国民经济可持续发展。后续研究工作继续由侯祥麟院士任组长,学部主要负责,计划2006年6月前完成课题大纲,2006年12月前完成结题报告初稿。

(2)《矿产资源可持续发展战略研究》院级项目

此项目由能源学部主要负责,我学部负责其中的黑色金属、有色金属、非金属3个专题的研究工作,我学部办公室协助能源学部办公室完成一些日常管理工作。

(3) 学部级主动咨询项目完成和立项工作

学部2004年以前立项的学部级主动咨询项目共有10个,其中9个已在2004年前顺利结题,“我国镁和镁合金材料可持续发展战略”咨询项目(负责人:左铁镛、才鸿年、何季麟,立项时间:2002年4月)计划近期完成。

此外,经院咨询委员会审议通过,学部2004年又有5个主动咨询项目正式立项,详见下表:

序号	项目名称	负责人	立项时间	计划完成时间
1	中国高温超导材料应用发展战略研究	周　廉	2004年2月	2005年12月
2	我国绿色建材发展战略	顾真安	2004年9月	2006年9月
3	流程工业与循环经济	殷瑞钰、金　涌、张寿荣、陆钟武	2003年9月	2005年9月
4	有色金属资源循环利用	邱定蕃、李东英、陆钟武、张国成、陈　景、戴永年、何季麟	2004年9月	2006年9月
5	海水淡化及海水与苦咸水利用发展建议	高从堦	2004年9月	2006年9月

(三)“院士行”活动受到企业欢迎

根据院总体部署,学部紧密围绕西部大开发和振兴东北地区等老工业基地发展战略的2004年“院士行”工作重点,组织了吉化集团公司、吉林石化公司技术创新院士行,辽宁镁质材料行业技术创新院士行,甘肃省技术创新院士行,贵州省技术创新院士行4次活动,顺利完成学部本年度院士行活动计划。

2004年8月23－26日,吉化集团公司、吉林石化公司技术创新院士行于在吉林市举行,学部主任周廉院士、副主任汪燮卿院士带队的5位院士、4位专家参加;2004年8月22－26日,辽宁镁质材料行业技术创新院士行活动在沈阳市、营口市举行,左铁镛、顾真安院士带队的6位院士和11

位专家参加;2004 年 11 月 7 – 11 日,甘肃省技术创新院士行活动在兰州市、白银市举行,以白银有色金属集团公司、兰州铝业股份有限公司、兰州连城铝业有限责任公司为依托,王淀佐副院长、薛群基副主任、汪旭光院士带队的 8 位院士和 16 位专家参加。2004 年 12 月 20 – 23 日,贵州省技术创新院士行活动在贵阳市举行,以贵州宏福实业开发总公司、贵州开磷(集团)公司为依托,金涌院士带队的 6 位院士、8 位专家参加。在以上活动中,院士、专家现场考察了有关企业,针对企业发展战略、技术需求等情况召开了座谈会和学术报告会,签订了技术合作协议,并提出了一些建设性意见和建议。

(四) 全面开展学术活动

一年以来,学部紧紧围绕化工、冶金与材料等领域,注重加强与有关部门、省市、研究学会的合作,开展了一系列学术活动,主要如下:

1. 中日环境材料、循环产业与环境经营研讨会

4 月 8 – 11 日,由学部主办的中日环境材料、循环产业与环境经营研讨会在苏州召开,师昌绪、严东生、周廉、张寿荣 4 位院士及中日有关专家 178 人出席。会议对当前国民经济发展和环保领域的热点问题进行了研讨。

2. 河北丰宁防沙治沙研讨会

9 月 17 – 19 日,河北丰宁防沙治沙研讨会在北京召开。会议由学部和中国民主建国会中央委员会社会服务部共同主办。师昌绪、汪燮卿等 4 位院士、6 位专家出席。会议对新型绿色高性价比治沙材料进行了理论层面研讨。

3. 第十二届国际混凝土碱集料反应会议

10 月 15 – 19 日,第十二届国际混凝土碱集料反应会议在北京召开。会议由中国硅酸盐学会、南京工业大学和学部共同主办。学部唐明述院士担任会议主席,约 200 多位代表出席,交流学术论文 160 余篇。

4. 第四届国际湿法冶金会议

2004 年 10 月 18 – 20 日,以“21 世纪湿法冶金新理论、新技术、新装备、新材料”为主题的第四届国际湿法冶金会议在西安市召开。会议由中国有色金属学会主办,学部等部门协办,西安建筑科技大学承办。学部何季麟、陈景院士,科学院张懿院士等共 113 名代表出席了会议,大会报告 12 篇、分会报告 31 篇、收录论文摘要集 127 篇。

5. 2004 年中国材料研讨会

11 月 23 – 25 日,2004 年中国材料研讨会在北京召开。会议由中国材料研究学会主办,学部等单位协办。全国政协副主席、工程院院长徐匡迪院士在开幕式上作了重要讲话。师昌绪、李东英、李恒德、周廉、干勇等院士、专家参加了研讨会。

本届研讨会的宗旨是,把握材料发展的最新动态,交流展示材料科学与工程研究的最新成果,推动自主创新和材料产业的技术进步,探讨把我国从材料生产、消费大国建设成为现代化世界材料强国的途径。研讨会设有材料与教育、新材料和资源规划与政策、材料信息资源等 3 个专题论坛,21 个分会场。共收到学术论文 734 篇,出版了论文集。

(五) 地方合作工作形成系列化发展特色

学部继续坚持“量力而行、突出重点、稳步推进、务求实效”的原则,与包头市稀土高新区、山东淄博市建立了长期合作关系。目前,每年都分别与包头、淄博开展 1 – 2 次合作活动,形成系列化发

展特色。

1. 学部与包头国家稀土高新区管委会的合作情况

2004年1月10日,学部与包头稀土高新区2004年座谈会在北京内蒙古宾馆召开,周廉主任等7位院士和3位专家出席。会上,包头稀土高新区主任苏文清介绍了高新区2003年以来主要工作情况和2004年主要工作设想,并新聘请了6位院士与专家为合作委员会顾问。

2004年8月8-12日,由学部主办,中国材料研究学会、包头国家稀土高新区管委会承办的2004国际稀土研究与应用研讨会在包头市举行。周廉院士、汪燮卿院士、李东英院士等8位院士及国内外稀土界近500位代表出席了会议。会议由11篇大会报告、6个分会的90篇口头报告、80篇展示报告、"稀土产业发展高峰论坛"和"国际稀土产品及技术交易展览会"组成。会议期间,学部与包头稀土高新区还讨论了委托咨询项目"包头稀土产业发展战略研究"以及结合该项目拟开展的"工程科技论坛"等活动。

2. 学部与山东淄博市的合作情况

2004年9月5-9日,由学部和淄博市人民政府等单位联合举办的第三届新材料技术论坛和院士专家淄博科技行活动在淄博市举行。师昌绪、周廉、汪燮卿等21位院士和17位专家参加。活动期间举办了院士论坛、科技发展专题报告会(政府论坛)、院士专家科技行、院士风采展、国际成果招商五项大型活动。共签订技术合作项目487项,为企业解决各类技术难题102个。淄博市人民政府与学部签订了"关于建立中国工程院化工、冶金与材料工程学部淄博科技成果转化基地的协议书",其中规定,淄博市今后每年从科技三项费用中切出200万元资金作为专项资金,用于支持院士、专家的高新技术成果在基地区域内科研、试验、开发或产业化。

(六) 学部办公室建设得到进一步加强

学部办公室是学部开展各项工作和与院士联系的纽带。一年来,学部办公室建设得到进一步加强。第一,增加配置了计算机等办公设备,改善了办公条件;第二,创办了学部网站,为每位院士建立了电子信箱,提高了工作效率;第三,工作人员得到进一步锻炼,提高了业务水平;第四,在工作中不断学习、总结和积累,完善了各项职能。

以上只是学部一年来所做的主要工作,此外,学部在外籍院士增选、宣传出版、探望和问候有关院士等日常工作方面还做了大量、细致的工作,在此不再一一列举。

二、2005年工作重点

展望新的一年,学部将继续在院领导、学部工作局领导、学部常委会的共同领导下,在学部全体院士的大力支持下,围绕《中国工程院2004-2006年度工作纲要》和院及学部工作局的工作重点,力争更好地完成各项任务。

根据学部常委会决议,学部将征求全体院士意见后制定2005年度具体工作计划,目前征求意见工作正在进行。学部已确定的工作重点如下:

(一) 院士增选工作

院士增选工作是中国工程院及学部建设的基本任务之一,也是2005年学部的主要工作。学部办公室将协助学部常委会和全体院士,做到"到位而不越位",做好一切服务工作。在增选工作中,严格按照院士的标准和条件,遵循公正、客观、实事求是和宁缺勿滥的原则,超脱本系统、本部门、本专业领域的局限性,从全局出发,对所有候选人按照标准和条件进行评审和选举,保证院士增选工作顺利完成。

（二）咨询工作

学部办公室将对已立项的咨询项目加强跟踪和落实，确保按计划完成；同时，根据学部院士的建议情况，根据战略性、前瞻性、政策性的立项原则，按照院里要求完成咨询项目立项工作。

已开展的主要咨询项目有：2004 年度立项的 5 个项目、“军用先进材料技术发展战略研究”、“油气”项目后续研究，学部办公室将按要求完成项目的各项组织工作。

（三）学术活动

学部将在总结经验的基础上，加强与有关省市、行业和学会的联系，从广度和深度方面进一步拓展；同时，进一步加强规范化管理，按照申请、审批、筹备、召开四个步骤开展学术活动。

已列入 2005 年度计划的主要学术活动有：学部第五次学术会议（时间：2005 年 10 月下旬、地点：海南省博鳌，主题：建设资源节约型和生态环保型社会——化工、冶金与材料发展战略）、工程科技论坛（主题：国内外稀土产业发展趋势）。

其他学术活动正在征求院士们的意见，在报学部常委会研究后确定。

（四）地方合作

继续坚持“以项目为纽带、务求实效”的原则，开展与包头稀土高新区和淄博的地方合作。

能源与矿业工程学部工作报告

朱建士

各位院士：

工程院第七次院士大会开幕了。

通过 2003 年的院士增选，能源与矿业工程学部又增加了 8 位新院士，我代表学部向这 8 位新院士表示热烈的祝贺和欢迎。

5 月 30 日，马福邦院士因病去世，对他的辞世，我们深感悲痛，在此表示深切的哀悼。

受学部常委会委托，我代表学部向大会做工作报告，提请各位院士审议并提出意见和建议。

自 2002 年 6 月召开第六次院士大会以来，能源与矿业工程学部在学部全体院士的支持和共同努力下，在院士增选、咨询和学术交流等方面开展了大量的工作，圆满地完成了院和学部的各项工作任务。

下面，将学部开展和完成的主要工作向各位院士作简要汇报。

一、工作回顾

1. 顺利完成2003年院士增选工作

中国工程院院士是国家设立的工程科学技术方面的最高学术称号，院士增选是工程院的一项十分重要的基础性工作，社会各界尤其是工程科技界对院士增选十分关注。

根据《中国工程院章程》中院士增选的有关规定、《中国工程院2003年院士增选评审和选举办法》和《中国工程院院士增选工作中院士行为规范》等一系列文件，经学部常委会多次研究，制定了2003年院士增选第一轮、第二轮评审的具体操作办法。在院士增选工作中，院士们都能坚持公正、客观、实事求是和宁缺勿滥的评审原则，全面理解、准确把握和严格坚持院士的标准和条件，以认真负责的态度对待增选工作。在全体院士的共同努力下，经过2003年8月和12月两次评审，从申报本学部的69名有效候选人中，选举产生了8名新当选院士。目前，本学部共有88位院士，院士的学科专业覆盖面更广、更具有代表性，这对今后学部工作的开展和深入都具有十分重要的意义。

此外，在2003年院士增选第一轮评审工作中，本学部还配合工程管理学部，对具有能源、矿业背景的13位候选人进行了评审，圆满地完成了任务。

2. 积极开展咨询工作

发挥院士群体多学科、跨部门、跨行业的综合优势，联合工程科技界和社会各界专家，对国家经济建设和工程科技中的方向性、战略性问题开展调研和决策咨询是工程院的重要任务之一。两年来，学部先后开展了多个咨询项目。各项目负责人都积极投入到咨询项目的研究工作中，开展了一些卓有成效的工作，取得一些成果。

——我国油气资源可持续发展战略

该项目由化工、冶金与材料学部和本学部负责牵头组织，本学部多位院士参与项目研究工作。经一年的研究，取得丰硕的成果。2004年6月，研究成果将向国务院汇报。邱中建院士也将代表课题组在本次院士大会上学部学术活动期间向大家介绍项目研究的有关情况。

——我国矿产资源可持续发展战略研究

该项目由王淀佐副院长负责。项目组自2003年成立以来，先后召开10余次会议，有60多位院士、220余位专家参加该项目。目前各课题组正在起草报告，近期将完成综合报告定稿。

——反爆炸、生物、化学、核与辐射恐怖活动的科学技术问题和对策研究

该项目由杜祥琬副院长和医药卫生学部沈倍奋院士负责。16位院士、70多位专家多次参与项目研究，咨询项目总报告已在4月下旬上报国务院及有关部委。近期，书稿将交付科学出版社正式出版，科普读物也将完成初稿。

——能源发展战略及“十一五”重点

该项目是国家发改委委托我院承担的“十一五”项目中主要研究内容之一，在陈毓川院士领导和多位院士、专家参与下，对油气、煤炭、核能、水电、电力与新能源等方面的内容进行了研究。该项目研究成果已提交院有关部门。陈毓川院士也将在本次会议期间向大家作研究情况介绍。

——竞争性电力市场环境中核电发展战略及政策建议研究

该项目由郑健超院士负责。17位院士、33位专家参加该项目。由学部承办4次会议，通过广泛深入地研讨，对未来核电发展战略已基本达成共识，目前，处于报告修改阶段。

——科技部重大专项“电动汽车”中期评估

该项目由韩英铎、陈清泉院士负责。6位院士、3位专家参与该项目,通过多次会议和实地考察等形式,已形成评估意见,评估意见已交院有关部门报送科技部。

——国家中长期科技发展规划战略研究咨询评估

4月末,受科技部委托,我院承担对"中长期"规划战略研究专题报告进行咨询,院有关部门安排本学部承担组织对"国防科技问题"和"能源、资源和海洋科技问题"进行咨询。两专题的负责人均由院有关会议研究并指定。本学部杜祥琬、范维唐、潘自强、郑绵平院士分别负责组织、落实咨询研究。有近40位院士、专家参与研究。已提交评估报告初稿,院士大会后,将提交正式评估报告。

——能源与矿业工程学部学科分类标准研究

这项工作已历时一年多,何继善院士代表本学部参加院增选政策委员会的咨询组,并负责本学部所涵盖学科专业方面的工作。在五次征求本学部全体院士意见的基础上形成初稿,初稿又按照院政策委员会的意见进行了修改,最后形成提交院的"讨论稿"。

——受"五矿"委托,对其发展战略进行咨询。该咨询工作由王淀佐副院长负责,于润沧院士具体落实。目前,专家组研究已取得阶段成果,将于2004年7月完成咨询报告。

此外,徐旭常院士代表本学部参加的"与能源有关的城市空气污染防治及政策建议"(中美两国四院合作研究)和潘家铮、王思敬院士负责的"我国水电能源开发战略研究咨询项目"也在按计划进行。

3. 加强与国内、外产业界、科技界的联系,组织多次会议

——2002年6月10-11日举办"中国矿产资源形势与可持续供应"高级论坛

该论坛由国土资源部、中国工程院等五家单位联合主办。徐匡迪院长主持了开幕式并在闭幕式上发表了重要讲话;有20余位"两院"院士和80多位专家学者就我国矿产资源形势与可持续供应问题进行了热烈研讨,院士和专家们提出了许多好的建议,这些建议汇总整理后,已报送给国家领导和政府主管部门参考。

——氢能源战略及其应用前景研讨会

2002年9月18日,由中国工程院学部工作部、北京市科委等四家单位联合举办氢能源战略及其应用前景研讨会。徐匡迪院长、杜祥琬副院长应邀出席会议。来自美国通用汽车公司、通用氢能公司的专家和中国专家学者会聚一堂,共同就氢能源的发展战略,特别是燃料电池汽车技术的发展进行研讨,这是中美两国科技和产业界技术交流的一次盛会。这次国际研讨会得到了中美两国科技界和企业界的大力支持。美国通用汽车公司副总裁 Frank L. Colvin 先生和美国通用氢能公司 Geoffrey Ballard 董事长等十位资深专家出席会议并作报告;北京市科委副主任杨伟光和国家科技部石定寰秘书长等代表中国方面的企业家、专家学者和政府官员在开幕式上讲了话。8位院士和国家计委、国家经贸委、科技部等部门领导,北京市、上海市的领导以及专家学者共一百多人出席了会议。

——2002年10月8日 学部主任、副主任与国家经贸委资源司领导举行座谈会。双方同意加强联系,发扬各自的优势,通过咨询、论证等形式开展合作。

——2002年11月27日 "雅鲁藏布江水能开发"研讨会。邀请院士、专家和外交部领导,就雅鲁藏布江水能开发问题的可行性、必要性等问题进行了研讨。

——2003年10月 组织5位院士、5位专家对"天津地热资源可持续利用"进行考察,对解决有关关键技术问题提出了建议。

——2003 年 12 月 与发改委共同主办“节能与全面建设小康社会战略研讨会”，王淀佐副院长、黄其励院士作大会报告，8 位院士出席会议。

此外，与化工学部一起承办了中国化工进出口总公司、中国海洋石油总公司、中国石油化工集团公司、中国石油天然气集团公司、中国五金矿产进出口总公司、淮南矿业集团、中国铝业公司、中国有色矿业建设有限公司等 7 家单位向中国工程院汇报会议。

4. 企业技术创新院士行活动

2002 年 8 月 13－18 日，国家经贸委和中国工程院组织的了“塔里木地区油田企业技术创新院士行” 活动。本次活动有能源、化工、机械学部共 12 位院士、6 位专家参加。

“院士行”活动期间，院士、专家听取了中国石油塔里木油田分公司、中国石化西指、新星公司关于油田勘探、开发、钻井、物探等方面的技术创新成果及技术难点的工作汇报，深入牙哈凝析气田、塔中油田、塔河油田和东秋 8 井等油田勘探开发生产一线进行了考察，通过考察、交流、专题技术报告和座谈会等形式对塔里木地区油田企业的基本情况有了深入的了解，对油田勘探、开发工作中存在的关键技术问题从不同角度、多个专业领域提出了意见和建议，受到企业的热烈欢迎。

10 位院士和 3 位专家还就塔里木油区的天然气发展战略、大油田发现中的创新认识和主导技术、提高储量采收率的技术系列、国家对建立强势企业的发展规划、人才培养战略、对盆地勘探复杂性应有的认识等六大方面发表了中肯的意见和咨询建议。

5. 工程科技论坛

原定 2003 年召开的“可再生能源工程科技论坛”因“非典”和参与会议的澳大利亚科学技术与工程院专家延期访华等原因，推迟到今年 9 月 20－21 日在北京中国矿业大学举行，论坛将邀请我国和澳大利亚专家就可再生能源的前景、发展方向及技术问题进行研讨。此次论坛继续由黄其励、杨奇逊、杨裕生、谢和平院士负责，由学部办公室与中国矿业大学联系落实有关准备工作。

6. 其他

根据有关奖励办公室的布置，学部还组织了对中国工程科技光华奖的评奖工作；参加“ITER”项目联络组活动，组织院士参加论证，组织安排论证专家组听取工程院院士意见会议；组织“国家科技基础条件平台”能源方面内容研讨会，有近 20 位院士参加会议；组织院士、专家代表中国工程院向国务院汇报的试听会；以学部工作部名义对国家发改委环境和资源综合利用司“《节能中长期专项规划》（初稿）”答复意见；组织院庆十周年对本学部院士的征文活动，共有张光斗院士等 15 位院士提交了 18 篇各种体裁的文章；以科学道德建设委员会的名义组织了以“弘扬院士高尚的科学道德风范”为主要内容的征文活动。此外，还答复社会各界各类函件多次。

各位院士，以上我列举了学部两年来的工作情况，这些还远远不能总结本学部院士所取得的成绩和贡献，希望各位院士继续努力，在各自的岗位上、在自己的专业领域取得更加辉煌的成绩，为国家强盛贡献自己的力量。

二、第六次院士大会主要工作

据院有关文件的要求，在学部常委会领导下，能源学部办公室在 2004 年 3 月即着手组织本学部常委会换届工作。

3 月 18 日，即通过 E-mail 和传真方式向本学部 89 位院士发出了“关于征求 2004 年能源与矿业工程学部常委会调整意见的通知”，随该通知附上了 1998 年 4 月 28 日主席团会议通过的《中国工程院各学部常务委员会换届选举的有关原则及办法》和“年龄符合《原则及办法》要求的能源学部院士名单”。共收到32位院士反馈的意见，经学部常委会讨论、最终确定常委候选人征求意见名单，该名单将提交学部全体院士选举。

三、今后学部工作建议

两年来，在各位院士的共同努力和支持下，学部的工作取得一定的成绩，为今后的工作打下了较好的基础。相信在下一届学部常委会的组织和院士们的积极参与下，学部在咨询、“院士行”、学术活动等方面的工作会更上一层楼。为此，建议：

1. 咨询工作

进一步落实对已立项咨询项目的管理，确保提交高质量的报告。

发挥院士的积极性，鼓励院士在与能源、矿业相关的工程科技领域，选择比较重要的工程科技问题，开展咨询项目研究，特别是对综合性的能源领域的技术、政策建议提供咨询。充分利用现有数据和资料等资源，形成具有一定影响、可操作的咨询报告，为国家和有关部门决策提供科学依据。

2. 开展“企业技术创新院士行”活动

按照院与发改委的要求，争取每年完成对1－2个在行业中有代表性、起龙头作用的大中型企业开展“企业技术创新院士行”活动。密切与科研院所和大中型企业的联系，发挥桥梁和纽带作用，推动科技体制改革和技术创新。

3. 加强院士队伍建设

遵守《中国工程院院士行为规范》和《中国工程院院士增选工作中院士行为规范》，坚决抵制社会上不正之风对增选工作的影响，慎重处理各种投诉信件，在科学技术界和全社会起表率作用。

4. 积极开展学术活动，重视年轻人才的培养

争取举行面向全国工程科技界的不同层次、多种形式的学术讨论会和报告会。继续主办“工程科技论坛”，针对工程科技前沿问题，围绕国家经济建设的急需选择主题。吸收中青年科技专家参与，面向社会，扩大影响。

今年恰逢工程院建院十周年，院里也将安排形式多样的活动隆重纪念。工程院十年来取得的成绩离不开大家的辛勤工作，希望各位院士继往开来，努力工作，在未来的工作中结合国家重大、关键工程科技问题，积极推荐开展“院士行”活动的企业；做好“工程科技论坛”和咨询研究工作，为学部的发展多做贡献，推动我国能源与矿业工程的发展。我们相信，在学部全体院士的共同努力下，能源与矿业工程学部的工作一定会越来越有特色、有深度、有活力。

谢谢大家！

土木、水利与建筑工程学部工作报告

陈肇元

各位院士：

今年的院士大会适逢中国工程院成立十周年，徐匡迪院长对中国工程院成立和十年来的发展作了全面、系统的总结。十年来，工程院有了很大的发展，我们学部的队伍也从1994年建院初期的13位院士，发展到了今天的87位，学部还根据国家工程建设的实际需要，开展了水资源、城市化等一系列咨询研究，取得了一批重要研究成果，得到了国务院及有关部门的高度重视。

去年，我们学部增选了9位新院士，他们是王瑞珠院士、王景全院士、邹德慈院士、张在明院士、周福霖院士、欧进萍院士、茆智院士、张祖勋院士、张超然院士。让我们向这9位新院士表示衷心祝贺和热烈欢迎！

去年，我们学部的王三一和莫伯治院士不幸先后病故，他们的高尚品德和敬业精神永远值得我们怀念和学习。

下面，我代表常委会，向各位院士简要汇报学部两年来的主要工作，请审议。

一、第六次院士大会以来的工作回顾

自2002年的第六次院士大会以来，本届学部常委会根据《中国工程院2002－2004年工作纲要》和本学部的实际情况，制定了每年的工作计划，以院士增选和咨询研究这两项工程院的主要任务为重点，并开展了多种形式的学术活动。学部常委会在二年内共开了11次工作会议，并将开会研究和工作情况用记要的形式及时通报给学部全体院士。在学部院士的积极参与和共同努力下，才较好地完成了上级布置和学部的各项任务，其中，学部办公室的同志也发挥了重要的作用。

（一）2003年院士增选工作

在院增选委员会的批准和指导下，学部对院士增选的评审方式实行了试点。在第二轮评审中，安排了候选人自我介绍和答疑。对于进入第二轮的候选人，针对第一轮评审中提出的问题，在会前进行了必要的了解和调研。另外根据候选人的基本情况和土水建学部的院士人数相对较少的事实，在第二轮评审前向院增选委员会提出了增加增选名额的申请。经过严格筛选，最终从83位有效候选人中，选举产生了9位新院士（占全院新增58名新院士中的15.5%），平均年龄63岁，比较圆满地完成了增选工作。

经过去年的增选，我学部现有院士87人。截止到目前为止，我学部院士的平均年龄为71.98岁（其中资深院士9名，非资深院士的平均年龄为70.79岁）。与上届增选后的2002年院士大会时的我学部院士的平均年龄相比(当时有院士80人,平均71.16岁,其中资深院士6名,非资深院士的平均年龄为70.07岁),尽管这次新选院士的平均年龄明显较低,但岁月增长,依然未能扭转平均年龄继续上升,虽然上升的速度已有所抑制。

(二)咨询项目研究

两年来,我们学部针对国家宏观战略性、综合性的重大课题和国家重大工程建设中的重要问题开展咨询项目研究,向国务院提交了《西北地区水资源配置、生态环境建设和可持续发展战略研究》、《降低地铁造价,保证我国地铁建设可持续发展》等咨询项目研究报告。两年来,学部承担院级重大咨询项目共3个,参与院重大咨询项目2个,一般咨询项目5个。

1.《西北地区水资源配置、生态环境建设和可持续发展战略研究》咨询项目。该项目由钱正英、沈国舫、潘家铮院士负责,于2001年启动,经过两年多时间的紧张工作,现已结题。项目综合报告向国务院及有关部委进行了专题汇报,主要研究成果(全套10卷)已由科学出版社于近日出版发行。

2.《我国城市化进程中的可持续发展战略研究》(简称“城市化”)项目:该项目由徐匡迪院长牵头,是工程院又一重大综合性咨询项目,于2003年启动。我学部吴良镛、周干峙、傅熹年、邹德慈、王梦恕等院士参加了项目的研究工作。项目组组织了多次会议和学术交流活动,各课题还进行了一系列实地考察、调研与问卷调查活动等,已经取得了大量的第一手资料,研究工作目前正在加紧进行,计划于2004年底结题。

3. 国家“十一五”计划项目“重大工程”课题:2003年,受国家发展和体制改革委员会的委托,我院由徐匡迪院长牵头,分8个课题对国家“十一五”计划中若干重大问题进行咨询研究。我学部承担了《“十一五”期间要建设的重大工程》课题。该课题由钱正英、项海帆、陈厚群院士等牵头组长,并在北京、上海组织召开了各种专题研讨会和综合组会议30余次,同时还组织了赴重庆、陕西等实地考察调研活动。目前课题总报告、专题报告及重点工程项目建议书已经完成,并提交给院总项目组。参加该课题咨询研究工作的我学部院士还有潘家铮、徐乾清、梁应辰、范立础、韩其为、陈志恺院士等。

4.《国家中长期科技发展规划战略研究》咨询:中长期科技发展规划是一项非常重要的科技发展规划,我学部许多院士以各种不同形式参与了该项目的立项、研究和咨询工作。随着工作的推进,《国家中长期科技发展规划战略研究》报告开始向三院征求意见。根据院里的统一安排,我学部负责承担了“城市发展与城镇化科技问题研究”专题的咨询工作,由周干峙、傅熹年院士负责,并组织了20余位院士、专家参与前期咨询,初步咨询意见还将向学部院士征求意见。全部咨询工作将于6月20日完成。目前,各项工作正在加紧进行中。

5.《东北地区水土资源配置、生态环境建设和可持续发展战略研究》咨询项目。这是工程院在圆满完成“全国水资源”、“西北水资源”项目后,于今年启动的又一重大咨询项目。项目由钱正英、沈国舫、石玉林院士负责,下设10个课题,有关研究工作已经启动,我学部徐乾清、陈志恺、周干峙、李圭白、张杰、潘家铮等多位院士参加。温家宝总理在这一项目的立项建议书上批示:“开展东北地区水土资源和生态环境战略研究很有必要,对于东北老工业基地的振兴和可持续发展具有重要意义。”

6. 由施仲衡院士牵头组织的《降低地铁造价等若干问题的研究》咨询项目经过两年多的研究,已经于2003年结题。课题研究报告已上报国务院,温家宝总理给予重要批示。

7.《土建结构工程的安全性与耐久性研究》咨询项目：由陈肇元和赵国藩院士负责的“土建结构工程的安全性与耐久性研究”咨询项目已于今年初结题。项目组曾组织多次工程科技论坛与学术研讨会，并组织国内有关专家编写了“混凝土结构耐久性设计与施工指南”的技术文件以应当前的工程设计所需，后者已被定为中国土木工程学会标准 。项目成果已正式出版。

8.《我国重要民用经济目标战时防护对策研究》咨询项目：由钱七虎院士牵头组织的“我国重要民用经济目标战时防护对策研究”课题已于2003年结题，课题研究成果已经报有关部门参考。我学部杨秀敏、周丰峻院士等参与了项目的研究工作。

9. 学部其他咨询项目：正在进行中的咨询项目还有：陈肇元、赵国藩院士负责的“重大土木工程使用寿命与耐久性标准的研究”，计划2005年底结题。今年刚立项启动的学部咨询项目有两个：江亿院士负责的“西气东输中天然气的合理应用及相关政策研究”和范立础院士负责的“大型建筑工程风险评价与保险研究”。

（三）咨询活动

学部除了根据国家发展需要，经院咨询工作委员会批准立项开展咨询项目研究外，还根据有关部门和具体工程的实际需要，组织院士开展咨询活动。两年来接受有关单位委托并开展的咨询活动主要有：

（1）2002年9月吴良镛、周干峙、刘建航、王梦恕、施仲衡、卢耀如等院士赴济南市，就济南城市建设进行考察调研咨询。

（2）2002年9月葛修润等10余位院士对白鹤梁保护工程进行了咨询评议活动。

（3）2003年4月周干峙、施仲衡、吴良镛、王梦恕、陈肇元、项海帆、钱七虎等20多位院士参与了《北京交通发展纲要》咨询活动。

（4）2003年7月王梦恕、文伏波、卢耀如、郑颖人、钱七虎、葛修润、韩其为等7位院士对“宜昌至万州铁路特长复杂岩溶隧道工程”进行了实地考察和咨询调研活动。

（5）“上海市水资源与可持续发展工程对策”咨询：2003年9月我学部协助上海院士活动中心组织了14位院士及有关专家就“上海市水资源与可持续发展工程对策”进行咨询研讨，收到了较好的效果。

（四）学术活动及工程科技论坛

二年来，学部组织的学术活动比较活跃，较大的活动有：

1. 2002年9月我学部协助内蒙古科协主办了“干旱区水资源优化配置及生态环境建设与可持续发展国际学术会议”。

2. 2002年11月，我学部在京举办了工程院“工程科技论坛”第22场报告会——“混凝土工程耐久性及耐久性设计”。此外与地方高校合作，于今年2月16－18日在青岛与青岛建筑工程学院一起举办了“重大土木工程混凝土结构耐久性设计”专题讨论会，5月28－30日在深圳与深圳大学一起举办了“沿海地区混凝土结构的耐久性及其设计方法”的工程科技论坛，来自国内外的专家在会上作了交流，取得了很好效果。

3. 2002年12月，我学部接待了俄罗斯建筑科学院代表团来访并组织“首都第九届规划建筑设计汇报展暨北京—莫斯科首都建筑交流展”及相应学术报告会和双方专家座谈会。马国馨、叶可明、关肇邺、吴良镛、李道增、周干峙、孟兆祯、傅熹年等院士分别参加了相关的活动。根据双方的约定，今年5月17－25日，周干峙、魏敦山院士等赴俄罗斯建筑科学院，参加了两院的交流与座谈活动，并考察了莫斯科与圣彼得堡的建筑与城市规划。

4. 2003 年 1 月，学部与武汉大学联合主办了“南水北调关键工程技术问题高级论坛”。

5. 2003 年 2 月，应台湾大学的邀请，陈厚群、叶可明、廖振鹏院士等一行 8 人赴台湾就两岸土木工程技术进行学术交流与考察活动。

6. 2003 年 4 月，我学部负责承办的“西北水资源”论坛。

7. 2003 年 8 月，在院士评审会议期间，学部在京丰宾馆组织了“我国建筑界的现状、问题与对策”研讨会，就我国建筑界的现状、问题与对策展开了热烈的讨论，40 多位院士出席了会议，并就有关问题发表了意见。

8. 学部与中科院武汉岩土力学研究所等单位共同举办了“全球华人中青年学者岩土力学与工程学术论坛”。我学部葛修润、钱七虎、郑颖人、文伏波等院士出席了会议。

（五）院士建议

自 2002 年第六次院士大会以来，各位院士根据当前我国工程建设中的问题，先后提出了“对于当前‘城镇化’问题的几点认识和建议”、“关于在历史文化名城中停止原有旧城改造政策、不在盲目搞成片改造的建议”、“关于抓紧保护三峡工程大坝环境景观的建议”、“关于报送对国家电力体制改革建议的函”、“防治非典时期空调系统的应急措施的建议”、“关于解救公路路面过早和早期破坏的建议”、“急需对长江城陵矶汛期水位流量关系和防洪控制水位进一步研究”、“构建我国应用研究的国家队”、“关于研发新型直线电机驱动技术促进地铁建设持续发展的建议”、“关于加强长江荆江河床演变观测模型试验和理论研究的建议”、“关于采用地下洞库做原油国家战略储备库的建议”、“关于奥运建筑等大型工程结构安全性与耐久性设计标准的几点建议”等十几项院士建议，参与提建议的院士有几十位。

二、第七次院士大会的准备工作

1. 学部常委会换届的准备工作

学部常委及由常委会产生的学部主任既不是行政职务，更不是高于院士称号的头衔。学部的工作需要常委多花一些时间考虑，常委会要经常集中讨论和处理学部的一些大事。选举产生好新一届学部常委会及学部主任和副主任，是学部今后两年顺利开展工作的需要。

根据《中国工程院章程》的规定，在每隔二年的院士大会期间进行学部常委的换届选举，更换不少于现有学部常委人数 1/3 的成员。按照《各学部常委换届选举有关原则及办法》，结合我学部的具体情况，本届常委会决定新一届常委会人数仍为 15 人，并将符合常委条件的院士情况通报全体院士征求意见。截止至 5 月 25 日，共收到返回意见 69 份。根据院士们的反馈意见，综合考虑学科专业、地区分布等因素，常委会酝酿、提出了本学部新一届常委候选人建议名单，通过学部院士无记名投票、等额选举产生新一届学部常委会的办法。有关候选人的情况简介已编印成册，印发给学部院士参考。

2. 中国工程科技光华奖推荐与评审工作

“中国工程光华科技奖”是工程院设立的一项大奖，授予在工程科技方面做出杰出贡献的工程技术人员。受中国工程科技奖助基金会理事会的委托，我学部负责组织评审委员会对参与本届评审的土、水、建、测专业 7 名工程奖候选人和 3 名青年奖候选人进行评审，经无记名投票，向基金理事会推荐潘家铮院士和许钟麟研究员两位为工程奖候选人，李建成一位为青年奖候选人，现已通过基金理事会审议批准，将在本次院士大会上颁奖。

3. 学部的学科分类工作。

根据院里的统一安排，学部常委会对已有的学科分类方案在广泛征求全体院士意见的基础上，曾多次开会进行研究，并对建筑学专业的学科分类方案组织了专题讨论。现已提出学科分类标准的草案（见附件）并报送到院增选工作委员会。这些工作尚未完成，希望大家继续提出建议和意见。

两年来，学部的各项工作虽然取得了一定成绩，但也存在许多不足和有待改进之处，希望大家提出批评和建议。也有原先计划好的工作未能顺利完成，如学部的网站建设。

三、对今后学部工作的建议

1. 加强院士自身队伍建设十分重要。

中国工程院院士是国家设立的工程科学技术方面的最高学术称号，在我国工程科技界享有崇高的声誉，我们有责任维护院士称号的崇高荣誉和院士队伍的纯洁性，并要为此做出不懈的努力。

加强院士队伍自身建设主要从院士自身和院士增选两个方面入手。作为院士，我们应当按照院士行为准则严格自律，努力抵制社会上的各种不良风气，在做人、做事、做学问等方面，树立良好的榜样。另一方面，在院士队伍增选方面，要严格按照院士的标准和条件把关，把工程科技界最优秀的、德才兼备的科技工作者选入院士队伍。

在队伍建设上，院士队伍的老龄化问题值得注意。截止到2003年底，土水建学部共有院士87人，平均年龄71.01岁，较全院高1.41岁；其中非资深院士80人的平均年龄69.9岁，较全院高1.7岁。今后，每年进入资深的院士人数将会逐年快速增加。从2001到2003年，学部每年进入资深的人数依次仅为2人、1人和2人，而到了今年，我学部将有5位院士进入资深，为前三年的总和，2005年更将有7位院士资深。如果按照2005、2007、2009年各增选9（或6）位院士，院士的当选年龄平均为60岁进行推断，则到2010年，全学部将共有36位资深院士，约占院士总人数的30%以上，全学部院士的平均年龄将增加到74.5（或75.44）岁，而非资深院士的平均年龄为69.69（或70.57）岁（见附件）。

这就要求我们在实际工作中关注中青年优秀工程技术人才的成长，在选拔和培养人才上，不仅要考察学术成就、对工程科技的贡献，而且要重点考察学风和道德，反对对年青人才的包装、拔高和浮夸等不良风气。

2. 组织更多院士参与学部咨询等活动。

作为工程院的土水建学部，我们对当前国家大规模基础设施工程建设的健康发展负有不可推卸的重任。我们有责任对工程建设中出现的重大问题进行咨询研究，提出意见和建议。过去，我们学部在咨询和院士建议等活动上比较活跃。事实表明，这些活动确实起到了很好成效，并为政府有关部门的正确决策起到了很好的作用。由于种种原因，也会有些合理的意见和建议得不到响应，但是这些建议和意见即使留下来作为一种历史的记录，也是有其意义的。我们深深体会到，全体院士的关心和积极参与是做好学部工作的必要条件。今后，随着工程院工作的不断深入，学部的任务将更加繁重，需要院士们投入的时间和精力可能会越来越多。学部工作要以保证质量为前提，所以，还要坚持“抓重点、讲实效，有所为、有所不为”的原则。

最后，衷心地感谢两年来各位院士对学部工作的大力支持，谢谢大家！

农业、轻纺与环境工程学部工作报告

旭日干

各位院士：

两年一次的院士大会，是我们难得的大团圆的机会，也是一次很好的交流机会。我们学部除了8位因出差或身体等原因未能与会外，包括6位资深院士在内的84位院士全部到会，在此，我代表学部常委会向大家特别是资深院士表示诚挚的问候！

去年的院士增选中，我们学部又新增了8位院士，他们的加入，使我们的队伍再一次壮大，学科更为全面，地区覆盖更为广泛，在此，请允许我代表学部向他们表示衷心地祝贺和热烈地欢迎。

下面，我受学部常委会的委托，向全体院士简要报告自2002年院士大会以来的学部工作以及本次院士大会学部有关活动的安排。

第一、两年来的工作回顾

1. 咨询工作

就重大工程科学技术决策、发展规划等提供咨询，是中国工程院的主要职能之一。2002年6月院士大会以来，院内在加大咨询工作力度，组织院士投身经济建设主战场，关注国有大型企业的改革和技术进步等方面，进行了积极的探索，取得了显著的成效。我们学部根据专业和领域的特点，也作了大量的工作，特别是在农业区域发展和生态环境建设方面作了较多的咨询研究。主要工作包括：

——2002年9月，石元春、张高勇等11位院士和专家赴新疆生产建设兵团天业集团开展“院士行”活动，为企业的节水农业技术和化工工业发展提供咨询。

——2002年10月，受国家计委委托组织对一批西部高技术产业化项目进行评审，石元春院士应邀担任评审组组长。

——2002年12月，季国标等纺织领域的9位院士和专家应邀对天津工业大学的学科建设进行考察咨询。

——2003年1月，环境方面有关院士对“国家环境安全战略报告——新世纪初中国环境保护战略研究”提出咨询意见。

——2003年3月，国家发改委委托中国工程院对“十一五”规划几个重大、综合性问题进行前期咨询研究。其中“我国农业若干重大问题研究”由我学部承担。沈国舫副院长为课题组长，方智远、石玉林、戴景瑞、汪懋华等4位院士为课题副组长，并分别担任4个专题的组长。10多位院士和40多位专家参加研究。目前课题的综合报告以及各专题和子专题的报告均已基本完成,将很快报送国家发改委。

——2003年4月,李泽椿等8位院士对"国家科技基础条件平台建设纲要"提出咨询意见。

——2003年12月至2004年1月,科技部委托我院对"十五"重大科技项目的十二个专项进行中期评估,我们学部承担了其中的节水农业、食品安全、奶业、水污染以及农产品加工等五个专项的评估工作,应该说是时间短、任务重,通过40余位院士和专家的努力均顺利完成了各项评估工作。

——2004年1月,袁业立、丁德文等海洋和环境领域的10位院士和专家赴大连对"大连市星海湾二期海岸改造项目"进行了实地考察及环境影响咨询评议。

——2004年2月,刘鸿亮院士负责的"提高长江三峡库区水质标准,保证三峡工程及库区的可持续发展" 咨询项目结题,该项目是我学部的几位院士针对三峡建库后水环境所面临的严峻形势于2001年设立的,20位院士和专家,历经三年,经过现场调研和几次课题研讨会,形成了课题咨询报告,并提出了解决三峡水环境问题的几项重大建议。报告呈报国务院后,受到有关方面的重视。曾培炎副总理作了重要批示。

——2004年2月,任继周院士率有关专家对贵州的草地畜牧业进行实地考察,落实"科技兴黔"工作,并向国务院提交在贵州发展草地畜牧业的有关报告和建议。

——2004年3月,"我国高等农林教育发展战略研究"和"新世纪中国渔业可持续发展战略研究"获准立项,将于下半年组织实施。

——2004年4月,沈国舫副院长、山仑院士及部分专家对陕西秦岭植物园进行了考察并就如何建设等问题进行了座谈,沈院长还就此专程赴国家林业局与有关负责人交换了意见,促成秦岭植物园建设过程中关键体制问题的解决。

——2003年6月起,我学部有30多位院士参与国家中长期科学和技术发展规划的战略研究工作;2004年5月,规划领导小组办公室又委托三院对规划战略研究的20个专题报告(第四稿)进行咨询评议,我们学部组织了近30位院士和专家进行第四专题"农业科技问题研究"以及第十专题"生态建设、环境保护以及循环经济科技问题研究"的评议工作,另外还有10余位院士参加了其他专题的咨询评议,战略研究的咨询工作将于6月中旬结束。按照科技规划的工作部署,规划的纲要草案也将委托我院进行咨询,希望各位院士能够积极参与此项工作。

——2003年,我们学部农业、环境方面的多位院士承担了"西北地区水资源配置、生态环境建设和可持续发展战略研究"咨询项目的专题研究,研究报告已得到国务院和有关方面的高度重视。今年,为响应中央关于振兴东北等老工业基地的战略部署,在完成中国水资源和西北水资源项目后,钱正英院士牵头,沈国舫、石玉林院士任副组长,我院又组织了水资源的第三个咨询项目"东北地区水土资源配置、生态环境建设和可持续发展战略研究",我们学部有10多位院士参与项目研究和组织工作。

此外,2001、2002年先后启动的咨询项目"城市化进程中生态建设和环境保护若干重大问题研究"和"西北干旱区绿洲农业发展若干重大问题的研究"将于今年下半年结题。

2. 院士建议

《中国工程院院士建议》是院士就关系国计民生、科技发展等重大问题直接向国务院反映意见和建议的一种主要方式。两年来我们学部的院士先后向国务院提出了5项院士建议:

——"关于加强生态安全,防止生态入侵的建议"(林鹏院士);

——“为丝绸之路，重添异彩——关于尽快启动‘中国家蚕基因组计划’的建议”（向仲怀等院士）；

——“三峡水污染的防治现状和紧急建议”（钱易院士）；

——“关于国花兼及国树、国鸟评选的建议”（陈俊愉院士）；

——“深化农业科技体制改革的政策建议”（卢良恕院士）。

3. 学术活动

——2002年7月，“2002海洋科技与经济发展国际论坛”在青岛召开，中国工程院为主办单位之一，海洋方面的多位院士参加并做学术报告。

——2002年7月，学部组织30多名院士赴内蒙考察休假，并出席第五届西部论坛，3位院士应邀做了主题报告；考察途中还有3位院士为地方政府和相关企业做了学术报告。

——2002年7月，学部会同中国洗涤用品工业协会、中国日用化学工业研究院、美国肥皂和洗涤剂协会在深圳召开了2002国际表面活性剂和洗涤剂会议，张高勇院士主持。

——2002年8月，学部主办了第十九场工程科技论坛——“面向21世纪的农业生物技术”，范云六、旭日干院士主持，论坛不仅邀请了国内知名青年学者报告，还邀请了2位国外知名专家到会并做报告。

——2002年9月，首届国际水稻大会在京召开。袁隆平等多名院士出席会议及做学术报告，并参加了会议的筹备组织工作。1000多位中外专家出席了此次会议。

——2002年10月，我学部与国际部、德国巴斯夫公司共同筹办中德建交30周年庆祝活动之一——“能源、环境、可持续发展研讨会”。学部近10位院士出席，钱易院士主持会议。

——2002年10月，我学部协办第二届全球海洋生态系统动力学（GLOBEC）国际科学开放大会。唐启升院士应邀做大会主题报告，并参与会议组织与主持。

——2003年1月，利用在国家气象局举办学部京津地区院士新春座谈会之机，中国气象局秦大河局长应邀就“气候变化和可持续发展”做了报告。京津地区近30位院士出席了座谈会。

——2003年1月，“我国生物柴油原料植物研讨会”在京召开，方智远、傅廷栋等院士及有关专家参加了会议。

——2003年3月，为了探索加快解决“三农”问题的对策，同时为国家发改委“十一五”规划的咨询工作以及农业重大咨询项目做准备，学部组织召开了农业问题座谈会，20多位农林领域的院士出席。

——2003年9月，由孙铁珩院士牵头的“污染土壤修复与生态安全”香山会议在京召开。

——2003年10月，刘大钧、张齐生、官春云等院士参加在四川农业大学召开的全国高等农林院校校长联席会，就如何开展农林教育问题的咨询研究做了前期调研工作。

——2003年10月，由我学部协办的“首届世界能源与环境大会”在湖南长沙召开，刘鸿亮院士担任大会主席。

——2004年3月，我学部在深圳举办了第二十六场工程科技论坛“循环经济与可持续发展”，沈国舫副院长主持，钱易、陆钟武两位院士和一位经济学专家分别从循环经济的理念、工业物质的循环以及经济学发展的角度论述了循环经济与可持续发展，报告反响很好。我学部还将陆续在其他地区举办类似的论坛以推动循环经济在我国的发展。

——2004年4月，方智远、吴明珠院士赴韩国对其园艺科研、生产、流通等方面进行了考察和学术交流活动。

——2004年5月,学部组织常委及海洋、环境领域的共18位院士赴广西沿海地区进行考察和相关学术活动。

4. 出版工作

整理出版《中国区域发展战略与工程科技咨询研究》1995~2002年学部咨询研究报告集。

5. 院士增选工作

院士增选是中国工程院一项非常重要的基础性工作,根据"中国工程院章程"的规定,每两年进行一次。2003年的院士增选工作,在各部门、省市的大力支持下,经过全体院士严肃认真、负责的评审和选举,中国工程院又新增了58位院士,其中我们学部8位。这样,我们学部的院士人数已达到92位。部门、省、市的分布也继续增加,专业与学科分布也更趋全面。特别是新增加了4个学科专业,使学部内现有院士的专业覆盖面更广,更具有代表性,也更有利于我们咨询和学术活动的组织与开展。相信随着院士队伍的不断壮大,工程院和学部的工作将会有更大的进步,在国家经济建设中也将发挥越来越大的作用。

以上是学部有组织地开展的一些咨询和学术活动情况,各位院士在其中做了大量的工作,付出了辛勤的努力,对此,我代表学部常委会向大家表示感谢!需要说明的是,各位院士除了积极配合参与以上由学部组织的学术活动外,还不辞辛劳地结合自己的工作组织并参加了大量的学术交流活动,我们难以一一列举,据不完全统计,两年来我们学部院士共参加各种学术活动200多次,在各种场合作学术报告300多场次。这些内容广泛,形式多样的学术活动和学术报告,在普及科学技术知识,促进学科发展,交流学术动态等方面起到了积极的作用。

另外,院士在各自工作岗位上,继续为科技发展作贡献,新的成果不断产生,两年来,多位院士获得了国家科技进步奖、国家科学奖或何梁何利等重大奖项。对此,我们一并表示感谢和祝贺!并希望大家一如既往地关心和支持学部工作。

第二、本次院士大会学部活动的安排

本次院士大会的总体安排由院内统一制定,有关我们学部的活动安排已在3月的学部常委会上研究确定,并已通过常委会纪要的形式印发给各位院士,主要有两个方面的内容:

1. 常委会换届工作。根据有关规定,每次院士大会都要对各学部的常委会进行换届。今年3月底,学部办公室根据常委会的意见,向每位院士发出了常委会换届的征求意见表,以通讯的方式征求各位院士对常委换届的意见。在规定的时间内,共收到37位院士的反馈意见。根据反馈意见及常委会换届办法,本届常委会经过商讨提出了下届常委会候选人的建议名单,并将在会议期间提交学部全体院士酝酿讨论后,作为正式候选人名单提供学部全体院士投票选举,产生新一届学部常委会委员,并由新一届常委会推举产生学部正副主任。

2. 参观考察。经学部常委会商议,此次院士大会期间不再安排新当选的院士报告,而是安排半天的参观考察,这样既能放缓院士大会紧张的节奏,又利于院士们了解彼此的研究工作。

第三、就学部工作谈一点认识和建议,供下届常委会参考

回顾和总结几年来的学部工作,我们认为有以下四点需要今后继续坚持和发扬。**第一,关心和积极参与工程院的工作**。多年的实践证明,全体院士的关心和积极参与是做好工程院各项工作的

必要条件。各位院士工作十分繁忙,但对工程院的有关工作都十分重视,凡是院士们关心和积极参与的工作,我们都取得了较好的成绩。**第二,坚持团结与协作、相互尊重与支持的工作作风。**各位院士虽然来自不同行业,不同部门、不同地区,专业也各不相同,是工程院和学部把我们聚集在一起,所以在工作中始终坚持团结、协作、相互尊重、相互支持是十分重要的,几年来,我们就是本着这种愿望与大家在一起工作,营造了一个轻松的工作环境,得到了院士们的支持与合作。**第三,重视学科间交流的活动,注重发挥院士的群体作用。**在我们目前的学部组成情况下,行业、领域、专业之间有较大的差异,除在工作上互相借鉴与支持外,加强学科间交流的活动,是增进相互了解、充分发挥院士的群体优势、做好咨询和学术活动等工作的基础和重要形式,而且,随着学部的不断扩大,院士人数的不断增加,这种形式还要加强。**第四,充分发挥学部常委会的核心作用和学部办公室的组织作用。**发挥好学部常委会的核心作用,是学部各项工作顺利进行的保证。学部的重要工作都需要常委会事先深入研究、周密计划和精心组织落实。今后,学部的任务将更加繁重,希望新一届常委投入更多的时间和精力。另外,学部的大量工作要通过学部办公室来实施和完成,所以除重大问题由常委会研究决策外,还要充分发挥学部办公室的组织作用,以有效地推动学部的各项工作。

各位院士,今年是工程院建院十周年,自成立以来,国家一直非常重视院士作用的发挥,并不只是给个荣誉而已。根据我们几年的工作体会,主要的要求和希望有三方面,一是希望院士继续在自己的工作岗位上为我国工程科技的发展做出新的贡献;二是利用每位院士在各自领域的成就、知识和长期经验的积累,发挥院士的群体作用,为国家经济的发展和工程科技的进步提供咨询;三是培养年轻人才,保持我国工程科技实力不断增强。工程院近几年开展的咨询和学术活动主要是围绕这些方面而组织的,我们学部在咨询方面也作了大量的工作,特别是结合农业的实际,在区域经济发展和生态环境建设方面开展了一系列的活动,取得了显著成效。环境和轻纺方面也作了不少工作。但就如何解决“三农”问题和环境保护与经济发展的矛盾等重大问题,尤其是如何充分发挥科技的作用来解决这些问题还有待今后进一步开展研究。所以我们也希望大家多考虑一些学部这方面的工作,多提出意见和建议,把学部的咨询和学术活动搞的更活跃、更务实、更有效,更有利于院士作用的发挥。

随着学部工作的开展,将有更多的工作要做,在推荐新一届常委会成员的时候,我们尽可能使其更年轻、更有精力和时间来考虑学部的工作,相信他们会更有活力,以开拓进取的精神把学部的各项工作推进到一个新的高度。也希望全体院士共同关心和支持学部的工作,使工程院在国家科技发展和经济建设中发挥更大的作用。

最后,我代表本届常委会衷心感谢各位院士对学部工作的协助和支持!

医药卫生工程学部工作报告

王正国

2004年医药卫生工程学部紧密围绕工程院的工作部署，在学部全体院士的共同努力下，开展了一系列的咨询调研、学术活动、国际合作和地方合作等方面的工作，现简要总结如下。

一、咨询工作

1.“自主研制我国精密医疗仪器的研究”

本项目是根据国务院领导就我国精密医疗器械行业的发展现状所作指示而开展研究的。项目组组长为王威琪院士，副组长为俞梦孙院士。于2002年6月立项，计划2004年底完成。项目下设三个工作组，分别由北京、上海有关专家组成。项目共举行了5次工作会议（2002年10月31日北京，2003年1月8日北京，2003年7月9日北京，2003年11月6日上海，2004年3月10日深圳），1次项目组全体专家会议（2003年12月7日北京），1次全国医疗器械产业高峰研讨会（2002年11月19日北京）。对精密医疗器械行业的发展现状、存在的问题、今后的初步发展思路，从各自不同的角度分别进行了调研、交流，并将前期的研究结果形成了“院士建议”。该项目咨询报告已经完成，并经学部常委会讨论通过，准备上报国家有关部门。

2.“反恐有关的国家安全对策研究”

本项目由杜祥琬副院长牵头，项目负责人是沈倍奋院士，于2002年5月立项，共分防核、化、爆、生物恐怖和综合5个子项目开展研究，于2004年5月份已完成咨询报告上报国务院。该项目同时将形成相关的学术专著，并配套科普读物将于2004年底出版。

3. 科技部委托国家中长期科技发展规划咨询评议项目

共20个专题，我学部承担了《人口与健康科技问题研究》、《公共安全科技问题研究》两个专题。由侯云德、于德泉、周丰竣、沈倍奋院士负责，30多位院士、专家参与，通过会议讨论，提交了评议报告两稿，2004年6月完成。

4. 确定学部学科分类

由甄永苏院士负责。课题组先后三次征求医药卫生工程学部全体院士意见，在不断听取、吸收院士意见的基础上对学科分类草案进行了多次修改，在遵循包涵医学各学科，宜粗不宜细，有利于学科发展的原则下，经过常委会对院士意见进行了认真的研究，尽可能将院士意见反映在学科分类中，最终确定了医药卫生工程学部的学科分类标准。

5. 受发改委委托，中国工程院牵头，中国科学院协助组织两院院士及专家开展高技术产业“十

一五”专项规划发展重点咨询研究

为配合做好本项目的研究工作,中国工程院共设八个课题组。医药卫生工程学部承担了第二课题“生物与医药产业领域发展重点咨询研究”。由侯云德院士负责,经过专家组的努力,目前已完成课题总报告初稿,已提交工程院。在此基础上,课题组提出了6个专项规划备选项目,同时请学部有关院士提交了10个备选项目。项目主要包括:新型疫苗、生物制药、生物检测、工业生物技术、三系配套抗虫杂交棉、新型饲料用酶、抗体药物、动植物生物反应器、转基因农作物和分子育种、名优中成药的二次开发与国际化研究。

6. 为落实中国工程院增选政策委员,关于开展“高层次工程科技人才成长规律研究”的任务

课题组组长为甄永苏院士,课题组副组长为程书钧院士。于2004年10月立项,2005年1月完成。课题组成员由高润霖、刘耀、沈渔邨等院士和田玲等有关专家组成。2004年10月26日上午,召开了课题组会议,按照工程院总体组的安排,研究确定了临床医学领域人才情况作为调研的重点,中国医学科学院和北京大学医学部作为建立人才数据库的选定单位。会议明确了关于人才课题调查问卷发放的具体人员范围。医药卫生工程学部办公室和中国医学科学院信息所将承担具体的调研工作等。

7. 应鲁南制药集团之邀,2004年11月12-14日,医药卫生工程学部桑国卫副主任带队,赵铠、高润霖、于德泉、刘耀、沈倍奋、郑树森、樊代明等院士到该企业对其中、西制药,生物工程等高新技术项目进行咨询考察,对企业发展战略规划提出了咨询建议。

二、学术活动

1. 为加强医学各专科之间相互沟通和学术交流,提高对疾病的诊治水平,加快医疗高新技术开发和成果转化及推广。2004年7月31日-8月1日,由医药卫生工程学部与中国生物医学工程学会在北京共同主办了“中国生物医学工程论坛-科技与产业研讨会”。会议由俞梦孙院士主持,近50位专家学者出席了会议。

2. 应安徽省科学技术协会之邀,“21世纪公共卫生与产业保健中日高级研讨会”于2004年8月19日至21日在安徽省合肥市成功举办。我院院士王正国、于维汉、庄辉及来自世界各地100余位国内外专家学者参加了会议。王正国院士担任会议名誉主席。会议的主要目的是扩大中国科学家在国际公共卫生领域的影响,增进了解中日等国在AIDS、SARS等传染病防治、事故预防、职业卫生、环境卫生等领域的最新研究进展。我学部王正国院士做了关于《道路交通伤害的调查研究》的报告。本次中日国际研讨会受到国内外专家的广泛关注和重视。

3. 2004年8月25日至27日同哈尔滨医科大学联合举办了“医药工业基地改造药学学术研讨会暨生命科学院士论坛”。刘耕陶、胡之璧、刘昌效、李连达等院士、专家参加了会议,并应邀分别作了精彩的主题报告。本次大会的主题是:药用植物的基础研究及开发;细胞生物工程技术对传统中药的研究与利用;药物制剂及中药现代化的基础研究;中药及天然药物应用开发研究;药品生物的发展方向及现代国际规范的研究;医药工业基地建设的可持续发展战略研究。会议期间,与会的专家学者围绕着目前黑龙江省生命科学领域存在的问题及发展道路,各抒己见,进行了深入细致的讨论,并提出了宝贵的意见和建议。

4. 2004年8月27日,中国工程院医药卫生工程学部和中国生物医学工程学会联合举办了“中医临床医学工程研讨会”。会议就工程界如何为中医服务,如何把复杂的问题用简单的方法给以

解决,结合现代医学模式,针对个体差异,实现对病患者的早预防、早发现、早治疗进行了研讨。

5. 2004 年 9 月 12 – 18 日同中国药学会在广西北海共同主办了“2004 年全国生化与生物技术药物学术”研讨会。就生化药物的最新研究进展与展望、生物技术药物、动植物、微生物、海洋生物活性成分及相关生物工程药物、生化与生物药物分离纯化、基因治疗以及 SARS 疾病控制原理和检测试剂、疫苗等领域进行了讨论。侯云德、杨胜利、沈倍奋等院士到会,会上院士就生物技术产业化与生物经济、药物生物技术、抗体药物的研究概况和前景分别做了精彩的报告。

6. 香山会议:2004 年 9 月 10 – 12 日,在上海浦东新区世纪公园国际会议厅召开了以“抗原表位组学、抗体组学和抗体组药物”为主题的香山科学会议第 234 次学术讨论会。本次会议是香山科学会议历史上第一次以企业科学家为主申报的,第一次将新的交叉学科及重大生命科学计划紧密结合,将新的前沿工程技术与产业化紧密结合,为建立以企业为主导的产学研互动创新机制,建立以企业为主体的技术创新体系和产学研有机结合的产学研联盟献计献策。会议由顾健人院士、沈倍奋院士、金伯泉教授,倪健教授担任执行主席,国内外著名高等院校、科研院所及生物医药企业的 48 位专家应邀参加了会议。

7. 为响应国家开发西部的战略号召,医药卫生工程学部常委会提出加强与西部地区学术交流的建议。应新疆医科大学之邀,2004 年 10 月 22 – 25 日,王正国、樊代明、郑树森、沈倍奋等四位院士出席了“新疆重大疾病院士论坛”,并做了两场学术报告。通过这次论坛和考察、研讨活动,双方感到收获非常大。院士们的到来,无疑对开发新疆独具特色的疾病和药物资源,提升新疆医学、生物学的科研水平,发展新疆的医药产业具有重大意义。双方商定今后应进一步加强合作,根据新疆的需求,开展不同主题的学术活动,办成年度性的论坛。

8. 工程科技论坛:2004 年 5 月 15 – 16 日在青岛召开了“中国工程院工程科技论坛——现代生物医学暨第六届青岛国际眼科学术研讨会”。会议由谢立信院士主持,闻玉梅、沈倍奋、曾溢滔、杨胜利、夏家辉等院士出席会议并做了精彩的学术报告,来自各地的在读博士、硕士研究生三百余人参加了会议。

三、国际合作

“第二届国际医学科学组织大会”国际医学科学组织执委会会议于 3 月 25 – 27 日在法国首都巴黎召开。本次会议讨论了第二届国际医学科学组织大会(IAMP)承办国和会址的问题。在本次会议上共有 3 个国家申办该次大会,分别是中国、南非和克罗地亚。而最具竞争力的国家是中国和南非。王正国院士代表中国参加了会议。会议上,我代表团和南非代表团分别陈述了在各自国家举办会议的独特优势,并回答了与会成员就会议的举办所提出的各种问题。我代表团在回答问题的过程中,明确表达了中国的诚意和组织这次大会的能力,消除了会议代表对中国 SARS 疫情和禽流感的疑虑。经过热烈的讨论,与会代表一致同意由我国承办此次会议。会议两主席之一、法国著名学者 Guy de The 教授代表与会成员宣布,中国在 3 个申办国家中脱颖而出,成功获得申办第二届国际医学组织大会的资格。会后,与会成员们纷纷向我代表团表示祝贺。会议初步定于 2005 年第四季度在北京召开,预计届时该组织 40 余个成员国的医学院、科学院及工程院医学部领导和专家约 200 余人将前来北京与会。此会议是由中国工程院和中国科学院共同承办。

四、地方合作

医药卫生工程学部与山东省医学科学院自2001年8月16日签署全面合作协议已三年。三年来,双方领导高度重视,在双方的共同努力下,合作工作硕果累累,通过各种形式的决策、咨询、学术交流和知识传播,学部的院士为山东省医学科学院的科研及各项事业的发展提供了大力的支持和帮助。2004年11月11日下午,医药卫生工程学部与山东省医学科学院合作工作会议在山东大厦临沂厅召开。赵铠、桑国卫、高润霖、于德泉、王威琪、刘耀、郑树森、李连达、沈倍奋、谢立信等院士到会,山东省政府、山东省医学科学院所属各院所的专家、学者、工作人员近百人参加了会议。对于山东省医学科学院提出的新一轮合作内容,医药卫生工程学部常委会非常重视,已经逐条进行了认真的研究,学部非常愿意与山东继续开展合作。

五、院士大会

在中国工程院第七次院士大会期间,医药卫生工程学部于2004年6月5日选举产生了第六届常委会,并获院主席团会议审议通过。推选赵铠院士为新一届学部主任,桑国卫、高润霖、顾玉东院士为学部副主任,常委会组成人员如下:高润霖、于德泉、刘耀、樊代明、沈倍奋、郑树森、王威琪、郝希山、李连达、赵铠、桑国卫、顾玉东、闻玉梅。

为便于工作,学部正、副主任分工如下:赵铠主任、桑国卫副主任负责咨询工作,高润霖副主任、顾玉东副主任负责学术活动和外事交流。

六、宣传出版

2004年在中国工程院建院十周年之际,医药卫生工程学部侯云德、秦伯益、程天民、陈灏珠、胡亚美、汤钊猷、邱蔚六、张金哲、彭司勋、王澍寰、胡之璧、程莘农、黄志强、王忠诚、张涤生、葛宝丰等16位院士为《十载征程　百年伟业》——中国工程院建院十周年诗文书画集投稿,谈了他们对工程院的认识以及当选院士以来的个人感受。

传播科学知识,弘扬先进文化是我们学部始终倡导的,得到院士们的大力支持。我学部程天民院士不但在防原医学方面贡献突出,且多才多艺,善书画,精篆刻,特意将自己的诗文篆刻精选成集,为庆祝中国工程院建院十周年表达出自己的一份心意。秦伯益院士亲自撰写的《漫说科教》一书,通过对实施科教兴国战略的细致入微的观察,从新的的视角,提出新的论点,为了国家的进步、人民的幸福、青年的成材而讲真话,说真事,表真情,深得科学界的赞许。肖培根院士出版了《绿药觅踪50年》一书,讲述了一位院士的成长历程,记录了中国药用植物的发展现代史,描述了传统药物学在世界各地的概况。沈渔邨院士出版了《沈渔邨教授从医五十周年论文集》,池志强院士出版了《池志强论文集》。

七、其他工作

由卫生部批准、中华医师协会和中国健康教育协会主办的健康中国万里行公益活动,主要围绕普及全民健康教育、关注生命、健康生活,在全国开展健康教育活动。常委会认为此类公益活动对提高全民健康意识、普及健康保健知识是很有帮助的,同意医药卫生工程学部作为此项活动的支持单位。

工程管理学部工作报告

殷瑞钰

2004年即将过去,在工程管理学部全体院士的共同努力下,学部常委会紧密围绕工程院的工作部署,开展了一系列的咨询和学术活动等,现简要总结如下:

一、咨询工作

(一)咨询课题

1. 2004年已结题项目

(1)科技部委托重大科技专项——《重要技术标准研究》专项咨询评估,由钱七虎、刘源张院士负责,总计20多位院士、专家参与,先后召开6次专题会议,听取7个专项汇报,并赴深圳、绍兴2个试点城市进行考察,最后提交了咨询评议总报告和19篇专项评估报告,2004年初完成。

(2)发改委委托项目《"十一五"及2020年我国综合交通网络规划思路》,由殷瑞钰、傅志寰和李京文院士负责,20多位院士、专家参与。课题组先后召开4次会议,向总体组汇报2次,提交了3稿,于2004年4月最后完成。

发改委委托项目《"十一五"经济区划及其区域政策调整》,由李京文院士负责,10多位院士、专家参与。课题组先后召开5次会议,向总体组汇报2次,提交了3稿,于2004年4月完成。

(3)科技部委托国家中长期科技发展规划咨询评议项目《交通科技问题研究》由殷瑞钰、郭重庆负责,20多位院士、专家参与,通过会议讨论,提交了评议报告2稿,2004年6月完成。

科技部委托国家中长期科技发展规划咨询评议项目《区域科技发展研究》,由李京文、石玉林院士负责,10多位院士专家参与,通过会议讨论,提交了评议报告2稿,2004年6月完成。

(4)《工程管理学科分类》,由何继善院士负责。课题组先后两次征求工程管理学部全体院士意见,在不断听取、吸收院士意见的基础上对学科分类草案进行了6次修改,经过常委会两次会议审议,审定通过如下分类方案:只设1个一级学科——工程管理,按照其他7个学部的对应关系设7个二级学科。从实际出发,既适应增选工作的需要,同时又有随着学部变动进行调整的余地,跨学部和非跨学部院士都能比较准确地"对号入座"。

(5)《我国大型工程项目管理问题的调查研究》,由潘家铮院士负责,40多位院士、专家参与,先后召开5次会议,研究课题工作,审议修改总报告2稿,分报告2稿。经常委会审议通过,2004年10月结题,提交了课题研究总报告、8份专题报告。2004年10月上报国务院。国办将此文批转到交通部后,2004年11月19日,交通部张春贤部长、冯正霖、徐祖远副部长等一行到工程院与徐匡迪院长、刘德培副院长等会面，针对该咨询报告双方举行座谈，并针对水运和公路专题进行了专题座谈，进一步听取课题组院士和专家的意见。

（6）委托咨询评议项目——《中国船舶工业集团公司发展战略》，由郭重庆、徐滨士、刘源张、汪应洛、王礼恒院士等参与，负责管理组的专题调研工作，先后召开5次课题会议，并赴上海各造船企业进行考察，提交了管理专题报告。2004年4月结题。

2. 2004年即将结题项目

（1）《构建我国综合交通运输体系的研究》，由殷瑞钰、郭重庆、傅志寰院士负责，40多位院士和专家参与，课题组先后召开4次会议，讨论、审议、修改总报告3稿，分报告3稿。综合组与专题组还分别进行座谈，进一步修改完善总报告和分报告。预计2004年12月底前完成。

（2）《我国工程项目可行性研究——理论、方法与实践》，由钱七虎、李京文院士负责，10多位院士和专家参与。现已完成总报告2稿。常委会认为，该课题基本上完成了立项任务，取得了预期的研究成果。建议该报告进一步修改后上报工程院。

（3）《工程科学技术在社会生产力发展中的作用和地位研究》，由殷瑞钰、刘人怀院士负责，先后有10多位院士和专家参与，历时3年多，现已完成总报告初稿和有关分报告。预计2004年12月底前提交总报告2稿。

3. 2004年立项的咨询项目

（1）《高层次工程科技人才成长规律研究》课题，经常委会研究，王礼恒院士代表我学部参加该课题的专题研究工作，工程管理学部与机械学部一起做关于航天科技人才成长规律的研究工作。预计2005年5月结题。

（2）《中国新型工业化进程中工程管理教育问题研究》课题，由朱高峰、王众托院士负责，近20多位院士和专家参与，目前已完成开题工作，分为3个专题组，已分别开展了调研。

（3）《工业工程——中国制造业实现世界制造基地的杠杆》课题，由郭重庆院士负责，近20位院士和专家参与，目前已完成开题工作。

（4）《中国老工业基地的可持续发展战略研究》课题，由殷瑞钰、李京文院士负责，近30位院士和专家参与，尚未开题。预计2004年12月17日举行开题会议。

（二）企业技术创新院士行

2004年8月19－20日，工程管理学部郭重庆、刘源张、陆佑楣院士及有关专家代表工程管理学部参与了“哈电集团院士行”活动。本次院士行活动是按照国家发展改革委员会和中国工程院的总体计划，由能源与矿业工程学部牵头组织，邀请机械与运载工程学部和工程管理学部有关院士、专家共同参与进行的，共有10几位院士专家参与。通过审议材料、现场考察和会议座谈方式，院士们对哈电集团的情况进行了全面了解，并对其提出的重点问题逐一进行了研究，从技术创新和管理方面提出了5条咨询建议。该项活动使院士们进一步了解了国有大中型企业的生存现状，使院士们认识到解决产业重大关键、共性技术问题，提升产业整体技术水平，促进东北老工业基地和西部地区的产业结构调整，加快区域创新体系和能力建设，培育自主知识产权的核心技术，促进大企业集团的国际化发展具有相当的紧迫性和艰巨性，还需要国家的支持、企业的自身的努力。

二、学术活动

1. 深圳管理论坛

经工程管理学部常委会讨论确定，第四届深圳中国青年科技企业家管理论坛的主题确定为“中国汽车工业发展”。2004 年 10 月 13 日，论坛在深圳五洲宾馆国际厅举行，郭孔辉、贾新光、钱振为、赵英等四位报告人分别从技术方向、产业布局、市场分析、企业发展等角度出发，围绕自主创新与品牌战略的主题，阐述了中国汽车工业发展面临的问题和应采取的措施。郭重庆院士主持了论坛并做了精彩的点评。工程管理学部何继善院士等参加了论坛。

2. 工程科技论坛

(1) 第 32 场工程科技论坛：我国综合交通运输发展战略

经常委会讨论决定，工程管理学部 2004 年的工程科技论坛主题为我国综合交通运输发展战略，该论坛是在《构建我国综合交通运输体系》课题研究成果的基础上举办的。在西安交通大学、西安交通大学管理学院的支持协助下，2004 年 10 月 22 日第 32 场工程科技论坛在西安交通大学成功举办。汪应洛、郭重庆院士主持了论坛报告会。12 位报告人分别从宏观和微观层面，从产业界、学术界和政府角度阐述了各自的看法。他们针对我国综合交通的总体构架，各种交通运输方式如何进行有效整合、衔接发挥整体优势，提高效率与效益，以及如何深化管理体制改革进行了深入的探讨。交通领域的 200 多位专业人士出席了论坛。刘源张、王众托、陆佑楣、梁应辰等院士参加了论坛。

(2) 第 33 场工程科技论坛：工程哲学与科学发展观

为了使全社会都来关注工程哲学，特别是工程界的专家、学者了解和把握工程哲学，经工程管理学部与自然辩证法研究会协商，定于 2004 年 12 月 7 日在中国科技会堂举办中国工程院第 33 场工程科技论坛，主题为“工程哲学与科学发展观”。届时殷瑞钰、傅志寰、陆佑楣、王礼恒、汪应洛、王众托院士及有关专家将出席论坛，他们将结合自己的工程实践从不同角度阐述工程哲学的内涵，唤起公众的理解和重视。

三、国际合作

为进一步加强工程管理领域的国际交流，经工程管理学部研究并报中国工程院批准，中国工程院、香港工程科学院、香港工程师学会将于 2004 年 11 月 29 日 - 12 月 2 日在香港共同举办一次工程管理国际研讨会，以“大型项目管理”为主题，探讨工程管理国际化的核心内容，工程管理的创新问题，促进内地及香港在工程管理理念、方法方面的交流。会议将通过大会报告、研讨和学术参观方式举行。届时内地郭重庆、陆佑楣、王梦恕、沙庆林等院士以及白云、何伯森、吴祥明、任宏等专家将做大会报告。香港方面将有 8 位专家做大会报告。郭重庆、钱七虎院士分别担任大会组委会主席和学术委员会主席。届时将有 90 多位中外专家出席大会。中国工程院工程管理学部和建设部高等学校工程管理专业指导委员会承担了具体会务工作。

四、院士大会

1. 审议学部工作报告、进行学部常委会换届选举工作

工程管理学部在院士大会期间召开了学部全体院士大会，审议通过了学部成立以来的工作报

告，进行了学部第三届常委会换届选举工作，经过工程管理学部全体院士酝酿、并经过投票选举，第三届常委会组成人员如下(以姓氏笔画为序)：王礼恒、巴德年、刘玠、刘人怀、李京文、何继善、陆佑楣、殷瑞钰、郭重庆。经常委推选，殷瑞钰为学部主任，郭重庆、王礼恒为学部副主任。

为便于工作，对常委分工如下：增选工作方面由殷瑞钰、王礼恒、巴德年院士负责，朱高峰、潘家铮院士协助；咨询工作方面由王礼恒、陆佑楣、何继善、刘玠负责，钱七虎、傅志寰院士协助；学术活动方面由郭重庆、李京文、刘人怀院士负责；其中深圳管理论坛由郭重庆院士负责，刘人怀院士协助；工程科技论坛由陆佑楣院士负责，王众托院士协助；国际交流方面由郭重庆、巴德年院士负责，翟光明、陈清泉院士协助；企业联系方面由刘玠、陆佑楣院士负责，张寿荣院士协助。

经常委会研究，学部对院士参加工程院专门委员会的部分人选做了调整，具体如下：殷瑞钰院士为环境委员会委员，同时兼任产业工程科技委员会副主任(化工、冶金与材料工程学部推荐)；殷瑞钰院士为增选政策委员会委员；钱七虎、李京文院士为咨询委员会委员；郭重庆、何继善院士为出版委员会委员；王众托院士为教育委员会委员。

2. 学部学术活动

院士大会期间，陆佑楣院士做了《漫谈三峡工程》的学术报告；王礼恒院士做了《近期国内外重大航天事件与我们的思考》的学术报告；翟光明院士做了《我国油气资源问题》的学术报告；汪应洛院士做了《先进生产模式与管理》的学术报告，由于报告主题鲜明、内容精彩，吸引了有关学部的院士、机关工作人员参加，报告也受到了新闻媒体的关注。

3. 2004 年在中国工程院建院十周年之际，工程管理学部刘源张、傅志寰、王众托、王礼恒、陆佑楣、汪应洛等 6 位院士为《十载征程　百年伟业》——中国工程院建院十周年诗文书画集投稿，谈了他们对工程院的认识以及当选院士以来的个人感受。

五、学部常委会

2004 年 2 月 18 日上午，殷瑞钰主任在中国科技会堂 404 会议室主持召开了工程管理学部第 15 次常委扩大会，王礼恒、刘 玠、刘德培、杜祥琬、李东英、李京文、何继善、金鉴明、钱七虎、殷瑞钰、郭重庆、傅志寰、翟光明、潘家铮等 14 位院士出席了会议。会议审议通过了四项议程：一、评审第五届光华工程科技奖工程管理领域的候选人，刘源张、张庆伟，金会庆通过初评报请理事会审议。二、审议工程管理学部学科分类征求意见稿(第四稿)。三、通报 2004 年学部咨询课题立项情况。四、讨论 2004 年院士大会期间学部活动。

2004 年 4 月 28 日上午，殷瑞钰主任在中国工程院第一会议室主持召开了工程管理学部第 16 次常委会。刘 玠、李京文、何继善、钱七虎、殷瑞钰、郭重庆等出席。会议通过了四项议程：一、殷瑞钰主任传达主席团会议精神，包括科学发展观的学习；院士大会及院庆十周年的安排；第五届光华工程科技奖的光华奖候选人刘源张院士通过了理事会的审议，院士大会期间进行颁奖。二、研究院士大会期间的工作安排，包括常委换届工作；学部学术活动安排。三、研究审议工程管理学部的学术活动，包括暂缓进行“转制科研院所创新体系建设与产业化经验交流”活动；举办关于综合交通主题的第 32 场工程科技论坛；举办我国汽车工业发展的深圳管理论坛。四、审议通过工程管理学部学科分类第 6 稿。五、研究通报 2004 年学部有关咨询课题的进展情况。六、推荐何继善院士为工程院学术著作出版专项资助委员会委员。刘源张院士为院庆十周年文集编委会成员。

2004 年 6 月 6 日下午，殷瑞钰主任在京丰宾馆第十四层会议室主持召开了工程管理学部第 17

次常委会。王礼恒、刘人怀、李京文、何继善、陆佑楣、殷瑞钰、郭重庆等院士出席。会议议程包括：一、通报了院主席团会议关于各学部常委会换届选举的情况。二、对工程管理学部常委进行分工。三、对学部院士参加工程院专门委员会的人选进行部分调整。

六、其他工作

学部办公室协助学部常委会落实工程院布置的各项任务。坚持为院士服务，协调、配合院士完成各项工作。在开展咨询和学术活动中积极主动，承担了大量日常事务性工作。如累计拟写公文上百篇，组织筹办会议40多次，办理财务报销、汇款等20多笔，看望和为院士过生日8次。在日常工作中，由于人手少、时间紧，任务重等原因，也出现过工作粗糙的情况，今后还需要改进。

2005年学部面临的主要工作有如下几个方面：

1. 增选工作：收材料、两轮评审、投诉调查等；
2. 咨询工作：2004年立项的3个咨询课题；
3. 学术活动：工程科技论坛和深圳管理论坛；
4. 工程院交办的其他工作等。

会 议 纪 要

〔主席团会议纪要〕

主席团会议纪要(九)

2004 年 3 月 31 日,受徐匡迪执行主席的委托,王淀佐副院长主持召开第三届主席团第九次会议,学习中央领导同志关于科学发展观的有关论述,审议《中国工程院 2004 年工作要点》,审议第七次院士大会有关安排,评议中国工程院院徽设计方案。

常平秘书长首先通报了出席会议的人员情况。主席团应到成员 34 人,实到 26 人,超过应到人数的 1/2,符合作出表决的法定人数,会议的各项表决生效。

一、学习科学发展观的有关论述

王淀佐副院长首先传达了中央领导同志关于树立和落实科学发展观的讲话精神。与会主席团成员结合本学科领域中工程科技的实际,深入学习和畅谈了对坚持科学发展观的认识。

会议指出,在我国进入新的发展时期的关键时刻,新一代领导人高瞻远瞩,适时地提出了我国在未来发展阶段中必须坚持科学发展观的要求。深入贯彻科学发展观,对于我国在工业化和现代化的进程中,实现全面、协调和可持续的发展具有极其重要的指导意义。科学发展观要求社会的发展是物质文明、精神文明、政治文明的同步发展。我们的科学发展观建立在发展的基础上,不发展就谈不上科学发展观,发展对我们当前来说,在物质文明方面就是实现工业化,在精神文明方面就是传承中华民族的优秀文化和吸收全世界的优秀文化,而社会主义政治文明就是实现民主政治,促进科学民主决策,转变职能,更加透明化,为公众服务。贯彻落实科学发展观,工程科技界大有作为。

会议特别提出了经济和资源环境统筹和谐发展的思想。人类文明已经有 6 000 多年的历史,但真正发展较快的是工业革命后的最近 200 年,虽然物质文明和精神文明发展较快,但对生态环境和资源的破坏也是惊人的。党的十六大提出了在 2020 年全面建成小康社会,基本实现工业化的宏伟目标,我们决不能再走发达国家在过去 200 年间以牺牲资源和环境为代价的传统工业化道路。树立科学发展观就是要依靠先进的科学技术,减少能源和资源消耗,保护生态环境,走资源消耗少、环境污染少、经济效益高、人力资源得到充分利用的新型工业化道路。我国钢铁工业 10 年来迅速发展,钢产量连续跨越 1 亿吨、2 亿吨的台阶,成为世界第一钢铁大国。在实现产量翻番的同时,由于大量采用先进技术,吨钢能耗从 10 年前的 1 017 公斤下降到目前的 750 公斤左右。我国最大的宝山钢铁公司,能耗已经降到 700 公斤以下,达到世界先进水平,形成了各种资源循环利用、清洁和生态化的绿色钢铁制造模式。

会议认为,坚持科学发展观必须以经济建设为中心,要把 GDP 搞上去,但这不是唯一的,坚持科学发展观还必须实现全面协调和持续发展，充分考虑经济、社会以及资源、环境的协调发展。因此，需要尽快建立以科学发展观为指导的综合的发展指标体系，既包含经济发展的指标，也兼顾资源、环境、生态，以及公共卫生、就业、社会保障、人民生活等社会发展的指标。

二、审议《中国工程院2004年工作要点》

政策研究室董庆九副主任汇报了《工作要点》的内容及起草过程。工作要点包括咨询工作、院士队伍建设、院士大会、院士行活动、学术活动、国际交流与合作、综合楼建设等十一个方面。

会议经研究，原则通过了《中国工程院2004年工作要点》的有关内容，在对若干文字表述作必要修改后，印发全体院士遵照执行。

三、审议第七次院士大会有关安排

常平秘书长作了汇报。根据本次院士大会的内容，会议的主要安排如下：

1. 会议地点在北京京丰宾馆。

2. 6月1日全天报到，6月2日上午开幕，6月5日大会结束。

3. 6月2日、3日、4日上午在人民大会堂由两院联合召开会议，分别邀请胡锦涛总书记、温家宝总理和陈至立国务委员为两院院士作报告。

4. 6月2日下午在人民大会堂小礼堂召开院庆纪念会。本着俭朴、隆重、学术性的原则，庆祝活动主要以院士为主，邀请有关部委和省市的代表及外宾约800人参加，不再邀请国家领导人出席。

5. 6月3日、4日下午召开全院学术报告会。学术会议的主题是：工程科技与社会发展。拟请5位院士和3位外宾分别以现代信息、能源发展、生态环境、医学、农业科技等主题作报告，报告人正在落实。

6. 6月5日全天由各学部分别组织活动。

会议经审议，原则通过了大会议程。会议提出，6月2日下午院庆活动的安排还要进一步细化。

四、评议中国工程院院徽设计方案

马国馨院士汇报了征集、评审院徽设计方案的有关情况。据汇报，第八次主席团会议，通过了征集新院徽的决定。春节后，办公厅即在工程院网站上发布了征集新院徽的公告，同时向7所美术院校专门发出邀请函，征集作品。公告发出后，得到了社会各界的积极响应。到规定的截止日期3月20日为止（以邮戳为准），收到投标的作品近800个。

工程院组成了由院士和美术设计专家参加的评审专家组，对竞标的作品进行了两次评选，产生了4个设计方案，提交主席团会议评审。

会议参考了中国科学院、美国工程院等院徽，经反复讨论、商议，认为这4个作品在表现工程院的特点方面还不够鲜明、突出，还需进一步征求意见。

会议议定，本次会议对院徽设计方案不做表决。

主　持：王淀佐

出　席:马国馨　王永志　王思敬　王淀佐　朱建士　旭日干　邬贺铨　刘鸿亮　刘德培
　　　关　桥　杜祥琬　李大东　沈国舫　宋　健　张寿荣　陆建勋　陈厚群　金国藩
　　　侯云德　秦伯益　顾健人　钱绍钧　徐匡迪　殷瑞钰　龚惠兴　傅志寰
列　席:常　平　白玉良
请　假:王正国　朱高峰　朱光亚　陈肇元　周　廉　顾诵芬　管华诗　潘家铮
记　录:刘　畅

二○○四年四月八日

主席团会议纪要(十)

2004年6月1日,徐匡迪执行主席主持召开第三届主席团第十次会议,审定第七次院士大会议程,审议各学部常委会换届选举的有关事项。

办公厅宋学敏主任通报了出席会议的人员情况。主席团应到成员34人,实到29人,超过应到人数的2/3,符合对重大事项作出表决的法定人数,会议的各项表决生效。

一、审定第七次院士大会议程

沈国舫副院长向会议通报了第七次院士大会每天的日程安排,介绍了中央和国务院领导为两院院士做报告的安排,详细介绍了院庆10周年活动的具体内容和全院学术报告会的具体安排。

会议经审议通过大会议程。会议议定,将原定于6月5日晚上召开的主席团会议提前到6月5日下午2:30召开,请各学部自行调整学部活动内容的次序,6月5日中午前完成学部常委会的换届选举工作。

二、审议各学部常委会换届选举的有关事项

杜祥琬副院长汇报了各学部常委会换届选举的有关原则和要求、本次学部常委换届工作的进程和候选人的总体情况。各学部主任分别介绍了本学部候选人的基本情况和特点。

会议经审议,同意将现有各学部的候选人提交各学部全体院士进行民主选举。

三、关于秘书长常平同志工作变动的情况说明

王淀佐副院长作了情况说明。据介绍,联合国亚太经社会农业工程与机械中心(APCAEM)在中国正式运行后,按国际惯例和APCAEM章程,中心主任需在外国人中选聘,中心副主任在中国人中选聘。常平同志通过竞聘成为中心副主任的最终人选。院党组经认真研究,考虑到该中心同国内不少部门联系密切,工程院又是该中心同国内13个联系部委的归口协调单位,负有重要责任。

常平同志从工程院调入 APCAEM 有利于加强工程院与该中心的联系,利于中心的发展,故同意常平同志调该中心任副主任。5 月下旬,中组部已同意常平同志的工作调动,免去其工程院党组成员和秘书长职务。按照《中国工程院章程》规定,秘书长、副秘书长由主席团通过后任免,因此提请主席团会议审议。

会议经审议,同意免去常平同志秘书长的职务。

主　持:徐匡迪

出　席:马国馨　王正国　王永志　王思敬　王淀佐　朱光亚　朱建士　朱高峰　旭日干
邬贺铨　刘鸿亮　刘德培　关　桥　杜祥琬　李大东　沈国舫　宋　健　张寿荣
陆建勋　陈厚群　陈肇元　金国藩　周　廉　侯云德　秦伯益　顾诵芬　顾健人
钱绍钧　徐匡迪　殷瑞钰　龚惠兴　傅志寰　管华诗　潘家铮

请　假:王永志　朱光亚　顾诵芬　钱绍钧　潘家铮

记　录:徐　进

二〇〇四年六月十四日

主席团会议纪要(十一)

2004 年 6 月 5 日,徐匡迪执行主席主持召开第三届主席团第十一次会议,审议批准各学部常委会换届选举结果。

白玉良副秘书长通报了出席会议的人员情况。主席团应到成员 34 人,实到 31 人,超过应到人数的 2/3,符合对重大事项作出表决的法定人数,会议的各项表决生效。

杜祥琬副院长汇报了各学部常委会换届选举的总体情况。据汇报,各学部经全体院士民主选举,产生的新一届常委会人数与上届相同,总计 108 位,其中京内 58 位,京外 50 位。总共更换常委会成员 35 位。8 个学部中的 5 个学部更换了学部主任,8 个学部总共 23 位副主任中更换了 11 位。

各学部主任分别介绍了本学部常委会换届选举的基本情况。

会议经审议,批准各学部常委会和主任、副主任的换届选举结果。名单如下(学部常委以姓氏笔画为序):

1. 机械与运载工程学部(15 人)

主　任:张彦仲

副主任:顾国彪　王兴治　杜善义

常　委:马伟明　王兴治　龙乐豪　刘友梅　杜善义　李　明　李椿萱　汪顺亨
张立同(女)　张彦仲　柳百成　钟群鹏　顾国彪　高金吉　黄先祥

2. 信息与电子工程学部(13 人)

主　任:李国杰

副主任:毛二可　陈良惠　李德毅

常　委:毛二可　叶尚福　许祖彦　孙　玉　孙家广　李幼平　李同保　李伯虎　李国杰
　　　　李德毅　沈昌祥　陈良惠　姜景山

3. 化工、冶金与材料工程学部(13 人)

主　任:周　廉

副主任:干　勇　汪燮卿　薛群基

常　委:干　勇　才鸿年　王静康(女)　孙传尧　何季麟　邹　竞(女)　汪燮卿　陈立泉
　　　　欧阳平凯　周　廉　顾真安　黄伯云　薛群基

4. 能源与矿业工程学部(15 人)

主　任:陈毓川

副主任:何多慧　何继善　杨奇逊

常　委:孙玉发　何多慧　何继善　杨奇逊　苏义脑　陈毓川　胡思德　唐西生　顾心怿
　　　　曾恒一　蒋洪德　谢和平　韩英铎　潘自强　薛禹胜

5. 土木、水利与建筑工程学部(15 人)

主　任:陈肇元

副主任:宁津生　傅熹年　韩其为

常　委:马国馨　王梦恕　宁津生　江　亿　江欢成　何镜堂　张在明　张超然　陈肇元
　　　　项海帆　崔俊芝　韩其为　傅熹年　谢世楞　谢礼立

6. 农业、轻纺与环境工程学部(15 人)

主　任:石玉林

副主任:周国泰　魏复盛　戴景瑞

常　委:山　仑　石玉林　向仲怀　许健民　孙晋良　张　懿　张齐生　张高勇　陈焕春
　　　　金翔龙　周国泰　唐启升　管华诗　魏复盛　戴景瑞

7. 医药卫生工程学部(13 人)

主　任:赵　铠

副主任:桑国卫　顾玉东　高润霖

常　委:于德泉　王威琪　刘　耀　李连达　沈倍奋(女)　郝希山　赵　铠　闻玉梅(女)
　　　　高润霖　顾玉东　郑树森　桑国卫　樊代明

8. 工程管理学部(9 人)

主　任:殷瑞钰

副主任:郭重庆　王礼恒

常　委:王礼恒　巴德年　刘　玠　刘人怀　李京文　何继善　陆佑楣　殷瑞钰　郭重庆

根据《中国工程院章程》中的规定,各学部主任是主席团的组成成员。本次主席团会议后,王永志、陆建勋、朱建士、旭日干、王正国 5 位同志因学部常委任期届满,不再担任学部主任和主席团成员,将分别由张彦仲、李国杰、陈毓川、石玉林、赵铠同志接替成为主席团成员,参加主席团会议。

主　持:徐匡迪

出　席:马国馨　王正国　王永志　王思敬　王淀佐　朱建士　朱高峰　旭日干　邬贺铨
刘鸿亮　刘德培　关　桥　杜祥琬　李大东　沈国舫　张寿荣　陆建勋　陈厚群
陈肇元　金国藩　周　廉　侯云德　秦伯益　顾诵芬　钱绍钧　徐匡迪　殷瑞钰
龚惠兴　傅志寰　管华诗　潘家铮

列　席:白玉良

请　假:朱光亚　宋　健　顾健人

记　录:徐　进

二〇〇四年六月十四日

主席团会议纪要(十二)

2004年11月2日,徐匡迪执行主席主持召开第三届主席团第十二次会议,研究审定2005年院士增选的各有关事项、审定《中国工程院2004-2006年度工作纲要》、审议中国工程院副秘书长人选。

白玉良副秘书长首先通报了出席会议的人员情况。主席团应到成员34人,实到28人,超过应到人数的2/3,符合对重大问题作出表决的法定人数,会议的各项表决有效。

宋健、朱光亚、王淀佐、秦伯益、顾诵芬、管华诗6位主席团成员因事请假。

为感谢主席团成员为工程院发展所做的工作,根据上次主席团会议和执行主席的建议,工程院为全体主席团成员制作了证书,徐匡迪执行主席为当天到会的各位主席团成员逐一颁发了证书。

一、研究审定2005年院士增选的各有关事项

沈国舫副院长汇报了院士增选政策委员会就2005年院士增选有关事项提出的各项建议和院常务会议的审议意见,并对修改制定《中国工程院院士增选实施办法》(简称《办法》)的有关情况作了详细说明。

会议进行了研究讨论,经举手表决,一致同意新制定的《办法》,原则通过《办法》中提出的各项内容,并对若干具体问题提出了修改意见。

会议经研究,就2005年院士增选中的有关问题提出以下意见:

1. 同意2005年的院士增选名额为不超过60名。

2. 同意对超过70岁的候选人需经其专业所属学部至少6位院士提名,方为有效。工程管理学部候选人,至少要有4位工程管理学部院士提名,其余提名院士应与候选人工程科技背景所属学部相同。这样的提名仅限1次。对连续三次被提名而未当选的候选人也按此要求办理,如再不当

选，就必须停止提名一届。

3. 会议同意在各学部院士选举结束后，间隔2周至1个月再召开主席团会议，审议批准新当选院士名单，但不必再设公示期。

4. 为保证评审质量，提高工作效率，会议提出对部委和地方报送的候选人名额作进一步的限制，国家发改委、教育部、中国科协、中科院等综合部委各学部为不超过6名，具有行业管理职能的部委为各对应学部不超过6名，其他各部委、省市不超过3名。

5. 进入第二轮评审的候选人全部进行自我介绍，同时院士投票的程序可适当简化。候选人应严格按通知的时间到会介绍，介绍完后即离会。

6. 院士提名候选人时，必须对所提名的候选人确实了解，并对候选人提供的材料负有责任。

7. 有效候选人的提名材料应从指定的日期开始公布两周时间。

会议请白玉良副秘书长负责，对《办法》再作文字加工后印发执行，作为今后院士增选的依据。

二、审定《中国工程院2004－2006年度工作纲要》

杜祥琬副院长将起草《中国工程院2004－2006年度工作纲要》（简称《纲要》）的有关情况和各项内容作了介绍。据介绍，《纲要》分总体思路、主要任务和重点工作三部分。其中包含9个方面的主要任务，8项重点工作。

会议就《纲要》中的各项内容进行了详细讨论，会议经举手表决，一致同意原则通过《纲要》中提出的各项工作，并对内容的文字表述提出了若干修改意见。

与会主席团成员充分肯定了工程院近年来开展的咨询工作，如国家中长期科技发展规划咨询、"十一五"计划委托咨询等。会议一致认为，工程院在今明两年除着重做好院士增选工作外，应继续把咨询工作、工程科技论坛、技术创新院士行、与地方合作等工作做好，发挥工程院在国家工程技术发展中的作用。

会议认为，工程院应发挥院士的群体作用，发挥多学科的综合优势，提高工程师在国家经济建设和发展中的地位和作用；工程院应该把对中国和世界工程技术的发展状况和趋势研究作为长期任务固定下来，不断提出研究报告；工程院应加强对国民经济建设中的突发事件、自然灾害、敏感问题等的应急反应研究，及时提出建议。

会议还提出，应提高对《院士建议》的重视程度，完善有关的审批和报送程序，有些问题可请有关的院士共同研究，征求意见，《院士建议》提交后，应及时了解反馈情况等。

会议请由院机关根据会上提出的意见再作修改后印发全体院士和院机关。

三、审议中国工程院副秘书长人选

根据《中国工程院章程》的规定，工程院的秘书长、副秘书长由院长提名，主席团通过任命。自常平同志不再担任秘书长后，一直没有补充。目前仅白玉良同志一位副秘书长，日常工作繁重。院党组在有关单位推荐的基础上，经组织审查、民主讨论，认为石立英同志各方面的条件较好，适合作副秘书长的工作。按照《章程》规定，徐匡迪院长提名石立英同志担任工程院副秘书长。

办公厅宋学敏主任详细介绍了石立英同志的简历。

会议经举手表决，一致同意院长的提名，全体通过了石立英同志担任工程院副秘书长。

主　持:徐匡迪执行主席

出　席:马国馨　王思敬　石玉林　朱高峰　邬贺铨　刘鸿亮　刘德培　关　桥　杜祥琬
李大东　李国杰　沈国舫　张寿荣　张彦仲　陈厚群　陈毓川　陈肇元　金国藩
周　廉　赵　铠　侯云德　顾健人　钱绍钧　殷瑞钰　龚惠兴　傅志寰　潘家铮

请　假:宋　健　朱光亚　王淀佐　秦伯益　顾诵芬　管华诗

列　席:白玉良　石立英

记　录:徐　进

二〇〇四年十一月十五日

〔院常务会议纪要〕

院常务会议纪要(三十五)

2004 年 1 月 16 日,徐匡迪院长主持召开 2004 年第 1 次院常务会议,传达我院向国务院领导汇报工作的会议精神,研究落实有关工作。

常平秘书长将汇报会的精神作了传达。1 月 15 日,国务委员陈至立和国务院副秘书长陈进玉等在国务院第三会议室听取了我院 2003 年工作总结和 2004 年工作设想。受党组委托,王淀佐副院长作了汇报,徐匡迪院长就几个重点问题发表了意见,各位副院长也补充发言。国务院领导对我院 2003 年开展的工作,特别是在重大咨询项目和科学道德建设等方面的工作给予了充分的肯定。原则同意我院 2004 年的工作设想,并希望我院在为国家制定中长期科技发展规划方面,在宣传院士关于建立资源节约型社会的咨询建议方面,在弘扬院士们严谨求实的科学道德风范方面进一步发挥作用。国务院领导原则同意我院关于加强院士咨询的地位、设立工业研究院所联合研究生学术委员会和建立国家共性技术基础研究条件平台的建议。

为落实有关的工作,院常务会议议定:

1. 关于加强院士咨询工作的建议,春节过后要与国家发改委和科技部商议,会同中科院上报国务院,并代拟国务院的发文稿。此项工作由王淀佐副院长牵头,董庆九同志负责准备。

2. 关于设立工业研究院所联合研究生学术委员会的建议,请院教育委员会负责准备,与教育部有关司局商议后上报国务院。

3. 关于建立国家共性技术基础研究条件平台的建议,请产业工程科技委员会负责准备,征求科技部的意见后上报国务院。

4. 关于宣传院士咨询意见和高尚道德学风方面的工作,由杜祥琬、沈国舫副院长牵头,研究室负责准备,积累素材,并就有关宣传事项,联系安排我院拜访中宣部。

5. 关于召开两院院士大会的有关具体事项,请白玉良副秘书长与中科院沈保根副秘书长沟通协商。

6. 按照国务院关于健全完善突发事件应急措施的要求,由办公厅制定院士大会突发事件应急预案,按要求上报。同时我院关于反恐的咨询课题要及时上报有关建议,为国家有关部门制定对策发挥作用。

主　持:徐匡迪

出　席:王淀佐　邬贺铨　刘德培　杜祥琬　沈国舫　常　平　白玉良

列　席:宋学敏　董庆九　钱左生　王海荣　康金城　程家怡

记　录:徐　进

二〇〇四年一月二十九日

院常务会议纪要(三十六)

2004 年 2 月 2 日,徐匡迪院长主持召开 2004 年第 2 次院常务会议,通报中国工业经济联合会的有关情况,通报综合办公楼建设、下一代网、数字电视等工作的进展情况,通报研究有关外事工作。

一、通报中国工业经济联合会的有关情况

常平秘书长将中国工业经济联合会(简称工经联)的章程、工作制度、组织结构、人员情况、工作纲要、工作要点及将于今年 9 月举行的世界工商协会首脑合作会议的情况等作了介绍。

会议认为,中国工业经济联合会是联结行业、地区、企业的桥梁和纽带,对于推进科技成果转化为生产力,提高我国工业的国际竞争力发挥着重要作用。我院应积极加强与工经联的合作,发挥 600 多位院士的作用,促进我院与工业界的联系,把科研和产业更紧密地结合起来,为增强国产名牌产品的竞争力贡献力量。

根据工经联关于邀请我院有关院领导兼任工经联相关职务以便进一步加强合作的意见,会议经研究决定,推荐邬贺铨副院长兼任工经联副会长、常平秘书长兼任工经联副秘书长。

二、研究推荐自然科学基金委员会第五届委员人选事宜

根据国家自然科学基金委员会关于请我院推荐第五届委员的函,会议经研究决定,推荐王淀佐副院长担任第五届委员。

三、通报综合楼建设的有关情况

邬贺铨副院长通报了我院综合办公楼筹建工作的进展情况、下一步的工作安排、拆迁情况和需要考虑的几个问题。

会议经研究议定:

1. 根据基建工作的需要,可再聘请若干专业工程师协助工作,具体人员请邬贺铨副院长根据需要研究确定;

2. 关于再租用几间基建办公室的费用问题,请与计财处协商解决;

3. 关于内装修费用、设备费用以及绿化费用的资金缺口问题请基建办尽早向主管部门写报告申请;

4. 为达到整体的配合、协调,二期工程的建设也需同时考虑,有关资金筹措和合作单位的确定,需及早与符合要求的合作单位联系沟通,在条件合适的情况下,尽快落实和启动建设工作;

5. 应与北京市规划部门密切沟通,使附近地区的道路建设规划,不影响办公楼的周围景观;

6. 物业管理人员应在建设阶段开始介入,便于今后的管理。

四、通报“下一代网”和“数字电视”两个委托项目的进展情况

邬贺铨副院长将两个委托项目前一段的工作情况和下一步的工作设想作了汇报。会议对项目前阶段的工作给予充分肯定,认为这两个委托项目是专题咨询项目,对国家的信息基础设施建设具有重要意义,应发挥我院综合协调的作用,吸收有关各方的优点,取长补短,综合集成。

五、通报研究有关外事事项

1. 国际合作局康金城副局长通报了国际移民委员会(GCIM)拟任命徐匡迪院长为该委员会委员并邀请其出席第一次委员会会议事。会议确定,待外交部批准后再安排国际合作局1位副局长作为代表出席会议。

2. 国际合作局钱左生副局长通报了关于在世界工程师大会期间举办“中国重大工程成就展”的初步方案。会议认为,办好这一展览会对烘托世界工程师大会的气氛,提升上海工业博览会的水平具有重要意义。但工作量很大,需要依托有关的部委和国有大型企业的参与,具体方案还需尽快与有关各方协商后进一步细化。

主　持:徐匡迪
出　席:王淀佐　邬贺铨　刘德培　杜祥琬　沈国舫　常　平　白玉良
列　席:宋学敏　董庆九　钱左生　王海荣　康金城　程家怡
记　录:徐　进

二〇〇四年二月十七日

院常务会议纪要(三十七)

2004年2月10日,徐匡迪院长主持召开2004年第3次院常务会议,研究第七次院士大会学术会议和2004年世界工程师大会的有关工作。

一、研究第七次院士大会学术会议的有关事项

学部工作部王海荣同志汇报了学术会议的建议安排方案。

会议经研究,原则同意所提建议。即:全院学术会议用一天的时间安排 8 个学术报告,其中邀请国外代表作 3 个报告;由一位院领导作 1 个综合性报告,强调要走新型工业化道路,工程科技面临的任务与责任等;另外 4 个报告将从国内外广泛关注的生态环境、资源能源、医药卫生和农业科技等领域中邀请相关院士或专家作学术报告。

国际合作局钱左生副局长介绍了邀请外国工程院院长出席会议的情况。

会议认为,建院 10 周年纪念活动既要简朴又要隆重,以体现我院在国际工程科技界的地位。应尽可能邀请到如 CAETS 主席、一些重要成员国的工程院院长、著名科学家、著名大学校长等在国内外有影响的外宾,届时请中央领导同志接见。可请驻外使领馆的同志帮助邀请,重要外宾我院可负担其相应的差旅费。

常平秘书长汇报了经与中科院协商的院士大会初步日程安排。两院院士大会定于 6 月 2 日上午举行开幕式。拟邀请总书记作报告,开幕式前接见全体院士并与大家合影。6 月 3 日邀请总理作关于经济形势的报告,6 月 4 日邀请陈至立国务委员作关于制定国家中长期科技发展规划方面的报告。6 月 5 日各学部召开学术会议,当天闭幕。

会议原则同意上述安排,并议定,6 月 2 日下午我院举行建院 10 周年纪念会。院长报告的主要内容是回顾工程院 10 年来走过的历程,由研究室负责准备。纪念会邀请国务院有关部委、有关省市的领导出席。请办公厅尽快联系确定院士大会会址。

二、研究推荐人员事项

1. 关于推荐参加探月工程(二、三期)论证的专家,会议经研究认为,根据需要主要应从①航天;②地质构造、岩石矿物;③天文;④遥感、测绘等专业等领域推荐相关的院士参加。

2. 关于推荐担任海南省顾问委员会委员的院士,会议议定,由沈国舫副院长牵头,依据海南省急需的专业领域,每个专业推荐 1 位院士参加。

3. 关于推荐担任首都科技集团副理事长的人员,会议议定,推荐侯云德院士担任。

三、研究世界工程师大会的有关工作

1. 李仁涵同志汇报了关于开办“发展中国家的工业化道路” 网上论坛的方案建议。据汇报,为配合世界工程师大会的召开,根据组委会的决定,将由我院在世界工程师大会网站上承办以“发展中国家的工业化道路”为主题的网上论坛,暂定 3 月 1 日正式开通,论坛语言为英语。拟聘请 1 至 2 位院士担任主持人,同时聘请 1 位英语翻译协助主持人工作。

会议原则同意所提工作方案。会议认为,论坛的主要对象应面向中青年工程科技专家,可以就工程师的地位、社会责任、工程教育、就业等大会不便论述的问题进行网上研讨,主题可以宽泛些,注意收集相关信息,进行分析比较,但不宜出文集。主持人应能够应对一些工程技术的专业问题。会议议定,由邬贺铨副院长负责此项工作。

2. 关于组织“中国重大工程成就展”的有关事宜

国际合作局钱左生同志就办展的总体思路、组织方式、定位、选择参展项目的原则、展览方式、展区布置原则等作了汇报。

会议原则同意所提方案,由邬贺铨副院长负责此项工作,组成工作组,尽快召开相关会议,落实参展单位。

主　持:徐匡迪
出　席:王淀佐　沈国舫　常　平　白玉良
请　假:邬贺铨　刘德培　杜祥琬
列　席:宋学敏　董庆九　钱左生　王海荣　康金城
记　录:徐　进

二〇〇四年二月十九日

院常务会议纪要(三十八)

2004年2月23日,徐匡迪院长主持召开2004年第4次院常务会议,研究审计署对我院2003年的审计报告,研究第七次院士大会和建院10周年纪念活动的有关事项,审议《中国工程院2004年工作要点》等。

一、研究审计署对我院2003年的审计报告

办公厅计财处张如义同志汇报了国家审计署对我院2003年预算执行情况和财政资金结存情况的审计报告(口头征求意见稿)。报告中提到的问题归纳起来主要有3个方面,即:1. 关于资金结存较多问题;2. 关于咨询项目经费的管理问题;3. 关于以前年度审计决定的落实情况等。

会议对审计报告中提出的问题逐一进行了认真研究。会议认为,报告中反映的情况基本属实,审计工作非常细致认真,对规范我院的财务管理具有重要意义,希望今后在国家审计署的帮助指导下,使我院的财务管理制度得到进一步的健全、完善。

会议认为,基本建设中的许多不可估计因素和去年的"非典"影响是导致资金结存较多的重要原因。关于咨询项目经费的支出、暂借,及提取部分经费用于职工的绩效工资问题,应结合工程院的实际情况制定一个合理的管理办法,印发全体院士及机关工作人员,使大家了解情况,照章办理。

关于我院拥有中国技术创新公司股权入帐问题,按照中央领导的批示精神,院党组已批准创新公司提出的不再隶属我院的请示,创新公司正在联系新的挂靠单位,待找到挂靠单位后即办理脱钩手续。有关情况请两位秘书长和办公厅主任向审计署的同志作解释。

二、通报科技部委托的"十五"重大科技专项中期咨询评估工作

沈国舫副院长汇报了由我院组织的院士专家组对科技部委托的咨询任务,即对"十五"计划中的12个重大科技专项进行中期评估的情况。会议议定,院士们在评估过程中发表的意见在提交文字报告前,院领导应先与科技部的领导口头交换,进一步了解情况。

三、研究第七次院士大会和建院10周年纪念活动的有关安排

根据两院的章程，经与中科院、中办秘书局协商，今年第七次院士大会拟于6月2－5日召开。除两院共同参加的活动外，机关办公会议建议，6月2日下午召开建院10周年纪念会。内容包括：1.颁发外籍院士证书；2.院长工作报告（建院10周年回顾）；3.CAETS主席致辞；4.国内代表致辞；5.放映一部介绍中国工程科技成就的DVD短片；6.举办一场交响音乐会等。关于院士大会的会址，办公厅进行了详细的调查了解，因需要800人的大礼堂、7个百人会议室及800人的客房等条件的制约，难以找到更加合适的会址，建议今年院士大会的会址仍选在京丰宾馆和空军招待所。

会议原则同意以上安排。为使院庆纪念活动形式新颖、活泼，会议议定，将纪念活动与交响音乐会的节目穿插进行，用一个下午的时间完成，晚上举办外宾招待会。请办公厅尽快落实院士大会及有关事项的安排。

四、审议《中国工程院2004年工作要点》

徐进同志汇报了《中国工程院2004年工作要点》的起草和征求意见情况。会议对《工作要点》的内容逐条进行了审议、修改。会议议定，将修改后《工作要点》进一步征求各位院领导的意见，汇总后提交3月底召开的主席团会议审议。

五、关于中国专利保护协会设立专利技术工程博物馆的建议

会议议定，请研究室向国家专利局等单位了解有关情况后确定。

主　持：徐匡迪
出　席：王淀佐　邬贺铨　沈国舫　常　平　白玉良
请　假：刘德培　杜祥琬
列　席：宋学敏　谢冰玉　高中琪　李仁涵　王海荣　钱左生　康金城　程家怡　董庆九
　　　　郗小林
记　录：徐　进

二〇〇四年三月十二日

院常务会议纪要（三十九）

2004年3月16日，徐匡迪院长主持召开2004年第5次院常务会议，审议我院2004年外事工作计划，研究第七次院士大会和建院10周年纪念活动的有关安排等。

一、研究铁道部委托我院对青藏铁路建设开展咨询的任务

王淀佐副院长介绍了提出这项任务的有关情况。今年两会期间，铁道部孙副部长向我院提出，希望帮助解决青藏铁路建设中遇到的一些技术问题。如路基遇到的冻土问题，施工人员易患高原病问题，植物生态问题，铁路影响动物迁徙问题，高原气候条件下仪器设备性能变化问题，小火车站的用电问题等。

会议认为，青藏铁路建设是一项举世瞩目的重大工程，应充分发挥我院院士在这项工程建设中的作用，为国家的重大建设项目贡献力量。会议议定，请铁道部以正式来文的形式明确任务，请学部工作局先组织相关领域的专家座谈研究，确定参加咨询的院士，必要时还可组织院外专家共同参与。此事请白玉良副秘书长及学部工作局负责落实。

二、研究我院江西省开展合作的事宜

沈国舫副院长介绍了有关情况。今年两会期间，江西省胡振彪副省长及省科技厅的领导到访我院，感谢我院对江西省科技工作的支持，同时提出希望与我院开展合作。

会议据此一并研究了与地方开展合作的问题，认为仍应按照我院《工作纲要》确定的基本原则开展与地方的合作。会议议定，请办公厅商学部工作局给江西、四川等省回函，感谢他们对我院的信任，表明我院将认真开展与他们的合作。在合作中将按照胡锦涛总书记关于求真务实的讲话精神，结合“院士行”工作的开展，采取一事一办的做法，针对具体问题组织院士专家开展专项合作，为地方多做实事。

会议还决定，由邬贺铨副院长负责“院士行”的工作。

三、研究院士大会的有关安排

1. 钱左生副局长汇报了6月2日下午院庆纪念会的初步安排方案。会议原则同意所提方案，希望参照国际上的通行做法，办成一次国内没有、国际优秀的会议，体现出一个优秀的组织，拥有杰出的成员。

关于在院士大会期间，请温家宝总理会见我院邀请的外宾和请陈至立国务委员颁发光华工程科技奖的安排，需提前向国务院报文。请办公厅协商有关部门落实。

2. 学部工作局王海荣同志汇报了关于院士大会学术报告的初步安排方案。会议经研究，建议分别请汪成为院士作现代信息技术方面的报告；郑健超院士作能源发展方面的报告；请李文华院士作生态环境方面的报告；请钟南山院士作医学方面的报告；请石元春院士作农业科技方面的报告。另外，外宾的学术报告尽量安排在6月3日，与中文的报告穿插进行。

四、研究我院2004年外事工作计划

钱左生副局长汇报了2004年外事工作计划。据汇报，今年的外事工作，拟围绕我院的中心工作，开拓和建立广泛的外事渠道，把我院的国际交流与合作引向深入。结合我院今年的任务，拟安排25个出访团组，举办或参与举办16个国际会议，接待4个方面的外宾等。另外，外事工作还要进一步提高管理水平，做好宣传，加强外事队伍建设等。

会议原则同意所提计划安排。

五、关于设立台、港澳事务办公室问题

钱左生副局长作了情况汇报，据汇报，国务院台湾事务办公室和国务院港澳事务办公室曾多次提出要求，希望我院要有固定的机构和人员负责涉台和港澳事务。因此建议设立中国工程院台、港澳事务办公室（为非常设机构），日常工作由国际合作局负责，统一归口管理我院与台、港澳有关的工作。办公室设主任一名，副主任一名。主任拟由国际合作局一位领导兼任，副主任由局综合处处长兼任。为联系工作方便，对外分别用“中国工程院台湾事务办公室”和“中国工程院港澳事务办公室”，并按此办理印章等有关手续。

会议原则同意以上建议方案。由于涉台事务政策性很强，中央也有相应领导机构，请机关党委有关人员参加台湾事务办公室的工作。

六、审议“关于将院士咨询纳入国家重大科技问题决策程序（征求意见稿）”

董庆九副主任作了情况汇报。据汇报，为进一步推进院士咨询的法制化建设，发挥院士专家的咨询作用，为国家的民主决策服务，院机关组成研究小组，在原国家计委和科技部已发文件的基础上，经过研究，起草了“关于将院士咨询纳入国家重大科技问题决策程序（征求意见稿）”，拟以国务院发文的方式加以推进。在上报国务院之前，需联合中科院共同征求国家发改委和科技部的意见。

会议对有关内容提出了一些改进意见，请研究室进行修改，再征求各位院领导的意见后进行下一步工作。

七、通报其他事项

1. 白玉良副秘书长通报了院士行工作的有关情况。据汇报，我院已与国家发改委协商好，由发改委从今年起正式列入财政部的项目计划，工作方式是参照以前和国家经贸委的合作方式进行，工作计划中把振兴东北老工业企业作为重点，也包括其他地区的老企业，以发改委提出的为主，结合我院产业工程科技委员会上提出的企业。

2. 根据国家审计署的审计意见，会议要求已经完成的咨询项目应尽快办理结题手续，要求学部工作局和办公厅根据咨询工作的实际情况尽快修订“咨询经费管理办法”。

3. 会议议定，3 月 31 日召开主席团会议，主要议题是：一、学习中央领导同志关于科学发展观的有关论述；二、审定中国工程院 2004 年工作要点；三、审议第七次院士大会的有关安排等。

主　持：徐匡迪
出　席：王淀佐　邬贺铨　刘德培　杜祥琬　沈国舫　常　平　白玉良
列　席：宋学敏　谢冰玉　李仁涵　王海荣　钱左生　康金城　董庆九　郗小林
记　录：徐　进

二〇〇四年四月一日

院常务会议纪要(四十)

2004 年 3 月 29 日,徐匡迪院长主持召开 2004 年第 6 次院常务会议,研究对五矿集团公司的委托咨询,审议关于成立工业研究院所联合研究生学术委员会的建议等。

一、关于对五矿集团公司的咨询工作

王淀佐副院长和常平秘书长介绍了对五矿集团咨询的定位问题。据汇报,王淀佐副院长不久前主持召开咨询专家组组长会议,研究了对五矿集团公司咨询的定位问题,形成了一致意见,认为应该促进国内相关企业的团结协作,提高集中度,形成控制市场的优势。

会议完全同意咨询组提出的意见,并就下一步的咨询工作提出如下建议:

1. 五矿集团公司是一个实力雄厚的公司,中国工程院应该把对五矿集团的咨询工作做好;

2. 为了实施国家的“走出去”战略,我院在咨询中应促进国内同行各公司的相互协作,使之按照市场法则逐步形成协调机制,向跨国公司的方向发展;

3. 在利用两种资源、开发两个市场、努力开源的同时,应把节流的工作放在同等重要的位置。要提高企业的集成度,节约国内资源,建立回收体系;

4. 要充分利用我院“关于我国矿产资源可持续发展战略研究”的咨询成果,提供五矿集团作战略决策参考;

5. 召开与中国铝业公司等相关企业的座谈会,广泛了解情况,听取意见。

会议议定,此项目由王淀佐副院长牵头,常平秘书长协助落实。

二、审议关于成立工业研究院所联合研究生学术委员会的建议

杜祥琬副院长介绍了建议初稿的有关内容,包括成立工业研究院所联合研究生学术委员会的背景、意义,以及设立的组织机构性质、职能和设置方面的建议等。

会议认为,研究院所研究生的培养对提高研究人员的能力和水平至关重要,但研究院所也受学科范围不宽、选题面窄、开课条件不足等局限。有关问题还需再与教育部教育司、科技司的有关同志进一步交换意见。请教育委员会落实。

三、关于联合举办培训班的问题

高中琪副局长汇报了我院农业、轻纺与环境学部拟与中央农业干部教育培训中心和中国农业科学院科技产业局共同举办“现代农业与高新技术应用”高级研讨班有关情况。

会议认为,举办类似性质的培训班,应该首先确定几项原则。要特别注重办班质量,对工程院产生积极的影响。主办单位要按对等的原则,在经费、财务方面要清楚。会议同意以农业学部的名

义试办一次，以后视情况而定，不宜多办。

四、通报事项

1. 常平秘书长通报了我院将与中国航空第一集团公司工作交流会的安排。会议议定，请王淀佐副院长主持交流会，徐院长、几位在京的副院长和有关院士参加，另外邀请北航的李未校长等参加座谈。

2. 常平秘书长通报了海南省关于发挥院士科技顾问作用的情况。

3. 常平秘书长通报了4月份院领导走访部委的安排。2002年院领导班子共走访了11个部委，2003年由于“非典”的原因，共走访了4个部委。会议议定，今年拟走访中宣部、商务部、国家环保总局、交通部、外交部和人事部等6个部委。其中拟于4月份走访中宣部和国家环保总局或商务部。届时请办公厅协调各位副院长的时间，保证主要领导都尽可能参加。

4. 宋学敏主任汇报了杭州市政府拟邀请我院参加今年西湖博览会的有关情况。根据去年博览会开展的情况，会议同意我院继续作为西湖博览会的协办单位，并长期固定下来，今后不再每年提出。会议议定，请沈国舫副院长接见来访的杭州市领导，请王淀佐或沈国舫副院长代表我院出席今年的西湖博览会。

5. 康金城副局长通报了院士大会邀请外宾的进展情况。

主　持：徐匡迪
出　席：王淀佐　刘德培　杜祥琬　沈国舫　常　平　白玉良
请　假：邬贺铨
列　席：宋学敏　谢冰玉　高中琪　李仁涵　王海荣　钱左生　康金城　董庆九　郗小林
记　录：徐　进

二〇〇四年四月十六日

院常务会议纪要（四十一）

2004年4月29日，徐匡迪院长主持召开2004年第7次院常务会议，研究关于组建“中国工程科学学会”的建议，听取院士大会暨建院十周年庆祝会各项筹备工作汇报等。

一、关于组建“中国工程科学学会”的建议

汪旭光院士汇报了关于组建“中国工程科学学会”的意义、条件及初步设想等。会议经研究认为，目前全国性一级学会中，工程科学技术的学会已有70余个。工程科学应根植于各专业学科，才能拥有扎实的基础。国外的学会也都是突出某一专门领域的研究，才能深入开展活动，因而申请组建“中国工程学会”的必要性还需要进一步调查了解。

二、听取院士大会暨建院十周年庆祝会各项筹备工作汇报

1. 办公厅宋学敏主任汇报了有关筹备工作和提请会议审议的事项，谢冰玉副主任汇报了院士大会应急预案的方案。

会议议定，请办公厅邀请中国科协主席周光召院士代表国内嘉宾致辞；由杜祥琬副院长担任院士大会应急领导小组组长，今后还应制定工程院日常的应急预案；文艺演出同意中国交响乐团作为演出单位，要求按中外曲目交叉演奏；同意尽快制作镇纸和纪念邮折两种纪念品，镇纸要反映严谨治学的内容，邮折采用工程科技的图案。

2. 学部工作局高中琪副局长汇报了学部常委会换届的工作进展情况和出版院庆纪念诗文集的情况，王海荣同志汇报了学术报告会的有关安排。

会议议定，学部常委会换届事项按照相关办法、规定执行，需注意听取届满常委的意见；院庆纪念诗文集可印 2 000 册，包括送中科院全体院士；院士通讯录除成册外，也可考虑制作 PDA，并商请联想集团等提供赞助；学术报告会将外宾的 3 个报告集中安排在 3 日下午开始，对报告人要安排提问时间和问题，不再安排同声翻译。

3. 国际合作局钱左生副局长汇报了院庆活动有关议程和外宾接待计划等。

会议原则同意院庆纪念会的安排。会议要求应针对每位外宾落实接待方案，可请熟悉外宾的院士或专家助手帮助作好接待工作。

4. 政策研究室董庆九副主任汇报了起草报告、展览、制作工程百年宣传片、获国家最高奖院士的介绍片、光华奖等工作的进展情况。

会议要求政研室尽快完成以上工作，5 月 20 日前请各位院领导共同逐项审核。

三、审议学部工作局与工经联名牌推进部的合作协议

学部工作局李仁涵副局长将协议的内容、工作方式等作了汇报。会议经审议同意以学部工作局的名义和工经联名牌推进部签定合作协议。

四、研究发改委组织国家科技基础设施建设的有关工作

学部工作局李仁涵副局长将有关情况作了汇报。据汇报，发改委计划于今年 6 月底前向国务院提出国家科技基础设施建设项目的建议，其中请我院 5 月 20 日前推荐 1－2 位院士参加工作组，6 月中旬请两院对项目建议初稿进行咨询等。

会议议定，推荐柳百成、庄辉两位院士参加工作组。此项工作由学部工作局组织落实。

五、审议对国家中长期科技发展规划咨询工作计划

学部工作局王海荣同志将初步计划作了汇报。据汇报，按照规划领导小组的要求，需对规划 20 个战略研究专题报告分别组成专家组提出咨询意见，并提出总体咨询意见。

会议经研究，原则同意工作计划，由邬贺铨、王淀佐副院长负责，尽快组成 20 个专题组，集中几天，召开咨询会议研究提出咨询意见，具体工作请白玉良副秘书长协调落实。

六、其他事项

1. 关于请院领导参加7月在青岛举行的2004海洋科技与经济发展国际论坛事宜,会议议定,请王淀佐副院长代表我院出席并致辞。

2. 关于今年山东省举办的其他国际会议,会议议定,徐匡迪院长、邬贺铨副院长出席济南信博会;徐匡迪院长、沈国舫副院长出席烟台果蔬会;王淀佐副院长出席济宁专利博览会;淄博材料博览会待与山东省商定会议时间后确定,请国际合作局与学部工作局共同组织落实。

主　持:徐匡迪
出　席:王淀佐　邬贺铨　杜祥琬　常　平　白玉良
请　假:刘德培　沈国舫
列　席:宋学敏　谢冰玉　高中琪　李仁涵　王海荣　钱左生　康金城　董庆九　郗小林
记　录:徐　进

二〇〇四年五月二十日

院常务会议纪要(四十二)

2004年5月18日,徐匡迪院长主持召开2004年第8次院常务会议,审议院士大会暨建院十周年庆祝会各项筹备工作等。

一、审议为胡锦涛总书记在院士大会讲话起草的建议稿

政策研究室郗小林同志汇报了有关情况。据汇报,中科院负责组织起草的胡锦涛总书记讲话的建议稿,在送我院征求意见前已送中共中央办公厅。我院文件起草组对初稿进行了研究讨论,提出了几点修改意见,提交院常务会议审议。

会议经研究认为,讲话稿分析了我国科技发展面临的机遇和挑战,对落实科学发展观,加快科学技术的发展都作了很好的论述。在肯定已有工作的基础上,会议还研究提出了一些补充内容建议,主要有:①增加关于中国工程院成立十周年的内容;②增加两院院士咨询对推进决策科学化、民主化作用的阐述;③增加对两院院士发挥作用的评价,并提出对院士殷切希望的内容;④对建议稿文字进行适当地精练,控制在6 000字之内。以上补充的建议内容请政策研究室尽快反馈中科院,同时,报送中央政策研究室。

二、审议院庆纪念会院长主题报告稿及 DVD 片

政策研究室郗小林同志汇报了建院十周年院长讲话稿的有关起草内容。会议对讲话稿的若干文字表述提出了修改意见。会议认为,讲话稿还应在现有基础上进一步增强语言表述效果,使听众感到振奋,请政策研究室进一步研究修改。

关于院长讲话稿的 DVD 片,会议提出以下修改意见:①增加反映前两任院领导开展工作的内容;②适当增加医药、农业和高新技术方面的内容,调减军工的内容;③DVD 片和文字要基本对应;④增加国际交流的内容;⑤突出水资源等重大咨询项目的工作等。请政研室尽快改进。

三、审议十年成就展、中国工程百年和杰出院士介绍 DVD 片

关于十年成就展的展板(样品),会议审查了全部内容,并就文字表述提出了修改意见,对图片的取舍和设计安排提出调整意见,原则通过。

关于《中国工程百年》DVD 影视短片,会议经过审议,原则通过。会议提出了个别修改意见,如减少爆破场面,调换先进钢铁工业流程的几处现场场景等。

关于获国家最高科技奖的院士介绍 DVD 片,会议原则通过。由政研室分别征求院士本人的意见,并尽快落实作介绍的院士,需事先演练。

四、审定外宾接待计划

国际合作局康金城副局长汇报了拟参加温家宝总理会见的外宾人员情况,部分外宾的专门活动安排,外籍院士的活动及需签署双边合作协议的外国工程院的情况。

会议认为,外宾的接待安排需逐个落实到人,可请熟悉外宾情况的有关单位(如北航、清华、有色院等)或院士、专家助手协助接待。会议提出,请白玉良副秘书长召开专门会议,研究制定细化的接待方案后报院领导审定。另外,俄罗斯和捷克工程院与我院的合作需要进一步商谈。

五、关于 6 月 2 日下午院庆活动的有关事项

办公厅谢冰玉副主任汇报了院庆会场的座位安排情况。由于会场最多能提供 750 个座位,拟对各类出席人员分别提出名额控制数,提交会议审议。

会议议定,院庆会不再过多地邀请其他出席人员,可安排院士的陪同人员到休息室,并提供现场播放屏幕供大家观看。为体现会议的庄重性,要求所有参会人员着正装出席,请学部工作局提前告知各位院士,作好准备,并落实院士的出席情况。

国际合作局钱左生副局长汇报了院庆会的议程安排、主席台背板标题和主席团晚宴的安排,会议原则同意,请白玉良副秘书长负责,进一步细化,完善 6 月 2 日下午和晚宴的安排方案。

六、其他事项

1. 关于今年在宁夏举办的西部论坛,会议议定,请杜祥琬副院长代表我院出席会议并任组委会副主任,邬贺铨副院长等院士应邀作学术报告,学部工作局 1 名副局长任组委会成员。

2. 关于与中组部联合开展东北院士行活动,会议同意由中组部、发改委和我院共同组织。

3. 会议同意在 6 月 4 日下午全院学术报告会前增加为新当选院士颁发院士证书的议程,由各

学部安排1位院士代表上台领取。

以上三项事项由学部工作局组织落实。

主　持:徐匡迪

出　席:王淀佐　刘德培　杜祥琬　白玉良

请　假:邬贺铨　沈国舫　常　平

列　席:宋学敏　谢冰玉　高中琪　李仁涵　钱左生　康金城　董庆九　郗小林

记　录:徐　进

二○○四年五月二十日

院常务会议纪要(四十三)

2004年6月22日,徐匡迪院长主持召开2004年第9次院常务会议,研究审议若干事项。

一、审定中国技术创新有限公司股权划转及隶属关系变更事宜

中国技术创新有限公司曾劲松同志汇报了有关情况。据汇报,清华控股有限公司(清华大学大型国有独资企业)于近期召开了股东会议,同意接收我院所属中国技术创新有限公司25%的国有股份,并已向我院出具了同意接受函。6月1日,中国技术创新有限公司也召开了股东会议,根据我院2003年8月8日党组会议的决定精神,同意将我院持有的该公司国有股份无偿划转至清华控股有限公司。

会议经研究,同意将我院持有的该公司国有股份无偿划转至清华控股有限公司,同时按国家的有关规定办理相关划转手续及变更隶属关系,并正式行文报送财政部、国家审计署。待国资委批复后再与清华控股有限公司签定划转协议,此事由办公厅负责。

二、传达中央保密工作会议精神

白玉良副秘书长汇报了中央和国家机关保密工作会议的有关情况。

会议认为,保密工作十分重要。随着我院为国家重大工程科技问题开展的咨询工作不断扩大与加深,许多内容涉及国家秘密。另外,由于网络和通信技术的快速发展,也为秘密信息的传输提供了便捷的途径,使保密工作面临新的挑战。因此,在新形势下,加强我院的保密工作尤为重要。

会议议定,请杜祥琬副院长负责,与白玉良、宋学敏、谢冰玉等同志研究落实具体措施,建立健全保密组织和机构,修改完善管理办法。包括咨询项目、网络管理、文件传输与保管、涉密人员管理、外籍院士参加会议的范围等问题。

三、审议制作院士大会和10周年院庆活动DVD光盘的方案

政策研究室董庆九同志作了汇报。据汇报，院士大会后，院士和与会嘉宾索要有关大会音像资料。为此，刘德培副院长专门召集由院机关和制作单位人员参加的会议进行了研究，决定制作一套90分钟的DVD光盘，内容包括整个大会的记录片（30分钟）；中国工程百年（15分钟）；徐匡迪院长讲话合成（20分钟）；4位院士介绍合成（22分钟）。目前DVD光盘的文稿初稿已完成，正在征求各部门意见，力争在7月中下旬完成。该光盘同时可作为我院近两年对外宣传的资料。

会议同意DVD光盘的制作方案，关于印制数量，应考虑院士人数、国内有关部门和单位、驻外使领馆，国际合作交流以及世界工程师大会的适当需要具体核定，不要造成浪费。

关于院士大会上学术报告的电脑演示片，会议议定，由学部工作局制作电子版学术报告文集光盘。

四、审议建立“浙江省院士活动中心”事宜

学部工作局李仁涵同志作了汇报。据汇报，根据浙江省的要求，为发挥院士对浙江省经济和社会发展的作用，拟在杭州市设立院士活动中心。

会议议定，同意在杭州建立院士活动中心，并用“浙江省院士活动中心”的名称，具体待浙江省政府来函后再商定。

五、研究中日韩工程院圆桌会议有关筹备工作

国际合作局钱左生同志作了汇报。据汇报，第8次中日韩工程院圆桌会议将于今年10月31日－11月1日在苏州举行。会议分为学术研讨会（10月31日1天）和圆桌工作会议（11月1日半天）两部分。为组织好此次圆桌会议，建议成立学术研讨会筹备委员会。

会议经研究，同意成立学术研讨会筹备委员会，并请王淀佐、杜祥琬两位副院长负责。本次圆桌会学术研讨会的主题确定为“工程技术和可持续发展”，可邀请除中日韩之外的周边国家（如印度）的工程技术专家参加，也可考虑与我院的工程前沿研讨会结合起来举办。届时邀请徐匡迪院长作主题报告。

六、审定制作主席团和学部主任、副主任证书的方案

办公厅徐进同志和学部工作局李仁涵同志分别汇报了制作主席团和学部主任、副主任证书的方案。

会议原则同意为新任和历任主席团成员和学部主任、副主任印发证书的方案，主席团成员证书由时任执行主席签发，学部主任、副主任证书由时任院长签发。

七、通报其他事项

1. 关于建设部邀请我院作为国际水协会第五届世界大会中国组委会成员单位，并请1位院领导担任大会副主席事宜。会议同意我院作为成员单位，请沈国舫副院长担任大会副主席。

2. 关于撰写邓小平同志诞辰100周年纪念文章事宜。会议议定，纪念文章以徐匡迪院长名义发表，由政策研究室负责起草，报徐院长审定。

3. 会议通报了国家中长期科技发展规划对10个专题进行宏观发展和技术经济政策研究的有关情况。我院负责的制造业专题被列为10个专题之一，已组成专题研究组，将围绕制造业的宏观发展和技术经济政策等方面进行研究。

4. 会议通报了油气资源发展战略咨询项目向国务院领导汇报的事宜。会议认为，要与项目组密切沟通，做好汇报的各项准备工作。

主　持：徐匡迪
出　席：王淀佐　刘德培　杜祥琬　沈国舫　白玉良
请　假：邬贺铨
列　席：宋学敏　谢冰玉　李仁涵　王海荣　钱左生　康金城　董庆九　郗小林
记　录：徐　进

二〇〇四年六月二十八日

院常务会议纪要(四十四)

2004年7月1日，徐匡迪院长主持召开2004年第10次院常务会议，研究审议若干事项。

一、审议我院担任第六届上海“工博会”组委会成员名单

国际合作局钱左生同志作了汇报。据汇报，第六届上海“工博会”将于2004年11月4－8日在上海召开，我院已同意作为主办单位之一。目前“工博会”组委会来函，确认我院组委会成员名单。

会议经研究议定：

1. 同意我院只作为第六届“工博会”的主办单位；
2. 同意徐匡迪院长担任组委会名誉主任；
3. 同意邬贺铨副院长担任组委会副主任；
4. 钱左生同志任组委会副秘书长，任洪涛同志担任联络员。

另外，关于“工博会”中的“中国重大工程成就展及论坛”，除邬贺铨副院长担任组委会主任外，建议再请上海市一位副市长担任组委会主任。由国际合作局与上海市政府沟通、商定。

二、通报向温家宝总理汇报油气资源咨询课题的情况

王淀佐副院长通报了油气资源课题向温家宝总理汇报的简况。据通报，该课题在侯祥麟院士的领导下，通过一年的努力工作，完成了咨询任务，得到了温家宝总理的高度评价。杜祥琬副院长传达了国家发改委领导向国务院常务会议汇报国家能源发展规划纲要的有关情况。

会议认为，油气资源课题要在现有基础上完成好结题的后续工作，并做好向国务院讲课的准备。关于发改委的能源规划纲要，我院要与发改委保持密切联系，随时沟通情况，交换看法。

三、传达全国依法行政工作会议精神

王淀佐副院长传达了全国依法行政工作会议的重要精神。内容包括贯彻《全面推进依法行政实施纲要》、《中华人民共和国行政许可法》和《国务院工作规则》的有关情况。

会议认为，按照《中华人民共和国行政许可法》和国务院建设法制政府的目标，为适应新形势和任务，需要对我院原有的《中国工程院工作规则》作进一步研究、修订、完善，以加强我院自身的行政规范化建设。

四、审议国家发改委"十一五"高技术产业发展规划委托咨询项目实施方案

邬贺铨副院长作了汇报。据汇报，国家发改委日前致函两院，提出由我院牵头、中科院协助组织两院院士及有关专家开展高技术产业"十一五"发展重点的委托咨询研究。重点领域包括：信息产业、生物与医药、航空航天、先进能源、新材料、先进制造、先进环保、高新技术在其他重要产业中的应用等。要求两院于2005年3月底前完成，研究经费200万元。

会议同意成立一个由两院组成的领导小组负责此项工作，建议由王淀佐副院长担任领导小组组长、邬贺铨副院长和中科院分管学部工作的副院长担任副组长。按研究领域推荐两院相关学部的院士组成8个专题组开展研究工作。

会议认为，此项研究要和国家中长期科技发展规划中的"战略高技术与高新技术产业化"发展规划相衔接，要与科技创新和产业发展相结合，按照国家发改委的要求，提出国家"十一五"期间要建设的项目。

会议议定，按照每个专题20万元的预算安排项目经费，并在使用中多向国家审计署汇报。此项工作由学部工作局负责落实。

五、审议国家发改委"十一五"计划委托咨询项目总报告及摘要事宜

学部工作局高中琪同志作了汇报。据汇报，"十一五"计划咨询项目综合报告经多次修改，并征求了部分院领导的意见，形成了上报国家发改委的文稿。6月上旬，发改委给我院的结题通知曾提出要一个3 000字左右的摘要。经研究，由于综合报告基本上是对8个课题研究成果的概括，具有摘要的含义，经与发改委沟通，同意以综合报告代替摘要。

会议议定，以综合报告代替摘要上报发改委，请各位院领导会后再提出个人的修改意见，7月13日前汇总修改后报出。此项工作由学部工作局负责完成。

六、审议对《国家中长期科技发展规划战略研究报告》征求意见稿的咨询评议意见

邬贺铨副院长汇报了我院对国家中长期科技规划20个专题研究报告的咨询评议工作过程，对规划的总体评价意见和需要进一步关注的几个问题。

会议在对部分文字内容提出了若干修改意见后，请各位院领导会后再提出个人的修改意见，7月13日前汇总修改后向科技部报出。此项工作由学部工作局负责完成。

七、审议《中华人民共和国科技进步法》修改工作方案

政策研究室郗小林同志作了汇报。据汇报,科技部组织国家13个部委研究修改《科技进步法》的准备工作。我院白玉良副秘书长和郗小林同志分别为领导小组成员和联络员。具体工作有:对有关专题开展调研和起草工作;对修订《科技进步法》提出建议和对草案提出意见。

会议议定,根据我院的特点,应主要以召开座谈会和问卷等方式征求有关方面的意见,具体工作由政策研究室负责落实。

八、其他事项

1. 杜祥琬副院长汇报了四川省提出的关于在成都市建立两院院士活动中心的建议。会议经研究,支持四川省的这一建议;中心的名称前不必冠以两院的名称,建议为"四川省院士活动中心";不与两院建联合机构,以地方所属机构进行组织和管理较好。请学部工作局与中科院进行沟通,使两院口径一致。

会议议定,今后其他省市提出的类似建议,依照同样的原则回复。

2. 杜祥琬副院长汇报了科学道德建设委员会近期的工作情况。道德委员会受理投诉信的处理情况,道德委员会讨论的有关问题,如在院士增选中把好入口关的具体措施;合理看待院士候选人的年龄问题;院士在廉洁自律方面的作法等。

会议认为,道德委员会提出的问题非常重要,强调了把好入口关的意义,对维护工程院及院士的声誉具有重要作用,建议在今后的院士增选会议期间请院士们先务虚,统一认识。

3. 邬贺铨副院长通报了综合办公楼建设的进展情况。

4. 关于今年暑期职工休假的安排,请办公厅研究提出方案。

主　持:徐匡迪
出　席:王淀佐　邬贺铨　刘德培　杜祥琬　沈国舫　白玉良
列　席:宋学敏　谢冰玉　高中琪　李仁涵　王海荣　钱左生　康金城　董庆九　郗小林
记　录:徐　进

二〇〇四年七月十四日

院常务会议纪要(四十五)

2004年8月17日,徐匡迪院长主持召开2004年第11次院常务会议,审议通报若干事项。

一、通报国家发改委“十一五”高技术产业计划委托咨询研究项目落实情况

邬贺铨副院长作了情况通报。据通报,在接到发改委的委托函后,我院即与中科院协商,确定了项目负责人等。项目组长为王淀佐院士;副组长为李静海院士、邬贺铨院士、赵忠贤院士。同时确定了8个课题组的负责人,其中5个课题以我院为主,另3个以中科院为主。项目办公室设在我院学部工作局。项目总经费200万元,每个课题20万元,综合经费40万元。7月26日,两院已召开了课题组长会议,明确了工作方案,提出了要求,目前各课题组已开始工作。

会议认为,“十一五”高技术产业计划的有关研究内容应与国家中长期科技发展规划的相关内容相互衔接、呼应。

二、审议通过2004年第二批咨询项目

邬贺铨副院长作了情况汇报。据汇报,2004年度财政部拨付我院的咨询与学术活动经费共900万元,在今年2月召开的咨询委员会第一次会议上已确定了第一批咨询项目753万元。今年6月咨询委员会第二次会议研究确定了第二批咨询项目11项,拟安排经费107万元,余40万元。会议原则通过咨询委员会关于第二批咨询项目的安排方案,有关工作要向审计部门通报。

沈国舫副院长通报了我院与APCAEM共同举办一次有关农业机械方面的论坛,并安排适当的经费。会议原则同意,请国际合作局具体落实。

邬贺铨副院长通报了我院明年咨询项目预算的情况。会议议定,请各学部先提出拟开展的咨询项目题目,提交咨询委员会研究确定,项目的经费预算要有合理的依据。

王淀佐副院长汇报了侯祥麟院士提出的关于开展“石油替代能源”课题的研究。会议同意立题,课题经费在油气资源课题的经费中列支。

三、研究向国家发改委推荐“地下资源和地震预报极底频电磁探测网”咨询项目事宜

高中琪同志介绍了该项目前期调研、试验的情况和专题研讨会上院士专家的意见。会议同意向国家发改委推荐该项目,建议纳入国家重大科技基础设施计划。

四、研究审定2005年院士增选工作安排

沈国舫副院长将明年院士增选工作的有关安排和增选前需要研究的若干问题作了汇报。按照往年惯例,2004年年底前发出增选通知,2005年7月和11月分别召开两轮评审会议。需要事先研究的问题包括2004年院士增选名额等,院士增选政策委员会将于9月份召开会议专门研究,并提交主席团会议审定。

会议同意明年院士增选工作的初步安排。会议认为,保证增选质量是工程院的基础工作,也是最重要的一项工作,各项增选政策的制定要有多数院士参与,举行各种形式的座谈会,广泛听取意见;各位副院长应分别带队到院士集中的地区听取意见;还应以印发调查问卷的形式听取意见。以上各项工作由白玉良副秘书长、高中琪、王海荣同志协助沈国舫副院长、杜祥琬副院长具体落实。

五、研究确定担任深圳高交会组委会的领导及成员

根据深圳高交会组委会关于确定高交会组委会副主任和成员的来函,会议议定,由邬贺铨副院

长担任高交会组委会副主任，高中琪同志担任组委会成员。

六、研究推荐中科院咨询评议工作委员会顾问

根据中科院关于推荐第三届咨询评议工作委员会顾问的来函，会议议定，推荐邬贺铨副院长担任中科院咨询评议工作委员会顾问。

七、通报外事工作

1. 杜祥琬副院长通报了第8届中日韩圆桌会议筹备会的情况。会议认为，印度要求参加会议之事要事先征询日、韩意见，弄清情况，再予确认。

2. 程家怡同志通报了国际风险管理理事会（IRGC）的有关情况。会议认为，我院如何参与风险管理方面的工作，请国际合作局进一步了解有关情况后再议。

3. 程家怡同志通报了关于举办国际奶业发展大会的有关情况。会议同意我院和农业部作为国内主办单位，建议农业部排前，由中国农科院承办。

4. 程家怡同志通报我院与俄罗斯科学院签署合作协议的备忘录文本。会议审议通过了备忘录文本，并由杜祥琬副院长代表我院签署。

5. 程家怡同志了通报我院与山东省政府今年联合举办第二届国际信博会和第六届国际果蔬会的有关情况。会议确定邬副院长出席信博会，徐院长和沈副院长出席果蔬会，具体工作由国际合作局承办。

八、审议制作的第七次院士大会和10周年院庆DVD宣传片

刘德培副院长将第七次院士大会和10周年院庆DVD资料片的内容和制作情况作了详细介绍，会议原则同意，并请刘副院长全权负责该片的制作工作。

九、研究中国农学会关于联合举办中国粮食安全高层论坛事宜

白玉良副秘书长作了汇报。会议原则同意我院作为论坛的主办单位之一，沈副院长代表我院参加，如经费缺口确实较大，可适当支持5－10万元会议经费。

十、研究经济日报社编纂《强国丰碑》事宜

沈国舫副院长介绍了经济日报社计划编纂《强国丰碑》的有关情况，会议议定，由政策研究室对相关情况做进一步调查了解后再研究。

十一、通报中办秘书局交办的调研任务情况

高中琪同志通报了近期中办秘书局安排我院进行两项交通能源方面的调研工作，要求8月23日提交两份文字材料（每份6 000字）。会议确定，材料报出前由王副院长和杜副院长主持召开一次研讨会，对两个材料进行修改、完善，并按时报出。

十二、通报其他事项

1. 王淀佐副院长通报了矿产资源咨询项目的有关情况，报告初稿正在完成，并准备征求有关

部门意见。

2. 邬贺铨副院长通报了综合办公楼项目报批的进展情况，开工前的准备工作进展顺利。

3. 杜祥琬副院长通报了我院近期开展的保密工作情况，召开了保密工作会议，完善组织机构，在机关进行了保密检查，准备修改保密规定等。

4. 杜祥琬副院长通报了反恐和船总咨询项目的情况。两个项目都已完成，反恐项目准备出一套普及读物的小册子；船总咨询项目按要求结题。

最后，会议对加强经费和机关借聘人员管理提出要求。关于经费管理问题，会议认为，各项经费的管理一定要按制度办，要与审计部门多沟通。关于机关借聘人员的管理，会议认为，机关借聘人员数量要少而精，并要适当提高借聘人员的待遇，请机关办公会尽快研究，提出方案。

主　持：徐匡迪
出　席：王淀佐　邬贺铨　刘德培　杜祥琬　沈国舫　白玉良
列　席：谢冰玉　高中琪　李仁涵　王海荣　程家怡　董庆九　郗小林
记　录：徐　进

二〇〇四年九月一日

院常务会议纪要（四十六）

2004 年 9 月 10 日，徐匡迪院长主持召开 2004 年第 12 次院常务会议，通报研究若干事项。

一、传达国务院第 63 次常务会议精神

王淀佐副院长作了传达。据传达，9 月 6 日，温家宝总理主持召开国务院第 63 次常务会议，审议并原则通过了国家发改委关于《我国煤炭工业中长期发展规划》、国土资源部关于《全国危机矿山接替资源找矿规划纲要》。规划中有关数据和观点与我院开展的咨询研究结果基本吻合。温家宝总理对抓好危机矿山接替资源找矿工作提出 5 点意见。

二、研究国家知识产权局提出的有关合作事项

董庆九同志作了情况汇报。据汇报，国家知识产权局致函我院和中国科协，提出要共同主办“建立全国杰出专利工程技术及其发明创造者、企业家评价体系和设立相关展馆”的活动。经了解，中国科协已原则同意开展这一活动。

会议经研究，原则同意我院作为共同主办单位，并提出：

1. 只开展对工程技术专利的评价，不评发明者、企业家个人，建议将名称改为“建立全国杰出

专利工程技术及其发明创造评价体系和设立相关展馆”；

2. 评审工作要有明确的界定、合理的程序，充分依靠院士的智力资源，避免行政干预；

3. 就如何开展对专利技术的评价问题，设立一个院级咨询课题，列入明年咨询工作计划；

4. 由政策研究室负责对外联系并回函，由学部工作局负责组织院士开展评审活动。

三、研究第 12 次主席团会议的议程

徐进同志将会议的初步安排作了汇报。据汇报，根据我院历年工作惯例并结合今年 11 月初在上海召开世界工程师大会的日程，第三届主席团第 12 次会议拟于今年 11 月 2 日在上海举行。会议的主要议题有：

1. 颁发主席团成员证书；

2. 研究审定 2005 年院士增选的各有关事项；

3. 审定《中国工程院 2004－2006 年度工作纲要》；

4. 听取世界工程师大会的情况介绍；

5. 通报研究其他事项。

会议期间，拟安排主席团成员参加世界工程师大会和上海工博会的有关活动，并考察上海市的部分高新技术企业。经初步协商，拟委托上海市科委和院士活动中心协助承办会务工作，由我院提供会议经费。

会议同意主席团会议的初步安排，由办公厅向上海市政府发函通报。请院机关作好各项准备工作。

院士增选政策委员会负责研究院士增选的各有关内容，学部工作局负责起草相关报告等；政策研究室负责起草《中国工程院 2004－2006 年度工作纲要》初稿，并征求各有关方面的意见，提交院常务会议讨论修改后，提交主席团会议审议。

四、通报若干事项

1. 王淀佐副院长通报了国务院“油气走出去”的会议精神。据通报，8 月 31 日，曾培炎副总理主持召开会议，听取国家发改委关于《利用国外油气资源战略规划》的汇报。该规划采用了我院油气资源咨询项目研究的部分结果，其结论与我院的研究结果大体一致。

2. 王淀佐副院长通报了五矿集团委托咨询项目的进展情况。据通报，我院对五矿集团的咨询工作已接近尾声，8 月 31 日又征求了相关部门的意见，近期可形成咨询报告。会议认为，待咨询报告完成后，院常务会议专门听取一次汇报。

3. 李仁涵同志通报了我院与国家发改委今年开展“技术创新院士行”活动的有关情况。会议对今年“院士行”活动的组织工作和实际效果给予了充分肯定，并商定于近期召开一次向新闻界的通气会，将“院士行”活动中的生动事例向外界介绍，由政策研究室和学部工作局共同准备通报材料，政策研究室负责组织新闻通气会。

4. 沈国舫副院长通报了我院与 APCAEM 共同主办“农业机械化发展”国际论坛的有关事宜。由于 10 月 15 日论坛举办期间，沈国舫副院长有出访任务，会议议定，由徐匡迪院长或王淀佐副院长出席论坛的开幕式并致开幕词。

5. 杜祥琬副院长通报了我院代表团出访捷克、波兰和俄罗斯的有关情况。据通报，代表团出

席了在捷克举行的“第15届气体流动和化学激光及高能激光”国际会议，访问了波兰科学院，访问了俄罗斯科学院和俄罗斯科工联，并签署了双边合作协议。

最后，徐匡迪院长为加强院机关的工作提出了几点要求。他首先充分肯定了院机关今年以来开展的各项工作，如建院十周年的准备工作，几个重大咨询项目的组织等都取得了显著的成绩和效果。

由于今年院机关在组织机构上作了调整，部分人员因工作需要岗位有所变动，经过公开招聘，新增一批司局级领导干部。首先需要大家同心协力，共同配合，作好工作。新上岗的同志要尊重老同志，努力提高自己的管理能力、协调能力。第二，要做深入细致的思想政治工作，通过谈心，交流思想，带领大家，形成一个有凝聚力的团队。第三，要保持工程院优良的传统，树立正气，勤俭办事，公正公平，尊章办事。第四，要通过完成重大咨询任务和大型国际交流活动，培养和锻炼队伍，形成一支政治素质高、业务能力强的机关队伍，以适应未来的发展。第五，工程院新办公楼将要启动，基建的同时就要考虑新楼办公室的安排，办公设备的分配、购置、更新等，院机关要提前制定办法，公开公平，照章办事，请机关事先作好相关的各项办法。

主　持：徐匡迪
出　席：王淀佐　杜祥琬　沈国舫　白玉良
请　假：邬贺铨　刘德培
列　席：宋学敏　谢冰玉　李仁涵　王海荣　钱左生　程家怡　董庆九　郗小林
记　录：徐　进

二〇〇四年九月十五日

院常务会议纪要（四十七）

2004年10月11日，徐匡迪院长、王淀佐副院长主持召开2004年第13次院常务会议，研究审议2005年院士增选有关事项，审议矿产资源咨询项目向国务院的汇报材料等。

一、审议院士增选政策委员会“关于明年院士增选若干事项的建议”

沈国舫副院长代表院士增选政策委员会作了汇报。据汇报，9月20日，院士增选政策委员会召开今年第二次会议，研究明年院士增选的有关问题，会议就2005年院士增选工作提出以下建议：

1. 关于增选名额。增选政策委员会一致认为，2005年增选名额按60名比较合适。

2. 关于超过70岁、多次连续提名候选人的提名操作办法。增选政策委员会建议：对于超过70岁的候选人、或已三次连续被提名的候选人，至少要有评审学部的6位院士提名方为有效。应明确这种提名机会只能有一次,并只有院士提名一个渠道。

3. 关于在第二轮评审中普遍采用候选人自我介绍、回答问题的作法。2003 年 6 个学部进行了候选人自我介绍、回答问题的试点,收到较好效果,得到充分肯定。增选政策委员会建议:在 2005 年第二轮评审中,各学部普遍采用候选人自我介绍、回答问题的作法。

4. 关于第一轮进行通讯评审的试点工作。增选政策委员会建议:2005 年第一轮是否采用通讯评审的试点,由各学部常委会自行研究决定。

5. 关于征求同行专家意见的问题。增选政策委员会建议:为全面了解某些候选人的学术水平、学风道德等,各学部常委会除按程序对被投诉人进行调查外,可适当征求同行专家的意见,但不作为必要程序。

6. 关于投诉信处理问题。增选政策委员会建议:一般情况下应按投诉信处理办法的规定,在第一轮评审中不处理、不讨论对候选人的投诉问题。但对个别投诉人在第一轮评审前已将投诉信广为散发,对候选人已造成一定影响的情况下,学部常委会可以根据实际情况,决定提前作必要的调查,以便在第一轮评审中即向院士做适当的说明。

7. 关于在各学部选举后设定公示期的建议。增选政策委员会建议:在各学部经过两轮评审、选举后,向社会公示入选人员名单,再由主席团会议审议批准当选院士名单,并报国务院备案。

8. 关于试行"中国工程院院士增选学部专业划分标准"的建议。经过"院士增选学部专业划分标准"课题组一年多的研究,并广泛征求了院士们的意见,形成了《中国工程院院士增选学部专业划分标准》的报告。增选政策委员会建议:在 2005 年院士增选中试用这个标准,与增选通知同时发出,并在评审过程中逐步完善。

9. 关于增选实施办法的年度问题。增选政策委员会建议:在 2005 年增选时,修改《中国工程院增选工作实施办法》,去掉以往办法中年度的定语,保持相对稳定性。

另外,关于大型企业候选人的提名渠道问题,在 2005 年增选中提出两个建议方案:一是除原直接报送我院的十几家大企业外(中石油、中石化、建筑工程总公司、11 个大型军工集团等),其余企业统一由国资委负责;二是仍按原渠道进行,即除原直接报送的企业外,一部分归原主管部委,一部分归国资委。

会议经研究,原则同意院士增选政策委员会以上若干建议,作进一步修改后提交主席团会议审议。关于大企业候选人提名渠道的问题,待与国资委协商后确定。

会议认为,为提高评审效率,应对地方的推荐名额作进一步限制。另外,对于交叉学科候选人的评审还要进一步研究,提出操作程序和办法。

会议认为,《院士增选学部专业划分标准》的报告比较全面,同意增选政策委员会的建议,在评审中试行,并不断完善。

二、审议矿产资源咨询项目向国务院的汇报材料

王淀佐副院长代表项目组对《中国可持续发展矿产资源战略研究》汇报稿作了详细汇报。分别从我国矿产资源供需态势及全球资源形势基本判断、我国可持续发展的矿产资源战略思路和目标、我国可持续发展矿产资源战略对策、保障措施等方面进行了说明。

会议分析讨论了报告中若干内容,同意以此向国务院汇报。会议认为,在节约资源,实现"穿越式"发展的措施方面需进一步阐述,并做好回答提问的准备。

三、通报其他事项

1. 杜祥琬副院长通报了学部工作局轮岗中的有关具体问题。按照党组的决定，学部工作局的轮岗人员已工作就位，目前尚有我院与广州、顺德的合作和教育委员会的联系人需研究确定。会议请白玉良副秘书长与谢冰玉、高中琪、李仁涵等研究提出工作安排方案。

2. 李仁涵同志通报了“工程管理国际研讨会”的筹备工作。

会议经研究认为，由于是与香港方面合作开展活动，应事先征求国务院港澳办的意见，并了解港方、外方参加的人员、论文情况、学术水平等，请学部工作局了解情况后向有关院士说明，并报告院领导。

3. 王海荣同志通报了拟向国家民委推荐团结进步模范个人情况。按照国家民委来函的要求和院领导的批示，学部工作局经商议拟推荐在农业、轻纺与环境学部在新疆工作的吴明珠院士。会议经研究，同意推荐吴明珠院士。

主　持：徐匡迪
出　席：王淀佐　刘德培　杜祥琬　沈国舫　白玉良
请　假：邬贺铨（党校学习）
列　席：宋学敏　谢冰玉　李仁涵　王海荣　钱左生　康金城　程家怡　董庆九　郗小林
记　录：徐　进

二〇〇四年十月二十日

院常务会议纪要（四十八）

2004 年 10 月 25 日，徐匡迪院长主持召开 2004 年第 14 次院常务会议，研究审议《中国工程院院士增选实施办法》，审议《中国工程院 2004－2006 年度工作纲要》等。

一、审议《中国工程院院士增选实施办法》

沈国舫副院长将修改的《中国工程院院士增选实施办法》的有关情况作了说明。根据院士增选政策委员会的建议和上次院常务会议的讨论意见，学部工作局在《中国工程院 2003 年院士增选实施办法》的基础上，修改起草了《中国工程院院士增选工作实施办法（初稿）》（简称《办法》），建议院常务会议研究修改后，提交主席团会议审议。

沈国舫副院长就《办法》的名称，增选名额，学部专业划分标准，特殊情况候选人提名的操作办法，归口部门和省市报送候选人的名额，公布候选人材料的时间，以及投诉信处理等方面的内容作了详细说明。

会议经研究讨论,原则同意《办法》中的各项内容规定,并对若干具体问题提出了修改意见,由学部工作局牵头再整理修改和文字加工后,提交主席团会议审议。

会议就《办法》中的有关问题提出以下意见:

1. 关于在各学部选举后设定公示期问题,会议认为,可在投票选举后间隔 2 周至 1 个月的时间再召开主席团会议,不必再设立公示期。

2. 关于第一轮评审会的时间,会议认为,定在增选年 6 月的最后一周比较合适。

3. 为保证评审质量,提高工作效率,会议认为,应对地方和部门报送的候选人数作必要的限制或压缩,同时对地方遴选委员会专家的组成要作出相应的规定。

4. 候选人自我介绍的内容应限定在《提名书》的内容范围内。

5. 建议对《办法》的文字和一些提法再进一步修改完善。

二、审议《中国工程院 2004 - 2006 年度工作纲要(初稿)》

杜祥琬副院长将起草《中国工程院 2004 - 2006 年度工作纲要》(简称《纲要》)的有关情况和各项内容作了介绍。据介绍,《纲要》分总体思路、主要任务和重点工作三部分。其中包含 9 个方面的主要任务,8 项重点工作。

会议就《纲要》中的各项内容进行了详细讨论,原则同意《纲要》中提出的各项工作,并对内容的文字表述提出了若干修改意见,由政策研究室再作整理修改后提交主席团会议审议。

会议认为,应把院士队伍建设放在首位,它是工程院一切工作的基础。

关于加强学术交流活动的组织和管理工作,会议认为,可在现出版委员会的基础上,扩大工作范畴,充实人员力量,组成出版与学术交流委员会,统筹组织和管理工程院的出版和学术交流活动。

三、通报矿产资源项目向温家宝总理汇报的情况

王淀佐副院长将矿产资源项目向温家宝总理汇报的情况和汇报后课题组的各项后续工作作了汇报。据汇报,向总理汇报后,课题综合组召开会议,重温领导讲话,并结合有关部门提出的意见,组织有关人员修改综合稿,力争年底前完成,明年初正式上报国务院。

会议认为,由于矿产资源、水资源、油气资源等项目的实际情况每年都在变化,国务院及有关部门需不断地提供咨询,因此,关于重大项目的咨询研究工作是长期的,应随其变化,进行持续研究,应向国家发改委、财政部等部门说明情况,给予稳定经费支持。

四、汇报中日韩圆桌会议和世界工程师大会的安排

钱左生同志将中日韩工程院圆桌会议和 2004 年世界工程师大会的各项安排作了汇报。据汇报,中日韩工程院圆桌会议将于 10 月 31 日至 11 月 1 日在苏州举行。出席会议的外宾有日本工程院院长等 5 人,韩国工程院院长等 13 人,作为观察员,世界工程组织联合会主席李贻章先生等 11 人(马来西亚 6 人、新加坡 4 人、泰国 1 人),我院领导,15 位院士,包括 4 位主席团成员参加会议。

2004 年世界工程师大会将于 11 月 2 日至 6 日举行。主要活动有:11 月 2 日下午“上海制造业与工程大师对话会”、2 日晚市长招待酒会、3 日上午大会开幕式及主题报告、4 日上午上海工博会开幕式及参观、4 日下午重大工程与技术成就论坛等。出席会议的外宾约 1 000 人,内宾近2 000

人。重大工程成就展落实了15个参展单位的项目,包括:三峡水利工程、西气东输、载人航天、核工业成就、青藏铁路等重大工程。

会议认为,一定要认真细致做好各项活动的安排,每位院长的活动都要计划好,活动指南人手一册。

五、汇报主席团会议的有关安排

徐进同志将主席团会议的有关安排作了汇报。据汇报,第12次主席团会议将于11月2日在上海召开,会议的主要议程有:

1. 颁发主席团成员证书;

2. 研究审定2005年院士增选的各有关事项;

3. 审定《中国工程院2004–2006年度工作纲要》。

目前有29位主席团成员回函出席,会议委托上海市中国工程院院士活动中心协助负责会务工作。同时负责为主席团成员出席世界工程师大会、上海工博会以及中国重大工程成就论坛等提供服务。

会议认为,要尽全力把主席团成员在上海期间的活动安排好,会议手册要详细。另外,机关人员要做好各项活动的联络服务工作。

六、通报其他事项

1. 白玉良副秘书长通报了关于广州、顺德和教育委员会联系人的建议方案。会议同意将广州、顺德与深圳的合作统筹组织安排,由信息与电子学部具体负责,双方合作委员会成员不变;会议同意由李仁涵同志担任教育委员会秘书,具体工作由学部工作局综合处承办。

2. 宋学敏同志通报了全国政协有关提案的来函。会议议定,将我院经主席团会议审定的《2004–2006年度工作纲要》提供给全国政协,以便准确说明我院的主要工作任务。

3. 邬贺铨副院长通报了我院综合办公楼建设的进展情况。鉴于邬贺铨副院长尚在党校学习,建楼工作日益繁重,会议议定,由白玉良副秘书长协助邬贺铨副院长负责综合楼的建设工作,随着工作量的扩大,还需充实相关人员。

主　持:徐匡迪

出　席:王淀佐　邬贺铨　刘德培　杜祥琬　沈国舫　白玉良

列　席:石立英　宋学敏　谢冰玉　李仁涵　王海荣　钱左生　康金城　程家怡　董庆九　郗小林

记　录:徐　进

二〇〇四年十一月五日

院常务会议纪要(四十九)

2004 年 11 月 15 日,徐匡迪院长主持召开 2004 年第 15 次院常务会议,审定《中国工程院院士增选工作实施办法》、《中国工程院 2004 - 2006 年度工作纲要》,研究举办"2004 年我国工程进展与技术创新"论坛事宜,审议《中国工程院咨询项目管理办法(修订稿)》,听取了有关情况的汇通报等。

一、关于《中国工程院院士增选工作实施办法》的修改、补充情况

学部工作局王海荣同志对《实施办法》的各项修改内容作了说明。根据主席团会议提出的若干修改意见,对《实施办法》的若干内容和文字作了进一步的补充和修改,主席团成员提出的意见绝大部分均被采纳,另外部分建议在印发提名通知中体现。

会议经审议,同意《实施办法》的修改内容,印发执行。

会议议定,在今年 12 月召开院士增选新闻通报会,正式发布增选消息。

二、关于《中国工程院 2004 - 2006 年度工作纲要》的修改、补充情况

政策研究室董庆九同志对《工作纲要》的各项修改内容作了说明。根据主席团会议提出的若干修改意见,对《工作纲要》的内容和文字作了进一步补充和修改,提交会议审定。

会议经审议,同意《工作纲要》的修改内容,印发全体院士和院机关,同时在《院士通讯》及工程院网站上发布。

会议就我院印制的各种咨询报告及出版《中国科学技术前沿》的工作进行了研究。会议认为,我院咨询报告的印制应成系列,统一格式、封面,使之规范化。《前沿》应坚持其出版宗旨,核心是体现前沿性。《院士建议》每年要出合订本。以上问题请出版委员会和咨询工作委员会研究提出落实措施。

三、关于举办"2004 年我国工程进展与技术创新"论坛的建议

国际合作局钱左生同志汇报了关于举办"2004 年我国工程进展与技术创新"论坛的建议,及举办论坛的初步方案设想。据汇报,在第 12 次主席团会议上,有主席团成员提出,工程院应开展对中国和世界工程技术发展状况和趋势的研究,不断提出研究报告。国际上有些工程院,如瑞典皇家工程院,在每年年会上都由院长作关于当年工程技术进展的报告。国内如科技部、中科院等部门,每年也都开展类似的工作。因此,建议我院从今年开始,举办"2004 年我国工程进展与技术创新"论坛,评述年度工程技术进展,为国家有关部门提供参考。

会议经研究,同意举办"2004 年工程技术进展评述"论坛,时间定在 2005 年年初,纳入我院的

工程科技论坛系列,作为2005年的第一场论坛。论坛内容不必求全,选取当年最具代表性和显示度的工程技术作评述,如载人航天、三峡工程、西气东输等。此项工作由机关办公会议研究提出落实方案。

四、审议《中国工程院咨询项目管理办法(修订稿)》

学部工作局李仁涵同志将《中国工程院咨询项目管理办法》的有关修订情况作了汇报。据汇报,此次修订的主要目的是按照财政部每年预算申报时间的要求,作好我院下一年度咨询项目预算的申报工作。

会议经审议,通过《管理办法》。会议强调,所有咨询项目都必须按照项目管理的程序和规定执行,项目的申报工作由学部工作局负责,汇总后统一上报。会议商定,由于我院是项目承担单位,按现行规定,项目经费需集中统一管理,不向其他单位拨款。关于咨询项目经费管理的有关问题需专门召开一次院常务会议进行研究。

会议同意侯祥麟院士负责的油气资源项目组,继续开展能源方面的深化研究,使用该项目研究经费。

五、通报其他事项

1. 徐匡迪院长通报了中国工业经济联合会主席团第五次会议的有关情况,其中包括"工经联"联合我院与东北三省共同签署致力于振兴东北老工业基地的合作协议(已由邬贺铨副院长代表我院签署)。会议确定,由学部工作局负责与"工经联"联系,落实协议中我院承担的相关内容。

2. 杜祥琬副院长通报了国务院召开的"国家科技基础条件平台建设纲要电视电话会议"的情况。

3. 杜祥琬副院长通报了国务院召开的"预防和处置群体性事件工作会议"的情况。

4. 李仁涵同志通报了在昆明召开的"可持续城市能源发展国际论坛"的有关情况。

主　持:徐匡迪
出　席:王淀佐　刘德培　杜祥琬　沈国舫　白玉良　石立英
请　假:邬贺铨(党校出差)
列　席:米学敏　谢冰玉　李仁涵　王海荣　钱左生　康金城　董庆九　郗小林
记　录:徐　进

二〇〇四年十一月二十三日

院常务会议纪要(五十)

2004 年 12 月 1 日,徐匡迪院长主持召开 2004 年第 16 次院常务会议,研究向国家科教领导小组汇报的准备工作,研究我院与国家开发银行合作事宜,通报上报财政部明年经费预算的情况和明年院士咨询经费的安排,审议院士新春茶话会的有关安排,研究明年院士增选会议的有关安排等。

一、研究向国家科教领导小组汇报的准备工作

谢冰玉同志将我院提交国家科教领导小组审议的议题及内容作了汇报。据汇报,我院提出的“关于尽快建立我国注册工程师制度的建议”已报送国家科教领导小组。内容包括:注册工程师制度及其作用,国际注册工程师制度的发展概况,建立我国注册工程师制度的必要性及建议成立中国注册工程师协会筹备领导小组等。

会议经深入讨论认为,由于国际间注册工程师互认的需要,在我国建立注册工程师制度十分必要,也十分紧迫。关于名称问题,会议同意定为“注册工程师认证委员会”比较合适,先就最紧迫的领域开始工作,逐步发展,具体筹备工作由国家科教领导小组研究决定。

二、研究我院与国家开发银行合作事宜

白玉良副秘书长汇报了国家开发银行领导与我院商谈合作的有关情况。据汇报,国家开发银行业务发展局的领导来我院商谈具体合作事宜。双方就加强“院行合作”的内容、合作方式等进行了探讨,认为双方在咨询评议等方面具有广阔的合作前景。如两单位同意合作,拟于近期签署“合作协议”,制定合作计划,2005 年正式启动合作事项。

会议经审议,同意我院与国家开发银行开展合作,主要针对长远性的投资方向,涉及工程技术重大问题,从科学性、合理性方面提供咨询,量力而行,做深做精。

三、通报上报财政部明年经费预算的情况

办公厅宋学敏主任作了汇报。据汇报,经与财政部多次沟通协商,财政部的同志对我院的工作给予理解和支持。2005 年我院部门预算总计 12 272.58 万元,其中综合办公楼基建费 5 000 万元,科学支出 6 033.58 万元,外交外事支出 1 118 万元,其他支出 121 万元。

会议充分肯定了我院财政预算申报工作所取得的成效。会议认为,明年我院新建综合办公楼,除基建主体工程外,还需要配置电子设备、智能管理系统、办公设备等,尚需一笔开办费。请办公厅与财政部进一步沟通,核实开办费数量,及时申请。

四、审议明年院士咨询经费安排方案

学部工作局阮宝君同志作了汇报。据汇报，今年 11 月 25 日，院咨询工作委员会，听取了我院 2004 年咨询工作汇报，审议了修订的《咨询项目管理办法》，研究了我院 2005 年咨询项目立项及经费的安排。2005 年财政部同意的咨询项目经费预算共 2 800 万元，其中专项咨询经费 1 900 万元，院士科研咨询经费 900 万元。

咨询工作委员会同意 1 900 万元专项经费安排 4 个重大咨询项目，900 万元院士科研咨询经费安排 21 个已立项的咨询项目（492 万元）和 12 个新立项（408 万元）。

会议经审议，同意咨询工作委员会的以上安排。

五、审议院士新春茶话会的有关安排

谢冰玉同志汇报了 2005 年京津冀地区院士新春茶话会的有关安排。时间定于 2005 年 1 月 28 日（周五）下午 2:30－4:30，地点在友谊宾馆聚英厅，参加人员包括：京津冀地区院士及配偶，有关部委领导，院机关全体人员。

主要活动有：院长新年致辞、院士互致问候和文艺演出。文艺节目包括：院士节目、文艺团体节目和院机关节目。

会议同意新春茶话会的安排，提出请历届新老院领导都能参加。

会议议定，由政策研究室负责起草院长新年致辞初稿；学部工作局负责落实和组织院士节目；办公厅负责会务工作，并落实文艺团体。邀请函由办公厅起草，学部工作局负责寄发院士；院机关相关对口部门提出拟邀请的有关部委领导，由办公厅统一协调后寄发邀请函。

会议提出，为掌握与会人数，节约开支，请学部工作局负责落实出席会议的院士（及配偶）名单，及时反馈办公厅。

六、审议明年院士增选会议地点的选择方案

谢冰玉同志作了汇报。据汇报，办公厅就明年院士增选会议的会议宾馆分别调研了友谊宾馆和京西宾馆。据了解，在 2005 年 6 月 27 日－7 月 10 日期间，友谊宾馆的房间和会议室都不能满足院士增选会议的需求。京西宾馆的房间和会议室能够满足院士增选会议的要求，但房间价格较京丰宾馆高出很多，按照明年财政部批准的经费预算，难以召开两轮评审会。

会议认为，在现有经费额度的情况下，还是安排在京丰宾馆较为合适，并且我院和京丰宾馆已形成了多年的合作关系，各方面服务到位。会议请办公厅对北京远郊县的会议宾馆做些调研，如有合适的再研究。

七、通报其他事项

1. 王海荣同志汇报了关于召开院士增选工作会议的有关情况。会议议定，由于印发的院士增选文件材料已相当齐全，可不必再召开专门会议布置，院机关要做好回答各类问题的准备，请学部工作局汇总问题，研究统一回复口径。

2. 关于向陈至立国务委员汇报今年工作的准备工作，请政策研究室负责，就今年的十年院庆、重大咨询和院士队伍建设等准备总结初稿。

主　持:徐匡迪
出　席:邬贺铨　刘德培　杜祥琬　沈国舫　白玉良　石立英
请　假:王淀佐(出访)
列　席:宋学敏　谢冰玉　王海荣　钱左生　董庆九
记　录:徐　进

二〇〇四年十二月六日

院常务会议纪要(五十一)

2004 年 12 月 23 日,徐匡迪院长主持召开 2004 年第 17 次院常务会议,主要议题有:审议我院与国家开发银行的合作协议;研究确定 2005 年院士增选工作通报会的安排;审议我院与广西自治区政府共同主办“中国医药产业发展论坛”的事宜;通报我院与中科院共同主办“博鳌科技论坛”的情况;研究五矿集团委托咨询项目向国务院领导汇报事宜等。

一、审议我院与国家开发银行的合作协议

白玉良副秘书长将双方共同协商后拟定的协议稿作了介绍。会议原则同意协议中确定的各项内容。

会议议定:第一,协议签署前须请律师审核,特别要明确协议因故未能执行时我院将承担的责任等。今后类似的协议一般都要有此程序;第二,我院与国家开发银行的合作基本属于长期性、战略性的咨询工作,纳入院咨询工作委员会的工作范畴,由学部工作局负责落实;第三,由王淀佐副院长代表我院与开发银行的领导签署协议,徐匡迪院长出席签字仪式。

二、研究确定 2005 年院士增选工作通报会的安排

董庆九同志将通报会的有关安排作了汇报。会议原则同意通报会的各项安排。通报会时间定在 2005 年 1 月 4 日上午 10:00,地点在中国科技会堂,由白玉良副秘书长主持,沈国舫、杜祥琬副院长出席。通报会由沈国舫副院长和杜祥琬副院长向新闻界介绍我院 2005 年院士增选的有关情况,并回答记者提问。邀请新华社等 30 余家首都新闻单位的记者参加。会议基本材料及沈国舫副院长的介绍稿由学部工作局负责准备;新闻稿、邀请媒体、会场布置等工作由政策研究室负责落实。

三、审议关于与广西自治区共同主办“中国医药产业发展论坛”事宜

刘德培副院长作了汇报。据汇报,广西壮族自治区人民政府致函我院,自治区政府将于 2005

年4月在桂林市举办“中国医药产业发展论坛”,邀请我院作为论坛的主办单位。

会议同意我院作为主办单位,论坛的内容应面向医药产业全局,不局限于“南药”。

四、通报关于与中科院共同主办“博鳌科技论坛”情况

石立英副秘书长将有关情况作了汇报。据汇报,12月17日,中科院李静海副院长等一行4人来我院,研究共同举办“博鳌科技论坛”的有关事宜,王淀佐副院长、石立英副秘书长等出席。双方初步商议:

1. 由两院共同举办博鳌科技论坛,倡议人由两院院长确定。

2. 论坛的宗旨是,深化亚太各国间的科技交流与合作,促进亚太科技与世界科技的融合,提高亚太各国科技创新能力和国际竞争力,推动世界科技进步。

3. 论坛邀请中日韩及东盟10国主管科技工作的政要、著名科学家、科学院院长、工程院院长等参加。

4. 论坛拟每两年举行一次,会期3~5天,会议规模以30~50人为宜。会议可由发起方轮值。首届论坛可在海南博鳌举办。

5. 论坛的议题应当是具有宏观性、战略性和前瞻性的共同关心问题。例如:经济全球化对工程科技的影响;人类社会发展与能源;发展中国家的环境与健康问题;可持续发展与经济全球化;生物工程发展与人类生活;各国工程教育的比较等。近期召开一个专家座谈会,专门就首届论坛的主题和举办等进行讨论。

6. 博鳌科技论坛总部,可考虑在北京、上海、大连、青岛城市中选一个环境优雅的宾馆,并作为固定会场。抓紧筹建论坛秘书处。

7. 论坛经费要抓紧落实。可考虑追加预算、争取博鳌亚洲论坛的支持等几个渠道。

8. 由中科院起草一个报告,报两院领导议定后,开始筹备首届博鳌科技论坛。如果经费落实,争取明年举办首届论坛。

会议经研究,原则同意两院共同举办该论坛。会议认为,要保证论坛的水平和质量,办出特色,避免与已有的国际会议的内容重复,应缩短会期。会议请石立英副秘书长就论坛的主题、会期、人数、经费预算及筹集等,与中科院及博鳌亚洲论坛秘书处等进一步磋商。

五、研究五矿集团委托咨询项目向国务院领导汇报事宜

于润仓院士将五矿集团委托咨询项目的研究报告作了详细汇报。于院士从实施矿产资源全球战略的必要性和紧迫性,总体思路和主要内容,金属矿产资源全球战略实施方案,政策建议等四个方面作了说明。

会议充分肯定了研究报告的各项内容,同意将研究报告向国务院汇报,并在汇报前先正式起草一个报告报国务院。会议认为,按照可持续发展的要求,还应强化城市废旧资源的回收。与国外资源回收加工的情况相比,我国还要进一步提高资源的再循环利用水平。

六、通报其他事项

1. 沈国舫副院长通报了今年12月在越南召开的APCAEM理事会会议情况,康金城同志通报了APCAEM新主任人选的有关情况。

会议认为，APCAEM 从筹备至成立初期，工程院作了大量的工作，今后还将继续支持其工作。在 APCAEM 正式作为联合国的所属机构后，其正式归口问题，请国际合作局请示外交部确定。另外，工程院与 APCAEM 的工作界面要明确清楚，国际合作局联系负责的内容等也需明确，以利工作。

2. 白玉良副秘书长通报了国务院召开的“安全生产电视电话会议”情况。

3. 宋学敏主任通报了全国人事厅局长会议的情况。

元旦春节将至，会议请各部门负责人多关心困难职工，搞好两节期间的安全保卫工作。

主　持：徐匡迪

出　席：王淀佐　邬贺铨　刘德培　杜祥琬　沈国舫　白玉良　石立英

列　席：宋学敏　谢冰玉　李仁涵　钱左生　康金城　董庆九　郗小林

记　录：徐　进

二〇〇五年一月七日

〔院长办公会议纪要〕

院长办公会议纪要(一)

2004 年 5 月 27 日,王淀佐副院长主持召开 2004 年第 1 次院长办公会议,检查院士大会暨建院十周年活动的各项准备工作情况。

一、听取中办召开协调会的有关情况

办公厅谢冰玉副主任汇报了 5 月 24 日下午中办召开的,有关部门和单位关于三场重要活动的组织安排协调会的情况,主要布置包括交通、进出人民大会堂、安全检查、合影安排等有关事项。

会议议定,我院要认真作好三场重要活动的组织安排工作,按照应急预案,事先要演练。

二、听取外宾接待安排

国际合作局钱左生同志汇报了外宾接待安排方案。包括 6 月 1 日、6 月 2 日两场晚宴,6 月 2 日上午外籍院士参加合影,下午外宾参加院庆活动,6 月 3 日总理会见外宾等的活动安排。

会议要求,关于总理会见外宾的具体安排事项需与国办进一步协商落实。关于与有关国家工程院签署协议的安排也需进一步落实。外宾的接待一定要细致周到。

三、关于中长期科技规划联合咨询的事项

学部工作局李仁涵副局长汇报了关于推荐参加中长期科技发展规划联合咨询工作专家组的建议名单。

会议原则通过,并议定推荐王安建研究员担任专家组秘书。

四、其他事项

1. 李仁涵同志汇报了关于国防科工委拟委托我院制定“十一五”军工科技发展规划一事。会议认为,根据我院院士的情况和工作特点,建议还是以提咨询性意见或建议的方式较为适合,建议与国防科工委和师昌绪院士进一步协商。

2. 办公厅宋学敏主任汇报了关于摄影师张建设向院士捐赠画像仪式的安排,会议同意比照中科院的出席领导,我院安排一位副院长出席捐赠仪式。

五、审定院庆活动的 DVD 片

会议详细审查了《中国工程百年》DVD 片,袁隆平、王选、金怡濂、王永志 4 位获国家最高科技奖的院士介绍 DVD 片,院长十周年讲话 DVD 片。会议重点对院长十周年讲话的 DVD 片提出了一些修改意见,由白玉良副秘书长与政研室抓紧修改后,交徐匡迪院长审定。

主　持:王淀佐
出　席:邬贺铨　杜祥琬　白玉良
列　席:宋学敏　谢冰玉　高中琪　李仁涵　钱左生　董庆九　郗小林
记　录:徐　进

二〇〇四年六月十七日

院长办公会议纪要(二)

2004 年 7 月 2 日,杜祥琬副院长主持召开 2004 年第 2 次院长办公会议,专题研究我院的保密工作。

一、听取院保密工作情况汇报

办公厅刘畅同志将我院已开展的各项保密工作作了汇报。据汇报,我院自成立以来,在历届院领导的关心和指导下,按照中央保密委和国家保密局的要求,逐步建立、健全了我院的保密机构和人员,根据工程院的业务需要,制定了若干保密的制度、规定,定期对院机关人员开展保密教育,保证了我院十年来在为国家经济建设和工程科技发展做工作的同时,未发生泄密事故。

几年来,院保密委员会结合实际情况,专门制定了《中国工程院保密规定》、《中国工程院院士增选中的保密规定》、《关于严禁用上国际互联网的计算机处理涉密信息的规定》等。利用传达文件、放映保密教育片等形式,以联系实际、生动直观的方式,定期对院机关工作人员进行保密教育,提高保密教育的针对性和实效性。根据中央保密委和国家保密局的要求,按时完成了交办的各项任务。

随着我院各项工作的深入,保密工作还有许多需要加强的内容,如: 1. 咨询项目的保密工作需要专门研究,制定有效的措施; 2. 对已有制度、规定的监督检查执行还需加强; 3. 保密教育要做到常抓不懈,警钟长鸣。

二、审定保密委员会组成人员

根据院常务会议关于加强保密工作的精神，鉴于院机关有关部门和负责人的变动情况，院保密委员会成员也需重新调整。按照《中国工程院保密规定》的有关要求，会议议定，保密委员会的组成如下：

主　任：杜祥琬

副主任：白玉良　宋学敏

成　员：谢冰玉　李仁涵　康金城　董庆九

保密委员会下设保密办公室，负责保密委员会日常工作，负责具体指导、协调、监督和检查院机关各部门的保密工作。保密办公室的组成如下：

主　任：徐　进

副主任：刘　畅

成　员：宋德雄　官　键　王元晶　贾庆广

三、研究我院今后保密工作的主要任务

与会人员详细分析了我院保密工作的现状，泄密隐患，要害部门、关键人员的管理，网络安全维护，保密条件，保密教育，检查落实措施等。

会议认为：

1. 全院人员对保密工作要提高认识，在国家利益的高度上增强保密观念，绝对不能出问题。工程院虽未出过泄密、失密事件，但漏洞、隐患仍然不少，要加强责任感、紧迫感，树立良好的职业素养，在平时的工作中一定要慎之又慎，消除隐患，防患于未然。

2. 对保密工作实行问责制，一但出现问题，要追查相关部门的责任。

3. 对全院人员开展一次保密教育，对各部门、各办公室开展一次全面的保密检查（包括院领导的房间），并形成制度，今后每年在春节、五一、十一放长假前都要搞一次保密检查。

请办公厅尽快落实网络的维护和管理人员，完善聘用人员的管理制度。为机关要害部门配备必要的保密柜、碎纸机等。

4. 进一步研究完善保密制度，对原《中国工程院保密规定（试行）》进行修订，增加咨询工作保密的内容，正式发文执行。由保密办公室负责起草，保密委员会审定，7月25日前完成。

与会人员在会前观看了保密教育片《筑牢保密防线》。白玉良副秘书长传达了中央和国家机关保密工作会议上王刚同志的讲话。

主　持：杜祥琬

出　席：白玉良　宋学敏

列　席：高中琪　李仁涵　董庆九　刘　畅　杨　丽　宋德雄　官　键　王元晶　贾庆广

记　录：徐　进

二〇〇四年七月十四日

（以上均由徐进提供）

〔专门委员会会议纪要〕

产业工程科技委员会会议纪要

中国工程院产业工程科技委员会于2004年2月18日在中国科技会堂408会议室召开了第四次全体委员和团体成员会议。全国政协副主席、中国工程院院长徐匡迪院士，中国工程院副院长、委员会主任邬贺铨院士，委员会副主任殷瑞钰院士、姚福生院士，中国工程院副秘书长白玉良，委员会11位委员、22家团体成员代表及有关人员出席了会议，会议由邬贺铨主任主持。会议研究落实了委员会设立若干研究会、工作计划、新增团体成员等事项，介绍了工程院有关课题情况，并就关于加强工程技术共性基础研究能力的问题征求了意见和建议。

一、批准设立若干研究会

会议审议通过了《中国工程院产业工程科技委员会下属研究会章程》(详见附件1)，并根据章程的规定，原则同意委员和团体成员拟成立有关研究会的申请，并提出以下意见：第一，对某些研究会名称和专业领域按照三级学科的要求提出了若干调整建议，请申请人或单位根据章程研究后确定；第二，请申请人或单位根据研究会章程制定各自研究会章程，组建理事会和成员，制定工作计划，上报委员会审批；第三，建议成立城市建设与规划研究会，请马国馨委员与有关单位商议后提出建议；第四，可继续申请成立研究会，委员会闭会期间由正副主任会议负责审批。原则通过的研究会名单和有关建议详见附件2。

二、研究确定委员会工作计划

会议对委员与团体成员提出的咨询项目建议进行了研究，考虑到委员会经费有限等情况，提出以下意见：第一，具有战略性、综合性、前瞻性、政策性，或跨学部、跨学科的咨询项目，由建议人或单位提交立项书，由委员会报工程院咨询委员会审批；第二，有关学部已同意安排或与委员会共同安排的咨询项目，原则上以学部为主，向院咨询委员会申报；第三，与工程院已立项的咨询项目相同或相近的咨询项目，纳入已立项的咨询项目综合考虑；第四，针对具体技术专业领域较窄的咨询项目，由相关研究会负责安排，向委员会汇报；第五，对于院士行活动，待我院与发改委协商好后，按院士行申报程序申报。

会议还对委员与团体成员提出的学术活动建议进行了研究，考虑到主要是研讨会、交流会、讲座等学术活动，决定原则上能与有关学部学术活动结合的尽可能结合，如可以纳入到相关学部的“工程科技论坛”；与委员和团体成员提出的咨询项目相同或相近的学术活动，纳入该咨询项目综合考虑;有些学术活动由相关研究会安排。

三、研究确定新增团体成员

会议根据有关委员建议或单位申请,经过研究,决定新增以下团体成员,并请新增的团体成员尽快将本单位联系人、电话、传真、通讯地址等信息报委员会。

序号	单位名称	法人代表	单位简介
1	电信科学技术研究院（大唐电信科技产业集团）	周　寰	从事信息通信系统设备开发、生产和销售的国有大型高科技企业
2	山东鲁北企业集团总公司	冯怡生	涉及化工、建材、轻工、水产养殖、农产品加工等行业的大型国有企业
3	河南安彩集团有限责任公司	李留恩	从事彩管玻壳生产的大型国有企业
4	中石油塔里木油田分公司	孙龙德	以石油天然气勘探开发生产为主的特大型国有企业

四、徐匡迪院长讲话

在会议研究落实以上工作后,徐匡迪院长分别从委员会成立背景和主要作用两个方面发表了讲话。他说,科研院所转制以来取得了巨大的成绩,总体上应该肯定,但也带来了一些问题,表现在工程科技的发展受到不同程度的影响,有些院所已出现人才流失的现象。在我们国家,基础科学的发展主要依靠科学院,工程科技的发展过去主要依靠大型院所和行业骨干企业,但院所转制后开展共性技术科学研究面临困难。在这种背景下,工程院成立了产业工程科技委员会。徐匡迪院长接着指出,委员会主要作用有四个方面:第一,利用委员会跨学科、跨部门的优势和院士们的综合智慧,对产业科技重大、行业交叉、国家急需的问题进行研究,对于一些持续时间较长的问题还可以成立专门的研究会。第二,进一步交流转制院所如何推动产业化发展、行业振兴和实现工业现代化的工作同时,探索产业科技发展之路。第三,对于一些共性、需要国家政策给予支撑的问题,委员会可以组织交流,向国家有关部门反映,建议委员会针对院所转制以来取得的经验、存在的问题和政策要求等情况,每年组织交流一次。第四,市场需求是科研的源动力,委员会的企业团体成员可以发挥接近市场、了解市场的优势,提出一些科研项目,委员会组织院士和科研院所共同研究,推动行业和企业的科技进步。徐匡迪院长最后希望大家多进行交流,并强调指出,委员会的成立对院所有利,促进发展壮大,对企业也有利,推动不断迈上国际先进水平。

五、介绍有关课题情况,征求意见和建议

邬贺铨副院长首先通报了《国家中长期科技发展规划》与产业有关的战略研究内容,介绍了《国家“十一五”技术创新研究和高技术产业发展研究》课题的情况。在介绍关于加强工程技术共性基础研究能力有关情况时,邬贺铨副院长指出,院所转制以来产业化方面取得较大发展,但工程技术创新能力略显不足。院所转制的目的是推动科技与经济的结合,促进行业技术的进步仍然是转制院所的重要责任,目前转制的目标并没有完全的实现,改革也并不是到此为止。他说,国资委、发改委、科技部等部门对转制院所的发展一直非常关心,希望能将转制院所的作用真正发挥出来。

中国工程院作为我国工程科技界最高荣誉性、咨询性学术机构，有责任对工程科技的发展向国家有关部门提出政策建议。邬贺铨副院长介绍了在该课题研究中提出的关于加强工程技术共性基础研究能力的一个初步方案，建议组建"中国工程科技研究中心"，作为虚拟机构将院所和企业的技术力量联系起来，再配套设立一个"工程科技研发基金"，作为财政部常设预算。名称只是形式，也可以叫"平台"或其他名称。邬贺铨副院长强调，组建机构并不是将科技企业再转回科研院所，虽然院所以企业机制运行，但将来主要不是产出产品，而是产出技术，支持企业，服务行业。邬贺铨副院长说，国务委员陈至立很关心加强工程技术共性基础研究能力的问题，希望工程院能够制定一个具体的方案，工程院决定由产业委员会负责此项工作。

与会委员、科研院所代表、企业代表各抒己见、畅所欲言，主要围绕关于加强工程技术共性基础研究能力的问题提出了很多意见和建议。对于是否有必要建立一个机构以加强工程科技共性基础能力建设的问题，大家认为，由工程院牵头成立一个机构，将转制院所和企业联系起来，既可以起到横向和纵向的沟通作用，又可以推进工程科技的发展，是十分必要的。在以什么方式建立的问题上，大家认为，工程院是一个咨询机构，如成立实体目前有些不现实，但在组建一个虚拟机构的同时，也要有务实的方面。进一步指出，要申请设立"工程科技研发基金"，由此来获得国家资金的支持，对于加强工程科技共性技术的研究开发，这是十分必要的。大家认为，这些工作是一个反复和渐进的过程，因此建议，一方面尽快形成初步方案，另一方面要进行进一步调查和研究，逐步完善该方案。

听完大家的意见和建议后，邬贺铨副院长作了总结发言。他说，我们的任务是如何在国家技术创新体系中加强工程科技创新的能力，既针对转制院所，也针对企业。目前，通过什么组织方式，什么经费渠道来支持这项工作，都处于探索之中，但不一定要等所有问题都确定后再去操作，需要和政府有关部门不断的沟通，这是一个不断反复和渐进的过程。工程院作为我国工程科技界最高荣誉性、咨询性学术机构，完全没有本部门的利益，完全是为了推动国家工程科技的发展贡献自己的力量。中国工程院离不开大家的支持，希望以产业工程科技委员会为纽带来加强院士和院所、企业的联系，共同推动国家工程科技的发展。

附件1：

中国工程院产业工程科技委员会下属研究会章程

（经委员会第四次全体委员与团体成员会议审议通过）

中国工程院产业工程科技委员会为推动工程科技领域内先导技术的研究，按照《中国工程院产业工程科技委员会章程》有关规定，将根据需要在产业工程科技委员会之下设立若干工程科技研究会(以下简称研究会)。

一、研究会性质和宗旨

研究会是中国工程院通过产业工程科技委员会与某一工程科技领域(原则上以三级学科划分)内企业和应用型科研院所联系的一个民间学术组织(非注册法人),主要围绕该领域内共性、关键工艺与装备技术的开发与创新开展工作,发挥指导和协调的作用,提升企业和应用型科研院所的市场竞争力。中国工程院通过产业工程科技委员会对其所联系的研究会提供业务指导。

二、研究会任务

通过定期或不定期组织技术交流会、学术研讨会、专家诊评、参观考察等多种形式的活动,完成以下任务:

1. 根据中国工程院产业工程科技委员会的统一安排,研究该领域工程科技发展方向和产业技术政策,提出意见和建议,为国家主管部门、企业和应用型科研院所决策提供咨询。

2. 提出和分析该工程科技领域中存在的共性、关键工艺与装备技术问题,推动创新和发展。

3. 调查了解和研究市场状况,提出新产品开发建议,促进研究会内企业和应用型科研院所在产品开发、市场开拓方面的合作。

4. 加强院士、企业和应用型科研院所之间的技术与信息交流,提高科技人员、管理人员水平,促进优秀人才的成长。

5. 加强与其他相关研究会、学会之间的技术与信息交流,开展跨学科、多学科交叉的科技合作和联合攻关。

6. 研究会定期向产业工程委员会报告工作,产业工程委员会将组织各研究会交流工作经验。

三、研究会设立方法

1. 由中国工程院产业工程科技委员会委员或团体成员单位提出申请,经中国工程院产业工程科技委员会审议批准后设立。

2. 原则上以该工程科技名称命名,名称建议为:中国工程院产业工程科技委员会××研究会。

3. 根据《中国工程院产业工程科技委员会研究会章程》制定各研究会章程。

4. 成员单位包括该工程科技领域内有关企业与应用型科研院所,自愿参加。邀请有关院士与专家以个人身份参加。研究会中需要有中国工程院产业工程科技委员会委员或团体成员单位参加。根据需要可聘请国内著名专家任研究会技术顾问。

5. 设立理事会,由理事长、副理事长、秘书长、理事等人组成。理事会可在挂靠单位设日常办事机构。研究会不办理注册与刻制公章事宜。可以中国工程院产业工程科技委员会与挂靠单位联合代章的名义对外联系工作。

6. 随着工作的开展,经理事会讨论同意,可增加研究会成员单位和有关专家(个人)作为成员。

7. 研究会章程、成员组成、理事会、日常办事机构、技术顾问等情况报中国工程院产业工程科技委员会备案。

8. 如某一研究会的工作违背本章程,经中国工程院产业工程科技委员会讨论,多数委员同意,将该研究会予以撤消。另外,如某一研究会已完成其预定的任务,该研究会提出撤消时,报中国工程院产业工程科技委员会同意,可以撤消。

四、研究会经费来源与管理

研究会经费主要由理事会各成员单位分摊支持,也可通过有关渠道申请国家资助。当研究会所提出的咨询研究内容列入工程院咨询课题时,中国工程院产业工程科技委员会将以咨询项目经费形式酌情予以适当资助。研究会经费的日常管理由挂靠单位负责,纳入挂靠单位的财务审计内容。研究会经费的预算和结算报理事会批准。

五、本章程由中国工程院产业工程科技委员会负责解释。

附件2:

原则批准成立的研究会名单

序号	名　　称	申请人(单位)	挂靠单位	新名称建议
1	薄板坯连铸——连轧技术开发与交流协会(已于2002年成立)	殷瑞钰院士	钢铁研究总院	薄板坯连铸——连轧技术开发与交流研究会
2	高速轮轨机车的研制和应用	王梦恕院士	株洲电力机车厂	高速轮轨机车技术和应用研究会
3	视频技术协会	海信集团有限公司	海信集团有限公司	视频技术研究会
4	国家矿产资源综合利用技术开发与交流协会	长沙矿冶研究院	长沙矿冶研究院	名称不要冠以“国家”,建议从以下名称中任选一个: 1. 固体矿产资源综合利用技术开发与交流研究会 2. 金属矿产资源综合利用技术开发与交流研究会 另,建议挂靠单位增加北京矿冶研究总院。
5	制造工艺研究会(或机械工程科技研究会)	机械科学研究院	机械科学研究院	机械制造技术研究会

（续表）

序号	名　　称	申请人（单位）	挂靠单位	新名称建议
6	工业化优质合金坯锭制备技术交流与开发协会	西北有色金属研究院	西北有色金属研究院	
7	超导材料研究及应用研究会	西北有色金属研究院	西北有色金属研究院	建议适当组合
8	稀有金属材料产业研究会	西北有色金属研究院	西北有色金属研究院	

（高战军提供）

咨询工作委员会会议纪要（一）

2004 年 2 月 17 日中国工程院咨询工作委员会在工程院召开第一次工作会议，徐匡迪院长出席并讲话。会议由院咨询工作委员会邬贺铨、范维唐副主任主持，17 位委员参加，邬副院长在会议结束前做了总结。会议的主要议程是，听取 2003 年咨询与学术工作情况汇报；2004 年我院咨询与学术工作安排；讨论我院咨询与学术经费的使用等。

徐院长在会上作了讲话，他说，咨询工作是工程院的两大主要工作之一，我们院士参加工程院的活动，一是选院士，这是保证我们工程院具有荣誉性。二是咨询工作，因为党中央国务院在 1994 年批准成立中国工程院的时候就把工程院定位为中国工程界最高荣誉性、咨询性的学术机构。在院士质量得到保证的前提下，多组织一些院士参加关系到国计民生的重大科技咨询活动。因为我们的院士大部分都有丰富的工程科技实践经验，还有一颗报国的赤子之心，通过对一些关系到我们国家经济社会发展的重大问题，不仅在工程，还有在农业、环境、医学等方面开展咨询活动，提出我们的意见，这也是工程院在国内能够立足的一个基石。同时，这也是我们院士回报人民、回报国家、回报社会的一种形式。我们在自己的专业领域里奋斗了一辈子，现在我们讲院士不退休，就是要用更宏观的、丰富的经验和多年积累的知识为国家的决策进行咨询。

在谈到有关科学民主决策时，徐院长说，新一届政府特别重视科学民主决策，这是我们讲政治文明的先决条件，政治文明就能够集中民智，体现民意，通过科学民主的决策过程，来领导国家，最重要的就是体现政府在决策上的慎重，充分听取各方面的意见和建议。新一届政府成立一年来，温总理在工程院的咨询报告上批示一次，直接听汇报三次，如：温总理在我院 2003 年 6 月完成研究报告《降低地铁造价，保证我国地铁建设可持续发展》咨询报告上作的批示是：这份报告是上百位专家历时两年的研究成果，发改委应当予以重视并认真参考。报告提出的关于改进规划和设计、充分做好工程前期工作的建议，对基本建设具有普遍意义。2004 年 1 月 20 日，温总理在中南海主持会议，听取了《西北地区水资源配置、生态环境建设和可持续发展战略研究》项目成果汇报。并作了重要讲话。他说，中国工程院抓住经济社会发展中的重大战略问题，组织各方面专家，开展跨部门、多学科的综合研究，为各级政府提供决策服务，是推进决策科学化民主化的有效形式。报告提出的方针和对策，建立在科学研究的基础上，符合我国国情，具有很强的针对性和可操作性，为各级政府制定经济社会发展的规划和政策措施提供了很好的参考依据。温家宝总理要求专家们对已经取得的研究成果进一步丰富和提高，有关部委和西北6省区应将这些研究成果应用到各自的实际工作中去。2003年5月26日，温总理主持召开会议听取我院关于"中国可持续发展石油天然气资源战略研究"咨询项目有关情况的汇报，并正式宣布"中国可持续发展石油天然气资源战略研究"咨询项目启动。同年10月30日，温总理再次主持会议听取我院关于中国可持续发展油气资源战略研究阶段性报告的汇报。温家宝总理对阶段报告（纲要）的基本观点和成果给予了肯定。

在谈到工程院正在开展的咨询工作时，徐院长说，当前我院承担着很重的咨询任务，中央和国务院也对我们提出了很高的要求和期望。如，现在正在进行的比较大的课题研究是，我国第十一个五年计划的预研究，这在历史上是没有的。另外在中长期科技发展规划战略研究中，我院有许多院士承担了有关专题的研究，我院承担的是专题3制造业发展科技问题的研究。所以当前很多过去由政府领导人一锤定音的事现在都让学术机构的科技工作者来进行咨询研究。因此，我们应该看到工程院成立以来，现在可能是咨询研究工作任务最重、整体环境最好的时期。现在大型的、综合性的咨询课题，凡是我院呈上的咨询报告，有时候不止一位主要领导有批示和意见。这对我们的咨询工作是一个最好的肯定。

在对我院下一步咨询工作提出希望时，徐院长说，这次会议是否要将各新报的咨询项目再适当地集中一下，把力量汇集起来，不要太分散。咨询工作主要要发挥我们院士多学科、没有部门利益、具有宏观性、战略性、前瞻性的特点，工程院的咨询项目不同于具体的大项目评审，也不同于重大科技项目立项和集体的评估。我们的咨询工作应该是带有全局性、综合性、宏观性、战略性，而不要拘泥于一个具体的问题上。我们的咨询要给领导一个大的概念和世界发展的趋势，怎么样节省资源提高效率，合理配置资源。我们不能取代产业部门来制定具体的规划，而是建立一个理念。

在谈到为院士咨询活动做好服务工作时，徐院长说，工程院要加强对院士咨询活动的服务和组织，除了在北京的院士以外，外地院士比较集中的地方，可以委托当地的有关单位来做，如上海市中国工程院院士咨询与学术活动中心等，这样可以把京外院士的积极性调动起来，把他们丰富的人力资源发动起来，有些课题就可以进展快些，而且可以减少差旅费。另外，我院在咨询经费管理方面既要严格按照国家的要求，同时要考虑我院咨询工作的特殊性，还要考虑方便院士们能够全身心地投入咨询研究工作，因此建议机关办公厅和学部工作局通过认真研究后，提出一个新的咨询经费管理办法。

在谈到外事工作要配合院咨询工作时，徐院长说，工程院咨询项目的研究可以开放式地进行，也就是可以发挥我们的外籍院士的专长，也可以到国外去做些考察、座谈和研究，把我们外事工作逐步改成有实质性内容，为工程院中心工作服务。

徐院长在发言结束时说，咨询工作发展到今天，是靠大家的努力，也为工程院赢得了声誉。总之衷心希望我院咨询工作能够踏踏实实、一步一步地向前推进，不求多，但是希望我院出去的咨询报告要经得起历史的检验，而且能为我们国家的领导分忧，能够帮助我国全面建设小康社会出一份力。

会上机关工作人员汇报了我院2003年咨询与学术工作的情况，主要有以下几个方面。

一、项目完成情况

截至到2004年1月,我院共完成咨询研究项目26项(是2002年的1倍),其中:报国务院9项;送国家有关部门2项;委托咨询4项(科技部1项、发改委3项);工程院备案4项;待报7项。

二、主动咨询情况

根据2002年底咨询工作委员会会议关于2003年咨询与学术安排的精神,于2003年3月17日以中工发【2003】21号《关于印发2003年我院咨询项目立项及经费安排的通知》文件下发院各有关部门。2003年新立项目6项(其中2项已完成,并于2004年1月上报国务院),经费追加项目8项、专项项目3项。另外,根据2003年5月26日温总理的要求,启动了《中国可持续发展油气战略研究》的咨询研究工作(财政部已于2004年拨专项经费)。

三、委托咨询情况

2003年接受的委托咨询研究项目主要有(目前正在进行,未包括已完成的委托咨询研究项目):国家中长期科技规划领导小组委托,由徐匡迪院长主持《我国中长期科技规划专题3:制造业发展科技问题研究》;国家发改委委托,由徐匡迪院长主持《"十一五"计划咨询项目研究》;科技部委托,由沈国舫副院长主持《我国12项重大科技专项中期评估》;发改委委托,由邬贺铨副院长主持的《下一代互联网核心网建设研究》和《数字电视地面无线传输标准方案的研究》;中国船舶工业集团公司委托,由杜祥琬副院长主持《中国船舶工业集团公司发展战略与规划的咨询研究》;中国五金矿产进出口总公司委托,由王淀佐副院长主持《中国五金矿产进出口总公司发展咨询研究》等。

四、有关咨询学术活动情况

由于"非典"的影响,2003年只举办了4场工程科技论坛,具体是:第三代移动通信成熟性论坛(深圳)、西北水资源论坛(科技会堂)、降低地铁造价高级论坛(北京交通大学)、抗微生物疫苗新思路与新进展论坛(上海)等。共有7位院士和66位专家(其中中青年专家占一半以上)作了学术报告,参加论坛的共有1 100多人。另外,一年来各学部主办或参办的各类学术活动31项,143位院士、445位专家作了学术报告,341位院士、1 965位专家参加了学术活动,听众近5 000人。

咨询工作委员会的委员们在讨论中认为,从2003年我院咨询工作情况看,不论是已经完成的,还是正在进行的咨询研究项目和学术工作,承担研究工作的同志,做了大量的工作,凝聚着院士、专家和机关工作人员的智慧和辛勤劳动,得到了国务院领导和有关部门的肯定。可以说,2003年我院咨询工作克服了"非典"的影响,很好地完成了预期任务。同时认为2003年我院咨询工作的特点是:国家有关部委的委托咨询研究的项目增多,研究的工作量大,安排的时间紧等;各学部常委会及机关有关部门对咨询工作越来越重视,在积极开展新项目研究工作的同时,注重对过去我院立项研究项目的结题工作;咨询项目经费管理逐步规范化;有关学术活动也取得了较大的成绩。

此外,办公厅计财处张如义同志还就我院咨询与学术经费使用的有关要求等作了介绍。

在研究2004年我院咨询与学术工作时,大家认为要按照徐院长讲话精神,做好2004年咨询于学术工作,并经过认真研究和讨论,议决如下。

一、有关咨询工作开展的原则

紧紧围绕国家有关的热点问题展开，充分体现综合性、战略性和宏观性等问题；工程技术发展中的前沿、应用基础、共性等方面的发展方向等问题。另外，现在我院的咨询研究项目已完成了不少，正在进行研究的各项目组要在研究过程中重视成果的共享，新项目要避免重复立项。

二、关于2004年咨询项目立项的意见

1. 2004年第一批咨询项目安排

同意2004年第一批咨询项目立项的共17项，经费安排为433万元。具体是：

（1）机械学部申报的《装备故障自愈工程及其在我国推广应用的研究》咨询研究项目，同意立项。

（2）机械学部申报的《延长进口苏－27和苏－30两个机群飞机总使用寿命》咨询研究项目，属科研研究，不符合工程院咨询工作的原则，建议暂不立项，可以将院士的建议反映给空军或航空一集团。

（3）信息学部提出的《中国信息化可持续发展的战略研究》咨询研究项目，同意立项。建议能够邀请其他学部院士一起研究，使研究的面更宽一些。

（4）信息学部提出的《加强空间利用的科学基础建设，提高我国空间利用的水平和效益》咨询研究项目，不符合工程院咨询工作的原则，建议重新考虑，并关注中科院在这方面研究的情况。

（5）化工学部提出的《中国高温超导材料及应用发展战略研究》咨询研究项目，同意立项。但建议本项研究主要放在材料应用发展战略上，所涉及的基础研究方面不展开研究，并修改本研究项目的题目。

（6）化工学部提出的《我国绿色建材发展战略》、《流程工业和循环经济》和《石油化工前沿技术跟踪》咨询研究项目，是在我国中长期科技规划专题3《制造业发展科技问题研究》项目开展之前提出的，鉴于化工学部提出的这些研究项目，在《制造业发展科技问题研究》中已经涉及，为避免重复立项，建议核对以后重新提出。

（7）能源学部提出的《大型先进压水堆和先进核能系统工程战略研究》、《中国东部危机矿山深部及外围找矿》咨询研究项目，同意立项，但请能源学部常委会再研究一次，并正式提交立项书。

（8）能源学部提出的《我国城市的可吸入颗粒物污染现状及其防治对策研究》咨询研究项目，同意立项。但该项目在研究时要注意与农业学部有关院士在环境方面研究内容有所区分，并邀请与环境有关的院士参加研究工作；同时请能源学部常委会再研究一次，并正式提交立项书。

（9）能源学部提出的《燃气发电机组的推广应用前景》咨询研究项目，同意立项。本项研究的题目不够醒目，建议修改；同时请能源学部常委会再研究一次，并正式提交立项书。

（10）土木学部提出的《大型建筑工程风险评价与保险研究》咨询研究项目，同意立项。由于本项研究中涉及到管理方面的问题，建议邀请管理方面的院士和专家参加；立项书中提到的建立法规方面的内容，不属于工程院咨询的范围，但可以提出国家应该在什么方面立法的建议；研究报告最后一部分内容应该是建议部分，建议在立项书中增加建议部分。

（11）同意土木学部提出的《重大土木工程使用寿命与耐久性标准的研究》咨询研究项目追加经费。

(12) 土木学部提出的《“西气东输”中的天然气的合理应用及相关政策研究》咨询研究项目,同意立项。由于本项研究内容争议较大,建议研究内容的主线再清晰一些。

(13) 农业学部与教育委员会提出的《我国高等农林教育发展战略研究》咨询研究项目,同意立项。

(14) 农业学部提出的《新世纪中国渔业可持续发展战略研究》咨询研究项目,同意立项。

(15) 农业学部提出的《农业资源保障与环境安全问题研究》咨询研究项目,建议本研究项目的题目改为《我国农业资源保障与食品安全》,并与医药卫生学部结合一起研究,在下次咨询工作委员会会议上讨论。另外将原立项书中关于节水部分去掉,将来可以与土木学部合作共同研究。

(16) 医药卫生学部提出的《国内外生物技术谬用的形势分析与对策研究》咨询研究项目,同意立项。

(17) 管理学部提出的《中国老工业基地的可持续发展战略研究》咨询研究项目,同意立项。由于本项研究涉及面较宽,建议邀请机械、矿山、冶金、航空等方面的院士参加;经费的提出要细化。

(18) 管理学部提出的《工业工程——中国制造业实现世界制造基地的杠杆》咨询研究项目,同意立项。因本研究项目涉及有关工业的问题,建议邀请与此有关的学部院士参加。

(19) 增选工作委员会提出的《增选若干问题研究续:工程院学科分类标准》、《高层次工程技术人才成长规律研究》咨询研究项目,同意立项。

以上凡是提出需要修改的意见,请承担项目研究的同志重新修改立项书,并尽快提交。

院咨询工作委员会将于今年下半年召开一次会议,安排第二批咨询研究项目,安排的原则是围绕国家重大问题的研究项目及以上提到的个别项目。

三、有关咨询学术活动及经费安排

考虑到有关工作的连续性,同意除安排今年的有关项目外,有关咨询学术活动的内容同2003年,经费安排略为增加,总计220万元。其中:院组织的工程科技论坛拨款80万元(每个学部10万元);院各专门委员会用于咨询与学术活动拨款35万元(各专门委员会5万元);各学部用于咨询与学术活动拨款80万元(每学部10万元);院领导用于咨询与学术活动的经费为25万元(院长5万、副院长4万)。

四、关于有关咨询项目经费的补充

同意“十一五”计划咨询项目中《技术创新与高技术产业发展》专题的研究经费补15万元;《健康工程》专题补30万元,共计45万元,从2003年咨询与学术的结余经费中补。

五、对今后咨询与学术工作的建议

1. 2004年我院的咨询任务将比2003年还要重,工作量不会比去年少,希望有更多的院士参与我院的咨询工作。

2. 2003年有关学部对工程科技论坛举办的地点进行了尝试,得到的共识是我院的工程科技论坛可以走出去,并根据论坛的内容,与企业和院校共同举办,这样在社会上可能会产生更大的影响,对科学知识的传播更为广泛。

3. 随着我院咨询项目及经费的不断增加和我国的财政制度的不断改革,建议办公厅有关部门提出既能满足国家财政的有关规定,又能方便每个咨询研究项目顺利开展的经费管理办法。同时还需将我院咨询工作的特殊性与审计部门及时交换意见,并能得到他们的支持并通过他们向有关部门反映,理顺工程院咨询经费使用管理办法。

4. 从工程院未来发展的角度,今后我院咨询组织工作开展的结构性问题需要进行研究,同时可以参考国际上有影响的外国工程院的咨询工作做法,使我院的咨询工作更加有序和规范。

出席人员名单:徐匡迪 邬贺铨 范维唐 刘大响 徐滨士 陈良惠 汪旭光 汪燮卿 胡见义 潘自强 崔俊芝 傅熹年 戴景瑞 李泽春 王澍寰 桑国卫 钱七虎 李京文 常 平 白玉良

请 假:王淀佐 赵忠贤 吴 澄

列 席:李仁涵 安耀辉 徐 飞

二〇〇四年二月十七日

咨询工作委员会会议纪要(二)

2004年6月16日中国工程院咨询工作委员会在中国工程院举行第二次咨询工作委员会会议。会议由院咨询工作委员会邬贺铨副主任主持,14位委员和我院承担国家中长期科技规划咨询评议的各专题组负责人参加了会议。主要议程是,讨论各专题对国家中长期科技规划专题研究报告征求意见稿的咨询评议意见;讨论"关于提交对规划战略研究专题报告咨询评议意见的函"及审议我院第二批咨询研究项目的立项。

一、关于对国家中长期科技规划各专题研究报告征求意见稿的咨询评议意见讨论

首先,评议组负责人介绍了各自专题在院士大会后吸收院士们的反馈意见及重新整理的咨询评议报告情况。会上,院士们又提出了一些修改意见,会后由各专题组再次修改,提出正式咨询评议报告,报院常务会议审议。

二、对"关于提交对规划战略研究专题报告咨询评议意见的函"的讨论意见

会上,大家对"关于提交对规划战略研究专题报告咨询评议意见的函"进行了充分讨论,提出了修改意见,建议由李仁涵同志汇总大家的意见后,报院领导审议。

三、关于2004年第二批咨询项目立项的意见

同意2004年第二批咨询项目立项的共13项,经费安排为102万元。具体是:

1. 化工学部提出的《包头稀土产业发展研究》咨询研究项目,是由包头国家稀土高新技术产业开发区管委会委托,经过讨论,会议同意接受委托咨询。

2. 化工学部申报的《有色金属资源循环利用》咨询研究项目,同意立项。

3. 化工学部申报的《流程工业与循环经济》咨询研究项目,同意立项。但请化工学部对立项书进行修改后,再提交。

4. 化工学部申报的《我国绿色建材发展战略》咨询研究项目,同意立项。

5. 化工学部申报的《海水与苦咸水利用(以海水淡化为主)》咨询研究项目,同意立项。但在立项前,建议题目改为《海水淡化及海水与苦咸水利用发展建议》,并提交更改后的立项书。

6. 土木学部申报的《中国"数字城市"建设方案与推进战略(以"数字苏州"为例)》咨询研究项目,同意立项。但在立项前,建议题目改为《中国城市建设数字化方案与推进战略》,并且在研究人员中要吸收建设部的专家、信息学部的相关院士和有关地方的专家参加,同时立项书在完善有关手续后提交。

7. 农业学部申报的《农业资源与环境安全问题研究》咨询研究项目,同意立项,建议2005年底结题。

8. 管理学部申报的《中国新型工业化进程中工程管理教育问题研究》咨询研究项目,同意立项,建议2005年底结题,并与教育委员会合作进行。

9. 产业委员会申报的《表面活性剂在高新技术领域中应用》咨询研究项目,内容与工程院咨询研究的要求不符,暂不立项。建议对研究内容进行修改,并推荐到相关学部。

10. 产业委员会申报的《制药产业当前状况的调研和对工程科学研究的建议》咨询研究项目,同意立项。但项目组成员要增加,并补充具体研究内容,按程序重新提交立项书。

11. 产业委员会申报的《盾构、掘进机国产化的研制》咨询研究项目,同意立项。但在立项前,建议将研究题目改为《地下隧道工程装备国产化发展研究》,研究内容也要做相应修改,同时要吸收相关学部院士和专家参加。按程序重新提交立项书。

12. 产业委员会申报的《新世纪前20年中国钢铁工业的定位与发展战略》咨询研究项目,同意立项,建议再增加一些人员(主要是能够涵盖我国钢铁工业大集团公司的有关专家),并邀请鞍钢刘玠院士参加。立项书需按程序完善相关手续。

13. 产业委员会申报的《我国清洁燃料的标准及生产技术》咨询研究项目,由于立项书内容太简单,建议暂缓。

14. 机械学部刘大响院士申报的《民用航空在振兴东北老工业基地中的重要作用和发展对策研究》咨询研究项目,需补东北方面的委托单位函,并需有关学部常委会讨论通过,建议暂缓。

咨询委员会出席人员名单:

邬贺铨　范维唐　刘大响　李德毅　汪旭光　胡见义　潘自强　崔俊芝　傅熹年
李泽春　王澍寰　白玉良

咨询委员会请假人员名单:

王淀佐　赵忠贤　吴　澄　徐滨士　吴　澄　汪燮卿　戴景瑞　桑国卫　钱七虎
李京文

各专题负责人出席人员名单:

陆建勋　姚福生　方智远　汪懋华　郭重庆　侯云德　周丰峻　刘鸿亮　钟　山
柳百成　姜景山　殷瑞钰　张彦仲　马国馨　钱伟量　周成虎

列　席：

李仁涵　安耀辉　李　新

二〇〇四年六月十六日

咨询工作委员会会议纪要(三)

2004年11月25日,中国工程院第三次咨询工作委员会在北京召开,会议由咨询工作委员会主任王淀佐院士主持。会议的主要议程是:汇报2004年我院咨询工作;审议《中国工程院咨询项目管理办法(修订稿)》;研究我院2005年咨询项目立项及经费的安排等。

一、关于2004年咨询工作情况

2004年我院咨询工作在院领导的领导下,做了大量的工作,成绩可观、效果可喜,这些都凝聚着院领导、院士、专家和机关工作人员的智慧和辛勤劳动,得到了国务院领导和有关部门的充分肯定。

2004年温总理分别听取了工程院关于《中国可持续发展油气资源战略研究》、《中国可持续发展矿产资源战略研究》及中长期科技规划中有关专题研究的专题汇报,并分别在我院有关咨询项目的汇报稿及《院士建议》上作了重要批示,对工程院的咨询研究工作给予了高度评价。

今年我院咨询工作的特点是任务重、时间紧、质量高。主动咨询项目截至11月共完成咨询研究项目11项,比去年增加了4项(估计到12月底前还要增加3-4项);委托咨询项目共完成10项,比去年增加6项。另外,还完成了国家有关部门委托的征求意见工作10项。主要情况如下。

1. 完成咨询研究项目情况

2004年1月,由刘大响院士负责的《中国航空发动机试验设施建设研究》报告报送国务院,现由国防科工委在今后规划中考虑;由师昌绪院士负责的《发展我国大型锻压装备研究》报告报送国务院,已在中长期科技规划及"十一五"发展规划中体现。

2004年3月,由刘鸿亮院士负责的《三峡库区水环境安全保障机制及水质控制对策研究》报告报送国务院,曾培炎副总理批转相关部门研究;由徐滨士院士负责的《废旧机电产品资源化研究》报告报送国务院,有关建议纳入到了发改委《废旧家电及电子产品回收处理管理条例》和《关于加快发展循环经济的指导意见》中;由林尚扬院士负责的《我国制造业焊接生产现状与发展战略研究》报告报发改委、科技部、国防科工委,有关建议应用到中长期科技规划和"十一五"发展规划战略研究中。

2004 年 4 月，由杜祥琬院士、沈倍奋院士负责的《反爆炸、生物、化学、核与辐射恐怖活动的科学技术问题和对策研究》报告报送国务院。

2004 年 6 月，由侯祥麟院士负责的《中国可持续发展油气资源战略研究》专题向温家宝总理汇报，得到总理和国家各有关部门高度评价，并作为国家今后发展的重要参考依据，8 月专门在国务院第四次学习讲座上介绍情况。专题将继续进行，研究内容是 2020—2050 年我国油气资源发展和对策。

2004 年 10 月，由沈国舫院士负责的《工程院学科分类标准研究》成果将应用到 2005 年我院增选工作中；由王淀佐院士负责的《中国可持续发展矿产资源战略研究》专题向温家宝总理汇报，得到总理和国家各有关部门高度评价，并作为国家今后发展的重要参考依据；由潘家铮院士负责的《国家大型工程项目管理的调查研究》报告报送国务院，国务院批转国家有关部门研究，2004 年 11 月交通部部长等一行专程到我院听取有关课题研究的介绍。

2004 年 11 月，由郭重庆院士负责的《民营科技企业的发展研究》报告报咨询工作委员会备案。

2. 完成委托咨询情况

完成的委托咨询项目是：国家汽车计算平台工程可行性论证（信息产业部）、中国船舶工业集团公司中长期发展规则咨询（中国船舶工业集团公司）、重大科技基础设施建设咨询（发改委高技术司）、中长期科技规划战略研究中对 20 个专题报告提出评议意见（国务院中长期科技规划办公室）、“十一五”计划中若干重大问题战略研究（发改委）、中长期科技规划战略研究专题 3：我国制造业科技问题研究（国务院中长期科技规划领导小组）、对工业过程自动化高技术产业化专项执行情况评估（发改委高技术司）、汽车能源咨询第一阶段研究（上海通用汽车公司）、实施金属矿业资源全球战略保障国民经济的可持续发展（中国五矿集团公司）、现代农业高技术产业化专项实施情况进行中期评估（发改委高技术司）等。

3. 完成有关部门征求意见情况

完成有关部门征求意见的情况是：关于义务教育法（修订稿）征求意见、废旧家电及电子产品回收处理管理条例征求意见、关于加快发展循环经济的指导意见（征求意见稿）、促进煤炭工业健康发展的若干意见（征求意见稿）、国家自然科学基金管理条例（草案征求意见稿）、工经联关于商务部“三个技术目录”征求意见、中国技术标准发展战略研究征求意见、中华人民共和国固体废物污染环境防治法（修订草案）及说明征求意见、完善国家计量基准体系的方案（征求意见稿）、自然基金管理条例（征求意见稿）等。

会议充分肯定了我院今年咨询工作所取得的出色成绩，并认为要以适当方式加以宣传，进一步扩大工程院在社会上的影响，从而不断提高工程院的作用和地位。

二、关于中国工程院咨询项目管理办法的修订

根据财政部关于中央部门财政预算编报时间的新要求，会议审议并通过了《中国工程院咨询项目管理办法（修订稿）》。会议要求，尽快将新的办法通过工程院文件形式印发院各有关部门参照执行。

三、关于 2005 年咨询研究项目及经费安排

2005 年财政部拨我院咨询研究经费共 2 800 万元，其中专项咨询研究经费为 1 900 万元，院士

科研咨询经费为900万元。会议同意2005年专项咨询研究项目的立项及经费安排(见附表一),并要求新立项的专项咨询研究项目组学习借鉴工程院已完成的几个专项咨询研究所取得的经验,努力争取更好的成绩。

2005年院各有关单位咨询研究项目立项及经费安排,见附表二;2005年对已立项的咨询研究项目续经费安排,见附表三。

四、关于下一步咨询工作

会议认为,当前我院咨询工作已有一个较好的局面,在财政部的大力支持下,咨询研究经费不断增加。为了使我院咨询研究工作能够得到进一步提升,特提出如下要求:

1. 做好咨询项目立项书的填写工作

希望工程院各有关部门要按照新的咨询项目管理办法,及时提出下一年度的咨询研究项目,同时在填写咨询立项书时,做到尽可能正确(包括经费的申请)和完整。

2. 加强咨询研究的立项工作

随着我院咨询研究项目经费的不断增加,从下一年度起,要对咨询研究项目的立项进行规范化。主要措施是,下一年度起,咨询工作委员会会议在讨论新项目立项时,要用2-3天的时间,对每个咨询研究项目的申报和立项进行全面的审议;对经费申请较多的项目或较重要的项目,将邀请有关申请人现场介绍情况和回答有关问题。

3. 做好已完成的咨询研究项目跟踪工作

从今年的咨询项目完成情况看,基本上都取得了较好的成绩,在做好有关宣传工作的同时,会议要求做好有关的跟踪工作,使我院的咨询工作更加深入和富有成效。

主持人:王淀佐

参　加:范维唐　赵忠贤　刘大响　徐滨士　吴　澄　汪旭光　陈立泉(代汪燮卿)　潘自强
　　　　傅熹年　戴景瑞　王澍寰　钱七虎　李京文

请　假:邬贺铨　陈良惠　胡见义　桑国卫　崔俊芝　白玉良　李泽椿

列　席:李仁涵　阮宝君　王爱红

二〇〇四年十一月二十五日

附表一　2005年专项咨询研究项目及经费安排

序号	名　称	承担单位	负责人	经费安排	备　注
1	中国不同区域农业资源合理配置,农业协调发展和生态环境的综合治理研究	农业学部	石玉林等	500万元	2006年向财政部申请500万元,2007年申请200万元
2	农业机械化发展战略研究	农业、机械学部	沈国舫等	400万元	2006年向财政部申请500万元
3	三峡库区水污染防治战略咨询	环境委	魏复盛	500万元	2006年向财政部申请400万元,2007年申请100万元

（续表）

序号	名　称	承担单位	负责人	经费安排	备　注
4	东北地区水土资源配置、生态环境建设和可持续发展战略研究	土木学部	钱正英	500 万元	2004 年立项
合计				1 900 万元	2006 年向财政部申请1 400万元,2007 年申请300 万元

附表二　2005 年院各有关单位咨询研究项目立项及经费安排

序号	名　称	申报单位	负责人	经费安排	备　注
1	中国中东部老矿山(危机矿山)合理勘查、开发模拟与矿山转制及矿城问题研究	能源学部	裴荣富	25 万元	
2	高放废物地质处置战略研究	能源学部	潘自强等	68 万元	2006 年 22 万元
3	地下工程与基础设施工程公共安全技术发展研究	土木学部	周丰峻	30 万元	2006 年 10 万元
4	中国生物质资源与产业化战略研究	农业学部	石元春	70 万元	
5	油气勘探项目综合工作法	管理学部	翟光明	20 万元	
6	工程和工程哲学的研究	管理学部	殷瑞钰	20 万元	2006 年 10 万元
7	2020 年中国粮食和食物安全发展战略研究	管理学部	卢良恕等	25 万元	2006 年 10 万元
8	我国制造业劳动生产率管理的研究	管理学部	刘源张	20 万元	2006 年 10 万元
9	具有中国特色工程教育培养模式与发展道路研究	教育委	朱高峰、李未	15 万元	
10	中德工程教育比较研究	教育委	杜祥琬	30 万元	
11	反爆炸、生物、化学、核与辐射恐怖活动的科学技术问题和对策研究(续)	院　级	杜祥琬	70 万元	
12	我国清洁燃料的标准及生产技术	产业委	李大东	15 万元	
合计				408 万元	2006 年 62 万元

附表三　2005 年对已立项的咨询研究项目续经费安排

序号	名　称	申报单位	负责人	申报金额	备　注
1	装备故障自愈工程及其在我国推广应用的研究	机械学部	高金吉	10 万元	2004 年立项
2	中国信息化发展的战略研究	信息学部	邬贺铨	150 万元	2004 年立项
3	流程工业与循环经济	化工学部	殷瑞钰等	13 万元	2004 年立项,2006 年 2 万元
4	海水淡化及海水与苦咸水利用发展建议	化工学部	高从堦	15 万元	2004 年立项,2006 年 6 万元
5	有色金属资源循环利用	化工学部	邱定蕃	5 万元	2004 年立项, 2006 年 2 万元
6	我国绿色建材发展战略	化工学部	顾真安	4 万元	2004 年立项, 2006 年 2 万元

（续表）

序号	名　　称	申报单位	负责人	申报金额	备　　注
7	中国高温超导材料应用发展战略研究	化工学部	周廉等	8万元	2004年立项
8	中国东部危机矿山深部及外围找矿	能源学部	裴荣富	4万元	2004年立项
9	“西气东输”中天然气的合理利用及相关政策研究	土木学部	江亿	8万元	2004年立项
10	大型建筑工程风险评价与保险研究	土木学部	范立础等	8万元	2004年立项
11	中国城市数字化方案与推进战略	土木学部	王家耀等	5万元	2004年立项,2006年5万元
12	农业资源保障与环境安全问题研究	农业学部	李泽春	20万元	2004年立项
13	国内外生物技术谬用的形势分析与对策研究	医药学部	黄翠芬	15万元	2004年立项
14	制药产业当前状况的调研和对当前发展方针政策的意见	产业委员会	沈家祥等	5万元	2004年立项
15	高层次工程技术人才成长规律研究	增选委员会	沈国舫等	60万元	2004年立项
16	新世纪前20年中国钢铁工业的定位与发展战略	产业委员会	殷瑞钰等	10万元	2004年立项,2006年5万元
17	地下隧道工程设备国产化发展研究	产业委员会	王梦恕	30万元	2004年立项
18	我国高等农林教育发展战略研究	农业学部 教育委员会	石元春	15万元	2004年立项
19	工业工程——中国制造业实现世界制造基地的杠杆	管理学部	郭重庆	7万元	2004年立项
20	中国老工业基地的可持续发展战略研究	管理学部	殷瑞钰等	70万元	2004年立项
21	中国新型工业化进程中工程管理教育问题研究	管理学部	朱高峰等	30万元	2004年立项
合计				492万元	2006年22万元

注:咨询工作委员会同意将第15项在原计划2005年安排30万元的基础上再增加30万元。

（李仁涵提供）

院士增选政策委员会会议纪要(一)

2004年2月13日,院士增选政策委员会主任委员沈国舫副院长主持召开了2004年第一次会议。副主任委员杜祥琬副院长、增选委员会顾问师昌绪、周干峙院士,各学部的委员及“中国工程院学科分类"咨询项目各分课题的负责人,共14位院士,还有白玉良副秘书长出席了会议。学部工作部有关工作人员列席了会议。会议就以下三项议题进行了研究讨论。议定如下:

一、会议对2003年增选工作,重点是第二轮评审"候选人自我介绍、回答问题"的试点工作进行了总结

沈国舫副院长对2003年的增选工作从六个方面进行了简要总结。2003年我院召开了各遴选部委、省市有关工作人员参加的"增选工作会议";对院士增选名额、遴选部门报送限额、候选人年龄及连续被提名次数等,作出了新的规定;增选过程更加透明,全部有效候选人、进入第二轮的候选人两次向社会公布;第二轮评审进行了候选人自我介绍的试点;在评审会期间科学道德建设委员会和增选政策委员会加强了对科学道德的引导,强调了纪律的约束,评审环境进一步改善;对评审、选举后发现的问题,及时认真作出处理。从增选结果看,作到了宁缺毋滥,年龄结构也比较合理。

6个试点学部的委员分别对本学部第二轮评审候选人自我介绍的试点工作进行了总结。与会委员一致认为,通过试点学部常委会的认真组织,全体院士的支持,工作人员的努力,2003年院士增选第二轮评审候选人自我介绍的试点工作取得了成功。候选人自我介绍、回答问题的评审方式,使与会院士直接了解了候选人的学术水平及综合素质,有利于解决一些疑问,提高了评审质量,得到了试点学部院士的一致认可。同时自我介绍、回答问题给予了候选人参与的机会,受到多数候选人的欢迎。试点工作收到了预期效果,建议在今后的增选评审工作中全面正式实施。

沈国舫副院长指出,对2003年的试点工作进行具体归纳,形成条例后,可以指导今后的增选。他还建议各学部对本领域的专家人才情况,应提前了解,增选的有关调查工作应尽早开始。

有的委员特别强调了,在增选中听取同行专家意见的重要性,认为除由各级学会推荐候选人外,工程院应专门组织同行专家对候选人发表意见。

杜祥琬副院长提出,对院士提名、候选人投诉调查、增选纪律等问题,以及评审办法的改进要做专题研究。建议增选政策和科学道德建设两个委员会针对加强院士队伍建设作一些工作,理出一个讨论提纲。在院士大会期间,提请各学部院士讨论。

二、关于"工程院学科分类标准"咨询课题的工作安排

按原计划,本咨询课题应在2004年院士大会前完成。今年2月份各学部要完成收尾工作,每位院士要在学科分类标准中对号入座。3月份后,由综合组承担主要工作,负责审定各学部的一、二级学科涵盖范围,对学部间交叉学科研究确定划分的指导原则。

"工程院学科分类标准"是工程院的一项基本建设,主要为工程院增选工作使用,同时为工程院今后的学部划分与调整提供参考。计划于2005年院士增选时,向院士、遴选部门及提名单位颁布,因此各学部必须注意咨询课题的质量。

三、关于"高层次工程技术人才成长规律研究"咨询课题的立项

按照院常务会议的决定,我院将和中共中央组织部等有关单位共同开展对高层次工程技术人才成长规律的研究。本咨询课题的工作目标是:分析高层次工程技术人才队伍现状;研究成长规律;为营造工程技术人才成长的良好环境提出建议;为优化院士队伍结构,院士队伍发展规模提供依据,并指导院士增选。主要工作拟定于2004年完成,后续收尾工作预计到2005年。

要求各学部于2月29日前推荐参加课题的院士。同时工作组将与组织部知识分子工作办公室、人事部专业职称司等单位联系,请他们推荐课题组成员。

出 席 员:沈国舫 杜祥琬 师昌绪 周干峙 顾国标 陈良惠 汪燮卿 何继善 陈肇元 赵 垲 钱七虎 白玉良

列席人员:高中琪 谢冰玉 王海荣 安耀辉 金 哲 梁晓捷 李冬梅 宋德雄 宗玉生 李敬慧

记录整理:王海荣

二〇〇四年二月二十五日

院士增选政策委员会会议纪要(二)

2004年9月20日,沈国舫副院长主持召开了2004年增选政策委员会第二次会议。委员会副主任杜祥琬副院长,顾问师昌绪、侯云德院士,各学部分管增选的主任或副主任以及各位委员出席了会议。会前,与会院士普遍就增选的有关问题征求了院士们的意见,土木学部常委会还对明年的增选作了专题研究。在此基础上,会议就2005年增选的几个问题进行了充分讨论。议定如下:

一、关于2005年院士增选名额

根据2001、2003年的增选情况,及2001年院士队伍结构的调查分析结果。会议认为2005年的增选名额确定为60名比较合适。

二、关于超年龄、多次连续提名候选人的提名操作办法

总结2003年增选的经验,与会院士认为仍应坚持对候选人年龄原则上不得超过70岁,连续提名不超过3次的限制,但需要对特殊情况下的提名办法给予具体规定,以便操作可行。会议建议,对于超过70岁的候选人或已三次连续被提名的候选人,至少要有评审学部的6位院士提名,方为有效。而且这样的提名机会也只能有一次,并只有院士提名一个渠道。

三、关于第二轮评审候选人自我介绍工作的全面开展与改进问题

2003年增选,第二轮评审候选人自我介绍、回答问题的工作得到了试点学部院士的一致肯定。实践证明,这一评审方式提高了效率,有利于提高评审质量。会议建议,在2005年第二轮评审中,推广候选人自我介绍、回答问题的评审方式。会议强调,各学部常委要认真总结,工作做细,避免负作用。会议还强调,在候选人自我介绍后,仍需要严格执行规定程序,认真组织专业组评议、学部评

议,但对某些投票程序可适当简化。建议在“增选工作实施办法”中,不再对产生正式候选人的“预投票”做硬性规定,由各学部根据情况灵活掌握。

四、关于第一轮通讯评审的试点工作

鉴于中国科学院2003年增选全院实行第一轮通讯评审,与会院士对通讯评审进行了再次研究分析。不少院士提出,基础科学方面的候选人成果论文相对容易查阅、评议,而工程技术方面的候选人工作的实践性更强些,通讯评审有一定难度。会议建议,2005年是否进行第一轮通讯评审的试点,仍旧由各学部常委会自行研究决定。

五、关于是否开展同行专家评议的试点工作

在总结2003年增选工作时,曾有院士建议进行同行专家评议。会议研究认为,根据《章程》、《增选办法》的规定,院士增选是由院士对候选人进行评审。“同行专家评议”的提法不妥,还是叫“征求同行专家意见”比较好。另一方面,确定同行专家的范围有一定难度,可能会对候选人公正客观的评价带来很大的困难。建议“征求同行专家意见”不作为必要程序。为全面了解候选人,各学部常委会除对被投诉人进行调查外,对学术水平、学风道德情况不太清楚,特别是其所在专业学科没有院士的候选人,组织进一步的调查了解,适当征求同行专家的意见。土木学部第一轮评审后,由院士分工对候选人进行广泛调查的作法值得借鉴。

六、关于投诉信处理办法的完善

在历次增选中,投诉信有逐次增多的趋势。由于认真处理投诉,对增选工作起到了一定的帮助作用,今后需要继续作好对候选人投诉信的调查处理工作。与会院士对“院士增选投诉信处理办法”提出了个别具体修改建议。“院士增选投诉信处理办法”规定,第一轮评审中不处理、不讨论对候选人的投诉。会议认为,原则上仍应坚持这一规定。但有时个别投诉人在第一轮评审前已将投诉信广为泛散发,对候选人造成了一定影响。建议在这种情况下,学部常委会可以根据实际情况,决定提前作必要的调查,以便在第一轮评审中向院士做适当的说明。与会院士认为,院士提名应该对工程院负责,要坚持“院士提名候选人时,必须对候选人确实了解”的规定。当所提名的候选人受到投诉时,提名院士有必要提供书面说明材料。同时,在第二轮候选人自我介绍的情况下,应特别强调评审纪律,提名院士对有关情况必须注意保密。

七、关于在各学部选举后设定一个月的公示期,经公示后主席团再审定当选院士名单的建议

每次增选,各学部评审选举结束后,主席团就立即召开会议审定新当选院士名单。鉴于1999、2003年,由于对个别当选人员有关问题的强烈反映,不得不再次召开主席团会议,进行审议和处理。因此建议,各学部评审、选举后,向社会公布初步人选人员名单,并设定一个月的公示期。公示期后再由主席团会议最后批准当选院士名单,并报国务院备案。

八、关于试行“中国工程院院士增选学部专业划分标准”的建议

我院历次增选中使用的《学科分类(国家标准)》已经颁布12年了,与工程技术的现状存在较大差距。另一方面，我院一直未对外公布各学部专业学科的具体涵盖内容。为了有利于院士队伍学科结构建设，增选政策委员会2003年申请立项，开展了“工程院增选工作的学科分类标准”的课题研究。经过课题组一年多的努力，并广泛征求院士意见，现在“中国工程院院士增选学部专业划分标准”课题已完成。委员会建议，这一标准在2005年增选中试用，与增选通知同时发出。候选人确定了学科专业即确定了评审学部，如有个别不相符者，仍可按原操作规程进行调整。制定专业学科分类标准是一项复杂的工作，新的标准难免存在着一些问题。增选政策委员会准备在增选工作实践中，进一步听取意见，使这一标准逐步完善。

九、关于“增选实施办法”名称

从1995年开始至2005年，我院院士增选已经是第六次了。每次增选我院都制定了当年的“增选工作实施办法”，历次增选办法基本原则保持不变，程序不断完善，过程逐步规范。建议2005年增选时，在历次“增选实施办法”的基础上，修改制定“中国工程院增选工作实施办法”，去掉年度的定语，给社会外界以相对稳定的形象。以后需要改动，仍旧可再作修正或以当年增选工作补充通知形式下发。

以上建议，提交院常务会议、主席团会议，供研究2005年增选工作时参考。

出　席：师昌绪　侯云德　沈国舫　杜祥琬　顾国彪　沈昌祥　毛二可　汪燮卿　杨奇逊
　　　　陈肇元　石玉林　方智远　赵　铠　殷瑞钰　白玉良

请　假：何继善　朱建士

记录整理：王海荣

二〇〇四年九月三十日

（王海荣提供）

科学道德建设委员会第四次会议纪要

2004年12月24日，杜祥琬主任委员主持召开了院第三届科学道德建设委员会第四次会议。会议主要议题是：讨论中国科学院关于《我国科学道德与学风问题基本分析和建议》，研究信件处理的有关事宜。现将会议的主要内容纪要如下。

一、关于《我国科学道德与学风问题基本分析和建议》的讨论

《我国科学道德与学风问题基本分析和建议》是中国科学院报送国务院并由国务院办公厅批转我院研阅的。根据院领导批示，道德委员会对科学院的报告组织了本次讨论。

《我国科学道德与学风问题基本分析和建议》主要有4部分内容，即:(1)科学道德建设的重要性;(2)当前我国科技界存在的道德与学风问题:“科学不端行为影响恶劣”,“学术失范现象不容忽视”,“浮躁学风日益蔓延”;(3)我国科学道德与学风问题的原因分析:“不良社会风气是环境因素”,“科学道德建设相对滞后是科技界内在的因素”,“科技资源配置体系不完善是体制因素”;(4)对当前我国科学道德与学风建设的建议:“加强科学道德教育”、“加强科学道德规范建设,加强科学不端行为监察制度”、“建立利益冲突公示监督制度”、“建立更加符合科学发展规律的科技评价与管理制度”等。另外,还有“对我国科学道德与学风问题的基本估计”、“当前我国科学道德与学风问题的原因分析”和“国际科技界关于科学道德建设的经验”3个附件。会议围绕该文件进行了认真的讨论,认为:

1. 这个文件很重要,也很全面。报告所进行的分析及建议,值得我们参考,对报告的基本观点表示支持。目前,中国处于社会变革时期,一些不合理的东西也随之产生,这应引起我们的高度重视。科学道德与学风方面出现的问题是一个综合性的问题,而且原因比较复杂,主要是缺乏客观、科学、符合我国国情的评价体系。因此,健全和完善我国的科研评价体系是非常必要的。

2. 对报告提出了一些建议。如道德与法律界线应如何把握的问题、加强科学道德教育问题等,落实起来有一定的难度,应从制度与法制方面入手。报告中的一些提法也需要推敲,有些建议的落实还需注意结合中国国情。

3. 结合工程院的具体工作进行了讨论。我院非常重视科学道德建设,并已经开展了多方面的工作,得到各学部及院士的大力支持。我们的院士不仅享有我国工程科技界的最高荣誉,也是弘扬科学精神、倡导优良学风、捍卫科学尊严的中坚,是发挥院士群体在科学界表率作用的主力,维护院士的崇高荣誉和良好形象需要全体院士共同的、不懈的努力。在今后的工作中,工程院将继续加强院士自身及学部的科学道德建设,规范院士的行为和自律准则的同时,进一步加强对院士候选人科学道德与学风问题的严格审查,把好入口关。

二、关于投诉信的处理

近半年多来,院道德委员会共收到8封投诉信,其中署名投诉5封,匿名投诉3封。另外还收到1封是院士投诉深圳一家医药公司利用院士名义作广告的信。

对于上述投诉信,道德委员会都根据投诉信的具体内容进行了相应的调查和处理,有些尚在调查、处理之中。投诉信的处理主要有以下几种方式:

1. 请被投诉院士所在的学部常委会进行调查了解情况,提出处理意见,或由被投诉人进行情况说明。研究后,再将处理意见反馈给被投诉人和投诉人。

2. 商请被投诉院士所在单位或其上级行政主管部门协助调查,或委托相关院士协助调查,并提出处理意见。

3. 对因媒体报道失实等引起误会和误解的投诉,与投诉人进行沟通、解释,以消除误会,同时告知新闻媒体和被投诉的院士,以引起注意,消除误会。

4. 不属于科学道德范畴的投诉,转被投诉人所在单位或其行政主管部门酌处。

5. 对院士投诉医药公司利用院士名义作广告的,致信医药公司,要求停止侵权并消除影响,并给工程院一个正式的说明。

院科学道德建设委员会对上述投诉信的处理意见表示赞同,并提请各位院士严格自律,遵守院领导多次强调的5个不希望的要求。

三、其他事宜

会议提议拟在2005年上半年召开一次科学道德建设问题的座谈会,并对院士们的优良学风、高尚品德等进行一些正面宣传,拟出版文集。

出 席:杜祥琬 沈国舫 胡启恒 柳百成 干 勇 朱建士 杨秀敏 张子仪 洪 涛
请 假:潘家铮 王 越
列 席:白玉良 高中琪 王振海

二〇〇五年一月二十一日
(王振海提供)

教育委员会会议纪要

中国工程院教育委员会2004年年会于8月19日在北京会议中心召开。院教育委员会主任徐匡迪院长,副主任杜祥琬、翁史烈、左铁镛院士,顾问张光斗、柯俊、朱高峰院士及20多位委员,教育部高教司的领导和有关专家出席了会议。

本次会议共有五个议题,一、审议院教育委员会课题组关于“21世纪初我国工程师培养的重要性和培养途径研究”的研究报告;二、讨论教育部高教司委托开展“关于具有中国特色的工程教育培养模式和发展道路的研究”的咨询课题;三、通报工程院领导和教育部领导关于成立工业研究院所研究生教育学术委员会的会谈情况;四、通报2004年国际工程教育大会的筹备情况;五、讨论院教育委员会2004-2005年工作计划。上午的会议由中国工程院院长、院教育委员会主任徐匡迪主持并致开幕词,下午的会议由翁史烈院士主持。委员们就咨询报告、委托咨询课题、目前我国工程教育存在的问题及改革发展等问题进行了深入的讨论,提出一些建设意见。最后杜祥琬副主任作总结,会议圆满结束。

(一)

徐匡迪院长在开幕词中指出,工程教育是我国高等教育的重要组成部分,建国之初,工程教育在高等教育中的比重接近70%,如果把工程院所涵盖的医药和农业算进去,现在也还是这个比重。工程教育是工程师的摇篮。中国工程院的任务之一是要促进工程科技事业的发展,这已写进工程院的章程里,所以我们对于工程教育是非常关注的。当然,教育有它的主管部门,国家有教育部,地方也有教育领导机构,但是中国工程院作为工程科技界最高的荣誉性、咨询性学术机构,对工程教育事业展开研究讨论,提出一些咨询意见,推动我国科学技术水平的不断提高和工程技术队伍的不断壮大,这也是责无旁贷的。

要通过各种途径,千方百计地激励优秀的年轻人才来学习工程技术。现在有一种世界性的趋势,最优秀的学生都去读贸易、读金融、读管理,谁都不想管机器,谁都想管人、管钞票。这种情况已经引起全世界的关注。“皮之不存,毛将焉附?”没有科学技术的发展,没有工业、特别是制造业的发展,这些相关的服务业自身也不可能发展。因此,工程院教育委员会要研究问题,找出对策,激励优秀的年轻人才参加我们的工程科技队伍,长江后浪推前浪,不断有新人涌现。

徐院长还说,他是自告奋勇兼任本届教育委员会主任的,因为在学校工作的时间比较长一点,对教育工作有一些感情。去年由于“非典”,2003 年的年会没有开,但是通过全体委员的共同努力,仍然做了大量的工作,取得了令人满意的成绩。比如在与国防科工委签署共建北航协议的基础上,成立了中国工程院—北航高等工程教育研究中心;成功地在上海举办了中美工程教育高峰会,并出版了论文集;开展了“21 世纪初我国工程师培养的重要性及其培养”的课题研究等;2004 年国际工程教育大会的筹备工作也进展顺利。

徐院长还谈到,出席年会的顾问和委员中,有 90 高龄德高望重的张光斗先生,还有他的老师柯俊先生,他们对我国工程教育的关心令人感动。

(二)

清华大学王孙禺教授代表院教育委员会《21 世纪初我国工程师培养的重要性与培养途径及对策研究》课题组作了研究报告的汇报。该研究报告的要点有:加入 WTO 以后,我国的产业结构势必将随着世界产业结构的调整而发生变化,在世界工业布局中,大量的制造业有可能向我国转移,进而推动我国工业化发展的步伐。因此,培养和造就大量高素质工程技术人才的重要性不言而喻。报告首先分析了高等工程教育在现代工程师培养中的作用和地位,指出:高等工程教育对工程师的培养至关重要;高等工程教育在 21 世纪高科技发展中的基础地位将更加重要;高等院校要对全面推进继续工程教育做出贡献。报告进而分析了我国工业发展的要求与高校工程技术人才培养之间存在的差距,指出:相当长一段时间以来,缺乏面向实际的工程技术教育;工程教育的培养层次、结构体系和人才类型与企业需求脱节;工程教育与产业结合不紧密。报告认为高等工程院校应为明天的工程师做准备,强调基础科学与工程技术的教育、人文与社会科学的教育、领导科学的教育、“企业家科学”的教育应受到特别关注。报告最后呼吁将优秀青年培养成为适应 21 世纪要求的现代工程师。

北京航空航天大学张彦通教授代表课题组介绍了教育部高教司委托开展“关于具有中国特色的工程教育培养模式和发展道路的研究”的咨询课题的有关情况和《关于我国高等工程教育改革发展若干问题的意见和建议》提纲。该提纲共分三大部分:一、我国高等工程教育改革发展的背景。报告认为,党的十六届三中全会提出的“以人为本、全面、协调、可持续”的科学发展观对中国高等工程教育的改革发展具有重大指导意义;实现小康社会的目标对中国高等工程教育提出了明确任务;走新型工业化道路对中国高等工程教育提出了新的挑战;高等工程教育在提升我国工业国际竞争力的进程中责无旁贷;高等工程教育在高科技发展中的基础地位将更加重要。二、目前我国高等工程教育存在的突出矛盾和问题。报告认为,高等工程教育的质量问题日益突出:(1)学校定位相互攀比,各级各类工科院校的办学特色日渐削弱;(2)人才培养目标偏离工程的要求,人才培养过程未能突出高等工程教育的本质特征；(3)必要的工程训练条件得不到保证，实践教学和工程训练日益弱化；(4)工程教育体系不健全，在一定程度上影响到学校教育作用的发挥；(5)注册工程师制度尚未建立，高等工程教育缺少相对统一的外部评价标准。三、对加强高等工程教育的若干建议。(1)加强对高等院校的分类指导，引导各级各类院校准确合理定位，各自办出特色；(2)加强工程教育的专业规范建设，推行工程专业认证制度，引导各类工科专业进一步明确人才的培养目标、层次和培养模式定位；(3)完善工程教育实践教学与训练体系，引导学校、政府、企业以及社会等加强对工程教育实践训练的重视与投入；(4)构筑产学研一体化的教师培训体系，加强对工科教师工程能力与素质的培训；(5)实施注册工程师制度，积极推进工程技术队伍管理的职业化建设，引导高等学校工程教育的教育教学改革面向工业发展；(6)重视和加强继续工程教育，构建有利于工程技术人员创新能力提高的终身教育体系。

与会委员们就咨询报告、委托咨询课题、目前我国工程教育存在的问题及改革发展等问题展开了热烈的讨论。

徐匡迪院士认为，咨询报告和委托咨询提纲切中实际，问题提得清楚、准确。现在是市场经济，发展工程教育，光靠政府不行，改变工程教育在市场中的地位才是要害。当然，政府还是可以有所作为的，比如学校的定位、评估等等，但评估有多种形式，不一定都要政府来组织。现在大家都在争国家重点，其实国家重点可以多种多样，如重点工程研究大学，重点工程教育大学，高级重点工程技能学校，都可以叫国家重点。关键是解决一个价值取向问题。

陈俊亮院士认为，工程院抓工程教育是非常必要的。上述报告都很好，但有些很重要的问题仍然需要强调。最重要的、第一位的是做人的基本道德教育，是工程师的敬业精神的培养，对利己主义不能放任自流。第二，大部分重点工科院校的培养目标里都没有培养工程师的说法，这种情况必须改变。第三，工程教育是一个系统工程，需要理顺体制。报告建议教师每隔半年一年到工程企业去做研究，这是很对的，但与现在的职称评审制度相矛盾，因为职称评审并不考核工程技能，仅仅考核论文多少、科研成果多少，所以，工程教育改革需要动大“手术”，从整个观念到职称评定体系都要改。第四，由于经费不足，工程技术训练不得不越来越简化，这样，学生虽然软件能力很强，但遇到硬件就害怕，而工程技术人员的技能不过关，对我们国家的工业发展是很不利的。第五，高级专业人才的起点不一定都要本科。对人才的评价，首先应注重能力，其次应注重贡献，这才是评价人才的基础。说博士生一定比硕士生强，硕士生一定比本科生强，本科生一定比专科生强，绝对没有这个规律。

张光斗院士认为，学位委员会规定培养工学学士、工学硕士、工学博士，为什么不能培养工程学士、工程硕士、工程博士？现在科学家很受推崇，工程师没什么地位。我觉得工程院要做工作，提高工程师的地位，让年轻人以做工程师为荣。当然，科学很重要，科学基础很重要，不应当贬低科学，但也不应当厚此薄彼，尊崇科学而贬低工程。高等工程教育不是孤立的，与企业有密切的关系，两者要相辅相成，互相促进。我们的“两弹一星”就是两者合作、集中力量搞出来的，可是一般的工业企业还没认识到产学合作的重要性。现在我国企业的发展主要靠引进，一些人把引进的东西当成自己的，但技术产权实际上受制于外国人。在这种情况下，产学合作当然无从谈起，高等工程教育也没有用武之地。要改变这种局面，不是教育部门一家之力所能为，恐怕整个国家的政策都要做一些调整。先进的科技当然要引进，但不能长期依赖引进，对引进的东西要消化吸收，变成我们自己的东西，也要拿出我们自己的科技成果，这就需要高等工程教育与企业结合。我不赞成高等学校搞产业。美国有些大学的校长对我说,美国是不允许大学搞产业的。美国的大学跟工业企业结合很密切,这一点倒是值得我们认真学一学。

时铭显院士认为,工科院校得国家大奖很难,得奖的都是企业;跟理科混在一块排队,工科也在后面。这些都说明评估的指标、体系、方法都有问题,太片面了,没有考虑工程技术科学的特点。当然,归根结底是一个观念问题——管理层的观念问题,社会的观念问题。要解决这个问题,需要大力宣传,转变观念。

沈士团教授说,他曾参加"神州五号"航天系统 11 个项目的评审,接触了很多北航毕业的校友,发现一线人员 100% 是 20 世纪 80 年代毕业的大学生,他们都是挑大梁的人物,解决了很多棘手的工程问题。建议工程院教育委员会立一个课题,对各行各业中 80 年代毕业的大学生的成长过程做一个调查,供现在的工程人才培养借鉴。第二个建议是从小培养娃娃们对工程的兴趣,如果我们的院士到中学去讲讲工程问题,会使孩子们一辈子都忘不了,会影响他们对理想的选择。第三个建议是由工程院搞一些竞赛。当然不是为了去抢第一,而是为本科生的工程实践训练提供一个平台。另外,他希望通过正确导向,使教师能对教学给予关注。过去做助教,如果教材三年不改,老教授的脸色就很难看了。现在不少人把这个传统丢了,教材多年不更新,长此以往,学生怎么适应知识经济时代工业发展的需要?

王浒教授认为,首先,工程教育要跟我国的整个工程技术发展联系起来。工程院应当在这方面发表意见,来影响国家的政策。第二,我国高等学校应按照各自的培养目标来分类,少数的叫综合大学;相当大一类学校开展工程技术教育。工程技术教育和工程技术人才也要分类,以适应社会和工业企业的不同需要。第三,工程院应当跟各个行业部门联合起来,建立行业协会,开展工程技术人员的职业资格认证。

朱高峰院士谈了三点意见。一、我们现在都在学习。以前学苏联,后来学美国,不管怎么学,首先应结合我们自己的实际情况来做。还有,无论学谁,都应当弄清对它是不是真正了解。美国的所谓"通才教育",是在学校打基础,实际问题等毕业后到企业去解决。但美国的大学,特别是工科大学也在努力与实践结合。MIT 就采取了很多措施,比如怎么从本科生就开始更多地与企业去结合,去搞科研。第二,关于就业教育。现在大学搞非就业教育,但大家都知道,非就业教育也是以就业为保证的教育。家长花这么多钱,宁可自己吃咸菜,也要让孩子去上大学,并不仅是为了提高孩子的素质,而是为了让他有一个更好的就业机会。不应当在高等教育中人为制造这种非此即彼的选择:要发展就不要就业。实际上,高等教育的就业问题更大。我同意王浒同志关于分类指导的意见,在工程教育系统中,可以分工程教育和技术教育,技术教育适用性更强,更偏重实际应用。不能说技术类以就业为目的,而工程类就不以就业为目的。第三,很多问题是政府导向的。现在我们都在研究怎么适应社会主义市场经济,但政府的作用不能忽视。改革本身就是政府的主动行为,很多措施都由政府去实施。所以我们的意见和建议要向政府提。

钱易院士认为,现在环境问题、资源问题对全面建设小康社会的宏伟目标已构成挑战。工程教育有责任在科学发展观的指导下解决这些问题。世界工程师大会将于 11 月 3 日到 5 日在上海召开,主题很鲜明:工程师塑造可持续的未来。我们应当意识到工程师的责任。世界工程组织联合会研究工程教育,有一个专题,叫做工程伦理学。作为一个工程师,用什么伦理道德观来指导他的业务活动,这是非常重要的。我国出现的好多问题都与工程伦理有关。怎么样盖房子才能做到经济、实用、美观、耐久?制造化学产品有毒没毒?都涉及环境伦理学和工程伦理学。建议工程院教育委员会开展活动,公众的能见度要大一点,我们有那么多资深的老教授、老院士,除了给教育部提建议、当面谈,最好能通过国际工程教育研讨会这类活动,把面扩大一点,让全社会都感受到工程院的积极影响。

教育部高教司司长张尧学认为,在国家很大、投入很小的情况下,要办好工程教育的确不易,只能在现有条件下尽可能办得更好一些。我们现在抓了几件事,第一件是教授上讲台,所有的教授都必须上台讲课,两年不讲,就要摘帽子。第二件是提倡能力培养,教育部一直抓文化素质教育,给了文化素质教育很多学分。现在我们正在考虑抓中国文化的教育,我觉得工程教育中也有中国文化的问题,不开中文课,中文的底子不好,不利于把工程问题表达清楚。第三件是试行了一些新的机制,比如示范性软件学院,实际上是新形势下工程教育的试点。这些学院全部采用新机制:国家不拨款,企业学校合办,设备由企业投入;学生两年在学期间,必须有半年以上在企业工作;按照办学成本来收费,可以不通过考试就进入工程硕士阶段的学习,能否毕业由市场决定。我们一两年评估一次,反映相当好,就业率100%,而且工资很高。

高教司高职高专处处长李志宏认为,高等职业教育这几年发展特别快,大约已占了招生数的一半。周济部长认为,高等院校的发展思路应该是以服务为宗旨,以就业为导向,走与企业发展相结合的道路。就是说,要跟职业资格证书挂钩,搞定单式培养、双师型教师、半年培训,这些措施挺见效,就业情况今年比去年提高了13个百分点。全国大概有上百所高职学校,如果大家都来关心这一块,对我们工程教育的改革发展是非常有利的。高等工程教育是工程师的摇篮。虽然高职培养的不全是工程师,而大都是技师或者高级技工,但他们也是我国工业发展迫切需要的人才。

左铁镛、汪懋华、程天民、陈先霖、王众托、庄毅、洪绂曾等委员分别就科学发展观、工程教育的规模、层次、体制、教育立法、工程训练、工程普及教育和其他重要问题发表了各自的看法。

(三)

中国工程院副秘书长白玉良在会上介绍了工程院院长徐匡迪和副院长王淀佐与教育部部长周济,副部长吴启迪会谈情况,会谈主要是商议成立工业研究院所研究生教育学术委员会以及加强工程院和教育部的合作等。

教育部领导对工程院成立工业研究院所研究生教育学术委员会表示赞成,认为这是一件有意义的事。并希望:(1)工程院学术委员会的工作范围扩大到整个工科,不仅限于工业研究院所。(2)帮助企业加强与大学的有机结合,发挥各自的长处,克服各自的不足,使其优势互补。(3)帮助试办产学研结合的试点,探索双导师、双学位的培养模式,使其成为行业的研究中心、有特色的高质量的行业院校,起到行业龙头作用。

在会谈中,周济部长和吴启迪副部长分别介绍了新一轮教育振兴计划,当前工程教育改革与发展的有关情况及教育部领导的一些思路。2004年全国高校招收新生400多万人,是1998年的4倍,与1998年相比,我国的高等教育已具有较大的规模,新一轮教育振兴计划的工作重点是要抓提高质量,要进行高等教育的结构调整。走新型工业化的道路,关健是人才问题。要加强工科,要克服用科学体系培养工科学生的弊端,解决工程教育实践环节薄弱,工科学生动手能力差等问题,提高工程教育质量。

会谈中,徐匡迪院长表示,今后要加强工程院与教育部的联系与合作,但鉴于目前工程院的力量有限,目前:(1)先把工业研究院所组织起来,成立工业研究院所研究生教育学术委员会,不扩大到整个工科范围。(2)对重点学科进行专业评估工作，要重质量，数量不宜太多，可接受教育部的委托(每年少评估几个)，组织院士专家进行评估与考察，提出评估报告，供教育部领导决策参考。徐院长最后表示：他本人在任期的后几年，想为教育多做点事。

年会上，王孙禺教授还通报了2004年国际工程教育大会筹备情况，委员们还讨论了院教育委员会2004－2005年的工作计划，会议顺利完成了议题，圆满结束。

(王振海　谢冰玉提供)

出版委员会会议纪要

2004年4月16日，刘德培主任主持召开了出版委员会会议，研究了院出版工作。

一、研究“学术专著出版”工作

刘德培主任介绍了有关“学术专著出版”工作的有关情况。去年的出版委员会会议上已经讨论过此事，大家一致同意设立“中国工程院学术专著出版专项资助”，以促进科技事业的发展。为保证被资助的出版著作的学术水平，决定成立“学术专著出版专项资助”委员会，专门管理此项工作，同时制定“中国工程院学术著作出版管理办法”，使这一工作进一步规范化、制度化。

会议决定“学术专著出版专项资助”委员会，由中国工程院和高等教育出版社的有关管理、科技和出版专家组成。

工程院方面：院出版委员会推荐3名委员和8个学部各推荐一名院士组成。出版委员会的3名委员是柳百成、石玉林和肖培根院士，柳百成院士任委员会主任，高等教育出版社社长刘志鹏委员任委员会副主任。

会议讨论通过了中国工程院学术著作出版管理办法(见附件)，并决定在《院士通讯》和中国工程院网站上刊登，欢迎欢迎每位院士提出申请。

二、关于“工程前沿研讨会”的工作

柳百成副主任介绍了“工程前沿研讨会”的关于情况。去年10月，出版委员会和机械与运载工程学部共同举办了第一次“工程前沿研讨会”，主题是“未来的制造科学与技术”，会议非常成功，专家研讨热烈，形成了共识，并且将有关观点、结论应用到“十一五”的咨询之中。

会议认为，这是一个非常好的机制和形式，决定：

1. 继续举办“工程前沿研讨会”；
2. 与学部工作局联合，共同组成工作协调班子；
3. 继续与国家自然科学基金委员会合作，安排院领导走访，与他们的新领导班子见面。

主　持:刘德培

出　席:金国藩　汪旭光　柳百成　毛二可　沈德忠　石玉林　肖培根

请　假:侯云德　李椿萱　陈毓川　张宗祜　张锦秋　梁应辰　王正国　金鉴明　郭重庆　何继善　常　平

列　席:董庆九

记　录:刘　静

二〇〇四年四月十六日

附件

中国工程院学术著作出版管理办法

为支持优秀科技学术著作出版,促进科技事业发展,繁荣科技出版事业,中国工程院和高等教育出版社商讨建立中国工程院学术著作出版专项资助。

经费来源

高等教育出版社:100 万元/年。

组织机构

由中国工程院和高等教育出版社联合组成学术著作出版专项资助委员会,设主任一人,副主任及委员若干人。委员会下设办公室,负责申请受理、组织同行专家评审等日常事务工作。

评审与管理

1. 每年 1 月 15 日至 4 月 15 日为受理申请时间。

2. 申请项目通过学术著作出版专项资助办公室初审、同行专家评议,报学术著作出版专项资助委员会批准,经出版委员会备案。

3. 实行自由、公平竞争、专家评议、择优支持的办法。

4. 资助图书安排在高等教育出版社出版。

资助范围

学术专著是指作者在某一学科领域内从事多年系统深入的研究,撰写的在理论上或在实验上有重要意义的学术著作。

申请办法

1. 资助对象为全体工程院院士,只受理第一作者是院士的个人申请。

2. 申请人可在已完成全部书稿后提出申请;或已拟就详细写作提纲并完成书稿的重点两章内容后提出申请,但必须具备在一年内完成书稿的条件,保证如期出版。

3. 申请人须填写《学术著作出版资助申请书》,连同前言、目录、参考文献及能代表该学术水平和写作水平的样章,一式4份,由申请人直接寄交资助办公室。

4. 资助办公室受理申请后,经专家评审,交由资助委员会决定是否给予资助。评审结果由资助办公室以书面方式通知申请人。申请书及材料一律不退,留存备查。如需退还样稿的,请事先说明。

5. 凡获资助的项目,均由出版社与申请人签定出版合同,并指定责任编辑保持经常联系。

注:由于本管理办法现在公布,今年受理申请时间推迟到2004年6月15日。

学术著作出版专项资助委员会名单

主　任:柳百成

副主任:刘志鹏

委　员:钟群鹏　毛二可　李振邦　朱建士　梁应晨　李泽椿　盛志勇　何继善　吴　向
王国祥　林金安　董庆九

二〇〇四年四月二十日

(刘　静提供)

咨 询 报 告

关于报送国家重大科技专项中期评估报告的函

中工发[2004]21号

科技部：

受你部委托，我院组织院士、专家完成了国家12个重大科技专项的中期评估工作。现将评估结果报送你部，供决策时参考。

附件：1．国家重大科技专项中期评估工作总结

2．国家12个重大科技专项中期咨询评估报告

中　国　工　程　院

二〇〇四年三月十二日

附件1：

国家重大科技专项中期评估工作总结

我院受科技部的委托，于2003年10月—2004年1月组织院士、专家对国家“十五”12个重大科技专项进行了中期评估。截止到2004年1月中旬，各专项评估组完成了评估工作并形成了咨询评估报告。现将此次评估工作简要总结如下。

一、明确目的、提出要求、协调管理

根据科技部的委托文件要求，此次评估主要是为了跟踪了解、客观评价“十五”重大科技专项的执行情况，为及时对重大科技专项进行调整、补充提供依据参考，以便更好地完成重大科技专项的实施目标。

为此，我院学部工作局和科技部发展规划司协商成立了由有关人员组成的联络小组，制定了“重大科技专项中期评估要求”，提出了评估专家组的组成原则，明确了评估工作的组织方式和时间安排。

为使参加评估的院士专家更好地了解此次评估工作的背景和要求，2003 年 10 月 24 日我院专门召开了评估工作启动会议，科技部马颂德副部长在会上就评估工作的目的、意义、重点及要求等进行了说明，我院沈国舫副院长也就评估工作的组织进行了安排，并向各评估组提出了具体要求，特别强调要遵循科学、客观、公正的咨询工作原则。

二、重视咨询评估工作的组织安排

我院领导非常重视重大专项的评估工作，院常务会议对此专门进行了研究和安排，并明确由沈国舫副院长负责此项工作，学部工作局具体协调组织，相关学部办公室分别组织实施。

随后，根据 12 个重大专项的研究领域，组成了 12 个咨询评估组，每个评估组由 9 – 13 位院士和专家组成，两位院士负责召集。每个项目以一个对应的学部为主，其他学部配合。其中机械与运载学部负责 1 项、信息与电子学部负责 2 项、能源与矿业学部负责 1 项、农业、轻纺与环境学部负责 5 项、医药卫生学部负责 2 项、工程管理学部负责 1 项。

为了做好每个专项评估工作的协调和服务工作，每个项目都由我院相关学部办公室和科技部有关司局的同志作为联系人，负责情况沟通以及协助评估组组织会议、安排考察等。

三、各评估专家组认真负责、客观评估

根据评估工作的整体安排，各评估专家组在启动会议后，即开始组织实施，分别拟定评估方案、认真研读各项目的中期自查报告，查阅项目相关资料，听取部分项目或课题的汇报，组织到部分课题承担单位进行实地考察和调研，召开评估会议等各项工作。在评估工作中院士专家们认真负责、实事求是，使评估工作基本按计划和要求完成了任务。评估工作主要体现以下三个特点：

一是时间紧，任务重。评估工作恰逢我院第二轮院士增选评审会议召开前后，有些院士还承担科技部国家中长期科技规划的研究工作，又临近年底，院士专家工作都非常繁忙。12 个专项的承担单位非常多，而且分散在全国各地，评估组要做大量的实地考察和调研工作，需要汇总大量信息和意见。据统计，评估期间共组织召开评估会议 42 次，深入项目或课题承担单位实地调研和考察 70 余次。

二是评估专家组层次高，责任心强。12 个评估组的组长全部由院士担任，评估组成员由相关领域的院士和专家组成。据统计，直接或间接参加本次评估活动的院士有 63 人，教授、研究员 80 人左右。评估专家组本着对国家科技工作高度负责的态度，不辞辛苦，甚至加班加点。有的院士专家为此多次往返于北京和工作所在地之间，为节省时间朝至夕归，表现出强烈的责任心和敬业精神。

三是评估专家组恪尽职守，公平公正。根据科技部提出的评估要求，各评估组较好地体现了公正客观、独立评估的要求。各评估组在认真研究分析各专项自查报告的基础上，选择部分课题承担单位开展调研，对照立项任务书的要求，对专项实施以来所取得的进展、成果和效果进行了认真的考察调研，在充分肯定已取得成绩的同时，也注意了解专项实施中存在的问题，并在评估报告中提出相应的意见和建议。比如，“奶业专项”覆盖全国 20 个省、市、自治区，共有 76 家大专院校、科研

院所、技术推广站(中心)和乳品加工企业参与实施。评估组除对有关文字资料、总结报告等材料进行消化分析之外,又赴22个课题承担单位进行了实地考察。听取了6个共性课题,5个主持单位和13个技术集成与示范课题的10个主持单位项目执行情况的介绍(含书面材料),并进行了面对面的交流。“创新药物和中药现代化”评估组,听取了项目150多个课题的汇报,对各课题的情况进行了充分的了解。所有这些都为评估报告的客观、实事求是奠定了良好的基础。

四、主要问题与建议

本次咨询评估工作是我院受科技部委托,首次对国家重大科技项目进行中期评估,为总结经验,2004年2月19日,负责此项工作的沈国舫副院长主持召开了有12个评估专家组长参加的总结会议。2月21日学部工作局各学部办公室的同志也从工作层面对评估工作进行了总结。各评估组一致认为,国家重大科技专项的设立,符合我国经济社会发展的客观要求和实际需要,选题准确,目标明确;专项的组织实施和管理也引入了一些新的模式,进行了有益的探索和创新;专项注意发挥市场机制在科技资源配置方面的基础性作用,调动了各方面的资源和积极性;委托第三方对项目进行独立评估也是一种积极的方式。在总结讨论中,院士和工作人员还针对专项组织实施和管理中存在的共性问题,提出了一些建议,归纳起来主要有以下几点。

(1) 鉴于部分项目不同程度地存在目标不够集中,立项时论证不够充分,承担单位的基础条件和代表性不够等问题。建议应进一步重视立项时的论证工作,完善项目招投标制度,必要时可委托第三方进行论证。

(2) 要加强项目实施的过程管理。目前实行的项目总体专家组制度,在项目的实施过程中起到了一定的督察作用,但力度明显不够。应及时组织力量研究解决课题过程管理薄弱的问题,本着客观公正的原则,密切跟踪,及时检查和指导,发现问题及时采取措施,严格实行优胜劣汰机制。

(3) 作为国家科技重大专项,有些课题在实施中对技术创新重视不够、工程示范也仅强调现有技术的集成,缺乏新技术的开发与应用。在项目的设计上,技术创新与工程示范也缺乏有机的衔接。对一些引入业主制的项目或课题,这个问题更显突出,需要进一步研究改进。

(4) 对科技重大项目引入第三方进行评估,是一种积极有效的管理方式。建议总结此次中期咨询评估工作的经验,完善有关程序和办法,并使之制度化。同时建议引入监理机制,对重大科技项目的实施进行全过程监理。如需要,中国工程院可以为此继续做出自己的贡献。

(5) 此次评估工作时间比较紧张,各项目提供的基础材料和自查报告也存在不够准确、全面、客观等问题,所以使评估工作的质量受到一定程度的影响。希望今后在这些方面能有所改进和提高。

附件2:国家12个重大科技专项中期咨询评估报告(略)

关于呈报《三峡库区水环境安全保障机制及水质控制对策研究》咨询报告的报告

中工发[2004]22号

国务院：

三峡工程建成蓄水后，其防洪、发电、航运的功能初步实现。但是，随着三峡水库的蓄水和库区经济的进一步发展，三峡库区的水环境安全问题也日益突出，在三峡工程实现其经济效益和社会效益的同时，库区的水环境存在着逐渐恶化的风险，若解决不好，将会影响三峡工程正常功能的实现和三峡库区的可持续发展。中国工程院于2001年初开展《三峡库区水环境安全保障机制及水质控制对策研究》咨询项目研究。咨询项目由刘鸿亮院士及相关部门、大专院校、科研院所等单位的6位院士和10位专家组成，历时三年，经过现场调研和3次课题研讨会、2次专家鉴定会，形成了咨询报告。现简要报告如下。

一、水环境和生态环境现状

三峡库区坡耕地多，其中坡度在15°以上的坡耕地约占耕地的75%。山高坡陡、植被稀疏、降雨集中造成水土流失，加之人地矛盾尖锐，陡坡垦殖、过度采伐和毁林开荒等导致水土流失加剧；次级河流污染严重，2002年水质评价表明，在监测的169个断面中，不满足水域功能要求的断面有93个，占监测断面数的55%，部分河流出现Ⅴ类及劣Ⅴ类水质断面；面源污染加剧，三峡库区农村面源污染相当严重，库区的19个县，194个乡镇化肥施用总量13.37万吨（纯量），其中氮肥9.24万吨，磷肥2.82万吨，平均每公顷施用量567公斤；消落带问题突出，在三峡水库两岸，1年内将形成垂直落差30米左右的水位消落带，横贯全库区，水库两岸消落带面积达437和446平方公里。蓄积或沉淀于消落带的污染物质，在低水位夏季暴雨径流和第二年高水位溶解作用下可进入水库，影响库区水质。

二、三峡库区水污染预测

党的十六大确立了我国全面建设小康社会的战略目标，主要处于重庆市的三峡库区又是西部大开发的重点地区。随着三峡库区社会、经济的发展以及库区移民的大量安置，若不采取强有力的污染综合防治措施，工业废水和生活污水的排放量将大量增加；水土流失和农业面源污染将进一步加剧；库区的水环境和生态环境将进一步恶化。三峡水库蓄水后，水库的水文条件发生了很大的变化，在相同流量情况下，自库尾至坝前流速逐渐减缓，在水库常年回水期内，枯水期水库高水位运行时，流速一般不超过0.1～0.5m/s，汛期低水位运行时，库内流速随着流量的增大而增大，但坝前流速一般在0.5m/s以下。

在库区干流江段，三峡水库水流速度的减小，导致水体稀释自净能力降低。与成库前相比，库区大城市江段水质呈恶化趋势，其中，NH_3-N和TP恶化趋势明显。

在大的城市排污口附近，随着水库水位的抬高，部分城市排污口混合区面积增加的百分数可达75%，在同样混合区水质控制目标下，库区水环境容量随库区水位抬高而呈减小的趋势。

在库区次级河流汇流口处，受水库回水顶托的影响，水质污染也将进一步加重。尤其是农业面源污染物NH_3-N和TP经由次级河流进入水库，造成次级河流汇流口处NH_3-N和TP浓度普遍偏高，部分次级河流存在富营养化的风险。局部水质的恶化将导致整个库区的水质恶化，后果极为严重。

三、对策与建议

为保证和改善三峡库区的生态环境质量，实现三峡库区的可持续发展，应抓紧成立专门的管理机构，制定相关的法律法规并加紧三峡库区的污染治理工作，以满足三峡库区可持续发展的需要。为此，提出如下对策建议：

1. 成立三峡库区环境管理委员会

三峡库区的水质不仅受库区内各污染源的影响，同时也受四川、贵州上游来水的影响，因此，库区的水环境保护是一个跨区域的、复杂的系统工程，必须从全流域的角度进行统一管理、统一调度。为此，建议尽快成立三峡库区环境管理委员会，协调和解决三峡库区和省际断面出现的水质污染、水质纠纷；保证有关三峡库区水环境管理的法律、法规及环保措施的落实；监督库区环保措施运行情况等，以解决多部门管理带来的“职责不清、权限不明”等问题。

2. 完善三峡库区水环境安全法规体系

为更好地保护三峡库区的水环境，有效地控制水污染事故的发生，必须加强环境法制建设，在库区形成良好的法制环境，逐步把水环境治理纳入法制化的轨道，从而推动库区的水污染防治和生态保护建设的顺利实施。针对三峡库区的实际情况和环境保护的特点，建议授权国家环保总局会同三峡建设总公司、水利部、重庆市，尽快组织制定《三峡库区水环境安全管理规定》、《三峡库区水环境功能区划分及水质管理目标方案》、《三峡库区水质评价标准》等法规体系和标准。

3. 健全环保资金筹措保障机制

为避免三峡库区环保设施“建得起，运行不起”的现象发生，必须通过财政专项资金、发行债券和改革排污收费使用方法等方式拓宽资金渠道，规范资金运作。参照国际先进经验并结合我国实际情况，三峡库区污水处理厂和垃圾处理场的运行管理，应鼓励大型企业和专业技术公司参与投资，通过招标竞争，确定参与企业，积极推动库区污染防治设施运营向企业化、专业化的方向发展。为保证污水处理厂和垃圾处理场的连续安全运行和投资企业的资金回收，在三峡库区建设污水处理厂和垃圾处理场的城市应参照其他城市与国家有关规定，以及处理成本、规定收费制度和标准，向企业、家庭和居民征收排污费，用于补偿环保设施的建设运行费用。

4. 积极推行清洁生产，大力发展生态农业

工业结构和布局不合理是造成水环境污染的主要原因之一。三峡库区应结合移民工程建设和国民经济发展，加快库区工业结构的调整，加快发展资源、能源消耗少、污染物排放量低的工业，推

行清洁生产。严格建设项目环境管理,做到增产减污;结合农业产业结构调整和西部大开发,加快高效生态农业的建设。在三峡库区及其上游大力发展生态农业、有机农业,积极发展有机食品和绿色食品。同时,推广高效、低毒和低残留化学农药,提高农药利用率,科学施用化肥,减少氮、磷、钾肥施用量,控制面源污染。

特此报告,并将《三峡库区水环境安全保障机制及水质控制对策研究》咨询报告呈上,供决策参考。

附件:《三峡库区水环境安全保障机制及水质控制对策研究》咨询报告(摘要)

中 国 工 程 院

二〇〇四年三月十六日

附件:

《三峡库区水环境安全保障机制及水质控制对策研究》咨询报告(摘要)

三峡水库蓄水后,长江三峡库区江段的水文情势、水质状况将会发生很大的变化,特别是随着库区经济的发展,污染物排放量有进一步增加的趋势,将对库区水环境产生很大的影响。因此,如何保证三峡水库建成后能最大限度地发挥其社会、经济及环境效益、实现三峡库区的可持续发展,确保三峡库区的水环境安全,成为急待解决的重大问题。为给三峡库区的管理与发展提供决策依据,本课题搜集了大量有关三峡库区的社会、经济及环境方面的基础资料,对三峡库区未来污染物的排放状况进行了预测,并在此基础上,采用二维随机水质模型对三峡水库建成后的水质状况进行了预测与评价研究,提出了三峡库区水环境安全的保障机制及水质控制对策。

本报告分为三个部分,重点论述了三峡库区社会与经济发展过程中存在的问题、水库建成后的水质变化趋势和库区水质控制对策。

一、三峡库区背景情况概述

(1) 社会与经济概况

三峡库区总人口 1 962.12 万人,其中,农业人口 1 438.93 万人,非农业人口 523.19 万人,非农业人口占总人口的比重为 26.7%。

据统计,2002 年,重庆市三峡库区的人均 GDP 仅为 4 262 元,相当于全国人均水平的 53.5%,西部平均水平的 77.3%。库区多数区县以传统农业经济为主,农业人口多,所占比重大,“三农”问题突出。城镇化进程严重滞后,城镇化水平仅为 25%,城镇居民人均可支配收入仅为全国的

84.5%。

(2) 生态环境状况

目前,三峡库区已成为长江上游重点水土流失地区。水土流失面积达到了40 134.9km^2,占幅员面积的65.6%,其中中度以上流失面积32 263 km^2,占流失面积的80.4%,占幅员面积的52.7%。从总体上看,虽然点上治理取得一定成效,但面上破坏加剧,工程治理速度落后于水土流失的扩展速度。

在三峡库区,水土流失的结果导致肥沃的表层土壤被侵蚀,土层变薄,土壤养分贫乏,土地肥力下降。土壤酸化是引起土地退化的重要原因,据初步调查,土壤酸化面积逐年扩展。三峡库区是全国酸雨最严重的地区之一,酸沉降加速土壤酸化作用,造成土壤盐基淋失、缓冲性能下降,土壤自调能力减弱导致肥力下降。

二、三峡水库建成后水质预测与评价研究

三峡水库建成后的水质问题一直是社会各界关注的焦点,在以往的水质预测中,应用得最多的是确定性水质模型,本课题组在对确定性、一维不确定性水质模型进行研究的基础上,大胆突破创新,提出了基于有限单元法的复杂河流二维随机水质预测模型,运用 Monte Carlo 法抽样计算得到了三峡水库建成后水质的概率分布,为三峡库区的管理与发展提供了较为全面、丰富的信息。应用二维随机水质模型,对三峡水库整体水质变化状况进行预测,在国内尚属首次。在水质预测结果的基础上,应用模糊概率评价方法对水库建成后的水质进行了评价。

(1) 污染物排放量预测

由于库区的污染物排放情况复杂,长江上游的入库背景浓度变化受库区上游的人口、经济发展水平、工农业结构调整力度、环保政策、污染物治理水平等多种因素影响,准确地对各种污染源排放的污染物进行预测有较大的难度。为了较为科学地预测未来库区污染源的排放状况和上游来水的背景浓度,分三种水平,即高、中、低三种水平,开展了污染负荷和入库背景浓度的预测。

(2) 水文组合状况的确定

在一般的水质预测中,一般要求对不同水期(枯、平、丰)的水质变化分别做出预测,以期能全面地把握不同水期的水文条件、污染物排放对河流水质的影响。在本报告中,考虑到三峡水库在不同水期运行的特殊性,确定的水文组合状况有以下三种:

- 7Q10 设计入库流量 + 三斗坪运行水位 175m
- 枯水年平水期 + 三斗坪运行水位 145m
- 丰水年丰水期 + 防洪限制水位 145m

(3) 水质预测指标

库区水质监测的情况表明,影响库区水质的主要污染物有 BOD_5、COD_{cr}、NH_3-N、TP 四种。在水质模拟的预测中,为了较好地反映主要污染物对水质的影响,本课题选取以上四种污染物作为水质预测的指标。

(4) 预测与评价结果

污染物高负荷排放时,大城市局部污水排放口处污染物浓度较高,超标概率大。建议加强对直排长江的城市污水和工业废水进行集中处理,废水排放口的位置应进行系统优化,合理设置。在重庆主城区等大城市断面,污染物高负荷排放时,与成库前相比,建库后 TP 和 NH_3-N 恶化的趋势较

为明显，COD_{cr}和 BOD_5 也呈现出变差的趋势，但不明显。在坝前，无论是污染物的高、中、还是低负荷排放，污染物的浓度都急剧下降，此时的坝前水质要比成库前水质好。

预测结果表明，由于农业面源污染物经由次级河流输入的 NH_3-N 和 TP 负荷较高，使得 NH_3-N 和 TP 的岸边浓度普遍高于中心浓度。由于 TP 是富营养化的营养因子，在流速较为缓慢的次级河流河口和库湾处，存在富营养化发生的可能性。

三、三峡库区水质控制对策研究

三峡库区的农业面源、工业污染源和城市生活污水的大量排放是导致库区局部水质恶化的主要原因。鉴于此，本报告从技术和管理的角度提出了三峡库区水质控制的主要措施及对策。

（1）严格控制人口增长

控制库区人口增长是缓解资源与环境压力，促进三峡库区可持续发展的根本途径之一。根据计算，三峡成库后，重庆市的土地资源在现实生产力水平下，只能以生存消费标准承载现有人口，但要达到温饱和富裕水平将出现较大的人口超载。因此，认识到三峡库区土地资源承载力的有限性，严格控制人口增长，改善区域生态环境，提高生态环境承载力，适当增加外迁移民的数量，对三峡库区的生态环境和水环境保护是十分重要和迫切的。

（2）成立三峡库区环境管理委员会

三峡库区的水质不仅受库区内各污染源的影响，同时也受四川、贵州上游来水的影响，因此，库区的水环境保护是一个跨区域的、复杂的系统工程，必须从全流域的角度进行统一管理、统一调度，为保证三峡库区水环境质量，必须加强流域水环境管理，确定上游来水水质要求，并加强省际监测断面的环境监测工作。为此，建议尽快成立三峡库区环境管理委员会，协调和解决三峡库区和省际断面出现的水质污染、水质纠纷；保证有关三峡库区水环境管理的法律、法规及环保措施的落实；监督库区环保措施运行情况等，以解决多部门管理带来的“职责不清、权限不明”等问题。

（3）大力治理农业面源污染

由水质预测的结果，并结合成库前后部分断面水质变化趋势的对比来看，TP 和 NH_3-N 成库后恶化的趋势比较明显。其中，在污染源排放负荷的统计中，TP 主要来自于农业面源污染，NH_3-N 主要来自于城市生活污水和农业面源。由于农业面源大部分都是经次级河流进入水库的，因此，必须加强次级河流流域的农业面源污染控制，在农业面源污染物的治理中，应以 TP 的控制为主。

（4）实施污染物排放总量控制

三峡水库污染物的来源是多方面的，包括工业废水、生活污水、生活垃圾、工业废渣、农业污染、水产养殖、船舶排放等，只有实施污染物排放总量控制，才能有效地保护三峡库区的水环境安全。污染物总量控制指标应分解下达给各县、市和排污企业，各县、市再将指标分解到下一层次，结合排污许可证制度的实施，将总量控制指标最终分解落实到排污单位，并建立相应的重点污染源排放实时监控手段，确保总量控制指标的落实。

（5）加强消落带问题研究

三峡水库建成后，1 年内将形成垂直落差 30 米左右的水位消落带，横贯全库区，水库两岸消落带面积达 437 和 446 平方公里。消落带是三峡水库建成后出现的一个新的环境问题，目前，针对三峡水库消落带问题研究甚少，尚无专题性研究报告，建议对消落带的环境生态特征及环境功能定位进行深入的调查研究。

《三峡库区水环境安全保障机制及水质控制对策研究》咨询项目组成员

刘鸿亮　中国工程院院士，中国环境科学研究院
金鉴明　中国工程院院士，国家环境保护总局
魏复盛　中国工程院院士，国家环境监测总站
张　懿　中国工程院院士，中国科学院过程工程研究所
李圭白　中国工程院院士，哈尔滨工业大学
张　杰　中国工程院院士，建设部东北市政设计研究院
孟　伟　中国环境科学研究院院长、研究员
舒俭民　中国环境科学研究院环境评价中心主任、研究员
赫英臣　邯郸煤矿学院教授
张永珍　中国环境科学研究院研究员
曾光明　湖南大学环境科学与工程系主任、教授
杨志峰　北京师范大学环境科学研究所所长、教授
周思毅　国家环境保护总局
周　维　国务院三峡建设委员会移民局高级工程师
席北斗　中国环境科学研究院副研究员
许其功　中国环境科学研究院工程师

附：《三峡库区水环境安全保障机制及水质控制对策研究》咨询报告（略）

关于呈报《废旧机电产品资源化》咨询研究报告的报告

中工发［2004］23 号

国务院：

近几年来，全球每年至少有 2 600 万辆汽车报废，已废弃的电脑超过 6 亿台以上。当前我国以

汽车、家电、计算机为主的机电产品报废数量惊人:2000 年达到报废标准的汽车 210 万辆。预测到 2010 年前,年均汽车报废量将在 200 万辆以上;自 2003 年家电已逐步进入更新高峰期,电冰箱报废量年均达 400 万台以上,洗衣机、电视机报废量年均各在 500 万台以上;由于电脑的更新速度更快,预计今后年均淘汰量将在 500 万台以上。

随着我国经济快速持续发展,人们消费水平提高,产品更新换代频率加快,一方面造成了自然资源的日益匮乏,另一方面造成了机电产品年报废量的激增。如果废旧机电产品不能及时进行有效利用和处理,将成为"社会公害"之一。废旧机电产品资源化包括再利用、再制造、再循环几个方面,不仅节约大量矿产、能源等资源,有显著经济效益,环保作用突出;而且新兴的再制造产业将增加上百万的就业岗位。

根据党的十六大提出走新型工业化道路的要求,废旧机电产品资源化的工作急需跟上,为此中国工程院 2002 年立项开展了《废旧机电产品资源化》研究工作,项目组由 14 家单位参加。在近一年半的工作中,调研了 16 家企事业单位,查阅文献资料 400 余篇,书面征询了 53 位专家的意见,召开座谈会 6 次。2003 年 11 月完成研究总报告讨论稿,12 月经 29 位院士咨询评议后形成了研究总报告。

研究总报告分六个部分,在综述国内外废旧机电产品资源化现状的基础上,分析了我国实施废旧机电产品资源化的紧迫性和重要意义,以案例剖析的数据阐明了其基本途径,探讨了相关基础理论及关键技术,提出了在 2020 年前我国的发展目标和建议。主要建议是:

1. 加强宣传,提高认识

建议实施"全民节约资源工程(类似于'希望工程'等)",以此加强对企业、公众的环境警示教育,增强企业和公众参与节约资源的主动性、积极性,科学引导公众使用再生产品,推动各项节约资源措施的落实。

2. 健全法律体系,坚持法制管理

逐步建立起具有中国特色的废旧机电产品资源化的法律体系;出台《资源综合利用法》、《再生资源回收管理办法》等方面的基本法规以及相关的废旧汽车、电子电器、农用拖拉机等产品资源化的单项法规;确立"制造商责任制";建立资源化企业认证制度和绿色机电产品认证体系;制定相应的奖惩措施。

3. 完善逆向物流,促进产业发展

以循环经济为指导思想,按照"规模化回收、科学化分类、专业化处理、无害化利用"的思路开展废旧机电产品的回收与利用,建立管理科学、运转协调的逆向物流体系;以各级政府的公共财政专项资金带动企业和民间资金尽快投资废旧机电产品资源化领域,推动其产业化发展;建立机电产品制造、使用、回收、再制造、再使用的闭环物流链,形成集社会、经济、环保效益为一体并具有现代化水平的新型资源化产业群。建议选择经济比较发达、基础条件较好、废旧机电产品保有量相对大的城市,先行开展废旧电子电器产品、废旧汽车的回收利用和再制造示范企业试点。

4. 以项目为牵引,带动技术开发和人才培养

以废旧机电产品资源化工程项目为基础,设立专门的研究基金,支持科研院所及机电产品制造商联合开展其基础理论和关键技术的研究开发,加强对过时产品的再制造升级改造;不断加强国际交流与合作,引进并消化吸收国外先进技术、设备和管理经验,完善我国废旧机电产品再制造、再循环技术和管理体系;培养我国资源化工程开发/研究与设计/制造队伍以及不同层次的技术专业人

才，并重视对在职工程技术人员进行节约自然资源、开发第二资源方面的继续教育。

附件：《废旧机电产品资源化》咨询研究总报告（摘要）

中　国　工　程　院

二〇〇四年三月十六日

附件：

《废旧机电产品资源化》咨询研究总报告（摘要）

废旧机电产品资源化是以废旧机电产品为对象，通过现代技术与工艺加工，在规范的市场运作下，最大限度地开发利用其中蕴含的材料、能源及经济附加值等财富，使其成为有较高品位可以使用的资源，以达到节能、节材、保护环境等目的，从而推动社会的可持续发展。机电产品主要指机械、电子电器类产品，如汽车、家电、计算机、机床、农用拖拉机、移动通讯设备、复印机、医疗器械等，其成分主要是金属、塑料、玻璃、橡胶等。

近几年来，全球每年至少有 2 600 万辆汽车报废，已废弃的电脑超过 6 亿台以上。当前我国以汽车、家电、计算机为主的机电产品报废数量惊人：

• 2000 年达到报废标准的汽车 210 万辆。预测到 2010 年前，年均汽车报废量将在 200 万辆以上。

• 自 2003 年家电已逐步进入更新高峰期，电冰箱报废量年均达 400 万台以上，洗衣机、电视机报废量年均各在 500 万台以上。

• 由于电脑的更新速度更快，预计今后年均淘汰量将在 500 万台以上。

随着我国经济快速持续发展，人们消费水平提高，产品更新换代频率加快，一方面造成了自然资源的日益匮乏，另一方面造成了机电产品年报废量的激增。如果废旧机电产品不能及时进行有效利用和处理，将成为“社会公害”之一。

根据党十六大提出走新型工业化道路的要求，废旧机电产品资源化的工作急需跟上，为此中国工程院 2002 年立项开展了《废旧机电产品资源化》研究工作，项目组由 14 家单位参加。在近一年半的工作中，调研了 16 家企事业单位，查阅文献资料 400 余篇，书面征询了 53 位专家的意见，召开座谈会 6 次。2003 年 11 月完成研究总报告讨论稿，12 月经 29 位院士咨询评议后形成了总报告。本项研究工作还得到了国家自然科学基金委员会和装备再制造技术国防科技重点实验室的资助。

研究总报告在综述国内外废旧机电产品资源化现状的基础上，分析了我国实施废旧机电产品资源化的紧迫性和重要意义，以案例剖析的数据阐明了其基本途径，探讨了相关基础理论及关键技术，提出了在 2020 年前我国的发展目标和建议。现将研究总报告摘要如下：

一、废旧机电产品带来的问题

威胁人类健康:废旧机电产品与普通固体垃圾不同,含有对人体有害的化学物质,如:电脑和手机元器件中含有铅、砷、汞等300多种有害物质,如果处置不当,这些有害物质可能通过呼吸、食物链甚至皮肤等进入人体,严重影响人们的身体健康。

污染自然环境:由于缺少有效处理废旧机电产品的办法,当前多是混同于一般生活垃圾填埋或直接暴露于环境中风吹日晒,进而造成空气、土壤和水质的严重污染,构成了对生态环境的负面影响。

占用大量土地:废旧机电产品的随意堆置,不但破坏了环境的美观,还侵占了大量土地。我国1993年固体废弃物 2×10^9 吨中,95%堆放,占地约 $500km^2$。

构成安全隐患:因我国缺乏二手产品质量检测标准和有效的控制措施,使一些本应报废的机电产品大量从经济发达地区流向不发达地区继续使用,不但造成了能源过度浪费、噪声干扰、环境污染等问题,而且很容易引发直接危及人身安全的触电、火灾、车祸等事故。

二、废旧机电产品资源化具有重要意义

1. 资源潜力巨大

项目组对斯太尔旧发动机剖析的结果表明,占总机重量94.5%的零件都可以再利用或再制造。这充分说明了对废旧机电产品进行资源化可减少原生资源的开采,减轻我国人均资源匮乏的压力,满足经济可持续发展的需要。每年全世界仅再制造业节省的材料就达到1 400万吨,节省的能源相当于8个中等规模核电厂的年发电量。

2. 经济效益显著

1996年美国再制造涉及的8个工业领域中,专业化再制造公司超过73 000个,生产46种主要再制造产品,年销售额超过530亿美元(接近1996年美国钢铁产业的年销售额560亿美元),其中汽车再制造是最大的再制造领域,公司总数为50 538个,年销售总额365亿美元,占68%。

资料表明,美国2002年资源化产业的年产值为GDP的1.6%。我国2020年GDP预计达到4万亿美元,如果以美国2002年资源化的水平作为我国2020年的目标,则资源化产业年产值将达到640亿美元。

3. 环保作用突出

废旧机电产品资源化可以减少原始矿藏开采提炼以及新产品制造过程中造成的环境污染;能够极大地节约能源,减少温室气体排放。美国环境保护局估计,如果美国汽车回收业的成果能被充分利用,对大气污染水平将比目前降低85%,水污染处理量将比目前减少76%。

4. 缓解就业压力

美国的再制造业规划到2005年安排就业100万人,对应的资源化产业安排就业214万人,我国2020年如达到美国2005年水平,则至少可安排就业200万人以上。

美国一项研究结果表明,再制造、再循环产业每产生100个工作岗位,则原生矿采集业和固体废弃物安全处理业中估计要失去13个工作岗位。二者相比,再制造、再循环产业创造的就业机会远大于其减少的原生矿采集业的就业机会。实施废旧机电产品资源化,可开辟废旧设备回收、拆卸、清洗、评估、分类、修复、装配等工作岗位,兴起一批新兴产业,解决大量就业问题。

5. 提升机电产品国际竞争力

发达国家相继立法支持废旧机电产品资源化，强化了对进口机电产品废弃时的资源回收利用评价。如果我国企业能积极开展面向资源化回收的产品设计，就可以避开这些国家的贸易壁垒。同时，还可对进入中国市场的外国机电产品，实施严格的资源回收利用评估。

三、废旧机电产品资源化的基本途径和关键技术

废旧机电产品资源化的基本途径包括再利用、再制造和再循环，美国简称为3R(Reuse、Remanufacture、Recycle)，其中再利用和再制造是废旧机电产品资源化的最佳形式和首选途径，虽然再循环也有资源、环境效益，但它是当前技术水平达不到或经济上不合算条件下不得已举措。废旧机电产品资源化的目标是通过采用先进技术和严格管理，使再利用、再制造的部分最大化，使再循环的部分最小化，使通过填埋等措施安全处理的部分趋零化，最大限度地提取废旧机电产品中所蕴含的财富。废旧机电产品资源化在机电产品全寿命周期中的位置如下图所示。

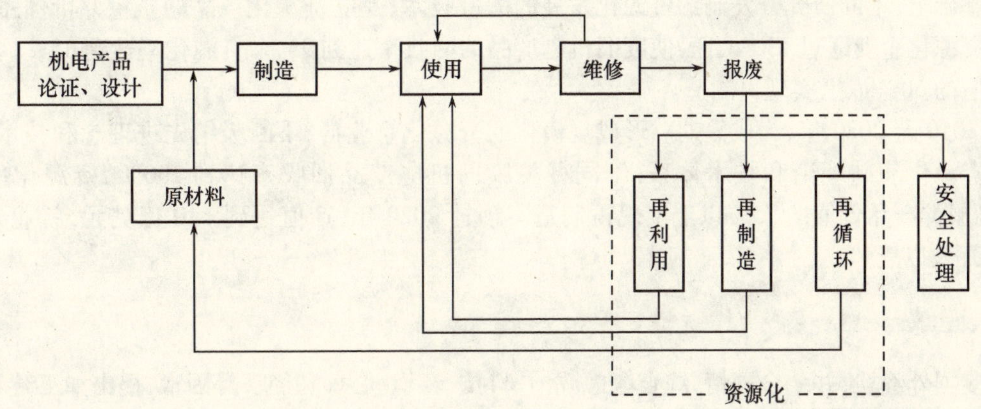

废旧机电产品资源化以相关的生态、经济、评价、工程与工艺、管理等理论为基础，其关键技术包括：

1. 共性技术。如产品的再制造性和再循环性设计、二次服役产品的剩余寿命评估、产品全寿命周期费效分析及逆向物流管理等。

2. 再制造技术。如微纳米表面工程、产品再制造信息化升级、质量自动控制、先进材料成形与制备一体化、虚拟再制造、先进无损检测、再制造快速成形技术等。

3. 再循环技术。如材料自动检测分类、产品粉碎及粒化、材料物理及化学分选、循环产品的再利用等。

尽管以上理论与技术都急需开展研究，但通过对现有的成熟理论技术进行综合创新，即可取得明显成效。

四、国内外废旧机电产品资源化的发展

发达国家在废旧机电产品资源化方面开展工作较早，其成功经验主要是：管理途径法制化、回收措施系统化、回收处理责任化、处理形式产业化、资源回收最大化、处理技术高新化。

我国政府对废旧物资的再生利用非常重视，20世纪80代提出了废弃物处理的“资源化、减量

化、无害化”政策,90年代提出了可持续发展战略,党的十六大又提出了要走新型工业化道路。当前我们存在的主要问题是:旧品回收的逆向物流不健全;资源化技术手段落后;注重回炉再循环,对再利用和再制造重视不够,资源化水平低;产业化程度不高等。其根源是政策法规不完善,责任制和付费机制未建立,技术开发和理论研究滞后,企业和公众认识不足,参与意识不强。

五、废旧机电产品资源化的发展前景及目标

为缩短我国与发达国家的差距,参考其先进经验,提出如下发展目标:

1. 至2005年,为培育期。通过广泛宣传和政府指导,引起企业、公众等对废旧机电产品的高度重视;开展示范企业试点,建立资源化企业认证制度和不同种类机电产品报废标准;出台《资源综合利用基本法》、《再生资源回收管理办法》等基本法规,并出台典型机电产品资源化的单项法规,如汽车、家电等。

2. 2005至2010年,为成长期。建立具有我国特色和较为完善的资源化法律体系;在整合现有技术的基础上,不断研究开发制约资源化发展的关键技术;建立资源化产品的质量评价体系,推动大部分资源化企业通过ISO认证,使废旧机电产品的回收率达到95%,资源化率达到85%,机械类产品价值的60%以上实现再制造。

3. 2010至2020年,为成熟期。形成规模化的资源化企业群;不断吸纳先进理念和技术,形成完备的资源化基础理论和技术体系;不同种类废旧机电产品回收率达到100%,资源化率达到95%,机械类产品价值的75%以上实现再制造。预计2020年,产值达到640亿美元,就业人数达到200万人以上。

六、建议

借鉴国外经验,并结合国情,综合考虑政治、科技、环境、心理和经济等因素,提出如下建议:

1. 加强宣传,提高认识

建议实施“全民节约资源工程(类似于‘希望工程’等)”,以此加强对企业、公众的环境警示教育,增强企业和公众参与节约资源的主动性、积极性,科学引导公众使用再生产品,推动各项节约资源措施的落实。

2. 健全法律体系,坚持法制管理

逐步建立起具有中国特色的废旧机电产品资源化的法律体系;出台《资源综合利用法》、《再生资源回收管理办法》等方面的基本法规以及相关的废旧汽车、电子电器、农用拖拉机等产品资源化的单项法规。确立“制造商责任制”;建立资源化企业认证制度和绿色机电产品认证体系;制定相应的奖惩措施。

3. 完善逆向物流,促进产业发展

以循环经济为指导思想,按照“规模化回收、科学化分类、专业化处理、无害化利用”的思路开展废旧机电产品的回收与利用,建立管理科学、运转协调的逆向物流体系;以各级政府的公共财政专项资金带动企业和民间资金尽快投资废旧机电产品资源化领域,推动其产业化发展;建立机电产品制造、使用、回收、再制造、再使用的闭环物流链,形成集社会、经济、环保效益为一体并具有现代化水平的新型资源化产业群。建议选择经济比较发达、基础条件较好、废旧机电产品保有量相对大的城市,先行开展废旧电子电器产品、废旧汽车的回收利用和再制造示范企业试点。

4. 以项目为牵引，带动技术开发和人才培养

以废旧机电产品资源化工程项目为基础，设立专门的研究基金，支持科研院所及机电产品制造商联合开展其基础理论和关键技术的研究开发，加强对过时产品的再制造升级改造；不断加强国际交流与合作，引进并消化吸收国外先进技术、设备和管理经验，完善我国废旧机电产品再制造、再循环技术和管理体系；培养我国资源化工程开发/研究与设计/制造队伍以及不同层次的技术专业人才，并重视对在职工程技术人员进行节约自然资源、开发第二资源方面的继续教育。

附件：中国工程院《废旧机电产品资源化》咨询研究总报告（略）

关于呈报《反爆炸、生物、化学、核与辐射恐怖活动的科学技术问题和对策研究》咨询研究报告的报告

中工发[2004]35号

国务院：

党中央、国务院高度重视反恐怖工作。为了从科学技术的角度支持国家的反恐斗争，中国工程院开设了“反爆炸、生物、化学、核与辐射恐怖活动的科学技术问题和对策研究”的咨询课题，其目的在于提高国家和公众利用科学技术防范和处置恐怖活动的能力。

本课题下设反爆炸恐怖研究专题组、反生物恐怖研究专题组、反化学恐怖研究专题组、反核与辐射恐怖研究专题组和国家反恐体系及反恐对策研究专题组，对四种形式（爆炸、生物、化学和核与辐射）的恐怖活动进行了研究，在此基础上，提出了相应的对策建议。有16位院士和70多位专家参加课题研究，在一年多的时间里，调研和查阅了大量的文献资料，召开了几十次不同规模的研讨会，广泛听取了同行专家意见，征求了公安部、国防科工委等政府职能部门意见，经归纳、提炼、整理，形成了研究总报告。

总报告内容分四部分：几类恐怖活动对我国安全的威胁；国外反恐现状和分析；我国反恐工作的现状和存在的问题；从科学技术有关方面加强我国反恐工作的建议。七条建议如下：

一、加强反恐科学研究

在国家的各类研究和发展计划中应继续开辟专门的领域，划拨必要的经费，使反恐研发的重点领域得到支持。重点开展相关重大基础和关键技术研究，特别是防范和处置各类恐怖活动的技术手段的研究。

二、强化反恐培训和演习

防范恐怖袭击的培训工作要做到专业培训与普及教育相集合，提高责任部门和民众的防范意识，提高应急专业队伍应急反应能力与技术能力。必要时组织专项专题或应急处置的演练，开发社会和心理后果相适应的课程，用来加强灾难精神健康的培训。

三、强化反恐怖信息情报的收集与反馈

强化反恐怖信息情报的收集与反馈，一是要发展对情报的快速而准确的消化、研判的技术手段。二是不仅要注重国内恐怖分子的情报侦察，而且还应严密监控来自境外的国际恐怖主义势力对我国的渗透。三是建立重要情报的信息库、制定合理的机制。四是发挥各级政府、街道企业和广大的民兵和预备役部队的作用。

四、加强反恐怖装备和器材储备

建立或指定专门机构，从事反恐装备和器材（包括药品）的研究改进和生产。国家、省、市和自治地区均应储备与当地人口相适应的一定数量急救品。

五、加强反恐专业力量建设

综合地域分布和机动部署的力量，形成专业应急救援能力梯队和实验室检验鉴定机构网络体系。针对恐怖活动的专业特点，开展有针对性的实战模拟训练演习。跟踪国际反恐怖斗争的技术前沿，不断增强其技术装备能力和突击救援能力。尽快形成我国的应对处置能力。

六、深入研究核、化、生等工业设施和研究设施的防护问题

尽快研究沿海城市中的此类设施的防护。一是对东南沿海的重要化工设施特别是大、中城市内的核、化、生设施进行综合性评估；二是研究在核、化、生设施遭袭后，对应急救援队伍的配置、机动、保障等行动的影响；三是重视对重要核、化、生设施的伪装遮蔽研究。

七、开展针对北京奥运等大型集会的反恐怖专项研究

组建专门的安全机构，以便组织、协调和指导大型，特别是国际重大活动所在地的武警、公安和安全保卫部门的反恐工作。

本报告用作内部参考，还拟另行公开出版一套阐述反恐科学技术问题的专著，并出版一套面向公众，通俗易懂的小册子。

现将研究总报告报上。可供有关反恐部门参考，也可供国家各部门制定应急预案参考。

附件：《反爆炸、生物、化学、核与辐射恐怖活动的科学技术问题和对策研究》总报告（摘要）

中　国　工　程　院

二〇〇四年四月二十二日

附件：

《反爆炸、生物、化学、核与辐射恐怖活动的科学技术问题和对策研究》总报告（摘要）

报告首先分析了爆炸、生物、化学、核与辐射恐怖活动对我国安全的威胁，其次是对国外反恐的现状和对策进行了研究，归纳了国外应对各类恐怖活动的几条基本措施，并分述了国外应对爆、生、化、核各类恐怖活动的具体对策。

报告的第三部分重点研究了我国反恐工作的现状和存在的问题。首先充分肯定了我国在反恐方面所做的大量工作和采取的措施。然后指出存在的四方面问题：

一、有关立法还存在缺陷：如缺乏对恐怖主义的权威定义；反恐法尚未出台；引渡法和刑法对恐怖活动的规定过于原则；难以区分恐怖活动犯罪与一般犯罪；国内立法与国际立法还存在差距。

二、指挥管理体系和应急机制有待健全：反恐怖活动的组织需要多系统、多部门协同动作。发达国家的经验是设立超部门和系统的、有强大能力的协调机制。国家对反恐怖工作十分重视，已经建立了反恐怖协调指挥体系，应强化职能，健全协调机制，使指挥更加通畅，真正做到一旦发生恐怖事件能迅速处置。

三、培训和宣传教育力度还不够：现有的医疗、救助部门的专业人员缺乏对恐怖事件的应急应变方面的训练，没有专门培训这种人员的教育机构；缺乏对恐怖事件的系统分析研究；缺少专业队伍和专业技术人才。社会的警觉性较差，民众缺乏自救、互救的意识和能力。

四、相关的科学技术储备和支撑还不够完备和有力。

报告还分别提出了我国反爆、生、化、核与辐射恐怖工作方面存在的问题：

- 反爆炸恐怖工作存在的问题：现有的排爆装备还有待改进，对爆炸危险品的监管还有漏洞、管理上存在疏漏、体制上没有理顺。
- 反生物恐怖工作存在的问题：除了指挥管理体系上的问题外，在防护屏障、应急处置平台、基础研究、技术平台、本底资料与技术支撑条件等几方面还存在较大差距。
- 反化学恐怖工作存在的问题：我国是世界化工、农药大国，国内化学有毒有害物质种类多、数量大，但管理水平较低，监控技术手段落后，经常有有毒有害化学物质丢失、遭窃、毁损、泄漏的事故发生。此外，缺乏集中、高效、灵活的应急反应体系与应急队伍；缺乏对化学恐怖活动威胁实时动态评估机制；城市重要基础设施防化学恐怖能力薄弱；反化学恐怖的科学技术与装备未能满足未来需求。
- 反核与辐射恐怖工作存在的问题：现有的相关法规体系还不完善，目前没有制定专门针对核与辐射恐怖的法规、标准。与核设施相比，我国放射源和辐照装置安全存在问题较多。退役中的国防用核设施是我国各类核设施（如 UF_6 贫料贮存库、铀尾矿库）的潜在危险较大者。

虽然我国的核设施和核材料与放射源的贮存、运输等，对恐怖分子可能发动的核与辐射恐怖袭击，具有一定的防范能力。但总体看，在核材料、辐射源和核设施的管理上还存在不少的薄弱环节，还需要加强相应的防范措施。

报告的第四部分是关于加强我国反恐怖对策的建议：

反恐对策是一个综合性的系统工程，既涉及政治、法律、外交、管理体制等方面，又涉及许多科学技术问题；既涉及国家、政府层面的工作，又涉及地方、单位及人民群众素质方面的大量工作。本报告侧重与科学技术有关的问题提出七条建议：

一、加强反恐科学研究

我国加强了反恐怖科学研究工作的部署，除强化了法律、法规、预案研究外，还在863、973等计划中辟出经费，进行反恐怖的基础和应用基础研究，针对2008年的奥运会，设立奥运反恐专项研究。今后，在国家的各类研究和发展计划中应继续开辟专门的领域，划拨必要的经费，使反恐研发的重点领域得到支持。重点开展相关重大基础和关键技术研究，特别是防范和处置各类恐怖活动的技术手段的研究。

经过五十年的发展，我国已在爆、生、化、核武器的侦、检、消、防、治等方面具有一定的实力和水平。根据目前新的形势发展，在组织机构、科研水平、经费投入等方面亟待加强，才能更有效地应对各类恐怖及突发事件。

二、强化反恐培训和演习

开展防范恐怖袭击的培训工作，做到专业培训与普及教育相结合，提高责任部门和民众的防范意识，提高应急专业队伍应急反应能力与技术能力，培训与教育内容要各有侧重。目前各国普遍存在的问题是缺乏与处理恐怖事件尤其是大规模恐怖事件的社会和心理后果相适应的培训，我国尤甚。应开发相应的课程用来加强灾难精神健康培训。

三、强化反恐怖信息情报的收集与反馈

准确掌握恐怖信息情报，是预防、避免和制止各类恐怖事件发生的根本保证。强化反恐怖信息情报的收集与反馈，一是要在手段上寻突破，保证情报侦察的效果。发展对情报的快速而准确的消化、研判的技术手段。二是要扩大范围，不仅要注重国内恐怖分子的情报侦察，而且还应严密监控来自境外的国际恐怖主义势力对我国的渗透。三是体制上要更健全，建立重点人员的详细档案和信息库，制定一套合理的机制，使各情报机构侦获的实施恐怖袭击的情报得以最大限度地利用并发挥情报效益。四是在力量上要广泛动员，注意发挥各级政府、街道企业和广大的民兵和预备役部队的作用。

四、加强反恐怖装备和器材储备

目前我国对反恐组织机构、反恐力量方面的建设较重视，反应也比较快，但实际上我国的反恐能力还很薄弱，根本原因之一是相应的技术装备跟不上去。一旦国家遇到相应的恐怖袭击和突发事件，将会造成被动的局面和人员伤亡。建议国家统筹考虑，建立或指定专门机构，从事这些装备和器材（包括药品）的研究改进和生产。国家、各省、市和自治地区均应储备与当地人口相适应的一定数量急救品。

五、加强反恐专业力量建设

目前，我国各职能部门，均根据各自的职责和反恐工作需要，建立了一批训练有素、装备精良的

专业应急队伍,应重点抓好这些力量的建设和使用。建议考虑这些力量的地域分布和机动部署,形成能快速反应、布局合理的专业应急救援能力梯队。尽快落实组织机构、人员、技术与装备,制定各自的预案,针对爆炸、化学、生物、核与辐射等恐怖活动的专业特点,开展有针对性的实战模拟训练演习,跟踪国际反恐怖斗争的技术前沿,不断增强其技术装备能力和突击救援能力,尽快形成我国的应对处置能力。目前,筹划中的国家级核心应急专业队伍尚待明确,应急力量有待统筹规划,使之形成责任明确,梯次衔接的反应应急救援队伍和实验室检验鉴定机构网络体系。

六、深入研究核、化、生等工业设施和研究设施的防护问题

要抓紧开展研究沿海城市中的此类设施的防护。建议抓好三方面的工作:一是协调组织有关单位对东南沿海的重要化工设施特别是大、中城市内的核、化、生设施进行综合性评估,判明其潜在的危险性,确定战时需要重点防护的目标;二是研究我核、化、生设施遭袭后,对应急救援队伍的配置、机动、保障等行动的影响;三是重视对重要核、化、生设施的伪装遮蔽研究,提高核、化、生设施对高技术侦察器材和空袭兵器精确打击的防护能力。

七、开展针对北京奥运等大型集会的反恐怖专项研究

组建专门的安全机构,以便组织、协调、指导活动举办地所在城市的武警、公安和安全保卫部门的反恐工作。加强信息情报工作,建立恐怖组织、恐怖分子、危险犯罪分子和重点人员的详细档案。加强国际间的信息交流,做到互通信息和信息共享,联手打击恐怖犯罪活动,应根据我国的特点,注重发挥企业、社区、广大民兵和预备役部队的作用。组建反恐怖快速反应分队,以公安、武警为骨干,有针对性地加强安全检查、处置突发事件的培训、实战训练和演练。建立预警机制,进行相应等级演练。

除了以上七条建议外,报告又分别提出了反爆炸恐怖、反生物恐怖、反化学恐怖和反核与辐射恐怖的具体对策建议:

1. 反爆炸恐怖的对策建议

规范爆炸危险品的监督管理;大力开展爆炸器材探测技术的研究;加强排爆器材的改进、研发和储备技术;搞好重大危险源的安全评估和防范,加强重点目标的安全保卫工作。

2. 关于反生物恐怖的对策建议

建立、健全相关的法规和制度;建立生物危害和传染病预警机制;建立生物事件危害评估系统;建立和完善应急处置程序和预案;加强反生物恐怖研究基地、基础设施建设,强化基础研究,建立必备的技术平台;加强防范生物恐怖袭击的培训与教育;建立国家特需药品储备和储备动用机制。

3. 反化学恐怖的对策建议

加强对国内外化学恐怖活动的动态评估分析;化学恐怖特定化学毒物谱系评估研究;化学恐怖袭击的危害模拟与评估技术;立足现有技术,建立反化学恐怖的技术装备体系;加强对化学恐怖特定毒物和相关技术的管理与技术改进;加强与反化学恐怖有关的基础和应用研究。

4. 反核与辐射恐怖的对策

建立防范核与辐射恐怖事件的法制基础、应急准备和响应体系;开展核设施和辐射装置的威胁评价;加强放射源的安全与保安;加强核材料和核设施保安;加强核与辐射应急管理的研究工作。

恐怖活动的类型和形式可能是多样的,恐怖分子既可能利用原始的技术手段,也可能使用较为

先进的技术手段。而且恐怖活动和反恐斗争呈现明显的不对称性,想要保护不计其数的目标免受各类恐怖分子运用各种手段进行的恐怖活动是十分困难的。不能指望单一的技术手段、单一的防卫形式解决反恐问题。发展包括各种技术手段和完整防卫系统的综合性的防范体系,同时提高全体民众的应对能力,将对反恐斗争做出重要贡献。

关于报送"'十一五'计划中若干重大问题战略研究"咨询项目研究报告的函

中工发[2004]56号

国家发展和改革委员会:

根据贵委"关于委托中国工程院对'十一五'计划中若干重大问题进行研究的函"(计办规划[2003]255号)的要求,我院成立了"振兴我国装备制造业的途径与对策"等8个课题组,分别由院领导和院士牵头,并邀请部分专家参与了研究。

一年多来,各课题组通过资料分析、实地调研、集中讨论和交流等多种形式开展咨询研究,形成了8个课题研究报告。并在此基础上,提出了综合报告。

现将有关研究成果(见附件)报送你委,供参考。

附件:1.《国家"十一五"计划若干重大问题研究》综合报告
　　2. 课题研究报告1-8

中国工程院
二〇〇四年七月十三日

附件1:

《国家"十一五"计划若干重大问题研究》综合报告

受国家发展和改革委员会的委托,中国工程院承担了"振兴我国装备制造业的途径与对策"、

"2020年能源发展战略及'十一五'发展重点"、"2020年综合交通网络规划的基本思路"、"技术创新研究与高技术产业发展研究"、"'十一五'期间建设的重大工程"、"区域经济划分及其区域政策调整"、"农业发展若干重点问题"、"医疗卫生体系建设"等8个"十一五"计划前期咨询研究课题。经过一年多的努力,已完成各课题咨询研究报告(见附件),现将有关内容综合报告如下。

一、"十一五"面临的主要问题

改革开放25年来,我国经济社会发生了巨大变化,已进入全面建设小康社会的新阶段。经济持续快速增长,人民生活水平提高,消费结构升级,城市化进程加快,农产品供求基本平衡,经济运行质量和效益提高,高技术产业发展迅速,外资利用和对外贸易大幅增长,科技教育事业进一步发展。以人为本,全面、协调、可持续发展的科学发展观成为新时期现代化建设的指导思想。

我国已进入工业化的中期阶段,我们将要面对世界发达国家一百多年工业化过程中所经历的诸多经济和社会问题。而且由于我国人口高峰期与工业化持续发展期在今后二三十年内的并行出现,以及农村人口仍占很高比例的现实,将使这些问题更为突出和严重。

第一,能源和交通的瓶颈制约作用加剧,环境和生态保护的压力增大。

长期以来,我国经济增长基本上是依靠大量消耗资源、能源和污染环境为代价而取得的。一些地方片面追求GDP增长指标,加剧了资源浪费、环境恶化和生态破坏。近年来固定资产投资规模明显过大,导致原材料行业投资增长过快,能源供应和交通运力趋紧。未来15年,我国将处于大规模经济建设时期,要保持经济持续健康稳定的增长,能源和交通的制约以及环境和生态的压力将更加突出。

能源供需缺口很大。我们预测,2010和2020年能源需求总量将分别达到21.6和28.4亿吨标准煤,发电装机应达到6.6亿千瓦和10亿千瓦。石油供需矛盾十分尖锐,2010年国内原油产需缺口将达到1.2亿吨以上,2020年将达2.5亿吨以上,需大量进口。

交通建设滞后且缺乏统一协调。长期以来,铁路、公路、水运、航空、管道五种交通方式的建设和运营,自成体系,缺乏统一规划,没有形成网络,难以发挥综合优势。交通基础建设滞后与未能充分利用并存,不能适应经济社会发展的需要。

矿产资源对外依存度加大。国内铁、铜、铝等大宗矿产资源多为贫矿和难选矿,回采率和利用率低,对节约和替代重视不够,地质勘查滞后。2003年我国消耗的铁矿石和氧化铝的50%左右、铜的60%以上都依靠进口。

生态环境继续恶化。我国人均水资源不到世界平均水平的30%,且利用效率低,短缺与浪费并存。水土流失和土壤沙化面积扩大,草地退化,水体污染严重。2000年废水中COD排放量已达到全国地表水三类水质允许排放量的181%。大气中二氧化硫排放量已达到全国空气二级标准允许排放量的166%。垃圾处理率很低。目前尚缺乏系统解决环境与生态问题的有效措施,全面遏制生态环境继续恶化还有很大难度。

第二,农村发展严重滞后,三农问题成为全面建设小康社会的主要难点。

农民收入增长迟缓。城乡居民收入差距继续拉大,已经由1983年的1.82:1扩大到2003年的3.23:1。农村政策落实还不到位,农民减负成效不大,农民收入增长缓慢,个别地方农民生活仍比较贫困。

农村剩余劳动力转移困难。乡村劳动力资源中,大约有3 700万需要向非农产业和城市转移。

但我国第二产业就业人数比例下降，第三产业发展缓慢，农民外出工种有限且不能得到公正对待，农村劳动力转移压力巨大。

粮食产量下降，食物安全受到威胁。乱占耕地现象还比较严重，耕地质量持续下降，粮食播种面积减少，农田灌溉设施老化，农民种粮积极性受挫，粮食总产量较历史最高水平下降很多。农药化肥残留污染严重，食物数量安全和食品质量安全均受到威胁。

农村发展严重滞后。农村交通、饮水、能源、环境基础设施建设极为薄弱，国家对农村义务教育和公共卫生的投入十分有限，农村社会发展方面的问题相当严重。

第三，技术创新能力差，装备制造业和高技术产业落后。

技术主要依赖引进，创新能力薄弱。目前，我国多数领域产品技术水平比发达国家落后 10 ~ 20 年。企业自身研发能力低，产业核心技术缺乏自有知识产权，技术集成和系统整合能力差，具有国际竞争力的国家技术创新体系尚未形成。虽然在几年前就已明确提出企业成为技术创新主体的战略思路，但缺乏切实有力的措施推动。

重大关键装备基本依靠进口。我国制造业的规模已经进入世界大国行列，为国民经济和国防建设提供了一批重要装备，但关键装备的制造还比较落后。装备制造业产品的进口占全国外贸进口总额的近 1/2。光纤制造装备的 100%、集成电路芯片制造装备的 95% 以上、大型石化装备的 80%，胶印设备、轿车制造装备、数控机床以及纺织机械的 70% 等都依赖进口。开发、生产、使用部门脱节，重引进轻消化，导致重复引进和多次引进。

高技术产业尚未在国民经济占据应有的位置。高技术产品以组装为主，关键核心技术缺乏自主知识产权。高技术企业的研发投入强度较低，缺少自主创新。军民两用技术的开发重复、分割，高技术对传统产业的带动作用不强。

第四，区域规划热点趋同，没有形成各自的功能优势。

20 世纪 50 年代区划以沿海、内地及“三线”为框架，主要划分依据是基于地理区位和国防需要。80 年代演变为东中西三大地带及“老少边穷”地区，主要划分依据是地理区位和经济技术水平及政治因素；90 年代推出“七大经济区”概念，主要是以中心城市和交通要道为依托，强调市场经济规律作用。上述经济区划大体上反映了当时国家区域经济发展的客观事实和宏观导向，也基本适应国民经济和社会发展阶段的要求，因而在指导和推动各区域经济发展过程中发挥了一定的积极作用。但是地区发展的差距也在不断扩大。随着国内外形势发展变化和市场经济体制基本建立，过去的经济区划已不能适应新的形势和新时期的战略任务，需要重新研究和定位，尤其要突出功能性作用。

第五，医药卫生体系不健全，面临双重疾病威胁，健康产业发展滞后。

医药卫生体系薄弱。医药卫生体系主要包括全民基本医疗、公共卫生、医药卫生科学研究、卫生法制建设四大体系，目前存在的主要问题是医疗资源配置严重失衡，80% 集中在城市，近 10 亿居民没有可靠医疗保障，城乡社区医疗条件差、人才短缺。医学科研投入严重不足。医药卫生领域缺乏基本大法。

疾病防治形势严峻。我国面临着传染性和慢性非传染性疾病的双重威胁，如艾滋病实际感染人数超过 100 万，乙肝病毒携带者占世界的 1/3，恶性肿瘤和心脑血管疾病造成的死亡占总人口死亡的 60% ~70%。许多重大疾病缺乏系统、持续、全面的大样本、多中心的规范研究，基础研究水平整体上远远落后于国际水平，防控能力急需提高。用于提高健康水平和生命质量的投入很少。

健康产业发展缓慢。健康产业基础研究薄弱,发展内动力不足,导致产品更新换代周期太长。药物以仿制为主,检测和治疗设备严重依赖国外,医疗费用上涨过快。健身器材和保健食品质量差,成为产业长期稳定发展的制约因素。

二、"十一五"发展思路与重点

进入21世纪,面临全面建设小康社会的伟大事业,全国大规模经济建设的高潮已经到来。根据对我国能源、耕地、水、矿产等资源状况及其可持续保障能力的综合分析,要实现现代化第三步战略目标,我们必须探索新的发展道路。

(一)总体思路

"十一五"是全面贯彻科学发展观开局的五年,应成为我国经济和社会发展的重要转型期。"十一五"计划的总体思路应当是:落实党中央提出的科学发展观,把节约能源资源与控制人口、保护环境并列作为新时期的基本国策,把建设资源节约型社会作为"十一五"计划的重要指导方针,为全面建设小康社会的伟大事业奠定坚实的基础。

我国经济总量已经达到一定规模,近年固定资产投资规模巨大。如果继续沿袭高投入、高消耗、高排放、低效率的粗放发展模式,资源与环境将无法支撑,难以实现翻两番的目标,更无法实现全面建设小康社会的宏伟蓝图。因此,"十一五"计划必须全面体现节约能源资源的要求,加快推进经济增长方式的根本性转变,为建设节约型社会奠定坚实的基础。

"十一五"期间和今后一个历史时期,我们应着重实现从高耗能高污染的粗放发展模式向节能降耗的可持续发展模式转变;从行业分散和地区分割的片面发展模式向全面统筹协调发展模式转变;从单纯追求数量增长的发展模式向质量、效益型模式转变;从线性经济向循环经济转变;从进口装备的跟踪模仿向消化吸收、自主创新的开放式创新模式转变;从城乡分离的二元经济模式向城市带动农村的一体化经济模式转变。

经过几十年的发展和积累,我国已经有了相当的财力和科学技术水平,市场经济体制基本建立,全民科学素质普遍提高。中央又适时提出了科学发展观,只要我们认真贯彻落实,并借鉴国内外的成功经验,完全有条件实现经济社会发展的转型。

建设资源节约型社会,必须大力促进全民节约意识的形成。中华民族素有勤俭节约的传统和美德,但对节约资源的社会共识远未形成。在经济高速发展中出生和成长中的青少年一代,勤俭节约的意识逐渐淡漠。在企业和社会已逐渐成为投资主体的情况下,盲目追求眼前利润,忽视资源合理高效利用的现象不断发生。因此,必须加强全民节约资源的宣传教育,从教科书到各种宣传载体,形成强大的宣传教育体系和网络,使全社会充分认识节约资源对中华民族生存与发展的重大意义,形成建设资源节约型社会的全民共识。

建设资源节约型社会,必须强化政府宏观调控。国家计划具有重要导向作用,应充分体现节约资源的要求,以引导全社会向资源节约型社会转变。各地区、各行业的发展规划、计划也必须体现资源节约的思想。要通过体制改革建立强有力的综合决策机制,通过统筹协调,制定科学的发展规划、产业政策、区域政策,促进产业结构和行业结构的调整。千方百计降低经济社会活动中的能耗和物耗,减少污染,形成循环经济和生态经济,促进经济社会的可持续发展,确保资源节约方针的贯彻和落实。

建设资源节约型社会,必须依靠科技进步。科学技术是推动人类文明进步的发动机。科技发展和工艺进步是节约资源、建设资源节约型社会的最有效措施和根本保证。要通过大力推进科技进步,为工业的节能降耗,农业的高产增效,物质的循环利用,资源的充分高效利用,提供强有力的支撑。

建设资源节约型社会,要大力倡导科学消费。市场经济的发展需要消费拉动,但我们必须提倡科学健康的消费观。现代文明崇尚人与自然的和谐,即使在经济十分发达,物质足够丰富的情况下,也要强调科学消费。要使每个消费者理解现在提倡的资源节约,与物质匮乏情况下的限制消费,有完全不同的内涵和更高追求。通过消费观的转变和升华,摒弃追求豪华、奢侈的陋习,树立以奢侈浪费为耻、勤俭节约为荣的社会风气。

(二)委托研究领域的发展思路和重点

1. 实施能源和交通的可持续发展战略

能源发展思路:为保障能源供给,必须坚持开源与节流并举的方针,建立安全、经济、高效、环保的多样化能源供应体系。立足国内能源,加强一次能源的勘查,最大限度利用国外资源,确立以煤为主和强化石油储备的战略。重点开发清洁高效的火电,优先开发水电,积极发展核电,加强可再生能源的研究与开发。优化能源结构和产业结构,提高能源利用效率,改进能源利用方式,建立国家能源安全供应的预警和快速反应体系,建设好北煤南运、西电东送、南北互供的能源输送通道。为保证电力安全,在优化大电网网络结构的同时,在东部受端建设一批以燃煤火电为主、配以核电支撑的电源点,在负荷中心建设一批用以调峰和紧急备用的抽水蓄能电站和天然气发电站。在推进工业化进程中,对一些地区成为高能耗行业世界性加工基地应持谨慎态度,必须清醒地认识由此带来的能源、矿产资源和环境压力,权衡利弊,有效调控。

为最大限度减少能耗和物耗,减轻能源严重不足和环境恶化的压力,必须依靠科技进步,加快产业结构调整。限制高耗能产业,大力发展节能和环境友好的产业。搞好废旧工业品的回收利用,发展循环经济。加快发展第三产业和知识密集型的产业。引入竞争机制,推进服务业的社会化和产业化。增加科技含量和服务附加值,促进经济社会和资源环境的协调发展。

"十一五"建设重点:煤炭基地工程;石油、天然气安全供应及战略储备工程;西部电源基地和西电东送工程;负荷中心支撑电源及电网配套工程;核电工程和新能源示范与开发等。

交通发展思路:适应经济社会发展,解决运力偏紧和枢纽不畅的问题,建立铁路、公路、水运、航空、管道的综合交通体系,改变各种交通方式在建设和运营上缺乏统筹协调的状况,充分发挥不同交通方式的比较优势,形成规模适当、布局合理、有效衔接、协调发展的综合交通网络。建设与城市布局和交通网络布局相协调的综合交通枢纽,构成覆盖各种交通方式的集疏换乘站,实现无缝衔接,建立通畅、便捷、安全、经济、可持续发展的交通体系。发展以信息化、交通运输现代化和综合物流体系为特征的现代物流业。确立以公共交通为主的城市客流运输体系,大力发展城市轨道等公共交通,私人汽车的发展要与城市道路容量和公共交通发展等统筹规划。注重发展节约能源的内河水运、铁路和管道等交通方式。

"十一五"工作重点:采取坚决有效措施,改革现有各种交通运输方式各自为政的建设和管理体制,统一规划,构筑区域间运输大通道。建设区域经济圈内的快速交通网。加快综合交通枢纽和农村公路网的建设。开放运输市场。

2. 实施国家食物安全和农民增收战略

农业发展思路:实施最严格的耕地保护措施,保护基本农田特别是8.3亿亩水浇地。选择粮、棉主产区的大中型灌区,建设2~3亿亩现代农业基地。依靠政府直接补贴,保护粮食生产能力。除取消农业税外,要下决心解决土地征用中侵害农民利益,农村乱收费、乱摊派、乱罚款,以及假劣生产资料坑害农民等中央三令五申的问题。在部分经济欠发达特别是贫困地区,下决心精简乡级政府机构和人员,深化财政体制改革,从根本上减轻农民负担。

通过综合技术措施有效降低农业生产成本,提高土地产出率,推动农业增效。加快制度创新,实行经营土地的流转,推进规模经营,提高劳动生产率。探索农业生产发展和农户产业经营的金融支持方式,扶持农民参与产业化经营,带动农民增收。发展农业专业协会,保障农民在农产品加工增值中的合理收益。积极引导和支持农民进城务工,促进就业扩大消费,增加农民非农收入。

统筹协调农林牧业的发展。调整退耕还林规模,将其控制在1.5亿亩左右。调整畜牧业内部结构,扩大牧草和营养体转化肉食的比例,减少肉奶生产的粮食依存度,逐步缓解粮食安全压力。科学实施退耕还林还草,积极引导农村产业结构调整,改善农业生态环境。大力发展农村沼气,实施废弃物的资源化。切实推进绿色生产过程,减少农药化肥残留,保障食品安全。发展水产养殖,拓展海洋渔业,改善食物结构。

"十一五"工作重点:实施基本农田保护和2~3亿亩高标准农田建设工程;加快节水农业体系建设;支持农产品加工关键技术及加工装备开发;促进数字农业建设与农村信息化;启动主要粮食作物生产全程机械化示范工程;部署农村饮水、道路、能源、医疗卫生等基础设施建设。

3. 实施工程技术的消化吸收和自主创新战略

技术创新思路:实现从引进设备和生产线为主向引进技术的消化吸收和自主创新为主的战略转变。充分利用全球产业转移的机遇和我国广阔的吸引力,做好技术的消化、吸收、移植、集成和创新。在有国家投资的重大建设项目中,提高消化吸收经费的比例,通过政策引导加大自主创新投入,使引进为自主创新服务。重视并扶持发展重大成套装备和高技术产业所需装备的制造,推进重大装备国产化。建立风险补偿机制,鼓励使用国产新设备。坚定不移地推进企业技术创新能力建设。寓军于民,通过政府对军工的投入带动各类企业的技术进步。

"十一五"工作重点:将培育企业成为技术创新主体作为国家科技创新体系建设的重要目标,设立面向技术创新的国家科技计划。建立国家工程技术研究发展基金,专项支持工程技术的研究和企业技术创新能力的提高。建设工程技术研发共享平台,引导和整合高校、科研机构、骨干企业等技术研发机构,对竞争前技术、共性技术和国防技术联合攻关。

装备制造业发展思路:用高新技术特别是信息技术对传统装备制造业进行改造、嫁接、提升,适应市场需求,实现跨越发展。加强成套技术开发,提高成套和技术集成能力。大力发展为重大技术装备提供零部件、元器件和中间体及材料的产业。重视并扶持发展重大成套装备和高技术产业所需装备的制造,推进重大装备国产化。通过为国产重大技术装备确定依托工程实施打捆招标,调整重大技术装备进出口政策,实行加速折旧,扩大政府采购,建立风险补偿等,鼓励企业使用国产装备。

"十一五"发展重点:实施振兴装备制造业专项计划,发展电力、石化、冶金、重型机械、机床、工程机械、通用机械、汽车、轨道交通、大型飞机、船舶与海洋工程、电子信息等专用装备制造。

高技术产业发展思路:应从反复引进向引进、消化、自主创新转变,从政府主导向市场主导转变,广泛向传统行业渗透,向全国范围延伸,实现开放创新。调整国家对高技术产业的支持政策,把笼统的对从事高技术产品生产企业的税收优惠政策转变为扶持对高技术产品研发投入的政策,通过产业政策、税收政策、融资政策、财政补助和政府采购等方式鼓励企业增加研发投入。加大对工程共性技术研究和战略高技术研究的投入,加大对竞争前技术开发的投入。鼓励有实力的大企业与创新活力强的中小企业联合或兼并。强化专利和非专利知识产权的评估、转让和保护,在高技术企业引入期权等激励制度,充分发挥高技术人才和企业高管人才的作用,重视高级技工的培养。

"十一五"发展重点:计算机和软件、集成电路、网络通信产业、数字电视、生物技术、航天技术、新材料和先进能源等领域。

4. 加强经济功能区划,实施区域优势发展战略

区域规划思路:按照"五个统筹"的精神,根据区域经济发展不平衡的国情及其人文、自然的支撑条件,改变偏重地区综合平衡和行业主导的传统思路,强化区域经济,淡化行政区划,突出功能性作用。从单纯反映地区比较优势转向全面综合考虑地区在整个国民经济社会发展体系中的分工要求;改变偏重以产业计划落实地区分工的思路,从部门或行业主导转向区域发展内在要求的空间管理调控机制。实事求是,因地制宜,加快形成既能体现区域特色和优势,又能满足全国经济合理分工和参与国际竞争要求的区域经济关系新格局。根据各地区功能指标和主要特征,综合考虑区位条件、地理环境、自然资源、经济基础、产业结构和社会发展,以及参与国际经济技术竞争和合作的能力,可将全国划分为两个层次6类功能区域,第一层次包括发展条件较好地区、老工业基地振兴地区、优化整合加快发展地区和重点开发地区,第二层次包括农牧业重点发展地区和生态环境重点保护及建设地区。

"十一五"工作重点:加强经济功能区划,形成区域发展优势。发展条件较好地区要继续发挥其在全国经济社会发展中的示范、带动和辐射作用。老工业基地振兴地区应加快经济结构调整和技术进步,成为新时期"中国经济增长的第四极"。优化整合加快发展地区应解决好"三农"问题并推进工业化和城镇化。国家重点开发地区应将国家支持和自力更生结合,尽快脱贫致富,以社会发展来促进经济发展。农牧业主产区应承担国家食物安全功能的重要责任。生态环境重点保护及建设地区应在发展中把维护国家生态安全放在重要位置。

5. 实施健康保障和医疗卫生体系建设战略

发展思路:以大卫生观念为指导,以健康保障、疾病防治需求为导向,以医疗卫生体系建设为基础,实施政府主导、社会参与、市场推动和科技支撑战略。理顺医疗保险、医疗服务、食品与药品监管体制,完善医疗卫生体系,构筑社区医疗卫生服务网络;全面推行医疗保险制度,探索多种所有制医疗机制。实施健康工程,提高疾病防控能力,大力发展健康产业,加大财政投入,引导社会消费更多地用于提高生命质量和生活水平。

"十一五"发展重点:加强医疗、卫生、科研和法制体系建设,有效整合和利用资源,加大国家医药卫生事业经费投入,不断提高医疗、预防和应急救治能力,完善疾病防治体系,及时应对传染病、非传染病威胁以及食品安全、各种伤害等危及人民生命安全的突发性灾难。建立健全城乡各级尤其是县、乡、村三级医疗卫生服务网络。加大医学科学研究投入,加强基础平台建设,大力加强高新技术和药品、器械开发研究,促进医药产业的发展。完善卫生法制建设,尽快制定卫生法。

(三) 重大建设工程

综合考虑我国"十五"期间重大工程建设情况和全面建设小康社会的需要,建议"十一五"期间在农业、水利、生态、能源、交通、重大装备和高技术产业等方面部署一批重大建设工程。

(1) 南水北调二期工程;

(2) 大江大河分蓄洪区建设工程;
(3) 国家粮食主产区 2~3 亿亩基本农田建设工程;
(4) 农村小康社会基础设施工程;
(5) 西部地区生态环境综合治理工程;
(6) 重点江河湖库水污染防治工程;
(7) 十大煤炭基地工程;
(8) 石油、天然气安全供应及战略储备工程;
(9) 西部电源基地和西电东送工程;
(10) 东部负荷中心地区支撑电源及电网配套工程;
(11) 100 万千瓦级核电工程;
(12) 新能源示范、开发工程;
(13) 客货分线和西部铁路通道工程;
(14) 深水港建设工程;
(15) 重点公路"东网、中连、西通道"工程;
(16) 空港、火车站与城市、城际轨道交通结合的交通枢纽工程;
(17) 内河航道工程;
(18) 重大技术装备攻关工程;
(19) 紧缺矿产和化石能源资源的地质勘探工程;
(20) 新一代网络的基础设施建设和应用工程。

三、政策措施建议

(一) 加强全国各类规划的统筹协调

制定"十一五"计划,应把全国功能区划与各行业规划、省市区规划结合起来,把综合性的科学技术规划、教育规划、社会发展规划等与各行业规划、省市区规划结合起来,使国家的"十一五"计划能够更大程度发挥统筹协调作用,体现科学的发展观。

(二) 强化对产业发展的宏观调控力度

把"控制人口,节约资源,保护环境,协调发展"作为新时期基本国策,建设能源资源节约型社会。对高耗能、高耗材、高耗水以及受资源和环境条件约束明显的产业,实行限制淘汰的政策。对一些成套设备能力取得突破的行业应抓住机遇加快高耗能设备的更新。

(三) 转变政府职能,加强协调能力

建议国务院成立有关专门委员会和办公室,统筹协调一些相关性较高、多部门交叉的工作,例如能源委员会、交通委员会、农业委员会、重大装备办公室,统筹规划和管理能源领域、交通领域、农林牧水、装备制造部门的相关职能。今后有条件可进一步深化机构改革。

(四) 加速构建国家技术创新体系

要建立适应新时期发展需要的国家科技体制。加强企业技术创新能力建设,培育一大批具有自主创新能力的企业技术中心。高校科研活动要与企业研发活动紧密结合。加大国家对基础研究、战略高技术研究、竞争前技术和共性技术开发的投入,建立国家实验室体系和国家工程研究中心体系,建设开放性科技创新共享平台。落实企业研发投入的税前抵扣政策,落实高科技企业的期权等激励制度。

（五）实行寓军于民、军民结合的工作方针

改变军事工业和民用工业相互分割的状况，建立军民结合的工作体制。促进国防产品供给的社会化，加快军用技术向民用的转移和扩散，促进新兴产业成长。形成军民资源共享、优势互补、协同配合的机制。

附件2：课题研究报告1-8（略）

关于呈报《国家大型工程项目管理问题的调查研究》报告的报告

中工发[2004]82号

国务院：

2001年5月，由中国工程院潘家铮院士牵头负责，工程管理学部与土木、水利与建筑工程学部的部分院士及相关领域专家共同参与（共43人），对我国各行业具有代表性的大型工程进行了深入的调查和研究，历时三年多，完成了《国家大型工程项目管理问题的调查研究》总报告和八份专题报告。

在研究中，专家组按照“总结经验-分析问题-解决问题”的思路，总结了我国大型工程项目管理问题的经验和教训，深入分析了其中存在的问题，并在借鉴国际上工程管理的经验和惯例基础上，结合我国的国情，提出了相应的对策与建议，主要如下：

国家大型工程建设项目存在的管理问题主要表现在决策管理和实施管理这两个方面，应逐步重视并推进工程项目决策的民主化，逐步重视并加强工程项目的科学管理。应在体制、机制方面加以改革，积极探索实行项目投资多元化，实施市场化。积极推动管理信息化，充分发挥中介机构的作用等，做到协调有序，稳步推进。

现将课题研究总报告、总报告摘要和专家组成员名单呈上，供领导决策时参考。

附件：1.《国家大型工程项目管理问题的调查研究》总报告
2.《国家大型工程项目管理问题的调查研究》专家组成员名单

中国工程院
二〇〇四年十一月八日

附件 1：

《国家大型工程项目管理问题的调查研究》总 报 告

一、概述

（一）课题组的组织

《国家大型工程项目管理问题的调查研究》是中国工程院组织的院级重大咨询课题，由潘家铮院士担任负责人。课题研究工作以工程管理学部与土木、水利与建筑工程学部的部分院士为主，吸收相关领域的专家参与，共计 43 人，分为纵向、横向共 9 个组，其中横向组包括水利组、铁路组、公路组、能源组、航运组和城建组，纵向组包括实施管理组、决策管理组、总报告起草和审定组。

（二）课题报告的组成

各分组经过一年多的理论准备和实际调研，对各领域具有代表性的大型工程进行了深入调查和研究，并提出了归纳性意见，分别完成了以下八份报告：

——《水利重大工程项目管理问题的调查研究》；

——《铁路重大工程项目管理问题的调查研究》；

——《水运重大工程项目管理问题的调查研究》；

——《高速公路建设项目管理问题的调查研究》；

——《西气东输工程项目管理问题的调查研究》；

——《上海浦东国际机场建设管理的调查研究》；

——《上海地铁建设管理模式改革的调查研究》；

——《岭澳核电工程建设与创新管理问题的调查研究》。

在分析和总结横向组八个报告的基础上，听取了实施管理组和决策管理组的有关意见，总报告组完成了《国家大型工程项目管理问题的调查研究》总报告，并提交中国工程院工程管理学部审议定稿。

（三）总报告概述

总报告按照“总结经验—分析问题—解决问题”的思路来组织构思。在综合各分报告成果的基础上，总结我国大型工程项目管理领域经验和教训，并针对目前我国在大型工程项目决策和管理中存在的问题进行了深入分析，但并不局限各分报告的研究成果。在借鉴国际上工程管理的经验和惯例的基础上，结合我国的国情，对我国大型工程项目管理领域的改革与发展提出了相应的思考与建议。

二、我国工程管理领域近年来取得的成绩

（一）重视基本建设管理的法规建设

从 20 世纪 80 年代以来，我国加快了基本建设领域的法规建设，颁布了一系列法规，如：

——1983 年 5 月，国家计委通过"项目前期项目经理负责制"；

——1987 年，国家计委颁布通过《建设项目经济评价方法与参数》(第一稿)并要求试行；1993 年、1997 年又两次修订，并要求在大中型建设项目论证中推广应用；

——1988 年，建设部推行建设监理制度；

——1997 年，颁布了《中华人民共和国建筑法》；

——1999 年，颁布了《中华人民共和国招标投标法》；

——2002 年 1 月 4 日，国家计委办公厅发出出版《投资项目可行性研究指南(试用版)》的通知，要求各部门单位在工作中参考使用。

我国逐步建立和实行了项目法人责任制、招标投标制、项目可行性研究编审制、工程监理制、合同管理制等一系列工程管理法规制度，各部委也陆续制定和颁布了有关的规章制度和技术规范，初步形成了工程建设管理领域的"法律—规章制度—规范"三个层次的法规体系，这些法规的制定和实施，对指导基本建设领域的科学决策和各市场主体单位以及相关企业按照市场经济的规律运作发挥了重要作用，规范了我国的基本建设领域的行政管理和市场运行机制。

(二) 逐步重视并推进工程项目决策的民主化

大型工程项目是一个涉及因素众多、影响大的系统工程，在决策过程中，对项目的可行性往往会存在不同的观点，例如，对项目所涉及的技术问题、市场需求问题、投资问题、效益问题及其所面临的风险等各方面均可能存在不同的观点与看法，同时也由于利益主体众多，各利益主体对同一问题的看法由于其出发点不同，也会导致不同的意见，从各组的调研报告来看，均存在这种现象。如何深入分析不同的意见、辨别主次正谬，以充分提高决策的正确性和有效性，对保证大型工程项目正确决策极为重要，而要做到这点，首先需广泛听取各种不同意见，发扬技术民主，避免主观片面。从成功的大型项目的决策来看，决策的民主化是实现上述目标的关键。比如：在三峡工程的决策论证过程中，领导小组召开过多次大型的论证会，广泛听取各方面的意见，办公室还汇集了国内外对三峡工程的各种意见，先后汇编成 8 册约 30 万字的《对三峡工程的不同意见文章选编》，供参加论证的专家详细分析，充分研究，也提供给最高决策层做出决断时考虑。

(三) 逐步重视并加强工程项目的科学管理

对于大型的工程项目来讲，科学的管理可以协调各方面的因素，使工程建设有条不紊地进行，保证工程的质量、进度、投资目标能够圆满地实现。从本次调研的几个工程来看，我国越来越重视大型工程项目的科学管理，这主要体现在两方面。一方面是我国大型工程项目管理体制逐步形成和完善，并初步建立了统一开放、竞争有序的工程建设市场，建设工程招投标制、工程监理制等一系列制度的实施，使我国大型工程项目建设市场逐步走向一个按照市场规律发展和管理的良性轨道；另一方面，在大型工程项目的实施中，也越来越重视应用现代工程项目管理的科学理论和方法，对建设项目的质量、进度和投资实施控制和管理。从这次调查来看，我国几个大型工程项目如上海浦东国际机场、三峡水利枢纽工程、西气东输工程、岭澳核电项目在工程建设过程中均取得较好的效果，无不是重视和采用工程项目管理建设目标的控制理论和方法的结果。

在工程建设实施和投资渠道方面，一个值得总结的经验是在一些大型工程项目建设中逐步实施投资渠道和主体多元化，按照市场化的滚动发展模式运营。由于我国经济的飞速发展，目前，社会各类投资主体对投资大型工程项目的意愿很高，我国近年来也陆续开展了对 BOT(Build - Operate - Transfer)、BOOT(Build - Own - Operate - Transfer)、BT(Build - Transfer)等多种融资方式的尝试,改变了过去国家投资主体单一的局面,利用市场经济机制,积极吸引社会资金和外资参与大型工程项目的建设和运营。比如西气东输项目采取了“中外合作”的建设及运营方式,管道工程总投资由参股方的股本金和借债融资资金组成。中国石油与以壳牌为首的外商投资集团签署的阶段性合营框架协议中,明确中方控股比例为55%,外方控股为45%;上海浦东机场在建设运营过程中采取了“一次规划、分期建设、滚动发展”的原则,按照市场发展的规律,用自身的运营积累逐步满足今后建设的需要;岭澳核电项目实施“滚动发展”战略,坚持“以核养核,滚动发展”,成功地实施了百万千瓦级核电建设自主化管理和发展。

三、我国工程管理领域存在的主要问题

大型工程项目的全寿命周期包括项目的决策阶段、实施阶段和运营阶段。在整个工程项目的建设及管理中,工程管理可以分为四种类型:业主方的工程管理、设计方的工程管理、承包方的工程管理和供货方的工程管理。各方的工程项目管理活动相互制约、相互影响项目的投资、质量、进度三大目标的实现。它们共同组成一个工程管理系统,如图1所示。在这个工程管理系统中,业主方的工程管理起着核心作用。

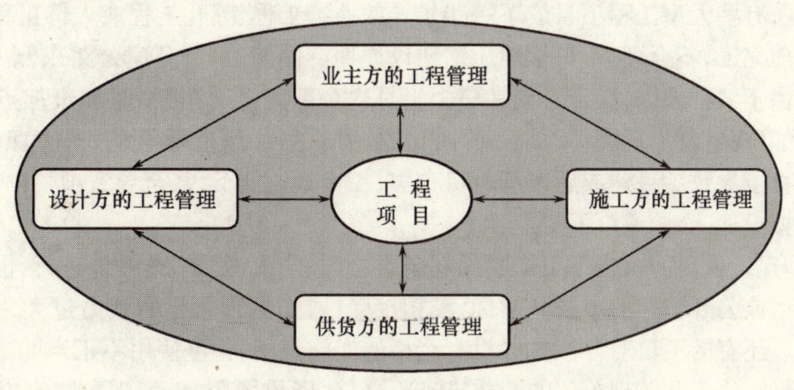

图1 工程管理系统

目前在我国工程管理领域中,从项目的决策阶段、实施阶段到运营阶段均存在很多问题,在工程管理的四大类型中,业主方的工程管理和设计方工程管理问题最为严重,需引起足够的重视和改进。

目前我国还处于由计划经济向市场经济转轨的过渡时期,许多大型工程项目还是以政府投资为主,而且存在一些较为严重的问题,集中表现为决策不够科学、工程管理不够严格,导致投资效益低,投资失控,质量问题严重和工期拖延。从调研的情况来看,在工程项目决策和实施过程中存在的问题集中表现在以下几方面。

(一)前期工作不充分,立项依据不足,决策失误严重

一些项目虽然形式上按程序进行了前期工作,但没有认真贯彻实事求是的原则,使工作流于形式。具体表现为以下几方面:一是迎合既定的意图进行“可行性研究”,从事可行性研究的工作人员不按照客观的规律、保持科学与认真的态度来进行,而是附和领导、上级、部门或地方的意图办事;二是先有了立项决策而后补作前期论证,这类可行性研究的主要作用无非是要为领导部门和负责干部仓促决策造成的不合理项目补办一套合法的手续而已,其论证过程的客观性、公正性、全面

性与科学性当然难以保证;三是行业及部门的局部意见往往会影响到对项目前期的客观评议。

(二) 投资效益低,投资失控严重

为了拉动经济增长,1998 年我国开始扩大政府公共投入、进行大型工程项目建设,但由于多种原因,尤其是投融资体制改革的滞后,很多项目都是单纯的政府投入,兴建后不能产生预期的经济效益。另一个问题是投资失控。长期以来,我国政府投资的工程时有发生"三超工程"和"钓鱼工程",中国建设银行曾对 30 个在建大中型项目进行了贷款后评价,30 个项目后评价预计总投资1 013 亿元,比原批准概算总投资 358 亿元超了 655 亿元。很多大中型工程项目的投资失控现象严重。

(三) 工程质量问题严重

当前,我国一些工程建设中施工质量问题比较突出,新建筑物突然倒塌、桥梁垮塌、路基沉陷等严重不符合建筑要求的质量事故屡屡发生。2001 年在全国 30 个省市受检的 275 项工程中,共查出有结构隐患的工程 14 个,占 5.1%;可能存在结构隐患的工程 51 个,占 18.6%。在对浙江、福建、江西三省的检查中,工程勘察的违规行为占受检项目的 70% 以上,工程构造措施不符合规范的占 40% 以上,施工各环节的违规行为占 17% 到 60%,监理违规行为占 40%。

(四) 工程建设工期拖延或不合理的抢工

调研中发现,有些大型工程项目成了一些领导的业绩工程、献礼工程或人情工程。为了某种原因,要求限期提前完工,不合理、不科学地压缩建设周期。例如,京石高速公路东侧一幅余留的 110 公里路面工程,由于某种原因,指定必须在三个半月内全部完工通车,临时加班加点的突击抢工使得路面在第一次降雨后就出现破坏,以后每年都须修补。另一严重现象是一些大型工程项目建设工期拖延严重,直接导致项目建成后市场时机丧失,投资效益低下,甚至导致项目彻底失败。

(五) 工程招投标、合同签订不规范

国家对大型建设项目的招投标工作明确规定要公开、公正、公平、透明地进行,但实际上许多工程项目没有执行,该公开招标的不公开招标,私相授受;或是主管领导的权力过大,一人说了算,批条子,照顾人情。还有的项目对评标决标没有严格的实施细则,甚至使用不正当的手段,幕后交易,相互勾结。对设计、施工和监理单位的资质审查不严格,资质冒用、借牌现象时有发生。这些不仅极大地扰乱了工程建设市场,而且成为孳生腐败现象的土壤。

四、我国工程管理领域存在问题的原因分析

如上所述,我国在大型工程项目决策和实施过程中产生了诸多问题,其主要原因可以归纳为以下六方面。

(一) 法制不健全问题

在经济体制转轨过程中,有关法制不健全,而且人们法律意识淡薄,有法不依,权大于法,不按制度办事,习以为常,最明显的就是工程决策缺乏约束机制。

由于一些政府投资的大型工程项目的决策和管理缺乏有效的监督和约束机制,领导就容易为了出政绩而搞形象工程。许多项目在没有进行充分的可行性研究论证就盲目决策,或在工程建设中擅自扩大规模,提高建设标准,有的甚至故意搞钓鱼工程,导致工程投资严重失控,效益低下,甚至成负担。例如珠海是一个中等城市,在广州、深圳、香港、澳门都有机场的情况下,领导为了出政绩,树丰碑,在没有经过充分的论证的情况下就决策上马建设国际机场,导致建成后客源不足,航班越飞越少,每年的珠海航展成了珠海机场的最大用途。这种情况使得珠海机场从运营至今已经背

了约17亿元的债务。

（二）理论和认识问题

在我国，由于历史原因，从政府部门、科研机构到行业企业普遍忽视工程管理，对管理的基本规律和规则缺乏认识，甚至否定管理是一门科学。反映在：一些政府主管部门颁布的法规、政策以及红头文件出现概念性错误，有些行业或地方领导不注意理论的学习，在会议讲话、文件中有不少错误。其次，尽管我国从80年代初就开始改革工程建设项目管理体制，分别出台了合同法、招标投标法、建设监理制、项目法人责任制等一系列法规，但很多法规文件还不完善。这些都直接涉及到工程管理领域改革和发展的方向性问题，影响到工程建设行业的良好发展。可以说，工程管理理论知识的缺乏、工程管理思想认识上的不足是我国大型工程项目管理中出现问题、工程管理水平低的根本性原因。

（三）工程管理组织体制的问题

目前，我国大型工程项目一般仍由政府投资或以政府投资和国债资金为主，有不少工程的管理体制基本上是延续计划经济时期高度集中的管理模式，成立工程指挥部负责工程项目的投资和建设，建成后的管理则由另外单位负责，工程指挥部也多是由地方或中央主管部门联合有关单位临时组成，这种临时性工程管理组织不利于工程建设经验的积累，也导致工程项目建设和使用管理的分离；再加上行政权力直接介入工程项目的实施，相互之间缺乏有效的监督机制，极易造成项目建设实施过程中的混乱，直接导致建设项目投资效益低下，形成投资“黑洞”，严重影响工程建设质量和进度，也易孳生腐败现象。在另一些工程的建设过程中，则走另一极端，建设单位既是工程项目的实施者，又是工程项目的使用者，自己管理自己验收，很难发现问题，即使发现了问题，因涉及到自身责任也难以有效处理。

（四）工程管理方法的问题

在具体的工程项目实施过程中，工程管理方面存在的一个重要问题是我国目前还缺乏一套切实可行的工程管理方法，工程项目管理的任务是进行建设项目目标（投资、进度、质量）的控制，项目目标控制需要在项目建设过程中经常性、定期（比如每两周或一个月）进行项目目标值和实际值的比较分析，发现偏差则及时采取纠偏控制措施。但在我们很多的工程实践中，建设单位不知道如何进行项目目标的计划值和实际的动态比较分析，如何进行目标的纠偏。这导致在项目实际情况与计划目标出现偏离时，不知道如何采取纠偏措施，致使项目建成后才发现投资、进度、质量三大目标失控严重。

（五）工程管理的信息化问题

大型工程项目是一个涉及因素多、影响巨大的系统工程，工程建设需要几年甚至十几年，工程项目决策和实施过程中所涉及到的信息处理量巨大，要做好工程项目的目标控制，已不能靠人来处理有关信息，现代信息处理技术和通信技术已成为工程项目的管理中必不可少的手段。但在我们很多大型项目的实践中，现代信息技术和工程管理软件的应用还很不够，工程建设过程中项目目标的信息、实际值的信息、偏差的信息还靠人工处理难以及时准确完整地反映给工程建设的决策者和管理者，信息的不畅、不准确、不完善极易导致项目目标的失控。可以说，在工程项目的决策和实施过程中，没有重视和实施工程管理的信息化是我们在工程管理的手段方面存在的最大问题。

（六）教育和人才的问题

大型工程项目建设的综合性，客观上提出了对工程技术人才复合性知识结构的要求，工程建设的过程是知识的集成和人力与物质资源的集成的过程，工程目标的实现和优化需要多元知识的支持。在我国目前建设行业中，教育不能符合要求和人才的缺乏是制约我国工程管理行业发展和提高的瓶颈，在工程实践中，很多工程管理方面的工程师偏重于技术型，有关经济、管理、合同及法规方面的知识比较欠缺，在经济全球一体化的今天，了解和熟悉国际工程管理惯例的人更少。另一方面，在工程管理行业起重要作用的协会、学会也待改进，一是本身知识和人才缺乏，需要进一步学习提高；二是这些协会、学会处于不受重视和难以有所作为的地位，不能在行业的发展和人才的教育培训、知识的积累和传播中发挥应有的作用。可以说，教育和人才的落后是导致我国工程建设问题频出的一个重要原因。

五、解决工程管理问题的途径

根据以上分析，为解决我国大型工程项目管理目前存在的问题，除进一步健全法制体系外，建议抓以下各项工作：

（一）有组织、有计划地开展工程管理基础理论和前沿理论的研究和学习

工程项目的全寿命周期包括项目的决策阶段、实施阶段和运营阶段，对于建设单位（业主方）管理来说，对应于每一阶段有不同的管理，即开发管理（Development Management，DM）、项目管理（Project Management on behalf of the Owner，OPM）和设施管理（Facility Management，FM）。DM、OPM 和 FM 并不是完全独立的，相互之间存在着联系，工作有交叉，如图 2 所示。国际上大型工程项目管理的内容包括 DM、OPM 和 FM，在时间上工程管理的范围包括整个工程项目的全寿命周期的各个阶段。工程管理学科就是从思想、组织、方法和手段四方面对工程项目的开发管理、项目管理、设施管理进行系统的分析研究，其根本目标是提高项目全寿命建设的投资效益。

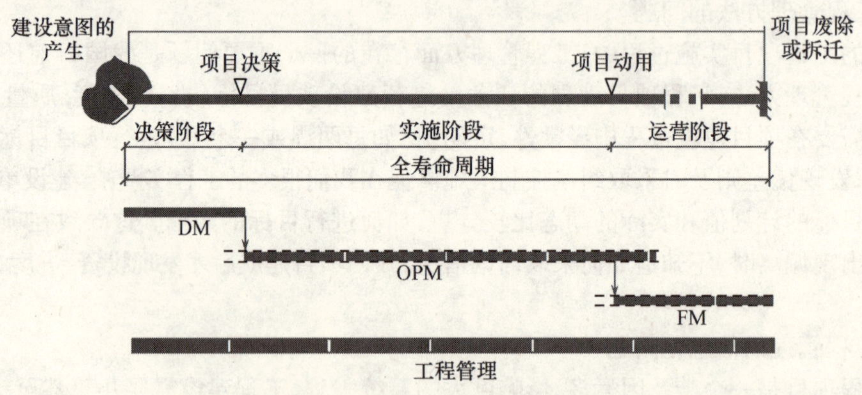

图 2　大型工程项目管理的范畴

目前在国际上，工程管理的前沿研究主要包括三个方面。一是工程项目管理本身理论的进一步发展研究，国际上将工程项目管理的发展划分为四个阶段：传统的项目管理（Project Management）、全过程管理（Program Management）、组合项目管理（Portfolio Management）和变更管理（Change Management）；二是大型工程项目管理中项目总控管理（Project Controlling）的研究；三是大型工程项目管理集成化（Integration）的研究，这些理论前沿的研究，体现了工程管理的根本目的是为了降低工程建设成本，提高工程管理的效率，从而为整个工程项目的建设提供增值性的服务，提

高工程项目的投资效益。

知识的落后是最大的落后，我国在工程管理的基础理论和前沿理论研究方面与国际水平相比还有很大差距，为从根本上促进我国工程管理理论和实践水平的提高，应该有组织、有计划地开展工程管理基础理论和前沿理论的研究，并做好普及工作，将先进的管理理论普及到各层次。

(二) 进行工程项目组织体制的改革

在工程项目的组织体制上，必须废止计划经济时代遗留下来的政企不分的“工程指挥部”的模式，实施行之有效的“项目法人”制。

对于一般的经营性或以经营性为主的基建项目，根据投资渠道，由出资方组成项目法人。项目法人是工程的法定代表，对工程的全过程(从规划、前期工作、建设、采购和经营管理)负完全责任。项目法人也负责筹资、融资、还贷和资金增值。行政部门不能任意对项目法人的工作进行干预。实施项目法人制是建立新型工程建设体制的核心。

项目法人切实依法实施招标投标制、工程监理制和合同管理制。工程建设各过程(包括设计、施工、安装、采购、监理)都签订合同，严格按合同管理。施工中必须由独立的、有资质的单位进行监理。工程招投标必须依法公开公正公平地进行，重要项目要组织超脱和有资格的专家委员会评标。决标严禁行政干预和由个别领导说了算，杜绝以权谋私、贪污受贿和黑箱作业。在显失公平时允许有关单位提出投诉。

对于公益性工程，或以公益性为主的工程，也可由有关政府部门组织或委托成立非营利性的项目法人，对工程的质量、造价、进度负责，按专门规定开展工作。项目法人一般就是今后的运用或经营单位。

以上强调了在大型工程项目中要实行政企分开，并不否定政府应行使的必要的管理职能。相反，对于大型工程项目，由于投资集中，工期长，牵涉面多，影响深远，更需加强政府的管理和协调，但政府不应直接干预应有项目法人负责的活动，变成政企不分。政府的职能体现在：(1)制定法律、条例和规章制度，规范和监督市场行为；(2)从国家全局考虑，组织重大项目的规划和审批，确定工程的规模、效益、投入和进度；(3)对于国家级的、关系到国计民生的特大工程，政府可以设置机构进行直接领导或指导(如三峡枢纽、南水北调等，香港的新机场建设也由工务局负责)，在外国，如德国的迁都柏林工程由联邦建设部负责，这些机构可视工程规模由国务院、部委或地方政府设置；(4)对于其他较大工程，政府相应部门可以指派或委派代表参与其领导，起监督、沟通、协调作用，还可要求项目法人定期汇报。

在工程的运营阶段的设施管理上，应充分重视和实践国际上设施管理 FM 的发展，国际上设施管理是由专业人士进行管理和实施，其目的是为了工程设施的保值和升值，其管理的模式主要是市场化的委托和被委托。

(三) 拓宽工程项目投资渠道，推广多种国际新型工程管理模式

目前我国的大型工程项目主要都由政府投资，而在国际上，私人投资越来越多的参与到工程项目，尤其是大型基础设施建设项目中，出现了多种新型的工程管理模式和经营模式，在经济全球一体化的今天，为加速发展，我们应积极探索大型工程项目投资多元化，相应地采用多种国际上新型的工程管理模式，例如：

EPC(Engineering、Procurement、Construction)：设计/采购/施工总承包；

PMC(Project Management Contractor)：项目管理承包；

EPCM(Engineering、Procurement、Construction、Management):设计/采购/施工/项目管理承包;

BOT(Build – Operate – Transfer):建设 – 运营 – 转让;

BOO(Build – Own – Operate):建设 – 拥有 – 运营;

BOOT(Build – Own – Operate – Transfer): 建设 – 拥有 – 运营 – 转让;

TOT(Transfer – Operate – Transfer):转让 – 运营 – 转让。

在大型基础设施的建设项目上,许多工业发达国家越来越多地重视 PFI(Private – Finance – Initiative)模式的研究和发展,Private 为私人的,Finance 为资金,Initiative 为发端、创始,其含义是用私有资金(民间资金)来开发、实施建设项目,它是指在建设项目开发经营过程中,私营企业或机构拥有产权,并利用其在资金、人员、设备、技术管理的优势从事开发、建设、经营基础设施和公共事业的项目的一种模式。在这种模式下,政府主管部门通过对某些合适的项目进行设计、施工、经营全过程一体化招标,让项目公司在合同期限内集产权、建设与经营三权为一体,将开发过程中的大部分风险转移给私有机构,使项目的开发、运营更具效率,经济效益和社会效益均有所提高。PFI 的出现将会大大拓宽私有资金的投资领域,使私有资金在公共项目上得到更广泛的应用,同时也可缓解政府在基础设施建设投资上的捉襟见肘的局面。PFI 模式将成为全球政府建设项目开发的重要模式,它是个总概念,总模式,它涵盖了 BOT 和 BOOT 等模式。

目前,我国的工程建设的承发包模式主要是平行承发包、施工总承包和项目总承包,根据国际建筑市场的变化和发展趋势,我国的工程项目管理模式应拓宽,考虑传统项目实施模式向前延伸,在中国引进、采用和推广国际上一些成功的新型工程管理的模式,以促进我国工程管理水平的提高和发展。

(四) 有组织、有计划地推进工程管理信息化

工程管理信息化包括基本建设工程管理领域信息资源的开发与利用和信息技术在工程建设领域中的开发与应用两方面。传统的工程建设领域普遍存在着信息内容的短缺(omission)、扭曲(distortion)、过载(overloading)、延误(delay)和信息获取的成本过高等问题。工程管理信息化的开发和应用,可以确保数据的统一性,增强数据保密性和保真度,可以极大提高大型工程项目的社会效益和经济效益,为基本建设和建筑业增值。

正是因为如此,工业发达国家都努力通过政府管理信息化来提高管理效率和透明度。例如英国建立建筑网(Construction Online)和承包商数据库,使大众能够查询政府在建筑方面的规定和承包商的情况;香港借助计算机系统,加强对公共工程的监控;新加坡实现了政府的建设全过程通过计算机网络管理;德国和香港都设置专门的计算机信息处理机构。目标最宏伟的要算日本,政府制定 15 年计划,要求在 2010 年前所有国有投资工程的设计委托、招标、物资采购等全过程管理都通过计算机网络实现,重要的决策也由计算机进行,以减小人为因素的影响。在政府项目的招投标管理上,美国也委托专业机构如斯坦福大学研究专门的招投标系统。

在工程管理信息化研究中,一个最重要的领域是项目信息门户 PIP(Project Information Portal)的开发和应用研究,PIP 可以看作是电子商务技术在工程建设实施中应用的具体表现。它不仅是一种技术工具和手段,而可认为是工程建设在信息时代的一个重大组织变革。国内外的研究证明,信息交流的效率(Efficiency)和有效性(Effectiveness)对于建设项目的成功实施至关重要,传统建设工程项目中三分之二的问题都与信息交流有关;建设项目中 10% 到 33% 的成本增加都与信息交流问题有关;在大型工程项目中,信息交流问题导致的工程变更和错误约占工程总成本的 3% 到

5%。PIP 的开发和应用可以较好地解决这些问题,其观念和内涵是指在对项目实施全过程中各参与方产生的信息和知识进行集中式管理的基础上,为项目的各参与方在 Internet 平台上提供一个获取个性化项目信息的单一入口,从而为各参与方提供一个高效率信息交流和共同工作的环境。如图 3 所示。

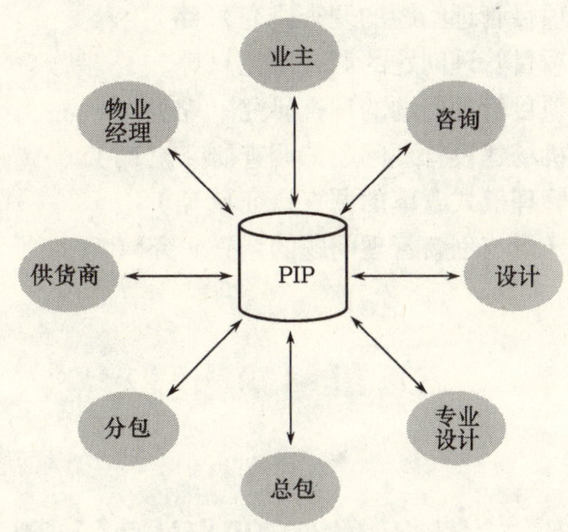

图 3　项目信息门户的含义

信息技术的发展以及加入 WTO 后面临的国内外竞争,要求我们积极推进工程管理领域的信息化建设,逐步建立完善的基于 Internet 的 PIP(Project Information Portal)。通过信息化的建设,对项目实施全过程中项目各参与方产生的信息和知识进行集中式管理,为项目各参与方在 Internet 平台上提供一个获取个性化项目信息的单一入口,从而为项目的参与各方提供一个高效率信息交流和共同工作的环境。应注意的是 PIP 的应用实施是一个系统工程,不仅应重视其技术问题,更应重视其组织问题、管理问题和教育培训问题。组织方面要建立适应工程管理信息化的组织模式,主要包括人员的组织体制、工作流程等方面。管理模式、方法以及手段方面要透明和公开化,着眼于发挥人的积极性和创造性;并应重视和加强工程管理信息化过程中人员的教育和培训。

(五) 充分发挥工程管理科研机构和学会的作用

在工业发达国家和地区,专业人士组织(学会)和一些科研机构在建筑市场管理中起着非常重要的作用,各国的专业人士组织和科研结构均与政府保持着密切的联系,协助政府实现对建筑市场管理的意图;组织制定专业技术标准、规范、合同标准文本等,可以说,他们的许多职能实际上是政府管理职能的民间化。为保证工程项目建设质量、工期和投资效益,工业发达国家和地区的经验表明要充分发挥专业人士和行业的科研机构对工程建设的组织和管理作用,消除由行政命令直接指挥、组织项目建设的实施方式,重视市场经济的运行规律、尊重建筑产品的价值规律。

我国目前正处于计划经济向市场经济转轨的过程中,工程管理知识和教育的落后以及人才的缺乏是制约我国工程管理理论和实践落后的根本性原因,也是我国工程项目管理过程中问题频出的深层次原因。我国虽然也有许多学会和科研机构,但作用和影响有限。参照国际上工业发达国家的经验,在我国工程管理行业的改革和发展中应充分发挥它们的作用,树立它们的权威,使它们成为沟通政府和企业的桥梁,这也完全符合建设“小政府、大社会”的战略目标。

附件1：

专题一《水利重大工程项目管理问题的调查研究》(略)
专题二《铁路重大工程项目管理问题的调查研究》(略)
专题三《水运重大工程项目管理问题的调查研究》(略)
专题四《高速公路建设项目管理问题的调查研究》(略)
专题五《西气东输工程项目管理问题的调查研究》(略)
专题六《上海浦东国际机场建设管理问题的调查研究》(略)
专题七《上海地铁建设管理模式改革的调查研究》(略)
专题八《岭澳核电工程建设与创新管理问题的调查研究》(略)

附件2：

《国家大型工程项目管理问题的调查研究》专家组成员名单

一、课题负责人

潘家铮　中国工程院前副院长、两院院士
殷瑞钰　钢铁研究总院名誉院长、中国工程院院士

二、专家组成员(以专题组先后排序)

中国工程院院士

陈厚群　院士　中国水利水电科学研究院研究员
罗绍基　院士　广东蓄能发电有限公司顾问
李京文　院士　北京工业大学经济与管理学院院长
周　镜　院士　铁道部科学研究院研究员、国务院参事
梁应辰　院士　交通部技术顾问
沙庆林　院士　交通部公路科学研究所研究员
翟光明　院士　中国石油天然气集团公司咨询中心专家委员会副主任
叶可明　院士　上海建工集团顾问总工
钱七虎　院士　总参军事科学技术委员会常委
郭重庆　院士　同济大学机械工程学院
汪应洛　院士　西安交通大学管理学院

专　家

汪雍熙　中国水利水电科学研究院高工
李永利　国家电网公司主任编辑
伊熙祖　铁道部科学研究院前院长、研究员
陈可兴　铁道部科学研究院前副院长、高工
孙毓贤　铁道部科学研究院前副院长、研究员
林平亚　交通部计划司巡视员
蒋　千　交通部规划研究院副院长、总工程师
蔡长泗　中国水运建设行业协会副理事长兼秘书长
庞俊达　交通部规划研究院顾问、前院长、教授级高工
杨盛福　交通部专家委员会副主任、前总工、教授级高工
赵纯均　清华大学经济管理学院院长
孙希文　中国石油天然气集团公司咨询中心教授
姜彦福　清华大学经济管理学院教授
雷家骕　清华大学经济管理学院副教授
杨宪一　中国石油天然气集团公司咨询中心勘探部高工
刘　骁　钢铁研究总院高工
吴　献　同济大学博士
叶琏佳　上海建工集团办公室高工
程　骁　上海地铁建设有限公司教授级高工
黄炎华　上海地铁设有限公司高工
吴晓红　上海地铁建设有限公司高级经济师
陈晓强　解放军理工大学博士
李　丽　中国社科院研究生院博士
丁士钊　同济大学工程管理研究所所长、教授
王广斌　同济大学工程管理研究所教授
赵海峰　同济大学管理学院博士后
王能民　西安交通大学管理学院博士
李晓明　西安交通大学管理学院博士生
惠敬薇　西安交通大学管理学院博士生
杨耀红　西安交通大学管理学院博士生

三、课题办公室

王振海　中国工程院土木、水利与建筑工程学部办公室主任
李冬梅　中国工程院工程管理学部办公室副主任

关于设立《东北地区水土资源配置、生态环境建设和可持续发展战略研究》咨询项目的请示

中工发［2004］41号

国务院：

为响应中央关于振兴东北等老工业基地的战略部署，我院在完成《中国可持续发展水资源战略研究》和《西北地区水资源合理配置、生态环境建设和可持续发展战略研究》后，经项目组全体同志的充分酝酿和多次研究，拟请钱正英院士牵头，组织开展《东北地区水土资源配置、生态环境建设和可持续发展战略研究》咨询研究项目。

为作好项目的研究工作，钱正英院士于4月4日至15日率有关院士、专家30余人分别走访了辽宁、吉林、黑龙江和内蒙古4省区的党政领导和有关厅局，征求意见，并得到4省区的积极支持。项目组在征求各方面意见的基础上，提出了《东北地区水土资源配置、生态环境建设和可持续发展战略研究》立项建议书，拟启动该项目的研究工作。

妥否？请批示。

附件：《东北地区水土资源配置、生态环境建设和可持续发展战略研究》立项建议书

中国工程院

二〇〇四年四月二十六日

附件：

《东北地区水土资源配置、生态环境建设和可持续发展战略研究》立项建议书

为响应中央关于振兴东北等老工业基地的战略部署，我院在完成《中国可持续发展水资源战

略研究》和《西北地区水资源合理配置、生态环境建设和可持续发展战略研究》后，建议组织第三个咨询项目:《东北地区水土资源配置、生态环境建设和可持续发展战略研究》。为此，由钱正英院士带队，两院院士及院外专家34人于4月4日至15日分别走访了辽、吉、黑与内蒙古四省区的党政领导和有关厅局，征求意见。四省区领导及各有关厅局一致认为，该项目对研究东北地区振兴和发展规划有重要意义，愿全力支持，积极参加，希望尽快启动。我们在各省区意见的基础上，提出以下立项报告。

一、选择本项目的理由

东北地区按自然地理范围包括辽宁、吉林、黑龙江三省及大兴安岭以东的内蒙古自治区东四盟(呼伦贝尔市、兴安盟、通辽市和赤峰市)，总面积126万 km^2，占全国国土面积的13%，人口1.19亿，占全国人口的9.3%。经过半个世纪的建设，该地区已形成以钢铁、机械、石油、煤炭和化工为主导的工业体系和主要的商品粮、奶肉和林产品基地，GDP总量占全国的11%，粮食产量占全国的19%，奶类生产占24.5%，森林面积和蓄积量均占全国的1/3。但由于种种原因，在今后的振兴和发展中，存在着一些严重影响可持续发展的问题，例如：

1. 自然环境的恶化和气候变化问题

东北除西部少数地区外，大部分为半湿润和湿润地区，有森林、草原、湿地等生态系统，也是世界三大黑土带之一，是我国自然环境十分优良的地区。但近年来，自然环境恶化的趋势日益严重，干旱化问题突出，沙地扩大，湿地减少，湖泊水位下降。对此人类活动负有重要责任，同时还需要研究全球气候升温对东北有无影响，近年来的气候变化是长期自然演化的正常趋势，还是一种短期异常表现？未来50年可能向什么方向发展？

2. 水资源的合理配置和防洪问题

东北地区的水资源总量不少，但分布极不均衡。额尔古纳河、黑龙江、乌苏里江、绥芬河、图们江、鸭绿江等国际河流地区人少水多；而腹地的松花江、辽河及辽宁沿海诸河人多水少，许多地方地下水超采严重，社会经济用水挤占了生态系统的用水。水资源紧缺成为当前制约社会经济发展和破坏生态环境的一个重要因素。因此，在制定振兴和发展东北地区的规划时，必须研究水资源的合理配置，包括社会经济和生态用水的分配、社会经济内部的用水分配、从国际河流调水的可行性，以及相应的水利工程布局。

辽河和松花江都有防洪问题，需要进一步总结经验，以人与洪水和谐共处的指导思想，研究如何在现有防洪工程的基础上，建设防洪减灾的工作体系。

3. 粮食生产潜力、土地利用和农牧业的均衡发展问题

1980年我国粮食总产量为3 500亿公斤，长江流域及其以南地区占六成、北方地区占四成。20世纪90年代后期，我国粮食总产量达到5 000亿公斤，北方地区占六成、南方地区占四成。在新增加的1 500亿公斤中，北方地区的贡献占了近九成。预计到2030年人口高峰期时，按人均400公斤计，还需在5 000亿公斤的基础上新增1 000～1 400亿公斤的粮食。就全国目前的情况看，新增粮食产量的近40%潜力可能在东北地区，因此，未来国家的粮食生产布局与东北地区的农业发展前景有密切联系。

东北地区目前的非耕地都是林地、草地和湿地。50年来，耕地不断扩大，所占用的也都是林地、草地和湿地，特别是近年来发展的水稻田，所占用的大多是湿地。今后东北的耕地面积还能不

能扩大？土地利用应如何合理规划？这些问题需要进行多学科的综合研究。

近年来，作为粮食基地的东北地区，农民收入却低于全国平均水平。东北农业发展过去主要依赖种植业，畜牧业发展相对缓慢，但潜力巨大，是发展现代农业、增加农民收入的重要途径。如何走农牧结合的道路，延长产业链条，使种植业和畜牧业互为市场，增加农业整体的附加值，提高农民的收入，这是发展东北农业需要研究的又一个问题。

4. 林业的发展方向和水土保持问题

东北林区对维护整个东北地区的生态平衡、保证社会经济的可持续发展，起着极为重要的作用。由于长期重采轻育，造成森林可采资源枯竭、林分质量下降、生态功能衰退、林区经济危困。如何尽快恢复森林资源、提高林地生产力、合理调整林区产业结构、更好地实施林业生态工程和森林可持续经营，都是亟待研究的问题。

松嫩平原黑土地的土壤侵蚀严重，黑土层逐年变薄，黑土退化；西部半干旱区土地沙化，丘陵区水土流失严重；许多地方的土地冻融侵蚀也很严重。需要研究适合东北地区特点的小流域水土保持治理和黑土地的保护方式。

5. 城市发展及水务问题

振兴东北等老工业基地的主战场在城市。在过去的发展中，东北地区的城市化水平是比较高的；但近年来，城市基础设施的落后老化比较严重，城市人口也有流失现象。目前东北大多数城市都面临着用水效率低、地下水超采、后续水源不足、水体污染严重等问题。在未来的工业化、城市化进程中，东北地区的城市人口将有一定的增长，城市需水量也将明显增加。因此，要对城市水务问题予以统筹考虑。

6. 矿业、能源资源的开发问题

东北的矿业开发已有百年历史。特别是煤炭和铁矿，由于开采时间长，已探明的资源基本枯竭。大庆、阜新、鸡西、鹤岗、双鸭山、七台河等一批依托资源开发建起的城市都面临着不同程度的资源枯竭，长期开采还诱发了大量的矿山环境问题。各地反映，现在提出的资源枯竭是指20世纪80年代以前已勘探的资源，近二十多年来地质勘查工作有所削弱，未能成为经济发展的先行。今后这些产业和城市应如何可持续发展，新一轮的资源勘探工作应如何开展，拟纳入研究范围。对石油、化工、煤炭和电力等行业的工业用水问题需要制定合理的对策。

7. 水污染防治问题

辽河流域是我国水污染最为严重的流域之一，松花江流域也存在着严重的饮用水源污染问题，其中浑河、太子河和第二松花江流域的水污染防治已到了刻不容缓的地步。如何在老工业基地振兴过程中同步搞好水资源保护、节水和水环境治理，也是本次研究的重点问题。

对于上述各方面的问题，各有关部门都做了很多工作，提供了良好的研究基础。但对一些综合性、战略性问题，还需进一步协同研究，以取得共识。中国工程院将在“水资源”与“西北”二个项目研究的基础上，继续以中国工程院与中国科学院的两院院士为主体，联合有关部委与四省区的高级专家，组成研究群体，中央与地方结合，进行跨省区、跨部门、跨流域较超脱的综合研究，通过高层次的咨询活动为国家宏观决策提供依据，同时也可培养中、青年专家。

二、项目的主要研究内容

本项目以自然地理范围的东北地区为研究范围，以科学发展观为指导，以水土资源的合理配置

和生态环境保护与建设为内容,以工业、农业、林业、城市的可持续发展为目标,主要研究以下十个课题:

1. 东北地区水资源供需发展趋势与合理配置研究;

2. 东北地区自然环境历史演化、人类活动的影响及气候变化研究;

3. 东北地区水与生态环境问题及保护对策研究;

4. 东北地区土地利用与农业发展战略研究;

5. 东北地区森林与湿地保育和林业发展战略研究;

6. 东北地区城市化与资源环境协调发展研究;

7. 东北地区矿产资源开发用水和可持续发展研究;

8. 东北地区能源工业用水对策和可持续发展研究;

9. 东北地区水污染防治对策研究;

10. 东北地区水资源开发利用重大工程布局研究。

三、预期目标、成果形式与完成时间

1. 预期目标

综合评价东北地区的资源、环境和经济基础及可持续发展所面临的重大关键问题;研究提出:资源合理配置和农业、林业、工矿业及资源型城市等产业的调整方向;生态与环境的保护与建设途径;区域之间、城乡之间、工农之间、农牧之间、人与自然之间协调发展的总体战略。

2. 预期成果形式

(1) 1 份综合报告。

(2) 10 份课题研究报告。

3. 完成时间

计划用 1 年半时间完成。即从 2004 年 4 月立项至 2005 年 10 月提交综合报告,并向国务院汇报成果。

四、项目组与课题组正副组长名单

项目组组长:

钱正英　中国工程院院士

副　组　长:

沈国舫　中国工程院院士,中国工程院副院长

石玉林　中国工程院院士,中国科学院地理科学与资源研究所研究员

顾　　问:

张光斗　中国科学院、中国工程院院士,清华大学教授

王淀佐　中国科学院、中国工程院院士,中国工程院副院长、中国工程院咨询委员会主任

卢良恕　中国工程院院士

徐乾清　中国工程院院士

石元春　中国科学院、中国工程院院士

水资源组组长：

陈志恺　中国工程院院士，中国水利水电科学研究院水资源所原所长、研究员

副　组　长：

王　浩　中国水利水电研究院水资源所所长、研究员

自然历史与气候变化组组长：

刘东生中国科学院院士，中国科学院地质与地球物理研究所研究员

副　组　长：

刘嘉麒　中国科学院院士，中国科学院地质与地球物理研究所研究员

李泽椿　中国工程院院士，国家气候中心原主任、研究员

生态环境组组长：

刘昌明　中国科学院院士，中国科学院地理科学与资源研究所研究员

副　组　长：

夏　军　中国科学院地理科学与资源研究所研究员

农业组组长：

石玉林（兼）

副　组　长：

戴景瑞　中国工程院院士，中国农业大学作物学院院长、教授

林业组组长：

李文华　中国工程院院士，中国科学院地理科学与资源研究所研究员

副　组　长：

周晓峰　东北林业大学教授

刘兴土　中国科学院东北地理与农业研究所研究员

城市组组长：

周干峙　中国科学院、中国工程院院士，建设部原副部长、高级顾问

副　组　长：

邵益生　中国城市规划设计院副院长、研究员

矿产组组长：

李东英　中国工程院院士，原中国有色金属公司常务董事兼科技部主任、研究员

副　组　长：

邱定蕃　中国工程院院士，北京矿冶研究总院副院长、研究员

能源组组长：

胡见义　中国工程院院士，中国石油勘探开发研究院原副院长、研究员

副　组　长：

谢和平　中国工程院院士，四川大学校长、教授

苏义脑　中国工程院院士，中国石油勘探开发研究院研究员

黄其励　中国工程院院士，东北电网公司总工程师

防污组组长：

钱　易　中国工程院院士，清华大学教授

副　组　长：

李圭白　中国工程院院士，哈尔滨工业大学教授

张　杰　中国工程院院士，中国市政工程东北设计研究院研究员

水利工程组组长：

潘家铮　中国科学院、中国工程院院士，中国工程院原副院长

副　组　长：

宁　远　国务院南水北调办公室副主任、研究员

刘　宁　水利部总工程师、研究员

关于中国工程院为西部地区人才队伍建设提供支持情况的报告

中工发[2004]74 号

中共中央组织部人才工作局：

自 1998 年以来，我院与国家各有关部门合作，为积极推进西部大开发战略的实施，组织并开展了"中国西部科技经济与社会发展论坛"；"西北地区水土资源配置、生态环境建设和可持续发展战略研究"咨询项目；"新疆重大疾病院士论坛"；"四川光电子产业发展研讨会"；"2004 国际稀土研究与应用研讨会"等。现将我院为西部地区人才工作提供支持的有关具体情况报告如下。

一、中国西部科技经济与社会发展论坛

为了促进西部地区科技、经济的发展，满足该地区广大科技工作者了解并掌握国际、国内科技前沿领域信息和先进技术，自 1998 年开始，由中国工程院和中国科协共同主办、西部 12 省市地方科协和学会联合承办的"中国西部科技经济与社会发展论坛"（以下简称 "西部论坛"）开始举办。论坛每年举办一次，论坛围绕西部发展的共性问题，结合承办省的特点确定主题。截至今年 8 月，西部论坛已连续举办了七届（详见附表），每届论坛都邀请相关院士和数百名科技工作者参加。今年在宁夏召开的"第七届中国西部科技进步与经济发展专家论坛学术研讨会"，有 26 位院士和全国近 300 名科技工作者参加，13 位院士作了大会特邀学术报告，我院王淀佐、邬贺铨、杜祥琬三位副院长参加并作学术报告。与会的院士、专家紧紧围绕党中央、国务院关于西部大开发的战略部署，着眼于西部地区新的发展形势和机遇，以"信息化与西部地区全面协调和可持续发展"为主题，就信息化与工业化、信息化与农业产业化、信息化与经济社会全面协调可持续发展等重大问题，进行了全面深入的研讨和交流。

通过以上七届“西部论坛”活动,促进了西部地区开展跨学科、跨行业、跨部门的学术交流,为西部地区各级政府、企业和社会各界与院士、专家之间搭建了一个直接沟通和长期联系的平台,为该地区人才培养做出了实际的贡献。

二、西北地区水资源配置、生态环境建设和可持续发展战略研究

此项目自2001年5月立项,历时近3年,成立了9个课题组,有35位院士、近300位专家和西北各省区130多位有关领导和专家参与工作。2004年1月该项目结题,向国务院领导及19个部委和西北6省区负责同志汇报了研究成果,温家宝总理主持了会议并作了重要讲话,他对研究报告给予了充分肯定,并要求有关部委和西北6省区将这些研究成果应用到各自的实际工作中去。通过该项目的组织实施,带动了西北地区一批科技工作者投身到项目的研究和后续工作中去,从而锻炼了队伍,使中青年科技人才在实践中成长。同时,也使西北地区有关部门的领导受到了教育、更新了观念,增强了对水资源配置、生态环境保护及合理开发和可持续发展问题的认识。

三、举办各类学术研讨会

2003年10月,我院与四川省科技顾问团在四川成都共同举办了“四川光电子产业发展研讨会”。与会院士和70多位同行专家就四川省发展光电产业的目标和对策进行了研讨。除院士外,有6位青年光电技术专家分别在会上作了专题发言。2004年8月,我院与中国材料研究学会在内蒙古包头市举办了“2004国际稀土研究与应用研讨会”,来自国际11个国家和国内共464位同行专家出席了研讨会。

以上活动的开展,为同行之间的交流与合作提供了条件,也为青年科技人才的成长提供了舞台。

四、下一步工作安排

1. 继续开展每年一度的“西部论坛”。下一届“西部论坛”计划明年在甘肃兰州举办,会议主题确定后,我院将尽快上报中组部人才工作局。

2. 为贯彻落实中央《关于进一步加强新疆干部与人才队伍建设的意见》,我院将与新疆医科大学开展长期合作,不定期举办“新疆重大疾病院士论坛”。开展这一活动的目的是为了促进新疆医学工作者对重大疾病的研究,加强院士与新疆医学界的学术交流,提高新疆医务人员对重大疾病的预防、诊断和治疗水平。

3. 继续开展“西北地区城市化进程中的可持续发展战略研究”项目。去年11月,我院组织有关专家历时22天,赴西北河西地区包括兰州、武威、张掖、酒泉等6市(州)进行了实地考察,在此基础上,我院将继续组织有关院士和专家,对该项目进行研究、论证,以期应对内地经济快速发展对西部地区资源、人才等方面造成的影响。

以上情况,特此报告。

附表:历届“西部论坛”情况简表

中　国　工　程　院

二〇〇四年九月十三日

附表：

历届“西部论坛”情况简表

年度	论坛主题	地点	论文数
1998	中国西部能源资源开发及优化配置	云南昆明	109 篇
1999	中国西部生态建设与经济协调发展	陕西西安	269 篇
2000	21 世纪中国西部交通发展战略	重庆市	
2001	优化配置西部资源坚持高效持续发展	新疆乌鲁木齐	
2002	加快环境与生态建设、推动区域经济社会协调发展	内蒙古呼和浩特	
2003	科技进步与西部优势产业发展	贵州贵阳	346 篇
2004	中国西部科技进步与经济社会发展专家论坛	宁夏银川	243 篇

中国工程院关于贯彻落实中办发〔2004〕22 号文件有关情况的报告

中工发〔2004〕75 号

中央人才工作协调小组办公室：

按照贵办《关于贯彻落实中办发〔2004〕22 号文件有关事项的通知》要求，我院对《贯彻落实中央关于振兴东北地区等老工业基地战略，进一步加强东北地区人才队伍建设的实施意见》（中办发〔2004〕22 号）进行了认真的学习，并对前一段我院参与的相关工作进行了汇总，对文件中涉及我院的工作做了认真的分析、梳理，现将有关情况和下一步工作安排报告如下。

一、紧密配合国家振兴东北老工业基地战略，积极参与和组织“院士行”活动

今年 6 月中下旬，我院参加了中组部组织的“院士专家东北行”活动。按照要求，我院向中组部推荐了 15 位院士、1 位专家赴东北老工业基地参与此次“院士行”。此外，为进一步做好这项工作，今年 3 月至 8 月，我院与国家发改委共同组织了 260 余位院士、专家，为推进东北地区企业技术创新体系建设、解决企业技术难题，促进东北老工业基地产业技术进步和区域经济发展，架起企业与大专院校、科研院所之间沟通的桥梁，而先后开展了“赴沈阳黎明航空发动机集团公司院士行活动”，“赴一汽集团、长春轿车消声器厂和吉林轿车制动器厂院士行活动”，“吉林农副产品深加工企

业技术创新院士行活动”,“哈电集团院士行活动”,“吉化集团公司、吉林石化公司技术创新院士行活动”,“辽宁镁质材料行业技术创新院士行活动”,“东北水资源项目(分赴东北三省)院士行活动”等。通过在东北地区的上述活动,院士们为振兴地方经济和地方科技发展服务,推动了企业的技术进步,促进了优秀年轻工程科技人才的成长,受到了当地政府和科技人员的普遍欢迎。

针对东北地区人才队伍建设面临的问题,院士专家们也提出了不少建设性意见。例如,在“赴一汽集团、长春轿车消声器厂和吉林轿车制动器厂‘院士行’活动”中,院士们提出要注重企业工程技术人才的培养,建议选派企业有培养前途的技术人员,送到大专院校进行培训。一方面加强企业与院校的合作,另一方面企业的技术人员得到了锻炼和培养,为企业的可持续发展储备了人才与技术。在赴“吉化集团公司、吉林石化公司技术创新‘院士行’活动”中,院士们针对科研院所普遍存在的高级技术人才缺乏和流失问题,特别是流失人员离开后与之竞争造成的威胁问题,建议以产权为联结纽带,将高级技术人员个人利益与院所的长远利益结合起来。可以将好的项目股份化,科技人员入股,以股份的纽带牢牢将科技人员与院所联系在一起。

二、下一步工作安排

1. 我院将继续参加每年由中组部组织的“院士专家东北行”活动。积极配合中组部做好相关工作,按照东北地区实际需求,推荐有关院士和专家参与活动。

2. 继续组织开展由钱正英院士牵头的“东北地区水土资源配置、生态环境建设和可持续发展战略研究”咨询项目。

3. 文件中提出“围绕解决东北地区老工业基地振兴中的重大技术问题,每年举办3至5期专业技术人才高级研修班”。我院可为每年举办的专业技术人才高级研修班推荐并组织相关院士授课。

4. 进一步加强院士与地方、相关科研院所、高校和企业的技术交流,更好地发挥院士们的高智力资源优势,为东北地区的人才队伍建设服务。目前在东北地区工作的工程院院士达56位,比起一般省、区、市,东北占有一定人才优势。我院将通过多种形式组织、鼓励并支持这些当地院士充分发挥作用,为振兴东北老工业基地服务。

5. 支持“黑龙江省院士工作办公室”开展工作,充分发挥科技先导作用,为振兴黑龙江省老工业基地提供有力的科技支撑,为黑龙江省重大工程项目决策咨询、科技攻关、培养专业人才及国际合作交流等提供相关服务。

以上是我们的初步安排,待中央人才工作协调小组办公室将任务分解印发后,我院将做相应的调整和安排,认真完成好中央人才工作小组分配的任务。

以上情况,特此报告。

中 国 工 程 院

二〇〇四年九月十三日

(以上均由王立群提供)

院 士 建 议

关于解救公路路面过早和早期破坏的建议

沙庆林

2004 年 1 月 30 日

一、大量货车严重超载

近几年来,不少高速公路,如主要用于运煤的宣化-大同高速公路、北南干线北京-珠海高速公路等和国道干线 110 和 107 等公路上货车超载现象十分严重。它是促使这些公路路面产生严重过早(通车不到一年)破坏和早期(通车两年左右)破坏的最主要外因。同时,这些严重超载车辆使交通事故和人员伤亡增加,使这些公路的通行能力显著降低,造成相当可观的经济损失。已引起社会各界的普遍关注。

(一) 沥青路面结构设计时的标准轴载

美国沥青路面结构设计时的标准轴载为 82 kN(8.2 吨),法国、比利时等国的标准轴载为 130 kN,我国采用的标准轴载为 100 kN。也就是,设计时要求路面能承受最大轴载 100 kN 的车辆的反复作用。如果实际路面能承受轴载 120 kN 左右的车辆反复作用,应该说这个路面的质量达到了要求。

(二) 公路上的货车实际超载情况

1. 1998 年宣大高速公路建设期间曾对原老路进行了交通量调查,实际行驶的货车主要是运煤车,有二轴车、三轴车、四轴车和五轴车。在每种车型中都随机抽取部分车辆测量其轴载。总共 561 辆车中轴载小于 100 kN 的车仅占 6.1%,小于 130 kN 的车占 8.6%,轴载在 170 kN~230 kN 之间的车占 84.7%,最大轴载达 250 kN。这些车辆中的大部分现已在宣大高速公路上行驶。主要车型是红岩和斯太尔。

2. 2002 年 7 月对呼和浩特-包头高速公路的交通量和交通组成进行详细调查后发现,70.7% 的货车都超载超载率(实际载重与额定载重之比)在 1.0~2.0 之间的占 73.2%,超载率在 2.0~3.0 之间的占 22.6%,最大超载率大于 4.0。

3. 2001 年对湖北境内的 107 国道用人工抽查称重方法检验了 250 辆货车。其中轴载小于 100 kN 的车占 24.8%,轴载小于 130 kN 的车占 54.4%,轴载在 130 kN~170 kN 之间的车占 40.4%,轴载大于 170 kN 的车占 5.2%,最大轴载达 200 kN。主要车型是东风和解放。

4. 2001 年对湖南境内 107 国道进行货车检验的结果表明,轴载小于 100 kN 的车仅占 21.2%,

轴载小于130 kN的车占45.4%,轴载在130 kN~170 kN之间的车占49.5%,轴载大于170 kN的车占5.4%,最大轴载大于180 kN。

5. 四川的隆昌-纳溪高速公路,车辆除超载外,还有一种奇怪现象。该高速公路上大型货车约占40%。大型车辆到收费口停下,车箱侧板上竟用大字标着载重1.75~1.9吨。收费员只好按二类车收费。该收费站设有电子称重设备,收费员可以同时打印出该车的实际情况。以下为我亲自所见的情况:

(1) 一辆二轴车,按规定属四类车(载重5~15吨),实际总重30.1吨,应收费135元,实际收费30元(该路尚未按计重收费);

(2) 一辆二轴车,按规定属五类车(载重15~25吨),实际总重46吨,应收费165元,实际收费50元;

(3) 一辆二轴车,按规定属五类车(载重15~25吨),实际总重38.15吨,应收费95元,实际收费30元。

该高速公路上的货车的轴载和外形尺寸(与其他高速公路上一样,车厢普遍加高和加长)都超过了国家技术标准。实际轴载几乎100%超过行驶证的标注质量,证照不符、大改小的现象十分严重,而且不少车辆的行驶证是在重庆市办理的。据统计,由于这种现象,该收费站每月损失的通行费为99万元。

(三) 货车大量超载的原因

货车大量超载的原因是多方面的,不是哪一个部门能够解决的。如这个问题不解决,公路路面的过早和早期破坏将会更加严重,造成的经济损失将难以估量。货车不超载,驾驶员就赚不到钱,这就牵涉到运价问题。为什么载重50~150 kN,甚至更大的大货车在车厢上和行驶证上只标注17~19 kN? 这里有规范汽车生产和汽车改装等原因。

二、高速公路路面的过早和早期破坏严重

货车大量超载促使一些高速公路的部分路段路面产生结构性破坏、泛油和严重辙槽。为了应对大量货车的严重超载和预防沥青混凝土面层产生过早和早期破坏,不少高速公路的业主都不惜花高价采用发达国家都很少采用的改性沥青SMA(从欧美引进的一种沥青混凝土,其单价为普通沥青混凝土的1.5~2倍)做沥青面层的上层或对沥青面层的上层和中层(通常沥青面层有上中下三层)都采用改性沥青(其单价为普通沥青混凝土的1.3倍)。但使用这些措施后,路面并没有避免产生严重的泛油、辙槽和水破坏(坑洞)等过早和早期破坏。从东北到南方的高速公路上都会看到这些破坏现象。

三、高速公路建设要有合理工期

近几年来,高速公路建设没有合理工期已成为通病,发展得愈来愈严重。其原因是省市领导往往把建成一条高速公路看作是自己的一项业绩,并追求到某某年底高速公路里程一定要达到多少千米。因此,高速公路的建设工期常比计划工期缩短1/3左右。据介绍,某省有一条高速公路的业主要求中标施工单位在半年内完成全部工程。这些情况迫使施工单位不管气候条件突击抢工,不按科学规律,不分白天和黑夜铺筑本应在白天较高温度下铺筑的沥青混凝土面层。有的高速公路甚至边下雪边铺筑沥青混凝土面层。这样赶工必然要严重影响工程质量。

建议不要将建成一条高速公路或高速公路里程达到多少千米作为某领导的业绩。如把建成一条高速公路作为领导的业绩看作是一种奖励,则高速公路通车后产生严重的过早和早期破坏(如超过3%),应对有关领导进行某种惩罚。

四、高速公路建设要有合理标价

近几年来,一些大型施工企业成立了很多小施工单位,使得市场竞争相当激烈。为了能够中标,施工单位将投标价压低到比标底价低20%左右,甚至有低40%的。一些高速公路的业主也乐于采用最低价中标的方法,以节约投资。一般讲,我国高速公路的标底价并不高,施工单位拿了80%,甚至60%标底价的钱,又如何能按设计要求做出合格的高速公路?此外,近两年又取消了物价上涨补贴,例如,今年建材(如钢筋、水泥等)价格普遍上涨,施工单位更不能承受。

建议高速公路建设统一按合理标价进行招投标。同时应考虑物价上涨因素。

发展固态照明　改善生活质量　节约电力资源

陈良惠等14位院士

2004年3月1日

世界面临能源危机,中国能源形势更加严峻,化石燃料本世纪内将面临枯竭。节电与开发新能源同等重要,而节电则更经济、环保,应放在首位。在节电中照明节电效果十分显著。以半导体发光二极管(LED)和聚合物发光二极管(OLED)为代表的固态照明通过提高电光转换效率,降低成本,终将成为最有效的通用照明节能的技术途径。

为达到节电的目标,建议将固态照明的研发列入国家科技中长期规划重大专项,用15年时间(2020年前),加强固态照明的研发和生产,推动绿色照明运动,通过节约照明用电,达到年节电1 000亿度,其效果相当再建一座“照明节电的三峡电力工程”。在此同时,也可大大改善人民生活质量。

从世界能源危机和环保看照明节能

从20世纪至今,世界能源的主体仍是化石燃料。若没有惊人的新矿藏发现,按目前的开发速度,全球的化石燃料会在本世纪迅速枯竭,而且化石燃料的使用需要付出巨大的环保代价。

解决能源危机的出路首先是开发新的绿色能源,如太阳能、核能、风力、水力等。待三峡三期工程全面完工,三峡水电站总装机容量达1 820万千瓦,年平均发电量846.8亿度,成绩极其可观。

正如权威人士形象的说法:三峡发电可以照亮半个中国。鉴于我国经济建设的高速发展,人民生活的不断提高,即使三峡工程全面完工供电,中国能源的缺口和有效利用的潜力仍然很大。

在世界电力的使用结构中,对美国、日本和欧洲等发达国家而言,其照明用电约占总用电量的20%,而据中国绿色照明工程促进项目办公室的抽样调查表明,照明用电在中国总用电中的比例,约为12%左右。2003 年全国发电量为 19 107 亿度,较 2002 年增长 15.52%。暂按用电增长速度低于 GDP 发展速度的 5% 保守计算,到 2010 年,我国发电量可望达到 27 000 亿度,其中照明用电估计就需 3 000 亿度以上。如果照明用电节约一个百分点,即可节约 20 ~ 30 亿度电,如果照明用电节约三分之一,则可节电 1 000 亿度。把照明节电看成最有效的环保工程和节电手段之一是毫不为过的。

固态照明是指用全固态发光器件作为光源的照明技术,目前主要包含半导体照明的发光二极管(LED)灯和有机物发光二极管(OLED)。

LED 灯作为照明光源,其优越性在于:光电转换效率高,低压供电,使用寿命长,既可以有选择地发出单色光,也可以高效地发出白光,所以可以大大地节约电能。LED 目前效率已超过白炽灯,尚不及荧光灯,但在十年后,其电光转换效率和使用寿命将分别是荧光灯的 1.5 倍到 10 倍。

国内外半导体 LED 发展现状

氮化镓(GaN)基 LED 的发展大大推动 LED 产业的形成,并正向全色、高亮度的方向发展。传统照明业巨头已经进入固态照明行业,如菲立浦公司和惠普公司组建的 Lumiled,通用电器公司和 EMCORE 公司组建的 Gemcore,西门子公司组建的 Osram 等。

国际高亮度 LED 市场从 1995 年起每年平均以 58.5% 的速度增长,2002 年达到 18.4 亿美元,估计 2003 年将达到 25 亿美元,比 2002 年再增长 33%。

中国科学院早在 20 世纪 60 年代,就开展发光科学的研究。80 年代,我国 LED 开始从研究走向生产,至 21 世纪已形成规模。2002 年我国 LED 生产企业数达到 420 家,员工 3 万余人,产量超过 150 亿支,产值超过 80 亿元。2003 年 LED 产值预计超过 100 亿元,产量约 200 亿只,其中超高亮度 LED 有几十亿只。近几年 LED 的发展速度超过 30%,其中超高亮度 LED 的发展超过 50%。

我国 LED 产业早期是引进管芯进行封装,技术门槛低,属劳动密集型产业,在 20 世纪末,国内先是引进外延片进行加工,进而开展技术含量很高的外延片的研发和小批量生产。目前,除使用液相外延生长低亮度的红光 LED 外,用 MOCVD 生长的 AlGaInP 红、橙、黄 LED,和 InGaN 蓝、绿和紫外 LED 外延片和管芯已进入生产,但规模尚小。

固态照明的意义重大,但真要进入通用照明市场,在技术和成本上要有重大突破,还要有很大的投资和长时间的努力,而这是一般以赢利为目的的公司所不能独立承担的,因此世界各国都启动国家项目给以引导和支持。

美国能源部设立半导体照明国家研究项目,他们制定的时间表是:2002 年 20 lm/W,2007 年 75 lm/W,2012 年 150 lm/W,2020 lm/W(目前日光灯是 80 lm/ W)。他们预计到 2025 年,固态照明光源的使用将使照明用电减少一半。从 2000 年到 2020 年,累计的功效和节约潜力就可以达到:减少 2.58 亿吨炭污染物的排出;少建 133 座新的电站(每座 1 000 MW);累计节约财政开支1 150 亿美元;形成一个新的每年产值超过 500 亿美元的光源产业,还会带来高质量的百万计的工作机会。

日本已经完成了“二十一世纪照明”发展计划的第一期目标，正在组织实施第二期计划，至2010年的目标为120 lm/W；欧共体正在开展多色光源的彩虹计划；韩国的“固态照明计划”经政府审议批准，2004—2008年国家投入1亿美元，企业提供30%的配套资金，近期开始实施，预期2008年达到80 lm/W，中国台湾地区也推动“次世纪照明光源开发计划”，投资约6~10亿新台币，2005年目标是40 lm/W的LED投入生产，而实验室目标为100 lm/W。

随着我国经济建设高速的持续增长，人民生活的不断改善，新住宅的建设和人均使用面积的大幅度提高，照明灯具增加了装饰功能，这大大提高了照明用电的需求和照明节电的空间。科技部紧急启动的半导体照明工程，动作快，效率高，为我国固态照明的发展争得了时间。制定我国固态照明战略发展计划，已是刻不容缓的任务。

特殊照明是半导体LED灯应用的先驱

LED在仪器仪表的指示、手机和数码相机的背光照明、全色显示中的应用早已为人们所知悉。LED灯用于照明，将会首先在特殊照明上得到应用。除了交通灯、信号灯、标志灯、汽车灯已经成为商品得到大量的应用外，随着人民生活水平的提高，室内的夜间长明灯、吊顶灯池的变色灯、公共绿地和别墅花园的草坪灯也备受人们青睐。高层建筑的轮廓灯，桥梁、高速公路、隧道的导引路灯将为LED的照明灯提供广阔的舞台，将为城市景观的美化作出贡献。如果能够把低压节电的LED灯用作煤矿工人井下用的矿灯，将会改善矿工的安全度和工作环境。在如太空照明、机载照明、舰载照明以及军用照明等要求低压节电的特殊场合，LED灯有很好的应用，它可与太阳电池相结合，还将衍生出很多新的照明产业，为未来半导体LED灯在通用照明中的应用打下基础。

可以预期，2008年的北京奥运会和2010年的上海世博会，将是我国固态照明作为特殊照明大显身手的舞台。

有机物发光二极管(OLED)应该是固态照明计划的组成部分

一个OLED是通过把有机薄膜夹在两个电极之间而作成的光电子器件，当电流通过时，会发出亮光。与目前处于主流地位的显示器件如CRT、LCD相比，OLED有诸多的优越性：如重量轻、可靠性好、可以实现红光到蓝光的任何单色的显示及彩色显示、低压供电、电光转换效率较高(可达23 lm/W)、响应速度快(是LCD的1 000倍)、视角范围宽、可以制作在柔软的衬底上等，而且目前寿命已经可以达到20 000小时以上。特别因为OLED制作过程简单，成本很低，价格可以做到十分低廉，是显示器市场的有力竞争者，可望通过进一步提高转换效率和亮度，进入照明市场。应该说，可以作为点光源的LED和可以作为面光源的OLED，发挥各自的优势，相得益彰，所以，把聚合物发光二极管纳入固态照明计划是合适的，不过目前尚处前期预研阶段。

对我国固态照明发展总体战略的设想

固态照明发展总体战略目标的建议：在2006—2020年的15年时间，投资50~100亿元，发展固态照明技术，形成自主知识产权，半导体LED灯达到150~200 lm/W，15元人民币/klm，建立固态照明产业，全面进入通用照明市场，占有30%~50%的市场份额，推动绿色照明，实现照明节电30%以上，年照明节电1 000亿度以上，相当于再建一个三峡电力工程。使用经费建议由科技、高技术产业、能源和环保等主管部门分别从国家财政列项筹资，积极适时引导企业介入，由政府组织，集中领导，并制定阶段目标，分期实施。

"十一五"期间，固态照明阶段目标的建议：形成一个中心，两条链，实现技术突破，配合绿色照明的普及和深入人心，形成我国固态照明的坚实技术基础和朝阳产业的雏形。

一个中心——国家固态照明工程研究中心：以新的机制，集中全国研究所、高校和产业界的人才精英，以国家投资为主，吸收产业界和金融界的投入，形成成果共享机制，建成与国际接轨的具有世界一流水平的固体照明研发和成果转化的平台。

固态照明技术研发、攻关链：以固态照明工程研究中心为技术中坚力量，在国家支持和领导下，把全国研发和攻关工作组织起来，形成举国体制，加强国际合作，以期在创新基础上，达到世界一流水平，也注意适当地技术引进和消化吸收，满足产业发展的需要。

固态照明产业链：以适应不同应用目标的照明灯具系统的企业为主体，建立芯片－磷光剂－密封剂－LED 灯封装－驱动电路－控制程序－灯具系统的产业链。注意形成自主知识产权和核心专利，以固态白光照明的特殊应用为突破口，做好性能、成本、标准等方面的准备，并开拓通用白光照明光源市场。

在一个中心、两条链形成的基础上，2010 年产品水平达到 100 lm/W，实验室水平达到 80 ~ 120 lm/W。以与传统照明有竞争力的价格，全面进入照明市场。

对发展固态照明的几点建议

1. 将发展固态照明列入国家中长期科技发展规划和"十一五"计划：由国家相关部委共同组织固态照明技术与产业发展战略研究。

2. 新的组织机制：政府主导，统筹全国在固态照明方面的科技力量，并引导企业早期参与，形成成果共享和可持续发展的机制，攻克关键技术。

3. 专利的分析和突破：鉴于截至今日的固态照明专利几乎为日本和美国所垄断，除要专门组织专利的分析、研究，寻找突破对策外，对可能突破国外专利形成自主知识产权的项目，给予特殊经费和政策支持。

4. 从政策上推动绿色照明：建议在国家、地方的环保和能源开发经费列支，对包括固态照明在内的节能灯具的研发、生产、销售和推广，给以政策性补贴。

5. 发展基础材料和制造业：打造独立的有竞争力的民族工业，注意关键材料和设备的自主开发，是我国电子工业发展的教训和共识。发展固态照明产业，一定要着力发展配套的可提供优质廉价产品的衬底材料、磷光材料和封装材料产业，外延生长用的 MOCVD 设备以及器件工艺和封装测试设备等制造产业。

6. 认真分析市场明智引资扩产：固态白光照明确实蕴藏巨大商机，正在吸引大量投资者的青睐，我们一定要清醒地分析技术与需求的互动，以及市场扩展的规律，切忌一窝蜂盲目投资扩产，以避免供求失衡和低价的恶性竞争。

7. 人才竞争是成功的关键：固态照明是一项需要长期发展的技术和产业，人才的培育、吸引和交流是该事业成败的关键，要引导院校设置相关专业，培养专门人才，包括现在极为短缺的高级技术工人，也注意国外学业有成，特别是照明企业成功人士回国效力，或共同创业。

8. 集中领导统一组织：由于固态照明工程涉及的专业包括基础物理、材料科学、有机与无机化学、半导体、光度学与发光学、照明技术以及环保、能源等多学科、多部门，涉及研究、开发、产业化的组织和节能、环保等政策性很强的问题，建议由国务院集中领导，统一组织，分工实施，有力协调，使能确实奏效，为我国的科技发展、节约能源和环境保护做出实质性的贡献。

建议人：

陈良惠　工程院院士　半导体光电子专家　中科院半导体研究所
邬贺铨　工程院院士　光纤传送网与宽带信息网专家　工程院副院长
杜祥琬　工程院院士　应用核物理与强激光技术专家　工程院副院长
庄松林　工程院院士　光学专家　上海理工大学光学仪器研究所
金国藩　工程院院士　光学仪器专家　清华大学精密仪器系
牛憨笨　工程院院士　物理电子学专家　深圳大学光电子学研究所
薛鸣球　工程院院士　光学专家　苏州大学
梁骏吾　工程院院士　半导体材料专家　中科院半导体研究所
黄尚廉　工程院院士　光电技术与精密仪器及机械专家　重庆大学
李同保　工程院院士　光学与计量学专家　同济大学声学研究所
陆建勋　工程院院士　通信工程专家　船舶重工集团第七研究院
吴　澄　工程院院士　自动控制专家　清华大学自动化系
范滇元　工程院院士　光电子与激光技术专家　中科院上海光学精密机械研究所
李国杰　工程院院士　计算机专家　中科院计算技术研究所

关于奥运建筑等大型工程结构安全性与耐久性设计标准的几点建议

陈肇元等11位院士

2004年3月2日

长期以来，我国建筑物在建筑结构的安全性与耐久性上的设计标准一直较低，与国际上的通用标准相比有很大差距。如在安全性上，按照我国设计规范规定的建筑物楼板需要承受的使用荷载，在考虑了安全储备后，一般只有美、英等国家的一半。耐久性的设计标准更低，许多对混凝土结构具有侵蚀作用的环境因素，如冻融循环、干湿交替以及盐类、空气污染物等的腐蚀作用都被忽视或低估了，因而建筑物过早老化和破损的现象十分普遍。

由楼板、梁、柱、墙等承重构件组成的建筑结构，犹如人体中的骨架，起着支撑整个建筑物并防止其破坏倒塌的作用。在建筑物的设计使用年限内,门、窗、装饰等建筑部件和水、暖、电等建筑设备可以随着生活、生产水平的提高而不断更新或替换,但梁、柱等结构构件是无法更换的。所以,我们今天设计建造的建筑结构,其安全性和耐久性必须要有高标准,要能满足将来现代化社会的要求。

但是,在当前为实现我国现代化而建造的大型建筑工程中,业主和设计人员所关心的往往只是建筑物的外表和建筑设备的现代化,大量的资金花在豪华的建筑装修和贵重的建筑设备上,而对整个建筑物赖以支撑的建筑结构的安全性和耐久性,则仍延用我国结构设计规范中的最低要求进行设计,这已对近年来新建工程的长期使用效益带来损害。

设计规范中的要求本来是一般情况下对于一般工程提出的起码要求。新型的重大工程应该量体度身,需要有自己的技术标准,而不能完全套用规范中的最低要求。由于受过去计划体制和短缺经济的长期影响,国内的设计界往往将规范中的最低限度要求作为唯一标准;在工程的设计使用寿命和安全设置水准等重大设计标准的确定上,也缺乏首先要与业主交流信息、听取业主意愿的习惯。而我国现行的设计规范在一些方面也未能充分体现市场经济条件下建设现代化一流工程的需要。

近年来,国内众多的大型公共建筑工程往往由国外的设计事务所承包,其豪华、奇异和奢侈的程度在发达国家中也不多见。外国建筑师确定了这些建筑物的方案,将其中的结构设计和施工图任务以低价分包给国内的设计单位,并按照我国结构设计规范中的低标准去建造承重结构。这种建筑物有着华丽的外表,但骨架相对纤弱,建成后有可能遭受病疾缠身和未老先衰的厄运。

在去年开始施行的我国新的建筑结构设计规范中,办公楼和公寓等普通建筑物的楼面使用荷载设计值,比过去规定的增加了1/3,这在一定程度上改善了普通建筑物的安全性;但体育场馆等大型公共建筑的楼面使用荷载值仍无变化,规范中规定的体育场看台、门厅、走廊、楼梯等需要承受的使用荷载,在考虑了设计规定的安全储备以后,只有美、英、德、日、新加坡等国外设计规范所要求的55%左右。

除了楼板等承重构件的安全设置水准外,建筑结构的整体牢固性也同样重要。建筑结构的整体牢固性是遭到局部破坏后不致引起大范围破坏倒塌的能力,对于防灾、减灾特别重要。1976年唐山地震、2002年石家庄爆炸案件、2003年衡阳火灾等造成惨重伤亡,常常将其原因归于天灾人祸,而相对忽略了结构抗灾设计标准低下的事实。大型工程多采用现浇的钢筋混凝土结构或钢结构,抗灾性能较好。但地震等灾害作用即使不致造成结构倒塌,也会使建筑物及内部的装修、设备受损,所带来的经济损失也是无法估量的。北京附近在历史上出现过8级地震,如果再发生一次这样的地震,那么按照现在规范标准规定的设防标准是不够的。

在今天的条件下,提高结构的安全标准和抗震设防标准,所需增加的造价与这些大型建筑物的总投资相比是很小的,甚至有可能是微不足道的。所以在奥运建筑等大型工程的设计中,应该同时按现行规范规定的抗震烈度和再提高一级烈度(即将抗震能力提高一倍)进行分析对比,然后请业主认定应该取用哪个设防等级更为有利和合理。

与国际上的通用设计标准相比,我国设计规范在结构耐久性标准上的差距,要比安全性上的差距更大。在露天或干湿交替的环境下,按照我国规范中的最低要求设计的钢筋混凝土结构,其中的钢筋从工程建造后到开始出现锈蚀的时间,大概只有按国际通用标准设计的1/3~1/4左右。

我们建议,应该提高奥运建筑等大型工程的结构安全性与耐久性设计标准:

1. 适当提高结构承载能力的设计标准,加大公共建筑物楼面需要承受的使用荷载值,并适当提高安全储备。

2. 通过分析对比地震的风险后果与提高结构抗震能力所需增加的费用支出,合理确定结构的抗震设防等级。

3. 提高结构的整体牢固性和人为破坏(如恐怖袭击)下的减灾能力。要求结构在局部破坏后不致形成大范围倒塌,也不会在爆炸作用下形成大量的飞散碎片。

4. 对于游泳池、汽车库等结构,必须考虑建筑物使用过程中因接触消毒剂和融雪盐对混凝土中钢筋的严重腐蚀作用;室外淋雨构件和置于水位变动区的室外构件应该考虑混凝土的冻蚀作用。由于我国设计规范中没有提到这些具体要求,所以北京地区已建的这类建筑物在设计中几乎都没有专门考虑这些问题。

5. 对工程的设计使用年限要进行必要的论证。建筑物的使用寿命越长,所能带来的经济和社会效益越明显。英国新建的国家图书馆的设计寿命为250年;如果经过比较,只需增加很少一点费用就能延长我国大型工程使用寿命几十年,为什么就不能设想按更长的使用年限去设计?

奥运建筑工程的结构设计即将正式开始,建议工程的业主(北京市国资管理委员会)和投资单位,工程设计单位,规范管理部门和相关专家能对上述问题进行研究;并能在此基础上,由政府部门研究发布有关规定,从大型工程和经济发达的大城市做起,逐步提高我国建筑物的安全与耐久性设计标准。

建议人:

陈肇元　工程院院士　土木结构工程和防护工程专家　清华大学土木工程系
钱七虎　工程院院士　防护工程及地下工程专家　总参军事科学技术委员会
范立础　工程院院士　桥梁结构工程与桥梁抗震专家　同济大学土木工程学院
赵国藩　工程院院士　土木建筑结构专家　大连理工大学土木建筑学院
王梦恕　工程院院士　隧道及地下工程专家　北方交通大学土木工程学院
吕志涛　工程院院士　结构工程专家　东南大学土木工程学院
刘建航　工程院院士　隧道与地下工程专家　上海市地铁指挥部技术委员会
杨秀敏　工程院院士　防护工程专家　总参工程兵第四设计研究院
陈厚群　工程院院士　水工结构专家　中国水利水电科学研究院
施仲衡　工程院院士　地下铁道专家　中国地铁工程咨询公司
董石麟　工程院院士　空间结构专家　浙江大学土木系

关于长江和西南诸河流域综合利用规划修编和制定工作的建议

文伏波　梁应辰　郑守仁　洪庆余　陈德基

2004 年 6 月 22 日

长江是我国第一大河,长江流域的发展对全国经济社会发展、水资源平衡、西电东送的实施,都有很大的影响;我国西南地区的澜沧江、怒江、雅鲁藏布江等西南诸河流域,是我国水资源最为丰富的地区,还是流入境外的国际河流。制定和落实科学、合理的流域综合利用规划,对于做好流域水利建设工作,具有十分重要的意义。

一、尽快启动长江流域综合利用规划的修编工作

我国最近一次修编长江流域综合利用规划是在 20 世纪 80 年代末,并在此基础上于 1990 年编写了《长江流域综合规划简要报告》,1990 年 9 月由国务院批准。

十多年来,长江水利建设进入了一个大发展阶段,三峡工程、中线和东线南水北调工程、长江中下游大规模防洪工程等重大项目相继实施,大规模的水利建设促进了流域经济社会的发展,也使流域内的水利形势发生了一些有利或不利的重要变化,如水库调蓄将使进入洞庭湖的水沙减少,为改善和调整江湖关系,争取实现江湖两利,提供了极好的机遇;三峡水库蓄水运行后,将使大坝下游河床发生长距离、长时段的沿程冲刷(历时可达 70～100 年),一方面,这可以降低河段各级水位,有利于长江洪水宣泄,另一方面,长时期低含沙率的库水下泄,也会冲刷有些江堤的堤脚和外滩,从而影响堤防安全,水位降低和河道侧蚀还将改变枯水期部分干支流河段和湖区航道的通航条件和两岸取水建筑物的运行条件。

同时,由于受当时的认识水平和条件限制,《规划》偏重于对资源的利用,尤其上游一些河段提出的规划目标就是"以发电为主"的梯级开发,而对灌溉、供水、航运、生态环境保护方面的一系列重大问题(如中下游河段对湿地的利用和保护)重视不够。为了体现人与自然的和谐发展,提高长江流域的综合治理和资源利用,流域综合规划滞后的状况必须尽快扭转。

因此,对目前的《规划》,必须结合新的经济社会发展的要求,根据已发生、改变和发展了的经济社会和流域状况,特别是要根据可持续发展和维系优良生态环境的要求,着手启动并抓紧完成新一轮长江流域综合规划的修编任务,提出可行的措施,使规划方案更为科学合理,成为开发利用和保护长江流域水资源的基本依据。

二、加速组织实施《西南诸河流域综合利用规划》的制定工作

近年来，我们实施西部大开发战略和西电东送，有力地促进了长江上游和西南地区经济社会发展和人民群众脱贫致富，2003 年再次出现的电力短缺，更使这一地区水电工程建设的步伐进一步加快。由于历史上的原因，目前的《规划》对上游金沙江河段和一些支流没有全面完善的综合规划，对西南其他河流流域过去只作过一些专业规划，而至今没有开展过综合规划的编制工作，特别是对水利建设项目的环境影响考虑不够，甚至根本未加考虑。

在这种情况下，一些地方仅仅根据专业部门编制的专业规划，甚至在没有任何规划的情况下，出现了“跑马圈水”、盲目建设水利水电项目的无序状况，忽视了水资源综合功能的发挥，对生态环境影响考虑不够。引起广泛关注的四川岷江杨柳湖和贡嘎山两个水电工程，片面强调发电效益，不顾对人类文化遗产都江堰和国家自然保护区的破坏。这种无序开发状态不仅不利于资源利用和环境保护，也在总体上拖延了水资源开发、利用、保护的规模和进度。

长江流域的西部大开发和西电东送的建设任务都集中在西南地区，目前这一地区面临着巨大的经济社会发展机遇，水资源的开发、利用、保护任务迫在眉睫，编制澜沧江、怒江、雅鲁藏布江等西南诸河流域综合规划已成为当务之急。当前急需确定西南地区各国际河流中属于我国的水资源量，在满足当地水资源需要后，多余的水资源随技术经济条件的进一步发展，要高瞻远瞩，统筹规划安排西部缺水地区的水资源布局。

在制定规划时，必须坚持以人为本，全面、协调、可持续的科学发展观，要充分考虑西南诸河流域地区的少数民族聚居、经济欠发达、土地资源紧缺、生态环境脆弱、水土流失严重、地质灾害频发、自然文化遗产丰富等特点，高度重视解决尊重少数民族传统习俗、妥善安置水库淹没移民、保障生活生产用水、发展经济、发展交通、保护环境和生态、加强水土保持建设等重大问题。西南地区矿产资源极为丰富，可生成适宜航运的大宗散货，应结合水利水电建设积极发展航运，而不应片面强调“水电富矿”的电能开发利用。总之，应当把正确处理经济、社会和生态环境的统筹协调发展，作为流域综合规划的一项重要指导方针。

流域的经济、社会、水文、地质等基本资料，是编制流域综合规划的基础，过去由于条件的限制，西南诸河流域未能积累相应的基本资料。当前应立即安排资料收集等编制流域综合规划的前期准备工作。

三、国家应不断完善和有效落实两个流域的综合规划

国家经济社会发展的综合管理部门和流域管理机构，应根据新的形势和要求，及时组织对目前的《长江流域综合利用规划》进行修编，同时尽快制定合理、科学的西南诸河流域综合利用规划，使水利、水电、水运等资源在科学发展观的指导下，按照规划的合理安排，有序开发，保障实现长江流域和西南地区全面、协调、可持续的发展。

流域综合规划编制完成后，有关主管部门应按法定程序组织审查批准。为防止审查中的片面性、倾向性，审查组中应有各类专业和不同意见的专家，我们建议在审查前向社会公布综合规划的主要内容，至少可在科学院、工程院内公布，广泛征求专家、各部门、各地区的意见，使流域综合规划更趋完善。

流域规划编制和实施是一项需要在实践中不断补充、完善、修订的动态过程，如同国民经济社

会发展五年计划和中长期规划的编制工作一样，是一项长期而不能间断的任务。流域规划根据实际情况的发展，一般应10年左右进行一次修编。两次修编期间，应安排必要的人力、物力、财力，不间断地收集积累基本资料，开展专题研究，为修编规划做准备。

流域规划经按程序批准后，即具有法律效力，流域规划的实施要依法进行，并接受有关管理部门的监督管理。对违反流域综合规划的工程项目，一律不予批准；盲目开工的，应强制责令停工，造成损失的应由责任者补偿；触犯法律的，应依法追究刑事责任。

流域管理应当包括从规划到建设、运行（实现规划目标）等全面、全过程的管理。由于组织机构、法律法规、利益分配等各方面的原因，目前流域管理存在分散、部分管理职能缺位等弊端，应当引起高度重视，并采取必要措施加以改进。

水利工程项目大多具有综合效益，特别是防洪、供水、航运等都是社会公益性效益。随着市场经济体制的确立，应相应建立经济效益和社会效益有机结合的管理体制。应以法律法规形式，明确规定对流域综合规划进行管理和监督的执法主体。目前，对于具有防洪、发电综合效益的工程，作为工程的企业法人，对发电及其经济效益管理职能是十分明确的，但对防洪这一涉及工程上下游较大范围的社会效益的管理，却无明确的职能，也无管理资金的渠道。应该研究保证发挥社会公益效益所需的运行和管理资金保障机制，例如把防洪预测、监测等经费，列入工程运行成本，以确保社会效益的长期发挥。

关于国家增设中国工程科学基金的建议

金　涌　欧阳平凯　邹　竞　干　勇

2004年6月22日

科学发现有赖于“知识创新”，自然科学基金的支持项目以此为主要选择依据是正确的。我们认为，从国家科技创新体系的全面协调发展而言，应增设国家工程科学基金，这对推动我国的“工程技术创新”是非常必要的。

目前，我国基础研究的经费投入不断增加，而随着工业生产的规模与品种不断扩大，作为整个产业发展的必要环节的工程科学研究，已成为我国科技创新链的薄弱环节。发达国家的大公司具备十分强大的工程科学研究能力和经费投入，而迄今为止，我国国内企业尚未具备国际跨国公司的这种能力。我们认为，从我国工程科学十分薄弱的国情和工程技术赶超世界先进水平的迫切需求出发，强化工程科学研究，打通中国科技创新链的这一瓶颈，应当成为政府行为，由国家支持设立工程科学基金十分必要。

工程技术创新不仅需要依靠“知识创新”,而且常常是“集成组合创新”、“功能延伸创新”、“市场需求推动创新”等,它们对产业技术的创新和发展起着十分重要的作用。工程科学基金是以这类研究项目为主要支持对象的。重大的“工程技术创新”通常是更为生动,更为活跃,更能直接产生重大经济和社会效益的。

工程科学是介于基础研究和工程技术之间的桥梁,工程科学基金的支持对象主要是新工程技术、新产品的前期探索研究,是竞争前的研究,国家投入资金支持工程科学发展符合 WTO 的规则,同时,工程科学基金还可以从企业和社会各界得到资金支持。美国的新一代汽车技术研究开发项目,就是由政府和三大汽车公司共同出资开展的。同时,工程科学基金不是为“工程放大”、“产业转化”等而设置的。由于这类过程需要资金很大,应一事一议,由科技部、发改委、风险资金或其他市场机制来支持。

为有利于工程科学研究的成果向现实生产力转化, 加强科技与经济的紧密结合,工程科学基金鼓励大学、科研院所和企业联合申请,这将有利于其成果转化。在实际工作中,工程科学基金将以预期目标引导, 既看重立项评审, 更着重于结果的评价。

中国工程院是我国工程科技领域的最高咨询性学术机构,院士们是我国工程科学技术各个领域的杰出代表。中国工程院没有自己的下设机构,具有跨学科、跨部门、跨地区、高水平的综合优势。因此,建议国家建立与自然科学基金委员会平行的中国工程科学基金委员会,由中国工程院承担国家工程科学基金的项目设立、申报评审、监督实施、执行评估等学术性工作。

关于鄂尔多斯盆地石油开采有关问题的建议

侯祥麟　邱中建　翟光明　袁晴棠

2004 年 7 月 8 日

我们在研究国家油气供需可持续发展的过程中,强烈地感受到我国石油资源供需紧张的矛盾将非常突出,必须十分珍惜石油资源。现就西部的鄂尔多斯盆地石油开采的有关问题和建议报告如下:

鄂尔多斯盆地油气资源当量 190 多亿吨,在全国各大含油气盆地中居第三位;已经探明的石油地质储量 17 亿吨,天然气 1.2 万亿立方米,油气资源的探明程度分别只有 20% 和 14% ,发展潜力极大。2003 年盆地内共生产石油 1 266 万吨、天然气 58 亿立方米,油气当量达 1 800 多万吨(其中长庆油田 1 280 万吨),成为国内第三大油气生产区。依据发展规划,到 2010 年全盆地年产油气当量有可能达到3 500～4 000万吨。是我国石油工业最具发展潜力和增长活力的战略接替区。

陕北地区石油开采秩序的混乱引起国家的高度重视。自1998年以来，为规范陕北地区的石油开采秩序，国务院领导曾多次做出重要批示，有关部委和陕西省及各级地方政府也为规范石油开采秩序做了大量艰苦而富有成效的工作，基本实现了国经贸石化[1999]1239号文件关于整治开采秩序、解决开采主体混乱的初期目标。

但是，从国家对油气资源的保护和合理利用及石油工业可持续发展的角度来看，陕北地区石油开采秩序的清理整顿工作取得阶段性成效后，仍有两个深层次的问题亟待解决：

一是地方石油企业非法侵权开采的问题没有解决。按照1994年4月13日原中国石油天然气总公司与陕西省人民政府签署的协议，地方石油企业的开采区域为1 080平方公里。到1999年“1239”号文件形成时，非法侵权面积已达2 764平方公里；清理整顿陕北开采秩序后，部分地方石油企业侵权钻井开采的区块不仅没有退出，反而迅速扩大，目前已达到12 246平方公里。去年陕西地方石油企业共生产原油605万吨，除延长油矿的175万吨是在其合法拥有的区块上生产外，其余的430多万吨都是在侵占区块上开采生产的，占陕北地方石油企业原油总产量的71%。陕北这种非法侵权的状况仍在不断发展。

二是整体规划、科学开采、合理利用资源的问题没有解决。无序的开采状况难以整体规划和科学开采石油资源，陕北地区石油资源具有低渗、低压、低产的“三低”特点，要实现资源的合理开发利用，必须采用油层压裂改造、大面积注水等配套工艺技术措施来提高石油的采收率。目前，长庆油田在陕北地区普遍采用井网注水，油田采收率普遍达到20%～25%，最高可达29%；油田寿命一般可达40年以上。而地方各县钻采公司由于受到技术水平和投资能力的限制，大都采用枯竭式开采，采收率一般为5%左右，个别区块最高不超过8%～10%；油田寿命一般为4～6年。枯竭式开采严重地浪费了石油资源。

为规划和科学开采陕北石油资源，保持地方经济可持续发展，我们提出如下建议：

1. 为更好地开发陕北的石油资源，从石油资源的可持续发展的角度，由国务院有关部委出面，按照“矿产资源法”等有关法律法规，治理整顿陕北地区石油开采秩序，制止非法开采行为，实施石油资源的保护性开采，彻底解决陕北石油开采秩序混乱的深层次问题。

2. 为妥善处理治理整顿开采秩序和制止非法开采中遗留的问题，最大限度地开发利用石油资源，根据这些地区低品位储量的特点，必须加大技术含量和投资力度，建议将陕北地方石油企业和钻采公司与国家大型石油集团公司以股份制形式进行改造或重组，开展油田的恢复治理工作，制定科学合理的开发方案，采取老井转注、完善注采井网等措施，提高单井产量和油田采收率，使油区实现可持续健康的发展。

3. 按照国务院关于“充分照顾老区利益”的一贯精神，建议中央财政妥善处理改造或重组后的地方规费问题，保证地方政府的石油收益不受影响，并通过陕北石油工业的逐步发展相应增加地方的财政收入。

关于建设中国工业博物馆的建议

罗沛霖

2004年7月22日

一、要不要建中国工业博物馆?

中国的现代化是一个多层次的问题,但不能不以“工业化”为核心问题。我国工业发展的历史还不长,人们对于工业的有关认识和知识还不够普及,不够深,应当让人们形象化地认识工业化的意义:工业是什么,涵盖什么范围?工业对我国何以重要?外界和我国发展工业有什么历史经过和经验教训?建设一个工业博物馆很有必要。

北京现已有国家博物馆、农业博物馆、地质博物馆、铁路博物馆和美术馆等常设博物馆,这些博物馆不但介绍了相关领域的发展史,还是普及知识的生动课堂,但至今尚无工业领域的常设博物馆。建成一个具有相当规模的工业博物馆不但能起普及各种工业及技术知识的作用,还能反映我国近一百多年来现代工业发展史上坎坷艰难的阶段和令人振奋的阶段,激励、促进、提高、增强人们对工业建设、工业运行的热忱。

因此利用现成条件,建成一个有相当规模的工业博物馆将是非常必要的。

二、建设工业博物馆有何可资利用的条件?

北京东郊大山子(酒仙桥路四号院)原是“一五”期间由民主德国援建的规模巨大的“华北无线电器材联合厂”生产区,占地49万平方米,建筑面积超过13万平方米,建设耗资合现值1.4亿元人民币,职工近万人。它是民主德国与我国合作的最大项目,并有配套的动力厂和专用的铁道支线等。在当时同类的工厂中,其高度综合性是绝无仅有,其规模之大有人说是亚洲当时同类第一,有人说是世界同类第一。目前,联合厂生产区内各工厂部分停产拆卸设备,另一部分移至别处生产,现有大量厂房空出。

这个厂区不但规模巨大,建筑质量也非常好,而且还是20世纪50年代工业大建设的遗迹,也是历史上中德人民亲密友谊的见证,就此保存下来,作为文物,很有意义。根据建筑学家鉴定,这个厂区建筑代表了19世纪后期在欧洲兴起的鲍豪斯学派风格。另据外国某知名建筑师说,据她所见,为世界上此种建筑中规模最大的,因此也值得保留。

现在厂区内有十万平米左右建筑面积可供使用。目前,文化界人士占用很少一部分:约5年前，中央美术学院租用798厂部分厂房，利用其高大空间，完成了“芦沟桥抗日英雄群像”的巨型雕塑任务。从此以后，许多当代雕塑工作者、画家、摄影家，作家等文化界人士，包括少数外国人士，入驻798厂。他们发挥这个空间的作用，完成了他们的若干精彩作品，并开展了国内外文化交流活动。在今年四月至五月，他们举行“798国际艺术节”活动，吸引了外国驻华大使等约万人参与，造成很大社会影响，被称为798现象。他们的活动颇有社会影响，可考虑暂予保留一定份额。

如果利用这个条件建设国家工业博物馆，可节约建设费，避免了像曾经有人建议的那样，拆去旧建筑，改建商业区。拆除这些十分坚固、又风格各异的建筑，不但是一种暴殄行为，而且由于建筑十分坚固，拆除所需费用也将是很大的。

因此利用北京东郊大山子地区空闲的巨大工业建筑群建设中国工业博物馆是可行的。

关于解决“水泥工业投资过热”的几点建议

唐明述

2004年8月9日

当前，党中央、国务院及社会各界均十分关注“钢铁、水泥、电解铝投资过热”的问题，温家宝总理在两院院士大会上的报告中也再三提及。中国人口约为世界的1/5，但2003年我国水泥产量达到8.62亿吨，用去世界水泥总量的近1/2。在未来我国工业化和城市化的进程中，随着大规模的基础设施建设的快速发展，从国家经济社会发展的总需求看来，消费量还将进一步增加，水泥用量在未来十几年中很有可能会超过12亿吨，砂石材料年用量将达90亿吨，水用量将达8亿吨以上，届时中国的水泥消耗量将超过世界总量的1/2，并向世界总量的2/3逼近，这种情况应当引起我们的高度重视。因此，作为水泥混凝土领域的科技工作者，我们应从资源、能源、环境和资金消耗等方面深思对策，提出意见和建议。

一、正确认识水泥工业“过热”问题

水泥和钢铁工业投资过热实质上是基本建设发展过快引起的，所以抑制“过热”的关键是必须压缩经济效益不佳的基本建设。当前水泥工业投资建设的绝大部分是现代化的、技术经济指标先进的预热分解的干法窑。若不压缩基建投资，只限制水泥建厂的投资，则由于市场需求和利益的驱动，将使先进的大水泥厂受到限制，而落后的小水泥厂势必蓬勃发展，效果适得其反。

二、我国未来水泥工业可持续发展的两条重大对策

我国2020年要全面建成小康社会，经济建设必将大步向前发展，水泥产量也必然还会大幅度增加。水泥工业一方面必须大幅度增加产量以适应经济建设的巨大需求，一方面又必须充分重视可持续发展，节约资源、能源和保护好环境。出路只有两条：

1. 尽一切努力增加水泥中工业废渣用量和减少熟料用量

水泥工业是消纳工业废渣的最重要途径。减少熟料用量，可节省大量能源和减少对环境排放二氧化碳和二氧化硫。工业废渣如矿渣、粉煤灰和煤矸石用作水泥的混合材或混凝土的掺和料，国内外均有丰富的科研成果和使用经验，当前首先是应结合我国的现状，将实践中的掺量再提高一个台阶；其次，对工业废渣要区别对待：矿渣目前应用良好，但粉煤灰的利用还有待进一步提高，一是要充分利用其胶凝性，不能只用作填坑或路基材料，二是还需进一步提高其利用率，同时最值得关注的是当前煤矸石的利用率太低，对我国而言，利用好这两类废渣，意义非常重大。在今后相当长时期内我国能源仍以煤为主，当煤年产量达到24亿吨时，粉煤灰和煤矸石的年产量总和将达到6~8亿吨，若能将其在水泥中的掺量提高到30%~50%，则只要水泥熟料产量为8亿吨，就可获得12~16亿吨水泥，经济效益和环境效益都十分巨大。

为实现这一目标，必须进行艰苦的工作，特别是在当前市场经济条件下，这项工作虽然社会效益非常重大，但经济效益不一定很好，因此特别需要政府给予支持和关注。

2. 将我国混凝土工程，特别是重大混凝土工程的寿命提高到100年以上

将工程寿命由10年提高到50年，则相应的材料消耗将降低为五分之一，若能再进一步提高到100~250年，则水泥、砂、石、水等材料的消耗将按比例进一步减少，对钢筋混凝土工程，还节约了钢材。

就世界整体而言，建筑业消耗世界40%的矿产资源和能源，因此，提高建筑物、构筑物的寿命对于节约资源、能源和保护环境具有特别重大的意义。发达国家在这方面付出了巨大的代价，美国要解决其基建工程存在的问题，需要1.3万亿美元，相当于我国2002年国内生产总值，它们的教训是深刻的。“人无远虑，必有近忧”，我国当前的建设规模和成就举世瞩目，但若耐久性不好，维修和重建费用将是我国难以承受的。沥青混凝土路面寿命本应在15年以上，但根据沙庆林院士的调查报告，在我国1~3年损坏者不乏其数，损失之巨大是惊人的。

从科学技术角度探讨如何改善和提高耐久性是重要的，但更重要的是要真正重视耐久性，而且真正愿意为提高耐久性付出经济代价。当前工程实行招标制，一方面，业主希望价格越低越好，而另一方面，当前我国建筑业竞争激烈，建筑企业即使保持低利润也希望中标，中标之后则无能力也不可能再为提高耐久性而付出经济代价，有时明知采取某项技术措施有利于提高质量也只能不用，工程技术人员也无能为力。同时，有的工程也提保证100年寿命，但如何界定工程寿命困难太大，因此也就不具备约束力。

因此，工程招标时应明确提出“工程不小修和不大修的年限”这一重要的硬指标（如表1所示的建议方案），并与公司和个人的经济收入挂钩，有奖有罚，只有这样才有可能真正把提高耐久性和寿命付诸到工程实践中去。这项工作意义特别重大，实施过程问题特别复杂，需要政府、企业和科技工作者、社会科学家共同合作，拟定详细的法规和指南。

表1 各种工程耐久性的建议方案

工　　程	不小修年限(年)	不大修年限(年)	使用寿命(年)
桥梁	10	20	120
水泥混凝土路面	5	10	40
机场道面	5	10	40
沥青混凝土路面	2	5	15
大坝	10	20	100
港口	10	20	100
隧道	10	20	100

总之,亲眼目睹我国建设日新月异,心潮澎湃,但长期研究混凝土的耐久性,特别是在西方国家考察了众多大坝、桥梁、公路和奥林匹克运动场的破坏情况,内心十分期盼我国的工程决不再步其他国家因建筑耐久性差造成巨大损失的后尘,我们一定要下决心修建长寿命的混凝土工程,为子孙后代造福。

笔者2000年考察加拿大蒙特利尔的奥林匹克运动中心,目睹这一1974年建成的庞大建筑物已经损坏。北京地区集料十分复杂,建设大型工程应特别重视。希望北京的奥林匹克运动中心充分重视质量,力争使寿命达到100年以上。

三、几点建议

1. 取消《普通硅酸盐水泥标准》

我国《普通硅酸盐水泥标准》规定可掺入15%的混合材,而国外相应的“普通波特兰水泥”规定禁止掺混合材。取消现行标准便于与国际接轨,而更重要的是,我国目前水泥厂不告知15%混合材的品种,这对于搅拌混凝土站选择恰当的掺合料品种非常不利。更严重的是,由于普通硅酸盐水泥的价格高于粉煤灰或矿渣硅酸盐水泥,有的厂掺量超过15%的标准也以普通硅酸盐水泥出售,这对提高混凝土质量十分不利,应明确禁止掺混合材。

2. 建设全国重载公路网,大幅提高公路承载能力

当前公路及桥梁均被超载困扰,但限制超载只是办法之一。从总体发展趋势看来,必须从设计、施工和材料优选等方面出发,大幅度增加公路和桥梁的承载能力。但这一问题涉及面广,仅提高一段路面的承载能力是没有意义的,必须建设遍及全国的重载公路网,而且要修改设计、施工、选材规范,这才是解决超载的根本办法。根据国外经验,重载路面水泥混凝土优于沥青混凝土,对路面水泥混凝土也可研究使用大掺量混合材,对此应给予高度重视。

3. 及早规划海堤建设

据报载,百年内地球表面温度将上升1.4~5.8℃,海平面将相应上升14~16厘米。研究显示,潮位每上升1厘米,潮差将增加0.34~0.69厘米,水深增加一倍,海浪作用则将增加5.6倍。因此,预防全球气候变暖引发的海平面上升对海工工程和沿海城市的危害十分重要,应及早规划我国18 000公里海岸线的海堤建设。国内外的研究成果一致证明,对于海工工程混凝土采用高掺量混合材是十分适宜的,这将为我国大量的粉煤灰和煤矸石提供广阔的应用前景。

关于我国高放废物地质处置科技工作的建议

潘自强　钱七虎　王思敬　李焯芬　卢耀如
谢和平　王　驹　周文斌　冯夏庭　刘晓东

2004年9月1日

[**摘要**]　高放废物安全处置是关系我国核能可持续发展的重要问题。对高放废物进行安全地质处置的是一项意义重大的、长期的、科学技术难度大的科技工程，各主要有核国家和发展核能国家均制定了国家研究计划。由于高放废物具有毒性高、放射性活度大和半衰期长等特点，要求与人类生存环境长期、完全和可靠地隔离，这就在科学、技术和工程上提出了许多需要研究的课题，涉及多种学科。我国从20世纪80年代开始跟踪研究，但由于经费限制，进展十分有限。建议将高放废物安全地质处置工程列入国家中长期科技发展战略规划优先发展领域。

我国原子弹的成功爆炸使我国拥有了战略核威慑力量，也使我国迈入了核大国的行列。但是，原子弹等核武器的研制和生产过程中产生的高水平放射性废物（简称高放废物）必须得到安全处置。核电站的投入使用也产生放射性废物，其中，从反应堆堆芯中替换出来的“燃烧”后的燃料棒称为乏燃料，它具有极强的放射性，也必须对其进行后处理和安全处置。

高放废物的安全处置是一个与核安全同等重要的问题，是关系到我国核能工业可持续发展和环境保护的重大问题。在科学技术方面，更是一个重大难题。其难点在于如何使高放废物与人类生存环境充分、彻底、可靠地隔离，且隔离时间至少要达上万年。高放废物中含有镎、钚、镅、锝等放射性核素，它们具有放射性强、毒性大和半衰期长等特点，它们一旦进入人类生存环境，危害极大，且难以消除。正因为如此，就需要建造特殊的地下工程——深地质处置库来处置这些高放废物。

然而，建造这样的地下工程，在科学、技术和工程上面临一系列重大难题，包括：如何选择符合条件的场址、如何评价场址的适宜性、如何选择隔离高放废物的工程屏障材料、如何设计和建造处置库、如何评价上万年的时间尺度下处置系统的安全性能等一系列重大科学和技术难题。其中，须解决的重大科学问题包括：处置库场址地质演化的预测、深部地质环境特征、多场耦合条件下（中高温、地壳应力、水力作用、化学作用和辐射作用等）深部岩体和工程材料的行为、低浓度超铀放射性核素的地球化学行为以及处置系统的安全评价等。它们涉及到的均是前沿交叉科学问题，涉及到的学科包括地质学、水文地质学、放射化学、岩石力学、工程科学、材料科学、矿物学、热力学、核物理、辐射防护、计算机科学等。正是由于高放废物安全处置的高难度，使得必须在国家层次上进行长期的基础研究和技术开发，以掌握处置技术，实现处置的安全目标。

高放废物安全处置的高难度，一直受到世界的高度关注。欧美日等有核国家通过制定国家政策、颁布法律法规、成立专门机构、拨付专门经费、制定长期科技开发计划、建立专门的地下研究设施和开展长期研究等方式，从政策、法规、机构、经费和科研等方面确保高放废物的安全处置。其中，长期的科技攻关工作为掌握地质处置技术起到了关键作用。例如，美国从1957年起开展研究，并制定了长期的研究开发计划，在内华达州尤卡山还花费近5亿美元建造地下研究设施——ESF。美国的总研发费用达到65.8亿美元。经过近45年的基础研究和场址评价工作，美国总统布什最终于2002年批准了尤卡山场址和建库计划。预计美国将于2010年建成世界上首座高放废物处置库。欧盟、瑞典、日本也制定了国家层次的研发计划，并投入了巨资。瑞典、加拿大和日本的研发费用分别达到44亿克朗、7亿加元和1 084亿日元。欧盟在2003年启动的第六框架研究计划中，高放废物地质处置技术研究开发也占有相当重要的位置。

核能工业要可持续发展，迫使我国必须直面高放废物安全处置问题。据估计，我国已暂存了一定量的军工高放废液。我国目前运行的核电站每年约产生170吨乏燃料。按中国核电发展规划推算，到2020年我国产生的乏燃料累计将达到2 000吨，此后，每年将产生约1 000吨乏燃料。中国核工业集团公司的研究院所和其他有关院校从1985年起开展了高放废物地质处置跟踪性研究，已初步提出处置库开发“选址和场址评价—建造地下实验室—建设处置库”“三步曲”式的技术路线，开展了场址筛选和场址评价、回填材料性能研究、放射性核素迁移和天然类比等初步研究。1999—2003年核工业北京地质研究院开展了“甘肃北山深部地质环境研究”，施工了首批4个深钻孔，初步建立了一些场址评价方法。但是，由于缺少国家规划，没有在国家层次上集中力量开展研究，且经费投入极其有限，开展的仅仅是跟踪性的研究，一些重大科学问题还没有解决。由于至今还缺少一批专用试验设备和现场研究的必备设施——地下研究实验室，大量课题根本就没有开展，距完成地质处置任务所需的科学技术积累还相差甚远。长此下去，将会严重影响我国的高放废物地质处置工作，影响到我国目前正在大力规划、将有大规模发展的核能事业，并进一步影响国土环境保护。

为确保安全处置我国的高放废物，我国必须在国家层次上开展科技攻关，突破一系列地质处置关键技术。为此，提出如下建议：

1. 明确将“高放废物地质处置重大研究项目”列入国家中长期科技发展战略规划优先发展领域，并在“十一五”开始筹建“高放废物处置地下研究实验室”。此项目的中期目标是：建立高放废物处置地下研究实验室，突破处置库场址评价、围岩和工程屏障材料试验以及处置系统安全评价等关键技术。长期目标是：全面突破高放废物地质处置总体技术和各分系统关键技术，为建造我国的高放废物地质处置库提供科学、技术和工程基础。

2. 组织开展高放废物地质处置重大科研项目。建议在科技部的973项目中列入“高放废物地质处置重大科研项目”，在国家自然科学基金中设立“高放废物地质处置重大研究计划”，集中国内顶尖力量，结合国际合作，开展联合攻关。

全国经济普查中应对经济统计指标进行同步普查的建议

张寿荣

2004 年 11 月 15 日

目前已开展的全国经济普查是十分及时的。这次经济普查将对落实科学发展观,使我国经济保持健康协调发展发挥重要的支撑作用。在全国经济普查中,有必要对我国现行经济统计指标进行同步普查。理由如下。

我国现行统计指标是过去计划经济统计指标的延伸与部分采用国际通用统计指标的混合型指标,已不能准确地反映我国经济发展的现实情况。个别统计指标甚至产生误导,不利于正确分析经济形势和宏观调整。

以钢产量与钢材产量的统计指标为例。自建国以来,我国的钢材产量长期低于钢产量,这是符合科学规律的。因为钢在加工成钢材的过程中要有损耗。钢加工成钢材的比例,称为成材率。在建国初期,成材率不到 80%。20 世纪 90 年代起提高到 80% 以上,90 年代中期提高到 90% 以上。成材率的提高,反映了我国钢铁工业技术水平和管理水平的提高,应该充分肯定。然而令人奇怪的是,从 2000 年起,我国钢材产量大于钢产量,而且超出的幅度一年比一年大。(见表一)

表一　1990 年以来我国钢年产量与钢材年产量

年份	1990	1991	1992	1993	1994	1995	1996
钢产量(万吨)	6 535	7 100	8 093	8 954	9 261	9 536	10 124
钢材产量(万吨)	5 153	5 638	6 694	7 707	8 428	8 980	9 338
成材率%	78.85	79.40	81.16	86.03	90.71	94.19	92.23
年份	**1997**	**1998**	**1999**	**2000**	**2001**	**2002**	**2003**
钢产量(万吨)	10 891	11 459	12 395	12 850	15 163	18 169	22 234
钢材产量(万吨)	9 987	10 738	12 102	13 146	15 745	19 214	24 119
成材率%	91.70	93.70	97.63	102.30	103.84	105.78	108.48

从科学技术上讲,钢加工成钢材,如完全没有损耗,成材率为 100%。实际中,不可能没有损耗,因此成材率必然低于 100%,成材率 100% 是不可能的。成材率大于 100%,从科学技术的观点

看是荒谬的。而我国从2000年以来一直使用着“荒谬”的钢材统计数字。

出现这种现象的原因主要是,20世纪90年代以后出现了不产钢但生产钢材的企业。这些企业购进外部的钢材,加工生产深加工钢材。国家统计的是商品钢材量。甲企业的商品钢材被乙企业购进,生产出乙企业的商品钢材。这部分商品钢材被甲乙企业各统计一次,在全国的商品钢材统计中就出现了重复计算。有的钢材经两次或三次深加工,就被重复计算二次或三次,于是出现了钢材产量大于钢产量的怪现象。随着深加工钢材数量逐年增加,重复计算的钢材量逐年增多,钢材统计产量“虚高”的程度也越来越严重。

为分析钢材统计产量“虚高”现象,我对2001年以来的钢材产量从钢产量和按不同品种的钢材量两方面进行推算,求得两个“计算钢材量”,两个数字相当接近。由此可以认为,目前钢材统计产量是不正确的。(见表二)

表二 2001,2002,2003年我国钢材实际产量推算(万吨)

年份	2001	2002	2003
1. 公布统计数字			
钢	15 163	18 169	22 234
钢材	15 745	19 219	24 119
钢材表观消费量	16 993	21 121	27 140
2. 推算数字(1)			
钢材	14354	16 873	20 688
钢材表观消费量	15 652	18 776	23 709
3. 推算数字(2)			
钢材	13706	16 999	20 207
钢材表观消费量	15 004	18 902	23 228
4. 统计与推算之差	+1 391 ~ +2 039	+2 346 ~ +2 228	+3 431 ~ +3 912

钢材统计产量“虚高”的现象逐年严重,2003年已虚高+3 431 ~ +3 912万吨,预计2004年将高出钢材实际产量4 000万吨以上。也就是说,在统计钢材产量中,有20%以上的钢材产量是不存在的。

这一“虚高”数字的危害,除了违反科学技术规律外,还会对人们对钢材需求量的估计起误导作用。这类失实的统计指标虽然是少数的,但危害大,应当予以整顿。

解决的办法是,用合理的统计指标取代现行的“失实”的或“失效”的指标。在钢铁工业的统计指标中,对于上述的“钢材产量”,可以用“一次热轧钢材产量”取代,就完全不会再出现上述误差。

在我国从计划经济向市场经济过渡的情况下,这类问题的存在不足为怪,问题在于必须及早纠正。经济普查很重要,但如果统计指标不能正确反映当前的经济活动,将会影响经济普查的成效。因此,建议在经济普查中对现行统计指标进行同步普查。

关于发展具有中国特色的大型煤矿坑口电站的建议

陈清如

2004年12月20日

我国煤炭资源丰富,保有储量约一万亿吨,具有我国能源的中长期保证能力。2003年煤炭产量超过16亿吨,占全部一次能源生产的74%。由于我国化石能源的禀赋特点是"富煤、少油、缺气",到2020年,即使将煤炭在一次能源中的比例降至60%左右,其总量也将达到25亿吨左右。因此,我国在未来的发展中,如果煤炭不能实现高效、洁净的利用,将造成巨大的资源浪费和环境污染,严重威胁我国的可持续发展。突破"瓶颈"的出路之一,是发展具有中国特色的大型煤矿坑口电站。

一、我国发展大型煤矿坑口电站具有重要意义

2003年底我国发电装机容量3.9亿千瓦,发电量19 052亿度,其中火电装机容量占74%,发电量占83%,发电用煤约9亿吨,占煤炭消费的53.5%。到2020年,我国发电装机容量将超过9亿千瓦,煤电装机容量将占65%以上,发电量将超过75%,用煤量将超过15亿吨,占煤炭消费总量的70%左右。

美国2002年91.8%的煤炭用于发电,其灰分低于8%,而我国2003年煤炭平均灰分高达28%。我国发电厂大多远离煤矿,供应电厂的煤炭需经长距离输送,而且很多是未经加工的高灰分原煤,增加了沉重的运输力量和高额的运输成本。

建设大型坑口电站,煤炭不需远距离输送,在煤矿坑口采用先进的两段干法选煤技术,就地把煤炭加工成低灰、低硫、高热值的煤粉,供锅炉燃烧发电后高压输送给用户,同时根据条件大力发展热电联产,并在矿区对选煤后其他产物加以综合利用,大大减少矿区污染。这将是我国煤炭资源生产和消费的最优化选择。

因此,我国作为世界上最大的煤炭生产和消费国,必须依靠先进技术,大力实施具有中国特色的大型煤矿坑口电站战略,清洁、高效、经济地利用煤炭,这对我国走新型工业化道路,实现可持续发展,具有十分重要的战略意义。

二、采用先进技术是我国发展大型煤矿坑口电站的重要保障

实施具有中国特色的大型煤矿坑口电站战略，必须采用先进技术改造和提升传统产业。考虑占我国煤炭资源量90%的北方地区干旱缺水的国情，应使用少用水或不用水的选煤技术，这样既可以节省水资源，也可以节省建设对选后产品进行脱水和煤泥水处理的复杂庞大系统的投资。

发展具有中国特色的大型煤矿坑口电站应采用以下包括两段高效干法选煤的工艺流程，即：高效采煤→干法分选块煤→将块煤粉碎至小于74微米的微煤粉（煤粉电厂必备环节）→干法分选微煤粉→电站锅炉燃烧发电（最佳方式是热电联产）。这一流程的核心技术是燃前干法分选块煤和干法摩擦静电分选微煤粉。

1. 干法分选块煤技术：对我国块煤（50～6mm）适用的干法分选技术有两种：一是空气重介质流化床干法选煤技术，可分选各种煤种，分选密度范围宽（$1.3 \sim 2.2g/cm^3$），分选精度高（$Ep = 0.05g/cm^3$ 左右）；二是复合式干法选煤技术，适用于分选排矸和易选煤。

2. 干法摩擦静电分选微粉煤技术：对块煤粉碎后的 $<74\mu m$ 的煤粉进行二次分选。这项技术是基于煤炭经粉碎后，粒度已经小于200目的有机质（净煤）和无机质（矿物质）彼此基本解离，并且在高速气流作用下，粒子之间和粒子与摩擦器器壁之间互相碰撞摩擦，分别带有充分的异性电荷，净煤带正电荷，矿物质带负电荷，通过高压静电分选机的精确分选可生产出低灰、低硫、高热值燃料，供电厂锅炉燃烧，也可以用于炼铁高炉喷吹，或生产超低灰原料煤，用于制备优质活性炭等煤基碳素材料。

摩擦电选生产的精煤粉的质量可根据入选煤的性质和电站锅炉的需求进行调整，产品的技术指标可达到：灰分≤8%，硫分≤0.5%，精煤回收率>80%，尾煤灰分高，可以就地利用，这些指标都符合国家污染物排放的要求。这项技术适合新厂建设和老厂改造。若少数煤矿入选原煤中有机硫含量高（So，d≥1%），则所选精煤含硫量较高，可配合采用循环流化床燃烧或烟气脱硫装置处理。

三、我国应积极推进燃前选煤发电，逐步减少原煤发电

目前，我国燃煤电厂大多使用原煤。随着国家不断加强对燃煤发电中二氧化硫排放量的控制，我国已经和正在建设一大批燃煤电厂脱硫设施。在各种脱硫技术中，在燃烧中加入固硫添加剂会影响燃煤的热值，增加煤耗，而且在高温下易分解为二氧化硫，而燃烧后烟气脱硫装置的基建投资和运行成本费用很高。我国广东省黄浦电厂60万千瓦燃煤机组将采用湿法石灰石－石膏烟气脱硫工艺，并于2005年投产，每年可削减二氧化硫排放量16 770吨，预计投资2.97亿元（国外进口设备价格，国内设备价格约为其50%），产生的脱硫石膏会造成二次环境污染。

燃前两段高效干法选煤工艺，脱除一吨二氧化硫的基建投资仅相当湿法石灰石－石膏烟气脱硫工艺的1/7，而且运行成本费要低得多。同时，煤炭分选后脱除了大量灰分，而一般情况下燃煤的灰分每降低1%，其低位发热量增加约0.37MJ/kg。如果按优质动力煤（灰分为15%）供给电厂，则将现有全国电煤灰分由28%降至15%，燃煤低位发热量增加约4.81MJ/kg，发电煤耗将节省96.2克煤/度电，比2002年498克煤/度电降低19%，节能效率十分显著，同时尾煤灰分将达到80%左右，可以作建筑材料、矿井充填、筑路等用途。

因此，电力企业的经营者要从根本上改变使用劣质煤发电的观念。火力发电站采用优质燃料煤发电，虽然煤价有所升高，但它提高锅炉热效率，降低煤耗量、灰渣量、设备维修量和环境污染量，

其整体经济和环境效益是十分可观的。煤矿企业生产低灰、低硫、高热值精煤，按质论价，售价合理提高，煤矿也取得了更好的经济效益。

实现“西电东送”是我国能源建设的重大决策，而建立具有中国特色的大型煤矿坑口电站，实现煤电联营、综合开发、规模经营，优势互补，是实现“西电东送”的最优选择。西部地区煤炭资源丰富，是我国能源供应的基地，但水资源短缺，严重制约了西部地区工业的发展，因此在规划西部煤炭资源的合理加工和利用时，必须解决好这对矛盾。“三西”是我国的主要煤炭能源基地，以往主要以输煤方式外运，但由于运输能力不足，煤炭外运受到制约，如果西煤发电东送，不仅可以缓解铁路运输紧张的状况，产生巨大的经济效益，而且具有很大的环境效益。实践证明：输电比输煤建设投资和运营费用低、建设周期短。

根据以上讨论，从我国的国情出发，特提出以下建议：

(1) 国家确立发展具有中国特色的大型煤矿坑口电站（含热－电联产）的战略，有关政府部门尽快组织制定实施这一战略的规划，建立和健全相关的法律和政策法规，消除体制和制度上的障碍，促进煤电联营的大发展；

(2) 从经费和政策上积极支持高效干法选煤技术的研究开发和工业示范，促进其尽快实现大规模产业化，保障我国煤炭资源的可持续开发利用。

（以上均由政策研究室提供）

技术创新院士行

〔技术创新院士行〕

2004 年,国家发改委与中国工程院根据国家西部大开发和振兴东北老工业基地发展战略,以促进产业技术进步和区域经济发展为重点,在企业申报、提出需求的基础上,先后针对哈电集团、吉化集团、吉林石化公司、一汽集团、吉林盛华轿车消声器有限责任公司、吉林汽车制动器厂、吉林华润全氏玉米深加工科技开发有限公司、长春大成生化工程开发有限公司、兰州白银有色金属集团公司、兰州铝业股份有限公司、兰州连城铝业有限责任公司、贵州宏福集团、贵州开阳磷矿集团等 14 家企业和辽宁镁质材料行业共组织了 7 次院士行活动,圆满并超额完成了年度工作计划。

为切实帮助企业解决实际问题,推动企业和行业技术创新体系的建设,加速用高新技术改造、提升传统产业,院士行在每一次活动正式开始前,都深入企业第一线进行实地考察;在活动中,院士和专家通过技术报告、技术座谈、评议咨询和技术合作等形式,积极为企业或行业解决共性的关键技术问题、完善技术发展规划、制定发展战略等出谋献策,得到企业的充分肯定和广泛欢迎。

据不完全统计,7 次技术创新院士行活动,院士、专家共到企业 18 个,有 39 位院士、58 位专家参加了院士行活动,共举办技术报告会 5 场,作了 42 个技术报告,听众约 1 000 人,共签订技术协议 19 个,提出建设性的意见和建议 100 多条。

一汽集团、长春轿车消声器厂和吉林轿车制动器厂技术创新院士行总结

2004 年 8 月 11 日至 13 日,中国工程院和国家发改委组织了以机械与运载工程学部郭孔辉(带队)、杜善义、胡正寰、林尚扬等院士和解放军装甲兵学院朱胜教授、吉林大学杨兆升、管欣、袁兆成等教授赴长春一汽集团、长春轿车消声器厂、吉林轿车制动器厂开展“院士行”活动。

国家发改委、吉林省经委、长春市等有关部门的领导和中国工程院副秘书长白玉良参加了此次活动。吉林省为做好这次院士行工作,予以高度重视,做了充分的准备。吉林省副省长陈晓光和省长助理徐建一出席了此次“院士行”的开幕式,省长洪虎会见了“院士行”的全体成员,并与院士、专家进行了座谈。省领导在向院士专家介绍情况时特别强调:吉林省正在全力推进改革创新,实施第二次创业;正在重点建设汽车、石油化工、农产品加工、现代中药和生物制药、光电子信息等高新技术 5 大产业基地;迫切需要增强科技创新能力,提高技术水平,创新机制,调整结构,转变经济增长方式,把吉林老工业基地建成国家新型工业基地;吉林省非常欢迎院士专家们到吉林支持、帮助和推动吉林省技术创新体系的建设,解决重大关键技术问题。具体情况总结如下。

一、基本概况

吉林省是汽车制造业的大省,全省共有规模以上企业212户。2003年,完成工业总产值1 248亿元,销售收入1 175亿元,利润97.5亿元,年均增长33%、28%和34%,分别占全省工业的50%、47%和61%。吉林省把汽车工业列为该省发展5大产业的龙头产业。为提高吉林省汽车企业的技术开发与创新的水平,省经委推荐了一汽集团、长春轿车消声器厂、吉林轿车制动器厂作为今年开展"院士行"活动主要企业。

1. 一汽集团公司

一汽集团公司是中国汽车工业大型企业集团——第一汽车集团的核心企业,其前身为中国第一汽车制造厂。中国第一辆解放牌载货汽车、第一辆红旗牌高级轿车从这里诞生。

50年来,一汽集团公司经历了建厂创业、产品换型和工厂改造、上轻型车和轿车三次大规模发展阶段,产品由单一卡车向轻型车和轿车方面发展。1991年,与德国大众公司合资建立15万辆轿车基地;2002年,与天津汽车(集团)联合重组,与日本丰田公司实现合作,产品结构形成以轿车为主的新格局。

一汽集团公司拥有全资子公司30家,控股子公司11家,其中包括"一汽轿车"、"一汽夏利"、"一汽四环"3家股份上市公司,以及国内汽车行业具有产品开发和工艺材料开发能力的技术中心。所吸附和支配资产800多亿元,员工12.6万人。

一汽集团公司累计产销中、重、轻、轿、客、微各类汽车500多万辆,累计出口整车3.2万辆,销售收入5.2亿美元,进出口总额超过60亿美元。

一汽技术中心成立于1995年,是汽车行业目前规模最大、核心能力最强的集产品开发、工艺材料开发、基础科学研究、试制、试验于一身的汽车产品研制开发和试验检测基地。2003年"解放"品牌价值达到107.63亿元。

目前,一汽商用车的研发以自主研发为主,引进技术为辅。已具备了车身结构设计、研究和分析能力,形成了CAD/CAM一体化。设计过程中,对车身、车架、发动机、变速器壳、前后桥等关键总成和零件进行采用有限元分析和整车性能预测技术。

在轿车开发方面,主要采用自主研发与技术引进并重。与有竞争力的国外企业进行合资、合作,将先进产品技术移植过来。如引进奥迪100技术,采用国产化的总成进行自主开发,开发出小红旗这一我国唯一具有全部知识产权的产品。并在此基础上进行改进,自主开发了全新车身,通过红旗旗舰、捷达轿车的改脸联合开发,实现了数据直接传递的无图设计方法。

一汽技术中心可对整车操纵稳定性、平顺性、制动性、经济性和动力性、振动噪声、排放、发动机总成和零部件、底盘各大总成和零部件、车身及附件的结构性能和耐久性进行严格规范的试验,并能开展微观实验分析。具有独立匹配发动机电控系统,满足欧III排放标准的能力。具备底盘总成、车身焊装、大型冲压模具的试制能力以及材料、工艺研发能力。

目前,集团公司重点研发的项目有:(1)汽车整车关键技术,包括:电控柴油机开发、机械式自动变速箱(AMT)开发;混合动力客车开发(863)、混和动力轿车开发;TCS、电动助力转向、悬架控制、汽车自动驾驶技术等。已初步具备柴油机电控系统、AMT电控系统、混和动力控制系统的产品开发能力;具备汽油机电控系统匹配开发能力。(2)机械式自动变速箱技术。(3)发动机欧4技术。(4)CAD/CAE/CAM一体化技术。(5)智能化车载信息系统关键技术,包括:传感器技术、图像识别技术、数字地图和GPS技术、车载导航技术、数据库技术、汽车电子信息技术、计算机网络与计算机技术、车载通信技术、移动通信技术、人-机交互技术以及车载信息装置等。

2. 长春轿车消声器厂

属地方国有控股公司的机械企业。现有5个分厂。即:汽车零部件分厂、联轴器分厂、轻钢分厂、工具分厂和动力分厂。还有一个合资公司、一个股份制企业。

主要产品有:Audi A6、Mazda、红旗、Jetta消声器和催化转换器,及中、后消,隔热板、车身件,重型卡车消声器和在用车消声器;各种轿车冲压、焊接、弯管零部件,轧钢用联轴器,建筑用轻钢结构。

该厂具有年产30万套消声器和净化器生产线;年产亿元的2条冲压焊接线;年产15万套隔热板的生产线;年产5 000吨的轻钢生产线;年产400台联轴器生产线;能满足自身需要的工装生产线;年产4 000吨的翅片管生产线。

1999-2003年平均每年增加销售收入1个亿,增加利润1 000万。2003年完成销售收入5.1亿元,比上年同期增幅61.5%;实现利润4 803万元,比上年同期增幅25.4%;上交税金3 379万元,比上年同期增幅25%。

该厂确立2004-2008年的发展目标是:由2004年销售收入6.5亿元,利润5 000万元,到2008年实现销售收入10个亿,利润7 100万元。形成以汽车排气系统(消声器和净化器)为龙头,以冲压焊接件为主,以轻钢、联轴器为辅的汽车零部件和其他产品相互补充的四大类产品结构的发展战略。

3. 吉林汽车制动器厂

该厂所属吉林东光集团有限公司,是轻、轿车制动系产品定点专业生产厂。主要生产“奥威”牌制动器产品,真空助力器带制动主缸(中心阀式、补偿孔式)总成、比例阀(单腔、双腔)、储液罐、离合器主泵产品。已为国产各型轻、轿、微车等近30种车型配套。产品市场占有率达30%。2004年产量预计可达90万套。现已成为国内技术先进、生产规模最大的轿、轻、微型车制动系部件生产基地。

从2004年到2010年,该厂将分三步实现:由目前的贯穿式、主动式助力器带中心阀式制动主缸总成产品技术,进入到全电子智能制动系统技术,取代常规制动系统的发展战略。跟踪国际技术,进行一系列技术改造,以便产品实现模块化、系统化供货,进一步将“奥威”牌制动系统产品做强、做大,扩大国内汽车零部件市场占有率,并逐步打入国际市场。

二、“院士行”活动主要内容

为保证“院士行”活动取得预期效果,中国工程院机械与运载工程学部郭孔辉院士等先期对三个企业进行了预调研,吉林省经委和一汽集团公司、长春轿车消声器厂、吉林汽车制动器厂均做了充分的准备。此次“院士行”活动的主要内容有:

1. 举办学术报告会。针对此次院士行的主要对象是汽车及零部件企业,共有4位院士、专家作了专题报告。即:郭孔辉院士的《汽车悬架设计与底盘平台相关技术》、胡正寰院士的《零件轧制技术的现状与展望》、林尚扬院士的《焊接技术的现状与展望》和吉林大学杨兆升教授的《车载信息系统研发进展》。

2. 专题技术交流和讲座。为做好这次院士行工作,吉林省经委组织了30多家机械及汽车零部件企业的技术负责人参加了与院士面对面的交流,当面解答了企业有关技术的问题。

针对一汽集团、长春轿车消声器厂、吉林轿车制动器厂提出的技术需求，院士、专家们分别就下列技术问题到企业现场进行了解答和交流：

一是激光焊接不等厚钢板、模具表面处理、材料及修补技术、消声器总成部件的独立自主开发设计能力等技术、加工工艺问题。

二是开发新型悬架时如何对汽车的性能进行评价，特别是如何进行主观和客观评价。如何开发汽车电子技术和汽车车载信息系统关键技术，以及国内外在车载信息装置和智能交通建设方面的情况。

三是如何发展下一代的真空助力器产品，尤其是主动助力器；如何利用计算机仿真技术提高设计效率，以及如何对性能进行分析；如何开发智能制动系统。等等。

3. 参观了企业生产现场。

三、院士专家对吉林省汽车工业发展的初步意见和建议

经过三天的调研与研讨，听取省领导关于吉林省汽车工业发展的战略与思路的介绍，院士、专家们认为：吉林省汽车工业具有很强的竞争优势，发展势头很好。同时也建议在下一步发展中注意的几个问题。

1. 在加强对大企业技术中心建设的同时，要重视中小企业的技术进步与技术储备，建立企业技术需求与科研成果信息交流的制度。特别是加强企业与科研单位和大专院校的合作与技术交流很有必要。目前，吉林省提出了“新技术概念车”的开发要包括汽车及其零部件的生产工艺。而一些科研单位和大专院校有不少关于汽车及相关零部件的制造加工工艺方面的技术成果，这些具有自主知识产权的高新技术对促进企业开发我国自主品牌知识产权的汽车及零部件生产工艺很有借鉴作用。

2. 建立企业的技术改造咨询制度。特别是企业重要设备、大型设备的更新，组织专家对企业真正的技术需求、技术的先进性和实用性如何结合、降低生产成本、提高生产效率和企业的经济效益等进行咨询和论证很有必要。

3. 遵循市场经济规律，注重专业化企业的扶植和培养。针对吉林省汽车轴类件、模具等零部件需求量大的特点，院士专家建议：在长春市或吉林省建立一个年产两到三万吨的轴类零件轧制专业化工厂及专业化模具加工和表面处理企业，这样能够大大地节省材料、降低成本、提高效益。

4. 注重企业工程技术人才的培养。借鉴其他地方企业与院校人才培养成功的经验，选派企业有培养前途的技术人员，送到大专院校进行培训。一方面加强企业与院校的合作，另一方面，企业的技术人员得到了锻炼和培养，为企业的可持续发展储备了人才和技术。

5. 院士专家在与企业交流和讨论中，就以下几个方面达成了共识：

（1）关于发展下一代汽车智能制动系统，争取振兴东北老工业基地项目资金的支持，多方筹集资金完成企业的技术升级。从企业的长远发展来看必须要进行技术创新，发展下一代的汽车制动控制系统。零部件企业、高校和整车厂应该密切合作完成这一开创性的工作。建议吉林制动器厂、吉林大学和一汽技术中心密切合作，进行联合开发，跳过 ABS 的开发直接开发更具前景的 ESP 系统，实现跨越式发展，跟踪国外在制动系统技术方面的可行模式。

在企业面临的现实生产技术方面，尤其是下一代主动式真空助力器开发和提高企业数字化设计能力方面，吉林制动器厂希望和吉林大学密切合作。合作方式包括：企业技术发展方向咨询；共

同承担研发项目;高校为企业定向培养研究生等高层次人才。

(2) 关于提高汽车消声器总成部件独立开发设计能力方面,院士专家们提出可以合作的内容有:建立消声器试验台、装备计算机工作站、声学与流体力学工程分析软件、建立产品技术数据库、对模具材料成分结构、表面性能进行分析并进行化学气相沉积获得 TiC 涂层或进行等离子渗氮处理工艺等。

(3) 与一汽技术中心就关心的一些技术问题,提出了以下几个方面可以进行合作:

① 样车分析方面,由一汽提供需要跟踪研究的国外样车进行性能分析,主要是操纵稳定性和悬架设计方面。

② 关于自主品牌开发方面,吉林大学可以提供对悬架、动力传动、转向与制动等方面的设计、分析、仿真与评价,为一汽开发自己的自主轿车提供全方位服务。

③ 电动助力转向控制系统(EPS)开发。

④ 汽车电子稳定性控制系统(ESP)的开发,其中包括 ABS、ASR 的技术。

⑤ 车载导航系统的开发。

⑥ 车载信息系统的开发,开发具有实时动态路径诱导、停车诱导、网络下载地图、图形及语音导航、组合定位、信息查询等功能的嵌入式实时动态车载信息装置。

⑦ 关键软件的开发,如轮胎模型软件、驾驶员模型软件等。

⑧ 越野车新型悬架系统和多轴车悬架的开发,如消扭悬架和平衡悬架的开发。

⑨ 内燃机和混合动力系统的开发,指出轿车用柴油机具有很好的前景。

⑩ 智能辅助驾驶系统的开发。

⑪ 汽车自适应巡航控制系统(ACC)的开发等。

总之,由于专家组与企业方面均准备得比较充分,在与企业座谈和讨论中,双方的收获都很大。企业充分了解了汽车整车设计技术、制动技术、消声器等的最新发展,而院士专家所在的院校和科研单位也获得了企业的技术需求信息。吉林制动器厂吕伟厂长表示,通过这次院士行使得企业对自主开发下一代智能制动系统的信心更足了,并希望进一步加强实质性合作。

四、结束语

吉林省经委副主任、省国防科技工业办公室主任陈双秋总结此次"院士行"工作时很有体会,他说,企业有大量的技术需求,院士专家掌握大量的技术信息,通过"院士行"活动,很多企业获得了技术需求的沟通渠道,知道了他们的技术难题可以去哪儿解决,找谁解决,怎么解决。为此,他建议,作为行业管理部门,今后可以把工作做得更细,事先多收集企业的技术需求,反馈给工程院,工程院有针对性地组织院士专家到企业中去解决,这样双方的收获会更大,效果会更好。

此次院士行是我院在原国家经贸委机构改革后,"技术创新院士行"工作职能转到国家发改委后举办的第一次。根据国家发改委职能和各地产业、企业发展的不同需求,"院士行"活动也出现了新的变化。按照国家发改委的要求,今年的"院士行"活动要紧密配合西部大开发和振兴东北地区等老工业基地的发展战略,与促进产业技术进步和区域经济发展结合起来,使"院士行"活动在保留原有特色的基础上,出现了新的特征:一是由围绕一个个企业的技术创新向某一地区的区域技术创新方向转变;二是由促进、提高单一企业的技术进步和技术发展向提升区域整体产业升级、技术创新的方向转变;三是由主要针对国有大中型企业向不同层次多种经济成分的企业转变。这些企业对“院士行”活动的具体要求和技术需求，在形式和内容上都有了新的变化。

这次对吉林省的汽车、农产品深加工等产业领域的“院士行”活动是一个初步的探索，需要不断地摸索和总结经验，以利于今后把“院士行”这一活动搞得更好、更受地方和企业的欢迎。

（易　建　朱新海提供）

吉林农副产品深加工企业技术创新院士行总结

2004年8月11日至13日，由中国工程院、国家发改委共同组织，农业、轻纺与环境工程学部张高勇（带队）、戴景瑞、伦世仪、方智远等4位院士以及扎鲁达、孟庆翔、姜瑞波、温其标、李十中、张伟国、石贵阳、顾正彪等8位专家在长春进行了“吉林农副产品深加工企业技术创新院士行”（以下简称“院士行”）活动。

国家发改委、吉林省经委、长春市等有关部门的领导、中国工程院副秘书长白玉良参加了此次活动，吉林省副省长陈晓光出席了此次“院士行”的开幕式，开幕式由省长助理徐建一主持。省长洪虎会见了“院士行”的全体成员，并与院士、专家进行了座谈。

一、活动概况

本次活动是配合国家振兴东北老工业基地、推进企业技术创新体系建设、解决企业技术难题，架起企业与大专院校、科研院所之间沟通的桥梁，由吉林省政府邀请，国家发改委、中国工程院组织，吉林省经委协助实施的。为开展好本次活动，张高勇、戴景瑞两位院士与江南大学副校长陈坚教授（代表伦世仪院士）于7月初对企业进行了预调研，并与吉林省经委和企业领导同志就本次活动进行了具体安排。吉林省领导、相关部门与企业高度重视和精心组织，为本次院士行活动的顺利完成打下了基础。

活动中，张高勇、方智远两位院士和张伟国、温其标两位教授分别作了“21世纪初叶我国食品工业发展科技问题的思路”、“农产品深加工关键技术研究进展”、“氨基酸生产进展”、“大力发展变性淀粉的生产和应用”的学术报告；并利用半天时间，与吉林省食品办、重大项目办公室有关领导和吉林轻工业设计研究院、四平市帝达变性淀粉有限公司、吉林省正豪改性淀粉科技开发有限公司、吉林沱牌农产品开发有限公司等企业的技术人员进行了座谈。活动中，院士和专家重点参观了吉林皓月集团、长春大成集团和华润生化公司，并分组有针对性地与企业领导和技术人员进行了深入交流。期间省发改委的领导还亲自到专家住地，听取专家关于玉米芯生产木糖醇的项目建议。

二、各企业概况

(一) 吉林皓月集团

1. 基本情况

吉林省长春皓月清真肉业股份有限公司属于大型民营股份制企业,筹建于1998年,是以肉牛为主的现代农牧产业化综合开发的高新技术企业。规划占地6平方公里,总投资15亿元。年屠宰肉牛20万头、羊10万只,生产饲料60万吨,皮革加工20万张,生产牛柳、西冷等49种优质高档牛肉。"中国皓月现代肉牛产业综合加工"被国家发改委批准为振兴东北老工业基地第一批国债项目,总投资19.97亿元。2000年末,公司被国家八部委评定为151家农业产业化重点龙头企业之一,被吉林省列为"十五"期间百亿工程企业,先后独立或与科研院校合作完成科研项目10余项。

皓月公司的分割肉出口到中东地区的以色列、巴基斯坦等国。随着对外贸易的拓宽,皓月牛肉将在中东、俄罗斯以及东南亚市场有一定的出口优势。

2. 皓月集团加工生产优质牛肉的基础条件

① 吉林省当前存栏黄牛822万头,其中繁殖母牛300万头,尚有临近辽宁省、黑龙江省、内蒙古自治区等地一千多万头牛,有充足的牛源。

② 牛的基础较好。吉林省多年利用国外引进品种夏洛来、利木辛以及西门塔尔等良种肉牛改良本地牛,年出栏杂种肉牛322万头;有早在20世纪70年代育成的草原红牛和我国地方良种延边牛。

③ 吉林省地处我国东北玉米带,为农业大省,人均产粮居全国首位,养肉牛有丰富的饲草料基础。

④ 皓月集团年屠宰加工肉牛20万头,可促进千家万户农民的养牛积极性,是理想的龙头企业。

⑤ 吉林省政府和各级部门的政策和科技进步的支持。

(二) 长春大成集团的基本情况

长春大成实业集团有限公司始建于1996年,是从事以玉米为原料,采用生物技术、化工技术等进行精深加工的大型中外合资企业集团。集团公司现有总资产20亿元,职工1 400人。历经7年的建设,集团现年加工玉米180万吨,建成了长春玉米工业研发基地、德惠玉米生物化工基地、锦州玉米精深加工基地、上海玉米甜味剂基地、福州氨基酸基地等5个加工基地。2003年集团共实现产值50亿元,销售收入45亿元,税收6亿元,出口创汇3 000万美元。2003年大成集团通过了ISO14000环境管理体系认证。

公司现有主要产品包括淀粉126万吨/年、淀粉副产品(油、蛋白粉、纤维饲料)58万吨/年,淀粉糖50万吨/年,变性淀粉24万吨/年,生化饲料20万吨/年,生化肥料20万吨/年,饲料级赖氨酸10万吨/年,淀粉化工醇1万吨/年。公司精深加工产品产值已经占公司产品总产值的60%以上。

大成集团十分重视科技进步和科学的管理。集团公司在成立初期便建立了集团技术中心,负责集团公司的生产技术、技术改造、质量监督,制定和管理产品质量、工艺标准;承担集团公司新产品开发工作;负责新建厂的前期工作。为了适应企业的快速发展,集团每年在该中心投入4000~5000万元,用于企业技术中心的改扩建及研发投入。几年来,中心共成功开发项目10余项,开发新产品40余种。企业还重视人才的引进,如高薪聘请美国国民淀粉公司和台湾的专家来企业工作,增强了企业的技术研发能力。

围绕玉米产业经济发展,继续坚持思维创新、体制创新、科技创新的思路,大成集团计划在未来的5~10年间,以发展现代高技术玉米工业为集团战略重点,以创建中国的世界级企业集团为战略目标,以发展生物技术与有机化工技术相结合为主攻方向,实现跨技术领域的生物化工技术革命,进一步延长玉米深加工产业链。计划到2008年,实现玉米年加工能力600万吨,实现产值380亿元,精深加工产品总产值占产值总量的80%以上;并继续在替代能源、氨基酸、可降解材料以及生物工程菌等方面进一步研究开发及扩大产业化规模;在秸秆燃料酒精、聚乳酸、聚氨基酸等方面进行攻关研究,拓宽企业经营之路,提高企业竞争能力。

(三)华润生化公司的基本情况

华润生化股份公司是1995年国家计委批准建立的“玉米深加工国家工程研究中心”的依托单位,在酒精成套工程化技术、淀粉及淀粉糖成套工程化技术、变性淀粉的开发和应用方面有着成功的经验。现有国内年加工玉米能力65万吨的大型玉米深加工企业——黄龙食品工业有限公司作为产业发展平台,规划在五年内依托吉林省玉米资源优势和产业政策优势,通过在吉林省内投资收购、技术改造和新建等方式扩大玉米深加工规模,五年内玉米加工规模达到400万吨,总投资达到85.43亿元;销售收入110.53亿元;增值税11亿元;销售利润13.07亿元。

与此同时,在黑龙江省,在现有年加工玉米75万吨能力的基础上形成200万吨玉米加工能力,总投资达30亿元,产值35亿元,利税4.5亿元,利润1.5亿元。

实现华润集团600万吨玉米加工规模的总体战略目标。

华润生化股份公司现有生化工程研究室、变性淀粉研究室、淀粉糖(醇)研究室、信息技术中心、质检中心,作为公司的技术研发基地,为企业的技术创新提供了条件。

公司领导认为:企业发展至今,技术开发及技术管理人才匮乏是制约企业迅速发展较为突出问题;同时,公司需以高新技术和尖端装备继续打造以玉米深加工为中心的品牌产品,提高企业的核心竞争力。

三、院士专家对吉林省农副产品加工发展的初步意见和建议

院士和专家对吉林省政府将与农产品加工密切相关的食品工业做为第三大支柱产业发展,并重点发展以玉米和大豆转化为主的粮食深加工企业,畜、禽、乳为主的食品制造业,长白山生态资源开发的天然保健食品业为主导产业的食品工业以及延长产业链的发展思路给予了充分的肯定。同时也指出:发展任何食品加工业都要以市场为导向,要组织社会资源,着眼于中长期发展,避免雷同,走自己特色的发展模式。如:①长白山生态资源开发要组织社会力量开展基础性研究工作,搞清楚其功效成分;并针对这些功效成分再进一步研究开发的方式、工艺和产品形式。②可以将主食工业化,即将目前一日三餐的主食通过工厂化生产制成成品或半成品,直接供应市场,既可减少消费者用于厨房做饭的时间,提高工作效率,也适应了市场的需求,提高了粮食产品的附加值。③肉类加工中,优质牛源的短缺问题,如现在不着手选育本省特色的肉牛品种,5~8年后可能出现牛源短缺而无法补救的局面。

在短短的三天活动中,院士和专家们畅所欲言、各抒己见,积极解答相关技术问题,针对企业技术需求为企业提供了多项技术和市场信息,并提出供企业决策时参考的若干意见和建议。

(一) 对皓月集团的意见和建议

① 加强企业的技术中心力量和设置企业技术开发研究机构,要有一定的投入和技术力量,并有稳固的技术依托部门和专家。

② 完善屠宰加工厂和皮革厂的环境保护工作,废弃物要按国家有关标准处理,排到化粪池或用于农田施肥。

③ 良种牛源短缺的问题。

当前我国牛肉生产中存在的风险主要有两个,即良种牛源的短缺和疫病控制。在 20 世纪 70 年代开始发展肉牛时,全国仅考虑提高产肉量的目标,从国外引进大型肉牛品种如夏洛来、利木辛以及兼用品种西门塔尔牛等,当时还没有更多考虑肉的品质和口感。皓月年屠宰加工肉牛 20 万头,是国内少有的大型企业,具有现代化的屠宰加工设备,产业化程度高,养牛基础条件好,从持续、健康发展考虑应有自己特有的肉牛资源,选育出专门的品质或品系,生产具有中国独特品牌的牛肉,其特点是肉用性能强,早熟、增重快,肌肉中沉积脂肪好。其选育方案,可参考如下:

• 中部农区:该区目前改良牛的肌肉中沉积脂肪和早熟性均不理想。建议通过导入海福特牛改善其上述性状。肉牛选育谱为:海福特牛血统 0.5,西门塔尔牛和当地牛血统各 0.25。

• 西部草原地区:该区的草原红牛和利木辛杂种牛其肌肉中沉积脂肪和早熟性也不理想。建议导入安格斯牛改善其上述性状。选育谱系为安格斯牛血统 0.5 利木辛、草原红牛血统各 0.25,当地牛血统约 0.25。

• 东部山区:延边牛是我国地方良种,具有一定的肉用性能基础,建议利用安格斯牛、日本和牛为父系,进行三元杂交生产杂种肉牛,或选育毛色为黑色的肉用牛类群。选育谱系为安格斯牛血统 0.5,和牛和延边牛血统各 0.25。

④ 高档肉牛饲料配制问题:生产高档牛肉,应普遍推广应用谷物蒸汽压片饲料。一般蒸汽压片谷物饲料与普遍粉碎饲料相比可提高淀粉消化率 15%,降低蛋白质瘤胃降解率 20%,降低饲料成本 10%,提高优质牛肉切块率 5% 以上,是一项十分有益的饲养优质肉牛的措施。

利用蒸汽压片谷物饲料可以生产出我国标准二级牛肉。

作为大型肉牛企业,又有自己的饲料加工厂,皓月应考虑建立吉林省肉牛饲养体系,这不仅是保证良种牛源供应的需要,而且也是吉林省肉牛业可持续发展的需要。

⑤ 疫病防治问题。

疫病防治主要是由国家和社会考虑和操作的问题。作为企业,重点是从非疫病区获得健康的牛源,屠宰加工安全、卫生。为此,做好牛源基地及育肥牛小区的疫病防治工作至关重要。同时屠宰加工厂还要建立现代化的家畜自动跟踪监测系统、心脑麻电系统、真空自动收集输送系统等设施,以最快速度在最小的范围内控制并回收污染产品,确保所有进入市场的肉食品具有最严格的安全保证。

⑥ 牛胚胎移植技术产业化问题。

首先提高胚胎质量,通过改进牛超排胚的冷冻液和解冻液的成分,降低保护剂对胚胎的毒性;二是提高受体母牛的选择标准和加强饲养管理;三是有条件时采用鲜胚移植。

⑦ 肉牛屠宰加工及牛肉产品开发的问题。

• 提高牛肉嫩度技术。利用宰后胴体、肌肉生物电学特性变化,在线监控肌肉成熟过程,以获得高嫩度牛肉制品。

• 牛肉的保鲜技术。完善高压冷却肉技术、过冷冷却肉保鲜技术、低盐处理冷却牛肉技术、超速冻牛肉产品系列化开发技术、牛肉产地速冻至终端市场高压静电场解冻技术。

⑧ 利用牛脏器加工生化副产品生产技术，可选择适销对路、附加值较高、可批量生产的技术，如牛胸腺提取技术、牛脾脏抗氧化肽提取制备技术、牛脂肪共轭亚油酸提取制备技术、牛心脏辅酶Q的提取技术、牛胰脏胰蛋白酶和糜蛋白酶提取制备技术、牛血液综合开发利用技术（如凝血酶、免疫球蛋白、血红素等的提取技术；牛骨的超细粉碎及其制品成套技术；牛眼、牛睾丸透明质酸酶的提取技术；牛肉次黄嘌呤核苷酸和5′－鸟苷酸的快速提取制备技术等）。

（二）对长春大成集团的主要意见和建议

1. 变性淀粉粘接剂的快干、防水问题

变性淀粉粘接剂的快干可以采用高浓低粘的办法，但高浓往往形成高粘，要做到高浓低粘一般有三种方法，一是选择合适的改性基团及接上去的量，二是调节分子量，三是使用添加剂（如表面活性剂等），或者这三种方法的组合。建议企业做一些相关的基础研究工作（可与院校或科研单位合作）。如研究淀粉分子大小、变性淀粉种类及变性程度、添加的助剂种类及添加量对淀粉流变学特性的影响，从中找出解决问题的办法。解决防水问题的思路亦是如此。

2. DE值在3－5的麦芽糊精市场问题

与目前大量市场化的DE值在10～30之间的麦芽糊精相比，此水解程度的淀粉产品有其还原糖含量低、可溶性好、吸湿性低的优势，有一定的市场前景，如微胶囊的壁材、某些行业使用的要求可溶性好的淀粉、一些成份的载体等。建议企业将其列入麦芽糊精产品系列的一个品种，加大宣传及与应用企业的沟通。

3. 多元醇生产问题

由淀粉作为原料生产多元醇，需考虑此产品及其生产过程对环境的污染与相对应的石油产品对环境的污染相比较（最好用生命周期分析的方法进行对比），生产此类产品在化石消耗上与用石油产品生产相同产品在化石消耗上相比较，要考虑产品的成本是否有优势。在问题清楚、肯定淀粉生产多元醇占优后，再规模化生产。建议企业不能用购买的淀粉深加工产品山梨醇做生产多元醇的原料，而要用淀粉经企业自身水解合成山梨醇（建议继续采用玉米淀粉水解生产葡萄糖再氢化合成山梨醇的工艺技术），以降低多元醇的成本。用淀粉生产的多元醇中，乙二醇、丙二醇与化工法生产的相对应产品在性质和用途上不应有什么差别，但要考虑前者在成本上是否有优势。目前，1,2－丁二醇和1,3－丁二醇市场需求量不大，建议企业要做这两个产品市场的开发工作，为大规模生产乙二醇、解决其副产品1,2－丁二醇和1,3－丁二醇的出路打下基础。

4. 基因工程菌在氨基酸生产中应用的问题

目前氨基酸发酵生产方面，主要还是由常规育种手段选育的产生菌，基因工程菌在氨基发酵成功应用的例子基本上只有苏氨酸，常规育种选育的苏氨酸产生菌产酸率只有2.5%～3.0%，而苏氨酸基因工程菌最高产酸达8%～10%。另外，基因工程菌使用时存在稳定性较差以及环境保护等问题值得引起重视。

如何建设企业技术研究中心以及与大专院校、科研院所合作的问题。国外大型企业集团，有两个层次的技术研发中心，第一层次是将市场信息转化成技术问题，研发中心则围绕着问题开展研究，解决急需解决的实际技术问题；该中心还可将大专院校、科研院所的成果进行产业化开发，形成自身技术核心。另一层次是将市场信息归纳成科学问题和共性问题，由该技术研究中心开展企业技术发展方向和基础研究，或由该中心提出，委托大专院校、科研院所进行研究。国内企业可仿效国外公司的做法，也可以与大专院校、科研院所合作，成立联合研究所或技术研究中心，由企业投入、出题目，由大专院校、科研院所研究，而这些共性技术和科学问题的解决，有助于第一层次中提出的技术问题的解决，这些问题由本企业技术中心研究，也可以合作研究和委托研究。企业技术研发中心的重要任务之一是为企业储备市场前景好、原料附加值高的多种后备投产项目，或根据市场变化可轮换投产的项目，为此企业必须重视主要生产设备的通用性。

20世纪90年代以来，世界500强企业技术中心的发展趋势是由企业的研发（R&D）过渡到联合研究与开发（C&D）。除了科学问题与共性技术强调合作研究以外，向高校与院所投入种子基金，以采集新技术与新产品的试探研究结果尤为重要。我国企业技术研发力量不强，世界500强的C&D（联合与发展）的做法，值得吸取。

（三）对华润生化股份公司的主要意见和建议

华润生化股份公司发展至今天这样的规模和水平与其有好的管理体制有关，要珍惜已形成的好的基础条件，继续加快发展。玉米的粗加工产品和技术已不能满足华润公司快速发展、建大、建强的需要，而要开发高新技术和高附加值产品。因此，建议公司领导要在集中精力发展现有产品、打造品牌的同时，不断关注大专院校、科研院所的最新研究成果，与大专院校、科研院所合作，通过自己的科技人员和优良的研究条件，对高校和研究单位的最新成果（包括有前景尚未成熟的技术，乃至一些新思路）进行二次开发，使其产业化。也就是将自己的技术开发中心定位成C&D，即成为公司与高校和研究单位的桥梁，这更有利于公司自身最先掌握最新研究成果，抢先占领市场，才能使公司走在行业的前列。院士和专家还建议：公司发展什么产品、发展成多大规模，关键取决于市场，但要避免雷同，要有自己的特色。

院士和专家还对华润生化股份公司的具体技术问题提出了建议：

1. 全糖粉生产技术问题

首先要确认全糖粉的市场前景。要考虑全糖粉与糖浆和蔗糖相比的优势和存在的不足，生产全糖粉的具体干燥方法可进一步考察国外和国内在全糖粉干燥上的技术和设备进展情况，比较喷雾干燥塔、锥型流化床和矩形流化床用于干燥全糖粉上的各自特点，可以将喷雾干燥与矩形流化床结合起来，还可参考用于某些中药成分干燥、造粒的技术和设备。

2. 发酵行业副产物及高浓度废水生产微生物菌肥情况

生物肥料的生产和使用是农业持续发展的需求，是保障人类健康、环境改善、食品安全生产的重要需求，利用发酵业的废水、废物料经过有益微生物的发酵生产生物肥料的技术是成熟的，是企业废弃物资源化的一个有效措施，但要针对该企业的废水、废物进行相应的实验，严格按照行业标准的要求生产合格的系列生物肥料具有很好的应用前景。

3. 膜技术在淀粉深加工中的应用问题

膜技术在淀粉深加工中的应用将随着膜应用技术的开发、膜制造成本的降低越来越受到关注，也将会在一些产品生产上得到使用和推广，如淀粉糖浆的脱色、酒精糟液的浓缩等。但膜真正要在淀粉深加工中得以广泛使用，还需要做大量的技术开发工作，华润生化股份公司可以利用技术中心的硬件和人才条件，联合高校和研究单位的科研力量开展这方面工作，这也是“玉米深加工国家工程研究中心”的任务之一。

4. 燃料酒精问题

将无水乙醇作为汽油的助燃和抗震添加剂,可减轻对大气的污染,具有很好的环境效益,同时可替代部分汽油。但是,当前发酵生产单位无水乙醇所消费的化石能源量大于产出乙醇的能量,因此它尚难成为严格意义上的"可替代能源"。要达到此目的,还有一些技术难关尚待攻克。

四、结束语

院士和专家们认为,增加农产品加工比例、提升农产品加工产品的质量、提高农产品附加值是解决三农问题的主要出路之一,也是增加农村就业人口的重要途径,更是提高人民生活水平的重要手段。吉林省领导高度重视利用当地丰富的农产品资源,培植农产品加工龙头企业是明智之举。通过对三家企业的考察与座谈了解到:在农产品加工上,他们已逐渐由农产品粗加工向精深加工方向发展;规模上和产品质量上形成了在吉林乃至全国范围内的大型品牌企业;大成集团、华润生化公司亦已初步具备了技术创新体系的雏形,这些成绩是令人欣慰的。但也要看到,要将这些企业培植成国内一流、在国际上领先的农产品加工知名企业还有很长一段路要走。院士和专家们建议:一方面,企业要加强自身内部管理体系的建设,进一步激活企业活力,要苦练内功,注重加强企业自身创新体系建设;另一方面,企业要加强与全国相关大专院校、科研院所之间的合作,提升自身技术创新的能力;同时,国家相关部门要从宏观上加以引导,政策上给予扶持,使这些企业能健康快速地发展。

院士和专家们还建议:企业发展更要重视环境的保护,在取得良好经济效益和社会效益的同时,要有环境保护意识,使企业能在良性、可持续发展的道路上健康地发展。

此次院士行是中国工程院在原国家经贸委机构改革后,"企业技术创新院士行"工作职能转到国家发改委后举办的第一次。根据国家发改委的职能和各地产业、企业发展的不同需求,"院士行"活动也出现了新的变化。按照国家发改委的要求,今年的"院士行"活动要紧密配合西部大开发和振兴东北地区等老工业基地的发展战略,与促进产业技术进步和区域经济发展结合起来。"院士行"活动在保留原有特色的基础上,出现了新的特征:一是由围绕一个企业的技术创新向某一地区的区域技术创新方向转变;二是由促进、提高单一企业的技术进步和技术发展向提升区域整体产业升级、技术创新的方向转变;三是针对国有大中型企业向不同层次多种经济成分的企业转变。这些企业对"院士行"活动的具体要求和技术需求,在形式和内容上都有了新的变化。

(唐海英提供)

哈尔滨电站设备集团公司技术创新院士行总结

国家发展改革委员会和中国工程院联合组织开展了"哈尔滨电站设备集团公司(以下简称'哈

电集团')技术创新院士行"活动。本次活动于2004年8月19日至8月20日在哈尔滨进行，由中国工程院能源与矿业工程学部杨奇逊院士牵头，秦裕琨、雷清泉、陆佑楣、郭重庆、刘源张、饶芳权院士以及朱森第等七位专家参加，工程院和国家发改委有关工作人员也参加了本次活动。为做好本次"院士行"的准备工作，姚福生院士于7月8日专程赴哈电集团与梁维燕院士和哈电集团的有关领导进行了磋商和安排。

本次活动是根据企业提出的需求进行的，院士和专家就哈电集团的发展战略、工程管理体制、技术发展趋势、核心竞争力及技术创新能力等方面的问题与哈电集团主要领导进行了深入的交流与探讨，并提出了一些发展思路与建议，取得了较好的实际效果。本次活动受到黑龙江省政府和哈电集团的大力支持与配合。期间，黑龙江省刘副省长会见了专家组一行。

哈尔滨电站设备集团公司(含国家"一五"期间前苏联援建的156项重点建设项目中的6项)，是在原哈尔滨"三大动力厂"(哈尔滨电机厂、哈尔滨锅炉厂、哈尔滨汽轮机厂)、阿城继电器厂及哈尔滨绝缘材料厂的基础上，为适应成套开发、成套设计、成套制造和成套服务的市场发展要求，组建而成的我国最大的发电设备、船舶动力设备、电驱动设备与成套设备研究制造基地之一，是国资委管理的187户之中的53户关系国家安全和国家经济命脉的重要骨干企业集团之一。

哈尔滨电站设备集团成员企业主要有：由哈电集团公司控股的哈尔滨动力设备股份有限公司(H股香港上市公司，所属子公司主要有哈尔滨电机厂有限责任公司、哈尔滨汽轮机厂有限责任公司、哈尔滨锅炉厂有限责任公司、哈尔滨电站工程公司等)，阿城继电器集团公司、佳木斯电机厂、哈尔滨庆缘电工材料股份公司及哈尔滨锅炉厂实业开发总公司、哈尔滨汽轮机厂实业开发总公司、哈尔滨电机厂实业开发总公司、三联实业开发总公司等。

哈电集团发电设备生产能力为15 000兆瓦，其中火电10 000兆瓦，水电2 000兆瓦。集团具备同时批量生产三种舰船动力装置的能力，基本具备生产百万千瓦等级超超临界和核电常规机组和核岛有关部件的能力以及加工生产9FA重型燃气轮机的能力。集团还拥有兆瓦级风力发电成套设备100兆瓦、交直流电动机3 500兆瓦，继电器30万套只、控制保护开关柜6 000台面，绝缘材料1 200吨等生产能力。

2003年，集团销售收入59亿元，利税21 615万元。电站锅炉产量30台/5 265MW，电站汽轮机20台/4 482MW，汽轮发电机25台/5 104MW，水轮发电机组13台/1 027.5MW，交直流电动机2 400MW，继电器29.3万只，控制保护开关柜5 814台面，绝缘材料1 139吨。订货426.4亿元，全员劳动生产率3.87万元/人。截止2003年末，哈电集团累计生产发电设备79 543MW，其中火电机组54 463MV，约占国内火电总装机容量的三分之一；水电机组25 081MW，约占国内水电总装机容量的二分之一，电站锅炉产量70 899MW，电站汽轮机56 355MW，实现利税总额504 058万元，创汇89 208万美元。

哈电集团目前员工总数3.96万人，在岗从业2.78万人，其中各类专业技术人员1.2万人，中国工程院院士2人，在站博士后8人，高级专业人才2 394人，2003年末资产总额185亿元，净资产40.8亿元，累计出口创汇81 507万美元。在中国企业500强排名中列301位，在财政部2001年资产超100亿的中央企业评价排名列第16位，在机械行业排名第四位。

一、"院士行"活动主要内容

本次"院士行"活动主要以哈电集团提供的《"十五"至2020年发展战略与规划》为基础，分析国内外能源发展趋势，并结合现场参观考察等情况，围绕五大问题进行：哈电集团在国内外的定位及发展方向；发电设备下一代主力机组发展趋势；如何掌握燃气轮机与联合循环机组核心技术；如何提升哈电集团的核心竞争力与技术创新能力；针对以上分析，哈电集团在体制、机制方面应如何理顺，从而进一步完善集团技术创新体系。

本次院士行活动的主要内容包括：黑龙江省发改委有关领导介绍黑龙江省振兴老工业基地的基本思路以及哈电集团领导们详细介绍了哈电集团概况及发展战略与规划。

1. 现场考察：在哈电集团的组织下，院士行成员赴哈汽、哈锅以及哈电三厂的现场进行了实地考察，进一步加深了对哈电集团目前现状及所存在问题的理解。

2. 分组及汇总座谈：对于本次活动重点探讨的五大问题，根据问题的性质将其分为管理和技术两大类型，管理类问题包括哈电集团的定位及发展方向，以及体制和机制这两个问题；技术类问题包括发电设备技术发展趋势、核心技术掌握、核心竞争力与技术创新能力这三个问题。院士和专家根据各自的研究领域分为两组，分别就这两类问题与哈电集团相关领导成员进行了座谈讨论，郭重庆院士主持管理组的讨论，朱森第主持技术组的讨论，两个小组讨论中深入分析了这些问题的根源和实质，并提出了相应的建议。最后，所有成员集中在一起，汇总提炼了两天的交流成果，并就一些关键问题达成了共识。

二、重点问题分析及建议

针对本次活动重点探讨的五大问题，讨论的要点及主要结论如下：

1. 哈电集团在国内外的定位及发展方向

从国内来看，哈电集团是我国电站设备行业的排头兵企业，为我国的电力建设作出了巨大贡献，然而与国外同行相比，无论从公司规模，还是技术、资金、管理方面，都存在着不小的差距。在经济全球化大背景下，哈电集团正处于发展的关键时刻，只要锐意改革、积极创新，经历若干年的艰苦努力，一定可以获得很大发展。

作为大型老国有企业的典型代表，哈电集团面临着以下几个制约发展的基本问题。第一，体制和机制转换慢，思想观念转变滞后，产权结构较为单一，运营效率低，机构臃肿，冗员过多，管理粗放、运行机制不适应市场经济的要求；第二，科技研发滞后，缺乏原创性成果，产品结构性矛盾突出；第三，企业经济效益较低；第四，资本运营能力弱，抗风险能力弱；第五，企业办社会负担沉重。这些问题的形成，具有历史原因，改善解决的道路也将是漫长的。因此，在企业尚未具备与国外同行面对面竞争的实力之前，仍需要国家给予一定的扶植。

从未来发展方向上来看，发展思路则应该以煤电水电为基础，提升业务能力，核电、气电为补充。其中，煤电和水电应重点增强业务的稳定性，进一步提高质量和降低成本；核电和气电应重点提高技术水平以及应用能力；风电可先建立小公司并申请中小企业的创业资金，以及相应的政策扶植。

在哈电集团发展战略方面，首先应建立以企业为主体的官产学研互动的开放型、集成型创新体系战略；第二，建立以研发和营销服务为主导的发展战略；第三，建立龙头企业引领并整合国内外资源的大企业发展战略；第四，建立现代服务业与先进制造业的互动及相互促进战略；第五，建立企业体制与机制充分市场化转型的战略；最后，实施“走出去”的国际化战略。

此外，对于主辅业务的分离问题，要充分利用国家政策，实现哈电“瘦身”目标。

2. 发电设备下一代主力机组技术的掌控

在煤电的发展方面,哈电集团要把超临界机组作为当前生产的当家产品,而超超临界机组的研发作为技术发展趋势而积极掌握。当前要重视超临界机组运行中的问题,通过解决这些问题,来不断地完善超临界技术,同时积极开展超超临界机组的开发和研制。

在风电发展方面,哈电拥有部分世界先进的技术,主要表现在变转频技术和无齿轮箱两个方面,这些都是风电方面的主要趋势。

3. 掌握燃气轮机与联合循环机组核心技术

关于如何掌握燃气轮机与联合循环机组的核心技术,院士及专家们提出以下三方面的建议。

燃气轮机联合循环发电方面的建议:通过两次打捆招标,哈动力—GE 公司联合体已取得至少 20 台 9F 级重型燃机及配套汽轮机发电机的合同,GE 公司已向哈动力转让相关制造技术。秦皇岛出海口基地的成功建设和不久之前第一台 9F 燃机顺利出厂,标志着哈电集团在振兴我国燃气轮机联合循环发电产业方面在全国同行的前列。为保持和发扬优势,建议哈电集团在下列方面进一步做好工作:

• 按照打捆招标中与 GE 公司签订的技术转让协议和双方承诺的本地化进度要求,切实做好引进 9F 制造技术地消化吸收和本地制造工作。通过消化吸收使哈动力的技术与管理人才尽快掌握当代先进的重型燃机制造技术。确保本地化顺利实施,在保证产品质量达到 GE 标准的前提下,满足燃机电站用户的要求,增强哈动力—GE 联合体的竞争力。

• 积极推进联合循环配套汽轮机和发动机的国产化、自主化。落实与 GE 公司商定的汽轮机联合设计,以及发电机全部国产化的有关工作。

• 加强与国内高校和科研单位就燃气轮机联合循环发电关键技术研究开发的合作,以产学研结合的方式加快为哈电集团培养人才和研究开发关键技术,为今后燃气轮机联合循环发电成套设备特别是重型燃机的国产化自主化打好基础。

另外,材料技术的进步对发电设备的技术性能有很大影响,建议哈电集团重视材料技术的研发和对先进技术进展态势的把握。

4. 如何提升哈电集团的核心竞争力与技术创新能力

技术创新体系的建设和创新激励机制的建立是提升哈电集团核心竞争力与技术创新能力的一条有效途径。围绕这个问题院士们提出了以下六条建议。

• 将哈电集团内部的研发力量集中起来成为一个相对独立的研发机构。这可以使得研发机构拥有更多的主权,从而能够制定更有利的激励措施和形成更有力的竞争机制。

• 提高技术骨干,特别是这些研发工作中的带头人的待遇,以吸引和留住人才。目前哈电集团职工的整体平均收入水平比较低,不利于调动职工的积极性,也不利于留住人才。技术人员,尤其是技术骨干的相对收入水平过低,是导致优秀技术人才流失的重要因素。哈电集团要想吸引人才、留住人才,以及吸引现在高校里的优秀毕业生,就必须适当调整现行的薪酬和激励机制。

• 加大科技投入,要保证在销售收入当中一定的比例作为研发费用。合理的比例应该至少在 2% 以上,即每年在销售收入当中至少拨出 2% 来作为集团研发机构的研发经费和研发机构的经常性费用。

• 对于“市场换技术”换来的技术,要加快消化吸收,尽快变成自己的技术,不能长期依赖别人。

• 在优势领域保持稳定的研发队伍。在研发机构当中，对于哈电集团来讲，存在一些主要的优势领域，如煤电、水电，以及一些具有一定优势，将来可能获得进一步发展的领域，如核电、气电，在这些领域，哈电集团应该力争保持一只稳定的技术研发队伍，并且能够使得这支队伍不断地获得技术进步，使得哈电集团在这些技术领域形成自己的特色和优势。

• 建议尽快建设电力成套设计研究院。

另外，对于集团外包的产品要加强对制造过程的监控，不能最后验收完事。以避免因产品质量问题而影响哈电的声誉。

关于体制创新的实施问题，哈电集团可以在一些新的业务领域，比如说发展风电方面作些试验，这些试验主要在产权工业化、体制创新以及机制创新方面展开。这样的试验并不影响哈电集团的总体，而是在一个相对独立的小块上去试验一下体制创新和机制创新。可以鼓励技术骨干参与这些试验。这样的一个机制可以活跃新的业务领域的成长，使之快速发展，成为哈电集团的重要业务。

5. 哈电集团在体制、机制方面应如何理顺，从而进一步完善集团技术创新体系

要理顺哈电集团的体制、机制，必须突破体制性瓶颈，首先要实施体制创新，然后是管理创新，最后才是技术创新。在创新中要突出以人为本，走国际化道路。

哈电集团需要加快国企改革，应逐步解决历史债务、冗员和社会职能问题。哈电集团需要改善企业外部环境，不仅要强化与中央政府的沟通，同时也需要强化与省市地方政府的沟通。另外，哈电企业文化的建设也需要关注外部经济效益和社会效益指标，注重企业的外部形象。

哈电集团需要理顺企业治理结构，减少企业法人结构层次，建立现代企业制度，理顺法人关系。在组织构架上面要突出投资中心、利润中心和成本中心。在完善治理结构的具体操作中，要处理好集权与分权的矛盾，并正确运用授权方法。

哈电集团要强化基础管理，质量、成本、交货期的管理是企业永恒的主题。这些最基础的管理也是企业安身立命的基础，必须结合产品特性制定出切实可行的措施来。

在推进信息化的进程中，要结合哈电集团的业务重组和流程再造，通过信息化将集团业务整合起来，在当前成立财务公司有困难的情况下，集团可考虑先行成立结算中心，然后逐步地带动集团的其他有关业务，逐渐地整合起来，形成整体优势。

三、总结

通过两天的考察与座谈，院士和专家们一致认为，在当前市场形势较好的情况下，哈电集团应该以建立现代产权制度为核心，以股份制为公有制的主要实现形式，加快国资调整布局和结构、加快推进哈电改革和重组；探索建立国有资产流得动、调得动、并与各类社会资本、资源联动的有进有退、能进能退的体制和机制，增强企业核心竞争力和国有经济主导竞争力。探索推动从国有独资条件下对企业法人的授权向产权多元条件下对产权代表的授权转变，从多元目标、多元管理的授权向责权利一致、对等的契约授权转变，从行政性的综合授权向出资人的依法授权转变。加快形成规范的企业法人治理结构，加大市场化选拔经营者的力度，实行公开招聘、竞争上岗。

另外，院士和专家们特别指出，鉴于国际发电设备制造业的格局，哈电、东电等国内行业巨头应该加强联合，避免打价格战，两败俱伤。如可以考虑在水电方面，哈电、东电成立联合的工程公司，以联合工程公司的名义去投标，投标中标以后，按照专业化的要求，哈电、东电各自承担有一定量的

任务。这样能够形成一定的批量，从而降低成本，提高竞争力。而且在今后这方面的生产组织上，哈电和东电应该都考虑如何降低成本，如何按照经济规律来办，来达到商务运作。在条件允许的情况下，也可以考虑制定并购战略。无论采取何种途径，都是以整合资源，提高资源利用率和增强核心竞争力为目的，寻求一条实现互赢的合作道路。

本次院士行的专家们在短短两天时间内提出了很多综合性的意见，哈电集团领导认为对企业有很大的积极的推动作用。院士和专家也希望，通过这次院士行活动，能够促使哈电集团在国家振兴东北等老工业基地的历史机遇中获得新的发展。

（金　哲提供）

辽宁镁质材料行业技术创新院士行总结

由国家发改委、中国工程院主办，辽宁省经委、辽宁省镁资源保护办公室承办的“辽宁镁质材料行业技术创新院士行”活动于2004年8月22－26日在辽宁举行。中国科协副主席、中国工程院院士左铁镛，中国工程院院士顾真安率队的6位院士和11位特邀专家参加了活动。辽宁省副省长刘国强出席了开幕式及学术报告会。国家发改委、中国工程院、辽宁省发改委、辽宁省科技厅、辽宁省财政厅、辽宁省外经贸厅、辽宁省环保局、营口市政府、营口市经委等有关部门的领导和96家企业200多人参加了活动。

一、活动概况

此次活动由中国工程院化工、冶金与材料工程学部负责组织实施，参加活动的有工程院院士左铁镛、顾真安、邱竹贤、陈蕴博、徐德龙，科学院院士钟香崇，及曾大凡、李红霞、陈肇友、李楠、魏同、窦叔菊、荣子锦、李勇、于景坤、杜文博、吴秀铭11位应邀专家。

在活动开幕式上，左铁镛院士介绍了“院士行”活动的宗旨、目标和工作内容，希望通过此次活动，加强院士、专家和辽宁企业的交流与合作，提高辽宁镁质材料行业活力和竞争力，促进企业技术创新能力建设，推动辽宁镁质材料行业结构调整、产业优化升级。刘国强副省长在致辞中向院士、专家表示热烈欢迎，介绍了辽宁镁质材料行业的良好发展态势和存在的问题，请各位院士、专家充分发挥自己的才智，围绕“辽宁镁质材料行业发展规划”出谋献策。希望辽宁镁质材料行业抓住这次机会，制定和完善《辽宁镁资源保护和管理条例》，将菱镁资源的保护纳入法制化轨道，完善辽宁镁质材料行业2004－2010年发展规划，制定适应行业发展的产品结构调整政策，为振兴东北老工业基地作出更大的贡献。

在活动中，院士、专家先后考察了营口金龙集团、营口青花集团、海城西洋耐火材料有限公司、海城镁矿耐火材料总厂四家企业，听取了企业有关生产和管理的情况介绍，了解了行业发展的基本情况。针对镁质材料行业的发展趋势和技术难题，2 位院士、6 位专家作了 8 个专题学术报告。院士、专家认真听取了辽宁省镁资源保护办公室关于《辽宁省镁质材料行业发展规划》的介绍，并围绕辽宁镁质材料行业关键性技术和重点发展产品解决方案进行了研讨。在院士、专家与有关企业对接洽谈后，3 位院士与有关企业签订了 3 项技术合作意向书，还有一些专家和企业在进行进一步的洽谈。

各位院士、专家集中精力准备意见和建议，在咨询、诊断、讨论中各抒己见、畅所欲言。认为辽宁省人民政府高度重视资源保护工作，对辽宁省专门为一个资源性行业成立管理办公室的做法给予了充分肯定，对辽宁镁质材料行业近几年的综合治理工作给予了高度评价。认为专门成立镁资源保护办公室，对菱镁矿资源开展综合治理，是一项有效的举措，是一条成功的经验，对其他资源性行业的管理具有一定示范作用。同时，院士、专家从行业发展规划、资源保护、污染治理、技术创新、行业共性与关键技术、行业重点发展产品、企业体制创新和集团化建设、请国家发改委给予支持 8 个方面提出了意见与建议。

二、辽宁省镁质材料行业基本情况

菱镁矿是辽宁省的优势资源之一，现保有储量 25.77 亿吨，占全国总储量的 85%，约占世界储量的 20%。多年来，辽宁企业依托资源优势迅速发展，目前全省镁质材料行业共有各类生产企业 600 多家，拥有固定资产 76 亿多元，从业人员 16 万人。已开发生产镁质矿产品、镁质耐火材料原料、碱性耐火制品、碱性不定形耐火材料、熔剂、镁质化工材料、金属镁及镁合金等七大类数百种产品。这些产品广泛用于冶金、建材、化工、环保、航空、航天、汽车、机械、电子、医药、食品及农牧业等领域。2003 年全行业开采菱镁矿石 1 200 万吨，生产镁质耐火材料 700 万吨，产品覆盖了约 90% 的国内市场和 60% 的国际市场，实现销售收入 69.58 亿元，利税 9.72 亿元，出口创汇 4.5 亿美元。辽宁镁质材料行业已成为当地重要的资源型行业。

1994 年，为保护资源、治理污染、整顿市场秩序、加快产业和产品结构调整，辽宁省成立了镁资源保护办公室，对矿山开采、植被破坏、低价竞销、初级产品过剩等问题进行了综合治理。几年来，共关闭小型矿山 25 座，扶持大型矿山剥岩 1 874 万吨，增加备采矿量 3 684 万吨，一定程度上缓解了矿山采剥失调的矛盾；对轻烧和电熔炉窑污染进行治理，截止 2003 年底共治理轻烧和电熔炉窑 1 326 座，初步解决了此类炉窑的烟尘污染问题，并已开始对重烧窑的烟尘污染问题进行治理；对污染土地进行植被恢复，截止 2003 年，共恢复植被 3 万多亩，栽植抗污染树苗 1 500 多万株，成活率达 85% 以上，使土壤板结、植被破坏现象得到有效缓解；对全省 40 家骨干企业 59 个项目进行扶持，使全行业获得省部级科技进步奖的产品由 1994 年的 1 个，增加到 2003 年底的 22 个，在出口总量由 1994 年的 250 万吨下降到 2003 年的 220 万吨情况下，出口创汇由 9 000 万美元上升到 4.5 亿美元，产品结构得到了初步调整。

三、院士、专家诊断和咨询的主要意见和建议

（一）关于行业发展规划

院士、专家针对《辽宁省镁质材料行业发展规划》，提出要以科学发展观为指导思想，坚持以人为本，走新型工业化道路。在制定 GDP 增长目标的同时，要明确节省菱镁矿资源、降低能源消耗与改善生态环境的目标。在继续强化辽宁镁质耐火材料生产优势，建设世界镁质耐火材料生产基地

的同时，要加快镁合金和镁质化工材料等高附加值产品的研制开发工作，努力做强做大辽宁镁质材料行业，走可持续发展道路。经过专家的论证和指导，制定《辽宁省镁质材料行业发展规划》的思路更加清晰，战略目标更加明确。

（二）关于资源保护

院士、专家普遍认为，辽宁的菱镁矿是一种优势矿产资源，应该充分利用和加强保护，目前存在的乱采滥掘、资源浪费现象必须尽快加以制止，因此必须在国家有关法律框架下加快制定和完善《辽宁镁资源保护和管理条例》，从法制方面进一步加强菱镁资源的保护工作，确保行业的可持续发展。

（三）关于污染治理

虽然轻烧和电熔炉窑的污染问题得到了治理，行业污染状况有了一定程度改善，但是还要进一步加强污染源治理和植被恢复工作，同时应该积极组织有关科研机构对重烧产品生产工艺流程进行无污染过程攻关。

（四）关于技术创新

院士、专家提出应积极筹建辽宁镁质材料行业技术研发和推广中心，协调组织有关科研机构和大专院校对行业的共性和关键性技术进行科技攻关，开发具有自主知识产权的新材料、新产品，同时加强相关标准的制定工作，与国际接轨。进一步加强辽宁镁质材料行业与院士、专家及相关研究单位和企业的技术交流，借助高层次智力资源，加快辽宁镁质材料行业技术创新步伐。此外，通过各种形式的培训，全面提高民营企业家、企业管理人员和技术人员的素质，建立吸引人才、发挥人才作用与优势的有效体制，加强省外和国外人才的合作与引进，做好利用外部智力资源工作，发展壮大辽宁镁质材料行业。

（五）关于行业共性、关键性技术

建议手选、浮选、重介质选、热选等多种方法相结合提纯菱镁矿，使粉矿、碎矿及低品位矿石得到充分利用；建议采用多层悬浮轻烧设备和技术，对粉矿、碎矿进行利用，以生产高纯度、高活性的轻烧氧化镁；加强节能、降耗生产设备和技术的研发，积极推广富氧燃烧技术；将利用菱镁矿制备金属镁和镁合金新工艺、新技术列为国家重点攻关项目。

（六）关于行业重点发展产品

高钙 MgO－CaO 系耐火材料和无铬碱性耐火材料已列为国家重点开发产品，应予以重点关注并充分利用其科研成果；在积极寻求利用菱镁矿制备金属镁技术的同时，建议辽宁以镁合金构件为切入点，不断壮大辽宁镁合金产品开发和生产能力；重视镁质化工产品的研制和开发，根据氧化镁对农作物的增产效果和氧化镁装饰板材的绿色环保作用，拓展镁质材料在农业、建材等领域的应用；此外在研制新型耐火材料的同时，要注重镁质产品的回收和再利用。

（七）关于企业体制创新和集团化建设

建议引导企业逐步按现代企业制度完善法人治理结构，改变家族式管理模式；发挥市场的基础作用，引导企业整合各种资源，推进集团化建设。

（八）建议国家发改委对辽宁镁质材料行业给予支持

1. 鉴于菱镁矿是辽宁省的优势资源，现保有储量25.77亿吨，占全国总储量的85%，约占世界储量的20%，产品覆盖了约90%的国内市场和60%的国际市场，建议国家发改委针对辽宁菱镁矿资源的合理开采和产品深加工需要，在重大产业技术开发项目的立项上给予重点支持。

2. 建议国家发改委支持辽宁建立辽宁镁质材料行业技术研发和推广中心，面向辽宁镁质材料行业企业，解决行业发展的共性及关键性技术问题，提升全行业整体技术水平和创新能力。

通过“院士行”活动，大家充分认识到，资源和环境破坏容易，恢复艰难，辽宁镁质材料行业综合治理工作任重道远。辽宁省经委及辽宁省镁资源保护办公室希望与中国工程院化工、冶金与材料工程学部建立密切的合作关系，充分利用院士技术优势和指导作用进一步推动行业的发展。院士、专家也将继续关注辽宁镁质材料行业的发展，并尽可能地予以支持。

（高战军提供）

吉化集团公司、吉林石化公司技术创新院士行总结

由国家发展改革委员会与中国工程院共同组织开展的吉化集团公司、吉林石化公司技术创新院士行活动于2004年8月23－26日在吉林省举行。中国工程院化工、冶金与材料工程学部主任周廉院士、副主任汪燮卿院士率队的5位院士、4位专家参加了活动。吉林省经委、省市科协和中油集团公司科技发展部的领导出席了开幕式。中国工程院、吉化两大公司有关领导、专家200多人参加了活动。

一、活动概况

此次活动由中国工程院化工、冶金与材料工程学部负责组织实施，周廉、汪燮卿、徐承恩、王静康、关兴亚5位院士，蒋福康、谢朝钢、段启伟、瞿国华4位专家应邀参加了活动。

在活动开幕式上，周廉院士介绍了“院士行”活动的宗旨、目标和工作内容，希望通过此次活动，加强院士、专家和企业的交流与合作，提高企业活力和竞争力，促进企业技术创新能力建设。吉化集团公司经理张晓霈和吉林石化公司经理于力分别介绍了两大公司的基本情况和公司需要解决的重大技术问题。吉林市委书记朱忠民介绍了吉林市的基本情况和产业布局以及未来振兴老工业基地的思路对策。

在活动中，院士、专家参观了吉化集团公司、吉林石化公司的丙烯腈厂、化肥厂、精细化学品厂、高碳醇厂、聚乙烯厂、炼油厂，并结合企业实际情况，分两组与吉化两大公司进行了专业技术交流。徐承恩、汪燮卿、王静康3位院士分别作了“碳四、碳五馏份生产丙烯和乙烯技术”、“我国炼油、石化工业的现状和展望”、“现代化工与工业结晶以及生态工程园区建设”学术报告。瞿国华、段启伟、蒋福康、谢朝钢4位专家分别作了“蒸汽裂解碳五馏份的分离和利用”、“关于吉化公司的技术需求的探讨”、“中国清洁燃料生产现状和发展趋势”、“催化裂解技术新进展”学术报告。周廉院士针对科技体制改革做了专题发言，关兴亚院士在发言中分析了丙烯腈国内的生产技术现状。

院士、专家们对吉化集团公司和吉林石化公司三年扭亏脱困和扭亏为盈等方面工作取得的重大成绩给予了积极评价。认为,吉化两大公司紧紧围绕中油集团公司总体发展战略,立足地区经济发展实际,分别制定的“做强化工延伸加工、做专精细化工”,“优化调整炼油、做大做强化工”产业发展定位和布局,指导思想、原则、目标明确,措施具体,总体工作思路清晰。希望吉化两大公司巩固已取得的成果,紧紧抓住战略机遇,再接再厉、脚踏实地、与时俱进、开拓创新,尽快建成国内一流的石油石化企业,为振兴吉林老工业基地做出更大的贡献。同时,院士、专家们从基本有机化工、化工延伸加工、精细化工、环境保护、科技体制机制创新 5 个方面提出了 17 条意见和建议。

二、吉化两大公司改革与发展状况

近年来,吉化两大公司在深化改革、加快发展、推进技术进步和技术创新、强化管理等方面做了大量卓有成效的工作,正在稳步建设规模大、效益好、管理一流的大型石油石化企业。

吉化集团公司自 2000 年分立运行以来,树立信心、立下恒心、上下同心、负重前行,坚持靠集约管理挖掘潜力,靠技术改造增添实力,靠结构调整激发活力,提前三年实现了扭亏目标。据公司介绍,2002 实现主营业务收入 31 亿元,实现利润 180 万元。2003 年实现主营业务收入 43.8 亿元,比 2000 年增长 162%;扣除执行新企业会计制度因素影响,实现利润 1.1 亿元,比 2000 年减亏增效 4.6 亿元;完成化工产品实物总量 25 万吨,比 2000 年增长 127%。预计 2004 年销售收入、利润将在 2003 年基础上大幅度增加。公司整体生存、发展能力得到进一步增强,为实现“今后三年再翻一番”的规划目标奠定了坚实基础。

吉林石化公司自 2002 年以来,转变观念,抓改革改制、抓管理、抓技术进步,扭亏为盈工作取得历史性突破。据吉林石化公司介绍,2002 年实现了大幅度减亏目标。2003 年实现主营业务收入 196 亿元,同比增加 62 亿元;实现考核利润 8 亿元,同比增利 12 亿元,一举结束了连续 6 年巨额亏损的局面,提前一年实现了扭亏为盈的目标。预计 2004 年在 2002 年基础上,销售收入、利润等主要经济指标,将实现翻一番。

三、院士、专家的意见和建议

(一)关于基本有机化工方面

1. 吉林石化提出的发展规划应考虑装置原料资源是否平衡,作好市场预测和投资规模效益分析;吉林石化是以乙烯为主,还是以乙烯加丙烯为主,是一个大的发展思路问题;发展化工同时,应兼顾油品质量;要从原料风险、金融风险、市场风险、体制风险和技术风险 5 个方面搞好规划项目、风险评估;进口原油和质量要予以关注,化工轻油资源总体要优化。

2. 吉林石化在发展过程中宜做大做强核心业务,而不是做大做全;资源利用宜烯则烯、宜芳则芳,尽量做到原油分炼或小部分混炼;规划制定要考虑产品市场占有率,从原料和效益角度出发,可搞聚烯烃产品;在乙烯扩建上,建议吉林石化在“十一五”期间建成百万吨/年乙烯产能。

3. 炼油化工一体化是发展趋向,根据国内同类炼化企业的成功经验,100 万吨/年乙烯要实现原料自给,炼油应扩能到 850 ~ 1 000 万吨,实现炼油化工一体化,可提高资源利用率。

4. 吉林石化应发展化工型炼油装置、催化裂化装置,以多产低碳烯烃,加氢裂化装置扩能有利于改善油品质量,解决化工轻油不足,但相对投资高一些;充分利用 C5 资源是一个重要的课题,要做深入的分析研究,包括建设 C5 分离装置问题。

（二）关于化工延伸加工方面

1. 关于丙烯腈产业链

（1）丙烯腈产品最好就地消化，所以进一步向下游深加工，拉长丙烯腈产业链，十分重要。下游深加工项目要进行论证，要与地方经济发展相结合。

（2）向上游延伸项目，充分利用碳四、碳五馏份生产丙烯和乙烯技术，可以从碳四、碳五馏份中得到40%以上的丙烯和20%以上的乙烯。在液化气价格相对较低而丙烯紧缺的情况下，是值得开发的新技术。

（3）副产品氰氢酸利用要给予高度重视，建议以氰氢酸为原料，生产高附加值产品。

（4）乙腈产品要提高纯度，以增加其附加值。

2. 关于α-烯烃

吉化集团公司拟将高碳醇装置转产α-烯烃，利用碳十生产合成润滑油和润滑油添加剂，对于盘活巨额存量资产，提高中国石油润滑油产品竞争力，具有重要意义，还可以改变我国α-烯烃依靠进口的局面，获得较好的经济效益。碳四烯烃考虑二聚、三聚，生产异壬醇和异癸醇，并且考虑醋酸丁酯等产品。建议做好α-烯烃产品方案的技术经济评价。

（三）关于精细化工方面

1. 在选题立项上，要联系企业生产实际，以市场需求为导向，瞄准国际前沿，突出高附加值、高技术含量、低风险的项目，发挥地方产业特色，可重点围绕与吉林另一支柱产业汽车相配套的刹车油、传动液、清洗剂等化学品进行选题立项。

2. 在橡塑助剂、香精香料、异丁烯深加工、氰氢酸加工利用等方面，专家都提出了具体的选题建议。

3. 在三羟甲基丙烷深加工上，专家建议以三羟和碳五、碳九脂肪酸为原料生产航空用高档润滑油。

4. 建议开发丙烯腈尾气处理催化剂。

5. 建议开发分子量5000以下的聚异丁烯作汽油添加剂，市场应用前景广阔。

6. 关于二氧化碳利用问题，专家提出建议考虑碳酸二甲酯，并推荐了应采用的技术路线和来源。

7. 应用研究和基础研究要并举，提高技术创新能力，形成自己的优势和特色领域。

（四）关于环境保护方面

1. 对丙烯腈高氨、氮废水治理，对萘系、苯系含盐废水治理，推荐了废水治理技术和相关的研发单位。

2. 鉴于国内资源日益匮乏的现状，建议对原料进行循环利用，加快发展循环经济。

（五）关于科技体制机制创新方面

1. 针对科研院所普遍存在的高级技术人才缺乏和流失问题，特别是流失人员离开后造成竞争威胁的问题，建议以产权为联结纽带，将高级技术人员个人利益与院所的长远利益结合起来。可以将好的项目股份化，科技人员入股，以股份的纽带将科技人员与院所联系在一起。

2. 建立产、学、研合作机制，加快科技成果产业化步伐。培养人才要重点选拔、重点培养，加大力度，起到导向和示范作用。

吉化两大公司近年来发生的巨大变化给院士和专家留下了深刻印象，大家深深感到，吉化两大公司取得今天的成绩，确实来之不易。将吉化集团公司建成以化工延伸加工和精细化工为主，以工程技术服务为重要组成部分，产业结构和产权结构多元化的地区综合性企业；将吉林石化公司建成大型、综合性石油化工生产基地的任务还相当繁重，达到预期目标还要做很多工作。院士和专家将继续与吉化两大公司保持沟通和联系，继续关注两大公司的发展，关注评估、咨询意见的决策和实施，希望为振兴东北老工业基地尽微薄之力。

（高战军提供）

甘肃省有色行业技术创新院士行总结

2004 年 11 月 7 - 11 日，由王淀佐副院长带队的“甘肃省技术创新院士行”活动在甘肃兰州市和白银市举行。本次院士行活动是针对甘肃省有色行业的发展，以白银有色金属集团公司（以下简称白银公司）、兰州铝业股份公司和连城铝业公司三家企业（以白银公司为主）为依托，围绕行业或企业的技术难题、企业技术创新能力建设等问题开展专题研究。

一、活动概况

此次活动由中国工程院化工、冶金与材料工程学部负责组织实施。王淀佐、薛群基、汪旭光、张国成、刘业翔、张文海、沈寅初、汤中立 8 位院士，杨显万、蒋继穆、王忠实、敖宏、蒋开喜、欧阳伟、霍庆发、郭弈全、苏为科、阮仁满、严瑞瑄、陈革新、张吉龙、易小兵、赖延清、刘大星 16 位专家，共计 24 位院士专家全程参加了活动。甘肃省委副书记、省长陆浩，副省长杨志明，国家发改委、甘肃省、兰州市、白银市和企业有关领导和技术人员也参加了活动。

在活动之前，甘肃省委副书记、省长陆浩同志代表甘肃省委、省政府、省人大、省政协接见了全体院士、专家。陆浩省长希望各位院士、专家为甘肃的资源型工业，特别是白银公司的发展战略，提出宝贵的意见和建议。

在活动开幕式上，中国工程院副院长王淀佐院士介绍了“院士行”活动的宗旨、目标和工作内容，希望通过活动，加强院士、专家和企业的交流与合作，推动企业产品结构调整、提升现有技术及产品延伸，提高企业竞争力和活力，促进企业创新能力建设。国家发改委创新能力建设处孟宪棠处长在讲话中，希望甘肃省技术创新院士行活动取到良好效果。甘肃省副省长杨志明介绍了甘肃省工业强省的发展战略，希望各位院士、专家在活动中为甘肃企业发展、产业升级、技术创新给予指导。白银公司董事长杨志强介绍了公司的基本情况。

在开幕式结束后，王淀佐副院长作了题为“中国可持续发展矿产资源发展战略研究”的综合报告，报告内容丰富，有针对性，对甘肃省有色行业的发展有重要的意义。300 多人到会听取了报告，效果良好。

在随后的活动中，院士、专家参观了白银红鹭铝业公司、西北铜加工厂、西北铅锌冶炼厂、白银铜业有限公司，实地考察了企业生产、建设、管理情况；召开了企业发展战略和技术创新体系研讨会，并分成火法冶炼、湿法冶炼、铝冶炼、化工及材料，资源及综合利用5专题组举办了研讨会。院士、专家与企业领导、技术人员围绕企业"十一五"发展规划、技术创新体系的建设、工艺装备、相关技术、区域经济等问题进行了讨论与交流，从7个方面提出了意见和建议，10位院士、专家与企业签订了10项技术合作协议。汤中立、沈寅初、刘业翔、张文海等4位院士和7位专家在学术报告会上作了学术报告，薛群基等院士、专家提供了技术交流材料。

在活动闭幕式上，中国工程院副院长王淀佐院士在讲话中对这次院士行活动给予了肯定，并对院士、专家提出的意见和建议进行了简要总结。白银公司总经理李沛兴就如何落实院士、专家的意见与建议作了发言。甘肃省副省长杨志明针对本次院士行活动，就如何进一步发挥院士的智力优势，利用甘肃在西部大开发中的政策优势推进工业强省作了重要讲话。

二、白银公司的改革和发展状况

白银公司是新中国成立后最早建立的有色金属生产企业，是国家"一五"期间156项重点建设项目之一，当时企业的产品仅为铜、硫。1987年，公司露天矿闭坑，铜资源锐减，企业实施了"二次创业"，在"七五"和"八五"期间兴建了"两厂一矿"，使公司逐步发展成为集有色金属采矿、选矿、冶炼、加工和化工、科研与内外贸于一体，铜、铝、铅、锌、金、银、硫等多品种生产的集团企业。

由于企业在国民经济转轨中缺乏必要的积累和再投入，加上企业经营管理不善，到20世纪90年代中后期，公司累计亏损47亿元，所有者权益负32亿元，资产负债率160%。面对企业生存和发展的巨大压力，公司开始了艰难的第三次创业。

"十五"期间，公司积极深化企业改革，深入贯彻"管好中间、把住两头、理顺关系、整章建制"管理方针，持续不断地强化以成本、资金、质量、资产为重点的企业管理，走质量效益型与科技创新型相结合的道路，通过推进技术进步和技术创新、加强内部管理、挖潜增效、节能降耗，高起点地推进技术改造。截止2003年底，公司再次出现盈利的局面，生产经营逐步好转。2004年1－10月份，销售收入达到45亿元，全年预计实现有色金属产品36万吨，销售收入55亿元，实现利润5 000万元，公司进入"十五"以来最好的发展时期。

公司经过系统分析和研究，提出了"十一五"发展战略目标：有色金属产量达到100万吨，贸易总额突破200亿元，实现利税16亿元，将白银公司建设为主业精干、产业结构合理、产品优势明显、跨行业运作、国际化经营的具有核心竞争实力的新型企业集团。

三、院士、专家的意见和建议

在活动中，院士、专家建议白银公司要充分利用技术、人才、区域经济、产品结构、管理、品牌优势，构成核心竞争力体系，在西部地区形成区域性的优势发展战略，走可持续发展的道路，并提出以下意见和建议：

（一）关于企业发展战略问题

院士专家认为，白银公司按照"提升、延伸、转型"原则制定的"十一五"发展规划，充分考虑了国际国内有色金属市场环境和发展趋势，充分考虑了国家宏观调控和区域经济发展要求，体现了以技术创新和内涵发展为主的战略定位是切实可行的。

院士、专家指出，白银公司提出的100多亿资金改造、提升和转型的项目，要以资源消耗低、能源消耗少、技术先进为前提，建议参考鞍钢二次改造的三点成功经验。两家铝企业提出的规模扩张发展战略需要换向思维，建议走企业联合、内涵发展的道路。

（二）关于企业技术创新体系建设问题

院士、专家强调，要进一步加强技术创新体系建设，重点是建立高效、增值、滚动的发展机制，将创新能力作为公司不断发展的动力资源。建议将白银公司创新体系纳入以企业为主体的国家技术创新体系进行试点。

同时，要正确理解创新，全员投入创新，全面推进创新。创新需要硬件，即物质、装备、资金等；需要人才，人才是第一要素，要培养学术带头人，建议设立博士后流动站，实现人才的自主培养；需要良好的人文环境，包括体制、机制等，建议制定扶持创新、鼓励创新的操作办法，通过立项确立知识产权和收益归属，从企业文化上培养创新意识。

（三）充分利用区域资源优势

联合开发西藏、青海、甘肃南部、陕西以及新疆等周边地区的资源，并对区域资源进行有效整合。这种整合应建立在互惠、共赢、以先进技术为载体、以高效利用资源为目标，以清洁环保为基准的基础上，形成一个区域资源开发的体系和机制。

院士、专家们特别强调了资源的重要性，建议推进矿区深部（500～1000米）找矿工作。目前国家对危机矿山加大了找矿的支持力度（2006－2010年将达40亿元），白银公司比较符合支持范围，应抓住机遇。目前公司亟待解决的问题是资金和技术，建议国家给予优先、重点支持。

（四）提升现有三大冶炼技术，保持有色金属产业市场竞争优势

将我国有色冶炼工艺最早、唯一有自主知识产权的“白银炼铜法”全面创新，成为具有国际竞争力的冶炼高新技术。以开发先进技术为手段，为资源型企业实现走出去战略提供技术支撑，达到技术、资本、市场有效的结合，以强有力的竞争载体进入国际市场。

恢复并创新“QSL一步炼铅”工艺技术，成为我国炼铅工艺主导技术，淘汰资源利用率低、污染严重、能耗高的烧结鼓风炉工艺，尽快解决我国作为产铅大国缺乏高效先进工艺技术问题。

针对高铁、主品位相对较低，但资源丰富的锌精矿，建议用加压浸出技术全面提升湿法炼锌技术水平，将现有工艺产生的铁渣转换成铁资源，满足清洁工艺要求，以技术领先实现资源的高效利用和优化配置。加压浸出技术是我国锌冶炼工艺发展的必然趋势，建议将大型加压浸出技术作为国家重大产业技术进行重点开发。

（五）主产业链的延伸

完善并延伸有色金属产业链，开发各种金属功能材料和合金材料。以汽车、建材、包装、电工为主要领域，调整产品结构，开发市场空间大、产品期效长和附加值高的合金等产品，重点开发运载工具的高性能材料。

以循环经济为方向，拓展对次生资源再利用技术的开发，提高次生资源的再利用率，缓解我国原生资源短缺的矛盾。根据国家发展高新技术的产业政策和指导意见，以市场为导向，结合白银公司发展战略，建议将白银列入国家有色金属新材料及次生资源再利用加工基地，列入国家重点规划区域体系进行重点建设。

（六）关联产业的转型

院士和专家认为，白银具备氟化工基地和精细化工基地的相对优势条件，建议纳入区域体系进

行规划。形成一个基地(西北地区资源回收与新兴产业基地)、两个中心(西部环保产业中心和能源高效利用中心)、四个产业园(有色金属新材料产业园、氟化工产业园、精细化工产业园、无机化工产业园)。

(七) 建议重点实施的技术项目

院士、专家与企业有关技术人员和领导进行了充分的交流和论证,认为新型闪速冶金连续炼铜、完善提升 QSL 一步炼铅工艺、铅锌环保节能技改、10 千吨精铝材加工技改、两条 2.2 万吨/年氢氟酸技术改造、选矿药剂厂产业化、有色金属延伸产品及新材料产业发展、新型高精度有色金属加工产业化、资源综合利用等技术项目体现了因地制宜、有效利用资源、清洁生产和循环经济的要求,切合实际、可操作性强,具有前瞻性和技术附加值高的特点,建议集中各方面的力量尽快组织实施。

四、院士、专家与白银公司签订的技术项目

1. 深部铜矿火药车间技术改造;
2. 高附加值氢氟酸下游产品开发;
3. 延长电解槽槽寿命等技术课题攻关及新产品研发;
4. 甘肃省白银市白银矿田外围及深部地质找矿;
5. 新型闪速冶金连续炼铜技术;
6. 冶炼二氧化硫烟气治理、节水及废水资源化处理工程项目;
7. 采用加压浸出技术优化锌冶炼流程;
8. 铅锌矿电位调控浮选技术;
9. 铜冶炼炉渣生物浸铜的研究与开发;
10. 含氟医药农药及其中间体科研、产业化。

通过此次院士行活动,增进了院士、专家们对甘肃省有色金属行业,特别是白银公司现状和急待解决的技术问题的了解,建立和密切了院士、专家及其所在单位与企业的对口联系,院士、专家与企业间的一些技术合作项目正在进行。院士和专家将继续与企业保持沟通和联系,继续关注企业的发展,关注咨询意见的决策和实施,希望为甘肃省和我国西部科技与经济腾飞尽微薄力量。

(宋德雄　宗玉生提供)

贵州省磷化工技术创新院士行总结

2004 年 12 月 21 – 23 日,由金涌院士带队的“贵州省技术创新院士行”活动在贵州省贵阳市举行。本次活动是针对贵州省磷化工产业的发展,以贵州宏福实业开发总公司(以下简称宏福公司)和贵州开磷(集团)公司(以下简称开磷集团)为依托,围绕产业及企业的技术难题、企业技术创新

能力建设等问题开展专题研究。

一、活动概况

本次活动由国家发改委、中国工程院共同组织，工程院化工、冶金与材料工程学部具体负责，贵州省经贸委、发改委具体承办。金涌、陈清如、魏可镁、谢克昌、徐德龙、张文海6位院士，雍永祜、陈嘉甫、胡山鹰、朱家骅、刘代俊、胡迁林、孙忠铭、林柏泉8位专家全程参加了活动。贵州省副省长肖永安，贵州省经贸委、发改委、财政厅、科技厅、教育厅、贵州大学以及有关科研院所和30多家磷化工企业的领导和技术人员参加了活动。

在活动之前，贵州省副省长肖永安同志会见了全体院士和专家，希望各位院士、专家对贵州的资源型工业，特别是磷化工产业的发展战略、产业升级、企业技术创新体系建设给予指导。

在活动开幕式上，贵州省肖永安副省长发表了热情洋溢的致词，希望院士、专家在活动中对贵州磷化工产业的发展多提宝贵意见和建议。金涌院士介绍了"院士行"活动的宗旨、目标和工作内容，希望通过活动加强院士、专家和企业的交流与合作，推动企业产品结构调整，提升现有技术及产品延伸，提高企业竞争力和活力，促进企业创新能力建设。

在随后的活动中，院士、专家实地考察了宏福公司和开磷集团，根据企业的实际情况召开了企业发展战略和技术创新体系建设研讨会，"环境保护及资源综合利用"，"磷化工新材料、新技术"，"磷矿井下开采技术"3个专题研讨会，提出了意见和建议。在考察和研讨的基础上，举办了学术报告会，陈清如、谢克昌院士和6位专家在学术报告会上作了精彩的学术报告。金涌等5位院士、专家与企业签订了6项技术合作协议。

在活动闭幕式上，金涌院士代表与会的院士、专家对此次活动作了简要总结。宏福公司总经理何浩明，开磷集团副总经理袁正权就如何落实院士、专家的意见与建议作了发言。贵州省政府副秘书长吴跃代表省人民政府作了发言，要求省内相关部门和企业进一步加强同院士、专家的合作，充分发挥院士、专家的智力优势，推进贵州磷化工产业的发展。

二、贵州两大磷化工企业改革、发展情况

1. 宏福公司

宏福公司以贵州瓮福矿肥基地为主体，集磷矿采选、湿法和热法加工为一体，产供销、科工贸相结合的大型磷化工企业。截至2003年年底，公司主体中的瓮福磷矿已形成磷矿采矿能力400万吨/年、磷精矿选矿能力280万吨/年；瓮福磷肥厂已形成生产能力硫酸140万吨/年、磷酸70万吨/年、磷酸二铵120万吨/年、磷酸一铵48万吨/年、氟化铝1.4万吨/年和3万千瓦热电装机。公司产品除磷酸一铵、磷酸二铵外，还有氟化铝、磷矿石块矿、磷矿粉、磷矿砂、磷精矿、BB肥、复合肥、饲料磷酸钙、黄磷、磷酸、三氯化磷、五硫化二磷、亚磷酸二乙酯、六偏磷酸钠、过磷酸、甲酸等品种。2004年预计生产磷铵122万吨，实现销售收入25亿元，实现利税1.6亿元。

近年，公司通过技术改造投入的生产装置均采用国内先进、成熟、适用技术，优质、高效、快速建成投产，运行稳定，为企业及产业发展开拓出一条扩能、提质、增效的好路子。成立了"四川大学——贵州瓮福磷化工工程技术中心"，设有经国家认定的企业技术中心，建立了"博士后科研工作站"，企业技术创新体系正逐步完善。

面对经济全球化进程的加速和资源约束的日趋尖锐，公司提出了"近期实施做强、做大主体，

中期实施多元化和精细化，远期实施国际化、全球化”的企业发展战略，将公司建成世界一流的磷化工企业。具体目标是：到2005年，磷铵、磷酸盐生产能力超过150万吨，年销售收入超过38亿元，利税超过5亿元；到2010年精细磷化工产品和多元化产品超过40%，年销售收入超过75亿元，利税超过10亿元；到2015年，年销售收入达100亿元。

2. 开磷集团

开阳磷矿是国家最早重点投资建设的三大磷矿石生产基地之一，1994年改制为开磷（集团）有限责任公司，现已形成矿业、磷化工、贸易、房产、物业五大产业。截至2003年年底，磷及磷化工产品生产能力为：磷矿石250万吨/年、磷酸一铵16万吨/年、磷酸二铵30万吨/年、重钙10万吨/年、普钙10万吨/年、三元复合肥25万吨/年、合成氨7.5万吨/年、农用硝铵13万吨/年、饲料级磷酸氢钙1.5万吨/年、黄磷1.3万吨/年。2004年预计生产磷矿石270万吨、高浓度磷复肥30万吨，实现销售收入13亿元，实现利税1.4亿元。

集团公司始终把技术创新和科技进步作为公司工作的重点。一是坚持用先进技术改造传统产业，使发展与应用高新技术相结合，带动产业结构调整、产品结构升级。自主开发创新的矿山锚杆护顶空场采矿技术获得国家科技进步一等奖。二是信息化建设成果显著。三是加强与高等院校和科研院所的产学研合作，有效提高了企业的技术创新能力。

为应对激烈的市场竞争，快速提升企业综合实力，提高企业核心竞争力，集团公司制定了企业“三步走”的发展战略：第一步，用五年左右的时间（2001－2005年）重点发展高浓度磷复肥产品，基本实现自产磷矿石就地转化为磷化工产品，销售收入突破20亿元；第二步，用五年左右的时间（2006－2010年）在做强做大高浓度磷复肥产品的基础上，通过精细化工的发展，销售收入增加到50亿元；第三步，再用五年时间（2011－2015年）使开磷集团真正形成科、工、贸一体化，集矿、肥、精细化工于一体，在本行业内具有影响力的现代化大型企业集团，销售收入达到100亿元。

三、院士、专家的意见和建议

院士、专家们对两个企业高度重视技术创新，制定相应发展规划，通过全体员工努力所取得的成绩给予充分肯定。针对企业战略发展和技术需求的实际情况，院士、专家指出，贵州两家大型磷化工企业在实施做大做强，构建贵州磷化工支柱产业发展战略中要坚持走可持续发展的道路，并从4个方面提出一些具体的意见和建议：

1. 关于企业发展战略问题

院士、专家认为，两大磷化工企业按照把磷化工产业“做大、做强、做精”原则提出的中长期规划，既考虑了国际国内磷肥及磷化工产品的市场环境和发展方向，也符合国家宏观产业布局和区域经济发展的要求，体现了以技术创新和内涵发展为主的战略定位，基本可行。

院士、专家强调，磷矿是不可再生的宝贵资源，磷矿伴生的碘、氟、重稀土也是国家稀有的重要资源，研究磷化工发展战略必须树立科学发展观，走循环经济之路，在元素循环和过程工程两个层面提高资源利用率，磷资源的转化要走“减量化”的路子。

院士、专家指出，贵州煤、电资源丰富，同磷的匹配、组合优势在国内绝无仅有，磷化工的发展要充分利用煤、电、冶、磷组合优势，尽可能实现多资源、多产业的共生、耦合，使资源转化、利用效益最大化。

院士、专家建议，贵州磷化工要进一步发挥贵州省地理区位和铁路运输比较便利的优势，从区域经济大循环的角度，整合相邻省、市、自治区的可配套资源，为自己的低成本、高效益发展服务。

2. 关于磷化工技术开发和企业技术创新体系建设

院士、专家指出，大宗磷化工产品作为基础产业，其技术研发在国外发达国家基本停滞，实现循环经济发展模式所需的技术从国外引进较为困难，主要依靠自主研发。这既是我们面临的挑战，更是振兴中华的机遇。为此，两大企业都应该进一步完善技术创新体系，将创新能力作为公司不断发展的动力资源。

3. 关于磷化工产业链的延伸

院士、专家指出，国外磷化工产品已达2万多种，国内200种不足。黄磷、磷酸深加工产品发展前景很好，企业在调整产品结构，延长产业链时，应该发展精细磷制品、精细磷酸盐以及为国家支柱产业服务的专用磷化工产品。

4. 建议重点实施的技术项目

院士、专家在与有关企业进行充分交流的基础上，认为宏福公司的电子级磷酸制备、高聚合度磷酸铵、磷肥生产过程中的碘回收、氟硅酸生产无水氟化氢、精细氟化工产品生产、磷石膏的资源化利用，开磷集团的矿山地下深部开采的通风、排水及环境治理、矿山管理数字化、磷石膏、黄磷炉渣制多功能、高精度砌块、湿法磷酸净化等技术项目体现了延长产业链，有效利用资源，清洁生产和把支柱产业“做大、做强、做精”的总体要求，建议集中力量抓紧组织实施。

关于氟的利用，院士、专家指出，磷矿湿法加工对磷矿中所含的氟已经富集了一次，用于代替萤石制取高纯氟化氢，进而合成氟材料是可行的。

关于提高磷肥吸收、利用率，院士、专家认为，目前国内磷肥施用后的吸收率很低（10% ~ 20%），这不仅是磷资源的最大浪费，加大了农产品成本，更为严重的是磷的流失造成水体的富营养化，破坏生态环境。因此，磷肥品种的优化应该适应农业现代化的要求，发展专用肥和缓控施肥，提高磷肥吸收、利用率。

四、院士、专家与两大企业签订的技术合作项目

1. 磷石膏资源化利用；
2. 高纯电子级磷酸；
3. 低品位磷矿综合开发利用；
4. 磷酸二铵尾气联产磷酸一铵清洁工艺；
5. DAP联产MAP；
6. 地下开采内燃机尾气控制。

通过此次院士行活动，增进了院士、专家们对贵州磷化工产业，特别是宏福公司和开磷集团现状和亟待解决的技术问题的了解，建立和密切了院士、专家及其所在单位与企业的对口联系，院士、专家与企业的一些技术合作项目已在进行。院士和专家将继续与企业保持沟通和联系，继续关注企业的发展，关注咨询意见的决策和落实，希望为贵州磷化工产业的发展，为贵州科技和经济发展做出贡献。

（王海荣　宗玉生提供）

学 术 活 动

〔工程科技论坛〕

循环经济与可持续发展工程科技论坛
（第二十六场）

2004年3月26日，由中国工程院主办、深圳院士活动基地承办的第二十六场工程科技论坛——“循环经济与可持续发展报告会”在深圳西丽大学城举行，论坛由中国工程院沈国舫副院长主持，钱易、陆钟武、刘大响、钱清泉等4位院士、清华大学深圳研究生院关志成院长、哈尔滨工业大学深圳研究生院安实副院长以及来自深圳市经贸局、科技局、环保局等政府部门、清华大学深圳清洁生产研究中心和相关企业的160多人参加了论坛。

本场论坛是为了探索发展循环经济的科学与技术基础、交流循环经济成功经验和最新成果、推动循环经济在中国的实施与发展而举办的。中国工程院钱易院士、陆钟武院士和同济大学诸大建教授分别从循环经济的理念、工业物质的循环以及经济发展的角度论述了循环经济发展模式。

循环经济是相对于传统经济模式而言的一种新型经济模式，循环经济的主要理念是，通过实施3R原则（减少Reduce，循环Recycle，再利用Reuse），提高资源的利用效率，减少污染的排放总量，走可持续发展的道路。为了解决现代化需求和稀缺的资源及有限的环境承载力之间的矛盾，许多国家从上个世纪就开始积极探索能够使环境保护与经济发展共生共荣的循环型经济发展模式。进入新世纪，我国也将循环经济确定为实施可持续发展战略的重要途径，对循环经济的理论研究和实践给予了高度重视。

本次论坛给予深圳乃至全国更多发展思路上的启示，对于决策者、企业家和消费者早日将循环经济的理念纳入企业产品开发、生活模式更新和城市产业提升的实践中，最终实现经济与环境的可持续发展将起到十分积极的作用。

（唐海英　阮宝君提供）

现代生物医学工程科技论坛(第二十七场)

由中国工程院医药卫生工程学部、山东省科技厅、山东省医学科学院主办,山东省医学会、山东省眼科研究所承办的“中国工程院工程科技论坛——现代生物医学暨第六届青岛国际眼科学术研讨会”,于2004年5月15－16日在青岛大学国际学术交流中心隆重举行。

组委会主席、中国工程院院士、山东省医学科学院名誉院长谢立信主持了开幕式。应邀出席开幕式的贵宾包括,中国工程院院士、闻玉梅教授,沈倍奋研究员,中国工程院院士、曾溢滔教授,杨胜利研究员,中国工程院院士、著名现代人类与医学细胞遗传学家、夏家辉教授和他的工作助手,山东省医学科学院党委书记刘海鹏,山东省医学科学院院长韩金祥,青岛大学校长夏临华,来自各地的在读博士、硕士研究生三百余人出席了开幕式。

在论坛上,闻玉梅院士主要就天然免疫与获得性免疫定义、分类、作用机制等问题、以及抗病毒免疫的“利”用和抗病毒免疫的危“害”等做了题为“抗病毒免疫的‘利’与‘害’”的精彩的学术报告。夏家辉院士的报告题目为“遗传病的家系搜集、基因定位与克隆”,即利用所收集的家系材料,对所定位的2个遗传病致病基因新位点进行研究及所取得的进展。同时,夏家辉院士在发言中指出目前有113种的疾病的致病基因尚未克隆,利用我国丰富的遗传资源,可以抢先克隆新的致病基因并开展基因功能及疾病发生机制研究,对于获得具有自主知识产权的成果和新型防治药物及技术的研究与开发具有重要的意义。

医药生物技术是生物技术产业化的先导,从1982年重组人胰岛素上市到世纪之交,医药生物技术产业已初具规模,有117种生物技术药品和疫苗上市,销售额超过300亿美元,占药品市场的9%,500多种产品正在临床试验。预计至2010年生物技术药物的销售额将达1 500亿美元,占药的市场的25%。对于如此快速发展的医药生物技术产业,杨胜利院士做了题为“医药生物技术”的精彩的学术报告,对医药生物技术的新生长点:基因治疗、细胞治疗、组织工程、基因和分子诊断等必将形成一定规模的产业做了科学预测,指出系统生物学研究的进展将有力地推动医药生物技术产业的发展,使医学生物技术进入预测医学、预防医学和个性化医学的时代。

曾溢滔院士通过介绍转基因动物技术生产珍贵的药用蛋白指出生命科学的发展促进了其他学科的发展、生命科学的产业化将推动整个世界经济的发展。转基因动物研究是遗传学上具有里程碑意义的工作,具有深远的理论意义,又有重大的应用价值,因而成为近年来生物工程领域研究的热点之一,它开创了生物医药产业的新途径。目前,我国在转基因动物的研究领域,已获得了转基因小鼠、转基因鱼以及转基因猪、转基因羊、转基因牛、转基因鸡等家畜、家禽。国家“863”高技术计划已将转基因动物－乳腺生物反应器的研究列入重大专项,转基因动物技术将对人们千百年来所追求的延年益寿、丰衣足食两大目标做出巨大贡献。

沈倍奋院士就自体免疫性疾病的定义、发病机制、诊断方法以及治疗原则做了专题报告。

会议当中，与会代表与专家就现代生物医学的热点问题进行了热烈的学术讨论。新华社驻青记者站、山东电视台等多家媒体争相做了报导。本次会议规模大、专家层次高，研讨内容新，会场秩序井然，的确是一次高水平、高层次、高规格的国际学术盛会。会议的成功举行必将促进我国生物医学领域研究的深入发展，推动医药生物技术产业的发展，进而对推动整个世界经济的发展并对提高我国眼科学应用基础研究起到重要的作用。

（梁晓捷提供）

摩擦学工程科技论坛（第二十八场）

由中国工程院主办，中国工程院机械与运载工程学部、上海市中国工程院院士咨询与学术活动中心承办的第28场工程科技论坛——“摩擦学工程科技论坛－润滑应用技术”近日在沪召开，这是中国工程院工程科技论坛首次在上海举行。

全国政协副主席、中国工程院院长徐匡迪院士专门在会上发表书面致辞。他说，在我国实现工业化的过程中，应尽最大努力避免在发达国家工业化过程中所带来的资源浪费和环境污染等问题。新型工业化相对传统工业化而言，新就新在总揽世界经济、科技、社会发展全局，密切结合中国实际，以信息化带动工业化，以工业化促进信息化，走出一条科技含量高、经济效益好、资源消耗低、环境污染少、人力资源优势得到充分发挥的新型工业化道路。

中国工程院院士翁史烈、谢友柏、薛群基、刘友梅、王玉明、周勤之、黄崇祺等在报告中认为，推广润滑应用技术，对建设可持续发展的资源节约型社会，走新型工业化道路具有特别现实的意义。当前，世界能源有相当部分最终为某种形式的摩擦被消耗，工业发达国家在进行充分的调查后认为，应用现有的知识和技术减少磨损，每年可节约国民生产总值的1%。改善润滑和减少磨损已成为各国工程科技攻关的重大课题之一。近年来，我国工业部门的部分行业在推行润滑应用技术方面进行了有益的探索，取得了良好的社会效益和企业的经济效益。

润滑应用技术是工程科技中的基础技术与应用技术紧密结合的一项技术，是融摩擦磨损理论、油品炼制技术、机械设计、设备故障诊断、应用和维护保养于一体的系统工程。目前，我国在润滑工程技术领域同发达国家相比，差距还不小。在走新型工业化道路中，需要认真借鉴国际上好的经验和总结国内成功经验，跟踪当代工程科技发展前沿，促进我国润滑应用技术的发展。

摩擦学是研究包括与摩擦、磨损和润滑在内的相对运动表面间诸多问题有关理论与应用的一门边缘学科。它是一个涉及范围非常广大的工程科技领域，与各行各业都有密切的关系。

根据美国、英国、德国等国家的统计，在与摩擦、磨损有关方面的花费大约占国民经济增长值的2～7个百分点。我国目前的平均生产水平还比较粗放，如果按5个百分点计算，2003年国民经济的增长值为11 694亿，5个百分点就是584.7亿，这是一个很大的数字。而这还是未计入因为减少能源和材料消耗而减少了对环境污染的压力所产生的经济社会效益。

一般认为，人类一次能源大约1/3是消耗于摩擦，如果能够尽力减少无用的摩擦消耗，便可大量节省能源。机械产品的易损零件大部分是由于磨损超过限度而报废和更换的，如果能控制和减少磨损，则既减少设备维修次数和费用，又能节省制造零件及其所需材料的费用。而润滑技术可以降低摩擦阻力和能源消耗，减少由于摩擦和润滑不当而引起的诸多问题，减少表面磨损，延长使用寿命，提高运行质量，降低运行成本，减少环境污染。

可见，重视摩擦学工程科技，推广润滑应用技术，对贯彻落实科学发展观，建设可持续发展的资源节约型社会，走新型工业化道路具有特别现实的意义。

本次论坛对于推动我国摩擦学事业的发展，加强润滑技术的研究和应用，促进相关领域的技术进步与产业发展具有重要意义。

（上海院士活动中心提供）

城市地下空间开发与施工技术工程科技论坛（第二十九场）

6月26－28日，由我院土木、水利与建筑工程学部及中国市政工程协会、北京交通大学等单位共同承办的“工程科技论坛”第二十九场“城市地下空间开发与施工技术论坛暨学术研讨会”在北京举行。沈国舫副院长出席会议，并在开幕式上讲话。土木、水利与建筑学部陈肇元、王梦恕、钱七虎、施仲衡院士、中国市政工程协会会长林家宁、北京市政府副秘书长隋振江及来自全国各地、海内外的400余位专家、学者出席了会议。

本次论坛为期1天，陈肇元、王梦恕、钱七虎院士及有关专家共9人作了专题学术报告。论坛之后组织了专题学术研讨会，就我国城市地下空间开发规划、城市地下工程施工管理和城市地下工程施工技术三方面，展开了广泛而深入的讨论。地下空间开发与利用是建设集约型城市，实现可持续发展的历史趋势。预计到21世纪中叶，我国人口将达到15亿，其中有9.75亿人口居住在城市，现有的土地资源难负重荷。世界许多先进国家大都在20世纪50年代，有的早在20年代就开始大规模开发利用地下空间。相比之下，我国城市地下空间开发起步较晚。北京作为特大型城市，面临着地下空间开发的历史性机遇，特别是随着2008年奥运会的临近，北京已经进入地下工程建设的高潮。此次论坛的成功举办将对我国城市地下空间开发与建设的健康发展起到积极的推动作用。这也是首次就我国城市地下空间开发与施工技术问题开展的学术交流。

本次会议还组织参观了北京地铁5号线的盾构法和浅埋暗挖法施工现场，受到与会专家的欢迎。会议共收录了来自全国城市建设领域中有关规划、设计、施工、管理、材料、机械、量测、仪器等方面的论文112篇。鉴于这些论文大部分来自工程实践，具有很大的指导性、实用性和创新性，特以《市政技术》2004 增刊的形式予以正式出版。

（王振海提供）

国际生殖生物学与生物技术工程科技论坛（第三十场）

中国工程院第三十场工程科技论坛——2004 国际生殖生物学与生物技术青年科学家论坛于2004 年 9 月 19 – 23 日在内蒙古呼和浩特市内蒙古大学举行。

本次论坛是由中国工程院农业轻纺与环境工程学部和内蒙古大学哺乳类生殖生物学与生物技术教育部重点实验室共同举办的。根据中国工程院关于工程科技论坛“要瞄准工程科技发展的前沿，围绕国家经济建设的急需选择主题，重点选择作出突出成绩的中青年专家作报告，院士点评”的要求，本次论坛确定了以动物生殖生物学与生物技术为讨论的主题。

参加本次论坛的有来自日本、美国、澳大利亚、英国和国内的青年科学家共 40 余人。他们在这个领域的研究十分活跃，并且取得了突出的成绩。参加内蒙古大学哺乳类生殖生物学与生物技术教育部重点实验室学术委员会年会的翟中和院士和刘以训院土等国内的前辈也出席了本次会议。

本次论坛紧紧围绕目前国际上生殖生物学的热点和前沿，主要在生殖细胞的发育调控、受精机理、体细胞克隆、干细胞培养、转基因动物研究以及 IVF – ET 技术开发应用等方面进行了广泛交流和深入研讨。

在为期 5 天的国际会议中，与会代表围绕哺乳动物生殖生物学的研究进展和前沿开展了一系列的活动：

19 日，会议代表全部按时抵达，并进行了会议前的准备工作。

20 日上午 8 时，大会正式召开，内蒙古大学生命科学院院长杨吉力教授主持开幕式。出席开幕式的有：自治区副主席连辑、自治区科技厅厅长徐凤君、自治区高校工委书记、教育厅厅长郭明伦、中国工程院学部工作局副局长李仁函。内蒙古大学党委书记刘丽华教授。中国科协副主席、中国工程院院士、校长旭日干博士、党委副书记赵东。副校长呼格吉勒图教授、李延俊，来自日本、美国、澳大利亚、英国等国外和国内的青年科学家 40 余人参加本次论坛。内蒙古大学部分专家学者及校有关部门负责人参加了开幕式。

开幕式后，中国工程院院士，内蒙古大学校长旭日干致辞。中国工程院学部工作局副局长李仁涵及内蒙古自治区有关领导发表了重要讲话。9:00 学术报告正式开始，与会代表就各自的研究方向作了精辟的发言，其中旭日干院士就 IVF 技术在家畜应用的现状和未来作了前沿的报告。

21 日，上午专家、学者代表作完学术报告以后，旭日干院士陪同与会代表参观了校园、实验动物研究中心、校史展、综合教学楼等。

代表还参观了位于呼和浩特市托克托县的内蒙古大学牛 IVF－ET 技术产业化示范基地。旭日公司利用内蒙古大学的技术优势和人才优势，以“试管牛”产业化技术为核心，以纯种牛“试管胚胎”工厂化生产和规模化移植为主业，大力推动畜牧业高技术产业化进程，是一个“产、学、研”相结合的高技术企业。

会议期间，与会专家、学者赴位于鄂尔多斯市达拉特旗境内的中国生态环境建设恩格贝示范区，考察教育部重点实验室“国家 863 计划”项目——鄂尔多斯绒山羊高科技养殖示范基地。代表们对这里的建设表现出了浓厚的兴趣并给予了充分的肯定。

本次论坛对于推动我国生殖生物学事业的发展，加强哺乳动物生殖生物学技术的研究和应用，促进相关领域的技术进步与产业发展具有重要意义。

（巴特尔提供）

可再生能源发展工程科技论坛（第三十一场）

由中国工程院和澳大利亚技术科学工程院联合主办、中国矿业大学（北京）承办的第 31 场工程科技论坛——“可再生能源发展”于 2004 年 9 月 21 日在中国矿业大学（北京）召开，这是两国工程院首次联合主办工程科技论坛。中国工程院副院长沈国舫院士和澳大利亚技术科学工程院副院长 Doreen Clark 博士出席论坛开幕式并致词。10 余位院士和来自国内外的 250 多名专家学者出席了会议，14 位专家从不同角度和领域，就如何加快实施中国可再生能源发展以及政策、技术、资源、安全、经济性等方面的问题作了主题发言。

能源是发展国民经济，提高人民生活水平的重要物质基础。随着经济的发展，人口的增加，能源消耗快速增长，带来了能源短缺、环境污染、生态恶化等问题。这些问题已成为当今世界各国面临的一个重大问题。开发太阳能、风能、生物质能、地热能、海洋能等新能源和可再生能源，实现经济可持续发展，已成为世界各国的共识。我国是世界上主要的能源生产和消费大国之一，目前正面临着经济增长和环境保护的双重压力。为了在不牺牲环境质量的条件下实现经济的持续增长，提高能源利用效率，调整能源结构，开发新能源和可再生能源是实现我国经济和社会可持续发展的必然选择。

通过论坛促进了国内外专家学者间的沟通，加强了与澳大利亚技术科学工程院在可再生能源领域的联系，为未来双方的进一步合作打下良好的基础，对促进我国在可再生能源领域的研究和发展起到了积极的促进作用。

（左家和提供）

我国综合交通运输发展战略工程科技论坛（第三十二场）

2004 年 10 月 22 日，工程管理学部承办的第 32 场工程科技论坛在西安交通大学召开，主题为“我国综合交通运输发展战略”。陕西省人大副主任范肖梅女士与陕西省科技厅厅长唐俊昌及 200 余位业内代表出席了论坛。

郭重庆院士作为论坛的主席介绍了论坛举办的背景。他强调之所以选择交通这个主题，就是考虑到交通在未来社会经济发展中的重要地位，结合中国工程院“构建我国综合交通运输体系的研究”咨询课题的前期研究成果，邀请了有关专题的中青年专家从不同角度阐述对构建综合交通运输体系的意见和建议。同时还从学术报告文集中精选了部分有特点的报告在论坛上宣读。

陆佑楣院士受中国工程院刘德培副院长的委托在会上介绍了中国工程科技论坛的性质、目标、宗旨和举办方式。刘源张、梁应辰，汪应洛、王众托、郑南宁等院士应邀出席论坛。

在为期一天的论坛会议上，与会的专家、学者认真分析了我国交通运输的现状和存在的突出问题，探讨了构建我国综合交通运输体系的目标和重点，提出了相应的政策建议。专家们普遍认为，改革开放以来，我国交通运输事业取得了巨大发展，运输结构得到改善，市场化取向的改革逐步推进，技术与装备水平显著提高。但是，我国交通运输还存在许多突出问题，如交通能耗与环境污染问题严峻，大城市交通拥堵严重，综合交通运输体系建设滞后，管理体制改革滞后，综合交通运输政策不完善。专家认为，应充分借鉴发达国家的经验，依靠政府和市场的双重作用，建立完备的综合交通运输体系。专家们对于综合交通战略重点提到如下几个方面：国内运输大通道的建设；空中、水路和陆路国际运输通道的建设；交通枢纽建设，特别要把对全国乃至国际交通有重大影响的特大城市、大城市、大型海港城市的综合交通枢纽，作为规划、建设的重点；以公共交通为主体，发达、通畅的城市综合交通体系，特大城市要大力发展城市轨道交通；农村交通的建设，提高农村交通覆盖率、通达深度和道路质量，尽快实现具备条件的行政村通等级公路的目标；综合交通信息网络的建设；交通运输发展战略与规划、基础设施、运载工具、现代管理等方面关键技术的研究与应用，为我国建设现代综合交通运输体系提供技术支撑。

在专家们提出的政策建议中，多数都谈到了应成立统一的交通运输管理机构，协调铁路、公路、水运、航空、管道五种运输方式的运营和建设，加强政府监管的作用。专家建议通过制定积极的财税政策、运输可持续发展政策、技术创新政策，稳步推进投融资体制与运价市场化改革，实现我国综合交通运输体系的持续、健康、协调、快速发展。

（李冬梅　唐海英提供）

重视工程哲学研究　落实科学发展观
工程科技论坛(第三十三场)

2004年12月7日,第三十三场工程科技论坛——“工程哲学与科学发展观”在北京中国科技会堂举行。本次论坛由中国工程院主办,中国自然辩证法研究会协办。中国工程院副院长杜祥琬院士、中国自然辩证法研究会副理事长兼秘书长王国政到会致辞;中国工程院殷瑞钰、傅志寰、陆佑楣、汪应洛、张寿荣、王礼恒、王众托等院士分别以“工程活动与工程哲学的若干认识”、“研究工程哲学,指导工程建设”、“水坝工程的哲学问题”、“工程科学与工程哲学”、“工程哲学管见”、“关于我国航天事业发展的几点哲学思考”和“工程决策中的哲学问题”为题作大会发言;中国科学院研究生院李伯聪教授、中国自然辩证法研究会丘亮辉教授、东北大学陈凡教授和北京邮电大学钟义信教授分别以“‘科学－技术－工程’三元论”、“树立工程意识”、“工程技术哲学与东北老工业基地振兴”和“工程师心中的‘工程’”为题发表演讲。

专家们一致呼吁要重视工程哲学研究,落实科学发展观。专家们指出,工程活动是现代社会存在和发展的基础,它深刻地影响着人类生活的各个方面。在现代社会,工程的规模越来越大,复杂程度越来越高,与社会、经济、产业、环境以及伦理价值观念的相互关系也越来越紧密。跨入新世纪,我国迎来了快速发展的战略机遇期;全面建设小康社会,促进国民经济和社会的全面、协调、健康、持续地发展,就必须在工程活动的全过程中认真贯彻落实科学发展观,切实搞好工程建设。这不仅需要有丰富的工程技术知识和工程管理知识,而且还需要站在哲学的高度全面地把握工程的本质和规律,并在实际的工程建设中正确地运用并发展这方面的认识,处理好工程建设与社会发展的关系。专家们强调,工程活动需要有哲学的支撑,工程师更需要有哲学的思维。工程哲学普及可使我们在全面建设小康社会的实践中,少花学费,少走弯路。尤其是用唯物主义武装工程师和工程的领导者和管理者,将有助于避免主观主义、政绩工程、拍脑袋工程和豆腐渣工程等。哲学与工程的联姻,工程师与哲学家的联盟,也将为哲学研究注入新的活力,开拓哲学的新领域和新边疆。

(唐海英提供)

网络计算机NC产业化工程科技论坛（第三十四场）

2004年11月20日，由中国工程院主办的第三十四场工程科技论坛“网络计算机NC产业化”，在深圳五洲宾馆国际会议厅举行。论坛由中国工程院院士、信息与电子工程学部李国杰主任主持。本次论坛以“网络计算机技术与产业化趋势”为主题，邀请中国工程院倪光南院士、教育部高教司司长张尧学教授、北京神州天脉计算机有限公司总经理朱珍民先生和中国长城计算机股份有限公司副总裁杜和平先生，分别就“网络计算机技术与产业化趋势”“基于拓扑技术的网络计算机”“网络计算机应用解决方案与产业化”“网络计算机应用”等广泛关注的热点话题作了精彩的演讲。引起了与会官员、学者、企业家的热烈反响。

深圳市副市长刘应力到会致辞，中国工程院12位院士到会，广东省信息产业厅、深圳市科技与信息局、贸易工业局、发改局官员，以及深圳工业100强企业、高新技术企业的企业家、深圳大学、职业技术学院等院校和相关行业协会及学会的负责人、西南地区NC联盟成员共200多人出席。同时，广西北海市、湖南常德市均派出由副市长带队的代表小组参会。与会代表纷纷表示，论坛的举办对于企业和政府相关职能部门了解网络计算机产业化趋势、及时调整公司发展战略将有积极的前瞻、预警作用。

本次论坛由中国工程院院信息与电子学部、深圳市科技与信息局、深圳中国工程院院士活动基地、深圳中国科学院院士活动基地、中国工业报社共同承办。

（陈　玮　阮宝君　安耀辉提供）

〔香山会议〕

抗原表位组学、抗体组学和抗体组药物

第234次学术讨论会

2004年9月10－12日，由顾健人院士、沈倍奋院士、金伯泉教授、倪健教授担任执行主席的主题为“抗原表位组学、抗体组学和抗体组药物”的香山科学会议第234次学术研讨会在上海召开。国内外著名高校、科研院所及生物医药企业的48位专家应邀参加了会议。

会议的中心议题为：1. 抗原表位分析及其意义；2. 适合基因组学及蛋白组学等研究的抗体组学研究；3. 抗体组药物。19位专家在会上作了报告，与会专家围绕中心议题进行了广泛的交流和深入的讨论。

抗原组学、抗原表位组学等新概念的提出，表示继基因组学、蛋白质组学之后在科学上又一个重大的生命科学计划的产生；对生物技术来说，基因组研究的应用，通过抗原表位组学、抗体组学和抗体组药物的研究亦将展现一个新的前沿工程技术。

抗原表位组学与抗体组学是建立在基因组学和蛋白质组学基础上的新兴学科，利用相关学科的最新研究成果，结合鼠、兔、人等杂交瘤技术及基因工程抗体技术，经过大规模建立抗原库、抗原表位库及抗体库，高通量筛选抗体靶标及抗原表位、诊断及治疗用抗体，在整个机体水平研究所有相关的抗原、抗原表位及抗体药物的新兴交叉学科。

抗体组药物是在基因工程药物、基因组药物和传统的抗体药物研发的基础上利用基因组学、蛋白质组学、免疫组学、抗体组学、抗原表位组学及系统生物学的最新成果研制抗体药物。抗体组药物与传统的抗体药物研制相比，是以高通量、整体化、信息化和系统化为特点，这样一方面可以大大提高研发速度，缩短研发周期，减少研发投入，另一方面由于它的筛选利用了基因芯片，蛋白芯片和组织芯片等高通量技术，既可以获得广谱的抗体药物，又可以获得个性化的抗体药物。

与会专家共同探讨了抗原表位组学、抗体组学和抗体组药物具有共性的科学问题，分析和展望该领域的发展动向及中国科学家在该领域的优势和未来研究的突破点，同时研讨如何运用抗原表位组学、抗体组学研究的成果指导生物学、医学和医药产业实践，促进我国系统生物学时代抗原表位组学和抗体组学这一新兴学科的启动与开展，促进抗原和抗体相关的诊断试剂和抗体组药物的研究及相关产品的国产化与国际化。

（王元晶提供）

信息时代的通信卫星和卫星通信

第237次学术讨论会

2004年10月12－14日，在北京召开了以“信息时代的通信卫星和卫星通信”为主题的香山科学会议第237次学术讨论会。朱高峰院士、宋直元教授、王礼恒院士、张履谦院士担任会议执行主席。来自信息产业部、广电总局、中国航天科技集团、总装电子信息部、总参通信部、清华大学、哈尔滨工业大学等单位的40多位专家参加了会议。

通信卫星和卫星通信是国家信息化基础设施的重要组成部分，是涉及国家安全和国家利益的战略性产业，也是在信息社会中与国民经济和社会发展息息相关的基础性产业。我国发展了自己的通信卫星和卫星通信事业，为促进经济发展，提高综合国力，确保国家安全，改善我国人民的文化、教育和生活质量做出了重要贡献。

会议就国内外卫星通信和通信卫星的现状与面临的挑战、我国卫星通信的发展战略和策略、通信卫星技术的展望与发展战略、加强卫星轨道/频率的申报与协调等四个中心议题进行了讨论。

在广泛而深入讨论的基础上，与会专家提出了几点建议：

1. 通信卫星和卫星通信是国家信息基础设施的重要组成部分，是一个战略性的产业，国家对通信卫星和卫星通信的发展应给予高度重视。政府要牵头做好整个卫星通信产业的统筹规划，包括从研制到运营到业务服务到资源开发，以解决目前卫星通信产业中的突出矛盾，并尽快改变卫星通信产业发展缓慢的被动局面。

2. 政府要加大投入，特别是新一代通信卫星的前期开发和基础研究等方面，必须将卫星与地面系统做统筹规划，分工研究，必须掌握大型卫星平台及先进的有效载荷关键技术，并具备生产高性能的星载关键元器件及部件（如TWTA等）的能力，以解决长期以来在关键技术和关键部件受制于外国的局面。

3. 要对国内卫星通信运营企业进行重组和整合，给予政策上的优惠和支持，以使得国内的卫星运营业有一个做强做大的良好基础。

4. 卫星通信产业链中的相关部门和单位应成立卫星通信发展论坛，共同研究关于卫星通信的发展战略与措施，给国家有关决策部门提供技术支持。

（王元晶提供）

〔其他学术活动〕

2004 年海洋科技与经济发展国际论坛

2004 年海洋科技与经济发展国际论坛于 7 月 4 日在青岛召开。自 1999 年成功举办首届以来，海洋科技与经济发展国际论坛已成为最有代表性、最具影响力的国际海洋科学领域盛会。

本届论坛由中国工程院、国务院发展研究中心、青岛市政府等 11 个部委共同主办的。有 20 多位两院院士以及国内外海洋科学界的专家学者共 100 余人参加，共同研讨世界海洋科技产业发展前言动态，展示当今国际海洋科研领域最新成果，促进海洋科技成果产业化。

本届论坛以“求实、创新、交流、合作、发展”为宗旨，以“海洋经济与可持续发展”为主题，主要议题有三项：一是海洋科技与经济发展，二是海洋产业与经济发展，三是海洋文化（奥运）与经济发展。王淀佐副院长宣布 2004 海洋科技与经济发展国际论坛开幕。随后王淀佐副院长主持了主题报告会，我院院士管华诗、李庆忠、张福绥、侯保荣、袁业立、丁德文、唐启升、赵法箴等参加了报告会，唐启升院士在主题报告会上作了《论我国蓝色海洋食物计划》的报告。

（刘　畅提供）

第七届中国西部科技进步与经济发展专家论坛学术研讨会

8 月 9 - 11 日，中国科协、中国工程院、宁夏回族自治区人民政府在银川市联合召开“第七届中国西部科技进步与经济发展专家论坛学术研讨会”，26 位两院院士和全国近 300 名科技工作者参加了会议。有 13 位院士作了大会特邀学术报告，6 位省部级领导向大会作专题报告，其中有两位院士分别深入宁夏煤业集团和宁夏电力公司为企业发展提出了切合实际的意见与建议。6 个全国性学会和 16 个省（市、区）的 18 名专家、学者作了专题学术报告。与会院士、专家和代表紧紧围绕党中央、国务院关于西部大开发的战略部署，着眼于西部地区新的发展形势和机遇，以“信息化与西部地区全面协调和可持续发展”为主题，就信息化与工业化、信息化与农业产业化、信息化与经济社会全面协调可持续发展等重大问题，进行了全面深入的研讨和交流。王淀佐、邬贺铨、杜祥琬副院长出席了论坛会议。

邬贺铨院士作了题为“信息化与我国西部发展的挑战和机遇”的学术报告。他说，信息化已成为我国第一支柱产业，但与发达国家相比，我国信息化产业还存在着较大的差距，尤其是西部信息化产业存在着更大的差距，信息化对我国尤其是西部地区是挑战更是机遇。发达国家在后工业化时间进入信息化，而中国的信息化与工业化、城市化、市场化、全球化要同时进行。在工业化的初期，由于市场化和全球化的原因，不可能给中国西部先实现工业化再实现信息化的时间，西部地区的信息化与西部大开发要同时进行，信息化是西部跨越式发展的机遇。

杜祥琬院士以“建设生态环保型、节约型社会”为题作了报告。他用详实的数据分析了我国水资源、土地资源、矿产资源、能源、生态环境等所面临的严峻形势。强调随着工程科技的不断进步，将大大增强人类高效利用自然资源、保护环境和生态的能力，用先进技术武装我国经济社会的各个领域，可大大减少资源消耗和环境污染。提出依靠科技进步，建设生态环保型、节约型社会。

张钟华院士就怎样来保证信息的准确性作了“计量技术及信息化”的学术报告，详细地介绍了计量技术在人民健康、生活、通讯、农业、工业、国防等方面的重要性及实际应用，指出依靠计量技术获取正确的信息是信息处理、信息化的基础。他还针对目前芯片业生产特点及芯片生产转移方向对宁夏提出可利用西部地区干燥有利条件，发展芯片业生产的建议。

俞梦孙院士在题为“发展与生物、心理、社会医学模式相适应的医学工程产业”的报告中，结合自身在生理医学方面的长期探索和实践，为我们规划出了一个21世纪中国医学发展的方向——社区医学工程。它运用现代通信网络、家庭健康自测与康复器具、全科医生与家庭病房装备、社区成员健康信息数据库和社区医疗中心医疗装备等，把社区作为新医学模式下的医疗实践的基点，促使医生服务观念从“以疾病为中心”向“以病人为中心”转变。同时，能够强化基层医疗保健系统，促使医疗费用和卫生资源的合理分配，使之发展成为经济效益和社会效益同步增长的社区医学工程产业。

李德仁院士作了题为“数字省市在国土规划与城镇建设中的作用”的报告。他从数字地球、数码城市的概念入手，阐述了数字省市的基本内涵及总体建设框架，详细分析了数字省市在国土规划与管理、城镇规划与城镇建设中的作用。他指出，数字化是新世纪信息社会发展的方向之一，从数字家庭到数字大厦，到数字小区，到数字城市，到数字省区，到数字国家，到数字地球，并不是科学幻想，而是活生生的现实，是未来的人类社会发展模式和人类的生存方式。“数字省市”、“数字中国”、“数字地球”代表了信息时代与网络时代人类生存、生活、工作和学习的崭新模式，是推动经济发展和社会进步的一面旗帜。

李泽椿院士作了题为“信息技术是防御自然灾害最强有力的手段”的报告。他说，我国是一个自然灾害频发的国家，尤其是北方的沙尘天气，给我国国民经济带来了难以估量的损失，防灾抗灾必须加强科学观察、科学分析研究和新技术的应用。信息技术已被证明是防御自然灾害最强有力的手段，在自然灾害防御的监测、预警和防御等方面发挥着巨大的作用。他针对我国尤其是西部地区在沙尘暴监测预警的研究与业务工作中存在的诸多问题，提出了积极的防治对策：生态保护，生态修复，避免荒漠化；积极运用信息技术完善灾害天气的监测、预警、防御系统；加强对灾害天气的研究工作，保证研究工作的科学性和长期性。

中国科学院丑纪范、周孝信、白春礼院士等也分别作了报告。

会议期间,代表们通过开展跨学科、跨行业、跨部门的学术研讨,为西部地区各级政府、企业和社会各界与院士、专家之间搭建了一个直接沟通和长期联系的平台。与会代表一致认为,进一步加快西部地区发展,应深入贯彻党的十六大、十六届三中全会精神和中央有关重大决策部署,加快推进信息化建设,以信息化带动产业结构调整和优化升级,实现经济社会全面协调和可持续发展。尤其是西北生态与现代农业省域示范区建设、农村现代远程教育工程和宁东能源重化工基地建设这三个重大战略问题,对于西部地区充分发挥比较优势,增强经济实力,加快全面建设小康社会进程,意义重大,建议中央和国务院在规划、资金、人才等方面给予支持。

(王元晶提供)

第三届国际工程教育大会

由美国工程教育协会(American Association of Engineering Education, ASEE)、中国工程院和中国自然科学基金委员会共同主办,由清华大学承办、中国高等工程教育研究会协办的第三届国际工程教育大会9月7日至9月10日在清华大学隆重召开。ASEE是美国工程教育界最具影响的组织,这次会议是ASEE第一次将国际工程教育大会放在发展中国家举办。来自国内外的300多名代表参加了会议,在24个国家和地区的外方代表中,包括美、加、德、英、法、葡、日、澳、新加坡等国的著名大学的校长、工程院院长和学者,还有美、加、日、韩等国的工程院以及国际工程教育组织的领导人。中方代表则有清华大学校长顾秉林、北京航空航天大学校长李未、中国工程院原副院长朱高峰等100多位院士、校长、院长和知名学者。

全国政协副主席、中国工程院院长徐匡迪,教育部副部长吴启迪、ASEE会长、美国奥林工学院副院长谢拉·凯恩斯(Sherra E. kerns),麻萨诸塞大学校长杰克·威尔森(Jack Wilson)等出席了开幕式并致辞。开幕式由纽约州立大学宾汉顿分校工程与应用科学系名誉主任、ASEE前会长莱尔·菲舍尔(Lyle Feisel)教授和清华大学校长顾秉林教授主持。

中国工程院院长徐匡迪在致辞中说,中华人民共和国成立55年来,中国的工业有了飞跃性的发展,中国的工程教育也随之发展起来,并且发挥了极其重要的作用。但是,中国目前仍处于工业化的中期,我们面临着加速实现工业化的紧迫任务。针对工业发展中存在的问题,中国政府提出,要走一条"科技含量高、经济效益好、资源消耗低、环境污染少、人力资源优势得到充分发挥"的新型工业化道路。在这样的背景下,中国的工程教育也需要不断进行改革。中国工程院非常关注工程教育,最近几年来曾就如何构建与产业结构相适应的工程教育体系,如何形成有中国特色的工程人才培养模式,如何充分发挥企业中的工程技术人员的作用,如何建立符合我国国情的工程师资格认证制度等等课题开展研究。

会议期间,国务委员陈至立会见了部分外方代表,代表中国政府对各国的专家学者表示欢迎,对大会的成功召开表示祝贺,对中国高等工程教育的改革和发展表示支持。9月7日上午,清华大学校长顾秉林教授作了题为《中国高等工程教育改革与发展》的专题报告。顾校长在报告中指出,国家创新体系的建立,首先应从最基础的教育创新做起。作为高等教育中规模最大的工科教育,在整个创新教育体系中,具有举足轻重的地位。高等工程教育应围绕推进教育创新进行各种有益的探索,努力培养高层次、高素质、多样化、创造性、具有国际视野、适应时代要求的工程科技人才。他认为,工程科技人才培养要重基础,重交叉,重人文,重实践。要努力加强学校与企业的合作,建立与相关企业的稳定联系,保证使学生在校学习期间能直接深入企业,进行工程技术实践;鼓励一部分学生在完成基础学习阶段之后到企业和工程部门从事工程项目研究。要利用高校和企业之间的优势互补,为造就詹天佑、茅以升式的我国21世纪的工程大师和巨匠奠定基础。

在接下来的几天里,大会围绕"继续工程教育及其传送"、"工程教育改革"、"工程教育质量的国际资格认证"三个主题分别进行了研讨。其中,工程教育改革是与会的中国学者最为关注的话题,中国工程教育的制度改革、工程教育与整个中国教育体制的关系、专业领域的工程教育实践等都是讨论的热点。面对我国大学教育与工厂、企业联系松散,大学难以为学生提供工程实践机会的现状,大家认为,应充分发挥政府职能,通过立法途径加强企业与高校的合作;大学自治是工程教育健康发展的基础;工程师的培养责任并不完全在学校,更多来自校外的实践经验。也有学者对于工程教育中的"创新"之说提出异议,认为"创新"不宜强调过头,更不宜作为衡量任何教改的唯一标准。谈论教育创新之前,我们必须真正弄清创新的内涵。同济大学的章仁彪教授指出,很多看似矛盾的观点其实并不是"非此即彼"的关系,讨论的目的不在于统一认识,而是要实现多样化——既谈论"回归工程",也讨论"走向社会";既强调"政府规范",也提倡"各具特色";既要发展不同院校工程教育的"个性",也要关注"课程的标准化"。

除了大会拟定的三大主题之外,工程教育中的性别问题和伦理问题也成为本届会议讨论的热点。ASEE会长谢拉·凯恩斯在第一天的大会发言中就提出了"工程教育要向更多的群体开放"的观点,呼吁"吸引更多的妇女参加工程教育"。美国国家教育基金会工程部主任约翰·布莱顿(John Brighton)也表达了类似的观点。他指出,女性具有和男性不同的视角,而多样化的视角对于工程教育是非常重要的。清华大学的曹南燕教授则提出了工程教育的伦理问题。她分析了工程教育中道德缺失的现状及其原因,呼吁加强伦理道德的"底线"教育,并根据讲授工程伦理学课程的经验,提出了一些可行的解决方案。曹教授的发言引起了与会代表的广泛共鸣,约翰·布莱顿教授认为道德问题在美国的高等教育中同样值得关注。他指出,工程师必须拥有正直、诚信的品质。为了培养合格的工程师,如何加强伦理教育是教育者必须认真思考的问题。

为了给与会者更多的交流机会,大会特别增加了"展板与多媒体展示"板块。这一活动将大会推向了更加自由的非正式交流。在"展板区",共有120位代表用文字和图形来表达对会议三大主题的理解,有兴趣者可在展板前直接与展示者对话。围绕同样的主题,35位代表则在"多媒体演示区"运用多媒体表达见解,展开讨论。

会议还安排外方代表参观了清华大学重点实验室。

第三届国际工程教育大会于9月10日下午闭幕。原中国工程院副院长朱高峰院士在闭幕式讲话中概括了中国工业发展的现状:①正在大规模工业化,因此发展工程教育十分重要;②工业产品的实物量剧增,但价值量却增长不大,因此,要培养高水平的工程人才,以提高工业发展的价值量;③中国的产业结构是引进消化吸收与自主创新的结合,相当一部分靠引进,消化吸收做得不够,目前亟待培养合格的工程人才，以从事消化吸收，进而开展自主创新。他指出，我国工程教育中存在的问题主要是：①规模过大，资源不足；②培养目标与需求脱节；③为争夺教育资源，导致办学模式趋同化；④为节约成本，减少实践环节。凡此种种，都造成了培养质量下降。要解决这些问题，唯一的出路就是要使工程教育融入社会－需求由社会确定，资源由社会提供，工作要社会支持，结果要社会承认。他还分别就会议的三大主题对中国的工程教育改革提出建议：①中国工程教育改革的方向是与社会紧密结合，学校要科学定位，摆脱盲目攀比的倾向；②要建立科学合理的评价体系，资格认证要与国际接轨；③建立继续工程教育体系要摆脱学历教育的影响，要与工程师的资格认证相结合。

闭幕式由 ASEE 前会长、本届国际研讨会程序委员会主席莱尔·菲舍尔教授以及中国工程院副院长、中国工程院教育委员会副主任杜祥琬院士主持。ASEE 会长凯恩斯女士对本届会议给予了高度评价并对组织者表示了感谢。昆士兰大学的大卫·拉德克利夫（David Radcliffe）教授介绍了下一届国际工程教育大会的举办城市悉尼，并向与会代表发出了热情邀请。

第三届国际工程教育大会在和谐友好的气氛中圆满闭幕，清华大学的会议组织工作得到了中外代表的一致好评。

（王振海提供）

第四届中国青年科技企业家管理论坛

2004 年 10 月 13 日，由中国工程院和深圳市政府主办，中国工程院工程管理学部、深圳市高新技术产业园区领导小组办公室、深圳中国工程院院士活动基地和中国工业报承办的“第四届中国青年科技企业家管理论坛”在深圳召开。本届论坛主题是中国汽车工业发展论坛。深圳市人大常委会副主任郭荣俊出席开幕式并致辞，郭孔辉、贾新光、钱振为、赵英等四位报告人分别从技术方向、产业布局、市场分析、企业发展等角度阐述了中国汽车工业发展面临的问题和应采取的措施。

郭孔辉院士认为，在汽车工业发展的今天，应当争取互惠互利的国际合作和企业合作，但不能以牺牲自己的发展权为代价。应当充分借鉴日本和韩国发展汽车工业的的经验，从引进起步，重视技术消化和自主创新。建议国家在政策上予以倾斜。

赵英研究员认为，中国汽车工业技术创新能力的获得与提高成为制约中国汽车工业发展的主要瓶颈。目前中国汽车工业整体上看仍然处于以引进技术、消化、吸收为主要技术进步途径的阶段，但这并不意味着中国汽车工业在自主开发方面无所作为。中国汽车工作获得自主开发能力的途径可以有多种选择。如追随跨国公司并逐步形成自己开发能力的途径；通过与国际汽车工业中的咨询、开发企业合作，或者对外国汽车企业、技术咨询、开发企业进行兼并获得开发具有自主知识产权的产品，并且逐步形成自己的开发能力；基本依靠自己的力量在开放的环境中以我为主，博采众长,进行系统集成,形成自己的产品。中国汽车工业企业可以根据自己的需要做出选择。

贾新光首席分析师从汽车市场分析和汽车工业运营的角度对目前人们普遍关注的价格问题进行了解答。他认为目前的降价是对汽车工业长期暴利的一种惩罚,原来的高价格是高壁垒保护造成的,现在的壁垒逐渐消除,保护减少,价格自然降低;中国汽车市场的竞争已经国际化,汽车价格最终要与国际接轨;市场竞争越来越激烈,汽车产业洗牌开始了。

钱振为教授在报告中谈到,世界汽车产业基本发展趋势是在世界范围内走向一体化和产业的国际转移,表现为产业由发达国家向发展中国家转移,根本动因是发展中国家成为最大的汽车新兴市场。中国汽车产业的战略目标应当是用20年或者更长一些时间在中国建成新的世界汽车产业中心,应当分两步走,从制造大国向制造强国迈进。应当正确认识合资企业的健康发展对发展我国汽车产业的重要意义。可以借鉴韩国的经验,总结合资企业十多年来的经验,发挥“合力效应”。

郭重庆院士主持了论坛报告会并做了精彩的点评。与会300多位听众提问踊跃,互动热烈。工程管理学部何继善院士等出席了论坛。

(李冬梅　阮宝君提供)

第八届中日韩(东亚)工程院圆桌会议

由我院主办、苏州市政府和苏州市高新区管委会承办的第八届中日韩(东亚)工程院圆桌会议暨工程科技与可持续发展国际研讨会于2004年10月31日在苏州成功召开。本次会议的目的是结合中央关于建设节约型社会的精神,探讨工程技术在解决当前经济社会发展面临的资源环境制约中发挥的作用。此次会议是中日韩工程院圆桌会议更名为东亚工程院圆桌会议后的第一次会议。

中、日、韩工程院的12位院士、专家就循环经济、清洁生产、再制造、生态工在研讨会上作了报告。来自中国、日本、韩国、柬埔寨、马来西亚、缅甸、菲律宾、新加坡、泰国、越南等国专家以及上海、江苏、黑龙江等地有关部门的来宾共计180多人出席了研讨会。

刘德培副院长主持开幕式。在主题报告中,徐匡迪院长指出,现代工程师面临的问题之一就是社会经济发展与生态环境之间的矛盾日益突出。工程科技不仅要满足人们在物质文化生活方面的需求,还要满足人们对保护生态环境的需要。二十一世纪的工程师应从单纯追求创造丰富的物质财富转向可持续发展,成为可持续发展的实践者。

本次圆桌会议的另一重要议题是呼吁遵守工程道德。一年多来,三国工程院院长呼吁亚洲工程师们和工程技术界,遵守工程道德,承担社会责任,为公众安全和社会福祉做出应有的贡献。中国、韩国和日本工程院经过反复交换意见,在11月1日的圆桌工作会议上达成共识,通过并共同签署了“关于工程道德的倡议”及附件“亚洲工程师道德指导意见”。

(任洪涛提供)

2004年世界工程师大会

2004年11月3日，2004年世界工程师大会（WEC2004）在上海召开。

该会由世界工程组织联合会及联合国教科文组织共同发起，由中国科学技术协会、中国工程院、上海市政府联合主办，主题是“工程师塑造可持续发展的未来”。

徐匡迪院长主持了开幕式。中共中央政治局常委、国务院副总理黄菊在开幕式上发表了热情洋溢的讲话。他在讲话中说，维护世界和平，促进人类进步和可持续发展，是包括工程技术界在内的国际社会的共同责任。联合国秘书长安南向大会发来贺信。他在贺信中说，可持续发展要求人们最大限度地利用自身的创造力，工程师是联系科学技术和人类技术的纽带，是最具创造力的专家，他们将致力于塑造一个在经济、社会、生态等各方面可持续发展的未来，这与联合国的千年发展目标相符。国际工程与技术科学院理事会（CAETS）前主席，现任美国工程院院长的沃尔夫是他代表CAETS，在开幕式上致辞。世界工程组织联合会主席李怡章，中国科学技术协会主席周光召，上海市市长韩正出席了开幕式并致辞。

在大会全体报告会上，徐匡迪院长作了题为“工程师：从物质财富的创造者到可持续发展的实践者”的报告。他指出，在新世纪里，工程科学的基础要从20世纪单纯追求规模、效益的模式转向建设4R（Reduce减量化，Reuse再利用，Recycle再循环和Remanufacturing再制造）的循环经济方向，大力推进4R将是新世纪工程科技的发展方向。追求4R的最终目标是实现循环经济，用尽可能少的资源满足经济社会发展的需求，通过节约、回收和利用废旧资源，使尚未被充分利用的价值得到开发和使用，产生新的经济和社会效益。

中国目前还处在工业化的中间阶段，面临着资源、能源和环境的严峻挑战。因此，中国必须走出一条科技含量高、经济效益好、资源消耗低、环境污染少、人力资源优势得到充分发挥的新型工业化道路。可以说，减少资源能源消耗、控制环境污染是中国新型工业化的核心。

来自58个国家和地区的3 000多名工程师代表，出席了这次会议。

（徐海燕提供）

中国重大工程技术成就论坛

2004 年 11 月 4－6 日，我院与上海市科学技术协会联合有关行业主管部门，在上海图书馆举办了“中国重大工程技术成就论坛”。

徐匡迪院长出席开幕式，并首先作了题为“制造业发展的科技问题”的主旨报告。之后严隽琪副市长的“制造业信息化”，翁史烈院士的“工程教育的回顾与展望”和国防科工委系统工程一司、国防科工委月球探测工程中心主任胡浩的“中国探月工程”4 个精彩的主旨报告吸引了 600 多名听众。

11 月 5 日至 6 日在上海科学会堂举行的各专场报告也都具有较高的学术水平，从各专业领域的视角，较宏观、较全面地回顾了我国工程技术的进步，宣示我国工程技术的发展战略，诠释科学的发展观，共同展望了我国工程技术发展的未来。这些报告包括：中国核工业集团公司的“历史辉煌、前景广阔的中国核工业”，中国石油天然气集团公司的“技术创新开创油气工业新时代”，中国大陆科学钻探工程中心的“探索地球奥秘，追求持续发展”，铁道部的“努力建设世界一流高原铁路”，交通部的“中国公路桥梁建设成就”，信息产业部的“蓬勃发展的中国信息产业”，中国航天科技集团公司“载人航天工程与中国航天”，国家电网公司“中国电力的未来发展”，中国林科院“血吸虫病防治林业生态工程建设与展望”，中国长江三峡工程开发总公司的“长江三峡工程”，中国机械工业联合会的“中国重大技术装备成就和展望”和鞍钢集团的“充满生机与活力的中国钢铁工业”。论坛报告人都是在相关领域有一定代表性的人物。

此次成就论坛是在一个较高的层面，较全面地阐述了建国 55 年来，尤其是改革开放以来我国在工程技术领域所取得的伟大成就。

（徐海燕提供）

国际城市可持续发展市长论坛

2004 年 11 月 10－11 日，建设部、中国工程院在云南省昆明市共同主办了国际城市可持续发展市长论坛。本次论坛的主题是“城市快速公交系统和建筑节能”。徐匡迪院长、建设部副部长黄卫出席会议并作主旨演讲。来自国内国外城市市长、市长代表和国内外专家160多人出席了论坛并就解决城市交通拥堵、快速公交系统建立、建筑节能标准、太阳能建筑等方面交流经验,探求解决办法。

徐院长的演讲以"树立科学发展观　促进城市可持续发展"为主题,通过大量翔实的国内外城市发展的数据,比较了不同增长方式对城市乃至一个国家经济社会发展的不同影响。交通是城市规划和经济增长的基本要素,要搞好城市快速公交系统建设,一是要加紧前期科研工作,结合各个城市的实际情况和发展规划,对可能出现的问题有充分的估计和对策预案;二是要将公交系统的建设规划纳入城市发展的 整体规划,特别是城市综合交通规划;三是要坚持以人为本的设计理念,努力实现各种交通体系的无缝连接;四是要坚持协调发展和可持续发展的原则,统筹公路、铁路、民航、市内交通及内部的关系,用系统科学的观点处理好系统之间和系统内部的协调发展问题,最终实现综合效率的提高;五是要注意合理利用土地资源、保护环境。关于城市节能,一是要从规划和设计入手,选用新的节能材料和设备;二是要大力开发和采用节能型电器;三是要充分利用可再生能源,例如开发利用太阳能、大型风力发电等。

(阮宝君提供)

摩擦学科学与工程前沿研讨会

2004年12月25-26日,我院和国家自然科学基金委员会在北京共同召开"摩擦学科学与工程前沿研讨会"。

出席会议的学者和专家共110余人。其中正式代表48名。共有21位院士、学者在会议作了学术报告。谢友柏、薛群基、徐滨士院士作为会议主席主持了会议。张彦仲、艾兴、黄崇祺、李椿萱、刘友梅、王玉明、温诗铸、闻邦春、闻立时、徐志磊、朵英贤等14位院士参加了会议。石立英副秘书长到会代表我院致辞。

此次论坛围绕"高新技术、节能、环境与可持续发展"的主题,着重探讨如何进一步发挥摩擦学在解决国家重大工程和装备中的关键问题,特别是在推动循环经济和发展国民经济中的重要基础性作用等方面进行了探讨。

会议共分四个议题,即:1)高新技术发展中的摩擦学挑战;2)装备制造发展中的摩擦学设计;3)润滑、摩擦与耐磨新材料;4)摩擦学与资源、环境和可持续发展。与会的学者和专家围绕议题进行了热烈地讨论。大家认为:这次会议是对我国摩擦学科学和高技术研究成果、跟踪国际前沿技术的一次检阅,也是对我国摩擦学存在的问题一次检阅。此次会议取得了如下的共识:

1. 摩擦学是一个充满高技术的领域,我国少数领域的摩擦学科学技术的水平与国际差距不大。如航空航天、微纳米制造、生物摩擦学等。

2. 摩擦学对于材料、能源、环境和生命质量,从而对国民经济可持续发展具有重大影响。

目前,我国的GDP占世界的4%,却消耗了占世界30% ~40%的钢,50%的水泥,我国的等当量GDP能源消耗是美国的2倍,欧洲的3倍,日本的4倍。要赶上或接近国际先进水平,摩擦学在解决国民经济发展所面临的资源、能源和环境挑战中,有突出的作用。

3. 要发挥摩擦学所具有的节能、节材、资源的充分利用,优化环境和保障安全,以及所能产生的巨大社会经济效益等作用,在技术推广和应用及管理、人才培训、教育等方面,还需各方面做大量的工作。

4. 摩擦学的理论研究还很薄弱。

进行摩擦学设计需要摩擦学高技术,更需要摩擦学理论。本次会议报告中这么多的"XX摩擦学"里面的摩擦学是什么?没有从机理、从本质上回答,对于我国并不丰富的研究资源,"重复研究"是非常大的浪费。

会议建议:

1. 以院士建议的形式,向国家提出建议。

主要内容包括:将摩擦学研究作为一项战略共性研究领域,列入国家中长期科学与技术发展规划及"十一五"计划;建立有关的法规和政策;建立以企业为主体的节约资源、环保和提高生命质量为任务的产学研结合的摩擦学工程中心;鼓励拥有摩擦学研究成果的单位将自己的成果组织成能随时支持产品设计资源;加强摩擦学专门人才的培养和教育等。

2. 建议中国工程院立项进行《我国摩擦学科学建设及其工程应用现状与发展战略研究》。

(易　建提供)

中日环境材料、循环产业与环境经营研讨会

由中国材料研究学会、日本东京大学生态效益和生态设计研究学会、中国工程院化工、冶金与材料工程学部、中国金属学会材料科学分会等17家单位联办的"中日环境材料、循环产业与环境经营研讨会"于2004年4月8-11日在苏州市成功举行。中日双方的环保材料科技人员、循环经济和环境经营的研究与管理人员共178人,其中中方113人,日方63人,他们分别来自政府、企业、大学和科研院所。著名材料专家师昌绪院士、严东生院士、张寿荣院士,中国材料学会理事长周廉院士、中国环境科学学会理事长叶汝求和全国人大常委会委员环境资源委员会主任冯之骏教授,以及苏州市谭颖副市长、苏州高新区管委会吴易达副主任、环保局曹俊局长等出席了会议。会议共收到论文或论文摘要、多媒体演示文稿106篇,其中中方提交63篇,日方提交40篇。

4月9日上午,大会举行了简短的开幕式后有6位中日专家作了大会主题报告,报告人和报告题目分别是:1. 山本良一(会议日方主席、日本东京大学教授),题目:可持续产品发展对日本的挑

战;2. 叶汝求(会议中方主席之一、中国环境科学学会理事长),题目:中国的环境保护问题与对策;3. 田岛高志(亚洲生产力组织(APO)秘书长、博士),题目:绿色生产力支撑着全球竞争力和可持续发展;4. 张寿荣(会议顾问、院士、武汉钢铁公司总工程师),题目:环境保护——中国钢铁工业可持续发展和面临的挑战;5. 前田正史(日本东京大学可持续材料国际研究中心、教授),题目:日本东京大学可持续材料国际研究中心可持续社团的材料流通控制和活动;6. 聂祚仁(会议学委会主任之一、北京工业大学教授),题目:中国生态材料研究进展。

大会报告后,会议分成两个会场,中日专家们分别在会上进行了讲演,两天的分会报告反映了两国在本领域的现状。在这方面,日本为了提高制造业的竞争力,已经开始着手建立完善的绿色生态产业体系,从原料采购、产品制造、市场销售的每个环节都按照尽可能地节省资源(能源)、降低对环境的负面影响进行精心设计,正在建立绿色产业支撑链,并将这一指导原则推广到如信息、实物流通、服务业等所有的社会活动之中;积极促进再生资源和以能源、水和固体废弃物为主的管理,形成资源 - 产品 - 再生资源的循环产业;政府部门高度重视绿色循环产业教育,绝大多数产业接受定期培训,企业已经认识到发展循环产业是提高资源利用效率、降低成本、保持生态环境、加强产业自身竞争实力的科学途径。欧美虽然在基础理论的研究上是最先开始的,但日本在实践方面走在了世界的前列。最近一个时期,日本正在调整其治国的方针,即正在由多年遵循的“技术立国”向“环境立国”的方向转变。

我国属于发展中国家,国土相当于日本的25倍、拥有13亿人口,由于人们整体环境意识不强,生态设计的概念尚在接受与建立过程之中,循环产业和环境经营的理念尚在逐步形成当中,绿色采购及绿色消费市场均属于起步阶段,其真正的实施都还有一个相当长的发展过程。中国经济迅速发展始于20世纪90年代,经济的迅速发展造成了环境的严重污染,并导致了可能会制约经济发展的瓶颈。中国经济实现年均8%左右的持续高速增长,中国被称作是“世界工厂”。同时,中国的大气和水质污染越来越严重。2001年全国341座城市实施的大气污染监测结果显示,有101座城市粒子状物质的年平均浓度超过了最低的环境标准。河流的污染也很严重,在全国设立的752个观测点中,未能达到最低水质环境标准的占44%。因煤炭燃烧而发生的硫氧化物是导致酸雨的重要原因。中国南部地区也普遍观测到酸雨。在座谈会上,新日铁环境部经理古山辉夫介绍了这样的做法:在高炉中用废弃轮胎代替煤炭,在炼焦炉中有效利用废弃的塑料。古山指出:“我得到的印象是,中国处于与日本受公害问题困扰的经济高速增长时相似的时期。在经济顺利发展的今天,如何增加环境投资是关键。”

这次会议使人们更深切的意识到生态的承受能力是有限的,人类的生命离不开所处地球的整个生态系统。为了控制环境恶化和实现未来的可持续发展,人类应当联合起来迎接各种挑战,发展可持续产业,降低森林消耗,启用天然能源等等,这已经成为有识之士,尤其是具有战略眼光的企业家和政府管理者们的共识。会后,基于这次会议的成功,中日双方表示明年同期将继续举行双边会议。

(高战军提供)

第八届国际表面活性剂和洗涤剂会议

6月28－30日由中国工程院农业、轻纺与环境工程学部、中国洗涤用品工业协会、中国日用化学工业研究院、美国肥皂洗涤剂协会、日本油化学会主办，中国日用化学工业信息中心承办的2004(第八届)国际表面活性剂和洗涤剂会议在辽宁省大连市隆重举行。600多名代表出席了会议。

本届会议除了得到业内众多知名企业的热情赞助外，还得到中国工程院农业、轻纺与环境学部与国家自然科学基金委员会的资助，极大地增强了国际会议的学术性与权威性。

有多家国际企业派员组队参加，同时美国肥皂洗涤剂协会、美国油脂化学家学会、日本油化学会等国际机构积极参与，使本届会议成了国际同仁与国内精英交流沟通的平台。

本届会议紧扣科学发展的脉搏，围绕“绿色化、经济化、信息化——日化行业与可持续健康发展”的主题，三天的会议分为大会交流、专题研讨、论坛演讲。46位行业专家就相关领域的技术、市场、学术、趋势、政策、环保等热点话题展开了互动交流，全面展示和沟通了最新成果。

会议交流重点围绕国家自然基金研究项目课题“新型两亲分子有序组合体的构筑结构和功能调控研究”进行主报告交流，讨论了溶液中的两亲分子有序组合体调控，为材料合成提供了适宜的反应空间，成为制备特殊结构与形态的无机有机材料、制备纳米材料、发展纳米技术的重要途径。尤其探讨材料合成体系中无机及有机与两亲分子组合体的相互作用，特别是在模拟合成条件下，探寻其相互作用的规律，对于揭示模板机理，指导新材料合成是十分必要的。这些在社会上受到各国专家的高度重视，成为化学、物理学、生物学和材料学共同关注的领域。

另外在专场报告中展示出很多新观点，如采用阳离子脂质体或阳离子聚合物与DNA所形成的复合物在转基因工程上的应用、无机前驱物对表面活性剂液晶体系性质影响的研究、微乳化柴油配制技术研究，有机聚合反应对两亲分子有序组合体结构的影响、用流变手段测介孔分子筛合成过程中两亲分子结构的变化、有机官能团介孔分子筛设计、合成及其纳米孔道催化作用以及以两亲分子为模板剂合成介孔材料等，来自中国工程院、扬州大学、北京大学、山东大学、武汉大学、中国日用化学工业研究院、日本东北高等工业科学与技术研究所、宝洁研发中心等多位专家教授的深度交流，相信会大大加速解决两亲分子有序组合材料在高新技术领域中应用所遇到的一些重大问题的突破，有效地构筑起两亲分子有序组合材料在高新技术领域中应用的基础平台。

本届高层论坛聚焦环保，探讨了洗涤助剂对典型藻类生长的影响；关注品牌，分析了如何进行品牌规划与品牌营销；放眼全球，讨论了世界表面活性剂现状和发展前景以及相关领域的技术前沿进展和商业成功之道。这种深度沟通、互动交流的会议形式及丰富的主题内容受到了参会代表的广泛赞誉和高度评价。

同期举办的洗涤剂清洁用品、人护理用品及原料技术设备包装大型展览会，充分展示了表面活性剂及其相关市场的勃勃商机与无限潜力。

（张晓冬提供）

生物医学工程论坛——科技与产业研讨会

由中国工程院医药卫生工程学部与中国生物医学工程学会联合主办的“中国生物医学工程论坛——科技与产业研讨会”于2004年7月31－8月1日在中国科技会堂召开。中国工程院俞梦孙院士、中国生物医学工程学会副理事长陶祖莱研究员、国家食品药品监督管理局任德权局长及近50位专家学者出席了会议。

国家部委白京羽、杨跃承、曲凤宏分别就国家生物医学高技术产业专项、中小企业创新基金、十五攻关滚动项目的立项初衷及当前进展进行了介绍。8位企业代表作了发言。中国生物医学工程学会副理事长陶祖莱研究员作了有关未来的需求－科技与产业的结合的主题报告。

会议期间，代表们分别就生物医学工程领域的研发、产业化实践进行了研讨，并就“十五”末期与“十一五”中国生物医学工程产业发展的问题与趋势、企业当前面临的问题以及产业结合的实质问题、今后生物医学工程产业应该如何发展等展开了热烈的讨论。大家一致认为：医学的需求促进了生物医学工程的进步，是生物医学工程科学技术的龙头，产业要把可能变为现实，一定要投入市场；对于生物医学工程产业而言，生物医学工程技术的研究要有前瞻性和实用性，企业要获得新的发展只有自主创新。大家提出了一些建议，希望得到相关部门的关注：

1. 首先是观念的变化；

2. 要把中国生物医学工程做大做强，必须要把国际市场做起来；

3. 通过建立标准，将专利技术标准化；

4. 要加强医疗器械产业的规划和协调，建议国家发改委、卫生部门、药监部门、科技部门和行业协会加强沟通协调，真正做好医疗器械行业发展的规划和调控；

5. 尝试支持医疗器械产业化研发创新群体；

6. 加强软课题研究，联合行业协会，搞好卫生技术评估工作，对国家的生物医学工程产业的现状及发展搞好调研。

（梁晓捷提供）

2004 国际稀土研究与应用研讨会

2004 年 8 月 8 - 12 日，由中国工程院化工、冶金与材料工程学部主办，中国材料研究学会、包头国家稀土高新区管委会承办的"2004 国际稀土研究与应用研讨会"在内蒙古包头市召开。中国工程院化工、冶金与材料学部主任、中国材料研究学会理事长周廉、中国工程院化工、冶金与材料学部副主任汪燮卿，李东英等 8 位两院院士及来自国内外稀土产业有关领域近 500 位代表出席。国家科技部、国家发改委、国家自然科学基金委、863 新材料专家委员会、中国稀土学会、内蒙古自治区科技厅、内蒙古自治区稀土办、包头市人民政府对大会给予了大力支持。

开幕式由中国材料研究学会副理事长、本次会议秘书长韩雅芳教授主持。周廉院士致开幕词。大会设立了 1 个主会场、6 个分会场和论文张贴。严纯华、Hiroshi Nagata、Bemard Delmon、张洪杰、郑智平、M. Hame、屠海令、patrick L. Burk、Ken - ichi Machida、Dag Nore' us 和王甲辰等中外 11 位专家围绕当前国际稀土研究与应用的最新动态和水平作了大会报告，受到热烈欢迎。6 个分会场共有口头报告 81 篇，张贴论文 80 篇，反映了各专业领域的研究趋势和重点、普遍关心的热点问题及学术和应用水平。大会出版了论文集，共收录论文 220 篇。

大会期间，举办了"稀土产业高峰论坛"、"国际稀土产品及技术交易展览会"。在"稀土产业高峰论坛"上，国家科技部高新司刘久贵同志介绍了中国稀土产业规划、产业政策及技术创新与科技发展态势。江西省发改委稀土办、包头稀土高新区管委会、内蒙古稀土集团公司、内蒙稀土办的代表们各自介绍了本地区和单位的稀土产业现状和发展规划。胡伯平教授作了"中国稀土永磁发展及展望"的报告。61 家企业参加了"国际稀土产品及技术交易展览会"，参观人数达 1.2 万人次。通过展览会，签署了一批技术及产品贸易与合作协议，搭建了科技向产品转化的桥梁。

大会展示了稀土产品、稀土新材料、稀土新技术开发的最新科研成果，特别是在稀土永磁材料、发光材料、储氢材料、激光材料和农用稀土等方面最新的科研成果。评估了稀土研发现状和未来发展趋势，深入探讨了科学利用稀土资源和发展稀土产业的战略与对策。针对我国稀土产业发展存在的一些主要问题进行了研讨，并从稀土开发中如何更好的保护环境，提高资源利用率，宏观调控稀土行业的生产能力，拓展稀土应用领域等方面提出了一些建设性的意见和建议。大会的召开对于促进中国和世界各国稀土界的合作与交流，推动稀土行业的科学和技术进步等方面将会产生积极的作用。

（高战军提供）

中医临床医学工程研讨会

由中国工程院医药卫生工程学部和中国生物医学工程学会联合组织的“中医临床医学工程研讨会”于2004年8月27日在京召开。会议邀请了中国工程院俞梦孙院士、科技部农社司生物医药处邹健强副处长、国家食品药品监督管理局任德权副局长、国家中医药管理局中医处杨龙会副处长等同志出席,中国生物医学工程学会副理事长陶祖莱、中国中医研究院副院长刘保延同志等专家参加了会议。

会议由中国工程院俞梦孙院士主持。本次会议的目的是在中医现代化进程中,为人类健康提供何种手段和设备找切入点。中医药是国宝,中医现代化是当前我国可持续发展的一个重要内容,中医临床医学工程是中国生物医学工程重点研究的课题。工程界如何为中医服务?如何把复杂的问题用简单的方法给以解决,结合现代医学模式,针对个体差异,实现对病患者的早预防、早发现、早治疗。与会代表进行了热烈的讨论。通过讨论大家一致认为:1.“中医临床工程”的研究迫在眉睫,目前,国家科技部、中医药局均给予高度重视,这是一个促进发展的机遇,我们要不失时机,开拓工作。2.中医临床工程的研究是生物医学工程学的重要研究内容。因此,中国生物医学工程学会要积极参与研究工作中去。密切联系各方面力量,听取包括有造诣的老中医在内的中医临床专家、中医工程研究人员的意见、建议,提出新的研究方法,发现并组织研究群体,扩大研究队伍。3.对已有人员进行研究开发的项目,要关注其进展情况,提倡信息交流和开拓探索。4.会后,着手选择1-3个症候为切入口,提出项目建议书,供有关领导部门决策。

(梁晓捷提供)

第十二届国际混凝土碱集料反应会议

由中国硅酸盐学会、南京工业大学、中国工程院化工、冶金与材料学部联各主办的第十二届国际混凝土碱集料反应会议于10月15-19日在北京国际会议中心举行。这是该连续性国际学术会议三十多年来首次在中国举办。会议由中国工程院院士、南京工业大学唐明述教授担任主席。出席会议的二百多位代表,来自二十多个国家和地区,云集了全球当今活跃在此研究领域的专家学者。化工冶金与材料工程学部副主任汪燮卿院士代表学部在会议开幕式上致辞。

会议上交流学术论文160余篇,涉及碱集料反应机理,碱活性检测及其影响因素,破坏案例,预防措施,诊断、评估、监控,修补及维护等基础理论和重大工程实际问题的最新进展,是一次高水平的学术研讨会。会议气氛热烈,中外学者就各项主题展开了广泛深入的交流,对我国北京地区遭碱集料反应破坏的结构进持了实地考察,对推动我国的碱集料反应研究和解决重大工程实际应用问题,具有深远影响。

会议最后颁发了学术论文和工程应用两个奖项。经国际碱集料反应委员会投票表决,决定下届会议2008年在挪威特隆赫姆市举行。

(宋德雄提供)

第四届国际湿法冶金会议

2004年10月18－20日,以“21世纪湿法冶金新理论、新技术、新装备、新材料”为主题的第四届国际湿法冶金会议在西安市成功召开。会议由中国有色金属学会主办,中国工程院化工、冶金与材料工程学部、美国矿业勘探学会、日本矿业材料加工学会、澳大利亚矿冶学会、国家自然科学基金委员会工程与材料科学部、中国稀土学会、陕西省科学技术厅、陕西省有色金属学会协办,西安建筑科技大学冶金工程学院和中国有色金属学会冶金物理化学学术委员会联合承办。

本届会议国际组委会主席由中国工程院副院长王淀佐院士,中国工程院化工、冶金与材料工程学部主任周廉院士共同担任,会议指导委员会主席由中国有色金属学会理事长康义教授担任,会议主席由西安建筑科技大学校长徐德龙院士担任。中国工程院化工、冶金与材料工程学部何季麟、陈景院士,中国科学院过程工程研究所张懿院士,以及来自世界各国的专家、学者等共113名代表出席了会议。

开幕式由会议副主席、中国有色金属学会常务理事、西安建筑科技大学冶金工程学院院长兰新哲教授主持。王晓昌副校长代表西安建筑科技大学致开幕词。

会议由全体报告会和两个分组报告会组成。有关院士、专家分别从资源,环境,可持续发展,生命周期评价,现代企业ERP、CIMS研究及其应用,市场、信息和管理;物理化学,过程模拟,过程控制,化学分析;预处理,浸出,分离,精炼;新技术、新装备及其应用,新材料、化工产品及其应用四个方面作了大会报告12篇,分会报告31篇。会议共收到论文摘要140篇,收录论文摘要集127篇。会议论文经审定后将以英文正式出版。院士、专家对近五年来世界各国湿法冶金领域的新进展及其发展方向进行了充分交流和深入研讨,取得了良好的效果,对于进一步推动世界各国特别是中国湿法冶金的行业发展、科技进步将会产生深远的学术影响。

在闭幕式上,澳大利亚Chuyong Cheng、David Muir,加拿大Fathi Habashi,中国有色金属学会冶金物理化学学术委员会主任委员陈启元教授和中国有色金属学会常务理事兰新哲教授分别做了总结讲话。会议决定,第五届国际湿法冶金会议将于2008年召开。

(宗玉生提供)

院 地 合 作

〔深圳〕

深圳中国工程院院士活动基地2004年工作总结

2004年深圳中国工程院院士活动基地在合作委员会的领导下，在深圳市政府和中国工程院的大力支持下，较好地完成了工作计划，主要开展了以下几方面工作：

一、组织“城市化建设”报告会

应深圳市人民政府邀请，徐匡迪院长于4月30日在五洲宾馆为深圳市机关企事业单位的干部职工做了一场“发挥大城市作用，推进现代化进程”的精彩报告。

报告会由深圳市副市长刘应力主持，深圳市委书记黄丽满、深圳市市长李鸿忠出席了报告会，深圳市五套班子领导、市直属机关、各区和镇领导、研究机构参加了本次报告会。

在报告中，徐院长先就大城市的定位和在现代化进程中发挥的作用进行了分析，徐院长以其渊博的知识和丰富的阅历，旁征博引，纵论现代化的内涵、模式及其与城市化的关系，并就深圳建设现代化国际化城市提出许多有益的意见和建议。其睿智风趣的语言，独到精辟的见解，赢得在场的500多名机关、企事业单位干部的热烈欢迎和高度评价。

二、积极参与高交会有关活动

工程院作为高交会主办单位之一，基地承担了很多具体工作：

1. 首次作为主办单位组团参加深圳第六届高新技术成果交易会，在高交会期间成功地组织举办了“第四届中国青年科技企业家管理论坛”

工程院今年首次作为高交会主办单位之一，2004年10月12日，邬贺铨副院长率8位工程院院士出席了此次盛会。

2004年10月13日，在高交会开幕的第二天，工程院在五洲宾馆国际会议厅组织举办了“第四届中国青年科技企业家管理论坛”。

“中国青年科技企业家管理论坛”是国内一个重要的企业管理论坛，每年在深圳市举行一次，由中国工程院与深圳市人民政府共同主办。前三届论坛分别以“管理创新”、“企业家精神”和“企业核心竞争力”为主题，今年针对深圳发展适度重型化工业产业的思路，确定管理论坛的主题为“中国汽车发展”。

本届论坛以“中国汽车发展”为主题，中国工程院6位院士与会，深圳市人大常委会副主任郭荣俊代表市委市政府出席论坛并致辞。论坛由工程管理学部副主任郭重庆院士主持，郭孔辉院士、贾新光、赵英、钱振为教授等发表了主题演讲。院士、专家分别就中国汽车工业的未来发展方向、汽车工业的技术与创新、合作与自主、汽车电子、人才培养等论题发表了精彩演讲，并与与会者进行了深入的互动交流。观点的交流、思维的碰撞，对与会者认清我国汽车工业的发展形势和前景起到了积极作用。

2. 在高交会期间组织“两院院士成果推介会”及“尖端科技项目产业化座谈会”

深圳中国工程院院士活动基地、中国科学院院士基地、高交会成果交易中心 10 月 14 日共同举办了“第六届高交会两院院士成果推介会暨高交会尖端科技项目产业化座谈会”。

此次活动是中国工程院、中国科学院与深圳市政府合作工作中的一次新的尝试，旨在利用高交会强大的平台优势，整合两院的优秀项目资源，用创新务实的方式促成中国尖端科技项目成果与资本的对接。

院士活动基地为深入了解院士成果的情况，使活动能够有的放矢地进行，提前半年就开始了准备工作，发函给工程院各学部的院士，了解院士们的各项创新成果，调查工作得到了院士们的大力支持，从院士们的回函里挑选出与深圳的产业结构密切相关的成果参加推介会，包括 IT 电子、生物医药、新材料、工业产业等领域，这些成果的产业化前景广阔，院士们拥有完全的自主知识产权，代表着这些领域当今高新技术的尖端水平。通过院士本人亲自讲解，使与会者在了解当今科技发展趋势的同时，更好地为项目投资者提供方向性的参考。

推介会由基地主任刘大响院士主持，徐滨士院士、闻立时等五位院士分别介绍了各自的项目成果，特别是徐滨士院士的“再制造技术”项目引起了与会投资商的极大兴趣。

在随后举行的“中国尖端科技项目产业化座谈会”上，两院院士又和深圳市政府高新技术产业主管部门、金融投资界人士进行了交流，对深圳市完善创投体系，吸引院士的科技成果在深圳落户提出了他们的看法和建议。

三、积极协助组织工程科技论坛

1. 组织举办了工程科技论坛第 26 场——循环经济与可持续发展论坛

2004 年 3 月 26 日，由中国工程院主办、深圳院士活动基地承办的工程科技论坛第二十六场在深圳西丽大学城举行，来自深圳市贸工局、科技局、环保局等政府部门、清华－深圳清洁生产研究中心和相关企业 200 多人参加了论坛。中国工程院副院长、环境委员会主任沈国舫，清华大学深圳研究生院院长关志成，哈尔滨工业大学深圳研究生院副院长安实，及中国工程院 5 位院士和机关有关人员也出席了报告会。

论坛的主题是“循环经济与可持续发展”。中国工程院院士、清华大学教授钱易就“清洁生产、循环经济和可持续发展”作了主题报告，中国工程院院士、东北大学教授陆钟武，同济大学教授诸大建就我国循环经济发展的分析研究和相关产业政策等问题作了报告。

三位院士专家的演讲介绍了国内外已有的成功经验，对于探讨适合我国国情的循环经济发展模式，促进绿色生产、工业物质的循环、自然资源的合理利用，推动我国循环经济发展的进程起到了积极的作用。

2. 组织举办了工程科技论坛第 34 场——网络计算机 NC 产业化论坛

2004 年 11 月 20 日，由中国工程院主办的“网络计算机 NC 产业化工程科技论坛”在深圳五洲宾馆国际会议厅举行。本次论坛以“网络计算机技术与产业化趋势”为主题，邀请中国工程院院士、中国科学院计算机研究所所长李国杰主持，中国工程院倪光南院士、教育部高教司司长清华大学教授张尧学、北京神州天脉计算机有限公司总经理朱珍民、中国长城计算机股份有限公司副总裁杜和平,分别就"网络计算机技术与产业化趋势"、"基于拓扑技术的网络计算机"、"网络计算机应用解决方案与产业化"、"网络计算机应用"等广泛关注的热点话题作了精彩的演讲。引起了300多位与会官员、学者、企业家的热烈反响。

本次论坛是工程科技论坛的第34场,深圳市政府刘应力副市长到会致辞,中国工程院12位院士到会,广东省信息产业厅、深圳市科技与信息局、贸易工业局、发改局领导,以及深圳工业100强企业、高新技术企业的企业家、深圳大学、职业技术学院等院校和相关行业协会/学会的负责人、西南地区NC联盟成员共200多人出席。同时,广西北海市、湖南常德市均派出由副市长带队的代表小组参会。与会代表纷纷表示,论坛的举办对于企业和政府相关职能部门了解网络计算机产业化趋势、及时调整公司发展战略将有积极的前瞻、预警作用。

四、组织形式多样的报告会

1. 组织举办了南山区"中国工程院院士报告会"

循环经济工程科技论坛在深圳大学城的成功举行,引起了很大的反响,深圳的企业和相应的职能部门对此也很感兴趣。因此6月14日基地应南山区环保局邀请,在南山区政府举办了"中国工程院院士报告会",钱易院士和诸大建教授又在南山区政府为深圳市人大代表作了一次"循环经济与可持续发展"报告,市人大郭容俊副主任、宋枝旺副主任、南山区人大常委黄金友等市、区人大代表和南山区环保局、科技局等政府管理部门200多人出席了报告会。报告从不同角度深入浅出地阐述了环境保护循环经济与可持续发展的关系,提出循环经济是经济、社会、环境整合的经济观点。人大代表们表示院士讲座对他们更确切地理解科学发展观,提高参政议政能力有很大作用。

2. 与深圳虚拟大学园管理中心、华中科技大学共同组织举办"制造业信息化"的专题报告会

为落实深圳市制造业信息化工作会议精神,提高深圳市制造业信息化建设水平,加快制造业信息化的推广和应用,7月9日,院士基地与深圳虚拟大学园管理中心、华中科技大学共同邀请华中科大副校长、中国工程院李培根院士为深圳市企事业单位作了"制造业信息化现状、问题和发展趋势"主题报告,钱清泉院士、市科技信息局曹嘉庚副局长出席了报告会,市、区科技局有关人员、市制造业信息化专家单位、市高新办下属企业、市制造业行业协会单位、市高新技术产业协会等单位近200人参加了报告会。

五、召开了中国工程院深圳市人民政府合作委员会第五次会议

2004年4月30日,中国工程院、深圳市人民政府合作委员会第五次会议在五洲宾馆召开,中国工程院院长徐匡迪、中国工程院副院长邬贺铨、深圳市市长李鸿忠、深圳市副市长刘应力出席了会议,参加会议的还有中国工程院院士刘大响、牛憨笨、钱清泉以及深圳市各有关局领导。

刘大响院士首先代表院士活动基地向合作委员会汇报了2003年的工作和五年来的主要情况,双方对5年来卓有成效的合作表示满意,认为中国工程院与深圳市的合作取得了实质性成效,并已经开始向广度和深度发展。5年的实践证明,院市合作方向正确,已经打下了坚实的基础。今后,双方应以科学发展观为指导,通过共同努力,不断拓展合作深度,更贴近深圳市委、市政府的产业发展规划,进一步扩大合作面,把院市合作推上一个新高度。

六、接待和组织有关考察活动

1. 2004年8月4日，应深圳市科技和信息局对外合作交流处所请，邀请郑健超院士出席了美国硅谷风险投资代表团与深圳市科技信息局就燃料电池项目合作事宜举行的洽谈会。

2. 2004年9月8日，院士基地协助安排了中国工程院工程管理学部与香港工程师学会共同举办“大型工程项目管理国际研讨会”的筹备会议及前期联络等工作，保证了研讨会顺利进行。

3. 2004年10月10日，应深圳力劲集团邀请，刘大响院士考察了深圳市力劲集团，并就深圳市企业发展直升机和通用飞机问题开展了讨论，初步确定2005年适当时机在深圳联合举办一次“民间资本与民用直升机产业发展”科技论坛，对项目的必要性和可行性进行初步研讨。

4. 2004年11月21日，信息与电子工程学部陈良惠、倪光南等8位院士参观考察了长城计算机深圳股份公司，院士首先参观了易拓硬盘生产基地，随后考察了长城电脑网络计算机生产线，和公司的技术人员进行了交流。22日，沈昌祥院士应邀参观考察了创维集团、和迅科技有限公司，并为企业作了“构建网络信息综合安全体系”的报告。企业普遍反应组织这样的活动对企业了解新技术的发展很有帮助。

5. 2004年12月9－10日，按照工程院国际合作局要求，接待并组织俄罗斯建筑科学院代表团对深圳的访问和考察。组织安排俄罗斯代表团与深圳市规划局举行了高层建筑的规划与设计研讨会，并安排代表团参观考察了深圳市标志性建筑——地王大厦。

二〇〇五年一月二十日

（阮宝君提供）

〔山东〕

中国工程院与山东省合作工作总结

一年来，在工程院和山东省委省政府领导的大力支持下，工程院与山东省的良好合作关系继续巩固，合作工作坚持求实、创新的工作思路，围绕战略决策咨询、联合研究开发、联建创新基地、构建国际科技合作与交流平台四个方面不断寻求突破，做了大量的工作。

2004年度到山东进行实地考察、技术指导的院士达到100多人（次），以院士为主或参与在山东省实施的国家和省级重大科技计划项目20多项，双方联合建立重点实验室、成果转化基地近10个。目前，全省所有的市、一半以上的县都与中国工程院开展了多种形式的合作，与院士或院士所在单位建立紧密合作关系的高校、科研单位和企业1 000多家。省院合作呈现出省、市、县各级共同推进；合作领域不断拓展，合作层次不断深化；企业的积极性被充分调动起来，主动与院士、专家联系,寻求高新技术成果等新趋势。

一、成功搭建起四个招商招展的科技创新平台

9月份以来,省院双方先后与联合国亚太经社会、国家有关部委、单位联合,在山东省组织举办了"国际果蔬博览会"、"济宁专利博览会"、"中国(淄博)国际新材料技术论坛暨陶瓷博览会"、"信息技术创新国际论坛暨博览会"四个国际博览会,这四个博览会的成功举办,极大地提升了山东省企业的联合创新能力和市场竞争力,为全省高新技术产业的发展又增添了亮点。

1. 淄博陶博会:9月5-9日,"2004中国(淄博)新材料技术论坛暨国际科技成果招商洽谈会"在淄博召开,到会院士21名。博览会期间,淄博市政府与中国工程院化工、冶金与材料工程学部签约联合建立高新技术成果转化基地,每年由淄博市政府投入200万用于高新技术成果的转化。本届博览会上,签约的大项目比较多,其中,投资过千万元人民币以上的项目91项;外商签订项目72项,其中,中俄合作项目32项;院士签约项目19项。无论从规模还是签约项目的数量和质量来看,均创历史最好水平。

2. 济宁专利博览会:9月21日,第五届中国专利高新技术产品博览会在曲阜市召开,本届博览会设置有专利高新技术、农业科技两大展区,专设人才交流招聘区,国际标准展位450个,展出面积1.5万平方米。主要展示电子信息、生物技术、光机电一体化、新材料、农业高新技术、纺织服装、专利等成果信息和产品。来自中国科学院、中国工程院、北京大学、清华大学等科研单位、高等院校的专家、海外科经贸组织及国内众多高新技术企业参加了博览会,期间还举办了高新技术成果和专利信息发布会,开展了技术洽谈、成果转让和技术经贸活动,举办了院士论坛等多项科技交流与合作活动,在国内外产生了较大的影响。

3. 济南信博会:2004年9月22-26日,来自33个国家和地区的IT届精英,就利用信息技术提升和改造传统产业、实施信息化带动战略以及新型工业化道路和企业信息化、电子政务、信息安全、国际存储大会、IT山东总部等诸多热点问题和专题进行探讨和演讲;会上展示了通讯、网络、计算机、软件、信息服务等的新技术、新产品,以及电子政务、电子商务和改造提升传统产业等方面的应用成果;参展客商达到208家、近4 000人,展位达550个,参会观众21万多人,远远超过上一届。参展商中有包括美国IBM、思科、柯达等10家跨国公司在内的近100家海内外知名IT大公司和6家电信运营商及32家国内信息业百强企业。来自美国、德国、菲律宾等国家和地区的33家知名IT企业的代表共签约项目24个(其中技术合作协议2项),项目总金额101.31亿元。

4. 烟台果蔬会:9月23-27日,第六届国际果蔬博览会在烟台成功召开,本次国际果蔬博览会共有来自40个国家和地区以及28个省市自治区的有关政府机构、中介机构和果蔬企业参会参展,参展企业750多家,参会展位1 070个;参会重要代表团110个,参会海外客商2 500人,展会规模、客商数量均创历届果蔬会之最。博览会期间,共签约成交利用外资项目64个,总投资7.1亿美元,其中外资额4亿美元;进出口贸易成交6.8亿美元,其中出口5.03亿美元,进口1.76亿美元,国内贸易成交8.94亿元人民币。会议期间所签约的投资合作项目投资金额大,科技含量高,涉及农业、工业、基础设施、旅游等各个领域。其中,大项目成效占主导地位,果蔬等涉农项目比重较以往明显增加,果蔬会取得了丰硕的成果。

二、组织高层次学术论坛

1. 现代生物医学暨第六届青岛眼科学术研讨会:5 月 15 – 16 日,由山东省科技厅与中国工程院医药卫生工程学部联合主办的中国工程院工程科技论坛 – 现代生物医学暨第六届青岛眼科学术研讨会在青岛召开,共有六位工程院院士及 200 多位国内外专家出席。此次论坛的成功举办,对活跃山东省内生物医学界的学术气氛,推动我省现代生物技术的发展将起到十分积极的作用。

2. 中国(淄博)新材料技术论坛:在“陶博会”期间举办的这次论坛,其主题是“陶瓷新材料、新型耐火材料、有机高分子材料技术及产业化”,中国工程院、俄罗斯科学院的 6 位院士和清华大学的 2 位教授先后就各自最新的研究成果和国际新材料技术的未来发展趋势作了前瞻性的介绍。84 岁的我国著名的金属学及材料学专家师昌绪院士说,淄博的传统产业较多,传统产业必须和新材料等高技术产业相结合才能焕发活力,并亲自下企业考察,为企业高新技术产品的开发及产业化献计献策。本届论坛主题突出、切合实际、针对性强,对进一步增强国际新材料领域的交流与合作,提升山东省新材料产业的发展质量,打造中国新材料产业的龙头指明了方向。

3. 济南论坛:在济南举办“信博会”的 9 月 22 日至 23 日作为专业开放时间,共举办了信息技术应用创新主题论坛及企业信息化、电子政务、联想信息安全、国际存储大会、IT 山东总部等五个专题论坛,共有 2000 余名各界观众到会听讲,主要集中在税务、工商、交通、财政、公安、教育、卫生、金融、公共事业等 IT 技术应用广泛的专业领域,对信息技术在山东省的普及和深化起到了很好的推动作用。

三、组织多种形式的院士咨询考察活动

与工程院相关学部联合,2004 年度共组织院士咨询考察活动五次,到济南、淄博、烟台、济宁、潍坊等地考察指导。在院士咨询考察活动的组织过程中,对参与单位进行了细分,增强了针对性,分别形成了以企业为参与主体和以大专院校、科研单位为参与主体的两种形式,取得了很好的效果。比如在淄博组织的院士咨询考察活动,重点解决企业的技术难题,以企业参与为主,共有 21 位院士、17 名专家参加了院士专家淄博科技咨询活动,到会企业 107 家,院士专家到企业考察、现场指导、接受咨询 136 人次。每位院士平均考察 5 个以上企业,有的院士 3 天考察了 11 家企业,共签订技术合作项目 487 项,其中,合同 71 项、协议 120 项、意向 296 项,总投资达 42.8 亿元,项目投产达产后,可新增产值 98.7 亿元,利税 14.5 亿元。而 11 月 17 日在烟台组织的“中国工程院院士与山东省科技和产业专家座谈会”则以山东新材料发展为主题,重点讨论了全省中长期科技发展规划新材料专题的制定方案和初稿,以大专院校、科研单位的专家为参与主体,中国工程院化工、冶金与材料工程学部的 9 位常委以及省科学院、山东大学、山东师范大学、烟台大学等高校、科研院所的材料领域专家出席了此次座谈会。

二○○五年三月十日

(阮宝君　于永信提供)

〔上海〕

上海市人民政府、中国工程院合作委员会第三次会议

上海市人民政府、中国工程院合作委员会第三次会议于2004年5月11日下午在上海科学会堂思南楼召开,中国工程院副院长杜祥琬院士、上海市严隽琪副市长以及翁史烈院士等16位委员出席了会议,相关单位的负责同志约10人列席会议。会议由上海市科委主任李逸平主持。

会议审议通过了由上海市中国工程院院士咨询与学术活动中心(以下简称"中心")2003年度工作报告和2004年度工作要点,审议确定了第三届合作委员会成员名单。杜祥琬副院长和严隽琪副市长在合作委员会会议上分别做了重要讲话。

杜祥琬副院长在讲话中积极评价了"中心"过去一年中的工作,并介绍了中国工程院近期开展的重要工作的进展情况。他说在院士相对集中的省市或地区,建立院士咨询与学术中心,是发挥院士群体作用的一种有效形式;地方政府和院士的支持是"中心"工作取得成绩的重要保障和依托;国家与地方科技、经济社会发展的客观需求是"中心"发挥作用的根本动力;活动内容和形式上的不断创新是"中心"更富有生气和凝聚力的保证。

严隽琪副市长在讲话中充分肯定了上海与工程院三年来的合作取得的成果,"中心"工作进展明显。科学发展观的提出和上海科教兴市战略的实施,为"院地合作"开辟了更加广阔的空间;"院地合作"要进一步完善工作模式,为实现全面、紧密、高效、互惠的合作提供机制保证;作为"院地合作"的执行机构,要进一步加强自身建设,切实发挥好服务于"院地合作"的载体作用。

各位委员也对"中心"2003年工作给予了充分肯定,认为"中心"一年来的工作扎实、步骤有序、服务到位、安排合理、效果显著,为政府部门的科学、民主决策做出了贡献,在实现科学发展观过程中发挥了积极的作用。

与会的各位领导和委员对"中心"下阶段的工作进行了讨论,并提出了希望与建议:

1. 不断优化工作模式,进一步加强与政府有关职能部门的联系、用完善的机制与体制来集聚院士的智慧,充分发挥多学科与跨部门的优势。

2. 咨询项目与学术活动选题,要面向经济建设主战场、紧密联系产业发展,为上海经济社会可持续发展的重要问题的决策提供咨询,如能源结构、城市建设与安全运营等。

3. 积极参与2004年"院地"合作举办的"世界工程师大会"、"上海国际工业博览会"等大型活动,落实"重大工程成就展暨论坛"、"工博会"院士圆桌会议、"工博会"评奖等工作。

4. "院士沙龙"等学术活动要针对热点、焦点问题展开深层次的研讨,形成深化的专题报告,强化实际效果。

5. 要适度开展科普活动，特别是针对青少年的以传播科学知识、弘扬科学精神、倡导献身科学的活动。

6. 尽快征询委员对“中心”章程的修改意见，完成章程修订工作。

在本次合作委员会会议上，杜祥琬副院长和严隽琪副市长还共同点击开通了“中心”网站。

（杨晓秋提供）

上海市中国工程院院士咨询与学术活动中心工作总结

2004 年是上海大力实施科教兴市主战略的落实年，也是上海市中国工程院院士咨询与学术活动中心（以下简称“中心”）各项工作取得全面进展的一年。

一年来，中心在上海市人民政府、中国工程院合作委员会的正确领导下，在市科委和院士们的支持关心以及中心全体工作人员的辛勤努力下，以邓小平理论和“三个代表”重要思想为指导，认真贯彻党的十六届四中全会和市委八届四次、五次全会精神，全面树立科学发展观，认真实施“科教兴市”主战略，着力于提高决策咨询水平、活跃地方学术氛围、强化服务院士意识，在“依托科技，依托教育，走通华山天险一条路”这一战略思路实施中发挥了重要和积极的作用，中心各项工作取得了新进展、呈现了新局面。

一、凝聚院士智慧，参与重大决策咨询

根据上海市人民政府与中国工程院合作协议的精神，中心积极发挥政府智囊的作用，组织院士、专家考察调研，举办院士（专家）大型咨询会议，为国家和地方经济社会发展中的重大工程科技问题、战略规划、方案以及企业的发展和技术创新提供有创意和科学依据的建议。

针对上海地质环境比较复杂、地质灾害相对较多的特大型城市现状，在今年 5 月“上海市地质-生态环境综合工程效应与地质灾害防治”院士沙龙基础上，10 月 22－23 日，在上海市人民政府、中国工程院合作委员会领导下，中心和上海市建委共同主办“上海市地下空间开发利用中地质环境问题院士（专家）咨询会”，由市政府邀请国内著名的从事工程地质、水文地质、防护工程等研究的 10 位院士和 4 位资深专家组成咨询专家组，对本市地下空间开拓中的地质环境问题进行探讨，提出上海地下空间开发利用要考虑海平面变化趋势、砂土层的稳定性、地上与地下工程设施的综合效应等问题的影响；加强科学规划，开展科学研究；建立地下空间开发利用中地质灾害防治与预警预报系统、地质环境信息与地下空间开拓信息平台等建议。

二、开展学术交流，点燃创新思想火花

通过中国工程院工程科技论坛、上海工博会院士圆桌会议、院士沙龙、东方科技论坛、专题研讨会等多种形式的学术活动，为院士专家们的交流研讨搭建平台。

一是紧扣工程科技热点，参与大型学术活动。

人类一次能源大约三分之一消耗于摩擦。我国每年因摩擦导致的机械磨损所损耗的材料高达几百亿元，由此引发的能源和材料消费增加所造成环境污染的损失更是无法估量。针对这一热点，中心与中国工程院机械与运载工程学部合作承办了第28场中国工程院工程科技论坛“摩擦学工程科技论坛——润滑应用技术”。全国政协副主席、中国工程院院长徐匡迪为本次论坛论文集作序。180位院士、专家出席，14位院士、专家在论坛上分别就摩擦学的研究进展、润滑油品及其应用、润滑管理、油液监测服务以及机车、轴承等产品中的润滑技术作了专题报告。这是中国工程院工程科技论坛首次在沪举行，论坛的研讨成果以院士建议的方式向国家呈递咨询意见。

中心参与承办2004世界工程师大会配套活动——中国重大工程技术成就展暨论坛，邀请全国政协副主席、中国工程院院长徐匡迪，上海市副市长严隽琪，中心主任翁史烈，国防科工委月球探测工程中心主任胡浩等专家做主旨报告。

此外，中心还协办了2004年上海国际工业博览会院士圆桌会议等大型学术活动。

二是关注经济社会热点，研究新思路新观点。

一年来，中心围绕2010年上海世博会、生态环境、知识产权保护等上海城市发展中的热点，举办了“世博会与交通”、“加强滩涂湿地研究，促进上海可持续发展”、“知识产权保护——科技创新与专利维权”等8期院士沙龙，累计共有65位院士和255位专家出席，使不同的学术思想得以碰撞交流，促进创新思维的产生。

针对举世瞩目的2010年上海世博会，中心积极发挥自身特色，就如何借助科技进步，实现“城市，让生活更美好”这一主题，举办了“世博会与展品”、“世博会与卫生健康”、“世博会与信息化”等多期“世博系列”院士沙龙，并将院士、专家的真知灼见汇编成册呈送市委、市府领导和有关部门。

三是聚焦关键技术发展，探讨新进展新方向。

围绕能源发展战略、生物医药、城市防灾减灾等重要领域中的关键技术问题，组织院士专家开展学术交流，促进相关学科领域的发展。两年中，中心共代表中国工程院参与组织了“清洁能源的现状和发展战略研究”、“从基因组学到蛋白组学和代谢组学”、“走向深海大洋”等16次“东方科技论坛”研讨会，为生命科学、能源安全以及其他对经济社会发展有重要影响的关键技术研究发挥了良好的推动作用。

为进一步完善上海医疗废物处理的管理体系，学习国外医疗废物处理的管理流程和先进的处理技术，我中心主办的“医疗废物处理”学术研讨会，特邀美国医疗废物处理协会会长Edward Krisiunas博士和生物安全研究专家Ira F. Salkin博士专程来华作专题报告并参加研讨。通过会议，中外专家交流了各自的环保理念，国外先进的医疗废物处理的管理经验和技术方法给我国带来了有益的启示。

四是面向经济建设主战场，着力促进科企联合。

面向经济建设主战场，为著名企业制定发展战略提供建议，中心深入恒源祥(集团)有限公司，

参与主办“中国制造与自主品牌”专题研讨会。郭重庆、郁铭芳、周翔、孙晋良4位中国工程院院士、时任上海社科院院长尹继佐和复旦大学、东华大学的专家共25人出席。研讨会上，专家们就如何提高产品自身优势、经营方式的创新以及迅速培育中国的自主品牌等方面进行了热烈的讨论，为恒源祥的发展提供了建议。

五是发挥院士智力优势，适当开展科普活动。

为了进一步推动科普工作的发展，提高公众科学文化素质，扩大中心在市民中的影响力，中心积极发挥院士的智慧优势和引领作用，与上海图书馆合作，举办“遥望星空的慧眼——解读天文望远镜”和“读书求知与科学研究”院士讲坛，分别邀请朱能鸿院士和周后元院士担任主讲嘉宾，共有500多人（次）参加，得到了良好的社会反响。

三、强化功能建设，做好配合与服务工作

中心在发挥院士智囊作用的同时，不断完善自身功能建设。

一是当好助手，配合上级单位工作。

中心依托院士、专家的智力资源优势，积极配合做好市科委基础研究科研项目的指南编写和项目管理等工作。中心配合市科委完成了2004年度基础研究重大项目、重点项目，上海市自然科学基金、学科带头人计划、上海市科技启明星计划和联合利华基金及奖学金的全过程管理工作。一年来，中心参与受理的项目数累计达2 324项，其中立项435项，经费达10 052万元。

为积极促进“科教兴市”主战略实施，中心邀请近60位两院院士出席“贯彻、落实‘科教兴市’战略”院士座谈会，与市科委领导共同探讨上海“科教兴市”战略；中心还多次配合上海市中长期科技发展规划战略研究部分专题组组织院士和专家座谈会，为规划的编制提供重要参考。

中心在市科委的领导下成功承办了中国工程院第12次主席团会议。会议由全国政协副主席、中国工程院院长徐匡迪主持，共有28位中国工程院主席团成员到沪出席，这是中国工程院主席团会议首次在京外地区召开。会后，中心还配合市科委安排主席团成员考察浦东新区、出席2004世界工程师大会和上海工博会等相关活动。中心在会议期间的接待工作得到了中国工程院的高度赞扬。

二是做好服务，营造院士温馨家园。

中心以“想院士所想，急院士所急”为宗旨，尽力为院士提供良好服务，使院士在贡献智慧的同时免于后顾之忧，感受家的温暖。为满足院士在知识产权保护方面的需要，邀请市知识产权局领导为院士解疑答惑，并促成针对院士的“《上海市专利费资助办法》补充资助办法”；为了丰富院士们的业余生活，中心组织在沪工程院院士参观外高桥造船基地；为方便院士查阅资料，中心主动联系上海图书馆为院士们办理读者证；每一个佳节、每一位在沪院士的生日，中心都送去美好的祝福；新春之际，中心与市科委、中科院上海分院共同组织在沪两院院士“新春茶话会”，会上院士们共叙友情、畅谈工作、展望未来。

与此同时，中心还积极为来沪的全国各地院士提供各种服务，如受工程院委托，接待俄罗斯建筑科学院院士来沪考察；在得知杨锦宗等院士在沪就医的消息后，中心分别去医院探望，给他们送去中心全体员工的关怀，赢得了院士们的赞誉；杜祥琬副院长、各学部院士来沪考察期间，中心都做了周到的安排和接待；国庆和中秋前夕，中心向全国600多名工程院院士送上最真诚的节日问候，祝愿院士们身体健康，工作顺利。

三是加强交流，努力发挥辐射作用。

中心工作人员参加了2004年在京召开的中国工程院第七次院士大会；中心还接待了来沪考察交流的四川省科技顾问团、浙江省科技厅、湖南省政府办公厅、科技厅等，中心同志回访了广州院士中心。在这些活动中，中心与全国各地的同行交流了工作经验，初步建立了开展地区合作的意向。

一年来，中心工作取得了一些成绩，这是合作委员会正确领导、院士们大力支持的结果。今后我们还将一如既往地在合作委员会的领导下，坚持“三个代表”重要思想和全面、协调、可持续的科学发展观，在推动上海以及长三角地区的经济、社会发展进程中发挥更加积极、广泛的作用。

表1　2004年中心组织的各项会议(活动)情况

会议(活动)类型	次数	出席人数	媒体报道(篇)
院士(专家)咨询会	1	150	10
院士沙龙	8	320	23
东方科技论坛	16	500	25
专题研讨会	3	150	7
科普活动	2	500	2
院士联谊活动	3	220	4
交流活动	6	50	1
上海市人民政府、中国工程院合作委员会会议	1	30	6
中国工程院主席团会议	1	40	4
中国工程院工程科技论坛	1	180	4
中国重大工程成就论坛	1	1 200	3
上海工博会院士圆桌会议	1	100	1
合计	44	3 440	90

表2　2004年中心参与的基础研究科研项目情况

项目类型	受理(项)	立项(项)	经费(万元)
重大项目、专项	60	8	4 600
重点项目	569	95	2 800
自然科学基金	1 191	160	800
启明星	342	104	1 130
科学带头人	94	26	572
博士后基金	68	42	130
合计	2 324	435	10 052

(杨晓秋　方佳敏提供)

〔广州〕

中国工程院院士广州咨询活动中心工作总结

2003 年 6 月 18 日，由中国工程院、广州市人民政府合办的中国工程院院士广州咨询活动中心挂牌成立。在上级领导和有关部门的大力支持下，中心开展了多项工作，较好地完成了任务，通过努力，提高了服务能力，积累了经验，扩大了影响。院士中心的工作正逐步走入正轨。现把成立以来的工作情况总结如下。

一、开展院士沙龙活动，为广州发展出谋献策

通过开展学术交流，请院士、专家教授为广州经济和科技活动提供咨询和建议，为广州市的科技经济发展和建设出谋献策。2004 年分别举办了以“广州市‘十一五’计划研讨”、“广州光电子材料与器件的研究及产业化”以及“中药现代化与国际化”为主题的三期院士沙龙活动，取得了良好的效果。每一期的沙龙都受到省、市领导的高度重视，省科技厅、市政府各有关委办局，都派员参加。沙龙上，院士专家、企业与政府代表就每期的专题展开积极讨论，提出各自的观点，最后就某些问题达成了一定的共识。院士沙龙组织方式灵活，互动交流好，行业特色明显，针对性较强，与会代表对院士沙龙活动这种形式给予了高度的评价，并为我们将来的工作提出了不少的宝贵意见和建议。院士沙龙活动的成功，使它成为今后院士中心常规性的服务项目对促进广州市科技发展有很大帮助。

二、开展技术咨询活动，帮助企事业单位解决技术难题

利用院士技术优势，为地方部门及企事业单位解决技术难题和提供技术咨询是院士中心重要的服务工作。院士们为广州地区提供的技术服务活动主要有重大项目立项论证、重点工程技术咨询、技术攻关项目招投标、技术规划咨询等，参与的项目有：地铁工程、广州天河科技园 MENS 项目立项评估、广州造纸股份有限公司造纸研究项目招投标等，并先后走访华南理工大学、广州有色金属研究院、广州金发科技股份有限公司等企事业单位，在新材料研发及应用、先进制造技术应用等方面进行技术指导和咨询。

三、举办院士专家讲座，为科普工作做出贡献

为了营造崇尚科学、相信科学、依靠科学的社会氛围，提高干部和市民的科技意识，广州市科普工作领导小组办公室、广州市科技局制定了科普工作计划，向政府部门、企事业单位的领导干部、管理人员、工程技术人员及广州市民宣传科普知识，举办广州院士专家科普系列讲座。中国工程院院

士广州咨询活动中心受市科技局委托,负责讲座的组织工作,在中国工程院和市政府有关部门的支持下,院士活动中心积极开展此项工作,充分利用院士人才资源优势,精心策划和组织,把讲座活动搞得很有成效,受到各方的肯定。2004 年共举办了七期院士专家讲座及论坛,参加人数共计 2 000 多人次。这些讲座是:刘人怀院士的"绿色化——中国制造业的必由之路"、钟南山院士的"严重突发性公共卫生事件对政府工作的启示"、李伯虎院士的"提高制造企业竞争能力的系统工程——集成制造系统"、王阳元院士的"发展集成电路产业,增强珠三角经济活力"以及刘焕彬院士的"贯彻落实科学发展观,大力发展循环经济"。此外,我们还与其他单位共同承办了中国工程院师昌绪院士等 6 位院士专家主讲的学术报告会,以及中国工程院柳百成院士等专家在第七届中国留学人员广州科技交流会上主讲的先进制造技术论坛。

通过组织举办讲座和论坛活动,加强了与各部门的联系,扩大了广州院士中心的影响,树立了品牌。

四、加强对外交流,拓展思路,提高工作水平

为了不断提高我们的工作水平,丰富院士活动内容和工作形式,在中心领导的带动下,我们主动采取走出去、请进来的方式,进行交流学习。自成立以来,我们先后走访了深圳院士活动基地、上海院士活动中心、顺德院士活动中心等单位。通过交流,开阔视野,拓展思路,学习别人的长处和经验,提升服务能力。2003 年底,刘人怀主任带领院士办的同志主动走访上海院士咨询活动中心,向他们取经,开展交流。2004 年 11 月,上海院士活动中心的同志来穗参观交流,双方通过两地的交流和互动,沟通了思想,交流了经验,介绍了体会,探讨了合作的思路和建议。12 月 10 日,我们派人到顺德院士活动中心参加活动,了解和学习顺德院士中心组织院士咨询活动形式和为企业提供咨询服务的经验。通过与其他院士中心的交流,互访学习,使我们的视野更加丰富、思路更加清晰,为提高我们的服务水平起到了促进作用,并且为院士活动异地合作创造了有利条件。

五、增强服务意识,主动做好服务保障工作

中心根据职能和工作安排,坚持每年在重大传统节日期间,组织慰问及联谊活动。春节期间组织了院士新春联谊座谈会,市领导及有关部门代表参加活动;中秋佳节,院士中心委派工作人员到院士单位上门慰问。在了解到有院士患病在医院疗养的消息,院士活动中心也派出人员前往探望问候,了解情况。根据中国工程院及上级部门的安排,协助做好外地院士专家来穗交流访问的接待工作。院士活动中心还受广州市政府委托承担了一些院士活动的接待和联络工作。

六、院士活动中心 2005 年工作设想

在总结今年工作的同时,我们对 2005 年的工作设想介绍如下:

(一) 院士沙龙活动

继续组织院士沙龙活动。根据广州市的特点和需要,就光电子、通信、肿瘤病理、建筑、遗传育种等专题邀请相关的院士专家、政府部门及行业、企业代表进行研讨,为解决技术问题提供交流、咨询和建议。预计举办 3 ~4 期院士沙龙。

(二) 院士报告和讲座

1. 继续配合广州市科普计划工作:组织举办广州院士专家系列讲座,专题初步考虑在:能源战

略、光电技术应用发展及产业化、国家十一五科技规划战略、3G通信以及中药现代化等范围。做好宣传技术创新和科学普及的工作，提高公众科技意识，计划全年每季度举办一期。

2. 根据市政府的安排及企业的需要，举办广州科技论坛或学术报告会。

（三）院士活动调研、参观交流

1. 根据广州市较为受关注的民生问题组织院士专家进行调研、决策和咨询活动。

2. 根据重大攻关项目方向，选择性地联络有关院士，进行技术难题招投标和攻关。

3. 策划院士行活动，组织本地或外地的院士专家到广东地区参观访问，为当地经济科技建设提出意见和建议。

4. 继续加强与各地院士机构的联动与相互学习，努力提高自身管理服务水平。

（四）节日慰问及节日联谊

1. 做好节日的慰问和联谊工作，根据需要适时组织好联谊活动，并做好慰问探望在穗院士工作。

2. 配合中国工程院在广州地区开展的相关工作，并为院士在穗的工作提供服务保障。

3. 继续做好院士中心的建设工作，完善设施设备配套，提高综合服务能力。

4. 完成政府交办的其他临时性活动，中心办公室要主动做好后勤服务工作。

二〇〇五年一月六日

（中国工程院院士广州咨询活动中心提供）

〔四川〕

关于支持建立院士活动中心的复函

中工发[2004]55号

四川省人民政府：

贵省“关于商请支持建立院士咨询服务中心的函”（川府函[2004]132号）收悉。经我院常务会议研究，支持你省提出的在成都市建立院士活动中心的建议，冠名以“四川省院士活动中心”为妥，中心的管理工作由四川省政府研究确定。为便于工作，建议不与两院建联合机构。我院将根据需求,支持和配合相关工作。

专此函复。

中　国　工　程　院

二〇〇四年七月七日

〔顺德〕

机械装备制造业创新院士咨询会

2004 年 12 月 6－9 日,应广东顺德科技局的邀请,机械与运载工程学部主任张彦仲院士一行 13 人在顺德开展了机械装备制造业创新院士咨询活动。

顺德机械装备制造业得益于珠江三角洲轻工业的发展,初步形成了以木工机械、压力机械、塑料机械、建材机械为主导的产业,在广东处于领先地位。2003 年机械装备制造业产值达 60 多亿元,成为仅次于家用电器、电子信息之后,顺德经济的第三大支柱产业。

在发展中,还存在:产品结构趋同;成本高、质量不稳定;企业规模偏小;品牌知名度的企业比例小;高层次技术和管理人才、高级技术工人资源不足;管理创新能力不强;企业发展内动力不足;单机生产能力较强,成套装备研发和制造能力薄弱等与顺德下一步发展不相适应的矛盾。为此,顺德区委书记陈云贤在与院士们座谈时说:目前,顺德装备制造业的发展势头很好,但要在世界产业转移的大趋势下,做强做大,还有明显的不足。希望院士们为顺德装备制造业发展战略提出咨询意见,为顺德的企业技术进步提供帮助,促进顺德经济的可持续发展。

张彦仲院士指出:改革开放以来,顺德适应了市场经济的发展,形成了以家电为龙头的产业,取得了辉煌的成绩。在参观顺德几个机械城市场、考察顺德装备制造企业和与企业领导人进行座谈后,感到你们提出的《顺德机械装备制造业创新试点规划实施方案》是比较符合实际的。

在谈到顺德经济可持续发展时,张彦仲院士强调:要用科学发展观指导和规划顺德的发展战略,未来的资源和能源不能按翻番的比例提供,大量靠消耗资源、能源的装备制造业企业和产品是没有前途的。希望顺德加快现有装备制造业产品的技术进步,将目前高耗能、高污染、技术含量低的压力机械等产品逐步退出市场。加大采用信息化、CAD/CAM 等手段改造现有机械装备的力度,提高顺德装备制造业市场竞争力。

顺德区委书记陈云贤十分感谢张彦仲院士和其他院士为顺德经济发展提出的中肯建议,并表示将认真研究,进一步修改和补充《顺德机械装备制造业创新试点规划实施方案》。

此次咨询活动内容有:

1. 举行机械装备制造业相关技术和国内外发展趋势等方面的专题报告。

2. 考察顺德机械装备制造企业。

3. 与顺德区政府领导、商会领导和企业家座谈,对《顺德机械装备制造业创新试点规划实施方案》提出咨询意见。

4. 了解企业技术难题及技术需求,促进企业和院士、专家的产学合作。

5. 向企业推介和发布院士、专家的技术成果。

6. 探讨共同建设广东省机械装备产业基地(顺德)创新平台项目。

在与企业负责人和工程科技人员进行技术交流和座谈中,姚福生、徐滨士、钟掘、蔡鹤皋、封锡盛等院士,柳百成、胡正寰院士等委派的代表分别回答了许多技术问题,受到了企业的称赞。

在举办的学术报告会上,姚福生院士做了题为"先进制造技术中的几个关键问题"的学术报告,徐滨士院士做了题为"发展再制造工程,促进循环经济的发展"的学术报告,顺德部分制造业企业和商会的负责人及工程科技人员共100多人出席了报告会。在此次活动中,徐滨士院士发布了3项科技成果,北京科技大学李应强教授发布了特种轧制技术,清华大学黄天佑教授发布了消失模铸造技术等,受到了与会者的热烈欢迎。

此次院士行活动,共有6个企业与5位院士、专家达成了10个项目的对接合作意向。

(易　建提供)

国 际 交 流

〔出访报告〕

访问瑞典希腊工作报告

经科技部推荐并由瑞典知识经济与企业发展国际组织提供资助，白玉良副秘书长率领我院代表团于2004年2月25日至3月2日访问瑞典、希腊。先是出席在瑞典马尔默召开的第二届中小企业国际网络促进委员会会议。会后，又应希腊农业研究基金会的邀请，对希腊进行了访问，与该基金会等部门进行了卓有成效的双边交流，双方在前期合作的基础上，就农业领域合作的内容、重点领域、启动方式、资金落实等议题广泛达成了一致意见。

在瑞典，代表团参加了由中小企业国际网络主办，瑞典知识经济和企业发展国际组织承办的第二届中小企业国际网络促进委员会会议。中小企业国际网络（INSME）是以意大利罗马为总部的国际组织，其宗旨是在全球化和以知识经济为背景的发展环境中培育跨国家的合作和发展网络，以相关国际组织、各国政府、企业、公共机构为对象成员，搭建中小企业发展的国际论坛与交流平台，以共同促进全球范围内的中小企业发展。瑞典知识经济和企业发展国际组织（IKED）是以瑞典为总部的机构，其宗旨是促进政府、企业和学术界的对话与交流；从宏观和微观的角度研究影响中小企业发展的结构性和政策性问题；促进全球、区域、国家和地方对中小企业发展所做的促进工作的联系；促进中小企业和政府部门就影响中小企业发展和知识应用为内容的建设性互动与合作。

来自联合国有关组织、美国、以色列、意大利、挪威、土耳其、芬兰、波兰、丹麦、西班牙等国的政府主管部门和有关组织的代表约80多人参加了会议。会议就中小企业联盟和发展战略、中小企业的未来和行动、中小企业2004年行动路线图计划、知识共享、中小企业投资、提高中小企业管理和竞争能力、地方政府和中小企业发展的关系、中小企业的国际合作、中小企业的国际网络等问题广泛交换了意见。

白副秘书长在大会上做了题为“中国中小企业的发展与政府行为”的主题报告。报告对中国中小企业的现状、发展趋势、在国家经济中地位与作用、国家对中小企业发展的鼓励政策、有关的法律法规、地方政府的作用等全面进行了阐述，报告特别就国家鼓励科技型中小企业创业和发展的有关政策和法律法规做了重点介绍；报告还对继续完善中小企业发展环境进行了展望。与会代表对中国经济的发展表现出高度的关注和祝贺，对白副秘书长的报告给予高度评价。其中隆德大学经济与管理研究生院 Prasada Reddy 教授会后专门找我代表团表达了对白副秘书长报告的祝贺，认为白副秘书长的报告内容全面，信息丰富，使与会人员更好地了解了中国中小企业的现状和中国政府为中小企业发展所做的努力，报告取得了成功。会后，代表团分别与联合国贸易和发展大会投资技术和企业发展处处长 Mongi Hamdi 博士、美国商务部技术和企业服务参赞 Mario W. Gardullo 博士、埃及外贸部部长办公室 Mohamed Abdel Azia 博士、捷克投资局中小企业处 Ladislav Pirko 处长、意大利工业促进研究院创新与技术转移处处长 Simona Marzetti 先生等参加会议的来宾举行了会谈。代表团还特别拜会了瑞典知识经济与企业发展国际组织主席 Thomas Andersson 先生,对该组织成功举办第二届中小企业国际网络促进委员会会议表示祝贺,白副秘书长向 Thomas Andersson 主席介绍了中国工程院的基本情况,并感谢该组织的邀请及为我代表团提供的资助,Thomas Andersson 主席表示愿意多与中国工程院和中国的中小企业进行接触,加强合作。

会议分别在瑞典的马尔默市政厅和赫尔新堡市政厅举行,马尔默市市长和赫尔新堡市市长分别接见并宴请了与会全体代表,会后,会议安排全体代表参观了瑞典隆德高新技术开发区和哥本哈根生物技术园区。其中以瑞典的隆德高新技术园区最有特色。隆德高新技术开发区坐落在瑞典南部,波罗的海沿岸,与丹麦接壤。创建于 1983 年,是瑞典的第一个科技园区。园区以隆德大学为依托,目前有 200 多家企业,办公和实验室面积超过 10 万平方米。一些世界知名的公司,如 Ericsson Mobile Communications, Axia, Opsis, AU - System, C Technologies, Anoto, Probi and BioInvent 等都曾在这里起步和发展。从接待单位的介绍中,与会代表对园区的环境建设、政策扶植、设施服务、政府办公服务等方面有了全面的了解。园区为中小型科技企业提供了理想的发展环境。

在希腊,代表团访问了希腊农业研究基金会并参观了其下属研究所。该会隶属于希腊农业部,是希腊农业领域最权威的国家级的研究院。访问中,希腊农业研究基金会主任 S. Vizantionpoulos 博士以及国际合作局局长 Sid. P. Theocharopoulos 博士等希腊同行与代表团举行了会谈。双方进一步确定了双边 MOU 的具体文字内容,并选择果蔬和产后加工技术为双方合作的重点领域,建议在年内启动;双方还就水稻、烟草、棉花等感兴趣的领域各自通报了国内的科研和生产情况。双方同意在草签的 MOU 的基础上,将此 MOU 正式升级为院级协议,会后,将各自上报审批,争取在年内签署。希腊农业研究基金会为此合作预拨 3 万欧元支持今年与我方的合作,但由于今年是希腊大选年,估计此款下半年可以到位,双方商定项目可以先行启动。关于 MOU 的签署,我代表团建议利用院庆或 10 月烟台果蔬会的机会邀请希腊农业研究基金会主席访华,签署 MOU 并与我院农业领域的院士对口交流。

我驻希腊使馆唐振琪大使和科技处叶蕊芯参赞分别与代表团举行了会谈。在与唐大使的会谈中,白副秘书长重点向唐大使报告了中国工程院的基本情况和基本职能、正在开展的有关咨询项目,以及与希腊农业研究基金会的合作。唐大使以及使馆的同志认真听取了白副秘书长的报告,并提出了许多指导性的意见。代表团还向唐大使和使馆通报了我院今年院庆十周年活动的有关安排,并请希腊使馆在希腊总统科技顾问,国家级科技团体的负责人,主管科技的部长的范围内推荐 2 ~ 3 人参加我院的院庆活动。使馆科技处的同志对此非常重视,表示一定推荐并协助邀请。会见结束后,唐大使还特别请代表团转达他对我院和徐匡迪院长本人的问候。使馆科技处的同志还在百忙中抽出时间参加了代表团与希腊农业研究基金会的会谈。

(田　琦提供)

访问英国皇家学会和法中友好学会工作报告

应英国皇家学会和法中友好学会的邀请,我院刘德培副院长、王正国院士等一行四人于2004年3月17至28日赴英国和法国进行了友好访问(刘德培副院长因公务于3月25日提前返回)。

本次访问的主要目的是加强工程院与国际医学工程科技界的联系、了解相关国际组织的运行机制、探讨进一步的合作方式、邀请国际知名科学家参加工程院院庆活动和世界工程大会,并申办第二届国际医学科学院世界大会。

代表团在访问英、法期间,访问了英国皇家学会、英国医学科学院、英国皇家工程院、英国医学研究理事会(MRC)、英国桑格研究所(Sanger Institute)、国际肿瘤研究中心、法国医学科学院,并参加国际医学组织执委会会议。现将出访情况汇报如下。

一、出访概况

1. 访问英国皇家学会;
2. 访问医学研究理事会(MRC);
3. 拜访皇家工程院;
4. 参观威康基金会桑格研究所(Sanger Institute);
5. 参观国际癌症研究中心(IARC);
6. 参观法国医学科学院、巴斯德研究所;
7. 参加IAMP会议。

二、出访成果

在代表团成员的不懈努力下,本次出访取得了丰硕的成果,达到了预期的目的。代表团所到之处都圆满完成了任务。主要成果如下:

1. 刘德培副院长应法国医学科学院邀请,在该院3月24日安排的学术会议上作了主题报告,受到了与会者的热烈欢迎。

2. 与国际肿瘤研究中心加强了联系和交流,为今后与该国际组织的合作拓展了的空间。

3. 成功邀请了四位国际知名科学家参加工程院院庆活动。

邀请英、法两国科技界高层领导参加我院院庆活动是本次出访的重要任务之一。由于距院士大会活动只有两个月的时间,英、法两国同行组织负责人的活动日程已基本确定,故说服他们改变原定日程而参加我院院庆十分困难。尽管如此,代表团每到一处,都利用各种机会,大力宣传,努力说服,终于与院内各有关部门配合,成功邀请了四位领导和科学家参加院庆活动。他们是:英国皇家工程院副院长 Peter Sagara、国际癌症研究中心新任主任 Peter Boyle、法国工程院新任院长 Francois Guinot、法国工程院院士及我院外籍院士 Jacques Caen 教授。

4. 成功邀请英国皇家工程院院长及院士参加世界工程大会。

代表团在拜访英国皇家工程院时,向英方友人详细介绍了有关今年 11 月召开的世界工程大会的筹备情况,特邀请皇家工程院院长届时组织代表团到中国上海参会。英方代表立即表示,院长 Sir Alec Broers 将来华参加此次活动。同时,该院年轻院士、著名生物医学专家、帝国理工大学 Kitney 教授也向王正国院士表示将接受我方邀请,届时在大会的生物工程及医疗卫生分会场作主旨报告。

5. 成功申办“第二届国际医学科学组织大会”。

国际医学科学组织执委会会议于 3 月 25 至 27 日在法国首都巴黎召开。本次会议的议题除讨论发展中国家疾病防治优先项目(Disease Control Priorities Project)外,还讨论了第二届国际医学科学组织大会(IAMP)承办国和会址的问题。在本次会议上共有 3 个国家申办该次大会,分别是中国、南非和克罗地亚。而最具竞争力的国家是中国和南非。会议上,我代表团和南非代表团分别陈述了在各自国家举办会议的独特优势,并回答了与会成员就会议的举办所提出的各种问题。我代表团在回答问题的过程中,明确表达了中国的诚意和组织这次大会的能力,消除了会议代表对中国 SARS 疫情和禽流感的疑虑。经过热烈的讨论,与会代表一致同意由我国承办此次会议。会议两主席之一、法国著名学者 Guy de The 教授代表与会成员宣布,中国在 3 个申办国家中脱颖而出,成功获得申办第二届国际医学组织大会的资格。会后,与会成员们纷纷向我代表团表示祝贺。会议初步定于 2005 年第四季度在北京召开,预计届时该组织 40 余个成员国的医学院、科学院及工程院医学部领导和专家约 140 余人将前来北京与会。

另外,在我团出访之前,中科院国际合作局有关同志到我院转达了中科院领导的意见,并转交了路甬祥院长致 IAMP 两主席的信函复印件。信中表示,中科院将接受 IAMP 两主席的邀请,正式申请成为该组织的成员。同时,将支持和配合我院医药学部主任王正国院士在该组织执委会上发挥更加积极的作用,并且将积极考虑与我院共同承办此次会议。

有关承办“第二届国际医学科学组织大会”的具体设想和建议将另文汇报。

三、几点建议

1. 在今后的国际合作中,讲究实效、注重深度。

在访问英国威康基金会桑格研究所和医学研究理事会(MRC)时,我们发现前者在生物医学方面汇集了一大批来自世界各地的高级科研人才,因此,研究所作为一个整体具有很强的科研实力。而后者则是英国政府在医学科学研究方面的政策指导和管理机构,负责管理和支持国家医学科学研究。其中很多研究项目是经 MRC 协调通过与国外对口科研机构合作完成的。因此,深入研究和学习 MRC 的管理及运行机制,将对促进我国医疗体制改革发展、推动中英两国在医学方面的合作起重要作用。

2. 注重与国外青年科学家建立联系并开展合作。

现代科学进展迅速,交叉融合产生出新的学科,且活跃在前沿的多是年轻的科学家。例如英国桑格研究所,新任所长 Allan Bradley 今年仅 43 岁,而他所领导的该研究所在人类基因组计划中承担了 30% 的测序工作,具有很强的科研实力。英国帝国理工大学教授 Kidney 博士也仅仅 40 余岁,目前已经在生物工程领域有很高的国际声望。英国皇家学会国际合作部负责人 Ling Thompson 女士建议,在开展国际科技合作中,除保持与资深科学家的联系外,应更加重视与这些出类拔萃、年富力强的青年科学家建立联系并开展合作。这将使我国的国际科技合作保持高效持续的发展。我们认为该建议十分重要。建议我院有重点地建立外国著名青年科学家数据库,为我国的国际科技合作基础建设做出贡献。

3. 积极参加国际组织。

代表团在英、法访问期间,有一个非常强烈的感觉,随着国家经济的发展,国力的增强,我国在国际上的影响越来越大。代表团在法国里昂国际癌症研究中心参观时,受到热情的接待。该中心非常重视代表团的访问,详细介绍了主要的研究工作和进展,并强烈希望中国能加入到世界卫生组织研究框架中。建议由工程院协调国内卫生部、科技部等相关部门积极参与。

(梁晓捷提供)

访问韩国园艺考察报告

韩国是中国的邻国,在亚洲是相对较发达的国家之一,其园艺产业和园艺科技的发展与我国情况有很多共同点,并且由于历史、文化和习俗的影响,尤其是随着两国全方位的深入交往和合作,两国在许多园艺产业和科技领域相互影响和渗透。为进一步了解韩国园艺产业与科技发展情况,促进两国园艺科学家的相互了解、交流和合作,2004 年 4 月 4 日至 4 月 10 日,应韩国工学翰林院的邀请,中国工程院派遣以方智远院士为团长的 7 人园艺考察代表团,对韩国的园艺科研、生产、流通等方面进行了为期一周的全方位系统考察。在韩国农村振兴厅和汉城大学农学院的精心、周密安排下,短短的 6 天时间里,我们参观了汉城大学农学院园艺系(汉城)、韩国园艺学会及 2006 年国际园艺学会会议中心(汉城)、韩国工学翰林院(汉城)、农村振兴厅(水原)、农村振兴厅园艺研究所(水原)及设施园艺试验场(釜山龟浦)、丽州育苗场、农友公司及所属育种研究所(驪州)、圣尼斯种子公司韩国本部及其育种研究试验场(釜山)、新起农产泡菜厂(金海)、良才洞农协超市和良才洞花卉市场等。代表团受到了这些单位领导和专家的热情、友好的接待,并进行了广泛的交流和洽谈,考察访问非常成功,达到了预期目的。现主要总结如下。

一、韩国园艺生产概况

(一) 人口与气候

韩国现有人口 4 734 万,家庭 1 439 万户,其中农村人口为 393 万,135 万户,占总人口的 8.3%。韩国 1965 年的国民收入为人均 105 美元,1996 年达到人均 11 380 美元,增长近 100 倍,1997 - 1998 年由于受亚洲金融危机影响,降为人均 6 723 美元,之后通过一系列振兴措施,经济逐渐恢复,2003 年基本与 1996 年持平。

韩国四季分明,夏季湿热,冬季干冷,7-8 月降雨量大。韩国 70% 为山地,农业耕地面积仅占 19%~22%。这些气候和土壤条件对农业生产常造成不利影响。

表 1　韩国全国平均气象条件(2001 年)

月份	1	2	3	4	5	6	7	8	9	10	11	12	平均
气温	-0.18	2.79	7.17	13.98	18.98	22.25	26.06	25.78	21.64	16.54	8.59	3.10	13.89
地温	0.37	2.56	7.31	15.26	21.31	24.44	28.09	28.47	24.12	17.53	9.06	2.60	15.09
降水量 mm	57.00	67.32	18.51	26.94	43.94	235.3	240.2	115.4	101.5	103.0	25.6	40.7	1075
日照时间(h)	139.3	151.8	202.9	234.9	206.0	142.9	184.1	195.1	196.8	160.8	179.4	157.6	2151

(二) 园艺产业状况

随着韩国经济的不断发展,尤其成为亚洲四小龙之一后,园艺产品占农产品总生产额的比重不断攀升,已由 1965 年的 8%,提高到现在的 40%,园艺作物的栽培面积由 1965 年的 19 万公顷增加到现在的 55 万公顷,从事园艺的农户由 28 万户增加到 39 万户,而且这种状况仍有发展的趋势。与之相反,从事大田的农户逐年减少,其原因之一是,与大田的粮食作物相比,园艺产品能带来更多的经济效益,如 1999 年 1 000 平方米(0.1 公顷)水稻收入仅为 72 万韩元,而园艺作物收入可达 373 万韩元,为水稻收入的 5 倍多。再如,果树种植户所得为 3 051 万韩元,而水稻种植户仅为 1 771 万韩元。在农户收入中,园艺产品所占比重由 1965 年的 8%,增加到 2000 年的 41%。可见园艺产业所占比重越来越高,其地位和重要性非同一般。韩国 10 大农作物中,除水稻面积和产量列第一位外,其余 9 种作物均为园艺作物(表 2)。从 1996 年到现在,蔬菜种植面积有所上升,由占农作物面积的 16% 上升到 20%,果树面积相对稳定,仅占 8%,花卉面积略有上升(表 3)。在园艺作物内部,蔬菜产值增加很快,约占 70%,果树 20%,花卉 5%(表 4)。

表 2　韩国 10 大重要农作物(2002 年)

位次	作物	面积(ha)	产值(亿韩元)
1	水稻	1 053 186	9 兆 5 564
2	辣椒	76 724	1 兆 3 560
3	苹果	26 163	6 311
4	西瓜	25 873	5 732
5	草莓	7 816	5 726
6	黄瓜	6 886	5 546
7	葡萄	26 007	5 501
8	大白菜	39 236	5 464
9	大蒜	33 153	5 251
10	蜜柑	26 248	4 401

表 3　作物栽培面积　　单位:千公顷

年度	合计	粮食作物	特用作物	蔬菜	果树	花卉	桑田	其他
1996	1 945	1 340	101	311	171	5	1	101
1997	1 923	1 315	108	364	176	5	1	107
1998	1 910	1 331	98	360	176	5	1	126
1999	1 898	1 325	89	376	174	6	1	123
2000	1 888	1 316	78	386	173	6	1	119
2001	1 888	1 332	80	366	167	6	1	117

表 4　各类园艺作物所占比重(1980—2001 年)　　单位:亿韩元

种类	1980		1990		1995		2000		2001	
	产值	%	产值	%	产值	%	产值	%	产值	%
蔬菜	14 491	85	33 232	66	65 159	63	67 242	65	72 736	69.6
果树	2 472	15	13 087	26	30 245	29	25 805	25	20 767	19.9
花卉			2 393	5	5 106	5	5 389	5.3	5 903	5.6
食用菌*			1 262	3	3 152	3	4 848	4.7	5 064	4.8
合计	16 963	100	49 974	100	103 662	100	103 284	100	104 470	100

* 不包括野生食用菌。

(三) 蔬菜产业特点

从表 2、3、4 可以看出,蔬菜为园艺作物中最为重要的作物。就面积和产值而言,蔬菜是韩国农业的第二大产业,仅次于粮食作物。2000 和 2001 年韩国全国耕地面积为 188 万公顷,其中蔬菜分别占 20.4% 和 19.3%。近年来,蔬菜作物的产值占农业总产值的比重持续稳定增加,1991 年为 20.0%,1992 年为 20.9%,1993 年为 22.0%,1994 年为 23.1%,1996 年为 25.2%。这主要是由于韩国加入世界贸易组织后,国外廉价的水稻冲击了以水稻为主的粮食作物生产。2001 年蔬菜作物的总产值为 72736 亿韩元,约合 66.1 亿美元。韩国的蔬菜业具有以下基本特点。

1. 生食蔬菜(包括泡菜)具较高比重,这也是韩国蔬菜业的重要特征。对此,韩国许多从事蔬菜研究的单位和个人都将这类用途的蔬菜作为专用性特质课题加以研究,并因此培育出了大批泡菜类新品种,如大白菜、辣椒、甘蓝、萝卜等。这类蔬菜的基本要求是新鲜度要好且易保鲜。韩国泡菜种类繁多,约有 200 多种,其中白菜最多,大白菜 98% 用作泡菜,萝卜次之,约占 70% ~80%。

2. 受韩国气候制约,其蔬菜种类不够丰富。蔬菜生产基本没有区域性,各道(相当于我国的省)均有蔬菜生产。2001 年韩国种植面积在 1 万公顷以上的蔬菜有辣椒、白菜、萝卜、大蒜、西瓜、葱、洋葱等七种作物,在 5000 公顷以上的还有:南瓜、甜瓜、菠菜、草莓、黄瓜、生菜、甘蓝、甜椒、番茄等 9 种蔬菜(表 5)。

表5 各类蔬菜栽培面积、单产、总产

蔬菜类别	2000年			2001年		
	面积 ha	单产 kg/10a	总产量 M/T	面积 ha	单产 kg/10a	总产量 M/T
根菜类	**45 258**		**1 927 999**	**43 642**		**1 897 477**
萝卜	40 238	4 372	1 759 357	38 751	4 469	1 731 869
胡萝卜	4 487	3 516	157 773	4 431	3 531	156 464
叶菜类	**74 276**		**3 782 294**	**72 073**		**3 736 365**
白菜	51 801	6 080	3 149 255	49 539	6 138	3 040 648
甘蓝	6 077	4 511	274 125	6 160	5 600	344 949
菠菜	7 441	1 623	120 797	7 884	1 607	126 708
生菜	7 685	2 648	203 509	6 914	2 640	182 509
果菜类	**75 694**		**2 651 223**	**70 957**		**2 658 201**
西瓜	30 451	3 030	922 746	28 451	3 355	948 953
甜瓜	10 203	3 262	332 780	8 655	3 123	270 325
黄瓜	7 269	6 239	453 525	6 969	6 479	451 518
番瓜	8 434	2 851	240 484	8 792	3 362	295 592
西红柿	4 916	5 628	276 663	3 348	6 146	205 763
草莓	7 090	5 546	180 501	7 567	2 682	202 966
绿椒	5 659	3 490	197 512	5 517	4 198	231 630
茄子	1 013	2 964	30 022	866	3 278	28 386
网纹甜瓜	659	2 578	16 990	792	2 913	23 068
调味菜类	**162 656**		**2 232 743**	**152 762**		**2 316 476**
辣椒	74 471	260	193 786	70 736	255	180 120
大蒜	44 941	1 056	474 388	37 118	1 095	406 385
洋葱	16 773	5 232	877 514	18 995	5 653	1 073 708
大葱	24 815	2 703	670 670	23 987	6 650	635 713
姜	1 656	989	16 385	1 926	1 067	20 550
西洋菜类	**1 680**	**3 227**	**54 208**	**1 567**	**3 134**	**49 108**
其他	26 827		633 108	25 297		652 687
总计	**386 391**		**11 281 575**	**366 298**		**11 310 314**

从表5中可以看出，以2001年为例，在所有蔬菜中，辣(甜)椒的生产面积最大，占20.8%，其次为大白菜(13.5%)、萝卜(10.6%)、大蒜(10.1%)、西瓜(7.8%)、大葱(6.5%)和洋葱(5.2%)。前三种是韩国泡菜的主要原料，栽培面积约占到全部蔬菜面积的50%。设施蔬菜栽培以有土为主，无土栽培面积仅有800公顷 其中基质占60%，纯水培占10%。

但是，从1995年到2002年的8年间，随着市场对蔬菜产品多样性的需求，各研究机构也加强了对其他蔬菜的研究，同时适合韩国栽植的一些蔬菜品种也从国外进口，甘蓝、菠菜、生菜、洋葱、生姜、胡萝卜、西瓜、黄瓜和番瓜的栽培面积增加，而辣椒、大蒜和萝卜的栽培面积近年有所下降。这些蔬菜栽培面积变化的主要原因是蔬菜育种的进展、国外品种的进入和栽培条件的改善。如随着抗抽薹和耐热育种的成功和育苗方法的改进，秋播萝卜和大白菜的面积稳定地下降，而春播面积则增加了；由于抗病高产品种的选用和采用育苗移栽及高畦覆膜定植，1995年辣椒的单产比1985年提高了44.4%，虽然面积减少了32.2%，总产量则基本没变；大蒜产量的增长约50%归功于薄膜覆盖和品种替换。瓜类嫁接栽培被广泛地用来防治枯萎病和根结线虫等土传病害、促进生长、提高低温耐性和延长收获期。

3. 蔬菜生产规模小,机械化程度低,投入/产出成本高,效率较低,蔬菜产品参与国际竞争的能力较弱。以1995年统计数据为例,从事白菜生产的农户,其栽培面积在300平方米以上的农户约占64%,多数农户栽培面积很小,无法实行机械化生产。相比而言在水稻上机械化程度则很高。

4. 蔬菜生产和市场价格变化幅度大。由于气候多变的特点,使得韩国蔬菜生产的产量缺乏必要的稳定性,从而使蔬菜生产整体成本提高,市场蔬菜价格变动较大。

5. 韩国蔬菜的保护地生产近年来得到了迅速的发展,保护地设施类型多样化。韩国气候多变的特点使得蔬菜生产缺乏稳定性,从而导致价格的剧烈变动。而解决这一问题的最有效途径是发展保护地生产,创造良好和稳定的蔬菜生产环境。1993－1995年韩国保护地栽培的面积和产量的年增长率均超过了10%。保护地栽培主要被用来生产西瓜、甜瓜、黄瓜、草莓和番茄等经济效益较高的果菜类蔬菜以及春白菜和生菜等叶菜类蔬菜。1995年保护地的播种面积为81 600公顷,占总播种面积的20.2%,产量为2 422 500吨,占总产量的22.9%。1995年后比较稳定,保持稳定增长。在主要设施栽植作物中,设施栽培产品的比重在增加。1990年西瓜保护地产值占其总产值37%,2000年占83%;甜瓜1990年占74%,2000年占97%;黄瓜1990年为74%,2000年为92%;西红柿1990年为87%,2000年为98%。保护地蔬菜主要生产区在GYEONGGI、CHUNGNAM(忠南)、JEONNAM 、GYEONGBUK、GYEONGNAM,其面积超过1万公顷,其中GYEONGNAM面积最大为1.7万公顷。

6. 韩国的蔬菜消费量比较稳定,维持在每人每年160公斤。从1995到现在,没有多少增加。

表6　保护地蔬菜生产面积和产量

作物	1999年		2000年	
	面积 ha	总产量 M/T	面积 ha	总产量 M/T
根菜类	**6 801**	**254 691**	**6 336**	**233 377**
萝卜	6 697	252 055	6 203	230 318
胡萝卜	104	2 636	133	3 059
叶菜类	**15 940**	**520 556**	**14 961**	**479 210**
大白菜	6 274	280 565	5 120	236 151
甘蓝	79	3 139	168	7 604
生菜	3 272	60 257	5 598	154 854
菠菜	5 918	167 016	3 286	61 424
果菜类	**58 171**	**2 219 406**	**55 095**	**2 250 609**
黄瓜	5 843	398 808	5 412	388 774
番瓜	3 918	133 824	4 098	177 522
甜瓜	9 449	319 375	8 055	258 752
西瓜	20 952	698 051	20 500	760 405
西红柿	4 746	269 427	3 218	200 231
茄子	390	12 796	284	12 196
绿椒	5 659	197 512	5 517	231 630
草莓	6 555	172 623	7 219	198 031

（续表）

作物	1999 年		2000 年	
	面积 ha	总产量 M/T	面积 ha	总产量 M/T
甜瓜	659	16 990	792	23 068
调味蔬菜	**499**	**12 789**	**1 921**	**51 709**
西洋菜类	**651**	**24 584**	**674**	**25 272**
其他	8 565	215 409	7 434	250 830
合计	**90 627**	**3 247 435**	**86 421**	**3 291 007**

（四）花卉产业

虽然花卉在整个韩国园艺产品中所占的份额并不大，按其价值计算约占园艺产品价值的5%~6%，但是韩国的花卉生产比较先进，韩国各道均有花卉栽植，花卉栽植的各种设施比较齐全，栽培面积逐年上升，种植农户逐年增加，其花卉产值也逐年提高（表7）。特别在汉城、釜山等城市郊区及济州岛均有大量花卉生产基地。韩国人均消费花卉量从1975年至2002年持续增加，1990年为3 646韩元，而2002年达16 319韩元。1998年以前花卉以进口为主，自1999年开始发生逆转，花卉的出口量大于进口量，出口花卉以玫瑰、菊花、百合为主，主要出口国为美国、日本。花卉的发展趋势，表明花卉将成为未来韩国重要的园艺产品。

表7　韩国花卉种植状况

类别	1997 年	1998 年	1999 年	2000 年	2001 年
栽植农户数	13 047	12 965	12 994	13 080	13 466
栽培面积（公顷）	5 372	5 486	5 824	5 891	6 305
产值（百万韩元）	5 800	5 850	5 966	6 649	6 966

韩国花卉业以切花为主，其产值达到308 924万韩元，其次为盆花，为183 707万韩元。每年花卉需求最大的两个节日是学生的毕业日和母亲节。韩国大学农学院、国家园艺研究所及不少私人种子公司都进行花卉育种及种苗繁殖研究，已培育出具有香味浓、刺少、花朵多的玫瑰，色泽鲜艳易繁殖的仙人掌，抗病能力强低温开花的菊花。但目前不少花卉如兰花、郁金香等仍依靠进口。从参观的花卉市场可以看出，韩国的花卉栽培技术远远高于我国，管理精细，造型多样。特别是多种多样色泽鲜艳的杜鹃花、蝴蝶兰以及满山遍野的金达来（韩国国花）、樱花给我们留下了深刻的印象。

二、韩国蔬菜科研概况

（一）蔬菜研究机构

韩国的园艺科研有三个方面的力量，即大学的农学院、国立研究所和私人公司。各大学的农学院主要任务是基础研究和培养农业科技人才，研究上主要从事园艺科研的基础理论探讨、最新技术发展的探索等，但也从事一些新品种的培育方法如分子标记、转基因育种技术等工作；农业振兴厅下属的公立研究所则主要进行应用基础研究和必要的高科技研究，如种质资源的收集、分类、整理、保存、创新和应用等，转基因技术、分子标记辅助育种技术的探讨和研究。而企业（主要为各类种苗公司）主要进行应用研究，将先进的育种方法、优良的种质资源应用于育种，培育适合于国内外市场需要的新品种,同时建立必要的种子生产基地和试验示范中心,当然因竞争需要,目前大的种子公司也开始开展分子标记辅助育种工作。韩国蔬菜育种水平高,尤其是白菜、辣椒和萝卜。气候的多变性促使了科研工作者加强了对蔬菜作物适应性的研究,尤其加强了对环境胁迫如抗热和抗寒性的研究,并取得了丰硕的成果。目前,韩国许多种子企业拥有很多优良的抗热、耐抽薹品种,不仅满足了本国种植的需要,而且还大量出口至中国、泰国、印尼等亚洲国家,取得了巨大的经济效益。

与许多国家一样,韩国大学和研究所之间、研究所和种子企业之间的科学研究虽有分工,但其研究内容也有交叉,如大学和研究所均进行基因工程的研究,研究所和种子企业均进行常规育种研究,但方向各有侧重。大学一般侧重克隆基因并分析其功能,组建遗传表达载体等工作,主要为基因工程的上游工作,而研究所则进行分子标记、转基因和转基因植株遗传稳定性研究等基因工程的中下游工作。研究所侧重于培育在某些性状上需要改良的材料研究上,而种子公司则更着重于选择不同的材料配制综合园艺性状优良且在某些性状上突出的杂交组合,其实际应用性更强。这种既明确分工又有机联合的科研机制有利于避免重复研究,有利于促进材料和信息的高效交流,有利于促进科研成果的转化,有利于提高韩国蔬菜产业的国际竞争力。

韩国农村振兴厅所属的国家农业研究机构在农业的研究上起到了主导作用。农村振兴厅成立于1962年,其机构设置有些类似我国的中国农业科学院,但其职能更广泛,主要负责农业生命工学的农业科学相关研究与开发,将研究的新技术投入农村并迅速推广,肥料、农药、农业机械等农用生产资料质量的管理,改善农村生活的相关辅导等。农村振兴厅现有11个中央研究与教育机关,为了地区农业开发,在9个道设立农业技术院,在全国市、郡设有157个技术中心。农村振兴厅水源本部设有农业科学技术院、农业生命工学研究院,农业机械化研究所、园艺研究所、畜产技术研究所、作物试验场和韩国农业专门学校。此外,在其他地区还设有湖南农业试验场、岭南农业试验场、高岭地农业试验场及济州岛农业试验场。本部有2 000多名职员,各道农业技术院有1 000多名职员,全国各地方还有5 000多名农村技术振兴厅技术员。振兴厅所管辖的园艺研究所为韩国的主要公立园艺科学研究单位,除此之外,农业科研所和农业振兴厅管辖的4个区域试验站也介入了园艺方面的研究,9个道也各自具有自身园艺研究部门。韩国全国设有33个园艺试验站,平均每个站约有9个技术人员。大学和研究所的研究经费主要由国家税收提供,从1994年开始农林部提供部分研究经费支持大学研究。而企业的研究经费则由自身解决,其投入额一般为销售额的15% ~ 20%。

韩国大学及公立研究所研究出的成果(如新技术、新品种、新材料),以有偿转让的形式向私人公司或农业管理部门转让。如转让给国家或地方农业部门,不得垄断,且转让费不允许太高。

韩国对蔬菜品种实行登记制度,这种登记制度有利于新品种迅速推向市场,加快科技成果的转化。目前,韩国登记的蔬菜品种数已达4 000多个,且每年以150个品种的速度快速递增。

（二）蔬菜科研研究方向及其研究成果

韩国蔬菜研究方向主要是根据自身的气候、地理、国内外市场需求和病虫害发生发展趋势决定的,同时紧跟当前国际农业科技的发展,在提高传统技术的基础上,投资从事分子标记辅助育种、转基因育种学和基因组研究等。现通过我们访问的几个研究机构的实例加以简单阐述。

1. 国立汉城大学:是韩国的最高学府,是一所包括理、工、医、文、农12个学院的综合性大学,座落在汉城郊区一旅游区,校园风景十分秀丽,农学与园艺学院是12个学院之一,下分农学系和园艺系，园艺系下分 7 个研究室（研究方向）：果树、蔬菜、花卉、育种、设施技术、生物技术等。有 6 个正教授、1 个副教授、1 个助理教授，7 个教授和副教授各负责一个研究方向，助教授主要协助系主任进行管理与协调。每个教授带研究生 8 ~ 10 人，其中博士生 5 ~ 6 人，一般 4 ~ 5 年毕业，研究生 3 ~ 4 人，一般 2 年毕业，园艺系现有研究生 70 余人，每学年招收本科生约 50 人。据负责接待我们的朴孝根教授称：这种一个专业方向一个教授的作法优点是人员比较精简，缺点是缺乏固定的助手常常造成研究工作缺乏连续性。朴先生原在亚蔬中心从事绿豆育种工作，目前在我国推广面积最大的绿豆品种中绿 1 号等最初是他主持育成的后引进我国推广。他现在主要从事辣椒抗炭疽病育种，炭疽病是韩国目前辣椒的一种主要病害，每年因此病辣椒损失 10%，通过多年的研究已育成抗病育种材料，其抗病材料最初来自南美巴西，在墨西哥、台湾都种过，最后用此材料与一个未利用的栽培种做了 36 个远缘杂交组合，最后一个组合用胚培养获得成功，经回交 6 代得到抗病育种材料。农学与园艺学院下属的植物分子遗传育种研究中心主要从事水稻和辣椒分子遗传方面的研究，以辣椒为主。由韩国科技财团资助，9 年项目每年 100 万美元。目前已找到 500 个 RFLP 和 SSR 标记。已找到了控制辣椒果实颜色的标记以及 PMV、TMV 和控制辣味的基因标记。目前正在承担国际合作项目茄科遗传图谱碱基对测序，金炳东（Byung - dong Kim）教授为辣椒方面的负责人。本中心也从事辣椒实用品种的选育，通过利用细胞质雄性不育培育 F1 代，加强辣椒杂种优势的利用。目前本中心推广的辣椒品种均为胞质雄性不育类型。

2. 农村振兴厅园艺研究所（NHRI）：共有职工 209 人，其中研究人员 149 人，管理人员 14 人，技术员 46 人。现任所长姜尚宪教授为韩国园艺学会副会长。该所设有蔬菜科、果树科、花卉科、生命科学科、采后技术科、园艺环境科。在 imok - dong 和 tap - dong 两个地方设置机构，另设有 3 个地区果树研究所。其主要任务是选育新品种、提高效率降低成本和稳定高质量生产的研究。其主要研究方向是选育蔬菜、果树和花卉新品种、建立高质量的园艺作物生产体制，研究环境条件和采后管理技术、发展功能作物和环境保护技术、以及生物技术在园艺上的应用等。

蔬菜科共有 30 多人，年研究经费 300 多万美元，重点研究领域为辣椒、萝卜、白菜、大蒜、山野菜（包饭用）等，辣椒育种分为国内育种和国外育种两个研究组。最近也开始了功能蔬菜如含硒（se）、含锗（ge ）等抗癌蔬菜的开发。另从交谈中得知，萝卜耐抽薹品种来源于日本的“时无大白”，耐抽薹白菜来源于日本的青帮白菜。瓜类育种主要强调了疫病、炭疽病、蔓枯病、线虫等抗病虫研究，同时强化高品质的研究。此外，针对目前西瓜和黄瓜生产中的病害问题，蔬菜科还侧重于嫁接技术的研究，目前西瓜 95% 采用嫁接，黄瓜 80% 用黑籽南瓜嫁接。

采后贮藏技术科主要研究园艺产品在贮藏过程中的生理病害、营养变化，研究不同温度、不同气体成分对水果贮藏的影响。

园艺环境科总人数 60 人，研究人员 18 位，其中研究员 4 位，研究生 14 人，博士后 3 人，其他职员 2 人。主要研究病、虫、病原菌、土壤地球温暖化等课题。

生命科学科主要从事园艺生物科技术的研究，目前已找到十字花科作物萝卜自交不亲和性 S 基因的 RAPD 标记，用分子标记检测自交不亲和性准确率达到 100%。还开展了 5 种蔬菜作物（辣椒、西瓜、西红柿、葫芦、甜瓜）；3 种花卉作物（百合、玫瑰、菊花）和 1 种果树（苹果）的转基因技术研究。找到辣椒炭疽病、细菌性斑点病、西瓜蔓枯病分子标记，百合花色基因启动子已成功合成。培育出的转基因苹果开花早，结果早，而转基因西红柿则具抗细菌性溃疡病和斑点病的能力。

釜山设施园艺试验场现属农村振兴厅园艺所管辖，现有职员 28 人，其中研究人员 22 人。设行政室、设施果菜类研究室、设施环境生理研究室、设施构造资材研究室、设施栽培研究室。研究经费主要由国家提供,2003 年经费为 7.3 亿韩元,2003 年为 9.63 亿韩元,增加 32%。基本建设费 2003 年为 6 亿韩元,2004 年为 10.47 亿韩元,增加 79%。占地 16.7 公顷,其中玻璃温室 15 栋,5 846 平方米;大棚 38 个,12 655 平方米;网室 17 个,552 平方米。2004 年设有 15 个课题,承担项目 45 个,其中新项目 11 个,延续项目 34 个,主要任务是研究降低设施蔬菜、花卉的生产成本,节约能源,提高设施蔬菜的品质,切花的栽培技术及相应的开发工作。2004 年重点工作是加大新育成草莓、西红柿、甜瓜品种的相应栽培技术研究与开发。

3. 韩国农友种子公司(Nong Woo Bio Co., Ltd):该公司是目前唯一一家韩国自己的大型种子企业,原有较大型的种子企业已在亚洲金融危机中被其他国家的种子企业所兼并,如韩国兴农种子公司和中央种子公司被圣尼斯(SEMINIS)种子公司所兼并,而韩国汉城种苗公司则被瑞士的先正达公司所兼并合并。目前韩国自身的种子公司多为小型的家庭公司,规模较小,而韩国农友则一枝独秀。

农友公司目前拥有 3 个研究所即丽州研究所、南部研究所和海外研究所。为了与跨国公司展开竞争,1999 年又新成立了生物技术研究开发组、生物技术应用开发组和病理研究组,其主要任务是利用分子标记缩短育种时间,加快新品种的培育和推广。同时有 3 个农场,主要是进行原种的繁殖等。目前该公司拥有员工 242 人,其中海外员工 15 人。

根据作物和市场目标不同,丽州研究所设有白菜组、萝卜组、洋菜组(包括甘蓝、花椰菜、青花菜)、韩国辣椒组、海外辣椒组、西红柿组、甜瓜组、后勤组。南部研究所则设有西瓜、黄瓜/南瓜、胡萝卜/洋葱和后勤组。海外研究所包括北京研究所、美国研究所和印度尼西亚研究所。每个研究小组包括硕士以上学历研究人员 2 名,助理人员 4 名。

到现在为止,韩国农友公司已向市场推广品种 450 个。尤其在白菜和萝卜方面的研究成果突出,目前新开发的春萝卜品种已占到韩国市场的 80%,价格比原品种高出 2－3 倍。而新开发出的西瓜保护地品种超速蜜宝(speed－honey)的市场占有率已达到 70%。甘蓝、青花菜和花椰菜育种刚刚开始 5 年,还没有育成商品种。

生物技术组目前开展的研究工作包括辣椒 BLS2、CMV、白粉病(PM),西红柿 TYLCY、TMV、线虫、大白菜根肿病等分子标记的研究。

农友公司在北京大兴设立研究所,其种子以“世农”品牌上市。

4. 丽州育苗场:私人企业,为专业性的蔬菜育苗公司,专门为农民提供幼苗,采用订单生产。每年生产西瓜嫁接苗 50 万株,黄瓜嫁接苗 150 万株、自根苗 150 万株,甜瓜嫁接苗 5 万株,辣椒自根嫁接苗 100 万株,水稻苗若干。瓜类多采用嫁接,每人每天可嫁接 1 200～1 500 棵苗,嫁接苗每棵售价 300 韩元,而自根苗每棵 150 韩元。青椒也采用嫁接,以预防疫病。该育苗场瓜类采用砧木断根且留 1 片子叶的嫁接新方法,嫁接后植株生长整齐、成活率高,值得借鉴。具体做法:砧木和接穗播种在连孔育苗盘内,子叶完全展开后进行人工嫁接。切断砧木幼苗,保留下胚轴 4－5 厘米,再 45 度角斜切,去掉另一片子叶和生长点,保留一片子叶;接穗保留两片子叶,自子叶下方斜切去掉下胚轴,刀口角度与砧木的刀口相吻合。将接穗和砧木靠接在一起,用塑料夹固定,然后扦插在育苗盘内,保湿保温。伤口愈合后去掉塑料夹。

5. 圣尼斯(韩国)公司(SEMINIS KOREA):在韩国有三个育种试验站(Breeding &Research Station),分别在 Osan(乌山)、Joongbu、Pusan(釜山),试验站负责白菜、萝卜、甘蓝、西瓜、辣椒、西红柿、黄瓜、洋葱、胡萝卜(Joongbu 试验站)育种和生物技术。在韩国还有 7 个大型农场,主要负责区域、生产试验。另外,在北京的通县和印尼各有一个试验农场,北京的试验农场 10.3 公顷,计划建成一个研究所。据现任公司亚洲部部长朴载荣先生介绍,亚洲部现有职员 20 余人,其中育种家 14 名,分十字花科、瓜类、果菜类及其他作物研究四个部分。负责十字花科蔬菜育种 5 人,其中白菜 1 人、萝卜 2 人、甘蓝/青花菜 2 人;负责瓜类蔬菜育种 4 人,其中西瓜、甜瓜、黄瓜和南瓜各一人;负责茄果类蔬菜育种 6 人,其中韩国辣椒育种 2 人、中国辣椒育种 1 人、印尼辣椒育种 2 人、番茄育种 1 人;负责其他蔬菜研究的 6 人,包括洋葱 1 人、胡萝卜 1 人、病害研究 2 人、组培 1 人、分子育种 1 人、农药研究 1 人。目前已研制出不少蔬菜品种在韩国及其他亚洲国家销售。如在甜瓜育种方面,以普通薄皮甜瓜为主,网纹为次。其甜瓜品种超级金星,果色为黄色并带条纹,大棚栽培糖度最高可达到 18,平均为 14,为韩国主导品种,占市场的 80%;在黄瓜育种领域,原来韩国的品种以黑刺类型为主栽品种,现在则 90% 为白刺品种。Joeun 半白是韩国的主栽品种;在西葫芦育种中,90% 为大型果,10% 为小型果;胡萝卜育种则以黑田 5 寸类型为主;大白菜以黄心大白菜较受欢迎,推广品种多用自交不亲和系配制而成,其中 GOLD LEAF,SPRNG KING(春王)因耐抽薹在中国栽培面积较大;甘蓝育种中,CMS 目前正在转育阶段,育种材料 70% ~80% 将转育为 CMS 系,大部分已转育到 4 -6 代。不久(5 年左右)将 100% 转成 CMS 系;极少数品种已有商品种子,如在印度推广的近圆形甘蓝品种 Saint 就是用 CMS 配置的。公司试验站甘蓝、青花菜育种授粉在大棚内进行,露地试验约 0.5 公顷,每品种 20 ~30 株。萝卜育种以白色萝卜为主,KWANDONG SUMMER 是韩国的主栽品种,果皮多白色,上部带有绿色,光滑早熟、耐腐烂。WONDER SLENDER,白皮,在日本栽培量大。SPRING LIGNT(春光),在中国栽培面积大,迟抽薹、耐裂口,生长快;辣椒育种多利用雄性不育系,要求抗烟草花叶病毒和 CMV。GREENIA108(保椒类型)在中国寿光很受欢迎,早熟、座果好、高产,是中国生产上推广的第一个 CGMS 品种。

三、蔬菜加工产业概况

韩国蔬菜深加工主要是泡菜(kimchi),其他种类深加工种类如酱菜、干菜等市场上也有出售,但数量不大,仅占 1% ~2%,而泡菜不仅量大,且种类多,约有 200 多种。作为泡菜的原料主要为大白菜、萝卜、辣椒。98% 的大白菜、70% ~80% 的萝卜用作泡菜,辣椒作为泡菜多数是经过发酵的。用于作泡菜的白菜品种要求叶帮不能太厚,萝卜品种要求味甜。市场上出售的泡菜除已包装好的外,也有现场制作的。

韩国约有 40 ~45 个用于生产出口的泡菜加工厂,其主要出口国家是日本,少量出口至新加坡和我国的台湾。我们所参观的新起农产协力业体泡菜厂,每年出口日本约 100 万公斤,产值约 300 ~400 万美元。该公司泡菜原料以白菜为主,其次为辣椒、大蒜,泡菜制作过程中不消毒,不加任何防腐剂,包装后在 -2℃下可贮存 45 天。

蔬菜加工业是韩国的一项传统蔬菜产品深加工产业,具有悠久的历史,其产品深受韩国民众和部分亚洲国家人民的喜爱。产品主要立足韩国的本国市场,近年来也出口至许多亚洲国家,并具有逐年扩大的趋势,具有良好的市场潜力。值得引起我们的重视。

四、韩国蔬菜产品及种子进出口贸易情况

韩国蔬菜产品以国内市场消费为主,出口量较小,据了解 1994 年出口额为 7 900 万美元,1995

年为11 133万美元,进口稍大于出口。由表8可见,2000－2001年出口的主要蔬菜产品有辣椒、大蒜、黄瓜、西红柿、甘蓝,而主要进口蔬菜为大蒜、洋葱、胡萝卜、干椒。

表8　蔬菜进出口情况(2000－2001年)　单位:M/T、1000美元

作物	出口				进口			
	2000年		2001年		2000年		2001年	
	数量	金额	数量	金额	数量	金额	数量	金额
辣椒	6 830	23 628	34 114	12 645				
大蒜	1	8	11 604	2 782			12 618	8 135
洋葱	263	395	2 828	966	4 839	729	6 286	1 345
甘蓝	944	392	5 567	2 494	1 693	433	94	24
胡萝卜					10 459	3 074	13 469	4 533
黄瓜	5 805	9 884	8 259	11 419				
草莓	1 128	5 786	1 456	6 678	1 797	1 680	1 403	1 587
西红柿	11 724	22 341	8 374	14 606				
干椒					5 843	9 503	8 393	12 971
茄子	2 011	4 307	1 948	3 542				
番瓜	695	630	335	427				
西瓜	1 966	2 380	1 623	1 815				
甜瓜	355	931	500	1 008				

韩国蔬菜种子生产经历了自行生产、对外生产和海外生产的历史。20世纪80年代前,几乎100%为自主生产;80年代后开始为欧美等国生产种子;进入90年代后,随着韩国经济的发展,劳动力生产成本的提高,韩国的蔬菜种子生产逐渐转向更具优势的海外。目前有70%的种子通过海外生产,其中尤其以中国为最多。

由于韩国的蔬菜品种具有其独特优势,而其品种又比较适合亚洲许多国家的消费习惯,在种子价格上又比欧美和日本便宜,所以韩国的蔬菜种子一直受到亚洲许多国家的欢迎,尤其是其传统优势作物大白菜、萝卜、辣椒等一直具有较好的国际市场。如韩国的春夏白菜在中国的蔬菜种子市场上一直比较走俏。

表9　2003年韩国蔬菜种子进出口情况　单位:美元/公斤

作物	国内采种	海外采种		国外进口		出口国外	
	数量	数量	金额	数量	金额	数量	金额
辣椒	2 866	52 892	1 872 417	0	0	13 124	4 326 321
甜椒	–	280	86 639	54	118 244	–	–
胡萝卜	560	64 915	686 689	6 431	507 013	29 555	378 627
萝卜	215 764	467 592	2 429 822	166 709	744 266	239 163	5 616 291
大白菜	102 784	28 761	185 957	1	478	34 540	1 460 098
生菜	1 694	23 745	218 931	642	21 568	242	8 824
西瓜	1 765	23 205	1 038 451	0	0	6 262	486 438
菠菜	650	120 674	705 629	78 601	469 219	21 747	87 920

（续表）

作物	国内采种	海外采种		国外进口		出口国外	
	数量	数量	金额	数量	金额	数量	金额
甘蓝	6 062	58 718	1 460 631	286	43 475	20 567	2 267 063
洋葱	11 527	33 987	3 609 834	5 398	1 426 092	1 371	213 340
黄瓜	864	8 640	495 914	14	23 376	904	88 265
甜瓜	650	1 400	62 165	0	0	183	43 663
西红柿	11	2 413	1 732 979	64	210 702	492	189 364
大葱	3 683	98 733	1 244 909	6 527	188 535	1 273	31 781
西葫芦	1 368	23 304	473 830	940	138 797	4 265	255 535
其他	–	–	–	–	–	20 790	896 161
2003 年总计	**350 246**	**1 009 257**	**16 304 797**	**265 667**	**3 891 766**	**394 479**	**16 349 691**
2002 年总计	**550 736**	**1 086 452**	**14 665 563**	**306 011**	**5 061 919**	**529 404**	**18 772 199**
2001 年总计	**526 742**	**1 345 065**	**15 237 058**	**329 591**	**7 549 491**	**454 578**	**17 204 876**

从表 9 可以看出，以最近的 2003 年为例，韩国传统的优势蔬菜作物萝卜、大白菜、甘蓝和辣椒仍然是主要的出口蔬菜种子，这四大作物种子的出口额占全部蔬菜种子出口额的 84%，而进口额却仅占 20%。此外，韩国的种子出口额远远大于种子进口额，约为 4 倍。韩国国内用的蔬菜种子量中，海外采种的种子数量是国内采种数量的近 3 倍，约占韩国国内用种量的 74%。

五、韩国的蔬菜流通

韩国农产品流通，农协组织起到了很关键的作用，成立农协的宗旨是减少流通环节，力求经营的产品新鲜、安全、高品质，从而提高农民效益，降低消费者成本，让农民和顾客均满意。韩国农协 1995 年成立，由中央农协和地方农协组成，现有职员 1 万多人，中央农协会长由地方农协会长投票选举产生。

农协成立前产品经销采用以下模式：批发商到产地收购—拍卖—批发商—个人，这种冗长的低效率体系经过几次批发倒卖，不仅延迟了产品到达消费者手中的时间，降低了产品品质，而且价格昂贵，尤其在高温季节，造成了许多园艺产品的腐烂、变质和浪费，不利于农民的增收和农民积极性的提高。中央农协成立后则改变了这种状况，缩短和减少了产品的流通环节，提高了效率，降低了浪费，显着改善了产品品质，提高了农民收益。中央农协刚成立时，主要是到产地收购产品，然后将大量产品批发给客户，余下产品则通过零售处理，该方式与拍卖的区别是事先与农民定好价钱，产品收获后再请农民送来，由于这种方式降低了农民的销售风险，深受农民欢迎。此方式之所以能取得成功，是因为减少了中间环节，减少了消费。据统计，通过这种方式可使农民多收入 10% ~ 15%，消费者也从中受益，使价格降低了 10% ~15%，真正实现了农民和消费者的双赢。到目前为止，通过农协经营的园艺产品约占全国园艺产品的 30%。

我们所参观的良才洞农协超市属于农协股份公司经营，全额投资，是以批发、零售为一体的大型公司，每日蔬菜销售量 7 000 万韩元左右，周末可达到 1 亿韩元。新鲜蔬菜当天购进当天销完，若销不完则降价处理，余下的部分蔬菜则免费赠送给食物银行（foodbank）慈善组织。一般来讲由于信息灵通，计划周全，绝大部分产品能销售完毕。

通过农协,我们还了解到目前韩国非常重视亲环境农产品(environment friendly)的开发,其销售价格比一般产品高出3倍以上,这主要包括4个方面的阶段性产品,即低农药产品、无农药产品、有机转换期(1年不用化肥)产品和有机产品(3年不用化肥)。这种亲环境农产品的市场化也是当前国际园艺产品市场发展的趋势,应该引起我国有关方面的重视。

六、韩国工学翰林院

韩国工学翰林院即韩国工程院,与中国工程院有着良好的关系,两院曾在2003年正式签订合作协议。为感谢韩国工程院对我们此次考察团的盛情邀请,加强两院之间的友好交流,在考察期间考察团全体成员到韩国工程院进行了拜访,该院国际部李章揆部长等3人热情接待,并表示热烈欢迎。在回顾了两院富有成效的合作历史后,双方就共同举办中韩工程科技前沿论坛,形成了共识,一致认为将在2005年举办第一届论坛,首届论坛的题目将选定制造业领域。韩国工程院将派由一位副院长和国际合作局局长组成的代表团出席我院的院庆活动,并接受了组团参加2004年世界工程师大会的邀请。

七、体会与建议

本次对韩国的短暂访问取得了圆满成功,大家在总结时认为本次访问给每一位成员都留下了深刻的印象,体会是深刻的。大家也都认为,今后应进一步加强中韩两国在园艺领域的交流与合作,并提出了一些良好的建议。

(一) 几点体会

韩国国家不大,但园艺业发达,其园艺产业和园艺科技发展的不少经验是值得我们借鉴的。

1. 韩国政府十分重视园艺业和园艺科技的发展。各个国立大学农学院都设有园艺专业。农业振兴厅下属的国家园艺研究所有209名职工,该所研究力量精干,专业齐全,科研经费充足(蔬菜科研人均10万美元),各道(省)都有郡(县)的农业技术院、技术中心也都有园艺技术人员,在全国形成健全的园艺科技研究推广系统,保证了园艺技术的提升与普及推广。

2. 韩国园艺科研方面的三种主要力量:大学农学院、研究所及私人企业,既有分工,又有交叉合作,各司其职,使园艺研究既注意到基础理论深入技术的提高,又使常规技术得到充分普及。

3. 韩国科研方向以市场与生产需要为导向,研究项目重点突出。以白菜、萝卜、辣椒、西瓜、甜瓜等韩国主要作物为切入点,针对生产上存在的问题和市场需求的变化确定科研主攻方向,并及时集中人力物力加以研究,从而加快了研究进程,加速了目标的实现。如针对西瓜蔓枯病和除草剂危害问题进行砧木研究;针对甜瓜出现的裂果问题,及时进行相关栽培技术研究;针对辣椒炭疽病危害开展抗病材料选育等都取得了良好的效果。

4. 重视前沿科研如分子生物学方面的研究,如辣椒遗传图谱的构建、辣椒果实颜色、辣味分子标记、十字花科作物自交不亲和S基因的分子标记辅助育种、转基因抗病番茄、抗病虫马铃薯等均已获得成功。这就保证了韩国园艺科研的水平能够时刻不落后于当今农业科研的发展,有利于本国农业产品在国际市场上的竞争能力。

5. 重视国外市场的开发。韩国国内市场不大,为发展园艺业谋求发展,国外市场是一重要出路,如按照中国、印尼市场需要,培育不同类型辣椒,针对中国缺乏春季耐抽薹的白菜、萝卜,培育春白菜、春萝卜品种,针对日本消费者口味加工泡菜出口到日本,针对多个国家消费者需要培育出优质梨等。

6. 通过农协组织把农民有机地组织起来,从中央农协到地方农协,从生产到销售形成有机的一条龙产业链,促进了园艺产品流通灵活,确保以高质量的产品到达消费者的手中,避免不必要的浪费,提高了各方面的收益,增强了各方面的积极性,使各类园艺产品的研究、生产、开发与市场化处于良性发展之中。

(二) 几点建议

通过这次访问和交流,我们感到,中韩之间在园艺尤其是蔬菜研究领域有很强的互补性。韩国的几大主要蔬菜作物,大部分是我国原产,我国有较为丰富的种质资源,但是也必须承认韩国在许多研究领域要领先于我国,因此,中韩两国蔬菜科研与生产工作者、种子工作者开展优势互补的合作,有利于创造双赢的合作成果。为此,代表团特提出如下合作建议。

1. 应进一步加强双方对口单位或跨部门的合作,如加强工学翰林院与工程院以及园艺学会间的合作,每年进行1次双边学术交流,提高双方该领域在国际市场上的竞争能力。

2. 双方可互派农业研究人员进行学习和交流,取长补短。

3. 可在两国传统优势蔬菜作物如辣椒、白菜、甘蓝等领域的合作,以达到"超优势"效果。如双方可开展十字花科蔬菜自交不亲和分子标记和辣椒分子标记辅助育种领域的合作,增强双方在这一领域的国际市场竞争能力,扩大双方的国际市场份额。

4. 我国有3万多份蔬菜种质资源,韩国也有1.3万份资源,双方可进行种质资源对等交换,做到优势互补,丰富各自国家的种质资源库,有利于双方加速新品种的育成和提高所育成新品种的综合性状。

5. 建议我国蔬菜科研在加大经费投入的同时,明确各科研、教学单位的职责,协调各研究机构的攻关职能,团结协作,避免不必要的重复浪费,提高新品种培育的效率。如合理地将开发与基础研究分开,发挥科研院校和种子企业各自的优势。

6. 目前的韩国种子市场,其进口额仅400~500万美元左右,具有较强的市场潜力,而韩国最喜爱的几大蔬菜,我国都具有丰富的资源和育种技术优势,所以当前我们应该加强对韩国蔬菜市场的调研,进一步了解韩国的蔬菜消费习惯,有针对性地制定蔬菜育种计划。

7. 韩国蔬菜种类不丰富,而我国的蔬菜作物和品种极为丰富,这为我国开辟韩国蔬菜市场提供了机遇。此外,我国较为廉价的劳动力资源和与韩国较近,蔬菜产品通过海运较方便的优势是任何其他国家都无法相比的。我们应该抓住这个机遇,对韩国市场进行充分调研,生产优质蔬菜满足韩国市场需要。

本次访问与交流,虽然时间短,任务重,但是通过代表团团长的有效调度,全体代表团成员的团结协作和共同努力,在各接待方的周密安排下,尽量将旅行时间安排在周末或休息时间,充分利用一切可利用的时间来完成考察和交流任务。此外,为巩固考察和交流的成果,代表团还利用与专家教授共进餐饮的时间就有些问题进行深入探讨,并在每天晚上休息前进行及时小结,收到了良好的效果。总之,本次访问达到了预期目的,取得了很好的成果,为今后中韩双方开展有效合作打下了良好的基础。

最后再次感谢韩国工程院的热情邀请,韩国农村振兴厅、汉城大学园艺系等单位的热情款待,以及中国工程院、中国农科院领导的支持。

(顾兴芳提供)

访问俄罗斯工作报告

一、出访概况

2004 年 5 月 17 - 25 日,由沈国舫副院长带队,周干峙、魏敦山院士、北京建筑设计院王兵副总设计师,以及院机关工作人员王海荣、杨丽、官键组成的中国工程院代表团一行七人应俄罗斯建筑和建设科学院(Российская академия архитектуры и строительных наук, 即 PAACH,报告中简称俄罗斯建筑科学院)的邀请赴俄罗斯访问。

代表团受到俄罗斯建筑科学院热情、周到的接待,俄方为代表团安排了丰富的活动。在访问期间,两院续签了交流合作协议,共同举办了学术报告会。代表团拜访了莫斯科第一副市长列辛(В. И. Ресин)(主管城市建设),莫斯科市总建筑师库兹明(А. В. Кузьмин),莫斯科建筑师协会。代表团还顺访了俄罗斯科学院,达成了双方签订合作协议的意向。代表团参观考察了莫斯科市的城区建筑改造,赴圣彼得堡市参观考察了建筑科学院分院所在地圣彼得堡国立建筑和建设工程大学(Санкт - Петербургский государственный архитектурно - строительный университет, 其中 строительный 译成英文为 civil engineering,故也可作土木工程,报告中简称圣彼得堡国立建筑大学),会见了校长,参观了彼得堡闻名于世的历史建筑。

到达俄罗斯的第二天即 5 月 19 日,代表团与俄罗斯建筑科学院主席团会谈,并签署协议。建筑科学院主席团的全体成员,库德里亚弗采夫院长(А. П. Кудрявцев)、伊利伊乔夫第一副院长(В. А. Ильичев)、别洛乌索夫副院长(В. Н. Белоусов)、哈伊特副院长(В. Л. Хайт)、三个学部主任阿尼西莫夫院士(А. В. Анисимов)、卡尔片科院士(Н. И. Карпенко)、斯多勃诺夫院士(Ю. А. Сдобнов)和主席团秘书长奥列利斯基(В. А. Орельский)参加了会谈,并出席了协议续签仪式。会谈中,俄方的每位成员分别作了发言,介绍了各自分管的工作的情况,表达了合作的愿望,提出了合作的建议设想。沈院长对俄罗斯建筑科学院热情周到的接待表示感谢,介绍了我院及代表团的情况,对合作的前景进行了阐述。会谈与签字仪式气氛友好而热烈。

5 月 20 日,代表团与俄罗斯建筑科学院共同举办了学术报告会,建筑科学院的 3 位院士(1 位是通讯院士)介绍了本人的研究成果。我院代表团针对对方关心的问题,介绍了厦门、昆明等体育场馆的设计,介绍了北京为举办 2008 年奥运体育场馆建设的实施情况,还提交了关于城市规划方面的书面报告。报告会内容充实,水平较高。可惜俄方组织的听众不多,翻译工作也跟不上,影响了效果。

代表团参观了莫斯科城市规划展览馆(莫斯科 1999 年制定了城市建设规划)、莫斯科建筑师协会的建筑师宫,正在建设中的莫斯科中央商务区(CBD)、改扩建中的天文馆、新建的高档公寓和旧住宅楼的维修改造,还参观了为申办 2012 年奥运会而修建的体育场、速滑馆。在圣彼得堡参观考察了历史名城的保护，参观了彼得宫、冬宫、叶卡捷琳娜宫等。

在俄罗斯建筑科学院的周到安排下，经过代表团的认真工作，圆满完成了出访任务。

二、与俄罗斯建筑科学院、圣彼得堡国立建筑大学关系的发展

（背景：2000 年，俄罗斯建筑科学院致信吴良镛院士，表示希望与我院建立合作关系。2000 年 11 月俄罗斯建筑科学院院长率团来华，两院正式签订交流合作备忘录，期限 3 年，计划每年组织一次学术活动。）

从 2000 年 11 月，我院与俄罗斯建筑科学院签订交流与合作协议备忘录开始，已经 3 年半了。3 年多来，双方认真履行合作协议，代表团互访，学术交流，友好关系顺利发展。

2001 年 5 月、11 月，我院两次派团赴俄罗斯，参加了俄罗斯建筑科学院年会和共同举办了“俄罗斯—中国历史建筑遗产保护会议”。2002 年 12 月俄罗斯建筑科学院来京参加了建筑交流展，参观考察了北京、上海的城市建设与规划。按原计划，俄罗斯建筑科学院邀请我院 2003 年底派团访问俄罗斯，后因故未能成行，推迟到 2004 年 5 月，即这次代表团的访问。

在续签协议的会谈中，俄罗斯建筑科学院院长明确表示本届主席团经过 2004 年 4 月底换届，在新任期的 5 年内，将继续开展双方的合作。哈伊特副院长明确表示，希望能够按合作协议执行，2004 年 12 月，俄罗斯建筑科学院代表团，愿意如期来华访问，希望中国代表团以后也能按期执行互访。

这次我代表团出访，俄罗斯建筑科学院对每项活动都考虑得细致而周到。哈伊特副院长亲自到机场接机，还专程赴圣彼得堡详细安排代表团的日程，临别又赶到机场送行，使我们深切感到俄罗斯建筑科学院希望加强双方合作的愿望与真挚情谊。我院应珍惜双方已建立起的良好关系，继续开展好两院的合作。

两院合作有着中俄两国人民友谊常在的历史背景以及共同面临社会变革、希望相互交流、相互学习的现实需求。在这次访问中，60 至 70 岁的专家常常回忆起 20 世纪 50 年代中苏互派留学生、专家的美好往事。当年中国留学生勤奋刻苦、品学兼优的良好形象给俄罗斯人民留下了深深的记忆。

现在双方在新的社会发展变革中，在城市建设方面，面临着许多共性问题，如：如何实行对现代城市的规划管理；如何处理现代化城市建设与保护历史建筑遗产的关系；如何解决城市交通拥堵的问题（俄罗斯莫斯科市每年增加 25 万辆车）；如何提高建筑的节能效益，创造良好的人居环境等，双方都希望进行互相交流，彼此借鉴对方的经验，以利各自的发展。

俄罗斯建筑科学院最早成立于 1938 年，在赫鲁晓夫时代被解散取消，1992 年又重新成立，不久前刚刚庆祝了建院 10 周年。建筑科学院是国家级的学术机构（院士每月获 14 000 卢布的政府补贴，折合美元约 480 元），在各地区设立分院和下属院所，组织系统健全，负责对城市、地区建委的技术咨询，承担建设工程任务。获政府财政拨款支持，经费逐年增长，除接受政府拨款外，还争取更多的工程建设收入。长期积累形成的学术气氛浓厚、环境宽松，基础研究与工作实践比较扎实（如对高层建筑、建筑材料的研究）。每年围绕专家感兴趣的问题，选定学术活动的主题。（2001 年：“21 世纪的建筑学”；2002 年：庆祝俄罗斯建筑科学院 10 周年；2003 年：建筑材料与节能；2004 年：面向 21 世纪的城市规划；2005 年：终身教育；2006 年：环境安全的设计与实现；2007 年：面向 21 世纪的住宅。）总之，俄罗斯建筑科学院是一个高水平建筑界学术团体，是我院开展国际交流合作

的好伙伴。2004年12月俄罗斯建筑科学院将按计划如期来访，哈伊特副院长说明，届时学术活动的主题，可由我方安排，同时表示他们感兴趣的是关于建筑领域政策、法规方面的问题，关心的是如何代表、维护建筑工程师的权利和利益。我国的情况与俄罗斯不尽相同，双方可进一步沟通，确定下次学术交流的主题。对以后每年互访交流的主题，也可参考俄罗斯建筑科学院每年的学术活动及早安排，分配落实到院士所在院所，提前有所准备。

圣彼得堡国立建筑大学，建于1832年，已有172年的历史。在俄罗斯建筑界有着重要的影响，在学校展览馆中，我们看到了出自本校的28位院士、通讯院士的照片。建筑大学希望与我院签署合作协议，开展更深入的、实质性的交流合作。沈院长表示在我院与俄罗斯建筑科学院合作的框架中，一定会特别重视与圣彼得堡国立建筑大学的合作项目。圣彼得堡国立建筑大学计划在2005年举办“圣彼得堡的恢复工作”的学术活动，我院要有所准备应邀参加。

三、顺访俄罗斯科学院的情况和取得的进展

2004年5月21日，沈国舫副院长在我驻俄罗斯大使馆科技处龚惠平参赞、米桂雄三秘的陪同下访问了俄罗斯科学院。俄罗斯科学院主席团副秘书长米亚索叶多夫院士（Мясоедов Б. Ф.），动力学、机械制造、力学与控制过程学部副主任弗罗洛夫院士（Фролов К. В.），国际合作局副局长沙波瓦连科先生（Шаповаленко В. В.），国际合作局负责中国事务的丘林先生（Тюрин С. М.）参加了会见。会谈在友好的气氛中进行。

米亚索叶多夫副秘书长介绍了俄罗斯科学院的近期情况。强调政府十分重视科技创新在经济发展中的重要作用。在前几天举行的俄罗斯科学院每年一次的总结大会上，新任俄罗斯政府总理和总统办公厅主任都到会并讲话。该院今年的科研经费较去年增长了30%（但还是没有达到前苏联时期的水平）。2002年机构改革后的俄罗斯科学院由9个学部、3个分院和13个地区科研中心组成，共拥有378个科研机构。现在的9个学部是由以前的18个学部合并的，分别是：

- 数学科学学部；
- 物理科学学部；
- 动力学、机械制造、力学与控制过程学部；
- 信息技术和计算系统学部；
- 化学和材料科学学部；
- 生物科学学部；
- 地球科学学部；
- 历史、语言科学学部；
- 社会科学学部。

俄罗斯科学院现有院士500名，通讯院士700名，每三年增选一次。主席团每周二召开会议（除每月的第一个周二），每年5月份召开全院总结大会（院士大会）。

米亚索叶多夫院士愉快地回忆了五年前曾访问工程院，分别与王淀佐副院长和沈国舫副院长进行了会谈，并提议俄罗斯科学院同中国工程院应在年内签署双边合作协议，推进两院的合作与交流。沈副院长详细地介绍了我院的性质、任务、组织机构以及对外交流与合作的情况，接受了签署两院合作协议的提议，表明建立同俄罗斯科学院正式合作关系是我院推进同俄罗斯工程科技界合作交流的重要一步。沈副院长还简要介绍了明年我院将举办的中俄双边工程科技研讨会的筹备情

况。

弗罗洛夫院士对双方会谈表示充分的肯定，临时决定邀请我方人员访问他领导的俄罗斯科学院勃拉冈拉沃夫机械学研究院（Институт машиноведения им. А. А. Благонравова）。弗罗洛夫院士现任俄罗斯科学院机械学研究院院长，机械制造百科全书主编，1985 年 3 月 15 日至 1996 年 11 月 1 日，曾任前苏联科学院、俄罗斯科学院副院长。在机械学研究院，弗罗洛夫院士介绍了该院的历史和现在主要进行的科研工作，希望加强与中国同行的友好合作。

四、考察莫斯科与圣彼得堡城市规划和建设后的几点感想

随着俄罗斯的经济发展，从莫斯科和圣彼得堡两市可以看出俄城市建设比两年半前（上次工程院考察团）又有了进一步发展，通过此次为期一周的考察，在城市建设、规划设计及其管理体制、文物保护等方面感触颇深。

（一）城市建设

莫斯科和圣彼得堡城市传统建筑保护较好，城市街道、沿街建筑等质量还是很好，城市的天际轮廓也很丰富、宜人，高层建筑不多。据介绍，在城市中心地带要建高层建筑的商务区，规划、建筑的比较、研究、定案等非常慎重，从生态、交通、功能、建筑、技术、景观、防灾等多方面综合考虑。

旧城区和旧有住宅的整治和改善受到重视，有多种不同程度的改建措施，表现了城市特色、良好的质量水平和文化品位。

参观了三种改善城市中的居住建筑不同类型的改造方式，启发很大。在城市的发展改造过程中，很少采用大拆大建的方式，而是根据不同形状、所改善的环境及人居功能的不同需求，区别对待。如有些住宅，采用由业主为主整修，外墙加不同饰面、涂色，内部以提高居住质量的维修为主进行改善；另一种以政府为主修缮住宅；还有一种在较好的住宅区，少量拆除一些旧建筑，因地制宜，精心设计高档公寓、豪宅，合理选择新型建筑材料，建筑风格现代，富有人情味，建筑形式不张扬，居住小环境非常舒适、宜人、典雅，对于传统建筑环境既融合又增色。

对环境保护更为重视，大片的绿化和周围保护地带有良好的养护管理。莫斯科的城市绿化、环境质量很好，蓝天白云，空气清新，河水质清，绿化茂盛。种植的树木均是树干高直、树冠绿叶遮荫面积大，到处绿化成片，几乎不见泥土。生态化的宜人居住环境，值得借鉴，不像我国新建城市绿化，追求新奇，移植大树，并种植不宜在本地生长的名贵树种，建造大铺地，小桥流水（死水），建筑小品多，缺乏长期绿效。

莫斯科市有良好的传统基础设施，如早期的地铁系统，不但运营良好，地铁车站站台内部空间环境、装饰风格、艺术效果各具特色；市区河流水质优良，沿河重点建筑、一些跨河桥梁等城市景观保持着传统欧式的建筑风格；某些地下商业空间（如红场外广场下的地下商城）的开发很有特点，既保持了城市的整体环境，又提高了城市公共空间的利用率。

（二）规划设计

莫斯科总体规划有所深化，规划展览会上新展出了：交通规划，既有系统规划，又有重要节点规划；两平方公里的 CBD 规划有所修订，注意了特色；历史文化保护规划更加细致具体。

建筑管理中的法制受到重视，成为业内人士经常讨论的重点。莫斯科每年建造的 500 万平方米的建筑和 10 万套住宅按规划得到控制，特别是对建筑高度控制和特定的高层建筑区有深入的论证。

俄罗斯长期坚持建立“城市总建筑师”的体制，使城市建设与管理有一个统一意见。科学决策、有序集中的良好管理机制，可以借鉴。

俄罗斯改革已有近15年时间，所采取的“阵痛”疗法，即体制改革在先、观念改革在后，与中国的“循序渐进”方式，即观念改革在先、体制改革在后不同。所以尽管俄罗斯感觉已经很“资产阶级”了，但实际上很多观念还保留着社会主义的痕迹，如建筑设计市场就很说明问题。目前中国的建筑设计市场已经全部开放，大部分工程项目多采用招投标方式，对于一些大型的、重要的项目还要采取国际招投标方式；而莫斯科还保留着中国二十年前的国有设计院，各设计院分工不同，工程项目的获得大多数为政府根据各设计院的分工与专长分配，如莫斯科第四设计院负责体育建筑、医疗建筑的设计，莫斯科市所有该类型建筑均由第四设计院负责设计。莫斯科市的建筑设计市场的改革道路还很长，市场开放与国际接轨还有待时日。

（三）建筑设计

访俄期间参观了四个新建筑，其中三个已建成，一个是在建项目。建成项目分别为莫斯科CBD的展示中心，莫斯科河滨的高档住宅和火车头足球队的主场；在建项目是一个速滑馆（未命名），通过实地考察，感觉在建筑设计、施工水准、建筑材料等方面的整体水平与我国发达地区的建筑设计水平基本相当。装饰建材基本上为进口材料，在这方面与我国目前水平尚有差距。但莫斯科建筑师多次到中国参与建筑设计方案投标，表明他们已不仅仅满足于国内，而开始把目标放在国外市场，与我国建筑师仅满足于国内的竞争相比，是很有战略性和远见性举措，值得我国建筑师及领导层借鉴。

（四）文物保护

从历史角度看，俄罗斯的文学、音乐、绘画等文化艺术在世界领域占有很重要的地位。俄罗斯人也非常重视文化的继承与发展，在城市规划建设以及文物保护上也表现了尊重历史一贯原则，尊重城市文脉，各类重点名胜、皇宫、教堂等历史建筑的保护、维修很见功底，不愧历史名城，世界级的精品之一，通过两个例子我们就可以初见端倪。

莫斯科天文馆，建于20世纪初，使用至今已达数十年，外部残破不堪，内部功能已无法满足现代要求，目前正进行天文馆的复兴工程，将原有天文馆抬高6米，并保持其外部造型不变，仅对其外观进行翻新，同时利用抬高的6米空间及在原有天文馆的周围，建设适应现代要求的天文馆配套工程，使天文馆经过改造达到现代天文馆的要求。应用高科技的建筑技术，保持具有传统的优秀建筑，在莫斯科天文馆建筑改造中，采用提升原有建筑，扩大建筑空间的手段进行改建，扩大使用功能，保持原有建筑特色，是一个非常值得借鉴的、良好的建设方式。

莫斯科救世主大教堂是莫斯科最宏伟的教堂，庄严而高雅，位于莫斯科河河畔，离克里姆林宫不远。1812年为纪念打败拿破仑而建造，历时50年才建成。可是命运不济，1931年12月5日，在反对宗教的狂热中被炸毁。当时曾设想建造同样壮观的纪念物——50米高带有列宁雕像的苏维埃宫，可惜也同样没能实现，后建成游泳池。1995年1月7日在俄历圣诞节那天，大教堂开始重建，并于1997年9月莫斯科建城850周年前夕建成。重建后的大教堂外观宏伟壮观，内部空间装饰富丽堂皇。在俄罗斯当时经济极为不景气的情况下，斥巨资进行大教堂的重建工程，足以看出俄罗斯人对历史文化的态度，当然也不排除当权者通过该重建工程，让人民重温历史，增加民族凝聚感，振兴经济的目的。

五、对今后继续开展合作交流活动的几点意见和建议

综合我们这次访俄的全过程，认识到中国工程院和俄罗斯建筑科学院及其所代表的建筑科技界的合作交流是卓有成效的，应该继续发展。俄罗斯的建筑科学和艺术有很优秀的传统，近期（经济恢复后）的建设规模也相当大，科技进步显著，俄罗斯的建筑师的社会地位比较高，有很多值得我们学习的地方。当然我们中国也有自己的长处，对他们也有吸引力。在当前的情况下，两国老一代科技工作者之间的友谊尚存或记忆犹新，而两国新一代年轻人之间还比较隔膜，需要接过友谊火种，继承发扬。因此继续开展这方面的合作交流无论在学术上还是在人民外交上都有重要意义。

中国工程院以其土木、水利和建筑工程学部为基础与俄方进行合作交流是适当的。但由于中国工程院在建筑方面的院士数量有限，又分散各地，而中国工程院之下又没有实体单位，因此在今后的合作交流中除发挥院士们的领衔作用外，还可组织国内一些高水平的规划设计院所和建筑师们参与活动，这次我们邀请了北京建筑设计院的王兵副总设计师参与交流起到了很好的作用。

这次出访代表团在各方面都作了较充分的准备。为了保证学术报告的质量，尽最大努力向俄方提交了报告的俄文稿，并事先向俄方提出了配备翻译人员的要求。尽管如此，俄方翻译人员的工作态度和语言水平仍直接影响了学术报告的效果，使学术交流不能达到预期目标。语言障碍是双方合作交流的关键问题，俄方很难找到合适的翻译人选。我代表团的官键同志既承担翻译工作，又负责各种事务的联系，十分辛苦。今后在出访团中应加强外语人才的配备，这样各项工作会更顺利。

关于交流合作的后续工作，代表团提出如下几条建议：

1. 同俄罗斯科学院建立正式的双边合作关系，争取年内签署双边合作协议备忘录。俄罗斯科学院的动力学、机械制造、力学与控制过程学部，信息技术和计算系统学部，化学和材料科学学部等三个学部同我院的学部设置中的机械与运载工程学部、信息与电子工程学部、化工、冶金与材料工程学部、能源与矿业工程学部关系密切。应充分利用俄罗斯老一辈科学家对我国十分友好，怀有亲切感情；我院的许多院士早年曾留学前苏联或协助前苏联专家在华工作，比较了解俄罗斯工程技术历史和现状的这一优势，结合院士们的研究课题，利用已经建立的合作渠道，加强沟通、推进深层合作。

2. 同俄罗斯建筑科学院加强有实质性内容的合作：

（1）互派访问学者、研究生；

（2）开展联合研究，为我院的咨询项目服务。

3. 加强中俄两国中青年工程技术人员的友好交往，延续两国科学界的友谊。

4. 筹备好中俄工程科技研讨会，联合俄罗斯科学院、俄罗斯工程院、俄罗斯建筑科学院共同举办。

（访俄罗斯代表团提供）

访问挪威情况报告

应国际工程与技术科学院理事会(CAETS)邀请,徐匡迪院长率我院代表团一行7人于2004年5月23－30日赴挪威进行了访问,并出席了于5月26－28日在挪威斯塔万格召开的CAETS理事会会议和"全球能源展望"国际研讨会。借此机会,徐院长一行还对挪威议会和挪主要工程科技机构进行了访问。在代表团全体成员和我驻挪使馆的努力下,本次出访取得了圆满成功。

一、访问概况

5月25日,代表团在首都奥斯陆停留期间,访问了挪威科学和工业研究基金会(SINTEF)。SINTEF是挪威著名的科研与开发机构。它有40多个专业研究院所、中心、实验室和开发公司,1 000多名科学家、工程师和各方面的专家。60%的研究项目与海洋、石油有关,是欧洲第四大研究中心。在访问中,SINTEF总裁Loktu博士及研究院其他高层领导向代表团介绍了研究院的主要业务和技术专长,包括油气开采设备、石油、液化气运输设备、特种船舶、海水养殖设备的研究等,并介绍了与我国有关部门的合作。在介绍中,徐院长不时向对方提出问题,双方进行了热烈的讨论。

同一天上午,徐院长在挪威议会会晤了挪威议会副议长Inge Lonning先生,双方就共同关心的话题进行了友好的探讨。

代表团于5月25日下午抵达挪威西南部城市斯塔万格。斯塔万格是本次CAETS理事会会址的所在地,也是挪威著名的石油城。该国主要的石油行政管理部门、石油企业和研究机构都坐落在该城。

26日上午,徐院长作为本届CAETS董事会轮职董事,出席了董事会会议。会上就本届CAETS议题、成员会费缴纳、新成员加入、章程修订等议题进行了讨论。

在会议间隙,徐院长一行于26日下午访问了位于斯塔万格市郊的Rogaland研究基金会(RF),参观了该机构研发的石油钻井设备。随后,代表团访问了石油管理局(OD)和挪威最大的石油企业——国家石油公司(Statoil)。27日上午,徐院长一行对Kverneland Group进行了访问,并参观了公司的生产车间和主要产品。Kverneland Group是一家大型农机公司,主要生产农用铧犁和葡萄园机械,在欧洲乃至全球都有可观的市场占有率。访问中,双方相互介绍了各自的业务概况和开展的主要活动。徐院长并借此机会,介绍了我院主办的将于11月在上海召开的世界工程师大会。外方对此表示出了浓厚的兴趣。

在5月27日召开的"全球能源展望"国际研讨会上,我院郑健超院士作了题为"中国可持续能源供应的挑战和机遇"的专题报告,反响热烈。在下午的讨论会上,郑院士应邀作为讨论小组的核心成员之一,与另外3位专家共同主持了讨论会。

5 月 28 日,CAETS 理事会正式召开。在一天的日程中,会议就上届会议报告、今后各成员缴纳会费方案、新成员加入、CAETS 近期的项目、各成员近期开展的活动等议题进行了讨论。

此外,代表团还将携带的世界工程师大会和工程科技网上论坛的资料在会上进行了散发。

二、关于 CAETS 理事会的有关情况

本次 CAETS 理事会主要就以下议题进行了讨论:

1. 关于 CAETS 秘书处的设址问题。现秘书处所在地美国工程院提出为体现平等原则,秘书处可设在其他成员所在国。若暂无其他成员表示承办意愿,美仍将继续承办。会议决定有承办意愿的成员可在 2004 年 11 月 1 日前提出建议。

2. 关于成员国会费。为吸引更多成员加入 CAETS,并为 CAETS 开展项目提供资金支持,CAETS 董事会提议根据各成员实力,将会费分成三个等级,分别为 1 000 美元、4 000 美元和 6 000 美元。会议同意将该建议移至下一次理事会上讨论。

3. 关于新成员加入的问题,会议讨论了埃及、德国、俄罗斯、南非等国工程院或相应机构的申请。徐院长在会上表示,吸收阿拉伯或穆斯林国家工程院加入 CAETS,对提升工程科技在反恐中的作用,加强与阿拉伯国家的对话和沟通有重要意义。故建议对埃及科学与技术研究院的申请给予优先考虑。

4. 会上各国工程院对各自所关注的领域和近期即将开展的活动作了介绍。徐院长介绍了我院的主要活动。在谈到 CAETS 各成员所关心的年轻人的工程科技教育问题时,徐院长着重讲到,中国工程院与一些主流媒体有很好的合作关系,如共同出版一些出版物,定期搞电视讲座,共同举办宣传活动等,以提高年轻人对工程科技的认知度。这些经验可以和其他成员共享,在这方面共同做一些事情。徐院长的提议得到了英国皇家工程院等成员的积极响应。

此外,徐院长借此机会向各成员介绍了我院参与主办的 2004 年世界工程师大会,希望各成员积极参与。CAETS 表达了希望中国工程院能够同时代表 CAETS 作为 WEC2004 共同主办单位的愿望。徐院长给予了积极回应。

5. 会议提议对现有 CAETS 各成员的有关情况进行一次普查,以更好地增进了解。会上对要调查的项目进行了讨论,并决定请各成员于 2004 年年底前将有关情况提供秘书处。

三、访问成果及建议

1. CAETS 是我院多边国际合作的重要渠道之一,我院开展的很多外事活动,如世界工程师大会等,都可以借助这个渠道向国际工程科技界进行宣传。代表团回国后,已有英国、韩国等工程院与我院联系,表示有意向组织代表团出席大会。同时,我院宜积极参加 CAETS 和其成员工程院的活动,以跟踪国际工程科技界有关领域的最新动态。

2. CAETS 理事会上提出的关于承办秘书处和会费数额调整等事宜,我院将认真研究,分析利弊,在最大限度地维护中方利益的同时,针对 CAETS 的实际情况和发展需要提出建设性意见。

3. 挪威海洋技术发达,尤其在海洋石油和海洋渔业方面有很强的技术优势。此外,挪威重视能源和环境问题,洁净和可再生能源技术、清洁生产、废物循环利用等,都是挪方积极寻求与中方合作的领域。CAETS 主席兼挪威技术科学院院长阿尼·伯利克在参加我院十年院庆活动期间,主动提出在环境与能源技术领域加强同我院的实质性合作。我们认为,在我国提倡建设节约型社会、发

展循环经济的大环境下，加强我院与挪威技术科学院在能源环境领域的合作有很大潜力。建议适当时机可组织我院院士和有关专家在上述领域与挪方进一步接触，寻求开展实质性合作项目的机会。

（访挪威代表团提供）

赴瑞士出席国际风险管理理事会（IRGC）报告

2004 年 6 月 27 日至 30 日，国际风险管理理事会（IRGC）在瑞士日内瓦召开了有关会议。我院侯云德院士代表我院，并以 IRGC 科技委员会成员的身份出席了会议，国际合作局多边处徐海燕同志亦出席了相关会议。

一、情况介绍

1. IRGC 背景情况

IRGC 是由瑞士政府倡议成立，属非政府组织，由基金会支持。IRGC 旨在为科技评估，建立一个国际科学争议的平台，形成协商机制，对科技发展与风险管理进行研究。其最高决策机构为理事会，并设科技委员会和顾问委员会。11 名理事主要来自美、法、瑞士等发达国家。我国科技部刘燕华副部长是理事会中唯一来自发展中国家的理事。我院侯云德院士是科技委员会成员。

IRGC 的研究领域广泛，包括关键基础设施（国家信息通讯、国家电网）、食品安全、基因工程、生物和纳米技术等领域。其研究为非纯学术性的，研究成果将可能衍生新的重大国际公约。

2. 会议情况

6 月 27 日召开了科技委员会。侯云德院士就“病原体危机的防范与反恐怖”问题提出建议。因建议研究课题广泛，经综合考虑，将重点首先放在“重大基础设施风险管理”和“风险管理分类及风险管理方法”的研究上。

6 月 28 日召开了 IRGC 第四次理事会会议。会议就下阶段研究项目、预算等问题进行了讨论。

此外，理事会主席向刘副部长个别表示了希望中国考虑成立 IRGC 亚洲区域中心，以扩大 IRGC 在亚洲影响的意愿。刘副部长表示条件成熟时，积极予以考虑。

6 月 29 日召开了 IRGC 正式挂牌成立大会。与会代表约 300 人。瑞典联邦总理、欧盟科研委员、经合组织（OECD）秘书长、美国总统特别代表等出席开幕式并讲话。发言各方均强调开展风险研究活动十分重要，指出在推进全球经济技术发展与社会进步的同时，要警惕潜在风险的发生，要在国家和国际层面上加强管理。刘副部长作了题为“风险管理的机遇和挑战”的大会发言。其中介绍了我国对风险的认识，强调了各国经济发展水平不同，发展中国家面临的风险与发达国家有很大差异。发展中国家需要通过发展，降低自身风险。同时强调加强国际合作，有助于各国面对共同的风险。我国驻日内瓦代表团沙祖康大使应邀出席了大会开幕式。

会上，还宣布了2005年IRGC会将于秋季在北京召开。

6月30日召开了IRGC网络会议，就首选的两个研究项目进行了讨论与交流。

二、感想与建议

此次出席会议，感受颇深。对此，想就今后发展方向，提出一些建议，主要归纳为：

1. 在全球经济一体化的过程中，除传统风险外，科技发展的同时，也会带来新型风险，阻碍社会发展与经济进步。发达国家对此给予了高度重视，不惜重金从事研究。我国应受到启发，具有超前意识，对风险管理问题重视起来。

2. 发达国家与发展中国家情况不同，风险管理的方式有别。我们应在观察国际动态的同时，考虑自己的问题。特别要结合自己的特点和本区域的实际情况进行研究。

3. 科技风险管理已改以往传统概念，超出了单学科、纯学术研究的范畴。具有跨学科、集自然科学与社会科学、研究与管理为一体的特点。为此，我国也应建立综合管理风险的机制，以防范或应对风险的到来。

4. 随着全球一体化的到来，风险管理亦具国际化的特点，很可能形成新的国际公约。我们应把国内研究搞起来，以便与国际接轨。

5. 有关风险管理方面的工作及明年将在我国举办的IRGC会议，刘副部长提议科技部和我院联手，发挥科技部的资源优势及我院的人才优势，资源整合，推动国际风险管理在我国的研究，并办好明年会议。建议我院积极参与，配合科技部做好相关工作。

6. 任何事务都有两面性，如炸药的发明带来炸弹。科学技术也会带来负面作用。建议利用我院人才与咨询地位优势，为国家重大决策开展跨学科、跨部门的咨询活动，避免、减少或应对科技为人类带来毁灭性灾害。

总之，通过出席会议，我们对国际风险管理有了一定的了解与认识。开阔了视野，拓宽了思路，收获很大。

（访瑞士代表团提供）

赴日本考察固态照明情况报告

鉴于中国的能源问题已经成为国家经济发展的瓶颈，而照明能耗在发达国家占总能耗的20%，我国也占12%以上，因而，照明节能尤为重要。我院也为此专门立项了咨询研究项目，由陈良惠等14名院士联名提出了“发展固态照明，节约电力资源，改善生活质量”的中国工程院院士建议。

在当今世界上，作为照明节能根本出路的固态照明，美国、日本、德国、法国和韩国居前5位，其中，美、日在研发和生产上则一直是公认的带头羊。因此，我们组团赴日进行考察访问，考察团一行五人，于2004年8月7日至13日在日本考察有关固态照明研究状况。

现把考察的收获汇报如下。

一、日本固态照明发展背景与概况

1997年在日本召开的第三届联合国气候变化会议，呼吁将温室效应气体的排放量减少6%（和1990年的水平比较）。为了和全球变暖做斗争，日本迫切需要在商业、民间和交通运输领域采取一些节能的措施。发展照明方面的节能技术尤为重要。因为它占了整个能源损耗的20%以上。1998年，日本实施了一项国家工程——发展用于高效照明的化合物半导体技术，一般称为21世纪的光源，日本实施该计划，着眼于节约能源。目的是发展能量转换效率远高于传统的白炽灯和荧光灯的实用化的白色LED光源。该计划在日本金属材料研究中心（JRCM）的倡导下，建立了由13个公司和四所大学（Yamaguchi University, Mie University, Tokyo University, and Chiba University）组成项目研究的联合体。

项目启动以来，LED（发光二极管）“半导体光源”的概念已经深入人心，随着采用InGaN氮化物半导体的蓝光LEDs的实用化，发光效率高于20 lm/W的白色LEDs已经实现，这种白色LEDs由黄色荧光粉（YAG:Ce）和亮度超过10cd的蓝色LEDs组合而成。白色LEDs作为下一代的节能光源已经引起了全世界的注意。随着新的半导体结构用于UV LEDs，发出更短的紫外波段的光，大大提高了白色LEDs作为照明光源的实用化水平。

21世纪是半导体光源技术创新的时代，而这项工程正起着先导者的作用。和传统的可见光LED不同，白色LEDs迫切地希望成为通用照明电源。然而，这种应用需要很高光通量（几十到几千个流明），因此，需要半导体技术、光发射技术和照明工程方面的工程师和照明内部的设计者合作，在实现白色LED照明系统，白色LEDs照明方面的进一步的技术创新，不仅会创造LEDs应用方面的新的照明文化。

为了获得实用化的白色LEDs，他们对下面的四个项目进行研发：

(1) 研究基于 AlN,GaN 和 InN 的混晶半导体和化学化合物的 UV LEDs 的发光机理;

(2) 发展同质外延生长的衬底;

(3) 提高蓝光和 UV LEDs 的外延生长技术和制作高亮度的 UV LEDs;

(4) 制造高效的 RGB 荧光粉以及白色 LEDs 作为照明系统的实用化。

现在他们第一期的计划已经结束,已经取得重大进展。目前,以 LED 在医疗中的应用为目标的下一期计划已经启动。日本计划原定到 2010 年,利用白色 LED 照明,节约市场份额 13% 的能源。

二、参观、访问情况报告

由中国工程院组织的中国固态照明代表团于 2004 年 8 月 7 日至 13 日在日本进行考察访问,代表团所到之处,都得到热情的接待,在短短的一周时间里,考察了四所大学的有关固态照明研究状况,现归纳汇报如下:

1. 东京大学(The University of Tokyo)

该校尾锅研太郎(Dr. Kentaro Onabe)教授是日本 GaN 基材料和器件研究的学术带头人,是国际杂志 J. Crystal Growth 副主编,多次担任在日本召开的有关 GaN 材料和器件的国际会议的主席。他领导的研究组,主要从事应用基础研究,主要材料生长设备有 MBE、MOCVD,还有一些用于物性表征的设备,如 4~300K 可调变温系统,300~1 200nm 氩离子激光器,低温(1.5~300K)14T 强磁场,阴极射线发光等等,在 GaN 方面,主要从事 InGaAsN/GaAs, 立方 InAlGaN/GaAs 和六方 InAlGaN/蓝宝石, InGaPN/InP 材料生长、晶体生长物理与化学及其外延材料物性研究。尾锅研太郎教授研究组从事立方 GaN 研究数年,开展了大量有意义的工作,但也和世界上从事该工作的进展一样,没有取得明显的突破。近年来开展 InGaNAs/GaAs 体系研究,目标用于 1.3~1.5 微米光通讯,目前已生长出氮含量 1% 的结晶质量较好的 InGaAsN 外延材料。

在访问中得知,新日本制铁株式会社从事 GaN/SiC 研究,目标为发展高温高频高功率电子器件。日本古河机械金属株式会社和住友公司从事 GaN/蓝宝石研究,目标为获得自支撑 GaN 衬底。日本东北大学研究 ZnO 发光材料,已取得一些进展,还有待实质性突破。

在东京大学还参观了该校极端条件——超低温、强磁场、超快速、超高压等实验室,其中超低温可达到 27μK(微开尔文)、强磁场可达到 500 特斯拉、超快速可获得脉冲信号 10^{-18} 秒、超高压可达到 200GPa。这些极端物理条件,均为深入开展物质结构和特性研究创造了非常难得的研究手段。

2. 山口大学(Yamaguchi University)

在我们走到山口大学固态照明实验大楼前时,田口常正教授(Prof. Tsunemasa Taguchi)自豪地指给我们看,楼前残疾人通道旁边太阳能电池供电的 LED 照明灯,它不需外加供电系统,有自动控制装置,有行人经过时才通电照明,据说亮度可与通用路灯照明相比。

该校田口教授是日本 21 世纪光计划项目的主持人。该校目前承担了日本政府的一些重点支持项目,而且日本企业投资该校从事某些应用开发研究。田口教授曾利用 LEPS 技术,即在兰宝石衬底上加工作成条纹状,再在其上制备 GaN 系半导体的技术,使缺陷密度降低了三分之一,研制成功的紫外 LED,波长为 405nm,外量子效率高达 45%。该校在有关氮化物的发光性能研究方面,开展大量研究工作,观测到 AlGaN 的双激子发光。

日本第二期白光的发展计划是"白光在医疗方面的应用",该计划仍由田口常正教授制定和组织实施。

3. 名古屋工业大学(Nagoya Institute of Technology)

该校江川孝志教授(Prof. Takashi Egawa)领导实验室专门从事氮化物材料及器件研究,有很好的研究条件。该实验室是由日本著名的光电子专家梅野正义教授创建起来的。梅野教授以高失配材料的异质生长研究闻名于世,早在上世纪80年代,就开展Si上生长GaAs和InP的研究,其成果居世界领先地位。当时他们把MOCVD设备的研制成果转移给了日本酸素公司,并不断给予技术支持,造就了今天在日本MOCVD市场有举足轻重地位的日本酸素公司。江川实验室有二台氮化物专用MOCVD系统就是由日本酸素公司赠送的。他们实验室还有器件制备用全套工艺设备,包括光刻系统、刻蚀设备、电极蒸镀设备,还有X光衍射仪、PL谱仪、XPS、俄歇谱仪、样品平整度测试仪等等。除研究生外,固定研究人员10余人,非常有趣的是,有6位是中国的学者,其中有两位居副教授的位置,十分难得。

该校氮化物研究组研究内容非常广泛,有各种不同衬底(Si、蓝宝石、SiC, GaN和AlN模板)LED材料与器件,包括不同波长范围(UV、蓝光、绿光),有紫外探测器、有HEMT以及半导体短波长激光器。

该校材料生长动力学(机理)研究比较深入,获得了对材料质量提高提供依据的生长模型。该校非常有特色的是:硅衬底LED材料与器件的研究工作,研制出硅衬底蓝光LED材料与器件,并将技术转让给日本三悬公司,据说该公司很快将这一产品推向市场。很有趣的是:该校在实验室技术仅仅取得一定进展但尚未成熟的情况下,把技术及时转让给企业,由企业进一步研发。这种科研成果转化机制很有借鉴价值。当然,能够采用如此举措的前提是,相关企业本身必须有足够的研发实力,在日本的某些公司可以这样做,在中国还要一段过程。

江川教授称,他们已经做到了:[1]未剥离时硅衬底蓝光LED光输出功率为1.5mW(20mA),[2]剥离硅衬底后蓝光LED光输出功率为6~7 mW(20mA)。据了解,三悬公司做到了这一水平,但目前还未见合格率的报道。据考察团成员江风益教授判断,三悬公司的硅衬底蓝光LED水平属国际上数一数二。由于这种新技术比市场上现有的蓝宝石和SiC衬底LED在成本方面有明显优势,估计将在未来的几年中发展成为十分有竞争力的半导体发光产品。

在问及江川教授哪种衬底最有前途时,他毫不犹豫地说:硅衬底。

江川教授给我们赠送了他们研究组近几年来出版的有关学术论文集,有一定参考价值。

在该校,有日本酸素公司技术人员参加合作研究,他们介绍了公司生产的MOCVD系统及有关情况。该公司有20多年的MOCVD研发经验。日本大多数从事氮化物研究开发和生产的单位均购买了他们的MOCVD系统。由于该公司GaN-MOCVD系统与目前德国AIXTRON、英国的THOMAS SWAN、美国的EMICROE等厂家不一样,外延衬底倒挂在反应管上壁,且常压和低压兼容(以常压为主生长),这些特点均有利于生长高质量的氮化物半导体材料。已有不少厂家用这种MOCVD系统研究开发成功蓝紫光半导体激光器。但是,其主要缺点是:价格高,用气量大,不利于降低生产成本。

4. 名城大学(Meijo University)

该校赤崎勇(Prof. Akasaki)教授和三野浩(Prof. Amano)教授是国际氮化物材料及器件的开创者。他们在缓冲层技术和P型GaN方面取得了原创性成果。赤崎勇教授身体不适,由三野浩教授接待我们,并亲自带领我们参观了他们的材料制备实验室和性能测试实验室,他们有自己设计的

GaN－MOCVD 系统、有 AlN 厚膜制备系统、有氧化物制备 MBE 系统。

该校现领导一个日本共同研究从事 250nm 半导体激光器的研究工作，这是当前国际上波长最短的激光器。使用的衬底是 AlN，每年获得日本政府 7 亿日元（约 5000 万元人民币）的资助。

在问及三野浩教授哪种衬底最有前途时，他说：是蓝宝石衬底；他认为 GaN 衬底价格太高，仅限于激光器；硅衬底生长 GaN 后龟裂严重，不适合做衬底。

三野浩教授给我们赠送了他们近三年来出版的有关学术论文集。阅后，感到有重要参考价值。

三野浩教授还提到：日本日亚公司蓝光 LED 研发水平已到 25mW，白光 LED 为 80 lm/W。

三、收获与体会

这次出访日本，因为时间太短，尚有不少重要的单位未及访问，但尽管如此，收获还是很大的。

1. 在固态照明用的设备、衬底、外延技术和器件制备等方面均获得了第一手的研究信息，知道人家在干什么、水平如何，我们的差距在那里。

2. 从固态照明的研发中可以看出，日本的大学和研究单位善于认准研究方向，敢于开展新的创新性研究。而对这种研究政府也能给予高强度的支持，促进了原创性成果的实现。这是在我国较难运行的，值得我们反思和改进。

3. 日本研究计划和研究课题的立项，除了从学科发展的趋势来确定外，还根据经济发展或应用需求来确定，即使尚无有把握的技术路线，也支持前期的探索，这种机制有助于创新和突破，和解决重大科学问题，是我们应该考虑和学习的。

4. 鉴于目前固态照明要真正节能并为消费者所接受，在效率和成本上要付出极大的努力和较长的时间，在日本尚且如此，我们更应该着力于技术攻关，而不能盲目造势，不顾需求的扩产，造成不必要的浪费和损失。

总之，固态照明是照明科技的一场革命，我们既要毫不动摇地积极发展，又要科学地组织，抓准方向，不失时机地实现原创性创新和自主知识产权的形成，可望形成有中国特色的半导体照明技术路线。

团组成员名单

陈良惠　中国工程院院士（团长）
江风益　南昌大学教授
张国义　北京大学教授
鲁　瑛　中国工程院国际合作局
安耀辉　中国工程院学部工作局

（访日本考察团提供）

访问捷克、波兰、俄罗斯工作报告

2004 年 8 月 28 日至 9 月 7 日，杜祥琬副院长率我院代表团访问了捷克、波兰、俄罗斯。其间，杜祥琬副院长和我院国际合作局副局长程家怡首先赴捷克参加了"第十五届气体流动化学激光器和大功率激光器国际研讨会"。随后，代表团全体成员对波兰和俄罗斯进行了访问。访问增进了我院对这些国家的了解，取得了圆满成功。

一、参加在捷克的国际会议

气体流动化学激光器和大功率激光器国际研讨会是这一领域最重要的学术会议之一，每四年举行一次。第十五届会议由捷克科学院承办，于 2004 年 8 月 30 日至 9 月 3 日在布拉格举行。大会与会人员 200 余名。

杜祥琬副院长应邀做了题为《大功率激光束质量的四因素描述》的大会报告，并作为主席主持了"激光物理"分会的讨论。杜副院长在会上和会下与国际同行进行了广泛的交流。

我驻捷克使馆对杜副院长此次参加会议的活动非常重视。陶文学代办宴请了杜副院长一行；史明浩科技参赞陪同参加了会议。驻捷使馆科技处为代表团与会期间的活动提供了很大帮助。

二、访问波兰

应波兰科学院的邀请，代表团于 2004 年 9 月 1 日至 4 日访问了波兰。代表团重点访问了波兰科学院、华沙理工大学等科技单位，目的是增加对波兰工程科技情况的了解，为今后发展我院与波兰的合作打下基础。

波兰没有与我院类似的"波兰工程院"这样的机构。波兰科学院是波兰科技方面的最高学术机构，其技术科学学部侧重于工程科技。此次是我院首次组团访问该院。波兰科学院非常重视。波兰科学院第一副院长利普科沃斯基及技术科学部主任沃欣斯基与代表团举行了会谈。会谈中，杜祥琬副院长对波兰科学院邀请我院代表团访问波兰表示感谢，并指出，中国工程院目前已与世界上 20 多个国家的工程院或类似的工程技术组织签署了合作协议或备忘录，建立了合作关系。由于各个国家的情况各不相同，所以合作的方式和内容也不一样。中国工程院非常愿意与波兰科学院开展实质性合作，共同推进工程科技的进步。此次访问是两个院初次建立联系。我们也邀请波兰科学院适时访问中国，增加对中国工程院以及中国工程科技界的了解。访问时，中国工程院愿意组织我院具有优势的研究领域的院士与波方的专家对口交流，或者共同组织小型研讨会，具体确定双方共同感兴趣的合作领域，并讨论具体的合作方式、内容等。目前双方可以从交换出版物开始，进一步加强双方的了解和沟通。利普科沃斯基副院长表示完全赞同杜副院长的意见。双方初步考虑明年波兰科学院回访我院。双方还将在条件成熟时签署两院合作协议,使两院的合作形成固定的机制。

华沙理工大学是具有100多年历史的著名学府。在访问华沙理工大学时,该校副校长扎内基先生接待了代表团,并介绍了华沙理工大学的基本情况。双方就在工程科技方面的可能合作领域交换了意见。杜副院长指出,中国的经济发展需要工程科学技术的支撑,波兰具有雄厚的科技力量和工业基础,我院愿意在广泛的领域与华沙理工大学开展合作。杜副院长还邀请扎内基副校长再次访问中国,与我院和中国的高校开展交流与合作。扎内基副校长表示感谢并愉快地接受了邀请。代表团随后还参观了华沙理工大学物理系和工程系。

访问中,代表团感受到波兰人民和科技界对中国的深切感情。波兰科学院在接待时,为代表团做了独具特色的安排,专门请代表团到该院的"中国屋"品茶,"中国屋"内摆放的都是中国的字画、手工艺品等,使代表团深受感动。代表团所接触到的包括华沙理工大学副校长在内的波兰科技界的朋友,凡到过中国的,都很高兴地回忆起在中国的感受,并对中国的高速发展有深刻的印象。

我驻波兰使馆非常重视代表团的访问,并做了周密的准备和细致的安排。茅润龙代办宴请了代表团一行;科技处马秋阳参赞、杨志军二秘全程陪同和参加了代表团的活动。

三、访问俄罗斯

在俄罗斯,2004年9月6日上午,代表团访问了俄罗斯莫斯科国立工程物理技术大学。该校第一副校长赫麦利宁教授、科研副校长巴格达诺维奇教授、外事副校长杰格佳连科教授和外国学生系副系主任科弗绍夫参加了会见。俄方介绍了该校近几年的科研和教学情况,以及目前正在该校学习的中国留学生的学习情况。校方希望能够有更多的中国学生到该校学习,并希望能够派出俄罗斯学生到中国学习,特别是学习语言。杜副院长愉快地回忆了40多年前在该校学习的情景,询问了一些老师和同学现今的工作和生活情况。会谈结束后,代表团还参观了该校的实验用核反应堆。

9月6日下午,代表团访问了俄罗斯科学工程学会联合会(科工联)。该联合会主席古利亚耶夫院士、副主席西特采夫和外事局局长布拉弗采夫参加了会见。杜副院长和古利亚耶夫主席分别代表中国工程院和俄罗斯科工联签署了两个组织的合作谅解备忘录。根据此合作谅解备忘录,双方将加强合作,共同举办学术会议、交换各自出版物、互派访问学者、培养青年科技人才以及开展咨询活动等。

9月7日中午,代表团访问了俄罗斯科学院,并同该院签署了两院合作协议。俄罗斯科学院第一副院长麦夏茨院士、副院长普拉泰院士、主席团成员、无线电和电子技术研究所所长古利亚耶夫院士、巴依科夫冶金材料研究所所长科弗涅里斯蒂院士、激光材料和工艺中心主任奥西科院士、外事局局长马尔基安诺夫出席了签字仪式。俄方希望合作协议的签署,是加强两院友好合作的开端,并建议双方在较短时间内再签署一份有实质合作内容的工作协议。俄罗斯科学院表示支持今年11月将在我国举行的、我院参与主办的世界工程师大会,并将派代表团赴上海参会。同时,对我院提出的明年在北京举办中俄双边工程科技研讨会表示赞同。

附:代表团人员名单:

杜祥琬　　中国工程院副院长

宋学敏　　中国工程院办公厅主任
程家怡　　中国工程院国际合作局副局长
田　琦　　中国工程院国际合作局双边处处长
官　键　　中国工程院国际合作局综合计划处副处长

（程家怡提供）

赴意大利参加国际水稻研究所与国际玉米小麦改良中心合并事宜指导委员会会议的情况报告

应洛克菲勒基金会主席 Gordon Conway 的邀请，中国工程院主席团名誉主席宋健院士作为“国际农业研究磋商小组（CGIAR）机构调整指导委员会”成员，出席了于2004 年9 月13 – 17 日在意大利 Ballegio 举行的指导委员会会议（Oversight Committee）。本次会议的主要议题是讨论 CGIAR 所属“国际水稻研究所（IRRI）”和“国际玉米小麦研究中心（CIMMYT）”的合并事宜。中国农科院国际合作局局长梁�等同志陪同出席了会议。

CGIAR 是国际上著名的农业科技研究机构，下辖分布于世界各地的 15 个国际农业研究中心。洛克菲勒基金会是 CGIAR 的主要资助人，我国也是资助国之一。

为开好这次会议，经商农业部，宋健同志组织有关人员在会前作了充分的准备，就我国政府和科技界对上述两个中心的合并事宜进行了调研，并广泛征求了有关专家的意见。在为期三天的会议上，各与会代表就上述两个单位的合并问题交换了意见并达成 11 点共识性指导框架意见。

一、会议的主要背景情况

本次会议是在 CGIAR2003 年年会上根据成员国和一些国际组织（主要是 CIMMYT 的资助单位洛克菲落基金会）的提议，考虑到目前主要捐款国家和国际组织以及基金会对国际农业研究磋商小组捐款的减少，以及国际玉米小麦改良中心和国际水稻研究所在生物技术、资源评价以及社会科学等领域的相似研究内容，建议对 CGIAR 所属的国际水稻研究所和国际玉米小麦改良研究中心进行资源整合和在某些领域进行适当的合并，为此，在 2003 年年会后，成立了上述两所进行联合和合并工作的工作组（Working Group）和管理委员会（Oversight Committee），并从与 CGIAR 没有直接合作关系的单位中选择科学家参与上述工作。我国中国工程院名誉院长宋健同志和中国科学院黄季琨博士分别是管理委员会成员和工作组成员。

二、会议进行的情况和我们的发言介绍

会议于 9 月 14 日在洛克菲落基金会会议中心举行，大会管理委员会与工作小组连续三天(2004 年 9 月 14－17 日)在 Bellagio 进行磋商，审核工作小组提交的报告草案，主席是洛克菲勒基金会总裁 Gordon Conway 教授。

主席介绍了会议的目的和主要任务，以及 CGIAR 特别是国际水稻研究所和国际玉米小麦改良中心面临的机遇和挑战，随后大会听取了工作组关于就上述两个研究单位合并、联合利弊分析的调查结果。

会议期间讨论了很多问题，包括关于 CIMMYT 和 IRRI 合并的风险、机遇和可能的选择。委员会希望在大家意见完全一致的基础上得出结论，并完成两个中心合并的备忘录。

在宋健同志率领下，中方代表团就国际农业研究磋商小组的工作、国际水稻研究所和国际玉米小麦改良中心的重要作用以及拟议中的机构合并问题，介绍了一些情况，谈了一些看法：

(一) 首先肯定了在过去几年里，国际农业研究磋商小组的工作取得了显著效果，与成员国家尤其是与我国的合作取得了长足进展。

(二) 分析了国际水稻研究所和国际玉米小麦改良中心为世界农业的发展，尤其是中国粮食生产的发展做出了较大贡献，希望上述两个组织能优势互补、积极应对新的挑战。

(三) 共同努力，携手共建国际水稻所和国际小麦玉米中心美好的未来。作为国际农业研究磋商小组最大的两个科研机构，国际水稻研究所和国际玉米小麦中心正面临新的挑战。目前全球还有 10 亿多贫困人口，每天有 4 万多人死于饥饿和营养不良。50 年后世界人口将翻一番。必须增加粮食产量，世界才能稳定。30 年后，中国的人口将达到 16 亿的高峰，粮食产量要比现有水平提高 1/3 到 1/2 才能保证粮食安全。为实现我们的目标，国际水稻所和国际小麦玉米中心应加强对水稻、玉米和小麦等大宗粮食作物的研究。各成员国应一如既往地支持这两个机构的工作，着眼于长远和未来，努力增加财务支持。通过发展援助机构，增加对农业研究的投资，发挥各自的优势，加强农业研究和国际合作，为保障世界粮食安全做出更大的贡献。

(四) 我方在会上表示，中国科学家对这两个机构的未来发展很关注。关于拟议中的“合并”问题，中国科学界的同行认为应持谨慎的态度。国际水稻所和国际小麦玉米中心的研究重点及其生态地理分布差异较大，完全合并在短期内可能有较大的负面影响。如科研成本可能会加大，预期效果可能难实现，成员国对合并后新机构的捐款也可能会减少。

为避免上述负面影响，我们认为，国际水稻研究所和国际玉米小麦改良中心应进行强－强联合，使工作更得力，更有成效。加强种质库的储备和应用；加强分子生物学、DNA 测序和基因学研究；加强抗旱、抗虫、高产作物新品种的开发；加强支持发展中国家农业新技术新品种和推广的能力建设；发挥各自的人才和资源优势，在具有共性的社会经济科学研究等领域进行资源整合。

三、本次会议的主要决定

大会经过讨论和与会代表的意见交流，形成了 11 点建议作为会议的决定，提供给 CGIAR 领导，为今年 10 月在墨西哥召开的年会作决定提供参考意见。中方在会议上的建议基本被采纳。本次会议对加强国际水稻研究所与国际玉米小麦改良中心的优势互补，减少管理层次(两个理事会合并)，重点在亚洲和非洲开展农业研究活动等，为我国加强与上述组织的合作提供了更好的机遇。

四、本次会议的主要结论

- 对 IRRI 和 CIMMYT 来说这是建立合作伙伴关系的好机会，将会加强他们利用先进科学的能力，并能对外部环境的动态变化反应更及时。
- 通过统一两机构的理事会，形成强强联合，是目前加强 IRRI 和 CIMMYT 研究力量的最佳选择，这样两个中心也能更好地实现他们的宗旨。
- 新的委员会成员受委托全权负责联合和合并项目确保成功，并提前进行管理和监督。
- 每一个合并项目都由强有力的带头人来建立并保持世界一流水平的研究项目，以吸引出色的国际人才和博士后人才。
- 现有研究领域以及所际文化的相互补充是力量和能量合并基础上联合的机会。
- 强强联合应该促进现有包括 IRRI 和 CIMMYT 在内的合作研究项目，比如挑战计划和系统范围计划。
- 强强联合应该使 IRRI 和 CIMMYT 与发展中国家农业研究机构，发达国家研究机构和私有部门建立更有效的合作。
- 强强联合将提供一种框架，可以扩大到与其他 CGIAR 中心的合作。
- 强强联合将提高亚洲玉米研究和非洲水稻研究的基础。
- 合并项目将从统一标识（如“联合项目”）中受益，对员工、外部捐资人和客户很重要。
- 建立联合项目的正式评估应该在启动后的合理时间内进行。

除上述主要结论外，本次会议还对关于 IRRI - CIMMYT 联合的情况进行了详细的说明（参见附件）。

附件：

工作组对 IRRI - CIMMYT 合并情况的详细说明

目前 CGIAR 面临着更大的问题

在过去的20 年中，作为一个整体，CGIAR 从上个世纪 90 年代起面临经济困难。尽管这些困难在过去一年中有所缓解，但未来主要经济来源，特别是来自世界银行的资助仍不确定。除了财政问题，还有严重的问题需要考虑，例如关于如何确保发展模式一直符合时代要求并且花费合理，现在这种模式已经成为 20 世纪的后 50 年中最重要并且是最成功的创新。然而 CGIAR 自 1971 年创建以来，科学和发展的挑战在主要方式上有所改变。造成新的变化的原因包括：

- 科技进步及突破，尤其是生物技术和国际私有部门在此领域占主导地位；

• 知识产权问题的复杂性不断增加，以及目前对公共物品本质定义所带来的挑战；

• 在国际发展的各个方面，社团的中心重点角色繁多；

• CGIAR 的相对优势发生明显改变，使问题更为困难，原来通过 CG 中心，亚洲的大部分农业研究的需要得到了最好的服务，非洲明确的、无可否认的优先需要也得到了满足；

• 在数个中心成功地与大部分最先进国家的先进农业研究中心建立起很好的人才和研究联系后，就已经可以预期 CGIAR 模式的本质。在许多发展地区，包括中国、印度、巴西，现在已经有"世界一流"的生物技术的科学和技术能力。

• 出资机构的需要和"条件"，尤其在 90 年代，已经促成 CGIAR 改革其特点，从一个具有排他性的(或基本上排他)先进科学研究的中心到一个完全规模和整体服务的发展机构，包括生活水平发展，女性进步，扶贫项目，环境特别项目等等。这已经模糊了 CGIAR 关键竞争力的本质和质量，使它的不确定性增加，比如如何定义并反映它的相对优势。

这些力量和因素作用的结果，勾勒出新需求的重要性和需要在更大范围的变化。就像在 20 世纪 40 年代到 80 年代之间，很多国际发展机构进行了改革，CGIAR 发现它自己今天面临着挑战需要重新定义和再次自我投资，才可以确保它的力量能得到有效的利用并在新的环境下产生更大的影响。

IRRI – CIMMYT 面临的挑战

认识到上述因素和挑战，CIMMYT 和 IRRI 的两位理事会主席在 2003 年 10 月指出想尽可能地将强 – 强合作，从正式联合到完全融合。进而，要求洛克菲勒基金会支持这个工作，工作组和管理委员会参与其中。

为何寻求联合/合并：未来 IRRI – CIMMYT 的宗旨

管理委员会理解 CGIAR 改变的动力是多种多样的，两个组织的主席们的初衷也各有不同。包括对合理开销的关注，对未来经济问题的考虑，以及地理覆盖问题等等。然而，主要的变化不应当主要由行政或经济问题为出发点的，这些问题当然也很重要。改革的目标应当是战略性的。在这种情况下，IRRI 和 CIMMYT 的问题毫无疑问应该归结为如何将他们联合起来的力量和努力能战略性的、有计划地应对科学和发展的新特点，并应对粮食安全和减少贫困的新挑战。

关于 CIMMYT – IRRI 联合的任何可能形式的规划中，包括新的机制的安排，将能成功确保科学应用和应用农业研究于谷物生产，保证粮食安全、减少贫困和确保生计。规划中也细节地描述了急需保证科学技术作为公共物品，对粮食安全和减少贫困的持续关注。新的联合应该促进涉及的国际政策的束缚进行改革。最后，该规划的目的是建立基础、组织和机构的预备条件，这样注意力能优先集中在非洲的需要和挑战方面(非洲的这些问题比其他地区更严重)以促使它们得到一定程度的解决。

此项规划意味着两个机构必须准备接受并迎接主要的变化，包括许多艰难的选择并同意：许多长期建立起来的偏好和做事情的办法将在长期的谋取更大利益的过程中被废除。

考虑到这个规划和列出的因素，管理委员会全体同意：

• 按惯例，不可选择商业化。商业化将使 IRRI 和 CIMMYT 都不能达到临界规模要求的用科学和技术解决未来谷物生产的挑战问题。

• 如果能重新开始，可能就不会建立单独的实体，比如 IRRI 和 CIMMYT。而会是建立一个全球谷物研究中心，该中心能完全将三个主要作物（小麦、水稻和玉米）的科学遗传学集中在一起，而这三种作物占世界总的食物热量的 50% 以上。

• 临界规模的成功是关键。目前，CIMMYT 和 IRRI 的功能都低于临界规模需要达到的标准。两个委员会的主席都清楚地意识到这是问题并且这种不足不能通过边缘的微小调整解决。

• 对 CIMMYT 和 IRRI 各种选择的考量应该放在更大范围中、尽可能长期的酝酿过程中，并考虑作为整体 CGIAR 的多重影响，甚至，更大范围的，对国际农业研究的总体未来福利的影响。从另一方面来说，通过两个中心的合并，临界规模对未来的成功之处，应该能从中看出，也将未来农业研究以公共物品传播开来。另外，获得临界规模对 CGIAR 来说有如在 70 年代时取得的影响，应该是作为催化剂，需要对粮食安全和农村生活的政策性支持进行改变和重新证实。

合并工作的主要障碍和困难是什么？

总得来说，机构——尤其是公共机构——并没有很明显的改变。这是国际机构发展的真实情况，对于那些合并成更庞大的机构和在更复杂的政治和管理环境中运作的机构来说。这在很大程度上解释了为什么在过去 50 年中，没有明显的合并或多边发展的组织。有些小调整，但不会合并，对于那些机构，不可避免的一致意见是他们已经放弃统一协调或者完全的无效率。这些机构简单地说并不是在市场机制下运行的。如果他们做过了，就像 IRRI 和 CIMMYT，如果合并，可能存在大量的接管和合并产生的问题。与其他机构相似，CGIAR 内部的负担很重，很多已经瘫痪了。另外，CGIAR 内部的变化总的来说可能只是在完全达成一致的基础上发生。

从实用的角度，很清楚成功合并的 IRRI 和 CIMMYT 要取得良好的前景将依赖于某些措施，这些措施在某种程度上是内部力量能适应和可以承受的。更进一步来讲，委员会已经解释了针对 IRRI - CIMMYT 的挑战，最实用的方式是寻求最有可能实现的办法（意味着将在尽可能的范围内进行变化）而同时寻求在进一步的变化中能在未来作出更大的科学成果。

但同时委员会也坚持认为应该执行最小限度的变化或者在这个过程中不要确定两个所结合在一起所需要的时间花费和要求的标准。

指导原则框架

我们认为最小限度要求 IRRI 和 CIMMYT 联合起来最好在明确成功结合或融合的指导原则后决定，或者是部分的或者是完全的。为达到这个目的，我们讨论了并且同意指导原则的一般框架，这将用在 IRRI - CIMMYT 的实验性的组织、结构和战略等各个方面。指导原则框架包括以下内容：

• 将避免复杂的、多层机构。在国际组织方面建立“伙伴制”是总体的趋势，合作、协作和联合的安排主要是为建立紧密的决策机制，强调过程，以便有效引导投入。

• IRRI 和 CIMMYT 的合并应该坚持简单、行动方式顺畅以及责任明确的原则。而且，各方都容易沟通并容易理解结构和实施，这两项都是直接影响

• 责任和义务应当与最好的措施管理原则相联系，包括要求有助于交流和决策，聘请有能力和魄力的领导，减少重合和重复，使任何层面的从业者减少模棱两可。

• 监督和管理应该界定清楚，在管理和监督之间应该是单一而明晰的汇报/责任界限。

• 在所有的情况中,前期准备费用应该保持最小水平,指导原则应该包括尽量减少这些费用。

• 激励和奖励措施应该与战略目的相联系。

• 机构内部的合并应该在两个所现有的项目和服务需要的基础上进行,但长期的更长久的战略安排将超越这些基础。

• 不是所有的事情都是平等的,也不能在假设它们是平等的而同样对待。关键的能力、经验、优势、影响力和才能等都不平等。有些是能建立起来的,而有些是不能被模糊的,因为这会减少两个组织结合后相对优势的可能性。

可考虑的意见:完全整合或强有力的联合?

本着以上的指导原则,委员会调查了两个基本的意见:完全整合或强有力的联合。在此重申,在一个完全新的形势下,提议建立一个独立的国际谷物研究所,并在非洲设立其总部。然而,在这个时候两个中心完全的整合会产生重要的问题包括取消一个或两个总部,这可能会引起经费的损失。为建立一个新的总部,可能需要继续的谈判来达成共识。另外,马上进行完全整合会不可避免导致一些计划和正在进行或可能实行的项目中断。最后一点,马上进行完全的整合还会出现一些其他情况,比如需要再次审查以及两个中心的一些工作人员反对两个中心的完全合并。综合考虑这些因素,委员会得出结论,不建议两个中心马上进行完全的整合。

但是对两个中心之间已共同实行的一些有计划的项目,为扩展新的计划奠定了一个坚实的基础。考虑到这些因素,委员会特别提议在以下领域立即进行有计划的整合:

• 地理经济学和生物技术

• 知识产权管理和生物安全/环境治理

• 社会科学

• 亚洲的可持续集中灌溉谷物系统

这四个领域的整合并不意味着取消它们,而是为了更大的战略目的。当这些合并领域运行的非常好的时候,就能成为提供经验的媒介和未来更广泛改革、调整和发展的催化剂。

领导层:设立一个或两个理事会?

为保证强 - 强联合下整合成功并为未来的战略部署打下基础,需要一个强有力的领导层。为此,委员会提议成立一个独立的领导团体。如果没有这个领导团体,所提议的这些最初整合领域难以成功,也就不能成为未来发展战略提供一个平台

如果这个提议被采纳,委员会进一步建议考查其技能、经验、专业和其他方面来选择新理事会的成员。

管理层:设立几个主任?

在指导原则框架中已很清楚的列出责任义务、避免复杂浪费以及管理层对领导层的汇报体系等。这些原则对组建一个好的领导层和实现战略性的联合这个目标是有效的,然而,在实际中达成共识还是比较困难。有三个不同意见,第一是继续任命两个中心主任,责任和分工明确。因为并未有所改变,所以对最初完全整合的四个领域需要在两个中心主任 DG 间进行新的安排。这不符合管理层对领导层的汇报制度,并且可能发生难以解决的冲突。

第二个意见是增加一个主任，负责双方联合的领域，大多数人都认为这样做是不明智的。这会使情况变得复杂，产生不稳定和冲突。

第三个意见是只设立一个主任（两个副主任）。缺点是一个主任对两个中心负责，这也会产生一些困难如总部设在哪里？因此，情况并不像我们所希望的那样容易决策。但是，综合考虑，大多数人支持设一个主任。因此，委员会提议设一个理事会，一个主任。

向前发展：

假设联合的建立被采纳，为了推动发展，做两个补充建议：

首先，对新的机制调整的相对优势进行仔细精确的重新审视。对操作步骤、措施、手段和资源注意细节上的问题。

另外要符合战略部署的需要。历史上失败例子分析个中原因主要是缺乏战略部署。国内和捐赠的经费的利用经常由于执行过程中细节的失败而受挫。因此，战略计划的执行更为重要，也更具有挑战性。

在执行过程中不可避免地要克服阻力，阻力经常是由于误解而产生。因此，改革更重要的是改变人们的思想。这是一个非常复杂的过程，只有在解释、交流、宣传、磋商、劝说和达成共识后方可成功。对一个象 CGIAR 中心和以未来的食品安全和世界人口问题为目标的改革来说更是如此。这样的过程面临着冒险，问题的复杂性和对立会产生懒散麻痹。而且，交流、劝说至达成共识这个过程是困难的，要采取和执行有效的决策。挑战和执行战略计划就非常重要，包括检测、评价进展、影响和以反馈为基础做调整的灵敏性。

经验表明，即使采取最大的努力欲达成共识，还会有反对的意见。因此，只有理事会和管理者坚定有力的领导才会成功。

（中国参会代表团提供）

赴印度参加第十次 UN ESCAP ICC 会议情况报告

一、概况

遵照工程院外事局 9 月 30 日由电话通知和随后文字通知，我于国庆节后即着手与 UN ESCAP ICC 会议相关机构取得联系，推进赴印度参加 UN ESCAP ICC 会议一事，并根据 10 月 8 日发的工程院出国任务批件（中工外审字【2004】第 020 号）及出国任务通知书（中工外【2004】第 025 号）开始办理签证事宜。在 UN ESCAP ICC 和 UNDP 驻京办及院外事局的大力帮助下，于 10 月 19 日成行，经新加坡赴印度班加罗尔。此次出行是根据 UN ESCAP 2004 年 9 月 18 日正式邀请函,其国际航班往返经济舱票和在会议期间(三天)花费由 ESCAP 资助,其余经费由中方承担。

此次会议于 10 月 21 - 22 日在印度班加罗尔 CAPITOL HOTEL 召开。

二、会议情况

此次会议由 UN ESCAP 组织,由印度空间局承办。

在 ICC 正式会议前,于 10 月 18 - 20 日分别召开了几个工作小组会议:遥感与地理信息工作组;空间科学与技术工作组;星载定位工作组和气象卫星及灾害监测工作组会议。这几个工作组会议的成果在 ICC 总会上都作了介绍并通过了决议。

参加 ICC 会议的国家有(按英文字母排序):Australia, Azerbaijan, Bangladesh, Butan, China, Fiji, India, Indonesia, Islamic Republic of Iran, Japan, Malaysia, Mongolia, Myanmar, Nepal, Pakistan, Philippines, Republic of Korea, Russian Federation, Singapore, Sri Lanka, Thailand, U. S. America, Vanuatu, Viet Nam, Hong Kong China 等国家和地区负责空间应用的领导和专家。

参加会议的联合国官员有:ESCAP 副执行秘书长(联合国副秘书长级)Keiko Okaido 女士阁下,ESCAP 信息通信和空间技术司司长宣增培先生,信息通信和空间技术司空间技术应用处处长武国祥先生等。参加会议的中国代表有此次会议中国归口点(Focal point)国家科技部国家遥感中心张国成主任,国防科工委人教司屠森林司长,外司处处长刘小红等。

第十次 ICC 会议选举了会议主席、副主席、报告人(副主席)各一人。此次会议主席由东道国 G. Madhavan Nair 先生阁下担任,副主席由伊朗的 Hassan Shaft 先生阁下担任,报告人(Repporteur)由中国的姜景山先生阁下担任。

在会议开幕式上,由印度 Karnataka 省(班加罗尔为该省首府)省长 Shri TN Chaturred 先生致词,印度空间部长航天局(TSRO)主席 G Madhavan 先生致词,由 ESCAP 副执行秘书 Keiko Okaido 女士致词。

三、会议议程及讨论的主要问题

20 日会议主要议程有:

1. 对 1994 年至 2004 年十年工作的评估。

会上由各国代表发言:姜景山代表中国发言,对中国十年内空间技术应用作了回顾,包括遥感技术应用情况、卫星通信进展,并对今后的设想作了简单介绍。其他国家也都发了言,总的认为 ICC 工作有成效。

2. 对在空间应用中私人企业更多参与的问题进行了讨论。对此,中国代表三次发言,认为应该重视这一问题,中国也正在逐步努力使更多私营企业参与到空间应用中来。

3. 其他相关事项。

21 日会议进行圆桌会议,主要议题是:

(1) 各工作小组会议情况通报并通过该组的工作报告:

- 空间科学与技术工作组报告
- 卫星通信组工作报告
- 气象卫星及灾害监测组工作报告

• 遥感及地理信息系统组报告

(2) 讨论2004－2005年度主要工作计划。

(3) 确定下次会议地点和选举下次会议负责人:第十一次ICC会议拟在马来西亚召开,待与该国政府协商后再定。

(4) 通过第十次ICC会议纪要。

在会上伊朗代表提出建议在伊朗建立区域灾害监测中心,并希望会议纪要中明确写进ICC会议支持在伊朗建立这一中心。对此与会各国代表认为应讨论决定。会议主席问中国的意见,我根据会下已了解的ICC成员的意向,表示最好应先作可行性研究,最后会议一致同意先进行可行性研究后再定。

此次我代表工程院参加ICC会议,与各国代表接触,一方面表示了工程院在中国空间应用方面的重要作用,另一方面也与各国代表交了朋友。此次,受到宣增培司长的大力支持,武国祥处长的帮助,张国成主任的密切配合,我向他们表示感谢。工程院外事局始终给了很大帮助和支持,特表示谢意。

注:会议形成的正式文件将于会后修订并拟给与会国家。

(姜景山提供)

出访土耳其报告

2004年10月3日至9日,以王淀佐常务副院长为团长的中国工程院代表团访问了土耳其。

代表团组成如下:

团长:王淀佐　　中国工程院常务副院长,两院院士

团员:康金城　　中国工程院国际合作局副局长

　　　董清海　　中国工程院秘书

　　　张立诚　　北京矿冶研究总院副院长

此行的主要目的有二:

1. 作为特邀代表出席土耳其主办的第10届国际矿物加工研讨会(IMPS);

2. 出席国际矿物加工大会委员会(IMPC Council)的工作会议。

一、出席第10届IMPS的情况

会议在土耳其西海岸的小城切什密(Çeşme)举行。会议两年一届,首届始办于1986年。参加者主要是来自土耳其本国及西亚和东南欧各国的学者。本次会议出席者有400多人,来自32个国

家。土耳其本国的出席者约占三分之二。本次会议出席国家数目较多的一个原因是IMPC委员会的多位成员都出席了这次会议,大大增加了会议的国际色彩。

会议于10月5日至7日举行。报告会在两个分会场共进行了三天。会议主题是“矿物加工的挑战和机遇”,分为13个子题(sessions),按会期安排的先后分列于下:

1. 矿物加工展望;
2. 破磨与筛分;
3. 废物处理;
4. 湿法冶金;
5. 浮选;
6. 矿物富集;
7. 煤;
8. 数模、模拟和过程控制;
9. 沉降、絮凝与团聚;
10. 环境问题;
11. 工艺矿物学;
12. 表面化学;
13. 其他杂项。

论文集收集了121篇论文,其中口头宣读86篇,其余为墙报。论文集的分类与会议子题基本类似:

1. 物质组成(7篇);
2. 破磨与筛分(10篇);
3. 矿物富集(12篇);
4. 浮选:机理、表面化学和过程(30篇);
5. 湿法冶金(9篇);
6. 沉降、絮凝和团聚(9篇);
7. 废物处理和环境问题(20篇);
8. 数模、模拟和过程控制(4篇);
9. 煤(16篇);
10. 非金属矿(4篇)。

会议同时还附有展览。

位于土耳其西部的伊兹密尔市(Izmir)的多库兹·伊鲁尔大学的矿业工程系(Dept. Mining Engineering, Dokuz Eylul University)为本次会议做了大量的组织工作。该校设有矿物加工专业,招收本科生和研究生。从出席会议和发表论文的情况看,该校师资和生源都不错,学术表现活跃。

二、出席IMPC委员会工作会议的情况

我国申办第24届IMPC成功之后,王院长被增选为IMPC委员会的委员,正式参加了本次工作会议。

会议于10月8日在伊斯坦布尔市举行,议程有:

1. 通过上次会议(在南非开普敦第22届IMPC期间召开)的纪要;
2. 对IMPC章程草案进行进一步讨论;
3. 对于是否要将IMPC升格为国际常设学术组织进行讨论;
4. 对于是否要改选委员会主席的事宜进行讨论;
5. 听取土耳其方面对将在2006年举行的第23届IMPC会务准备情况的报告;
6. 听取中国方面对2008年第24届IMPC准备进展情况的报告;
7. 听取澳大利亚方面对2010年第25届IMPC准备情况的报告。

王院长委托北京矿冶研究总院张立诚副院长向委员会报告了近一年来为2008年在北京举行第24届IMPC进行的准备工作。主要内容包括:主办单位从原先的二级学会升级为一级协会,并由工程院牵头;北京矿冶研究总院改为承办单位;国务院已发了该次国际会议的批文;对会期等作了进一步说明。委员会对我们的工作表示满意。但讨论中,多位委员提出,我们拟议的十月中旬举办此会,可能对英语国家的大学教授和学生参会不利,因为这正好是英语国家大学的考试季节。这一点应引起我们注意。

会议决定,在2005年9月在土耳其再举行一次工作会议,对本次会议未决之事作出决定,包括升格为常设国际学术组织问题、主席改选问题、章程问题,等等。届时,土耳其方面还将组织一次研讨报告会,主题是矿物加工的可持续发展,并特别邀请王院长作一专题报告。

(康金城提供)

访问美国、巴西工作报告

2004年10月12日至10月23日,沈国舫副院长和我院国际合作局副局长程家怡二人前往美国,参加了“世界粮食奖”的颁奖活动。随后,对巴西进行了访问,重点了解了巴西在森林、特别是桉树以及大豆的加工利用方面的情况。访问过程顺利并圆满结束。

一、参加“世界粮食奖”的颁奖活动

1987年创立的“世界粮食奖”是由如今已经90岁高龄的诺贝尔奖获得者Norman E. Borloug博士发起的。由于“世界粮食奖”的崇高威望,也有人称之为“农业诺贝尔奖”。此次获奖的有我院院士袁隆平教授和塞拉利昂的Monty Jones博士,他们将共同分享此次的25万美元奖金。大会期间,袁隆平教授应邀做了两次发言,与会者对他所取得的成就表示高度赞赏。

袁隆平教授是我国第二个获此殊荣的科学家。前农业部部长何康曾于1993年获得该奖。在迄今为止的23名获奖者中,美国有10人,印度有5人,中国有2人,丹麦、英国、墨西哥、瑞士、孟加拉、塞拉利昂各有一人。

沈副院长作为来自中国的特邀嘉宾出席了2004年世界粮食奖颁奖仪式及研讨会。其间,除了参加研讨会等学术活动外,沈副院长还应邀参加了10月13日晚大会为少数贵宾举行的招待会,10月14日为获奖者举办的招待会和午餐会等。会议期间,沈副院长广泛联系,积极交流,还与美国洛克菲勒基金会主席康威建立了联系。沈副院长还利用途经芝加哥的机会,与我在生物领域获得优异成就的部分旅美学者进行了学术交流。

我驻美使领馆对此次活动高度重视。驻美使馆兰立俊公使专程自华盛顿到德梅因,出席该活动。驻芝加哥总领馆科技领事詹德村专门陪同沈副院长一行参加了颁奖仪式期间的活动。驻芝加哥总领馆唐英副总领事在沈副院长一行途经芝加哥时宴请了代表团。

二、访问巴西

应巴西农牧研究院的邀请,沈副院长一行于2004年10月17日至23日访问了巴西。在巴西期间,代表团访问了巴西农牧研究院及其林业研究中心(Embrapa Forestry),重点了解了桉树改良和利用的情况,并实地考察了育苗现场。代表团还访问了巴西著名的大豆加工公司IMCOPA。

巴西农牧研究院的林业研究中心主要从事再造林、环境保护以及巴西森林合理利用方面的研究,共有研究人员54名。据该中心研究人员介绍,巴西林业领域的从业人员约为200万人,产值约占其国民生产总值的4.5%(2002年),创税2亿美元,出口约4.2亿美元,占巴西总出口额的7%。自20世纪60年代开始,巴西政府通过颁布林业法令、实施鼓励绿化造林的税收优惠政策等措施,促进了巴西人工林的发展。截至2003年,巴西人工林的面积为480万公顷,其中300万公顷为桉树,180万公顷为松树。

IMCOPA公司全称为IMCOPA油脂进出口工业股份有限公司,是巴西较大的大豆加工企业之一,有30多年的历史,为一家族企业。产品为豆粕、豆油、大豆卵磷脂等。目前,大豆储粮量最高可达24万吨,年处理大豆量可达85万吨。代表团参观的是IMCOPA在巴西巴拉那州Araucaria的工厂。其每天可接收3 000吨、并处理2 000吨大豆,生产1 500吨的豆粕、400吨的精油和20吨的卵磷脂。其特点是,所有产品都是非转基因的。据介绍,IMCOPA是在巴西首先创立非转基因控制和生产以及身份识别保留体系的企业。其措施包括:

1. 其主要大豆来源是所在的巴拉那州。为便于识别,IMCOPA基本上采购同一州生产的大豆。通过缩小控制面积,当转基因测试结果呈阳性时,就能很容易识别出生产的大豆田,也容易绘出可能的转基因大豆田分布图。IMCOPA与当地的5个农业合作社签有购买合同,合同要注明所供应的大豆是非转基因的。

2. 在种植过程中,大豆种要经过合作社的检验;收获时,产豆区要受到合作社和IMCOPA的检查,豆株的叶片和豆粒要抽检,同时,还要对整片豆田进行观察。如果是转基因大豆,由于其对农药的耐力较强,施用农药后田里不会有杂草或其他寄生植物存在。

3. 在接收农民运来的大豆时,合作社要抽取并保存样品。抽取的样品要经过IMCOPA技术员的检验,检验结果要编号、存盘,然后制作报告,并附上所有的测试结果和有关的文件,从而形成对进厂加工的大豆的完整识别,以便必要时跟踪。

4. 对大豆进厂过程进行控制。运送大豆入厂的每辆卡车都要抽样,在车上的不同点抽取样本,每5辆卡车一批次,进行定性检验。如结果呈阳性,则每辆卡车分别进行检测,以查明哪辆卡车上有转基因物质;如结果为阴性,则卡车可以进厂卸货。每辆卡车所抽取的样本将给予识别并保留

180 天。

5. IMCOPA 的产品以铁路运到巴拉那瓜港口,每次的运输量不少于 20 节车厢的豆粕和 10 节车厢的豆油。这样,IMCOPA 在港口享有独立的卸货程序,保证卸货时只有 IMCOPA 的产品,避免与其他货物混合,而影响监控。IMCOPA 与当地的最大装船公司之一 Cotriguacu 公司签订了协议。根据协议,IMCOPA 在港口有 2 个专用储藏仓,容量分别为 25 000 吨和 5 万吨。每次 IMCOPA 产品装船前,Cotriguacu 必须先将运输带和装船机空载运转 15 分钟,以保证其他装船过程留下的货物不会与 IMCOPA 的产品接触。

6. IMCOPA 有专门的技术人员往返于大豆生产地、合作社和港口之间,对大豆和其产品进行严格的监控。

通过一系列措施,IMCOPA 保证了其产品的质量、特别是非转基因的特性。

通过访问,代表团对巴西林业的研究和发展以及大豆的加工和利用有了更直接的认识。巴西在这两方面的一些经验值得国内借鉴。

驻巴西使馆对沈副院长的访问非常重视。蒋元德大使宴请了代表团。驻巴西使馆的莫鸿钧科技参赞陪同参加了在巴西利亚的活动,并为代表团的访问日程做了详细的安排。

附:代表团人员名单:

沈国舫　　中国工程院副院长

程家怡　　中国工程院国际合作局副局长

（程家怡提供）

赴澳大利亚、新西兰考察报告

2004 年 11 月 28 日 ~ 12 月 9 日,为执行《中国可持续发发展矿产资源战略研究》课题的海外资源考察任务,中国工程院副院长王淀佐等一行 6 人对澳大利亚和新西兰矿产资源状况进行了考察。

考察团由 6 位成员组成:

王淀佐　　两院院士,中国工程院副院长

于润沧　　工程院院士,中国有色工程设计研究总院副总工程师

郗小林　　工程院政策研究局副局级巡视员

程家怡　　工程院国际合作局副局长

唐　建　　中国有色工程设计研究总院 教授级高级工程师

董清海　　王淀佐秘书,北京有色金属研究总院高级工程师

考察团先后访问了澳大利亚技术科学工程院及新西兰经济发展部,会晤有关人员,并进行沟通

与交流,对彼此感兴趣的问题进行了探讨;访问全球最大的矿产资源跨国公司之一 BHP Billiton 公司,会见该公司政府关系和资产保护副总裁、公共政策和经营管理副总裁和国际贸易总裁(负责中国业务),以及澳大利亚矿物委员会维多利亚州执行主任,详细了解公司经营状况、发展目标等;在西澳考察了 3 家铁矿及公司,1 座铝土矿和氧化铝生产厂,1 座镍精炼厂;在新西兰考察访问了新西兰皇家研究院地质及核科学研究所。

一、考察概况

1. 澳大利亚矿产资源情况

澳大利亚联邦(The Commonwealth of Australia)面积 769.2 万平方公里,人口 1 920 万(2000 年 6 月),国内生产总值 7 310 澳元(约合 4 970.8 亿美元),人均国内生产总值 37 010 澳元(约 25 167 美元)。

澳大利亚位于南太平洋和印度洋之间,由澳大利亚大陆和塔斯马尼亚等岛屿组成。东濒太平洋的珊湖海和塔斯曼海,北、西、南 三面临印度洋及其边缘海。海岸线长 36 735 公里。

该国矿产资源丰富,至少有 70 余种。其中,铅、镍、银、钽、铀、锌的已探明经济储量居世界首位。澳是世界上最大的铝土、氧化铝、钻石、铅、钽生产国,黄金、铁矿石、煤、锂、锰矿石、镍、银、铀、锌等的产量也居世界前列。同时,澳还是世界上最大的烟煤、铝土、铅、钻石、锌及精矿出口国,第二大氧化铝、铁矿石、铀矿出口国,第三大铝和黄金出口国。已探明的有经济开采价值的矿产蕴藏量:铝矾土约 31 亿吨,铁矿砂 153 亿吨,烟煤 5 110 亿吨,褐煤 4 110 亿吨,铅 1 720 万吨,镍 900 万吨,银 40 600 吨,钽 18 000 吨,锌 3 400 万吨,铀 61 万吨,黄金 4 404 吨。澳原油储量 2 400 亿公升,天然气储量 13 600 亿立方米,液化石油气储量 1 740 亿公升。森林覆盖率 20%,天然森林面积约 1.55 亿公顷(三分之二为桉树)。

2. 西澳地区考察情况

A. 西澳州主要矿产资源简况

(1)铁矿砂。澳大利亚铁矿资源丰富,据测算全澳洲铁矿资源的 95% 在西澳州,西澳州的铁矿 90% 蕴藏在该州西北部的皮尔巴拉(Pilbara)地区。西澳州是全球铁矿主要产地之一,是仅次于中国和巴西,排位于世界第三大的铁矿砂产地。目前在皮尔巴拉地区已经探明含铁量在 62% 以上的铁矿资源达 340 亿吨 。2003 年西澳州铁矿砂产量为 2.07 亿吨,97% 供出口,比 2002 年出口增加 3 000 万吨,增幅达 17%;出口额为 52 亿澳元,占全球铁矿铁矿砂贸易量的 37%,是仅次于石油的该州第二大出口产品,占该州能源和矿产品销售收入的 19%。

2003 年西澳州铁矿砂出口的主要市场和占其出口百分比是:日本 42%;中国 35%(其中台湾省 5%);韩国 14%;欧洲 9%。

(2)镍。西澳洲镍矿资源丰富。西澳镍矿已探明资源为 1 827 万吨。澳洲目前所生产的镍全部产自于西澳州。镍矿主要在该州的北部地区和西南地区,其产量占全球产量 18%,仅排在俄罗斯和加拿大之后。自 20 世纪 60 年代开始生产以来,西澳州镍矿业发展迅速,2002/2003 财年,西澳州镍产量为 19.17 万吨,产值 24.6 亿澳元。2002/2003 财年,西澳州出口镍 23.6 亿澳元,占其总产量 96%,其主要出口市场有:芬兰 25%、加拿大 19%、欧洲 19%、日本 15%、中国(台湾省)11%。2003 年全球消费镍 111 万吨,当年全球镍短缺 3.6 万 吨。据分析,中国预计在 2004 年消费镍 15 万吨,比 2003 年增长 3 万吨,中国目前镍消费缺口为每年 2 万吨,预计全球 2004 和 2005 年镍分别短缺3.3万吨和2.8万吨。

(3)铝。澳洲是全世界最大的铝矾土和氧化铝生产国,澳洲铝矾土资源丰富,其中大部分在西澳州,2002/2003财年,西澳洲氧化铝产量为1 100万吨,产值34亿澳元,其中90%用于出口,为29亿澳元,占全澳洲产量68%,占全世界产量20%。中国是其最大的出口国,占其出口24%,6.83亿澳元;余下依次是:加拿大16%、南非13%、美国12%、阿联酋11%、巴林10%。西澳州铝矾土基本蕴藏在西澳州西南部的Darling山脉,资源超过30亿吨,年均开采量为3 100万吨,可开采100年。

(4)天然气。澳洲天然气资源丰富,而其中大部分都蕴藏在西澳州西北部的海域,探明储量为36 300亿立方米,占全澳洲80%左右,其余20%多蕴藏在北领地上方海域以及澳洲东南角海域、澳洲东部内陆蕴藏少许。全澳洲天然气储量占全球储量0.8%。在全球天然气储量中,西澳洲排位第九。西澳州液化天然气(LNG)占世界产量7%。年产液化天然气750万吨,主要供应日本,金额为28亿澳元。

B. 考察矿山

BHP Billiton公司Newman合资公司的鲸背山(Mt. Whaleback Mine)铁矿和金布巴(Jimblebar)铁矿,Alcoa美铝公司Pinjarra铝土矿。

(1)鲸背山铁矿(图),世界上最大的露天铁矿。资源量70.53亿吨(湿),已探明储量5.5亿吨(湿),铁品位63%~68%。

露天坑上口长5km,宽1.2km,深度400多米,最终宽2km。矿山生产能力2 600万吨/年。露天矿台阶高度15米,爆破孔网6~8×7m,4排,一次爆破量10万吨左右。主要设备:挖掘机Liebherr R996 2台,反铲R994;钻机孔径251mm,1台,-H4孔径311mm,3台;电铲P&H 2800,O&K 2台;设备供应商保证达到94%使用率要求;运矿自卸汽车CAT 789B189吨17台,CAT793B219吨13台,CAT793C230吨10台,供货商供给一台备用,铁矿订购789D和793B各3台。采用雷达技术监测边坡坡度,精度达1/100mm,2002年开始采用光学遥控观测镜(optical televiewer)与孔内照相技术结合监测边坡稳定。

(2)金布巴铁矿(图),由Wheelara合资公司开采。BHP占有51%的股份,我国马鞍山、唐山、武汉和沙钢各自参股10%。距Newman以东41km。储量2.1亿吨(湿)。年生产能力逐步达到1 200万吨。剥采比0.6:1,由BGC公司承包采矿。块矿与粉矿比重各半。主要设备:挖掘机小松PC3000(250吨),PC1000(110吨);运矿汽车小松WA-900型10台。合资公司仅派往矿山4名地质、采矿等管理人员。

两矿山的矿石加上Marra Mamba等3个小卫星矿的矿石在Newman混合,经426km铁路,在黑德兰(Port Hedland)港装船运出。公司在开采、运输、港口管理等方面采用了GPS等许多先进技术,并与大学合作开展专项研究。

(3)铝土矿及氧化铝厂,美铝(Alcoa)公司Pinjarra铝土矿。珀斯南200公里。1957年WMC有限公司在Darling Range开始勘探活动。20世纪60年代西澳政府议会准许开采租赁区域7 129平方公里。铝土矿资源量320亿吨,含铝32%~33%,为三水(gibbsite)或二水(bauxite)铝石。按目前计划开采21亿吨可采70年,1994年7月起美铝持股60%。矿体埋深5~6米,覆盖层厚约0.5米。钻探在夏季进行,年钻探量4万米,约50个分析样。剥离表土设备使用遥控前装机、液压挖掘机和汽车,配备GPS系统,司机GPS信息进行挖掘操作,爆破用575Ripping。开采设备:Liebherr挖掘机,运矿汽车小松190吨和推土机(小松),矿山胶带运输机总长6 000多米,用破碎机进行混矿，能力为4 700吨/小时。年开采2 030万吨铝土矿（7万吨/日），为世界上较大的铝土矿。

社区的可持续发展是矿区重要的社会责任。矿区地处环境敏感区，Perth的上游水源，原始森林广袤，100%生物多样性，采后复垦是该矿的重要任务。由于自然条件好，气候适宜雨量充沛和强烈的环境意识，使植被恢复工作卓有成效。

氧化铝厂：

1969年开始建设，1972年交工投产，1973～1975年三系统建成。2003年新建热电联产系统。年产340万吨，近期准备继续扩建增加60万吨/年生产能力。届时将成为世界第一大氧化铝厂。铝厂占地2000英亩，其中废物占地600英亩，废物主要为含铁赤泥，因铝土矿品位低，赤泥产生比高于其他矿。该厂一些管道设备设计紧凑，露天运转，但赤泥占地是氧化铝厂一大难题。

C. 考察WMC（西部矿业公司）Kwinana镍精炼厂

世界第三大镍精炼厂。位于珀斯南40公里的Kwinana工业区。生产能力6.7万吨/年，产品为LME标准99.8%的高品质镍丸和镍粉，可销售的铜、钴硫化物，硫酸氨等化肥原料。原料为来自卡尔古利（Kargoorlie）熔炼厂高冰镍，而卡尔古利附近Mt. Keith、Leinster和Kambalda镍矿均隶属WMC，为卡尔古利熔炼厂供应镍精矿。其中Mt. Keith初期（1994年）规模660万吨/年处理量，精矿含镍2.8万吨。现已达到年处理量1 050万吨/年矿石的生产能力，年产镍精矿20万吨左右，精矿含镍量约4.2万吨。2002年产镍43 192吨。

精炼厂1968年开工建设，占地35公顷，最初采用加拿大开发的“Sherritt”湿法冶金氨浸工艺，1970年5月投产，原料来自Kambalda镍矿，镍产量约2万吨。

卡尔古利熔炼厂投产后，经改造原料改为高冰镍，产能提高。冰镍细磨经三段氨浸（压力900kPa，温度85℃）富集，过程中二段浓密溢流回收铜，经反应釜净液，镍还原产出镍粉，大部分镍粉由旋压机压成镍丸销售。

该厂比邻海边，距Fremantle港20公里。环境保护要求严格，且成效显著。

2. 新西兰

新西兰（New Zealand），面积27.0534万平方公里。专属经济区120万平方公里。人口388.05万（2001年12月）。欧洲移民后裔占78.8%，毛利人占14.5%，亚裔占6.7%。官方语言为英语、毛利语。有70%的居民信奉基督教新教和天主教。首都惠灵顿（Wellington），人口42.4万（2001年12月）。新西兰分南岛北岛，位于太平洋西南部，全境多山，河流短而湍急，水利资源丰富。海岸线长6 900公里。属温带海洋性气候。平均气温夏季20℃左右，冬季10℃左右。年平均降水量600～1 500毫米。国内生产总值（2000/2001年）：1 040.89亿新元（约442.4亿美元），人均国内生产总值（2000/2001年）：26 823新元（约11 400美元），经济增长率（2000/2001年）：2.4%，通货膨胀率（2000/2001年）：3.1%，失业率（2001年）：5.4%。

矿藏主要有煤、金、铁矿、天然气，还有银、锰、钨、磷酸盐、石油等，但储量不大。畜牧业发达，是新西兰经济的基础。

访问新西兰皇家矿物经济发展部了解到，该国的矿产资源私人勘探开发需通过申请并获批准才能进行。例如申请勘探权，国家限期提交勘探成果，到期提交成果后如果退出勘探则保留一段信息保密期，继续进行勘探需申请延长限期，到期未能提交成果的收回勘探权。政府不提供风险勘探费用，但实行减税政策。投资公司需提出开采计划，政府部门按计划检查实施状况，未达到计划要求的也要收回开采权。为减轻投资公司的负担，矿业税费征收符合国际惯例，1%销售收入或5%

利润,取大值;勘探投入基本采用税前折减,直到企业赢利后,才开始收税。基础地质信息资源如1:50000 填图的资源信息对公众公开共享。

访问新西兰皇家研究院地质及核子科学研究所,听取该所研究成果和管理体制的介绍。

二、与政府及大公司交流

访问期间我们与西澳政府及大型跨国公司、民间团体进行了广泛交流,代表团介绍了工程院的构成、所进行的研究和最近受国务院委托所作的矿产资源可持续发展咨询工作。双方就感兴趣的问题进行了探讨。在 Newman 举行了一个小型讨论会,王副院长做了专题发言,然后与公司管理和技术人员进行深入的讨论。通过交流,我们感到澳方各界都非常重视同中国的合作关系,把西澳洲的发展与中国发展紧密联系起来,他们认为西澳的经济二次腾飞,与中国在矿产资源方面的良好合作将起重要的作用。为此,各界都非常关心中国经济的走势和未来 20 年中国矿产资源的需求情况,希望中国把澳洲作为首选的战略合作伙伴。

1. 访问 BHP Billiton 墨尔本总部

BHP Billiton 全球最大的矿业集团,市值 580 亿美元,为矿业市值的 1/7。在动力煤、石油、碳钢、基本金属、钻石、铝等领域有优良的资产和卓越的作业技术能力。公司把发展经济和为社会做出贡献作为重要目标之一。特别重视技术开发、环境保护和生态恢复工作,每年恢复环境的费用投入达上亿美元。公司管理透明化,通过局部磋商、公司论坛和年会与股东坦诚沟通,尽量使 30 万股东看到 BHP 是值得投资的公司。

与中国金属矿产资源的最终用户——生产企业长期合作有兴趣;合作方式以效益第一为原则,利用双方的优势达到双赢。BHPB 公司有资源,而中方有市场,两种优势结合,会有很好的前景;他们认为中国的投资环境还需要优化,如信息不公开、国内企业的可行性研究报告达不到国际标准(以达到国家批准为目的,而不是以评价经济效益为主),这些方面还需要有一个长期的过程,应多加强交流和合作。

BHPB 非常希望与工程院这样有威望的学术部门保持密切联系。

2. 听取澳大利亚矿物资源协会维多利亚州代表介绍

资源协会为一独立的民间组织,经费由成员提供。成员除企业外还包括大学和一些研究机构,BHP B 是资源协会的成员。协会的主要作用是:(1)代表成员的利益同政府部门沟通,致力于在研究开发、政策、税收方面获得政府的支持;(2)加强成员间的合作,共同开发竞争前技术,促进竞争前技术和利益的共享;(3)同其他部门合作,如同教育部门合作,培训人员和资助学生学习矿业专业以及开办各种讲座,沟通与公众的关系。同时协会也提供一些经费支持大学教授开展研究活动。

3. 访问 FMG(Fortescue Metals Group Ltd)公司

FMG 公司于 2003 年 7 月成立。获得西澳皮尔巴拉圣诞溪(Christmas Creek)附近 17 000 平方公里的勘探权,据介绍铁矿资源量 10 亿吨,铁品位 56.5% ~60.37%,资源埋藏较浅,在长 800 米深 100 多米范围内。目前正在加紧勘探,进行升级储量。该铁矿项目工程分为两部分,项目本身和外部运输,总投资 18 亿澳元,其中后者需投资 8 亿澳元。包括黑德兰港扩大码头装载能力和 350 公里铁路。项目进度安排 2006 年底或 2007 年初投产。现公司通过股市融资 2 000 万澳元。据介绍我国中铁总公司、中港公司和中冶建已与 FMG 签署合作协议,出资建设,产品还贷。项目现在还在与我国一些大学和科研单位合作试验研究提高该项目铁矿石回收率。

4. 访问 Rio Tinto 集团公司的成员 Hismelt 有限公司

Hismelt 公司是一家合资公司,其中 Rio Tinto 60%,Nucor 25%,Mitsubishi 10%,Shougang 5%。在西澳建设的一座80万吨/年的直接炼铁厂将于2005年5月竣工。该厂采用公司的 Hismelt 炼铁新技术,将常规工艺中的烧结和高炉合为一炉,直接生产生铁。其优点是原料灵活,可使用低品位含磷高的矿石、废钢和粉矿用原料,配用少量焦煤及熔剂;同时省去焦炉,节省投资;减少生产成本,不使用焦煤,减少渣的产出;环境优势明显,减少二恶英和温室气体排放,钢厂废热可循环利用。

新建炉 $\varphi6$ 米,高12米,是在德国小型试验和10万吨/年炉($\varphi2.7$ 米)示范厂基础上建设的。核心技术是炉内三个分区,铁矿+粉煤由喷枪喷射入炉,1 450℃;顶区吹入加热富氧;中区为转换区。渣口间隔出渣。原理与铜富氧熔池熔炼相似。

5. 听取西澳政府的介绍

西澳政府工业资源部介绍了西澳的资源状况,与中国企业开展合作的项目,以及铁矿重点项目、港口扩建的计划。强调铁、铝、镍、黄金和石油、天然气是西澳的优势资源,对中国寻求资源进口来源而言西澳在世界上具有如下竞争优势:运距较短,可降运费;运输通道通畅;是资源国中为数不多的发达国家,人口稀少,本国需求量不大且基本稳定;澳大利亚政局稳定,经济发展政策稳健。近年西澳的资源出口国中中国已跃居第二,增速第一。西澳的发展已与中国的发展紧密连结在一起,双方应进一步加强合作。

三、启示和建议

1. 注重环保,社会责任与企业发展并重

环保意识强,环保成效大,环保已成为企业的自主业务

无论是公司总部还是在矿山企业。我们所到之处感到作业环境好,厂区周围无污染。Kwinana 镍精炼厂门对面矗立几座粮仓,可见环境之和谐。

在 Pinjarra 铝土矿和鲸背山、金布巴铁矿,所有对表土植被移动的矿山企业在矿山开发时都根据政府规定,把表土覆盖层堆存,待矿体采完时再将表土运回恢复原貌,其中包括动植物种群。在 Pinjarra 这样矿体平伏,扰动面积大的企业,每年用于环保的投入占成本的10%~15%,每公顷的复垦费用达25 000~30 000澳元。复垦坡地有50cm间隔分垅,鱼鳞坑和缓坡各种形式,不断探索最佳的复垦方式,公司计划在2020年栽树1 000万棵。

以上为原始森林开采复垦20年后的情景。金布巴铁矿采用废石内排,不设废石场,边挖边填,基本达到无废开采,并减少运输距离,目前已开始复垦,在皮尔巴拉那样的荒漠上自觉复垦,应该说是一种责任和意识使然。像 Pinjarra 铝土矿、Kwinana 镍精炼厂这样比邻市区和居民的企业还注意采取控制噪声,防止水源污染等一系列措施。这种自觉守法和社会责任环境意识融合对我们有启示和借鉴意义。

2. 注重安全,管理高效

考察所有企业的另一个突出感受是牢固的安全意识。进入 BHPB 公司和其下属铁矿、选厂等多个企业,企业介绍的第一项内容就是安全生产的目标和近几年安全生产的状况。明确提出"零伤害"作为工作目标,足以体现发达国家的"人本"精神。进入每一生产现场前着装有专门指导,并告知出现事故时如何应对。在镍精炼厂,防护眼镜一直要戴到出门才能交还门卫,执行各种安全规范一丝不苟,无半点迁就。

管理高效也是国外企业的又一特点。世界第一大铁矿山,管理部仅为一小排活动房屋,工作指挥间在面积不到100平方米的小房子里。仅几名指挥人员凭借GPS指挥着现场几十台设备的运转。工作计划严谨周密,实施守时也是高效的基础。

3. 重视研发和采用新技术

大型跨国公司把技术创新和采用新技术当成企业发展重要推动力。本次访问的Hismelt公司从20世纪80年代初就预期未来环境和资源品质的要求必将促使传统的炼铁技术发生变革,因此开始投入研发直接炼铁技术,经过30年的努力,目前在Kwinana建起一座80万吨/年的生产厂,预计2005年5月试车,其间的投入是可想而知的。

鲸背山铁矿不仅在主要生产运行中采用最先进GPS系统、大型设备,在边坡维护方面还将90年代应用在土木工程测试裂缝的光学遥控观测镜(Optical Televiewer)与孔内摄像结合,分析边坡岩性,监测边坡稳定性。在保持边坡稳定的前提下,尽可能加陡边坡,大大降低的剥离量,减少边坡维护费用和作业成本。在应用该技术过程中,还摸索总结出一系列经验,如超深钻孔,使钻孔水留在超深部分保持孔壁光滑;在混浊的钻孔水中添加絮凝剂,迅速澄清钻孔水,提高可视度,降低误差率并节约了钻孔清理费用。企业每年投入勘探的费用在5 000万澳元以上。鲸背山铁矿还与大学等科研部门合作研究铁矿的最佳含水率,通过研究试验,采用PC将含水率控制在3%左右,即可抑尘,又可防止粘结;研究配采以控制硅含量;研究港口装运管理,使装船速度达到4 500~6 000吨/小时。

4. 合作投资取向

选择理想区域应该同时具备三个条件:一是要拥有一定的资源储量;二是要具备一定的生产能力,有一定的矿产资源数量供出口;三是要与我国有良好的政治经济与贸易关系。

澳大利亚的铁矿石、铝土矿和镍的出口量很大,并且是一个以贸易立国的国家,与中国具有良好的经贸关系,同时我国还是它的农、矿产品的重要出口市场之一。所以,澳大利亚是我国利用国外矿产资源供应的理想区域。

另外,澳大利亚地理位置优越,矿业发达,交通便利,政策法律健全,特别是从20世纪80年代中期以来,它逐步制定了有利于吸引外商投资的政策,且倾向于鼓励外资进行矿产勘查;对发展中国家实施关税优惠,税收政策稳定而透明。因此,澳大利亚还是我国"走出去"进行矿产资源风险勘探的首选理想对象国家之一。

但对具体项目应做详细分析和评价。如参股大公司的生产矿山是一种风险小、收益快的方式,这种方式中风险及收益与大股东共享。而对融资性的带资建设项目应慎重运作,如确认资源的可靠性、可利用性,外部设施建设的投资核算等,如果不确定因素很多,将加大项目的风险性,而融资与投资方的风险不可等同视之。

在铁矿石方面,澳大利亚的铁矿生产销售已形成高度垄断局面,BHP-Billiton和Rio Tino两大跨国公司牢牢控制着澳大利亚铁矿资源和铁矿石的贸易价格,使得我们在资源开发合作和进口贸易方面回旋余地很小。在此次访问中,西澳大利亚政府方面也表现出对这种高度垄断的担扰,也正在想法打破这种垄断局面,如FMG公司的建立,可以说是这方面的一个举措,我们如何利用这种形势,抓住机会,打破垄断是值得各方深入研究的问题。

5. 矿业开发模式方面

澳大利亚作为全球矿产资源大国,他们在矿业开发方面的经验很值得我们借鉴。他们在矿业方面具有高度的专业化分工,有专门的采矿公司,采矿多采用外包的形式,这样设备投资较低,专业化作业队伍,生产效率很高。公司的职工基本都居住在附近的城市中,每天上下班开车往返,不在矿区附进新建城镇和居民区,这样就避免资源枯竭后大量的人员安置和转产等一系列经济社会问题。

6. "走出去"组织方面亟需加强

通过这次访问,了解到澳各大公司每天都接待若干中国到澳大利亚谈合作的代表团,大大小小、各式各样的企业都有,国营的、个体的、生产型的、贸易型等可谓种类齐全,而且有些口气很大,基本是有多少资源要多少,不管价格高低,有时还互相拆台,竞相抬价。如果任这种形势发展下去,会给国家带来巨大的损失,也有损中国的国际形象。同时,"走出去"开发资源不只是矿业企业的事,它有时会涉及到港口、铁路等运输能力建设企业,而且有时这些基础设施方面的投资巨大,矿业企业是如何也承担不起。因此,亟需国家在"走出去"方面加强协调和指导,必要时建立联合体,联合利益各方,共同对外,以争取最大国家利益。

7. 加强与资源国沟通和合作,共同发展

国外的资源国十分重视与中国的经贸关系,中国在矿业市场和矿产品方面的巨大需求,已成为推动世界矿业发展的强劲动力。各大公司都十分关注中国未来20年经济的发展情况,尤其是对矿产资源及加工品及的需求情况,但都苦于没有正式渠道了解中国的情况,普遍担忧中国的市场需求出现大起大落,因此在投资扩产方面都十分慎重。最近,西澳大利亚政府与我国发展改革委员会成立了一个小组共同研讨中国的铁矿石的未来需求情况,这是个很好的开端,加强信息的共享和沟通交流,消除误解,对双方的经贸合作和经济发展都有十分重要意义。工程院作为工程技术方面最高的学术机构,近年来,在资源领域方面完成了一系列咨询研究课题,在国内外产生了很大的影响,有条件有能力在这方面发挥出更大的作用,为我国走出去开发利用海外资源做出贡献。

(访澳大利亚、新西兰考察团提供)

赴越南出席 APCAEM 第三届技术顾问委员会及理事会会议情况报告

2004年12月12-17日,我院沈国舫副院长率团赴越南出席了APCAEM第三届技术顾问委员会(TAC)及理事会(GB)会议。沈国舫副院长以APCAEM理事会理事、汪懋华院士以技术顾问委员会委员的身份出席了会议。作为APCAEM东道国的归口联系单位,我院国际合作局康金城副局长等也应邀以观察员的身份列席了会议。APCAEM成员国中有11个国家的代表出席了会议,泰国、朝鲜因故未参加。斐济、蒙古的代表作为理事会成员出席了理事会。亚洲理工学院、FAO、UNIDO、亚洲开发银行驻越南代表处的官员也作为观察员列席了会议。现将参会情况汇报如下。

一、会议情况

技术顾问委员会

APCAEM 第三届技术顾问委员会会议于 2004 年 12 月 13－14 日召开。沈国舫副院长出席了 TAC 开幕式。联合国贸易与投资司 Ravi Ratnayake 司长、越南农业工程与产后技术研究院院长 Phan Thanh Tinh 先生和我院康金城副局长在开幕式上致辞。

会议选举巴基斯坦代表 Nadeem 先生为主席。

APCAEM 副主任常平先生报告了自 2003 年 11 月 APCAEM 正式运行以来开展的主要工作，并简要介绍了 2005 年工作计划。

APCAEM 开展的主要工作归纳为：

1. 在 ESCAP 主管业务贸易投资司的指导下，APCAEM 制定了 2004－2005 年工作计划及 2004－2008 中长期战略规划及工作计划；

2. 召开了 APCAEM 第二届技术顾问委员会及理事会会议；

3. 招聘了一名副主任及三名当地雇员；

4. 举办了一系列学术活动，包括：在昆明召开的“农产品产后加工技术研讨会”（2003 年 11 月）；在北京分别召开的“动物饲料生物技术国际研讨会”和“信息通讯技术在农业的应用国际研讨会”（2004 年 3－4 月）；在上海举办的 ESCAP 第 60 届年会上设立了 APCAEM 宣传展台（2004 年 4 月）；参与了在烟台举办的“第六届国际果蔬博览会”（2004 年 9 月）及在北京召开了“农业装备与现代化发展战略国际论坛”（2004 年 10 月）。

2005 年计划要展开的工作为：继续参与国际果蔬博览会等主要活动；配合中方筹建中心永久办公楼；并计划开展以下项目：

1. APCAEM 信息网络建设；

2. 水稻机械方面的妇女培训；

3. 生物技术应用（逐步实施）；

4. 马铃薯加工技术。

围绕 APCAEM 的发展方向，代表们提出了建议，特别殷切希望中心加强与各成员国之间的联系。

随后与会各成员国技术委员会委员分别作了本国的国情报告。我院汪懋华院士作报告，介绍了中国农机发展状况。

最后，技术顾问委员会讨论并通过了会议总结报告。

理事会

APCAEM 第三届理事会会议于 2004 年 12 月 15－16 日召开。UNESCAP 执行秘书金学洙、越南农业部副部长 Diep Kinh Tan 和我院沈国舫副院长出席了开幕式并致辞。

在致词中，金学洙执秘首先感谢中国政府、中国工程院对 APCAEM 给予的大力支持。他谈到了理事会的重要性，希望代表们积极参与，审议及修订中心的工作方向与战略。他还对 APCAEM 正式运行以来所做的工作和努力表示了肯定。

越南农业部副部长 Diep Kinh Tan 先生向会议汇报了越南农业发展状况，并在肯定成绩的同时清醒地意识到面临巨大的挑战，任重而道远。他希望 APCAEM 及理事会发挥桥梁作用，通过与越南及亚太地区国家在信息与经验交流方面的合作,促进农业工程的发展。

沈国舫副院长谈到,作为 APCAEM 在东道国的归口点,中国工程院对 APCAEM 的工作给予了一贯的支持和配合,对其项目发展也给予了极大的关注。今后,CAE 将一如既往地全力支持 APCAEM 的工作,继续开展项目方面的合作。中国政府和中国工程院愿与各成员国及其归口点一道,为中心的发展壮大、为亚太地区各国农业工程与机械领域技术水平的提高、人才交流和信息共享做出应有的贡献。

金学洙执秘通报了 APCAEM 第一任主任辞职及新主任招聘进展情况。金介绍说,通过对几位候选人的面试,确定了荷兰人 ADRIANUS G · Rijk 为最合适的人选。Rijk 是荷兰瓦赫宁根大学农学博士,现任联合国粮农组织农业工程处处长;他曾在亚行任职;还曾在 APCAEM 的前身亚太农业机械网络(RNAM)工作过。理事们对新主任表示欢迎。Rijk 本人也应邀出席了理事会的开幕式。在履行必要的手续后,预计新主任将于 2005 年 2 月中下旬上任。

会议选举印度代表 Tandon 先生为主席。

根据议程,理事会首先讨论了 APCAEM 章程修订稿。金学洙介绍此次修改章程的目的在于:便于联合国规范协调管理其下属 4 个中心,利于中心编制项目计划,使其更好地发挥作用,并将 APCAEM 正式更名为 UNAPCAEM。经过讨论,理事会通过了章程修订稿。该修订稿将提交 ESCAP 第 61 届年会审议。新章程内容基本包含了中方主张的几条关键内容,如:增加 APCAEM 的详细职能的描述、将副主任职位写入章程,明确 ESCAP 执秘与 APCAEM 主任职责的关系等。

会议讨论并通过了 APCAEM 第三届理事会报告。关于编制 APCAEM 项目计划的内容见附件。

最后,会议初步确定明年将在印度召开 TAC 与 GB 会议。此外,伊朗也表示了承办下届会议的意向。

二、体会与建议

1. 金学洙执秘本人连续参加三届理事会会议,并在本次会议上投入大量时间与与会代表共同讨论问题,此外,ESCAP 项目管理司也派官员也专程与会,共同商讨项目计划。这体现出了 ESCAP 对 APCAEM 工作的重视程度。

2. 在我们与金学洙执秘及有关官员的交谈中获悉,ESCAP 计划将其下属除日本的 SIAP 之外的其他三个中心的主任的薪资纳入联合国的经常预算。同时,ESCAP 还在继续就芬兰政府捐款事作芬兰政府工作。这将对 APCAEM 员工的稳定性有重要意义。在 ESCAP 提供的章程修订稿的前言中,也表述了"ESCAP 要求执秘努力提高中心员工的稳定性,尤其是寻求将中心主任作为一个(UN 的)常设职位。"

3. 成员国代表及技术顾问委员会的专家非常关注 APCAEM 工作,提出了一些很有价值的建设性意见;但同时,由于历史原因,目前多数成员国代表的专业背景还局限于农机。今后似应考虑在参会代表的专业方面增加多样性,以利于 APCAEM 工作领域的延伸。

4. 作为东道国归口点,随着 APCAEM 工作的开展,会不断遇到一些新情况和新问题。建议作下一步就归口点的职能及与 APCAEM 的关系尽快作深入的调研,力求明确各方义务和责任,以利于工作的开展。

附件:APCAEM 第三届理事会报告中关于编制 APCAEM 项目计划的内容

• APCAEM 第三届技术顾问委员会注意到,APCAEM 业务范围广泛,但有必要根据成员国的需要,对项目进行优先排列;

• APCAEM 负责人简要汇报了 2004 年所作工作及 2005 年待作的工作;

• UNESCAP 编制了 2006 - 2007 年项目预算初步草案,秘书处请理事会代表就贸易投资司预算项下与 APCAEM 有关的部分进行评论与建议;

• 理事会建议,APCAEM 实施的系列项目,要注重知识的收集与传播,不仅包括农业机械及相关技术的使用,还应包括农业机械的提供、生产与销售;

• 理事会注意到,项目预算的制定,不意味着限制 APCAEM 在资金许可情况下于 2006 - 2007 年期间执行项目的数量;

• 理事会建议,APCAEM 的工作计划包括促进各国在农业机械与产后技术领域企业家之间的互访与交流;

• 理事会注意到,ESCAP 第 61 届年会审议并通过 APCAEM 新章程后,APCAEM 将正式更名为 UNAPCAEM;

• 理事会提议,请 ESCAP 考虑适当的方式,使理事会成员及 APCAEM 在各国的归口点能够参与 ESCAP 与 WTO 的技术援助项目;

• 理事会注意到,TAC 和 GB 会议的东道国承办方可以邀请企业家在会议场所设置信息宣传台。

关于技术合作项目筹资问题,报告中指出:

• 理事会审议了 APCAEM 财政状况,批准了根据 2005 年捐款情况而制定的支出计划;

• 理事会建议 ESCAP 致函各成员国政府,敦促捐款,并抄送归口单位;

• APCAEM 与其在各成员国的归口单位可进一步讨论如何筹资事宜。

(中国工程院赴越南出席 APCAEM 第三届 TAC/GB 会代表团提供)

赴法国出席国际医学组织(IAMP)理事会会议情况报告

2004 年 12 月 1 - 4 日,我院王正国院士和国际合作局康金城、任洪涛同志赴法国出席了国际医学组织(Inter - Academy Medical Panel,IAMP)执委会会议及《疾病控制优先项目(DCPP)》编委顾问委员会会议。本次会议的重要议题之一是讨论即将在北京举办的第二届 IAMP 全球大会(The 2nd IAMP Global Meeting)的相关事宜。中科院原计划派员出席会议,因临时变故取消,委托我院代为表态。

一、有关背景

IAMP 成立于 2000 年 5 月 19 日，是由 42 个国家的医学院、科学院医学学部或工程院医学学部组成，它致力于通过发挥成员组织的作用提高世界卫生水平。我院医药卫生工程学部代表我国参加 IAMP，王正国院士任 IAMP 执委会委员。今年 3 月，王正国院士代表我院出席了 IAMP 执委会会议。经院领导批准，并受中国科学院委托，在会上申请 IAMP 第二届全球大会在中国召开，由我院和中国科学院共同承办。这一申请在执委会上获得一致通过。

1993 年，世界银行出版了发展中国家疾病控制优先项目（Disease Control Priorities in Developing Countries，DCPP）一书。该书列出 25 种病疫。此后，DCPP 与世界银行共同发起了有关卫生领域的一系列会议，成为世界各国制订卫生政策的重要依据。

2002 年，世界卫生组织、世界银行和美国国家卫生研究所（NIH）等组织着手编辑此书第二版，比尔 · 盖茨基金会（Bill and Melinda Gates Foundation）对此给予资助。此书较之第一版无论是在疾病种类上还是在内容上都将有很大扩展，对各有关国家制定相关医疗卫生政策将具重要的参考价值。

为了提高该书质量并广泛地宣传，DCPP 与 IAMP 建立了合作关系。IAMP 成立了该书编辑顾问委员会（Advisory Committee to the Editors，ACE），请高级专家对该书内容给予指导，并利用 IAMP 平台对该书进行广泛宣传。

二、会议情况

本次会议由两部分组成，一是 IAMP 执委会会议，其后是 DCPP 编委与编辑顾问委员会联席会议。

（一）执委会会议

执委会会议于 12 月 1 日在法国医科院召开。除执委外，来自中国、南非、墨西哥和第三世界科学院的代表作为观察员出席了会议。

在讨论 IAMP 第二届全球大会有关事宜时，我方首先转达了中科院作为中国工程院的合作伙伴就承办大会所表示的积极态度，通报了前一段时间中方就承办这次会议召开的座谈会的情况以及会上提出的一些建议，包括：

1. 大会期间是否需要安排专业分会；
2. 中方专家对会议学术议题的建议；
3. 是否有可能借此机会在大会上形成一个类似“宣言”的文件来加强对政府和公众的影响力；
4. 是否可借此世界医学界的顶尖人物集中的机会，安排一个“医学界领导人对话会”之类的活动，以提高会议的社会影响力。

执委们对这些建议作了认真的讨论，尤其对于“宣言”和“对话会”的建议，大家表示出了浓厚的兴趣，反响热烈。

此外，执委会上还先后讨论了以下议题：

1. IAMP 秘书处迁址过渡期的有关事宜。目前 IAMP 秘书处设在华盛顿的美国医科院，现已经决定将秘书处迁往意大利的特里艾斯特（Trieste），这样可以与秘书处同在该市的国际科学院间委员会(IAP)和第三世界科学院(TAWS)保持密切联系,实现资源共享、相互促进。意大利政府对该秘书处的机构运行和项目运作给予了一定的财政支持。迁址工作预计在第2届全球大会后完成。

2. 对IAMP章程的个别条款作了修订。为适应我国没有独立的由院士组成的医科院的情况,我方就IAMP成员的定义和条件及有关条款发表了意见,使其在表述上对我更加有利。

3. IAMP简报事宜。

4. IAMP与国际科学院理事会(IAC)的关系,以及IAC研究议程中全球卫生问题的建议;等等。

(二) DCPP编委与编辑顾问委员会联席会议

DCPP编委与编委顾问委员会联席会议于12月3-4日在巴斯德研究所召开。会上,会议编委们主要介绍了DCPP第2版的编辑进展情况及存在的问题;编委顾问们则这针对编委介绍的情况提出改进的建议。由于DCPP的编辑出版和第二届IAMP全球大会的召开都是由盖茨基金会提供大部分经费支持,因此DCPP第2版的发行仪式将是大会主要活动之一。DCPP编委会和IAMP全球大会筹备的相关事宜的讨论也穿插进行。Stansfield女士代表盖茨基金会谈道,基金会每年斥资8亿美元用于支持有关医学领域的学术交流。基金会支持在北京召开的第二届IAMP全球大会和DCPP第2版的编辑、出版和发行工作。在资金上不成问题,关键是要保证出版物的学术水平,并使学术会议取得成功。如需要,基金会将考虑高层领导参加会议和出版物的首发式活动。

在讨论中,编委们普遍认为在原计划的2005年11月大会召开前出版DCPP的时间非常紧迫。而出版时间后延将直接影响到原定的会期。为此,IAMP两主席和DCPP编委核心层与中方代表专门于12月3日临时安排早餐会,商讨为了不给出版工作增加压力,将会期推迟3~4个月的可能性。我们认为,从我院角度来考虑,推迟会期似对工作安排和预算执行影响不大。因中科院无人到会,我们立即就此事致电国内征求了中科院的意见后,初步同意将会期调整为2006年3月下旬,以保证大会的效果。中方的办事态度和效率得到了外方全体代表的感谢和赞赏。

三、会议有关结论

归纳起来,本次会议就第二届IAMP全球大会筹备的主要结论如下:

1. 会议名称:第二届IAMP全球大会(The 2nd IAMP Global Meeting);

2. 会期初步决定推迟到2006年3月下旬(两会结束一周之后),具体时间待协调;

3. 会议地点在北京(北京饭店);

4. 会议规模约200人,包括每个成员组织将有包括高层领导(如医科院院长)在内的2名以上代表参会(共42个成员)、DCPP编辑、盖茨基金会、世界卫生组织、世界银行等项目捐助单位、中方专家、政府官员、各国使节等;

5. 会议目的:

将IAMP建设成为一个平台,使其在推动发展中国家疾病控制方面发挥积极作用,并成为以事实为基础的主要信息来源。会议将通过世界各国医疗卫生界的领袖人物向本国政府、医疗卫生系统和教育部门宣传DCPP的工作。

具体目标:

- 提高各国对DCPP的认知度,以利于卫生体制改革进程

- 加强各国医学界领导的联系，以利于 DCPP 的广泛宣传
- 加强各国医学界领导在制定本国卫生政策中的作用
- 推动 DCPP 项目在中国的开展，加强中国与国际间卫生界合作的能力建设

6. 会议主要活动包括：IAMP 全球大会/学术研讨会、IAMP 执委会会议、DCPP 全球发行仪式等，专题分会和“医学界领导人对话”会等。活动待进一步讨论、细化；

7. 会议总经费预算为 432 799 美元，将向比尔·盖茨基金会申请资助 387 779 美元，用于资助部分发展中成员参会费用，包括国际往返旅费和会间食宿费。希望中国工程院和中国科学院提供约 4.5 万美元的经费支持，用于会议场租、设备、同声传译和秘书服务、会议材料印制、招待会和宴会、会后参观以及其他招待活动等；

8. 争取安排国家领导人出席大会活动；

9. 关于大会“宣言”的问题将进一步斟酌；

10. IAMP 将在 2005 年 2 月下旬派遣一个工作小组赴中国就具体筹备事宜进一步磋商。

四、有关建议

1. 虽然 IAMP 全球大会的整体规模相对不大，但考虑到会议规格较高、影响较大，建议联合中科院报国务院批准。这将有利于会议活动的安排和国家领导人的邀请。

2. 尽早成立以两院领导为核心的筹备组织机构，包括指导委员会、学术委员会和组织委员会等，以充分配合 IAMP 执委会有关学术活动的决议。

代表团在参会期间，向我驻法使馆科技处王绍祺公参当面汇报了会议情况，得到了他的大力支持和指导。在此特作说明并表示谢意。

（访法国代表团提供）

〔港澳台〕

工程管理国际研讨会总结

2004年11月28日至12月3日，中国工程院郭重庆院士率团一行11人赴香港参加“工程管理国际研讨会”，同时对香港青马大桥、香港国际机场、深港西部通道进行了学术考察。代表团还应中国海外集团有限公司之邀，参观了其在港工程项目——香港迪士尼乐园（竹篙湾填海）工程，同时与公司管理层进行了座谈。现将有关会议交流、学术考察、座谈情况总结如下。

一、“工程管理国际研讨会”

2004年11月29日－12月1日上午，“工程管理国际研讨会”在香港工程师学会会议室召开。来自中国内地、香港、台湾及法国、日本等国家和地区的代表共80余人出席。研讨会共征集论文37篇，分别来自中国和法国、日本等国家。会上发表17篇论文，其中有11篇用中文、6篇用英文宣读。

此次会议由中国工程院、香港工程科学院、香港工程师学会联合举办，中国海外集团有限公司协办，中国工程院工程管理学部、建设部高等学校工程管理专业指导委员会和香港工程师学会土木分部承担了具体会务工作。

郭重庆院士、李焯芬院士担任组委会主席，钱七虎院士、刘正光博士担任学术委员会主席。内地方面邀请了郭重庆、陆佑楣、王梦恕、沙庆林等院士和白云、吴祥明、何伯森、任宏等专家做了大会报告，香港方面邀请了香港的詹伯乐（Ir James Blake）、周子京、姚先成、伍国基、周伟强、毛儒等工程师和台湾的黄南辉博士、法国的戴锐辉（Mr Benoit DE RUFFRAY）先生、日本的田村哲（Mr Akira TAMURA）先生等作了大会报告。

研讨会以“大型工程项目管理”为主题，深入探讨了工程管理国际化的核心内容，工程管理的制度、理念与方法。会议报告内容涉及到工程项目投资决策、管理制度、建设模式、技术与管理创新、IT在工程管理中的应用、工程管理的新趋向——合作伙伴形式、风险评估、项目争议的调节机制、管理变革等。通过报告人演讲和与参会听众问答互动的方式，使与会者不仅了解了国外如法国、日本在工程管理方面的经验，同时也加深了我国内地和香港、台湾业界对大型工程项目管理的认识，表达了业界间的合作意愿。如香港方面提出上海浦东国际机场采取环保措施使候鸟改变迁徙路线很值得香港借鉴，今后可针对工程管理中的环保专题开展研讨。

研讨会上香港工程科学院前任院长张佑启教授、合和实业有限公司主席胡应湘爵士先后致辞，表示对此次会议的关注与支持。

中国工程院工程管理学部副主任郭重庆院士受刘德培副院长委托宣读了贺辞,他同时指出,这次研讨会非常有意义,是一个交流与学习的良机,希望通过本次研讨进一步加深业界对工程管理的共识,分享经验,分析问题,使每位与会者都有所收获。

中国工程院院士、香港大学副校长李焯芬先生在闭幕式上也发表了热情洋溢的讲话,他说本次研讨会的成功举办得益于主办各方的远见、决心和今后长远合作的共识,这次会议交流了彼此间关于工程管理方面成功的经验,大胆而中肯地分析了各自存在的问题和今后值得探讨的研究领域,希望以此为契机,建立联系,增进友谊,进一步加强交流与合作。

二、学术考察活动

11 月 30 日下午和 12 月 1 日上午,与会者考察了青马大桥、香港国际机场、深港西部通道工程。

12 月 1 日下午和 12 月 2 日,应中国海外集团有限公司之邀考察了香港迪士尼乐园(竹篙湾填海)工程,并与中国建筑工程总公司、中国海外集团有限公司管理层进行了座谈。

通过对这些项目的考察和座谈,与会者感到收获很大,有这样几项印象较为深刻的工程:

1. 青马大桥

青马大桥自 1992 年 5 月起开始兴建,历时五年高质量竣工,造价 71.44 亿港元,在总投资控制之内,是连接大屿山香港国际机场及市区的唯一干线道路的重要一环。青马大桥不仅是香港一个主要的建筑标志,更是目前世界最长的公路及铁道两用吊桥。桥身长度为 2.2 公里,主跨长度 1 377 米,离海面高 62 米。其混凝土桥塔高 206 米,组成吊缆的钢线总长度达 16 万公里,单是桥身结构钢重量就达 5 万吨,超过香港中国银行和香港汇丰银行两座大厦所用的钢材总量。建成 7 年来,经受了多次台风侵袭,列车能以时速 130 公里快速通过。桥梁设计最高振幅可达 7 米,迄今最多经历的振幅是 2 米多。桥面铺装目前没有任何损毁,桥上油漆也未见脱落。青马大桥今年获选为全国十佳桥梁之一。

2. 香港国际机场

香港国际机场是非常通畅的交通枢纽,地铁、公交、出租车、自驾车等设置有序,上下有电梯、自动扶梯等,几分钟之内,出港旅客即可采用不同方式出行,特别是地铁的便利,大大缓解了机场、地面交通的压力。机场交通枢纽的布局,确实做到了交通一体化、以人为本,值得借鉴。

3. 深港西部通道

为缓解深圳和香港之间繁忙的货运重载,深圳市和香港特别行政区政府决定在深圳蛇口的东角头和香港新界的鳌磡石间架设一座 5 公里的高架桥,其中包括有两座独具特色的单塔斜拉桥,成为两地间的又一条货运主干道。该工程于 2003 年 8 月动工,预计 2005 年底完工。该工程分为两段由双方分别完成。香港段长为 3.2 公里,投资为 22 亿港币。由于该项工程所在地是香港生态保护区,有成群栖息的候鸟和大片红树林,为确保环境不受破坏,开工之初就做了非常周详的环境保护计划,得到环境局的批准后开工。但开工后仍是受到香港环保团体和当地居民的关注,渔民放养的蚝排就在百米之外,随时准备对施工污染造成的生蚝死亡进行索赔。可是施工以来承建方在噪音控制,空气、水体、藻类、鸟类监测方面做了大量的工作,措施到位,至今也未出现任何污染事故等。

4. 香港迪士尼乐园(竹篙湾填海)工程

1999年10月,香港特别行政区政府与美国华特迪士尼公司达成协议,在大屿山竹篙湾填海兴建香港迪士尼乐园。该项工程共分三期,第一期于2001年1月开工,预计2005年5月完工。该项工程香港政府基建投资136亿港元,香港主题公园有限公司(HKITP)总投资141亿港元,其中政府占57%股份,迪士尼占43%股份。中国建筑工程(香港)有限公司作为承建方承接了近50亿港币的5项工程,包括政府业主的竹篙湾基建合约一、合约二,香港迪士尼公司业主的幻想世界、太空山、迪士尼高级酒店工程。该项工程是目前香港在建的特大型土木工程之一,几乎含有各种类型土木工程,包括水务、渠务、道路桥梁、场地拓展及填海工程等,工期非常紧,大概每半年要完成一个里程碑工程,验收合格后交付业主。如果不能按期保质完成,将遭受每天144万港币的过期赔偿罚款。该项工程工程量大、工序种类多、工期紧、质量要求高,是对中建(香港)整体工程管理水平和实力的全面考验。迄今为止,工程进展顺利,施工井然有序,并已初具规模。该项工程是中建(香港)承接的第一个迪士尼项目,工期要求均超出了常规性工程,通过该项工程,在很大程度上锻炼了该公司的施工、管理人员队伍,为今后承接类似的大型园林景观、主题公园、绿化工程项目等积累了丰富的经验,奠定了良好的基础。

在总结这次研讨会会议和考察成果时,代表团的成员都谈到了几个共性的值得思考的问题:

1. 香港是一个独特的开放市场,一方面香港具有同西方非常相似的法制环境,实行严格的市场监管和评级体系,遵循着世界贸易组织规则。另一方面,香港每年都推出大量工程,金额巨大,一直都吸引着世界各地优秀承包商的竞争和参与。因此,香港的工程管理在中、西方两种文化背景下,非常具有代表性和国际性。在工程中对于法制的遵守、对于合约的信守、对于建造、监理程序的严格执行以及舆论的广泛监督都是值得学习的;在工程中以人为本、可持续发展的理念也都处处体现,尤其在安全、环保方面所做的工作细致到位,值得借鉴。

2. 随着我国国内大规模的基础设施和工业项目建设的兴起和全球经济一体化步伐的加快,在国际通用的规则下工程项目的国际竞争越来越加剧,如何提高我国工程管理水平确实需要各方面的努力。通过地区间、国际间的交流能有效地培养人才、锻炼队伍、丰富理论知识与实践经验。香港具有优越的地缘优势,可以作为一个交流点发挥其独有的作用。事实也证明,在香港市场上的国际竞争中,还是有不少国内的企业脱颖而出,成绩卓著的。

3. 由于不可避免的各种因素的影响,我国在工程管理方面还有许多需要健全和完善的地方,这是一个客观过程,需要政府、部门、团体和各方面人士的共同参与。工程院院士是一个跨学科、多领域的智力资源群体,可以充分发挥工程院这个平台的作用,吸引更多的专家、学者进行交流与合作,为促进我国工程管理水平不断提高做一些更加务实的工作。

(李冬梅　李仁涵　唐海英提供)

〔出访与来访〕

2004年出访团组

1. 2月,白玉良副秘书长等2人赴瑞典出席第二届中小企业国际网络促进委员会(INSME)会议,并顺访希腊。

2. 3月,宋健院士等3人赴秘鲁出席CIP理事会会议,会后顺访智利有关科技机构。

3. 3月,刘德培副院长等4人赴法国出席“疾病控制优先项目编辑顾问委员会会议”。

4. 3月底,方智远、吴明珠院士等7人赴韩国、日本进行蔬菜科技考察。

5. 5月,沈国舫副院长等7人赴俄罗斯出席“奥运会主办城市－莫斯科、北京的建筑和城市建设问题”学术研讨会和展览会。

6. 5月,徐匡迪院长等7人赴挪威出席CAETS理事会和“全球能源展望”学术研讨会。

7. 6月,邬贺铨副院长赴日本出席“日中光网络国际会议”及考察任务。

8. 8月,陈良惠院士等4人赴日本访问固态照明等有关研究单位。

9. 8月,杜祥琬副院长等5人赴捷克出席“第十五届气体流动化学激光器和大功率激光器国际研讨会”,顺访波、俄并与俄科学院签署双边合作协议备忘录。

10. 9月,宋健院士等4人赴意大利出席“CGIAR机构调整指导委员会会议”。

11. 9月,刘德培副院长赴美国出席“第十四届国际血色素转移大会”。

12. 10月,沈国舫副院长赴美国出席“2004世界粮食奖国际研讨会暨颁奖活动”,并考察巴西。

13. 10月,王淀佐副院长等4人赴土耳其出席国际矿物加工大会理事会会议。

14. 10月,姜景山院士赴印度出席“区域空间技术应用计划”第10次政府间协商委员会会议。

15. 10月,朱高峰院士等2人赴澳门出席由澳门特区政府举办的澳门特区科技委员会顾问正式聘任仪式。

16. 11月,徐匡迪院长等6人赴香港出席香港管理专业协会(HKMA)年会。

17. 11月,王淀佐副院长等6人赴澳大利亚、新西兰进行矿产资源考察。

18. 11月,郭重庆、陆佑楣、王梦恕、沙庆林院士等11人赴香港出席“工程管理国际研讨会”。

19. 11月,王正国院士等3人赴法国出席国际医学组织(IAMP)执委会会议。

20. 12月,沈国舫副院长等5人赴越南出席APCAEM理事会会议。

21. 12月,程家怡副局长赴法国出席中法联合小组工作会,并进行双边访问。

2004 年主要接待来访团组

一月

6 日　徐匡迪院长会见澳大利亚 FMG 公司 Philip Kirchlechner 先生及代表团一行。

14 日　徐匡迪院长在全国政协会见太平洋盆地理事会副理事长、汇丰银行有限公司主席大卫·艾尔敦先生。

15 日　王淀佐副院长会见美国纽约科技大学 Harold Sjursen 教授。

二月

9 日　徐匡迪院长会见国际能源署前总裁 Robert Priddle,王淀佐副院长、侯祥麟、李京文、邱中健院士、白玉良等在座。

12 日　杜祥琬副院长会见波兰科学院工程技术学部 Wladyslaw Wlosinski 教授。徐滨士院士等在座。

16 日　徐匡迪院长会见蒂森克虏伯公司监事会主席克罗默博士。

24 日　徐匡迪院长在钓鱼台国宾馆会见了英国 BP 集团执行懂事兼首席财务官高拜伦博士代表团一行。

三月

15 日　徐匡迪院长在人民大会堂会见日本东京青年所理事长古谷真一朗为团长的青年代表团一行 57 人。

16 日　徐匡迪院长会见戴姆勒－克莱斯勒公司副总裁英纳克博士。

17 日　王淀佐副院长会见古巴科学技术与环境部阿梅里卡·桑托斯副部长。

18 日　沈国舫副院长会见美国西北大学 MBA 研究生 Koichiro 等 4 人。

21 日　徐匡迪院长在钓鱼台国宾馆出席由国务院发展研究中心举办的“中国发展高层论坛 2004 年年会”,作了题为“资源的合理利用——走新型工业化道路”主题发言,讲演结束后,分别会见美国国际集团董事长格林伯格先生、怡和集团总裁韦德乐先生、米其林集团首席执行官米其林先生。

30 日　沈国舫副院长会见了哈萨克斯坦第一副院长 H. K 那基洛夫一行 3 人。

30 日　徐匡迪院长会见德国泰克奇公司首席执行官卓文卡·豪尔女士。

四月

2 日　徐匡迪院长会见法国威立雅公司北中国执行董事罗荣汉先生。

7 日　徐匡迪院长会见澳大利亚 FMG 公司总裁 Andrew Forrest 先生率领的代表团。

14 日　主席团名誉主席宋健、王淀佐副院长会见美国波音公司副总裁兼航空航天系统总经理迈克·莫克先生代表团。

26 日　徐匡迪院长会见新加坡谈马锡公司首席执行官王文辉先生及执行懂事何清女士一行。

29 日　王淀佐副院长会见美洲工程师学会代表团。

五月

26 日　杜祥琬副院长会见加拿大国家研究院代理院长 Michael Raymont 一行。

31 日　王淀佐副院长会见美国工程院 Dr. George Bugliarello 先生。

六月

3 日　国务院总理温家宝在人民大会堂会见了来华参加我建院 10 周年学术活动的 39 位特邀外宾。会见时陈至立以及徐匡迪、路甬祥、周光召、宋健、朱光亚、陈进玉、王淀佐、白玉良等在座。

15 日　徐匡迪院长在北京国际俱乐部参加由外交学会主办的“中美非官方高层对话”。作为中方代表团团长主持会议并会见美国前国务卿舒尔茨、基辛格以及美国前驻联合国及日本大使等。

17 日　徐匡迪院长接受华盛顿邮报记者采访。

18 日　白玉良副秘书长会见澳大利亚国家咨询办公室高级分析员 ROGER Bradbury 教授。

23 日　徐匡迪院长接受美国《纽约时报》记者佛里德曼先生的采访。

28 日　徐匡迪院长在钓鱼台国宾馆会见英国 BP 公司执行董事兼首席财务官高拜伦博士。

29 日　徐匡迪院长会见美国康奈尔大学校长 Jeffrey Sean Lehman 教授率领的代表团。

七月

5 日　邬贺铨副院长会见以 Terasaki Akira 先生为团长的日本国家信息通讯技术研究所，及横须贺开发区管委会代表团。日本驻华大使馆一等秘书先生等陪同会见。

22 日　徐匡迪院长在全国政协会见并宴请英国驻华大使韩愧发先生等，刘德培副院长等在座。

八月

2 日　邬贺铨副院长会见美国 Cisco 公司高级副总裁兼 CTO Charles Gincarlo 先生。

3 日　我院作为支持单位的第三届 APEC 青年科学节在北京农业展览馆隆重开幕。国务院员陈至立、科技部长徐冠华、我院刘德培副院长以及其他有关部委领导出席。

10 日　苏丹内阁部长技术委员会委员、Omburman 技术学院创始人、穆塔茨集团主席穆塔茨博士及夫人到我院拜访。

18 日　全国政协副主席、中美友好协会会长徐匡迪在全国政协会见美国亚洲协会会长维莎卡·德赛女士。

26 日 徐匡迪院长会见瑞典皇家理工大学副校长 Ramon Wyss 教授。

26 日 沈国舫副院长听取教育部留学人员农业服务团赴新疆开展服务工作的汇报。

29 日 徐匡迪院长在全国政协接受了德国《经济周刊》记者弗朗克·泽林先生的采访。

九月

6 日 徐匡迪院长会见瑞典投资署署长暨世界促进投资机构协会主席 Kai Hammerich 先生。

9 日 徐匡迪副主席在中国人民对外友好协会会见并宴请美国联合包裹公司董事长兼美中贸易全国委员会主席麦克尔·埃斯丘及其一行。

7－10 日 陈至立国务委员在中南海会见出席我院、国家自然科学基金委员会与美国工程教育协会联合主办的“第三届国际工程教育大会”的主要中外来宾。徐匡迪院长在座。

13 日 王淀佐副院长会见美国工程院外籍院士、斯坦福大学 Antony Jameson 教授夫妇。

14 日 徐匡迪院长在全国政协会见德国汉堡市市长伯思特先生及其率领的代表团一行。

15 日 徐匡迪院长会见英国 BP 集团执行董事兼首席财务官高拜伦博士一行。

15 日 徐匡迪院长会见德国海茵茨·舍费尔博士。

20 日 徐匡迪院长分别会见前来参加 2004 年世界工商协会峰会的德国总理特使、德国经济劳工部部长鲁道夫·安新格先生和巴基斯坦国务部长、巴基斯坦出口促进局主席塔瑞克·英克瑞姆先生。

21 日 沈国舫副院长会见并宴请澳大利亚技术科学与工程院代表团。

十月

11 日 徐匡迪院长会见爱尔兰皇家科学院院长、爱尔兰 Chester Beatty 国家图书馆馆长 Michael Ryan 教授一行。爱尔兰驻华大使 Declan Kellecher 先生在座。

12 日 徐匡迪院长和王淀佐副院长会见中科院外籍院士、美国威斯康星大学教授张永山博士。

18 日 杜祥琬副院长会见英国伦敦国王学院 Peter D 教授。

20 日 徐匡迪院长在全国政协会见德国驻华新任大使史丹泽博士。

22 日 邬贺铨副院长会见瑞典皇家工程院代表团 Bengt Lindberg 教授一行。

25 日 杜祥琬副院长会见匈牙利工程院院长 Janos Ginsztler 教授一行。

26 日 徐匡迪院长会见澳大利亚 BHP Billiton 公司首席执行官 Chip Goodyear 先生一行。

十一月

3 日 杜祥琬副院长在上海会见俄罗斯科学工程联合会主席古列亚耶夫院士。

3 日 刘德培副院长在上海会见法国工程院副院长 Francois Guinot 教授，并共同草签了我院与法兰西工程院合作协议。

10 日 杜祥琬副院长在北京会见波音公司北美公司光电技术首席科学家 Tien T. Yang 博士一行。

24 日 徐匡迪院长会见德国驻华大使史丹泽博士。

25 日 王淀佐副院长会见西澳政府资源环境部部长 Neol Ashcroft 代表团，于润沧院士在座。

30 日　徐匡迪院长会见法中委员会执行副主席钱法仁先生。

30 日　徐匡迪院长会见瑞典驻华大使雍博瑞、科技参赞白瑞楠。

十二月

6 日　沈国舫副院长会见俄罗斯建筑科学院代表团，周干峙、吴良镛、傅熹年和马国馨等院士参加会见。

8 日　白玉良副秘书长会见朝鲜农业科学院李日燮一行。

24 日　徐匡迪院长会见美国毅思博能公司董事长 Roger. L. Mccarthy 先生一行。

〔合作协议〕

中国工程院与俄罗斯建筑科学院交流与合作协议备忘录续签纪要

中国工程院和俄罗斯建筑科学院对以2000年在北京签署的两院合作协议备忘录为基础开展的双边合作给予高度的评价。特别指出,该协议符合中俄两国在建筑、城市规划和土木工程领域发展的需要,有利于增进中俄两国人民传统友谊。根据协议规定,双方决定将2000年签署有效期为三年的中国工程院与俄罗斯建筑科学院交流与合作协议备忘录续签三年,至2006年年底。

中国工程院副院长	俄罗斯建筑科学院院长
沈国舫	库德里亚夫采夫

2004年5月19日于莫斯科

中华人民共和国中国工程院和克罗地亚共和国克罗地亚工程院工程和科学技术合作协议备忘录

中华人民共和国中国工程院与克罗地亚共和国克罗地亚工程院(下文称:"双方"),认识到中华人民共和国和克罗地亚共和国正在经济和社会领域取得的进步具有重要意义,达成如下协议:

第一条

双方同意在互利的基础上促进两国在工程和科技方面的合作。

第二条

双方将在各自的职能范围内,根据两国现行的法律和规定,以及各自的财力,为工程技术领域专家的合作及适宜的工程技术企业间的接触提供便利。

第三条

未来合作及接触形式包括

（一）学术访问：

双方将协助推动至少拥有一个博士后学位或同等水平的科学家、工程师以及技术人员的交流（各方所派访问人员保持平衡），此类访问被认可为学术访问。行政人员的交流也可纳入学术访问之列。

（二）考察活动：

双方将协助推动科学家、工程师、技术人员、官员及企业界人士的考察活动，以促进在工程和科技方面的合资企业及合作。

（三）联合研讨会和讲习班：

双方将推动举办研讨会和讲习班，以使科学家、工程师和技术人员通过交换信息提高在有关领域的合作水平。

（四）信息交流：

将在信息和出版物交流方面进行互利合作。

（五）其他：

双方将在共同感兴趣的领域开展其他活动，这些活动既可以是双边的，也可以是与其他国家类似机构联合开展的。

第四条

双方将根据各自能力，保持友好的接触，并推动科学家、工程师和技术人员的相互合作。

第五条

双方将推动中华人民共和国与克罗地亚共和国在工程技术领域的合作。

第六条

关于经费安排，对于双方同意的、需要赴对方国家开展的活动，派遣方负担国际旅费，接待方负担国内费用。在其他情况下，将根据项目情况具体商定。

第七条

本备忘录于签署之日起生效，有效期为三年，如任何一方未在有效期终止前六个月书面通知另一方，则本备忘录将延长三年。

本备忘录终止后，仍在实施的项目和活动将继续有效，除非双方达成其他协议。

2004年6月2日在北京分别用中文、克罗地亚文、英文签署的三份文本同样有效。

中华人民共和国	克罗地亚共和国
中国工程院	克罗地亚工程院

徐匡迪教授　　　　Zlatko Kniewald 教授
院长　　　　院长

中国工程院和克罗地亚科学艺术院科学合作协议

根据2002年中国工程院与克罗地亚科学艺术院在科学领域签署的协议,两院同意以下关于财政及管理方面的条款:

一、为执行合作协议,设定每一方交换名额为每年三位,共为期四周的交换额度,此额度适用于今后执行此协议的后续活动。

交换的额度首先用于互惠的访问,以开展以下领域内选定的联合研究项目:

1. 石油经济领域。

2. 石油工程领域的环境保护,特别是石油喷射中在技术上及在深层地质结构上的其他形式的浪费。

3. 现代交通领域的生态问题。

二、学术交流中的财力条款。

双方为对方的访问科学家在本地提供三星级酒店的房间、早餐、午餐、晚餐。其余费用双方再根据情况进行讨论。

关于学术访问的其他费用已在协议中列出,如有需要,两院同意提高日常补贴。

三、学术访问程序。

派遣方负责对出访的科学家作出提名,一旦作出提名,派遣方需要在出访前两个月给接待方提供访问者的主要信息。

信息以附件Ⅱ中的申请表的形式填写。在现有协议的条款一第2项中提到的访问,需要接待方发出的邀请信及科学项目的相关文件。

接待方应在收到提名名单后一个月内作出回复。

派遣方应在出访科学家出发至少7天前把旅程安排通知接待方。

四、此协议于2004年6月1日生效,2005年5月16日终止。

现有协议于2004年6月2日用中文、克罗地亚文、英文签署,一式三份,同样有效。鉴于在翻译过程中可能出现的差异,最终以英文文本为准。

中国工程院　　　　克罗地亚科学艺术院
徐匡迪教授　院长　　　　Milan Mogus 教授　院长

中国工程院与亚洲理工大学谅解备忘录

为促进双方共同利益，推进地理信息与信息技术领域的交流，中国工程院（以下简称 CAE）与亚洲理工大学（以下简称 AIT）同意开展项目合作。双方同意共同遵守以下条款：

第一条　目标

此合作项目旨在通过出版物、科研人员、学生以及开展联合科研项目交流等方式加强双方在地理信息学与信息技术领域的合作。

第二条　合作领域

一、出版物交流：

1. 双方同意交换学术与指导性材料，包括科研人员专长目录、项目目录，以帮助彼此了解对方的学术及教育项目。

2. 双方鼓励各自科研人员与对方共享科研成果，开展联合研究项目，邀请对方人员组织或参与会议、研讨会及培训课程。

二、科研人员交流：

1. 双方鼓励教学、科研及技术人员进行定期交流，包括为期数日的咨询，学期、暑期或学年的授课。

2. 对于以上交流活动，如在正常交流期限内，派遣方应支付访问学者的薪水。

3. 接待方应提供学术科研场所及图书馆使用权利。接待方还应允许来访人员享有免费旁听的权利。

三、促进联合研究项目：

1. 双方应促进开展联合研究项目，尤其是有关本地区空间数据库的建立及环境、自然资源管理等项目。

2. 双方都同意提名中国工程院国际合作局及 AIT 的先进技术学院共同主导联合项目。

3. 双方可以各自任命一位科学代表负责项目磋商。

第三条　财务责任及期限

1. 此协议不对任何一方提出财务责任。

2. 此备忘录一经签署立即生效。

3. 此备忘录若要废止，协议一方需提前一年提出书面终止通知。

中国工程院代表
徐匡迪教授
院长
日期:2004 年 6 月 2 日

亚洲理工大学代表
Jean－Louis Almand 教授
校长
日期:2004 年 6 月 2 日

中国工程院和瑞典皇家工程科学院
可再生能源与环境谅解备忘录

根据中国工程院(CAE)与瑞典皇家工程科学院(IVA)于 2003 年 4 月 8 日签署的谅解备忘录及中国工程院提出的合作项目,为可再生能源及环境的研究,中国工程院(CAE)与瑞典皇家工程科学院(IVA)就合作项目签署协议。

合作项目将持续四年,于 2008 年 6 月 30 日结束。

1. 协议总则:

中国工程院(CAE)与瑞典皇家工程科学院(IVA)(下文中简称双方),同意在两国研究学院、其他研发机构及科学家之间建立联系,并支持联合研究活动的进行。

双方同意 2003 年 4 月 8 日签署的谅解备忘录的有效期为四年,于 2008 年 6 月 30 日到期。

2. 项目执行及操作过程:

双方同意整个合作过程将分为三个阶段,为期四年,于 2008 年 6 月 30 日到期。三个阶段的具体安排如下:

2.1　讨论会将于第一年举行,以确立重点领域,包括条件、期限,合作的详细构成及评估机制。双方决定在中国和瑞典各开一次研讨会,两国的科学家及专家将在此就交换计划中选出的领域进行进一步的检查。

2.2　交换计划将在合作的第一年开始并贯穿整个协议期。交换计划将包括一至三周的简短的接触性访问。

访问的实际操作及财务安排等事务已在 2003 年 4 月 8 日的谅解备忘录中列出。

2.3　在第二年结束的时候,双方将对共同研究的项目联合举行一个中期评议,分析科学合作的成果、对合作结果的评估、确定两年的合作活动。

2.4　在第四年结束的时候,双方将撰写最终报告并举行一个项目总结会,总结合作成果。根据合作成果,双方就解决中国能源现状的方法提出建议。

协议一式三份，包括中文、瑞典文、英文，签于2004年6月2日。

3. **协议期限：**

协议于2004年7月1日生效，有效期至2008年6月30日。由SIDA资助合作项目。

中国工程院	瑞典皇家工程科学院
徐匡迪教授	Lena Torell 教授
院长	院长

中国工程院与德国弗劳恩霍夫协会工程科技合作协议

中国工程院与德国弗劳恩霍夫协会为进行富有成效的工程科技开发与合作，双方达成如下协议：

第一条 目标

双方应促进：

1. 工程科技人员的交流；
2. 共同举办工程科技领域的国际研讨会；
3. 信息交流；
4. 在工程科技领域共同进行合作开发项目，并在与第三方建立联系方面相互给予协助。

第二条 计划与协商

为实施第一条的内容，合作双方可不定期地提出工程科技合作与交流项目建议，通过友好协商制定合作计划，并及时相互通告正在实施的合作项目的现状和进展情况。

第三条 工程科技人员交流

工程科技人员的交流应在双方同意的情况下进行。关于拟交流的工程科技人员及其通过交流要达到的目标的建议，最迟应在交流开始前三个月通知对方。接待方帮助拟交流的工程科技人员制定和实施研究开发计划。每一项交流任务的期限，视任务情况确定，一般为12个月，并可视情况再延长12个月。特殊情况下亦可作3~6个月的短期停留。在接待国执行交流任务的工程科技人员，应具备用所有国语言或英语进行交流的能力。

第四条 国际研讨会

国际研讨会由双方协商一致进行安排。

将对于以下专题给予特别重视：

1. 可再生能源；

2. 生命科学；

3. 城市交通和环境。

另外，双方愿在 CAE 已经开展的城市和企业发展的咨询领域进行合作，并共同举办研讨会。

第五条 信息交流

双方将本着互利的原则，促进在中国工程院的相关中方独立科技机构和弗劳恩霍夫下属的研究机构之间，进行信息（机构信息及技术信息）和出版物方面的交流，该信息交流的深度和广度取决于交流单位双方的安排。

第六条 合作研究开发项目

1. 双方认识到，合作项目的数量和规模必须经过独立研究机构间和本协议双方的协商。项目经费一般情况下来自于政府项目或其他第三方的经费支持。

2. 协议双方应为每一个研究开发项目各自指定一名项目负责人，该项目负责人对于另一方是与项目有关的一切问题的联系人。

3. 应为每一个研究开发项目编写出任务说明书，并在说明书中规定双方的责任、义务和权利，以及参加工作的人员的数目和业务水平。应向协议双方通报项目的进展、出现的问题以及解决问题的建议。对任务说明书的重大调整和修改要由协议双方一致商定。

4. 如果协议一方不能完成项目说明书中规定的工作份额，则需由双方一致决定，是否在得到费用补偿的情况下由另一方协助完成该份额，抑或取消这一份额，或者终止整个项目。

5. 协议双方只对由于严重疏忽或蓄意造成的损失负责。

6. 协议双方应根据需要相互协助建立与第三方的联系，但不对由此产生的研究开发项目承担责任。

第七条 工作成果、发明、发表

1. 对于合作研究开发项目，遵照独立的项目合同，协议双方有权共享一般性的非专利保护成果。对于属于项目主要承担方（在每个项目的项目说明书中确定）的可专利成果，另一方获得无偿的、不得转让的、限于与该合作研究开发项目有关的使用权。若发明由双方工作人员共同取得，则专利权由双方联合申报。在此种情况下，任何一方都有权在其本国自由使用该专利权，若要在第三国使用，需经双方一致同意。

2. 如果工程科技人员在交流期间做出发明，则由双方友好商定适当的解决方法。

3. 在不违反双方国家的保密规定的原则下，协议的任何一方都可经与另一方协商后发表共同工作的成果。

第八条　对外经济规定

如在合作范围内涉及到任何一方政府的对外经济规定,则对外经济规定优先于本协议的规定。

第九条　合作费用

在进行工程科技人员交流时,经常应通过第三方的资助项目支付。

1. 派出方将承担交流人员到接待国的往返国际旅费。根据各个资助项目各自的规定,接待方将负担交流人员在接待国的食、宿、国内交通、医疗保险、意外保险及债务保险等当地费用。支付方式可采用支付现金的办法,亦可不用现金,而是按接待国的习惯,采取实报实销的办法。还应考虑到来访人员在其本国的地位而给予相应的待遇。

2. 双方认同,交流项目的经费应来自于第三方,如国家、政府项目以及公有或私有部门的资助等。

3. 在根据第六条拟定进一步的合作项目时,应包含详细的经费计划,在费用由双方分担的情况下,应规定双方的费用来源及分担办法。

第十条　生效、有效期

本协议由签署之日起生效,有效期5年。双方院长应在协议期满前六个月就双方继续交流和合作交换意见。

本协议在北京签署,正本两份,分别用中文和德文写成,两种文本均具有同等效力。

王淀佐教授	Alfred Gossner 博士
副院长	副主席
中国工程院	德国弗劳恩霍夫协会
2004 年 6 月 2 日	2004 年 6 月 2 日

中国工程院和俄罗斯科学工程学会联合会合作协议备忘录

中国工程院和俄罗斯科学工程学会联合会,下文称双方,认识到发展两国工程科技界之间友好合作关系的重要性,并为促进双方各自国家的经济发展和科技进步,发展中俄两国人民之间的传统友谊,达成如下协议:

第一条

双方将在平等互利的基础上促进两国在工程和科技方面的合作。

第二条

双方将根据两国现行的法律以及中俄两国之间缔结的协定和条约进行合作。

第三条

双方合作形式如下：

- 进行合作研究；
- 互派学者访问；
- 交换各自出版的主要刊物、文献和书籍，并可选择文章在自已的刊物上发表；
- 共同举办学术会议、研讨会和其他学术活动；
- 在咨询活动方面进行合作；
- 培养青年科技人才；
- 其他经双方商定的合作形式。

第四条

经双方以书面形式协商后，本协议可以修改和补充。

第五条

本协议自签署之日起生效，有效期为三年。至迟在期满前六个月，如任何一方未以书面形式提出要求终止本协议，则本协议将自动顺延三年。

本协议于 2004 年 9 月 6 日在莫斯科签署，一式二份，每份均用中文和俄文写成，两种文本具有同等效力。

中国工程院代表
中国工程院副院长
杜祥琬院士

俄罗斯科学工程学会联合会代表
俄罗斯科学工程学会联合会主席
尤·弗·古利亚耶夫院士

中国工程院和俄罗斯科学院合作协议

中国工程院和俄罗斯科学院，下文称双方，认识到发展两国工程科技界之间友好合作关系的重要性，并为促进双方各自国家的经济发展和科技进步，发展中俄两国人民之间的传统友谊，达成如下协议：

第一条

双方将在平等互利的基础上促进两国在工程和科技方面的合作。

第二条

双方将根据两国现行的法律以及中俄两国之间缔结的协定和条约进行合作。

第三条

双方合作形式如下：

- 进行合作研究；
- 互派学者访问；
- 交换各自出版的主要刊物、文献和书籍，并可选择文章在自已的刊物上发表；
- 共同举办学术会议、研讨会和其他学术活动；
- 在咨询活动方面进行合作；
- 培养青年科技人才；
- 其他经双方商定的合作形式。

第四条

经双方以书面形式协商后，本协议可以修改和补充。

第五条

本协议自签署之日起生效，有效期为三年。至迟在期满前六个月，如任何一方未以书面形式提出要求终止本协议，则本协议将自动顺延三年。

本协议于2004年9月7日在莫斯科签署，一式二份，每份均用中文和俄文写成，两种文本具有同等效力。

中国工程院代表	俄罗斯科学院代表
中国工程院副院长	俄罗斯科学院副院长
杜祥琬院士	格·阿·麦夏茨院士

中国工程院与法国国家技术科学院合作协议

前　言

本协议签约双方为中国工程院与法国国家技术科学院，下文中按照国际工程与技术科学院理事会(CAETS)中的称呼分别简称为(CAE)和(NATF)，或称为合同双方。

双方认为：

—— 中法两国人民之间有着相互尊重的友好关系；

—— 双方各自研究的课题有着很多共同领域，如为了使社会最大限度地应用技术发展成果，都考虑技术与社会之间的关系，又如技术成果如何为人类服务；

—— 就这些重要课题方面双方深入进行交流，实现双方互利；

—— 中国有秩序的高速发展是促进世界未来发展的重要因素之一，法国有信心在科学发展和技术进步方面，为成为推动世界可持续发展的范例而努力。

双方期待：

通过在 2004 年 5 月 23 日刘德培副院长率领的中国工程院代表团访问巴黎期间与法国国家技术科学院让·克鲁德·雷曼院长举行的会谈；2004 年 6 月 4 日中国工程院徐匡迪院长与法国国家技术科学院佛朗索瓦·圭努特副院长于北京庆祝中国工程院成立十周年之机举行的会谈，双方期待开创和发展富有成效的双边合作关系得以实现。

为此，特达成如下协议：

1. 本协议的目的

本协议的目的是确定出双方合作的原则和基本条件。

2. 合作的范围

—— 对受过高等教育的年轻人进行培训，加强法中两国之间人员交流；

—— 信息和科学技术教育；

—— 科学技术设备；

—— 信息和通讯技术；

—— 生物工程；
—— 能源；
—— 化工与建材；
—— 交通；
—— 房屋工程、公共工程和建筑工程；
—— 医疗技术；
—— 创建新型企业；
—— 技术、风险和可持续发展；
—— 其他(不仅限于上述方面)。

3. 合作的组织形式

由双方领导人进行会晤,确定在可以合作范围内优先合作的课题。为了共同实施,须制定两年工作计划,保证双方共同落实。

双方共同实施可采取如下形式:

— 双方成员之间的交流;
—— 共同工作和合作发表文章;
—— 由其中一方组织或双方共同组织报告会、研讨会、交流会,并共同发表成果。

共同实施或合作时各方所需要的物质条件,由双方根据每次具体情况确定和落实。

4. 期限

本协议自双方签字之日生效,有效期4年。如无异议可自动延期。

5. 语言

本协议一式4份,两份中文,两份法文,两种文本均具有同等效力。

本协议于2004年11月3日在上海签署。

中国工程院	法国国家技术科学院
副院长	副院长
刘德培	佛朗索瓦 · 圭努特

关于工程道德的倡议

一、自从1997年11月12－13日,在日本大阪,中国工程院、日本工程院和韩国工程院开始举行圆桌会议以来,为促进东亚工程技术的进步,我们三个工程院每年围绕一个主题举行会议并进行讨论,提出多项重要并符合实际的咨询意见,内容涉及区域性共同关心的许多工程技术问题。

为此目的,我们三个工程院于2004年11月1日在中国苏州召开的第8届中日韩(东亚)工程院圆桌会议上,达成如下意见。

一、新兴的工程技术,包括交通、通讯、制造、生活保障、环境保护、信息处理和教育等,通过工业发展、经济增长,提高了生活质量,也为社会带来了预料不到的机会和挑战。我们确信亚洲工程师们通过开拓机遇、迎接挑战、改善社会的生活质量,发挥了他们应有的作用。

二、工程师的工作对社会的影响是巨大的。现代工程技术是一个渗透和复杂的系统,它具有的文化、社会、政治以及知识等因素,在我们生活的各个领域中明显地实际存在着。为此,工程师们需要在涉及公众安全、健康和福祉方面,在各自的业务活动中凭良心行事。

三、我们相信,所有亚洲工程师应该做出保证,在他们的业务活动中,遵守高的道德标准,以使得工程技术对社会福祉作出贡献,改善人们生活。

四、基于我们上述共同认识,我们推荐附后的关于“亚洲工程师道德指导意见”,希望亚洲工程界以此指导他们的成员,在开展他们的业务工作中承担并遵循各种道德标准的义务。

中国工程院院长　　　　日本工程院院长　　　　韩国工程院院长
徐匡迪教授　　　　希泽润一教授　　　　李基俊教授

2004年11月1日,中国苏州

附件:亚洲工程师道德指导意见

2004年11月1日,中国苏州

附件：

亚洲工程师道德指导意见

我们，中国工程院、日本工程院和韩国工程院，深知工程技术在提高人们生活质量和促进环境可持续发展中发挥的重要作用，珍惜与邻帮人民和自然环境协调生存的文化遗产，肩负工程师职业的个人责任，恪守诚信、荣誉，维护工程师职业的尊严，忠诚、公正并友善地服务于雇主、客户和公众。

在此，强烈建议亚洲工程界对各自的成员做出指导，承诺遵守最高的道德和职业操守。为实现承诺，亚洲工程师们应该：

一、在作出工程决定时，要承担保证社会安全、健康和福利的责任，披露那些可能危害公众安全、健康、福利，以及在自然环境进行不可更改的、长期和大规模工程建设所有相关的信息。

二、在商务和业务活动中，做一个可靠的代理商或托管人，为每一个雇主或客户的服务行为，与本指导意见一致。

三、披露所有已知或可能的、导致可能影响或已经影响业务活动的判断力或水平的利益冲突。

四、在发表声明和评估意见时，应根据掌握的事实，一定做到诚实、可信。

五、开展工作应遵循相应的法律、条例、准则、规定、合同，以及其他标准。

六、尊重各种产权，包括出版、专利，以及知识产权的诚信。

七、征求、接受并提出诚实的专业批评，正确对待他人取得的成绩，以对未作过的工作永远不要索取荣誉。

八、对任何在经验和教育方面的局限性，应该诚实和坦白地对待，并且不辜负个人的信仰和良心。

九、不断地发展相关的知识和技能，在整个职业生涯中锻炼自已，为工程职业领域的改善做出贡献。

十、反对偏见，并正确对待关于性别、宗教、民族或种族、年龄、性别偏好、肤色、以及身体的精神的残疾问题。

十一、为实现可持续发展，保持和恢复地球的活力，做出应有的努力。

十二、促进亚洲工程师的相互了解和团结，努力为亚洲国家和平的关系作贡献。

规 章 制 度

关于印发《中国工程院互联网站管理办法(暂行)》的通知

中工发[2004]32 号

院机关各部门:

2004 年第五次机关办公会议审议通过了《中国工程院互联网站管理办法(暂行)》,现印发大家,请遵照执行。

中 国 工 程 院
二○○四年四月九日

中国工程院互联网站管理办法(暂行)

为更好地建设和管理中国工程院互联网站(www.cae.cn,以下简称网站),特制订本办法。

一、总则

中国工程院网站是中国工程院基于网络媒介面向社会各界的一个窗口,其宗旨是:

第一条　向公众介绍中国工程院,反映工程院作为中国工程科技界最高学术机构,组织院士专家为国家工程科技事业发展献计献策的作用和开展的活动;

第二条　向公众介绍中国工程院院士在各自的工作岗位上为国家工程科技事业作出的杰出成就和业绩,进而宣传中国工程科技取得的成就,弘扬高尚的科学道德情操,在全社会树立工程科技的旗帜;

第三条　为工程科技工作者提供通过互联网络进行学术交流的平台和园地。

二、网站的组织与管理

第四条　网站受中国工程院的统一领导,分管院领导协助院党组负责领导网站的各项工作;

第五条　院机关办公会议作为网站工作的协调委员会,负责研究和解决与网站建设和管理相关的各种事项；

第六条　办公厅具体负责网站的建设和归口管理工作；

第七条　根据工程院实际情况，本着充分利用社会化服务资源的原则，网站的设计、开发、硬件设备、软件、技术支撑、网页维护、信息上网工作等委托专业网络公司承担；

第八条　办公厅设专人负责统一协调院内各部门，汇总批准上网的内容，负责指导和监督专业网络公司的信息发送内容和发送形式。负责监管网站的安全，每天定时浏览网站，一经发现有不适宜信息，及时采取相应措施，并向主管领导报告。

三、上网内容的审批

根据工程院目前各项工作的实际情况，上网内容由以下几方面信息组成：

第九条　委托专业网络公司负责从每日新华网、光明网、科技日报网等网站上搜集有关工程院或工程院院士的有关信息，直接上网，以保证网站的动态信息更新频率；

第十条　《中国工程院院士通讯》上发表过的文章，由院新闻办公室负责审核，报秘书长批准后发布；

第十一条　工程院院士的各种基本情况介绍内容，由学部工作局负责审核，报秘书长批准后发布；

第十二条　网站英文版内容经国际合作局领导批准后发布；

第十三条　《中国工程科学》杂志上发表过的文章（摘要），委托专业网络公司直接发布；

第十四条　光华工程科技奖的有关内容，经光华奖办公室主任批准后发布；

第十五条　网站专题论坛的管理由工程院任命的专人负责；

第十六条　其他需上网发布的信息由院新闻办公室负责审核，报秘书长批准后发布。

四、严禁上网的信息

第十七条　严禁违反《全国人大常委会关于维护互联网安全的决定》、《互联网电子公告服务管理规定》的反动、凶杀、暴力、色情等内容上网；

第十八条　涉及国家秘密的任何信息严禁上网；

第十九条　不宜公开的内部信息严禁上网，本网站不登载任何与工程院宗旨不符的信息；

第二十条　违反上述规定，视情节轻重给予相关责任人相应的处罚；

第二十一条　本办法自发布之日起施行，由办公厅负责解释。

（徐　进提供）

关于印发《中国工程院咨询项目管理办法》的通知

中工发[2004]95号

各学部、各专门委员会、院机关各部门：

根据财政部有关规定，我院对2002年颁布的《中国工程院咨询项目管理办法》（以下简称《咨询办法》）进行了修订。2004年11月25日，院咨询工作委员会审议通过了修订后的《咨询办法》，现印发给你们，请遵照执行。

特此通知。

附件：中国工程院咨询项目管理办法

中　国　工　程　院

二〇〇四年十二月三日

附件：

中国工程院咨询项目管理办法

（2004年11月25日院咨询工作委员会会议通过）

为规范中国工程院咨询工作，特制订本办法。

第一条　项目来源

1．接受政府、部门和地方委托，对国家和地方的重大工程中的技术决策、发展规划、计划、方案及其实施等方面提供咨询。

2. 接受国家重要企业和重要学术性机构的委托,对发展战略、实施计划、技术改造和关键技术攻关等有关工程技术方面重大问题提供咨询。

3. 根据我国重要工程技术领域的发展目标,结合国民经济和社会发展的规划、计划等,由中国工程院常务会议、咨询工作委员会、院其他专业委员会、各学部常委会和院士等提出的咨询项目。

4. 根据实际需要,提出或者接受有关工程技术方面的其他咨询项目(含主动和委托相结合的项目)。

第二条 项目分类

根据项目来源,可以分为委托咨询、主动咨询、委托和主动相结合的咨询等三类。根据项目涉及的领域、规模,可分为学部咨询项目和院级项目两类。

1. 学部咨询项目,是指在一个学部范围内,组织本学部院士和有关专家开展的咨询项目,或以一个学部为主立项,邀请其他学部有关院士和有关专家参加的咨询项目。

2. 院级项目,是指重大的战略性、宏观性和综合性咨询项目。

第三条 项目立项

1. 凡属委托咨询项目,由委托方出具委托文件或公函,并提供有关资料。院级委托咨询项目由院有关部门与委托方协商,填写《中国工程院咨询项目立项申请书》或填写委托方的立项申请书,一般情况下,由负责院咨询工作的领导批准后组织实施;特殊情况时,由咨询工作委员会审议通过后组织实施。学部开展的委托咨询项目,由有关学部与委托方协商,填写《中国工程院咨询项目立项申请书》或填写委托方的立项申请书,学部常委会审议通过后,报咨询工作委员会备案后组织实施。咨询委员会将留 3 份委托咨询项目申请立项书存档。

2. 院级主动项目由院咨询工作委员会研究确定,报院常务会议批准。学部主动咨询项目,一般情况下,每个学部每年不超过 2 项,经学部常委会讨论通过,填写《中国工程院咨询项目立项申请书》,学部主任签字后,由工程院咨询工作委员会提出审查意见,报院常务会议批准。

3. 对委托和主动相结合的项目,通过协商后,视情况可以参照本条目 1、2 项进行。

4. 不论委托咨询或主动咨询项目,在新上项目时要注意利用原有咨询项目的成果,在继承基础上发挥和创新,避免工作重复。

5. 主动咨询项目的申报截止日期为每年的 6 月 20 日,即:申报第二年咨询项目需在当年的 6 月 20 日之前,报《中国工程院咨询项目立项申请书》25 份、项目申请书 2 份及电子版给院咨询工作委员会。

6. 一般情况下,院咨询工作委员会在 7 月 10 日前召开第一次会议,在总结和研究我院咨询工作开展的同时,讨论确定需报财政部的咨询项目及预算(第二年),并经院常务会议批准后,由院办公厅汇总报财政部。11 月 25 日前召开第二次院咨询工作委员会,在财政部下达我院有关咨询经费预算控制数的框架内,研究确定下一年度的咨询项目及经费使用,并经院常务会议批准后,由院办公厅汇总报财政部。

7. 遇有特殊情况,对于每年 6 月 20 日以后提出的、确实急需的主动咨询项目,经负责咨询工作的院领导同意,并经院常务会议通过后,可作为预研项目安排,即当年不安排经费,下一年度通过上述第 6 条的立项程序后安排。对于委托咨询项目的立项,一般情况下由院咨询工作委员会开会评议或函评,如获通过,报院常务会议审议。

第四条 项目实施

1. 学部咨询项目从启动到结题一般不超过2年;院级咨询项目不超过3年。

2. 项目启动后,应按预定计划进行,切实保证工作质量和进度。如因特殊情况,需要改变研究主题,或延期或终止实施时,必须由课题组提出书面申请,学部级项目由学部主任签字,院级项目由项目组长签字,并由负责院咨询工作的领导批准。

3. 咨询项目组组长应由工程院院士担任,项目开展中应注意发挥院士的群体作用。每个咨询项目须至少有2位相关专业的院士作为正式项目组成员参加,可聘请科学院院士和非院士专家参加。

4. 为保证院士有充分的精力和时间参加工程院的咨询工作,一般情况下,每位院士最多不能同时参加3个以上的咨询项目(含院和学部级)。

第五条　项目结题

咨询项目完成后,项目组形成咨询报告初稿,经过审批程序后提出正式咨询报告。

1. 院级咨询项目,由工程院咨询工作委员会组织相关专家评审后,报负责院咨询工作的领导审批。

2. 以学部名义提出的咨询报告,由学部常委会组织评审后形成正式咨询报告,学部主任签字,报工程院咨询工作委员会备案;以工程院名义提出的咨询报告,项目负责人签字,由院咨询工作委员会组织评审,咨询工作委员会负责人签字。

3. 委托咨询项目,咨询报告送交委托方;主动咨询项目、委托和主动相结合的项目,咨询报告视内容报送政府及有关部门、单位。

4. 咨询报告送出后,该咨询项目即为结题。项目组须填写《咨询项目经费决算表》,报工程院办公厅计划财务处,并将有关研究资料整理归档。

5. 咨询报告送出之后,应注意及时收集有关方面的意见和反映,总结经验,不断提高咨询工作的质量和水平;做好后续工作,对咨询报告中所提建议和意见进行跟踪;对咨询报告中提到的有自主知识产权和有前途的产品,要尽力促成其产业化。

第六条　工程院不定期出版咨询报告汇编(不涉密,并经相应的保密审查通过可公开发表的),或在工程院出版的刊物上摘要刊登咨询报告。

第七条　项目的经费管理按照《中国工程院咨询项目经费管理办法(修订稿)》实施。

第八条　咨询工作中涉及国家机密的,应严格按照国家有关密级规定执行。项目研究成果为中国工程院所有。

第九条　《中国工程院咨询项目管理办法》(修订稿)由中国工程院咨询工作委员会负责解释。

附件:1.《中国工程院咨询项目立项申请书》(略)

2.《项目申报书》(略)

3.《咨询项目经费决算表》(略)

(王立群提供)

关于印发《中国工程院保密规定(修订稿)》的通知

中工发[2004]96 号

院机关各部门:

为落实院常务会议关于加强我院保密工作的意见,院保密委员会对原印发的《中国工程院保密规定(试行)》重新进行了修订,现将《中国工程院保密规定(修订稿)》印发大家,请遵照执行。

中　国　工　程　院

二〇〇四年十二月十七日

中国工程院保密规定(修改稿)

第一章　总　则

第一条　为维护国家秘密的安全,保证中国工程院工作的顺利开展,根据《中华人民共和国保守秘密法》及其《实施办法》,结合中国工程院实际,制订本规定。

第二条　国家秘密关系到国家的安全和利益,保守国家秘密是每个国家工作人员的责任和义务。中国工程院院士及机关全体工作人员均应遵守国家的保密法律、法规及本规定,从维护国家利益的高度上提高认识,增强保密观念,避免发生失密、泄密事件,并自觉接受院保密委员会和保密工作人员的检查和监督。

第三条　各级领导干部和重点涉密人员既要带头严格执行国家保密法规,又要对分管部门的保密工作负责,常抓不懈,消除隐患,防患于未然。

第四条　中国工程院设立保密委员会,负责领导全院的保密工作。保密委员会成员由院领导、各部门负责人和办公厅分管保密工作的负责人组成。保密委员会主任可根据实际情况委托保密委员会副主任或成员负责某些专门工作。

保密委员会下设保密办公室,负责保密委员会日常工作,负责指导、协调、监督和检查各部门的保密工作。保密办公室由办公厅院长办公室负责人牵头,各部门综合处和党办有关负责同志参加。

第五条 保密工作要贯彻积极防范、突出重点的方针,坚持内外有别的原则,既要确保国家秘密的安全,又要便于工作,准确把握好保密和提高效率、保密和公开的尺度。

第二章 保密范围

第六条 中国工程院保密的范围包括已确定的国家秘密和重要内部信息。其载体形式包括:纸介质、磁介质、光盘、实物等。纸介质主要有文件、数据、图形、研究报告等;磁介质主要有计算机硬盘、软盘、U 盘,录音带,录象带等。

第七条 在工程院工作中涉及的国家秘密主要有:

(一)国家及有关部门标有密级的文件、资料、数据;

(二)院士增选过程中部分候选人的涉密推荐材料;

(三)院士在咨询、学术活动中涉及的国家秘密。

第八条 在工程院工作中涉及的重要内部信息主要有:

(一)在咨询项目的研究过程中形成的,尚未定密的涉及国家安全、利益和发展战略的讲话、报告、分析、结论、建议等;

(二)党和国家领导人的重要活动安排;

(三)党和国家领导人尚未公开发表的讲话稿;

(四)党组会议、主席团会议、院常务会议和院长办公会议中未印发的内部文件、会议纪要等;

(五)在院士增选会议上院士发表的评议意见、各项投票表决的结果;

(六)对院士和对院士候选人的投诉信件;

(七)院士不对外的电话号码等;

(八)未公开的人事任免、考核报告、人员调配方案、人事档案;

(九)外事活动计划,未经审批的代表团人员组成方案;

(十)项目会谈预案及对策,可供经费数额;

(十一)财务预算方案、决算报告等。

第三章 密级的确定、变更和解密

第九条 在工程院工作中涉及的所有载有国家秘密内容的载体(简称秘密载体),均应按规定标明密级和保密期限。

第十条 确定秘密载体密级的工作由承办人员依据对国家安全、利益的影响程度先提出拟定的密级和保密期限,经本部门保密委员会成员审核后,报保密委员会主任批准。咨询项目研究报告是否定密由项目负责人确定,报院保密委员会主任批准。

第十一条 对中央、国务院下发秘密文件的回复意见,按原件的密级定密。

第十二条 秘密载体的保密期限届满后自行解密;需要升密、降密或变更保密期限的,由原定密单位负责办理。

第四章 秘密载体的印制、收发与传递

第十三条 印制秘密载体应按照规定标明密级和保密期限,注明发放范围及印制数量,绝密

级、机密级载体应编排顺序号。

第十四条　收发秘密载体，相关管理人员必须认真清点，登记编号，签字验收。

第十五条　传递秘密载体，必须通过机要交换传送或专人专车选择安全的交通路线传送，严禁通过普通邮政寄发、网上传送或托人代转。禁止携带秘密载体乘公共交通工具。传递绝密级秘密载体实行二人护送制，同时要有安全保障措施。

第十六条　重要内部信息的印制、收发与传递由承办人员参照秘密载体有关规定办理。

第五章　秘密载体的使用、保存和销毁

第十七条　秘密载体的传阅、传达或使用要严格按制发机关或上级机关规定的传达范围执行，未经保密委员会主任批准，任何人不得擅自扩大知悉范围。

第十八条　秘密载体的传阅应当遵守下列规定：

（一）在符合保密要求的办公场所进行；

（二）办理登记、签收手续，机要人员要随时掌握秘密载体的去向；

（三）不得携带秘密载体进入公共场所或进行社交活动，绝密级秘密载体必须在机要室阅读，并于当日收回，不得带出；

（四）传达国家秘密时应遵守有关不准记录、录音、录像的规定；

（五）不得在无保密装置的电话中交谈秘密事项。

第十九条　秘密载体的复制应当遵守下列规定：

（一）不得擅自复制、摘抄秘密载体，确因工作需要复制的，需经本部门保密委员会成员批准后方可复制；

（二）不得改变秘密载体的密级、保密期限和知悉范围；

（三）所有复制件应注明翻印机关、时间、份数和印发范围，复制件视同原件管理。

第二十条　秘密载体不得公开摘录、引用、发表，确因工作需要使用的，通过摘录、引用、发表形成的新秘密载体按原件的密级、保密期限和知悉范围进行管理。

第二十一条　汇编秘密文件、资料需经原定密单位批准，汇编后的秘密载体按其中最高密级、最长保密期限和最小知悉范围管理。

第二十二条　一般不得携带秘密载体外出，因工作需要确需携带外出的，须经院保密委员会主任批准，并采取严格的保密措施，使秘密载体始终处于携带人的有效控制之下。携带绝密级秘密载体需有二人以上同行。禁止携带绝密级秘密载体参加涉外活动。

第二十三条　禁止携带绝密级秘密载体出境，因工作需要确需携带机密级、秘密级载体出境的，须经院保密委员会主任批准，并采取严格的保密措施。

第二十四条　秘密载体的保存场地须安全可靠，要按保密要求配备必要的保密设备。

第二十五条　销毁秘密载体，应按下列规定办理：

（一）经本部门保密委员会成员批准；

（二）确保秘密信息无法还原。销毁纸介质秘密载体，可使用符合保密要求的碎纸机，也可送具有销毁保密文件资质的单位销毁，但要二人以上押运监销。销毁磁介质、光盘等秘密载体，应采用物理或化学的方法彻底销毁。

第二十六条　重要内部信息的使用、保存和销毁由承办人员参照秘密载体有关规定办理。

第六章　对工作人员的保密要求

第二十七条　院机关全体工作人员要增强保密意识，遵守保密纪律，自觉做到：

1. 不该说的秘密不说；
2. 不该问的秘密不问；
3. 不该看的秘密不看；
4. 不该记录的秘密不记录；
5. 不在私人通信中涉及秘密；
6. 不在公共场所和家属、亲友面前谈论秘密；
7. 不在不利于保密的地方存放秘密文件；
8. 不在普通电话、普通邮局传递秘密信息；
9. 不携带手机参加密级较高的会议或活动；
10. 不携带秘密材料游览、参观、探亲、访友和出入公共场所；
11. 不得在调动工作或离退休时，私自带走秘密文件和记有国家秘密内容的记录本。

第二十八条　院的各级领导干部必须遵守下列保密守则：

1. 不泄露自己知悉的党和国家秘密；
2. 不在无保密保障的场所阅办秘密文件、资料；
3. 不使用无保密保障的电信通信传输党和国家秘密；
4. 不在亲属、亲友、熟人和其他无关人员面前谈论党和国家秘密；
5. 不在私人通信及公开发表的文章、著作中涉及党和国家秘密；
6. 不在社交活动中携带秘密文件、资料；
7. 不在出国访问、考察等外事活动中携带秘密文件、资料；
8. 不在接受记者采访中涉及党和国家秘密；
9. 不将阅办完毕的秘密文件、资料私自留存而不及时按规定清退、归档；
10. 不擅自复制或销毁秘密文件、资料。

第七章　附　　则

第二十九条　关于院士增选中的保密要求，按照《中国工程院院士增选中的保密规定》执行。

第三十条　使用计算机及通讯设备的保密要求为，存有涉密信息的计算机严禁上互联网，上互联网的计算机严禁存有涉密信息。有关具体要求，按照中国工程院《关于严禁用上国际互联网的计算机处理涉密信息的规定》执行。

第三十一条　院咨询工作委员会应对所有参加咨询项目的院外人员进行个人情况登记，并报院保密委员会备案。登记的人员必须遵守中国工程院保密规定的各项要求，承担相应的保密责任和义务。未登记的人员不得参加会议（包括旁听）。重要的咨询报告、学术报告出版前，需请相关负责人做保密审核。

第三十二条　院保密委员会应对院机关工作人员进行经常性的保密教育，检查各项保密措施的落实情况，使机关工作人员熟知自己业务工作中涉及国家秘密的情况和各项保密制度、规定。

第三十三条　一旦发生泄密事故，各有关人员要及时采取有效措施，尽全力予以挽救。

第三十四条　对保密工作绩效显著或挽救泄密事故有功人员，予以表彰和奖励。对于思想麻痹、丢失秘密载体或有泄密行为而给国家造成损失的人员，应分别视情节轻重给予批评或处分，情节严重的，按《保密法》的规定追究其刑事责任。同时追究主管部门领导的责任。

第三十五条　本规定自发布之日起施行，由院保密委员会负责解释。

（刘　畅提供）

任 免 事 项

关于中国工程院内设机构更名的批复

中央编办复字[2004]7号

中国工程院：

送来的《关于中国工程院机关内设机构更名的函》(中工发[2003]39号)收悉。经研究并报中央编委批准，现批复如下：

一、中国工程院学部工作部更名为中国工程院学部工作局。

二、中国工程院科技咨询与政策研究室更名为中国工程院政策研究室。

此复

中央机构编制委员会办公室

二〇〇四年一月十四日

关于院机关部分局级和处级机构更名及有关同志职务任免的通知

中工发[2004]13号

院机关各部门：

根据工作需要，经研究并报中央机构编制委员会办公室批准，我院“学部工作部”更名为“学部工作局”；“国际合作部”更名为“国际合作局”；“科技咨询与政策研究室”更名为“政策研究室”。以上部门均为正局级机构。

办公厅综合处(院长办公室)改设为综合处和院长办公室两个处室。

政策研究室下设调研处、信息宣传处(新闻办公室)、出版处，取消原咨询调研处和出版宣传处。

因处级机构的调整和更名，以下4位同志职务任免如下：

刘效北同志任办公厅综合处处长,免去其办公厅综合处(院长办公室)处长职务。

刘畅同志任院长办公室副主任(正处级),免去其办公厅综合处副处长(正处级)职务。

王元晶同志任政策研究室信息宣传处(新闻办公室)副处长(正处级),免去其政策研究室咨询调研处副处长(正处级)职务。

刘静同志任政策研究室出版处副处长(正处级),免去其政策研究室出版宣传处副处长(正处级)职务。

特此通知。

中 国 工 程 院
二〇〇四年二月二十日

关于白玉良、董庆九等同志职务任免的通知

中工发[2004]14号

院机关各部门:

根据工作需要,经研究决定,以下4位同志职务任免如下:

白玉良副秘书长不再兼任学部工作局局长职务。

董庆九同志任政策研究室副主任(主持工作),免去其办公厅副主任职务。

郗小林同志任政策研究室副局级巡视员。

徐进同志任办公厅院长办公室主任,免去其办公厅研究室副主任职务。

中 国 工 程 院
二〇〇四年二月二十日

关于谢冰玉、高中琪、李仁涵同志任职的通知

中工发[2004]15号

院机关各部门:

根据工作需要,经研究决定,任命谢冰玉同志为办公厅副主任;高中琪、李仁涵同志为学部工作局副局长。

根据中央颁布的《党政领导干部选拔任用工作条例》规定,以上3位同志任职试用期为1年,试用期满后,经考核合格,正式任职。

中国工程院

二〇〇四年二月二十日

关于易建等同志任职的通知

中工发[2004]33号

院机关各部门:

根据工作需要,经研究决定,任命易建同志为学部工作局机械与运载工程学部办公室主任;王振海同志为学部工作局土木、水利与建筑工程学部办公室主任;唐海英同志为学部工作局农业、轻纺与环境工程学部办公室副主任;官键同志为国际合作局综合计划处副处长。

根据中央颁布的《党政领导干部选拔任用工作条例》规定,以上4位同志任职试用期为1年,试用期满后,经考核合格,正式任职。

中国工程院

二〇〇四年四月九日

关于杨丽同志任职的通知

中工发[2004]43 号

办公厅：

根据工作需要，经研究决定，任命杨丽同志为办公厅综合处处长。

按照中央颁布的《党政领导干部选拔任用工作条例》规定，杨丽同志任职试用期为 1 年，试用期满后，经考核合格，正式任职。

中　国　工　程　院

二〇〇四年五月二十日

关于常平同志免职的通知

中工发[2004]48 号

院机关各部门：

根据工作需要，经院党组研究并报中央组织部同意，免去常平同志中国工程院党组成员和秘书长职务。

中　国　工　程　院

二〇〇四年六月十日

关于钱左生等同志任职的通知

中工发[2004]77 号

院机关各部门：

根据工作需要，经院党组研究决定，钱左生同志任国际合作局巡视员（正局级），继续主持该局工作。

高中琪同志继续担任学部工作局副局长，主持学部工作局工作。

中　国　工　程　院
二○○四年九月十六日

关于金哲同志职务任免的通知

中工发[2004]78 号

学部工作局：

经研究决定，金哲同志任副局级巡视员，同时免去金哲同志能源与矿业工程学部办公室主任职务，自 10 月起退休。

中　国　工　程　院
二○○四年九月十六日

关于学部工作局处级干部内部轮岗及有关工作安排的通知

中工发[2004]81 号

院机关各部门：

根据工作需要，经研究决定，学部工作局处级干部在内部进行轮岗，“十一”前做好交接等有关工作，“十一”休假后，正式到新岗位工作。现将轮岗及有关工作的具体安排通知如下：

一、关于各学部办公室和综合处的处级干部轮岗安排

阮宝君调任综合处处长；

易建留任机械与运载工程学部办公室主任；

安耀辉留任信息与电子工程学部办公室正处级调研员，负责该办公室工作；

高战军调任土木、水利与建筑工程学部办公室主任；

王振海调任能源与矿业工程学部办公室主任；

宋德雄调任化工、冶金与材料工程学部办公室副主任；

唐海英调任工程管理学部办公室副主任；

梁晓捷调任农业、轻纺与环境工程学部办公室主任；

李冬梅调任医药卫生工程学部办公室副主任；

金哲任学部工作局副局级巡视员。

以上同志调新岗位任职后，原职务自动免除。

二、关于各专门委员会秘书的工作安排

为加强各专门委员会的工作，暂由白玉良兼产业工程科技委员会办公室主任，李仁涵兼咨询工作委员会秘书，王海荣兼院士增选政策委员会秘书，谢冰玉兼教育委员会秘书，以上四个专门委员会的日常具体工作由综合处负责。高中琪兼科学道德建设委员会秘书，王振海协助做好日常工作。梁晓捷兼环境委员会秘书。

三、关于与地方合作的分工安排

信息与电子工程学部办公室负责联系我院与深圳市的合作；机械与运载工程学部办公室负责

联系我院与上海市的合作;综合处负责联系我院与山东省、北京市及其他地区的合作。

中　国　工　程　院
二〇〇四年九月二十三日

关于聂淑琴同志高级会计师任职资格的通知

中工发[2004]84 号

办公厅:

经国家有关部门财会专业高级职称评审委员会评审通过,并报我院高级专业技术职务任职资格评审委员会同意,自 2003 年 12 月起,聂淑琴同志具有高级会计师任职资格。

中　国　工　程　院
二〇〇四年十月十一日

关于冀星同志高级工程师任职资格的通知

中工发[2004]85 号

国际合作局:

经我院高级专业技术职务任职资格评审委员会评审通过,自 2004 年 9 月起,冀星同志具有高级工程师任职资格。

中　国　工　程　院
二〇〇四年十月十一日

关于石立英同志任职的通知

中工发[2004]91号

中国工程院各学部,院机关各部门:

根据工作需要,经中国工程院主席团会议审议通过,任命石立英同志为中国工程院副秘书长,分管政策研究室工作。

中　国　工　程　院
二〇〇四年十一月二十六日

(以上均由王立群提供)

其他院发文

关于中国工程院综合办公楼初步设计和投资概算的报告

中工发[2004]20号

国家发展和改革委员会：

我院综合办公楼项目业经贵委计投资[2002]2540号和计投资[2003]433号文批准立项，批复建设规模为2.2万平方米、投资按2.5亿元控制。立项批准后，我院抓紧办理前期各项相关手续，目前已完成了概念设计招标、方案设计报批、初步设计和投资概算工作。

该地地上拟利用的总建设规模33 500平方米，分一、二两期建设，其中一期即综合办公楼工程建筑规模为23 000平方米，地上16 180平方米，地下一层共6 820平方米。

在做初步设计和投资概算中，我们尽量把握不超出批复控制规模。清华大学建筑设计研究院设计的方案为，总建筑规模为2.3万平方米，比计投资[2002]2540号文件批复的总规模超出1 000平方米，总投资25 803.99万元，超出批复803.99万元。

现将有关情况说明如下。

一、超出总建设面积规模原因

1. 楼址变换。我院综合楼办公楼项目经过了选址和更址过程。更址前我们选定了西长安街延长线木樨地科技会堂对面的北京铁路局办公用工字楼，拟与该局合作建设，并与该局签署了合作协议。之后，我们做了概念设计，该设计以高层建筑为主体，做了可行性研究报告，上报国家发展改革委员会，并得到了批复。由于种种原因，我们重新选择了建设地址，新址在德胜门西北角。按照原来批复的条件，地下设备层及车库、人防部分由原来两家共建合用变为我院自己担负。因此，新址设计的地下设备层和车库、人防占用的面积比原址设计的面积（5 500平方米）有所增加（现为6 820平方米）。

2. 高度限制给设计带来了影响。由于德胜门属文物保护区域，故对周围建筑总高度有严格限制，我院综合办公楼建筑总高度（北入口）控制在18.35米，建筑结构控制在地上4层。地面一层的共用面积加大，这一共用面积只能在四层平摊，使得公共部分面积相对总建筑面积的比例有所增加。

二、投资概算超出总控制数原因

工程院综合办公楼有报告厅、展厅、会议室、接待厅等，建筑要求比一般办公用房高一些，因此总投资概算略高一些。

一年来,我院综合办公楼项目在贵委的大力协助和支持下,已完成了一些工作,希望继续得到贵委的支持和帮助。

特此报告。

附件:中国工程院综合业务楼用房指标一览表(略)

中　国　工　程　院
二〇〇四年三月十一日

关于印发2004年第一批咨询研究项目及经费安排的通知

中工发[2004]24号

各专门委员会、各学部、院机关各部门:

经2004年2月17日院咨询工作委员会会议研究确定,现将我院2004年第一批咨询研究项目及经费的安排通知如下:

一、我院2004年第一批咨询研究项目共安排17项(其中一项为追加经费),共安排经费758万元(2004年为433万元,2005年为325万元,详见附表)。

二、2004年院工程科技论坛经费安排80万元(每学部10万元);院各专门委员会咨询与学术活动经费安排35万元(每个专门委员会5万元);各学部咨询与学术活动经费安排80万元(每个学部10万元);院领导咨询与学术活动经费安排25万元;共计220万元。

三、中长期科技发展规划咨询评估经费安排100万元。

四、"十一五"计划咨询项目《技术创新与高技术产业发展》专题的研究经费补15万元;《健康工程》专题补30万元,共计45万元,从2003年咨询与学术活动的结余经费中补。

院财务部门要保证上述各项费用的到位,并严格按照国家和《中国工程院咨询项目经费管理办法》(修订稿)的要求,做好经费的管理工作。

院各部门要及时做好项目的结题工作,对已完成的咨询项目,要及时写出咨询报告,并严格按照有关财务制度,做好经费的结算工作,并填写咨询项目决算表。对无特殊原因,长期不结题的单位,将适当限制其项目的申报。

特此通知。

附件：2004 年第一批咨询研究项目及经费安排表

中 国 工 程 院
二〇〇四年三月十八日

附件：

2004 年第一批咨询研究项目及经费安排表

序号	项目名称	项目负责人	所属单位	完成时间	经费安排	备 注
1	装备故障自愈工程及其在我国推广应用的研究	高金吉	机械	2005 年	10 万	2005 年补 10 万
2	中国信息化可持续发展的战略研究	邬贺铨	信息	2005 年	150 万	2005 年补 150 万
3	中国高温超导材料及应用发展战略研究	周 廉 甘子钊	化工	2005 年	14 万	2005 年补 8 万
4	大型先进压水堆和先进核能系统工程战略研究	潘自强	能源	2004 年	15 万	
5	中国东部危机矿山深部及外围找矿	裴荣富	能源	2005 年	4 万	2005 年补 4 万
6	我国城市的可吸入颗粒物污染现状及其防治对策研究	徐旭常	能源	2004 年	8 万	
7	燃气发电机组的推广应用前景	顾心怿	能源	2004 年	5 万	
8	大型建筑工程风险评价与保险研究	范立础 陈肇元 董石麟	土木	2005 年	8 万	2005 年补 8 万
9	重大土木工程使用寿命与耐久性标准的研究	赵国藩 陈肇元	土木	2005 年	8 万	经费追加
10	“西气东输”中的天然气的合理应用及相关政策研究	江 亿	土木	2005 年	8 万	2005 年补 8 万
11	我国高等农林教育发展战略研究	石元春	农业 教育委员会	2005 年	20 万	2005 年补 15 万
12	新世纪中国渔业可持续发展战略研究	唐启升	农业	2004 年	10 万	
13	国内外生物技术谬用的形势分析与对策研究	黄翠芬	医药	2005 年	15 万	2005 年补 15 万
14	工业工程——中国制造业实现世界制造基地的杠杆	郭重庆	管理	2005 年	8 万	2005 年补 7 万
15	中国老工业基地的可持续发展战略研究	殷瑞钰 李京文	管理	2005 年	80 万	2005 年补 70 万

（续表）

序号	项目名称	项目负责人	所属单位	完成时间	经费安排	备 注
16	增选若干问题研究续：工程院学科分类标准	沈国舫 杜祥琬	增选委	2004 年	20 万	
17	高层次工程技术人才成长规律研究	沈国舫 杜祥琬	增选委	2005 年	50 万	2005 年补 30 万
合计					433 万	325 万

关于印发2004年第二批咨询项目立项及经费安排的通知

中工发[2004]70 号

各专门委员会、各学部、院机关各部门：

经2004年6月16日院咨询工作委员会会议研究确定，8月17日院常务会议审议通过，现将我院2004年第二批咨询项目立项及有关经费的安排如下：

一、我院2004年第二批咨询项目共立项11项，2004年拨款107万元（详见附件）。

二、院财务部门要保证上述各项费用的到位，并严格按照国家和《中国工程院咨询项目经费管理办法》（修订稿）的要求，做好经费的管理工作。

三、各部门要及时做好项目的结题工作，对已完成的咨询项目，要及时写出咨询报告，并严格按照有关财务制度，做好经费的结算工作，填写咨询项目决算表。对无特殊原因，长期不结题的单位，将适当限制其项目的申报。

特此通知。

附件：2004年第二批咨询项目立项及经费安排表

中 国 工 程 院

二〇〇四年九月一日

附件:

2004年第二批咨询项目立项及经费安排表

序号	项 目 名 称	项目负责人	承办	2004年拨款	备 注
1	包头稀土产业发展战略研究	周 廉	化工学部		委托咨询
2	有色金属资源循环利用	邱定蕃	化工学部	5万	2005年拨5万,2006年拨2万
3	流程工业与循环经济	殷瑞钰 金 涌 张寿荣 陆钟武	化工学部	13万	2005年拨13万,2006年拨2万
4	我国绿色建材发展战略	顾真安	化工学部	4万	2005年拨4万,2006年拨2万
5	海水淡化及海水与苦咸水利用发展建议	高从增	化工学部	15万	2005年拨15万,2006年拨6万
6	中国城市建设数字化方案与推进战略	王家耀 宁津生	土木学部	10万	2005年拨5万,2006年拨5万
7	农业资源与环境安全问题研究	李泽椿 蔡道远 方智远	农业学部	15万	2005年拨20万
8	中国新型工业化进程中工程管理教育问题研究	朱高峰 王重托	管理学部	20万	2005年拨30万
9	制药产业当前状况的调研和工程科学研究的建议	沈家祥 张高勇	产业委员会	5万	2005年拨5万
10	地下隧道工程装备国产化发展研究	王梦恕	产业委员会	10万	2005年拨30万
11	新世纪前20年中国钢铁工业的定位与发展战略	殷瑞钰 张寿荣 王晓齐	产业委员会	10万	2005年拨10万,2006年拨5万
合计				107万	2005年:137万,2006年:22万

(以上均由王立群提供)

出版物介绍

《中国工程科学》

中文版月刊　全年收到来稿共计387篇,发表183篇,刊发率为47.2%。183篇文章中:院士撰写的26篇,约占14.2%,高级职称以上撰写的89篇,占48.6%,研究生撰写的64篇,约占35%,余为其他;属于国家自然科学基金项目的54篇,占29.5%,属于"八六三"、"九七三"、"九五"、"十五"重点资助和科技攻关项目的23篇,占12.6%,属省部级重点项目的17篇,占9.3%。前二者占刊发文章总数的42.1%。

英文版季刊　2004年共收到论文稿85篇,刊发62篇,刊发率为73%;其中有关西气东输、石油化工、三峡工程等的重点组稿;刊发的62篇文章中,院士撰稿的8篇,约占13%,高级职称以上作者撰写的34篇,占54.8%,研究生的16篇,占25.8%,余为其他。

《中国工程科学》既体现了院士与学者们的科技智慧和学术水平,又反映了工程科技界诸多重要领域的丰硕成果,产生了良好的社会声誉和影响,众多的高校和科研机构已将其列为核心期刊。《中国工程科学》已成为工程技术专家展示学术成果的窗口。

《中国工程院院士通讯》(月刊)

以沟通院士的科研、教学、生活信息,传播院士道德情操,介绍院机关和院省(市)合作等重要新闻为宗旨。开辟有院士行动、咨询工作、道德建设、学部信息、国际交流与合作、工程科技论坛、院机关要闻、院士生活摄影等栏目。本年度共发刊12期,共381篇文章,约80万字。

《中国科学技术前沿》

是一部以较通俗的语言展示我国工程科学技术工作和取得成就的出版物,旨在广泛交流,互相学习,努力创新,共同提高。它将为我国制订科技发展规划提供依据,为广大科技工作者的研究、开发、设计及生产提供信息。同时,也将促进国外学术界了解和认识我国工程科技的成就。此书每年出版一卷。《中国科学技术前沿》第七卷共收录了41位院士和专家在航天工程、医药科学、生物技术与农业、制造工程、土木工程、能源工程、材料科学、信息科学与技术等领域的24篇文章,共67万字。

《工程科技与发展战略》

咨询报告集将我院为国家重大工程技术问题提出的建议和咨询报告汇编成册,为各级领导提供决策参考。2003版共收集18篇咨询报告和23篇院士建议,共约43万字。

《中国工程院2003年年鉴》

是综合反映中国工程院各方面情况、进展和成就的史料性内部刊物。2004年出版了2003年卷,收编的内容从2003年1月1日至12月31日为止。分19部分,共100万字。

《中国工程院院士》画册

从1999年以来分系列出版,全面系统地介绍了我院当选的全体院士,书中收录了院士的工作照、手迹和传略。本书以其选材独特,装帧高雅,印制精美,获国家图书奖。2004年出版了第六册,

介绍了58位2003年当选的院士

《中国工程院年报》(中英文版)

《中国工程院年报》(中英文版),介绍中国工程院当年的主要活动。2004年年度报告内容从2004年1月1日至12月31日。全书分15部分,其约6万字。

《CAE Newsletter》(中国工程院快讯)

反映中国工程院开展活动的动态信息,是工程院对外宣传的主要刊物之一。内容包括研究与咨询、工程科技论坛、院士行、院士论坛、院士增选、学术会议、地方合作、国际合作交流等。本年度共发刊12期,约8万字。

《十载征程　百年伟业》诗文书画集

为纪念中国工程院成立十周年,从2004年2月份开始进行十周年纪念征文活动,得到了院士们的热情响应。一百多名院士和机关部分工作人员撰写诗词和散文,抒发对工程院成长历程和未来发展的真挚情感与良好祝愿。该书汇集了院士们为工程院建院十周年所作的诗歌、文章和书画作品,表达了院士们对工程院浓浓的情意和期望。

(以上由刘　静　刘　畅　鲁　瑛提供)

光华工程科技奖

光华工程科技奖理事会成员名单

荣誉理事长：	朱光亚	中国工程院院士　中国科学院院士　捐资人
	宋　健	中国工程院院士　中国科学院院士
理 事 长：	徐匡迪	中国工程院院长　中国工程院院士
副理事长：	朱高峰	中国工程院院士
	尹衍樑	台湾润泰企业集团总裁　捐资人
理　　事：	王淀佐	中国工程院副院长　中国工程院　中国科学院院士
	邬贺铨	中国工程院副院长　中国工程院院士
	刘德培	中国工程院副院长　中国工程院院士
	杜祥琬	中国工程院副院长　中国工程院院士
	沈国舫	中国工程院副院长　中国工程院院士
	常　平	中国工程院秘书长
	杜俊元	台湾矽统科技股份有限公司董事长　捐资人
	陈由豪	台湾实业家　捐资人
	王永志	中国工程院院士　机械与运载工程学部主任
	陆建勋	中国工程院院士　信息与电子工程学部主任
	周　廉	中国工程院院士　化工、冶金与材料工程学部主任
	朱建士	中国工程院院士　能源与矿业工程学部主任
	陈肇元	中国工程院院士　土木、水利与建筑工程学部主任
	旭日干	中国工程院院士　农业、轻纺与环境工程学部主任
	王正国	中国工程院院士　医药卫生工程学部主任
	殷瑞钰	中国工程院院士　工程管理学部主任
	孙家栋	中国航天工业总公司顾问　中国科学院院士
	厉以宁	北京大学光华管理学院院长　教授
	张心湜	台湾阳明大学原校长　中国工程院院士
	陈振川	台湾大学总务长　土木系教授

第五届光华工程科技奖获奖人员名单

成就奖： 师昌绪　材料科学专家

工程奖： 徐滨士　装备维修工程专家

庄逢甘　空气动力学专家

龚惠兴　遥感技术专家

范滇元　激光技术与工程专家

陆钟武　工业生态学专家

邱定蕃　有色金属冶金专家

陈毓川　矿产地质专家

潘家铮　水工结构专家

许钟麟　空气洁净技术与工程专家

季国标　化纤工程技术和管理专家

赵法箴　水产养殖专家

顾健人　肿瘤分子生物学专家

钟南山　呼吸内科学专家

刘源张　质量管理专家

青年奖： 钟志华　车辆工程专家

胡伟武　计算机系统工程专家

王玉忠　高分子材料专家

彭苏萍　矿井地质专家

李建成　大地测量学预测量工程专家

陈剑平　植物病毒专家

付小兵　创伤外科

（以上由刘　静提供）

院机关工作

办公厅 2004 年工作总结

在院领导的带领下，在机关各部门的大力支持下，2004 年办公厅全体同志紧密围绕院 2004 年工作要点确定的任务和厅里制定的工作计划，团结协作，克服困难，扎实工作，保证了机关的正常运转，良好地完成了全年的各项任务。

一、2004 年主要工作情况

（一）认真做好行政工作，保证机关正常运转

一年来，为保证院领导和院机关正常开展工作，办公厅同志们做了大量有成效的行政工作。

1. 做好院领导日常行政事务性服务工作。协助院领导处理各类文件、办理各种回函回信，落实和督办院领导批示共 500 多项。协调院领导出席中央、国务院及有关部委和地方召开的各类会议、各种活动，落实各项活动的具体安排，协助制作多媒体演示文件，陪同院领导公务出差等，全年累计超过 200 余次（院领导出席的会议多，经常因临时变化需重新协调、安排）。全年编报《每周工作日程安排》48 期，及时把全院重要活动信息提供给院领导和机关各部门。根据院领导的实际情况及时安排午餐、看病、订购机票等事务性工作，保证了院领导日常工作的顺利进行。

2. 做好会务工作。负责承办了院庆十周年纪念大会和第七次院士大会的会务工作，针对到会院士多、邀请嘉宾多，集体活动多和要求高等特点，加强了与有关单位（中办、国办、人民大会堂、宾馆、医院、交通、公安等）的联系与合作，较好地解决了住宿、就餐、交通、会场、医疗保健、安全保卫等问题，认真做好各项会前准备和会议服务工作，克服了重重困难，保障了院士大会及院庆十周年纪念会的圆满召开。还承办了京、津、冀院士新春茶话会的会务工作，不但请了专业文艺团体演出，还配合学部组织了部分院士参与，形式活泼多样，收到了良好的效果。

全年共承办院内会议 102 次，包括会前的材料与会务准备、完成会议纪要等。具体会议是：主席团会 4 次、党组会 21 次，院常务会 17 次，院长办公会 2 次，机关党委会 14 次，机关办公会 16 次，办公厅厅务会 28 次。

作为院对外联系的窗口，办公厅日常与各部委联系工作繁重，全年出席院外各类会议共 150 余次，会后还要做好贯彻落实会议精神的有关工作。主要的会议单位有：中办、国办、中组部、统战部、人事部、中央国家机关工委、中央国家机关纪工委、财政部、卫生部、国管局、保密局、档案局、信访局、安全局、公安局、交管局、综合治理办等。

3. 保证公文正常运转。办公厅是院机关公文运转的枢纽，负责院公文的收发、登记、传阅、归档、保管和机要交换等工作。按照公文办理程序，全年共办理院发文、函及党组文件 144 件；院、厅发文核稿共计 187 件；各种文件的登记、传阅、保管等 3 000 余次；文件打印 300 多件，办理院章、党组章的审批、登记、使用 170 余次，厅章 180 余次，办理院机关局、处级单位更换印章 19 枚；全年收

发的机要交换文件总量为25 000余件,本年度交换文件无差错。院办被评为中央国家机关交换文件“优秀交换集体”。

4. 编印重要资料。在机关各部门的积极配合下,为院庆十周年编辑出版了《中国工程院1994—1998年年鉴》,编写了《1994—1998年大事记》,全书共计100万字,填补了我院建院初期文字资料的空缺;还编辑出版了《中国工程院2003年年鉴》,编写了《2003年大事记》,全书共计70万字。

完成了《中国工程院院士通讯》全年12期的编辑出版和发行工作,完成了办刊的各项后勤事务性工作。为进一步办好刊物,举办了一次全国性的特约通讯员座谈会,开展了两次诗文书画和摄影作品评选活动。

5. 保密工作。作为院保密办公室,承担院保密委员会的日常工作。根据院保密委员会的要求,结合我院的实际情况,修订了《中国工程院保密规定(试行)》;制定了《关于严禁将涉密文件资料上国际互联网的规定》,并对全院计算机的涉密情况进行了2次安全检查。组织机关工作人员观看保密教育片,进行保密教育,提高大家的保密意识。全院未发生失密、泄密事件。

6. 档案与信访工作。2004年整理归档的文件档案53卷、照片档案3卷册,提供利用260余次。特别为院庆十周年的各项活动,如出版《十载征程 百年伟业》、举办《院庆十周年展览》等,提供了大量的图片和文字资料。国家档案局检查组对我院档案管理工作进行现场检查,给予了充分肯定和好评。

全年妥善办理信访函件287件,接待个人来访300余人次,全都妥善送离。每月按要求及时上报信访工作报表等,全年未发生因处理不当,引发上访干扰机关工作的情况。

(二)不断提高服务质量,努力提供后勤保障

1. 计算机及网络的维护管理工作。随着办公自动化的不断发展,院机关对计算机及网络的依赖性越来越强。由于2004年网管人员有变动,首创网络公司破产,给网络维护工作带来了极大困难。我们克服了许多困难,及时解决了互联网传输和电子邮件中的问题,完成了我院网络转入北京通信,更换网络系统的全部配置,每台设备逐一调试,保证各部门正常办公的需要。

(1)保证了国务院电子公文传输网络的安全使用和日常文件的收发。

(2)保证了院机关使用互联网络、全体院士使用电子邮件的畅通。

(3)制定了《中国工程院互联网站管理办法》。

(4)网站的建设和维护方面,在新网站建了18个一级栏目,70个二级栏目,将原网站的内容全部转到新网站。全年共制作发布网页信息1 423幅,其中单一页面制作106幅,制作发布图片信息137幅,网站发布的文字约1 200万字;开发了办公自动化网络的部分功能;及时排除计算机出现的故障,全年累计维修计算机500台次。

2. 资产管理工作。

(1)开展固定资产情况清查与登记工作。2004年成立了资产清查小组,对我院自建院以来固定资产的情况做了初步地清查与登记,取得了阶段性的工作成果,并起草了资产管理办法初稿,待讨论完善后执行。

(2)开展资源节约活动。贯彻国管局节约资源的精神,向机关发出了“资源节约”的倡议书,开展了院士大会出席证的回收再利用等节约活动。

(3)做好办公用品的采购、发放和管理工作。根据机关各部门提出的要求,办公厅努力做到及时采购和发放。全年共发放各类办公用品1 173次,为院机关采买30多台台式电脑和笔记本电

脑、传真机、打印机、复印机等办公设备,保障了正常办公的需求。

(4) 调整办公用房。为新到任的局级干部调配办公用房,配备办公家具,保证了工作需要。

(5) 完成职工住房的配售工作。国管局2004年配售给我院9套经济适用住房。根据国管局的要求,院机关成立了经济适用住房配售工作组,制定了我院经济适用住房的配售办法。具体承办了14次配售工作会议,经过三榜公布,有7人购得新房,后续工作还在进行中。

3. 后勤服务工作。

(1) 车辆管理:全年安全行驶23万公里,无重大责任事故。车队加强了日常的学习和安全检查工作,提出八要、八不要,提倡热情周到的服务精神,较好地完成了行车任务,在安委会的多次安检中,达到验收标准。被评为区交通安全先进单位,黄振忠同志为先进个人。

(2) 报刊收发及图书资料工作:及时为院领导和机关各单位订购报刊杂志并认真做好每天的收发工作。全年订阅报刊杂志160多种,收发报刊128 845份,信函35 000件,图书资料室全年为全院职工办理了借阅、查询图书资料156次,新购置图书131种。

(3) 值班与安全保卫:认真做好院值班室的日常工作和安全保卫工作。值班室保证24小时不断人,坚持值守应急。认真安排节假日值班、领导带班和节前安全检查。2004年连续发生多起冒用院领导名义推销书籍等物品的事件,我们及时采取措施,如及时与属地派出所建立联系,及时下发通知,和科学院联合发文等,与学部工作局相互配合,事件最后得到了控制。

(4) 日常后勤工作:为机关正常运转提供及时服务和后勤保障。如为保证全院职工午餐,每月按时统计、及时购买并发放饭票;联系采买并发放节日物品;联系制作贺年卡;更换报箱和办公室门牌;支付职工供暖费用;组织到密云绿化基地参加植树活动;组织2004年献血工作等。

4. 基建工作。在院领导的直接领导下,和借调我院基建办工作的同志一起克服了重重困难,取得了前期工作的可喜成果,如取得开工许可证,完成施工招标和监理招标工作等。

(三) 落实财政改革精神,逐步规范财务工作

我们认真贯彻财政改革精神,实行了部门预算、国库集中支付和政府采购制度,认真按照新制度的要求规范我院的财务工作。

1. 逐步完善预算工作,项目经费实现合理调整。在机关各部门的大力支持下,完成2005年的预算编制工作。积极争取经费,保证工作需要,已落实经费12 352万元(含基建和基本支出),在保证重大咨询、外事等项目经费基本落实的情况下,经常性经费增长45%,如院士活动经费、计算机网络经费等,为以后的预算工作打下了良好的基础。另外,项目经费的预决算制度逐步完善,机关工作人员的预算观念逐步增强,项目经费的预决算工作逐步规范。

2. 按国库集中支付的要求,认真做好日常经费核算工作。2004年实际核算管理经费1.6亿元,比2003年增长145%(不含横向资金)。总经费的大幅增加,也大大增加了工作量。特别是我院承担了一些重大咨询项目,有许多院士和专家参加,经常需要及时支出,保证项目的正常进行。计财处在人员没有增加的情况下,通过辛勤劳动,做好大量核算工作,及时满足各项工作对经费的要求,保证了我院各项工作的顺利进行。

全年提取现金130次,共计650.2万元。签发支票980张,经费拨款280次。到医保中心办理公费医疗报销100人次,约3万元。代扣代缴个人所得税2 522人次,平均每月210人次。其中工资薪金代扣代缴664人次、咨询劳务代扣代缴1 858人次,代扣代缴个人所得税58.87万元。审核原始凭证4万多张。此外、还承担院士津贴发放、统计及报送等工作。

3. 加强相互沟通,增进相互理解。过去计财处同项目资金代管单位的沟通机会少,2004 年注意转变工作作风,加强相互沟通。除加强日常沟通外,还利用项目组集中活动的时间,先后到油汽、矿产、东北水、城市化、"十一五"规划等项目,就相关财务问题与工作层面的同志进行沟通,收到了良好的效果。

4. 我院逐步规范化的计划财务工作得到审计署的认可。由于院各级领导的重视,审计部门的监督,计划财务人员规范操作,我院职工财经法纪观念的增强,工作逐步规范,几年来没发生重大违法违纪事件。在 2004 年审计风暴中,我院被审计署列入整改好的单位,在审计工作会上,被李金华审计长点名表扬。

(四) 推进人事制度改革,加强机关队伍建设

1. 公开招聘干部。根据党组要求,按照工作程序,承办了多批干部招聘工作,做了大量具体工作。

(1) 批次多:公开招聘学部工作局局长;院机关局、处级干部竞聘上岗;院机关内部招聘处以下干部;面向社会公开招聘网管专业人员;面向社会公开招聘机关干部工作等。

(2) 程序多:从刊登招聘启事到报名、资格审查,组织笔试(联系出题、制卷、阅卷)、面试、群众测评、准备材料、考察了解、初步筛选、领导审定等,有 16 道工作程序。

(3) 人数多:如组织面向社会公开招聘机关干部的工作。共收到报名材料 745 份,电话咨询达到 500 多人次。在院机关各部门的大力支持下,圆满地组织了 10 个考场的笔试、8 场面试和多次面谈,面试人数近 80 人。目前,我们正抓紧时间,协同各部门对面试筛选出的人员进行考察调档,力争早日完成招聘工作。

2. 贯彻中央人才会议精神,做好服务工作。

会同学部工作局完成中组部、人事部有关文件征求意见稿的反馈、文件落实等工作。先后起草并报送《中国工程院关于人才工作有关情况的报告》等 5 个报告。配合中组部等单位,与学部工作局共同组织了"院士专家东北行"分赴东北三省开展考察、咨询、学术活动等。受到中组部人才局领导的表扬。

3. 认真做好日常人事与劳资工作

(1) 干部任免与年度考核工作。按照中央《党政领导干部选拔任用工作条例》和院党组要求,完成了 14 名处级干部试用期满的公示、测评、考察、任免等工作。上报有关报告、干部任免请示、备案报告,干部考察、公示、测评材料等文件 22 份;完成了 5 位院领导和院士在社会兼职的有关报告和相关的协调服务工作;承办了对机关干部和借聘用人员的年度考核工作和中管干部的年度考核服务工作。

(2) 学部工作局处级干部轮岗工作。按照党组要求,配合学部工作局,完成了该局处级干部的轮岗。为此,我们除办理相关任免手续外,还积极配合有关领导,做轮岗干部的思想工作,努力使大家愉快地到新岗位工作,并为下一步干部轮岗积累了一定的经验。

(3) 接收转业干部工作。根据党组意见,我们陆续选调了 2 位转业干部。其中网络管理员一职,我们首先面向社会公开招聘,没有物色到合适人选后,又到国务院军转办,从三千余份转业干部的档案材料中选出 14 名干部,经过笔试和数次面试,接收了一位转业干部到网管岗位工作。

(4) 退休干部工作。到目前为止,我院退休干部已有 7 人。为做好服务工作,关心退休干部的生活和福利。我们在力所能及的范围内,为他们安排体检、订阅书报、打预防针等。去年还调整了退休干部工资、补贴等福利待遇。退休干部本人及家属生病住院,也及时派人探望。

（5）短期借调人员工作。为配合各部门完成各项工作，尤其是为院士大会工作和院机关组织的各项工作，办理借调人员等来院帮助工作25人次。

（6）职称评审和干部培训。协助院高级职称评审委员会，组织完成了院机关职工的职称外语考试和有关人员的高级职称任职资格的评审工作。

承办了院领导和机关干部培训的相关安排与协调服务工作。

（7）统计工作。完成我院向中央组织部、国家人事部上报的各类报表及报告，被人事部评为干部和工资统计优秀报表单位。此外，还积极配合机关其他部门完成各项统计工作。如配合综合处完成机关经济适用住房配售；国家统计局统计机构调查表；财政部预、决算中机构编制统计报表等。

（8）劳资工作。根据政策，结合实际，及时完成了院机关各类人员工资或补贴核定，职务工资、岗位津贴、绩效津贴的调整等工作，共下发工资调整表66件，总计323人次；为机关各类人员发放节日补贴、年终双薪等441人次；对机关工作人员连续两年考核合格的37人晋升一级工资档次，对借聘人员也按照院有关规定增加了工资。

（9）医疗保健与计生工作。为机关享受医疗照顾的干部完成了注册、登记，换发新《干部医疗证》的工作。加强与科协的联系，提供院机关干部小病就医方便，与北京铁路总医院、海淀区及街道公费医疗办等加强工作联系。做好日常相关的医疗统计上报、经费核算，干部调动等医疗工作。

认真做好计划工作，年初就与国管局和街道办事处签订《计划生育目标管理责任书》，定时将计生用品发放到人，并做好指导工作。对新来院的同志及时办理计生手续、建立帐卡。按有关文件，对符合条件的独生子女父母给予奖励。在六一节慰问独生子女家长。配合《人口与计划生育法》的贯彻实施，组织全院职工参加了中央国家机关《婚育新风进万家知识竞赛》活动，答卷率达到100%，通过答卷，向大家宣传并普及了计划生育和婚育知识，由于工作扎实，我院评为国家机关2004年度计划生育先进集体。

（10）其他。完成了《中央国家机关政府机构名录》的修订工作；协助国际部，办理了院领导、院士和机关人员的出国政审手续等65人次。

此外，办公厅各处室还认真完成了院领导交办的其他各项临时性工作：如历时半年的院徽征集评选工作；组织院士参加北京市科技周活动等；处理刘效北同志去世的善后工作；组织院领导和全体职工为“幸福工程”募捐，为希望小学购买并赠送书包文具；为灾区捐款等。

（五）坚持以人为本原则，努力为大家办实事

1. 为院机关全体在编职工购买交通意外伤害保险。

2. 与北京铁路总医院、海淀区公费医疗办、羊坊店街道公费医疗办等加强工作联系，为院机关工作人员争取了医疗费补贴。

3. 与中央办公厅老干部局等有关单位联系，在学部工作局办公室的配合下，为我院在京院士统一办理了在京院士活动证，共办理院士主证58张，院士家属副证144张。

4. 与中央组织部、中编办、国家人事部、国务院机关事务管理局、国家发改委、卫生部、北京协和医学院、肿瘤医院、301医院、北京市医保中心等单位多方联系、致函，甚至登门拜访，解决院领导和院士在办公、住房、用车、医疗等方面的困难。

5. 组织全院在编职工进行体检，并在体检后请专家针对结果向大家讲解了有关健康、保健常识。对在体检中查出个别问题的职工，及时督促他们认真检查、积极治疗。

6. 为进一步保证职工身体健康，夏季为职工发放防暑降温用品；秋季为职工购买并注射进口

流感疫苗。

7. 为金家村职工开班车;与有关单位多次联系办理金家村房产证问题。

8. 在暑期,组织机关工作人员分两批到承德进行休整。

9. 组织机关开展形式多彩的文体活动。

10. 为解决个别干部夫妻分居两地的后顾之忧,与人事部多次联系,申请办理户口调转手续。为此,准备并上报了十余种材料,为该同志解决了家属进京户口问题。

(六) 落实院党组和中央国家机关工委的部署,做好机关党建工作(略)

(2005 年 1 月 17 日院机关党员大会上已作详细总结)

二、2005 年重点工作考虑

办公厅是我院对外联系的窗口,是机关行政工作运转的枢纽和后勤保障,是机关财务、人事、党务和干部管理的职能部门。面对繁杂的工作任务,我们要十分重视加强办公厅自身建设,要进一步树立全局观念,提高服务意识,坚持务实精神,增强效率观念,加强团结协作,保证机关工作正常运转。

1. 加强行政后勤管理,提高服务保障水平

要保证机关正常运转不出差错,认真做好两次增选会议及其他会议的会务工作,为院领导和院机关各部门做好服务工作,要加强学习,提高素质,加强行政和后勤管理,提高服务保障水平。推进工程院信息化建设,保障国务院办公网络系统的正常运行,为院士的学术交流提供便捷平台,开发和完善机关办公自动化系统,为提高办公效率创造条件。

2. 为建设综合办公楼,做好相关准备工作

按照工程建设程序及相关规定,搞好综合楼的建设,提前做好综合楼的搬迁准备工作,完善相应的规章制度,加强规范化管理,推进后勤服务社会化进程。

3. 加强财务管理工作,提高资金使用效率

继续加强工程院预算改革,建立同工程院的职能、体制、目标、任务相适应的经费管理制度,完善重大咨询项目和大型活动经费管理制度,加强管理、合理配备、勤俭节约、提高资金和资产使用效率。

4. 深化人事制度改革,加强干部队伍建设

按照党组要求,继续贯彻人事制度改革精神,加强干部队伍建设,继续完善机关人事管理的各项制度,细化各部门岗位设置和职责分工,做好新调入干部上岗培训,继续加强在职干部的岗位培训和业务培训,提高干部素质。

5. 完成党组交办任务,做好党委日常工作

做好院党组会、党组中心组学习和民主生活会的各项服务工作;贯彻落实院党组和中央国家机关工委下达的各项指示。

配合院共产党员先进性教育活动领导小组,做好院先进性教育活动办公室的各项日常工作。同时,要搞好办公厅的先进性教育活动。

做好机关党委(纪检、监察)日常工作,协助机关党委成立工会、妇委会,并做好群众和统战等工作。

二〇〇五年一月
(谢冰玉提供)

学部工作局2004年工作总结

2004年学部工作局在院党组、院领导的领导下，在院各有关专业委员会、各学部常委会的指导下及院各部门的支持下，2004年我局在原来工作的基础上，继承与发展，通过局内全体工作人员（包括借调的同志）的努力，较好地完成了全年的工作任务，取得了一定的成绩。主要有以下几个方面。

一、第七次院士大会有关工作

本次院士大会恰逢建院10周年，按照院常务会议的要求，学部参与、配合、服务和组织完成的工作有：

1. 配合办公厅等部门做好院庆及院士大会的相关工作。向全体院士发出会议通知，并逐一落实；认真为参会院士服务，保障院士在大会期间按时、顺利地参加各项活动。

2. 与国际合作局共同组织院学术报告会。根据当今世界工程科技和经济发展的有关热点问题，邀请郑健超院士、钟南山院士、石元春院士、李文华院士、汪成为院士5位院士，同时还邀请了瑞典工程院院长莱娜. 托瑞、英国皇家工程院副院长彼得. 萨里嘉、美国工程院外务秘书乔治. 巴格列瑞洛3位著名专家作大会学术报告。会前编印了学术报告文集，会后制作了光盘。

3. 学部学术活动。8个学部办公室根据本学部所涉及专业范围也组织了形式不同的学术活动，共有39位院士在本学部作了学术报告。为便于交流，有的学部办公室将学术报告编印成册，有的学部办公室将学术报告会办成了沙龙形式。各学部办公室协助学部主任起草完成了各学部工作报告。

4. 学部常委会换届工作。按照《中国工程院章程》，认真准备学部新常委会成员候选人介绍材料及组织投票等工作，顺利完成各学部常委会换届的服务工作。

5. 会前，组织编印了《十载征程　百年伟业》中国工程院建院十周年诗文书画集。另外，还邀请了部分省市区和有关部门人员参加了本次院士大会，加强了沟通，促进了合作交流。

以上各项工作得到了院领导和与会院士们的好评。

二、2005年院士增选准备工作

按照院常务会议要求，在总结以往经验的基础上，认真做好有关工作，主要有：

在院士增选工作委员会的直接领导下，修订了《中国工程院院士增选工作实施办法》。该办法进一步强调了院士在提名候选人时应负的责任；对部门遴选委员会的组成、候选人报送名额以及第二轮评审全面实行候选人自我介绍等方面提出了明确的要求。参与组织并完成了中国工程院院士增选学部专业划分标准课题研究，经主席团会议决定，《中国工程院院士增选学部专业划分标准

(试行)》在2005年院士增选工作中开始施行。起草了2005年度院士增选有关文件,2004年12月10日印发全体院士、科协、各部门及各省市自治区。设立了增选工作意见反馈专门记事本,将各方面反映的问题进行登记,及时上报和解答。

在科学道德委员会的直接领导下,从完善制度、社会监督、弘扬楷模、加强自律等方面为院士队伍的科学道德建设做了服务性工作。2004年还受理了10多封投诉信,目前还有2封正在调查之中。

三、咨询工作

按照院常务会议的要求,在院咨询工作委员会的直接领导下,在各项目组组长的指挥下,我们参与了组织、安排、协调、服务等工作(个别同志参与了研究报告的撰写工作)。期间,参与组织了3次院咨询工作委员会会议,参与修订了《中国工程院咨询管理办法》,参与组织了2005年度院咨询项目安排及经费预算等工作。主要工作有:

1. 咨询研究工作

2004年我院咨询工作任务重、时间紧、质量高。共完成咨询研究项目24项,比2003年多完成13项。其中主动咨询项目11项,比去年增加4项;委托咨询项目共完成10项,比去年增加6项。完成有关部门征求意见15余项次,较去年多11项次。目前正在进行的各类咨询研究项目50多项。据不完全统计全年共有500多位院士、1 000多位专家参加了我院的咨询研究工作(其中有些院士和专家同时参与了多个咨询研究项目)。研究报告报出之后,基本都得到了较高的评价和正面的回复,大部分的内容被采纳。主要特点有:

(1) 国家财政支持增加。国家财政支持的重大专项研究课题数量增加、经费支持力度加大(新批准立项专项咨询研究3项,比去年增加1项;经费比去年增加1 070万元)。

(2) 重大专项研究更具宏观性、前瞻性、战略性、综合性,院士参与度高,社会影响大,受到党和国家领导高度重视。温总理和国务院有关领导分别听取了徐院长关于《制造业发展科技问题》、王副院长关于《中国可持续发展矿产资源战略》、侯祥麟院士关于《中国可持续发展油气资源战略》等研究工作汇报各一次;温总理还在我院有关咨询项目汇报稿及《院士建议》上做重要批示各1次。其中:

• 由徐院长担任组长的中长期科技发展规划《制造业发展科技问题》专题研究,组织了46名院士和260多名专家参加了专题研究,并圆满完成了中长期科技规划领导小组交办的任务。温总理等国家领导人专门听取了汇报。

• 由王淀佐院士负责的《中国可持续发展矿产资源战略》课题,28位院士和270余位专家参加。今年10月,专题向温家宝总理及国家有关领导人汇报,得到总理和大家的高度评价,并被认为可作为国家今后经济发展的重要参考依据。

• 由侯祥麟院士负责的《中国可持续发展油气资源战略》课题,31位院士和120名专家参加。今年6月,专题向温家宝总理及国家有关领导人汇报,得到温总理和大家的高度评价,并被认为可作为国家今后经济发展的重要参考依据,8月,该课题还专门在国务院第四次学习讲座上介绍情况。该课题后续研究工作正在继续进行,研究内容是2020－2050年我国油气资源发展和对策。

• 温总理还在我院《东北地区水土资源配置、生态环境建设和可持续发展战略研究》咨询研究项目请示报告和《关于鄂尔多斯盆地石油开采有关问题的建议》上做了非常肯定的重要批示。

(3)发挥院士的群体作用,集全院之力,圆满完成受托的重大咨询任务。主要有:对我国中长期科技规划中20个专题报告征求意见稿进行了咨询评议;完成了发改委委托的“十一五”计划中若干重大问题战略研究(共8个领域)等,受到了受托方的高度评价。如:受中长期科技规划领导小组的委托,5-6月间,对我国中长期科技规划中20个专题报告征求意见稿进行了咨询评议。我院集全院之力,按照规划领导小组和规划办对咨询评议工作提出的要求,精心组织、周密安排,组织了院士163位、专家107位进行集中咨询评议。在中国工程院第七次院士大会期间,又将20个专题报告分送给参加院士大会的几乎所有院士进行咨询评议。期间还专门听取了在京资深院士对战略规划研究、各专题的评议意见、总体评价、需要关注的共性问题的意见等。圆满完成了规划领导小组和规划办交办的任务。

(4)主动咨询和委托咨询量大面广,工作量超过以往各年。其中接受大型企业集团的委托咨询,开创了工程院面向企业开展战略咨询的新局面。除完成以上咨询研究项目外,还完成了:

- 主动咨询研究。《中国航空发动机试验设施建设研究》、《发展我国大型锻压装备研究》、《三峡库区水环境安全保障机制及水质控制对策研究》、《废旧机电产品资源化研究》、《我国制造业焊接生产现状与发展战略研究》、《反爆炸、生物、化学、核与辐射恐怖活动的科学技术问题和对策研究》、《工程院学科分类标准研究》、《国家大型工程项目管理的调查研究》、《民营科技企业的发展研究》等9项。

- 委托咨询。《国家汽车计算平台工程可行性论证》(信息产业部)、《中国船舶工业集团公司中长期发展规则咨询》(中国船舶工业集团公司)、《重大科技基础设施建设咨询》(发改委高技术司)、《工业过程自动化高技术产业化专项执行情况评估》(发改委高技术司)、《汽车能源咨询第一阶段研究》(上海通用汽车公司)、《实施金属矿业资源全球战略保障国民经济的可持续发展》(中国五矿集团公司)、《现代农业高技术产业化专项实施情况中期评估》(发改委高技术司)等7项。

(5)临时应急任务要求高、质量要求高、时间要求紧、工作量大。

在个别征求意见稿中,今天接到,明天就要交。但大部分都在10天左右时间就要送出去。如:发改委《关于振兴我国装备制造业的若干意见》征求意见稿,时间要求紧(6天),为能够高质量完成,徐院长亲自主持有关院士参加的征求意见会,会上,徐院长及有关院士们提出的意见得到了发改委的采纳。后来在曾培炎同志主持的征求意见会上(邬副院长参加),工程院的意见得到肯定。总之,国家有关部门征求意见稿之多,要求之高,是我局工作前所未遇的,增加了相当的工作量。主要有:《关于义务教育法(修订稿)》、《废旧家电及电子产品回收处理管理条例》、《关于加快发展循环经济的指导意见》、《促进煤炭工业健康发展的若干意见》、《国家自然科学基金管理条例》、《工经联关于商务部“三个技术目录”》、《中国技术标准发展战略研究》、《中华人民共和国固体废物污染环境防治法(修订草案)及说明》、《完善国家计量基准体系的方案》、《自然基金管理条例》、《关于振兴我国装备制造业的若干意见》等。

总的来说,工程院为承担社会责任,从领导、有关院士和专家到工作人员大都超负荷工作。

2. 技术创新院士行活动

本项活动是我院与国家发改委联合组织,2004年重点是紧密围绕西部大开发和振兴东北地区等老工业基地发展战略,促进产业技术进步和区域经济发展,共组织了7次。主要形式是:针对企业需求,在预调研基础上,参与组织院士、专家考察调研有关企业、做有关技术报告、对企业发展战略进行咨询评议、就具体技术问题进行座谈、签订有关技术协议等。在企业申报、提出需求的基础上，先后针对哈电集团、吉化集团、吉林石化公司、一汽集团、吉林盛华轿车消声器有限责任公司、吉林汽车制动器厂、吉林华润全氏玉米深加工科技开发有限公司、长春大成生化工程开发有限公司、兰州白银有色金属集团公司、兰州铝业股份有限公司、兰州连城铝业有限责任公司、贵州宏福集团、贵州开阳磷矿集团和辽宁镁质材料行业等13家企业和1个行业开展了院士行活动，共有39位院士、58位专家参加，举办5场技术报告会(42个报告，听众1 000多人)，与企业签订技术协议19项，提出咨询意见建议100多条，圆满完成年度计划。

"院士行"活动的主要作用是向企业干部和科技人员介绍行业最新科技成就和发展方向；分析企业的薄弱环节，介绍相应的新、高科技内容；对企业的技术方案进行咨询研究，帮助企业选准技术改造的正确方案；帮助企业成为技术创新的主体，发挥院士学科带头人和培养年轻一代科技骨干的作用(传、帮、带)；架设产学研结合的桥梁，促进院士、专家及所在单位与企业建立科技合作关系；向国家管理部门反映情况，提出宏观调控和重点支持的建议等，得到企业的充分肯定和广泛欢迎。

四、学术工作

我局参与组织和服务的学术活动主要是工程科技论坛和各学部组织的有关专题学术活动。工程科技论坛的主题是由各学部常委会提出，院领导批准后开展的。各学部主办的学术活动主题由各学部常委会确定。一年来，各学部针对国民经济和社会发展的热点与难点、行业共性技术、国有大中型企业的关键技术和技术难题等问题开展各类学术活动共几十次。

1. 工程科技论坛。2004年我院工程科技论坛有：现代生物医学、循环经济与可持续发展、摩擦学－润滑应用技术、地下空间开发与施工技术、动物生殖生物学技术、可再生能源发展、综合交通运输发展战略、网络计算机NC产业化、工程哲学与科学发展观等9个主题，共举办了10场(较去年增加了7场)，7个学部分别在青岛、深圳、上海、北京、呼和浩特、西安等6个城市主办，24位院士、68位专家作报告，听众约2 000多人。

有关学部还在北京等城市举办了14场其他学术活动，40位院士和近百位专家参加。这些学术活动从参与方式上，始终贯彻工程院组织和院士个人组织两种学术活动并重的方针；从组织方式上，除单独主办的学术活动以外，还与有关单位联合主办或协办了大量的学术活动；从内容上，不仅包括学术报告会、研讨会、专题论坛，还扩展到技术交流、产品与成果展览等；从参加人员上，有工程院院士，科学院的院士、相关领域的专家与学者参加。其中摩擦学工程前沿论坛在研究室的帮助和支持下，在香山成功举办。

2. 国际学术会议。在国际合作局的帮助下，我们参与组织了中日环境材料、循环产业与环境经营研讨会、第二届国际医学科学组织大会、工程管理国际研讨会、昆明国际市长论坛、农业机械化高级论坛(与联合国亚太地区农业工程与机械中心合办)等6次国际学术会议，使我们在筹备国际会议和举办过程中，得到了锻炼，获取了经验。

3. 教育委员会工作。在院教育委员会的领导下，参与组织了工程院教育委员会年会；参与组织了国际工程教育研讨会；继续依托《高等工程教育研究》(季刊)作为工程院教育委员会会刊，开展宣传出版工作；服务并落实年会纪要中的各项任务等，受到了院领导的好评。

另外，在办公厅和国际合作局的帮助下，在网上开展了"发展中国家工业化道路"论坛，首次取得了网上论坛的经验。

通过这些活动，为广大工程科技人员创造了相互学习和交流的机会，为中青年科技人才搭建了学术平台，扩大了工程院在社会上的影响力，受到普遍的欢迎。

五、与地方合作

在院领导的直接领导和有关学部常委会的领导下，2004 年工程院与地方及空军的合作工作更加注重实效，工程院的作用和在社会上的影响力进一步提高。我们的工作是参与组织和服务，主要是：

1. 地方合作。继续与山东省、深圳市、北京市、上海市等省市合作，主要内容有：参与主办国际博览会、院士论坛、技术成果推介会、技术报告会，并针对地方科技发展战略规划及企业技术创新工作，组织开展了技术咨询、技术合作、院士科技成果转化和产业化等工作。另外，受有些省市的邀请，有关学部还组织院士和专家开展了技术咨询与学术活动。如：受广西自治区政府邀请，组织了 18 位院士赴广西北海、钦州、防城港等沿海地区进行了实地考察和相关活动；应广东顺德邀请，组织了 13 位院士开展了机械装备制造业院士咨询活动等，为在地方科技、经济和社会发展中起到了应有的作用。

2. 院士中心。2004 年，有的省市还相继建立了院士中心，在为当地院士服务的同时，组织院士进行决策咨询、技术咨询、学术活动、合作交流等活动，有效整合和运用了院士智力资源，密切了工程院与地方的关系。

六、学部自身建设

按照院领导对我局工作的有关要求，在自身建设方面主要做了以下工作。

1. 局务会议和有关工作制度的建立。2004 年 3 月起实施了局务会议制度，共召开 13 次，编印会议纪要 13 期；4 月我局向局内各处室发出《关于进一步落实院有关规章制度的通知》，提出了公文处理和因公出差的补充规定，并在工作中逐步落实。在工作制度的建立和工作程序的规范上做了一些工作。

2. 有关处室领导的轮岗工作。2004 年 10 月完成了党组对我局有关处室领导的轮岗工作。轮岗的同志能够顾全大局、大家积极配合、协作，较快地进入了新的角色，没有耽误任何工作，有序地完成了各项任务。

3. 编发《学部工作局工作简报》。2004 年 11 月起，为及时向院领导、学部主任报告及与其他部门的沟通，编发《学部工作局工作简报》3 期，受到院领导、学部主任等的好评。

虽然取得了一些成绩，但仍存在一些不足，主要是：当前有些院士承担了我院多项的咨询研究课题和学术活动，如何协助他们既能够完成好他们所承担的工作，又能使他们减少负担已成为我们需要研究解决的问题；咨询项目的结题工作进展不够理想；虽然我们现在的工作十分饱满，甚至有些同志在超负荷地工作，仍存在一定的放松等不利于工作进一步开展的松懈思想。

七、结束语

在过去的一年里，在党组和院领导的正确领导下，随着我院工作的开展和深入，我局在缺员的情况下，虽然学部工作的任务越来越重、工作节奏越来越快、临时性应急任务工作量越来越大、工作交叉的内容越来越多、工作人员的出差和外出开会越来越频繁，但我们没有怨言，仍以能够为院士服务而感到自豪。我们通过自身的建设,开阔了思路、锻炼了能力,为院士服务的意识也得到了一定的提高;各处室之间加强了沟通与合作,增进了相互理解与协作,营造了团结、积极的工作氛围。

从2004年的工作情况看,保守估计,我局平均每天组织咨询会议(或学术等活动)2次左右,其中大部分活动需要做大量的前期准备工作。因汇报时间有限,不能一一例举我们做的所有工作(特别是已完成和正在进行的工作中出现的许多动人的事迹),但我们感到我局2004年的工作量超过了以往各年。

借此机会,我们要感谢院领导、各学部常委会对我们的关心,感谢机关各部门的支持,感谢全局同志一年的辛苦工作,同时还要感谢借调到我局工作的同志,我们能够取得今天的成绩,与他们的工作是分不开的。

展望新的一年,我们将继续按照徐院长关于"外树形象、内强素质"的要求,结合党员先进性教育活动,使党员能够真正地起到带头模范作用;进一步加强为院士服务的意识;进一步搞好自身建设,在工作中不断提高自身素质和能力;加强与其他部门沟通与协作,互相支持和互相学习。同时我们也希望院里在条件许可的情况下,提供更多的学习和培训机会。

在新的一年里,我们将按照院2004-2006年工作纲要的要求,在进一步加强自身建设同时,做好2005年的各项工作。我们深信,在院党组、院领导、各有关专门委员会、各学部常委会的领导下,在机关各部门的关心和支持下,我局工作一定能够上一个新台阶。

二〇〇五年一月

(李仁涵提供)

国际合作局2004年工作总结

在院领导、兄弟部门大力支持下,我局圆满完成2004年工作任务。多项工作得到院领导和有关方面的好评。局领导班子补充了新鲜血液。全局上下和谐团结,开创了新的局面。

一、2004年完成的主要工作

(一)院庆活动

今年院士大会时逢建院十周年。我局与兄弟部门配合,成功地完成了院庆活动筹备工作和外事接待任务。受到院领导好评。此次院庆活动外事工作有以下几个特点:邀请外宾人数多,外事活动安排多、规格高,活动形式有所创新。

考虑到此次院庆外事活动较多,为保证院庆活动安排适应外事特点,我局主动请缨策划院庆大会方案工作。根据院领导的指示,借鉴国外经验,配合有关部门,集思广益,精心策划大会方案,圆满完成任务，今年院士大会形式有所创新，受到院士们肯定。

在筹备期间，我局先后给近106个有关国家的工程院/相关科技组织，4个国际组织，22个政府部门，20多位外籍院士，48个我驻外使馆，42个国家驻华使馆，先后发出1 300多封来往信函、电子邮件。发出徐院长邀请信87封，签证电80多封。通过努力，保证了出席外宾的人数和层次。应邀来访外宾共85人，其中外籍院士10人，来自25个国家，48个科技组织，4个国际组织。4位驻华大使和参赞应邀参加部分活动。

院士大会期间安排8场外事活动：温总理会见部分外宾（39人）、组织外宾出席院士大会开幕式（外籍院士）/院庆大会（85人）、主席团晚宴（148人）、合作协议签字仪式（5份）、外宾招待会（120人）、出席院士大会学术会议（40人）、参观国家生物芯片工程实验室（64人）。安排我院领导同有关国家工程院、外籍院士6场外事会谈；为7位外籍院士、外宾安排12场单独外事拜访活动（卫生部、医科院、清华大学等）。同时安排了长城、故宫等游览活动。为1位生病外宾安排就诊。各项活动计划周密、安排有序，外宾普遍表示满意。

（二）举办国际学术会议

1. 成功主办第八届中日韩（东亚）工程院圆桌会议暨工程科技与可持续发展国际研讨会。

我院作为本届圆桌会议主办国，负责整体策划、组织学术和会务筹备工作。我局提出了学术研讨会和工作会议方案，组成由院士组成的筹备委员会，确定学术会议主题，落实大会发言人。同时，调动承办单位苏州高技术园区的积极性，协调各方面力量承担会务工作，克服我院机关人员少的困难，顺利完成会议组织工作。

我院作为三国工程院工作组组长单位，同各国工程院工作组成员合作，积极协调日、韩两工程院之间意见分歧，主动、适时提出建设性意见，最终使三方对工程道德倡议书达成一致意见。三国工程院院长共同签署了关于工程道德的倡议书，第一次在圆桌会议上签署合作文件，大大提升了中日韩三国合作机制的水平。同时，通过我局积极努力，今年圆桌会议扩大了出席成员范围，邀请东盟6个国家有关工程技术组织的18位代表出席会议。这是圆桌会议启用新名称后迈出的积极一步，韩国和日本工程院对本届会议的组织工作给予高度评价。

2. 与中国科协、上海市密切合作，成功举办2004世界工程师大会。

我局作为大会副秘书长单位，积极参与大会整体方案的策划，多次提出建设性建议，妥善协调我院与其他主办单位的分工合作关系，发挥各方面的积极性，推动筹备工作顺利进展。同时，安排徐院长等院领导和主席团成员出席世界工程师大会开幕式等有关活动。积极利用我院高层次国际渠道的优势，邀请4个重点国家工程院院长出席，提高了大会的学术地位和水平。

3. 成功举办“中国重大工程成就展暨论坛”。

为配合世界工程师大会的召开，我局提出举办“中国重大工程技术成就展暨重大工程技术成就论坛”的建议。启动该项目时仅有8个月筹备时间，又没有财政专项经费。面对困难，在院领导的亲自参与和支持下，我局精心策划可行的总体会展方案，调动承办单位上海市科协的积极性，依靠有关参展单位的力量，于2004年11月4－9日在上海浦东国际展览中心成功组织展览，受到社会各界的好评，被公认为今年上海工博会的最大亮点。15个单位参展，展出面积2 500平方米。为扩大宣传我国工程技术的成就，为参展单位提供更广阔的平台，精心策划同时举行中国重大工程技术成就论坛，邀请了15位有关单位领导专家在论坛发言。徐院长和其他15位报告人的精彩报告引起上海科技界和媒体的热烈欢迎和关注。

为举办此次展览和论坛,参展单位总共投入资金2 200多万元,秘书处支出经费220多万元。我院拨款9万元,参与人员4人,以较少的投入、较高的效率完成了任务。

4. 完成我院参与主办的其他10个国际会议的组织协调工作,同时,其他6个国际会议的筹备工作进展顺利,包括:

(1) 海南国际环保汽车科技论坛(2月,海口);

(2) 世界马铃薯大会(3月,昆明);

(3) 动物饲料生物技术国际研讨会(3月,北京);

(4) 信息通讯技术在农业及乡镇企业的应用国际研讨会(4月,北京);

(5) 全球华人生物学家大会(7月,北京);

(6) 世界工商协会峰会(9月,北京);

(7) 第6届国际果蔬博览会(9月,烟台);

(8) 第2届中国国际信息技术博览会(9月,济南);

(9) 农业装备发展战略国际论坛(10月,北京);

(10) 社区电子中心国际研讨会等(12月,昆明);

(11) 传染病防治与生物安全国际研讨会(2005年4月);

(12) 中俄工程科技研讨会(2005年5月);

(13) 国际风险管理理事会大会(2005年9月);

(14) 国际奶业发展会议(2005年11月);

(15) 第八届中俄新材料新工艺研讨会(2005年11月);

(16) 国际医学组织(IAMP)全球大会(2006年3月下旬)。

(三) 出访工作

全年共办理出访团组26批,127人次(其中院领导、院士40人次,专家等33人次,机关54人次)。

主要出访团组包括:徐匡迪院长赴挪威、香港;宋健名誉主席赴秘鲁、意大利;王淀佐副院长赴土耳其、澳大利亚和新西兰;刘德培副院长赴英国、法国、美国;杜祥琬副院长出访捷克、波兰、俄罗斯;沈国舫副院长访问俄罗斯、美国、巴西、越南、瑞士;邬贺铨副院长出访日本等14个团组;另外,朱高峰、侯云德、王正国、陈良惠、方智远、吴明珠等院士出席国际会议和考察、工程管理学部院士赴香港举办国际会议等其他12个团组。

(四) 开拓渠道、搭建国际合作平台

总结多年的经验,推动国际交流与合作走向深入,必须逐步做到"有固定的渠道、长期的伙伴、规范的内容、确定的时间表、双方落实资金",建立国际合作平台,形成有效的机制。今年的工作有了可喜的进展。

我院已有的3个多边合作渠道进一步加强,包括国际工程与技术科学院理事会(CAETS)、中日韩(东亚)工程院圆桌会议和联合国亚太农业工程与机械中心(APCAEM)的合作。以此为基础,又积极开拓与国际医学组织(IAMP)等的合作,经过努力,确定有两个国际组织下一届全球大会分别将于2005和2006年在我国召开。

与瑞典皇家工程院合作,成功申请了瑞典援外署和我国财政部的专项经费,为深入推进中瑞工程科技合作创造条件。同时,抓住时机,我院与法国工业与教育研究协会建立了联系,为开展中法合作开拓了新的渠道。积极与俄罗斯、英国、韩国工程院协商,探讨共同组织召开双边国际会议。中俄工程科技研讨会筹备工作进展顺利,将于2005年5月召开。

(五)配合我院中心任务,服务重大研究咨询项目

作为今年我院外事工作的重点之一,为配合院重大咨询课题的开展,由一名副局长专门负责组织领导,已经执行4个出访团组:矿产资源考察澳大利亚、新西兰;白光照明项目访问日本;蔬菜考察出访韩国等。

(六)接待外事来访工作

全年接待外宾来访共123次。进一步加强外事接待工作的管理。对主要院领导的外事接待提出了更高的要求,在会见后整理会谈记录(原是纪要)。同时对有关院领导历年外事会见谈话进行了整理、汇编。目前达到19万字。

(七)外事管理工作

较好完成我院2005年外事经费预算的编制工作,增加了中瑞可再生能源合作的专项经费。完成办理护照、签证、签证电等工作,保障出访和接待任务的顺利完成。完成文件、密电等传送,做到及时、无差错。编写局务会纪要、汇总国际合作局大事记等。

(八)外宣工作

《中国工程院2003年度报告》(中英文版)是我院对外宣传的窗口。克服困难,提前了近1个月完成编印和国内外分发工作。编辑出版CAE Newsletter,换翻译并聘请外国专家校对,英文质量有较大提高。完善了中国工程院网页(英文版)中文内容,完成网页内容翻译,以及60多万字符上传工作。我院英文网页已于2004年底向国内外开通。

二、几点体会

1. 院领导的指导和兄弟部门的支持是完成工作的前提和保证。

2. 一个有战斗力的团队奠定基础。今年我局领导班子和多边处增添了新鲜血液。我局着力创造和谐的工作环境,调动大家的积极性。

3. 计划周密可行,人员精干,同有关方面密切合作,是完成任务的3件法宝。我院机关外事人员编制少任务重,但是,只要工作方法得当,可以做到人少多办事。

三、2005年工作思路

配合我院开展的战略咨询等职责和任务,着力打造和扩大学术交流的国际平台,突出重点国家、重要人物、高学术水平,把国际交流与合作引向深入。今年我院出访团组和国际会议等各项外事活动总规模与去年相当,要继续提高外事工作水平,在“内强素质”上下功夫。

二〇〇五年一月

(钱左生提供)

政策研究室2004年工作总结

政策研究室从2004年一开始，成为我院的四个正局级工作部门之一。在过去的一年中，我们在院党组的坚强和正确领导下，在其他部门同志的大力支持下，全体人员紧密团结，不辞辛劳，克服重重困难，高效率、高水准地完成了各项工作任务。

一、庆祝建院十周年和召开院士大会

（1）起草徐院长在院庆十周年大会上的讲话《为了祖国的繁荣，为了社会的进步》文稿，并编写和制作图文并茂的讲话DVD影视片。

（2）协同中国科学院起草胡锦涛总书记在两院院士大会开幕式上的讲话，对报告原稿提出了若干修改意见并报送中央办公厅，均为中央领导采纳。

（3）策划和制作在院庆十周年大会上播放的"中国工程百年"DVD影视片，并编写影视片文稿。

（4）策划和导演拍摄颂扬袁隆平、王选、金怡濂、王永志等我院四位杰出院士的DVD影视片，联系宋健等4位院士介绍情况，编写影视片的全部文稿。

（5）根据院士们的希望和院领导的要求，组织制作了院士大会暨院庆十周年活动的90分钟中、英文双声道DVD影视片。

（6）配合十周年院庆，与办公厅一起组织编撰《中国工程院年鉴(1994－1997)》，完善了我院建院初期的历史文献记录。

（7）组织和策划院庆十周年展览，搜集相关文献资料和图片，编写展陈大纲和文稿，参与展板的制作和布展；同时展出了我院700名院士的大幅工作场景照片。

（8）院士大会期间，与国家工程图书馆一起，成立了"院士著作馆"，我院100多位院士捐献了学术著作，50多位院士出席了揭幕仪式。

（9）组织30多家新闻媒体，全方位地宣传报道院士大会暨院庆十周年活动；在《光明日报》、《科技日报》开辟"院庆十周年征文专栏"；在《中国教育报》开辟"中国工程百年专栏"；现场采访院士及来宾；宣传院士们座谈学习党和国家领导人在两院院士大会上讲话的体会；组织部分媒体宣传"光华工程科技奖"成就奖获得者。

二、起草院领导讲话和文件

（1）为院领导起草讲话和文稿10份，其中包括：

- 徐院长：飞速发展中的现代科学与工程技术；
- 徐院长：在中美非官方高层对话上的讲话；

- 徐院长:合理利用资源,走新型工业化道路(在高层国际论坛上的讲话);
- 徐院长:大力发展工程科技,坚持和落实科学发展观(《光明日报》);
- 徐院长:缅怀小平丰功伟绩,推动工程科技发展(纪念邓小平诞辰100周年);
- 徐院长:在“2004年中国交通可持续发展论坛”上的讲话;
- 徐院长:尽显科技成就,再铸祖国辉煌(纪念《科技中国》杂志10周年);
- 徐院长:在朱光亚院士科技思想暨“朱光亚星”命名仪式上的讲话;
- 为院领导接待国家知识产权局领导起草意见稿;
- 为院领导向陈至立同志汇报起草材料中的“院庆十周年”和“国际合作”部分。

(2)起草《2004-2006年中国工程院工作纲要》,已于去年11月院主席团会议通过。

(3)起草“关于中国工程院《院士建议》编发工作的暂行规定”,组织院士座谈会听取意见,已经开始试行。

(4)回复有关其他单位征求意见:

- 全国人大代表的建议四份和政协委员的提案两份;
- 全国政协《征集政协十届三次会议提案参考选题》来函;
- 国务院法制办公室:《中华人民共和国紧急状态法》;
- 全国政协:《征集政协十届三次会议提案参考选题》;
- 中国科协:《公民科学素质建设实施纲要》。

三、参加咨询研究课题

(1)参加国务院委托我院开展的“我国可持续发展矿产资源战略研究”,参与撰写研究总报告。

(2)参加五矿集团委托我院开展的“五矿集团走出去开发利用国外矿产资源战略研究”。

(3)参加我院课题“我国信息化发展研究”总体研究,起草研究报告。

(4)参加我院课题“我国民营科技企业创新机制研究”,参加撰写课题报告。

(5)组织并参加我院课题“我国工业研究院所改革发展研究”。

(6)组织并参加我院课题“工程管理科学研究”,参加撰写课题报告。

(7)组织和参加我院评议“我国中长期科学技术发展规划战略研究”工作的“科技文化和科学普及”和“科技发展法制和政策研究”专题组,负责起草专题组的意见报告。

四、其他学术工作

(1)全年共完成12期《院士建议》的编辑、整理、报批、印刷、发行和上报工作:

第1期:关于解救公路路面过早和早期破坏的建议;

第2期:发展固态照明,改善生活质量,节约电力资源;

第3期:关于奥运建筑等大型工程结构安全性与耐久性的建议;

第4期:建议立即启动长江流域综合规划修编工作;

第5期:关于国家增设中国工程科学基金的建议;

第6期:关于鄂尔多斯盆地石油开采有关问题的建议;

第7期:关于加强空天防御、早建天军的建议;

第 8 期:关于建设中国工业博物馆的建议;

第 9 期:关于解决“水泥工业投资过热”的几点建议;

第 10 期:关于我国高放废物地质处置科技工作的建议;

第 11 期:全国经济普查中应对经济统计指标进行同步普查的建议;

第 12 期:关于发展具有中国特色的大型煤矿坑口电站的建议。

我院部分《院士建议》得到了国家和有关政府部门的重视:

• 温家宝总理对侯祥麟等院士提出的《关于鄂尔多斯盆地石油开采有关问题的建议》作出明确批示,国务院组织各有关部门研究解决对策;

• 由金涌等院士提出的《关于国家增设中国工程科学基金的建议》,受到国家发改委的重视,马凯主任和两位副主任批示,并向我院进一步了解情况。

(2) 筹备和组织召开两次香山科学会议:主题分别为“抗原表位组学、抗体组学与抗体组药物”和“信息时代的通信卫星和卫星通信”。

(3) 2004 年 12 月,筹备和组织举办了我院第二次“工程前沿研讨会”,主题为“摩擦学科学与工程前沿”。100 多位专家、学者参加了会议,20 位院士、专家做了学术报告。

(4) 组织召开《人民政协报》支持召开的“2004 年我国环境问题展望院士讨论会”,王淀佐副院长、沈国舫副院长等 7 位两院院士出席并发表讲话。

(5) 整理徐院长从 2000 年 10 月到 2004 年 7 月的讲话稿汇编,共计 73 篇, 23 万字。

(6) 评阅我院编写的《世界工程师大会专题论坛观点汇编——发展中国家的工业化道路》,并提出书面意见。

(7) 作为联络员代表我院参加由国家科技部组织的《科技进步法》修订工作。

五、信息报送和新闻宣传工作

(1) 国办报送《院士建议》10 篇和我院工作情况 2 件,其中王大珩、李京文两位院士关于由中国科学院、中国工程院和社会科学院共同对制定《国家中长期科技发展纲要》进行咨询的建议,得到了温家宝总理的批示,并很快得到落实。

(2) 策划、联系、安排对院士、院领导和相关专家的采访报道近 50 次。

(3) 举办各类新闻发布或通报会 6 次。

(4) 作为“世界工程师大会”宣传部门之一,参与组织了在网上征集大会宣传口号、制作专题短片、评选建国以来工程技术重大成就等一系列活动。

(5) 配合院里其他部门,组织媒体参加了“东北水资源”课题组赴内蒙考察调研工作。

(6) 对“欠发达地区农业装备与农业机械化发展战略论坛”、“中日韩工程院圆桌会议”、“摩擦学科学与工程前沿研讨会”以及一系列(9 个)工程科技论坛,组织媒体进行宣传报道。

(7) 联系、协调《光明日报》、《经济日报》、《解放日报》等报社,为我院 600 多名院士赠阅报纸。

(8) 为院士大会、世界工程师大会、主席团会议、院士行、各类论坛、机关各项活动拍摄留档和纪念照片 3 000 余幅。

六、出版工作

(1) 编辑出版《工程科技与发展战略咨询报告文集》(2003 年版):《文集》收录了 18 篇咨询报

告和23篇院士建议,共35余万字。

(2)出版《中国科学技术前沿》第7卷:《前沿》收录了24篇文章,共67万字。

(3)《中国工程院院士》画册第6卷的前期准备工作:2004年中,组织进行了对2003年新当选院士的采访工作,完成了出版《中国工程院院士》画册第6卷的前期准备工作。目前,编辑工作已经完成,即将付印发行。

(4)研究室出版奖励处是院出版委员会的秘书处,承办院出版委员会会议,完成委员会布置的各项工作,同时还承办《中国科学技术前沿》编委会会议和《中国工程科学》编委会会议,负责联系和协助《中国工程科学》杂志社的工作。

(5)发展与国家自然科学基金委在出版工作上的合作:翻译、出版美国《工程前沿》:2004年出版了1999-2000年版;2001-2002年版已完成翻译,即将出版;出版第一次"工程前沿研讨会"的《未来的制造科学与技术》一书。

(6)发展与高等教育出版社的合作:经过双方商定,高教出版社决定建立专项,资助中国工程院院士出版学术著作,并正式启动工作,2004年资助何继善和吴仲如两位院士出版学术专著。

(7)开拓与人民交通出版社的合作:将支持我院土木建筑和交通领域的院士出版学术专著。

七、奖励工作

2004年是光华工程科技奖的奖励年。在年初完成了提名工作;2-3月间先后组织和完成了8个学部的初评工作,分别对81位候选人进行了评审;4月组织召开理事会进行终评,选出工程奖14人,青年奖7人,成就奖1人;颁奖前通知获奖人,制作获奖证书和奖牌,做好颁奖准备工作;6月在院士大会上进行隆重的向师昌绪院士等颁奖的仪式。

我院奖励办设在政研室,常年负责与光华工程科技奖理事会理事们的日常联系,年内多次接待台湾代表团的来访。

过去一年是建院以来政研室工作最繁忙的一年,而政研室只有5名正式人员和1名聘用人员。我们在人员少、任务重的条件下,靠大家齐心协力,任劳任怨,认真负责,集思广议,圆满完成了各项任务。

王元晶同志在过去一年中,保质保量地完成了大量的新闻宣传和信息保送任务,与此同时,还承担起政研室综合处的职责。她爱岗敬业,积极主动,保持着高昂的工作热情,工作一丝不苟,追求完美,她的工作受到院士们和新闻媒体的广泛赞扬。

刘静同志对所负责的我院出版和奖励工作,尽心尽责。她在出色完成一批重要的出版物和圆满实现光华工程科技奖的各项任务的同时,还积极开拓,发展与有关出版社的合作,在过去一年中,争取到人民交通出版社50万元的经费,为我院院士出版学术专著开拓了新的渠道。

韩雪同志于2004年8月正式成为我院政研室的一员。但从去年3月起,她就一方面在中国科学院完成博士论文,一方面把大量时间和精力投入到我院院庆十周年的工作中,认真负责地完成了院领导交办的各项撰写文章和起草文件的任务,现已成为政研室的写作主力。

张银花同志是我院奖励办公室的借调人员。她不仅工作认真负责,而且在圆满完成各项奖励工作任务的同时,还积极主动地协助出版工作和政研室综合处的工作,为政研室圆满完成各项工作做出了积极的贡献。

政研室作为我院新的正局级工作部门,从一开始就在各方面得到院领导的关心、支持和指导,从而保证了我们的工作沿着正确的方向开展，取得了一个又一个新的成果。在过去的一年中，政研室的各项工作都得到了我院其他三个部门的大力支持，可以没有全院同志们的支持，我们一项工作也不可能圆满完成。我们在此向院领导和各部门的同志们表示衷心的感谢！

在院领导的关心下，经过有关部门同志的辛勤努力，政研室在新的一年中将增添三个新同志。政研室的同志们决心加强学习，不断提高业务素质和工作水平，继续发扬团结协作、开拓进取的精神，和全院同志们一道，为完成《中国工程院 2004－2006 年发展纲要》提出的各项任务，努力做好我们肩负的各项工作。

二〇〇五年一月

（郗小林提供）

附　录

一、组 织 机 构

主 席 团

名誉主席:宋　健　朱光亚

主席团成员　(33 人,按姓氏笔画):

马国馨　王思敬　王淀佐　石玉林　朱高峰　邬贺铨　刘鸿亮　刘德培　关　桥
杜祥琬　李大东　李国杰　沈国舫　宋　健　张寿荣　张彦仲　陈厚群　陈毓川
陈肇元　金国藩　周　廉　赵　铠　侯云德　秦伯益　顾诵芬　顾健人　钱绍钧
徐匡迪　殷瑞钰　龚惠兴　傅志寰　管华诗　潘家铮

执行主席:徐匡迪

院 领 导

院　　长:徐匡迪

副 院 长:王淀佐　邬贺铨　刘德培　杜祥琬　沈国舫

副秘书长:白玉良　石立英(女)

学 部 常 委 会

1. **机械与运载工程学部(15 人)**

主　任:张彦仲

副主任:顾国彪　王兴治　杜善义

常　委:马伟明　王兴治　龙乐豪　刘友梅　杜善义　李　明　李椿萱　汪顺亭　张立同(女)
张彦仲　柳百成　钟群鹏　顾国彪　高金吉　黄先祥

2. 信息与电子工程学部 (13 人)

主　任:李国杰

副主任:毛二可　陈良惠　李德毅

常　委:毛二可　叶尚福　许祖彦　孙　玉　孙家广　李幼平　李同保　李伯虎　李国杰
　　　　李德毅　沈昌祥　陈良惠　姜景山

3. 化工、冶金与材料工程学部(13 人)

主　任:周　廉

副主任:干　勇　汪燮卿　薛群基

常　委:干　勇　才鸿年　王静康(女)　孙传尧　何季麟　邹　竞(女)　汪燮卿
　　　　陈立泉　欧阳平凯　周　廉　顾真安　黄伯云　薛群基

4. 能源与矿业工程学部 (15 人)

主　任:陈毓川

副主任:何多慧　何继善　杨奇逊

常　委:孙玉发　何多慧　何继善　杨奇逊　苏义脑　陈毓川　胡思德　唐西生　顾心怿
　　　　曾恒一　蒋洪德　谢和平　韩英铎　潘自强　薛禹胜

5. 土木、水利与建筑工程学部 (15 人)

主　任:陈肇元

副主任:宁津生　傅熹年　韩其为

常　委:马国馨　王梦恕　宁津生　江　亿　江欢成　何镜堂　张在明　张超然　陈肇元
　　　　项海帆　崔俊芝　韩其为　傅熹年　谢世楞　谢礼立

6. 农业、轻纺与环境工程学部 (15 人)

主　任:石玉林

副主任:周国泰　魏复盛　戴景瑞

常　委:山　仑　石玉林　向仲怀　许健民　孙晋良　张　懿　张齐生　张高勇　陈焕春
　　　　金翔龙　周国泰　唐启升　管华诗　魏复盛　戴景瑞

7. 医药卫生工程学部(13 人)

主　任:赵　铠

副主任:桑国卫　顾玉东　高润霖

常　委:于德泉　王威琪　刘　耀　李连达　沈倍奋(女)　郝希山　赵　铠　闻玉梅(女)
　　　　高润霖　顾玉东　郑树森　桑国卫　樊代明

8. 工程管理学部(9 人)

主　任:殷瑞钰

副主任:郭重庆　王礼恒
常　委:王礼恒　巴德年　刘　玠　刘人怀　李京文　何继善　陆佑楣　殷瑞钰　郭重庆

专　门　委　员　会

一、环境委员会
顾　　问:卢良恕　刘鸿亮　钱　易
主任委员:沈国舫
副主任委员:石玉林　黄其励　金翔龙　魏复盛
委　　员:沈国舫　石玉林　黄其励　金翔龙　魏复盛　姚福生　姜景山　邹　竞　徐承恩
徐旭常　潘自强　江　亿　陈明致　许健民　陈冀胜　殷瑞钰

二、科学道德建设委员会
顾　　问:潘家铮　胡启恒
主任委员:杜祥琬
副主任委员:沈国舫
委　　员:杜祥琬　沈国舫　柳百成　王　越　干　勇　朱建士　杨秀敏　张子仪　洪　涛

三、教育委员会
顾　　问:张光斗　柯　俊　朱高峰　韦　钰
主任委员:徐匡迪
副主任委员:杜祥琬　翁史烈　左铁镛
委　　员:徐匡迪　杜祥琬　翁史烈　左铁镛　陈先霖　周　济　陈俊亮　时铭显　樊明武
宁津生　沈世钊　汪懋华　钱　易　王振义　程天民　王众托　曹湘洪　李　未
王　浒　庄　毅　刘宝英　沈士团　余寿文　洪绂曾　张尧学　昝云龙

四、咨询工作委员会
主任委员:王淀佐
副主任委员:邬贺铨　范维唐　赵忠贤
委　　员:王淀佐　邬贺铨　范维唐　赵忠贤　刘大响　徐滨士　吴　澄　陈良惠　汪旭光
汪燮卿　胡见义　潘自强　崔俊芝　傅熹年　戴景瑞　李泽椿　桑国卫　王澍寰
钱七虎　李京文　白玉良

五、出版委员会
顾　　问:侯云德
主任委员:刘德培
副主任委员:金国藩　汪旭光　柳百成
委　　员:刘德培　金国藩　汪旭光　柳百成　李椿萱　毛二可　沈德忠　陈毓川　张宗祜

梁应辰　张锦秋　石玉林　金鉴明　王正国　肖培根　郭重庆　何继善

六、产业工程科技委员会

主 任 委 员:邬贺铨

副主任委员:王淀佐　殷瑞钰　姚福生

委　　　员:邬贺铨　王淀佐　殷瑞钰　姚福生　饶芳权　高金吉　刘　玠　童志鹏　周　廉
曹湘洪　范维唐　胡见义　黄其励　马国馨　王梦恕　吕志涛　张高勇　季国标
王永炎　安静娴　沈家祥

七、院士增选政策委员会

顾　　　问:师昌绪　侯云德　陆元九　周干峙

主 任 委 员:沈国舫

副主任委员:杜祥琬

委　　　员:沈国舫　杜祥琬　顾国彪　沈昌祥　汪燮卿　朱建士　陈肇元　方智远　赵　铠
殷瑞钰　白玉良

二、全体院士名单(658 人)

1. 机械与运载工程学部(96 人)

丁衡高　于本水　马伟明　王玉明　王永志　王兴治　王哲荣　艾　兴　石　屏　龙乐豪
乐嘉陵　冯培德　朱英浩　朱能鸿　朵英贤　刘人怀　刘大响　刘友梅　刘兴洲　刘怡昕
关　杰　关　桥　阮雪榆　孙敬良　杜庆华　杜善义　李　钊　李　明　李培根　李鸿志
李椿萱　李鹤林　杨士莪　吴有生　何友声　闵桂荣　汪顺亭　汪槱生　沈志云　沈闻孙
宋文骢　张立同(女)　张贵田　张彦仲　张炳炎　张福泽　陆元九　陈一坚　陈士橹
陈先霖　陈秉聪　陈懋章　林尚扬　林宗虎　周　济　周勤之　屈梁生　孟执中　赵　煦
胡正寰　柳百成　钟　掘(女)　钟群鹏　饶芳权　姚福生　顾国彪　顾诵芬　钱学森
钱清泉　徐玉如　徐志磊　徐秉汉　徐滨士　高伯龙　高金吉　郭孔辉　郭重庆　唐任远
涂铭旌　黄文虎　黄先祥　黄旭华　黄崇祺　黄瑞松　戚发轫　崔国良　梁晋才　屠基达
屠善澄　曾广商　温俊峰　谢友柏　路甬祥　管　德　潘健生　潘镜芙

2. 信息与电子工程学部(105 人)

马远良　王　选　王　越　王大珩　王小谟　王子才　王天然　王任享　韦　钰(女)
牛憨笨　毛二可　方家熊　卢锡城　叶声华　叶尚福　叶铭汉　朱高峰　邬江兴　邬贺铨
庄松林　刘　玠　刘永坦　刘先林　刘尚合　许居衍　许祖彦　孙　玉　孙优贤　孙忠良
孙家广　苏君红　李三立　李乐民　李幼平　李同保　李伯虎　李国杰　李德仁　李德毅
杨士中　吴　澄　吴佑寿　吴祖垲　何新贵　何德全　汪成为　沈昌祥　宋　健　张乃通
张光义　张直中　张明高　张钟华　张锡祥　张履谦　陆建勋　陈火旺　陈左宁(女)
陈良惠　陈俊亮　陈敬熊　陈德仁　范滇元　林永年　林祥棣　罗沛霖　金国藩　金怡濂
周立伟　周仲义　周寿桓　周炯槃　郑南宁　封锡盛　赵伊君　赵梓森　贲　德　胡光镇
胡启恒(女)　钟　山　俞大光　姜文汉　姜景山　宫先仪　姚骏恩　顾冠群　柴天佑
倪光南　徐元森　凌永顺　高　洁　郭桂蓉　黄尚廉　龚知本　龚惠兴　梁骏吾　童　铠
童志鹏　蔡吉人　蔡鹤皋　潘云鹤　潘君骅　薛鸣球　魏子卿　魏正耀

3. 化工、冶金与材料工程学部(88人)

丁传贤 干　勇 才鸿年 王泽山 王淀佐 王静康(女) 王震西 毛炳权 左铁镛

师昌绪 朱永赡 刘业翔 刘伯里 关兴亚 江东亮 孙传尧 严东生 李大东 李正邦

李正名 李龙土 李东英 李俊贤 李恒德 李冠兴 杨启业 杨锦宗 吴慰祖 时铭显

何季麟 邱竹贤 邱定蕃 闵恩泽 余永富 邹　竞(女) 汪旭光 汪燮卿 沈寅初

沈德忠 张文海 张寿荣 张国成 张耀明 陆钟武 陈　景 陈立泉 陈国良 陈清如

陈蕴博 邵象华 武　胜 欧阳平凯 金　涌 周　廉 周光耀 赵连城 胡永康

胡壮麒 柯　伟 侯芙生 侯祥麟 闻立时 袁晴棠(女) 袁渭康 顾真安 徐匡迪

徐更光 徐承恩 徐端夫 徐德龙 殷国茂 殷瑞钰 高从堦 唐明述 桑凤亭 黄伯云

黄培云 曹湘洪 崔　崑 董海山 傅恒志 舒兴田 曾苏民 谢克昌 雷廷权 薛群基

戴永年 魏可镁

4. 能源与矿业工程学部(88人)

于润沧 王　浚 王仲奇 王思敬 王德民 毛用泽 古德生 叶奇蓁 朱光亚 朱建士

乔登江 多　吉 刘广志 刘广润 刘宝琛 衣宝廉 汤中立 汤德全 许绍燮 阮可强

孙才新 孙玉发 孙承纬 苏义脑 杜祥琬 李庆忠 李焯芬 杨奇逊 杨裕生 岑可法

何多慧 何继善 邱中建 邱爱慈(女) 沈国荣 沈忠厚 张光斗 张宗祜 张勇传

张铁岗 陈清泉 陈森玉 陈毓川 范维唐 范维澄 罗平亚 金庆焕 周世宁 周永茂

周邦新 郑健超 郑绵平 赵仁恺 赵文津 胡见义 胡思得 洪伯潜 秦裕琨 顾心怿

顾金才 钱鸣高 钱绍钧 钱皋韵 倪维斗 徐大懋 徐旭常 翁史烈 唐西生 黄其励

常印佛 梁维燕 彭士禄 彭先觉 蒋洪德 韩大匡 韩英铎 韩德馨 傅依备 曾恒一

谢和平 雷清泉 裴荣富 鲜学福 翟光明 樊明武 潘　垣 潘自强 薛禹胜

5. 土木、水利与建筑工程学部(87人)

马国馨 马洪琪 王光远 王家耀 王梦恕 王景全 王瑞珠 文伏波 方秦汉 龙驭球

卢耀如 叶可明 冯叔瑜 宁津生 吕志涛 朱伯芳 刘建航 刘经南 刘济舟 关肇邺

江　亿 江欢成 严　恺 李　玶 李圭白 李国豪 李道增 李猷嘉 杨秀敏 吴中如

吴良镛 何镜堂 邹德慈 沙庆林 沈世钊 张　杰 张在明 张祖勋 张超然 张锦秋(女)

张蔚榛 陈　新 陈吉余 陈志恺 陈明致 陈厚群 陈肇元 茆　智 范立础 林俊德

欧进萍 罗绍基 周　镜 周干峙 周丰峻 周君亮 周福霖 郑守仁 郑皆连 郑哲敏

郑颖人 孟兆祯 项海帆 赵国藩 钟训正 施仲衡 钱七虎 钱正英(女) 徐乾清

容柏生　黄熙龄　曹楚生　崔俊芝　梁应辰　葛修润　董石麟　韩其为　傅熹年　曾庆元
谢世楞　谢礼立　谢鉴衡　廖振鹏　谭靖夷　潘家铮　戴复东　魏敦山

6. 农业、轻纺与环境工程学部(92人)

丁德文　山　仑　马建章　王　涛(女)　王文兴　王明庥　方智远　石元春　石玉林
卢良恕　冯宗炜　朱之悌　朱尊权　任阵海　任继周　伦世仪　向仲怀　旭日干　刘　筠
刘大钧　刘守仁　刘更另　刘鸿亮　关君蔚　汤鸿霄　许健民　孙九林　孙晋良　孙铁珩
李文华　李佩成　李泽椿　李振岐　束怀瑞　吴明珠(女)　余松烈　辛世文　汪懋华
沈国舫　沈荣显　宋湛谦　张　懿(女)　张子仪　张齐生　张高勇　张福绥　陈克复
陈宗懋　陈俊愉　陈焕春　陈联寿　范云六(女)　林　鹏　林浩然　郁铭芳　季国标
金翔龙　金鉴明　周　翔(女)　周开达　周国泰　官春云　赵法箴　荣廷昭　段镇基
侯　锋　侯保荣　姚　穆　袁业立　袁隆平　夏咸柱　夏德全　顾夏声　钱　易(女)
徐　洵(女)　郭予元　唐孝炎(女)　唐启升　梅自强　盖钧镒　董玉琛(女)
蒋士成　蒋亦元　傅廷栋　曾士迈　曾德超　蔡道基　管华诗　熊远著　潘德炉　戴景瑞
魏复盛

7. 医药卫生工程学部(94人)

于维汉　于德泉　王士雯(女)　王正国　王永炎　王忠诚　王威琪　王振义　王琳芳(女)
王澍寰　巴德年　石学敏　卢世璧　史轶蘩(女)　朱晓东　庄　辉　刘　耀　刘玉清
刘志红(女)　刘彤华(女)　刘昌孝　刘耕陶　刘德培　池志强　汤钊猷　安静娴(女)
阮长耿　孙　燕　李连达　李春岩　李载平　李瑞麟　杨胜利　肖培根　肖碧莲(女)
吴天一　吴阶平　吴咸中　吴德昌　邱蔚六　沈倍奋(女)　沈家祥　沈渔邨(女)
张　运　张心湜　张金哲　张涤生　陆道培　陈亚珠(女)　陈洪铎　陈赛娟(女)
陈冀胜　陈灏珠　周后元　郑树森　项坤三　赵　铠　郝希山　胡之璧(女)　胡亚美(女)
钟世镇　钟南山　侯云德　侯惠民　俞永新　俞梦孙　闻玉梅(女)　洪　涛　姚新生
秦伯益　夏家辉　顾玉东　顾健人　翁心植　高守一　高润霖　郭应禄　唐希灿　桑国卫
黄志强　黄翠芬(女)　盛志勇　彭司勋　葛宝丰　程天民　程书钧　程莘农　曾溢滔
谢立信　甄永苏　樊代明　黎介寿　黎磊石　戴尅戎

8. 工程管理学部(36人)

王礼恒　王众托　巴德年　卢良恕　叶可明　朱晓东　朱高峰　刘　玠　刘人怀　刘源张
刘德培　杜祥琬　李东英　李京文　何继善　张寿荣　陈清泉　罗绍基　金鉴明　郑南宁

饶芳权　袁晴棠(女)　钱七虎　徐匡迪　汪应洛　陆佑楣　徐寿波　徐滨士　殷瑞钰
郭重庆　郭桂蓉　蒋士成　程天民　傅志寰　翟光明　潘家铮

(注:其中28人为跨学部院士)

三、院士情况统计表

1. 院士学部分布图

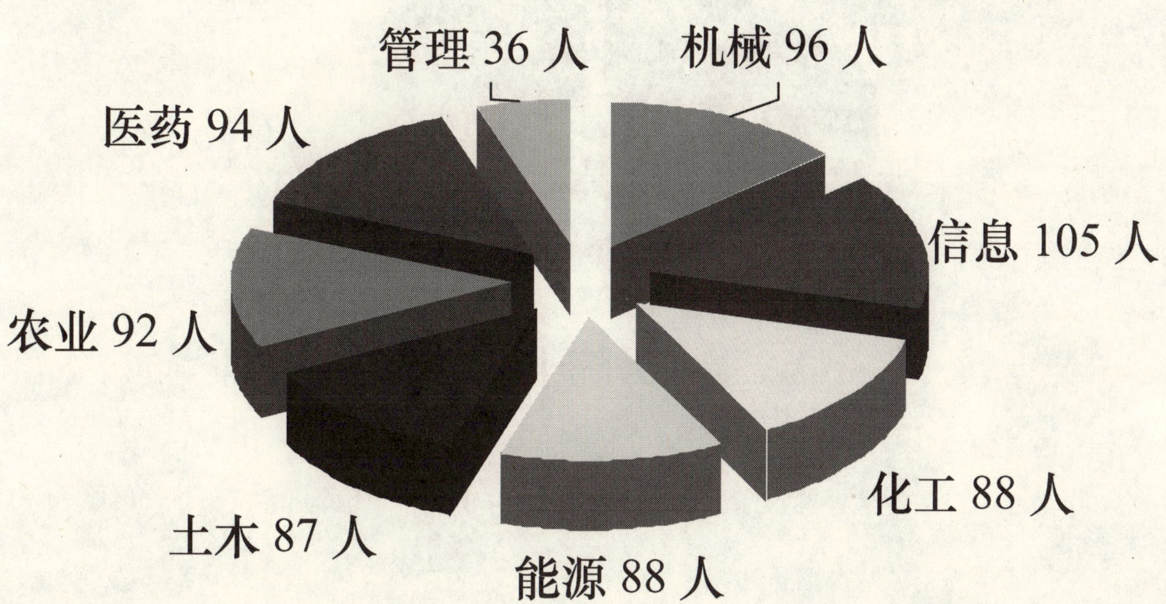

2. 院士性别分布图

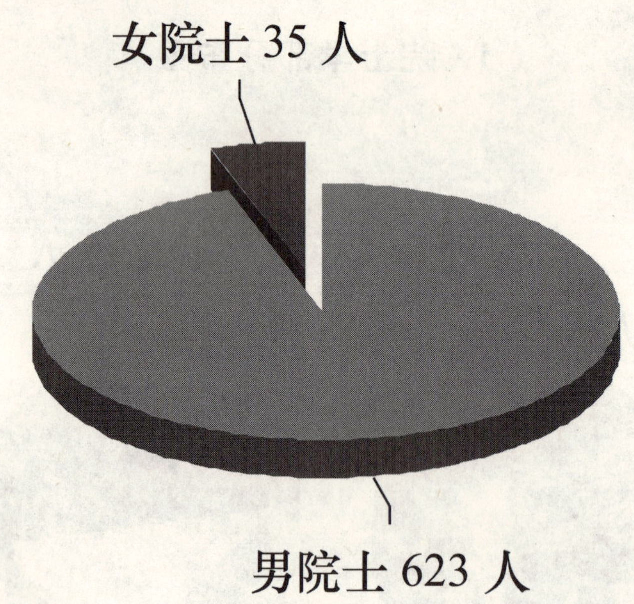

3. 院士单位所在地区分布一览表

序号	地区	机械	信息	化工	能源	土木	农业	医药	管理	合计
1	北京	36	52	40	41	34	38	45	5	291
2	上海	14	6	6	3	9	3	22		63
3	江苏	5	9	5	4	6	9	5		43
4	陕西	10	5	3	1	2	4	1	1	27
5	黑龙江	5	4	2	5	7	3	1		27
6	湖北	3	2	2	4	12	3		1	27
7	四川	7	7	4	6		2			26
8	辽宁	4	4	8	2	1	1	3	1	24
9	湖南	3	2	4	3	2	3	1		18
10	山东	3	1		1		9	2		16
11	天津	1	1	2		3	1	5		13
12	广东	1	1		3	4	2	2		13
13	浙江	1	3	1	2	1	3	1		12
14	重庆		2	1	2	1	1	2		9
15	河南		1	1	2	2	1			7
16	河北		2	1	2			1		6
17	安徽		2		3					5
18	甘肃	1		1	1		1	1		5
19	云南		1	2		1				4
20	吉林	1				1	1			3
21	福建			1			2			3
22	香港				2		1			3
23	山西			1			1			2
24	内蒙古			1			1			2
25	江西	1		1						2
26	新疆						2			2
27	广西					1				1
28	西藏				1					1
29	青海							1		1
30	宁夏			1						1
31	台湾							1		1
总计		96	105	88	88	87	92	94	8	658

4. 院士籍贯分布一览表

序号	籍贯	机械	信息	化工	能源	土木	农业	医药	管理	合计
1	江苏	13	20	15	16	14	16	16	2	112
2	浙江	20	23	13	14	13	12	14	1	110
3	山东	6	3	6	1	2	12	9		39
4	广东	7	4	2	6	6	5	8		38
5	上海	4	8	5	3	7	4	6		37
6	湖南	4	3	3	7	6	5	7	1	36
7	湖北	5	4	2	5	6	8	2		32
8	辽宁	7	1	4	4	2	8	4	1	31
9	四川	4	8	5	6	5	2	1		31
10	福建	5	5	5	4	4	3	4		30
11	河北	5	1	3	4	5	3	6		27
12	安徽	1	4	4	4	4	1	3	2	23
13	河南	1	2	5	4	5	1	1		19
14	北京	1	4	3	2	2	1	2		15
15	山西	1	3	1	3	2	1	2		13
16	天津	2	2	1	1			5		11
17	江西	3		1		3	1			8
18	重庆		1		2		3	2		8
19	吉林	1	2	2			1	1		7
20	陕西	2	2	1		1	1			7
21	黑龙江	1	2	1	1		1			6
22	云南	1		4						5
23	广西	1	1						1	3
24	甘肃	1	1	1						3
25	内蒙古		1				1			2
26	海南						2			2
27	贵州			1						1
28	新疆							1		1
29	西藏				1					1
总计		96	105	88	88	87	92	94	8	658

5. 院士年龄分布一览表

院士年龄	人　数	院士年龄	人　数
44	1	70	47(42+5)
45	1	71	35(34+1)
46	1(0+1)	72	60(58+2)
47	1(0+1)	73	29
48	1	74	29(27+2)
51	4	75	31(28+3)
52	4	76	18(17+1)
53	1(0+1)	77	13
54	2	78	15(14+1)
55	3	79	17
56	1	80	19(18+1)
57	2	81	10(7+3)
58	6	82	6
59	8	83	12(11+1)
60	4	84	6
61	10(9+1)	85	5
62	22	86	3
63	15(14+1)	87	5
64	26(25+1)	88	1
65	29(28+1)	89	2
66	43(40+3)	90	1
67	33	91	3
68	33(28+5)	92	3
69	36	93	1
			合计:658(623+35)

注:统计截止日期为2004年12月31日。院士总数658名,平均年龄70.6岁。其中男院士623名,平均年龄70.7岁,女院士35名,平均年龄69.5岁。非资深院士573人,平均年龄69.2岁。括号中的数字分别为男院士数和女院士数。

6. 院士年龄分布图

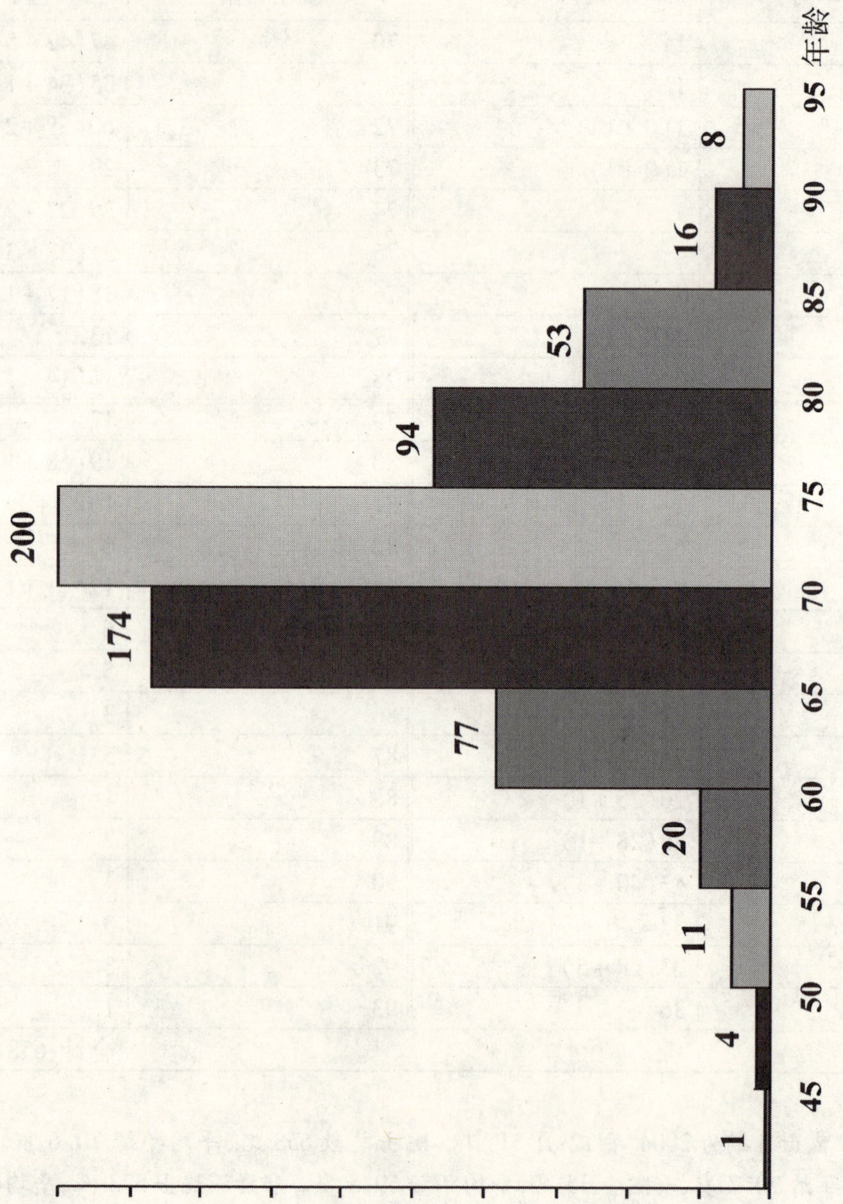

人数
200
180
160
140
120
100
80
60
40
20
0

1
4
11
20
77
174
200
94
53
16
8

45
50
55
60
65
70
75
80
85
90
95
年龄

7. 2004年新增资深院士名单(18人)

闵恩泽　沈渔邨　李　玶　王光远　冯叔瑜　童志鹏　艾　兴　裴荣富　郑哲敏　黎介寿
卢良恕　陈灏珠　任继周　池志强　王振义　王澍寰　朱光亚　赵国藩

附：

全体资深院士名单(76人)

序　号	姓　名	出生日期	工　作　单　位	学　部
1	钱学森	1911.12.11	解放军总装备部	机械与运载
2	侯祥麟	1912.04.04	中国石油天然气集团公司	化工、冶金与材料
3	张光斗	1912.05.01	清华大学	能源与矿业
4	严　恺	1912.08.10	河海大学	土木、水利与建筑
5	邵象华	1913.02.22	钢铁研究总院	化工、冶金与材料
6	李国豪	1913.04.13	同济大学	土木、水利与建筑
7	罗沛霖	1913.12.30	信息产业部电子科技委	信息与电子
8	吴祖垲	1914.03.01	彩虹集团公司	信息与电子
9	王大珩	1915.02.26	中国科学院	信息与电子
10	汤德全	1915.12.14	煤炭科学研究总院	能源与矿业
11	张涤生	1916.06.12	上海二医大附属第九人民医院	医药卫生
12	吴阶平	1917.01.22	中国医学科学院	医药卫生
13	张直中	1917.04.01	信息产业部电子第十四研究所	信息与电子
14	关君蔚	1917.05.23	北京林业大学	农业、轻纺与环境
15	黄培云	1917.08.23	中南大学	化工、冶金与材料
16	陈俊愉	1917.09.21	北京林业大学	农业、轻纺与环境
17	严东生	1918.02.10	中国科学院	化工、冶金与材料
18	顾夏声	1918.05.06	清华大学	农业、轻纺与环境
19	韩德馨	1918.09.06	中国矿业大学	能源与矿业
20	朱尊权	1919.02.03	中国烟草总公司郑州烟草研究院	农业、轻纺与环境
21	杜庆华	1919.04.14	清华大学	机械与运载

（续表）

序　号	姓　名	出生日期	工　作　单　位	学　部
22	翁心植	1919.05.10	北京朝阳医院呼吸病研究所	医药卫生
23	彭司勋	1919.07.28	中国药科大学	医药卫生
24	曾德超	1919.11.18	中国农业大学	农业、轻纺与环境
25	陆元九	1920.01.09	中国航天科技集团公司	机械与运载
26	盛志勇	1920.07.01	解放军第304医院	医药卫生
27	陈士橹	1920.09.24	西北工业大学	机械与运载
28	张金哲	1920.09.25	北京儿童医院	医药卫生
29	师昌绪	1920.11.15	国家自然科学基金委员会	化工、冶金与材料
30	李东英	1920.12.14	原国家有色金属工业局	化工、冶金与材料
31	周炯槃	1921.01.05	北京邮电大学	信息与电子
32	俞大光	1921.01.22	中国工程物理研究院	信息与电子
33	黄翠芬	1921.03.06	军事医学科学院	医药卫生
34	余松烈	1921.03.13	山东农业大学	农业、轻纺与环境
35	邱竹贤	1921.04.12	东北大学	化工、冶金与材料
36	李恒德	1921.06.30	清华大学	化工、冶金与材料
37	程莘农	1921.08.24	中国中医研究院针灸研究所	医药卫生
38	陈吉余	1921.09.17	华东师范大学	土木、水利与建筑
39	陈秉聪	1921.10.10	青岛大学	机械与运载
40	陈敬熊	1921.10.16	航天机电集团第二研究院	信息与电子
41	谭靖夷	1921.11.06	中国水利水电第八工程局	土木、水利与建筑
42	沈家祥	1921.11.11	北京市集才药物研究所	医药卫生
43	黄志强	1922.01.01	解放军总医院	医药卫生
44	于维汉	1922.01.28	哈尔滨医科大学克山病研究所	医药卫生
45	吴良镛	1922.05.07	清华大学	土木、水利与建筑
46	李振岐	1922.10.04	西北农林科技大学	农业、轻纺与环境
47	陈德仁	1922.10.22	中国航天科工集团公司	信息与电子
48	葛宝丰	1922.12.26	兰州军区总医院	医药卫生
49	沈荣显	1923.01.12	中国农科院哈尔滨兽医研究所	农业、轻纺与环境
50	赵仁恺	1923.02.16	中国核工业集团公司科技委	能源与矿业
51	刘广志	1923.03.11	国土资源部咨询研究中心	能源与矿业

（续表）

序　号	姓　名	出生日期	工　作　单　位	学　部
52	刘玉清	1923.03.14	北京阜外心血管病医院	医药卫生
53	胡亚美	1923.04.27	北京儿童医院	医药卫生
54	钱正英	1923.07.04	水利部	土木、水利与建筑
55	屠善澄	1923.08.12	中国空间技术研究院	机械与运载
56	张蔚榛	1923.10.05	武汉大学	土木、水利与建筑
57	肖碧莲	1923.10.31	国家计生委科学技术研究所	医药卫生
58	侯芙生	1923.11.28	中国石油化工集团公司	化工、冶金与材料
59	闵恩泽	1924.02.04	中国石油化工集团公司	化工、冶金与材料
60	沈渔邨	1924.02.15	北京大学精神卫生研究所	医药卫生
61	李　玶	1924.03.20	中国地震局地质研究所	土木、水利与建筑
62	王光远	1924.03.25	哈尔滨工业大学	土木、水利与建筑
63	冯叔瑜	1924.06.20	铁道部科学研究院	土木、水利与建筑
64	童志鹏	1924.08.12	信息产业部电子科学研究院	信息与电子
65	艾　兴	1924.08.24	山东大学机械工程学院	机械与运载
66	裴荣富	1924.08.24	地质科学研究院矿产资源研究所	能源与矿业
67	郑哲敏	1924.10.02	中国科学院力学研究所	土木、水利与建筑
68	黎介寿	1924.10.11	南京军区南京总医院	医药卫生
69	卢良恕	1924.11.03	中国农业科学院	农业、轻纺与环境
70	陈灏珠	1924.11.06	复旦大学附属中山医院	医药卫生
71	任继周	1924.11.07	甘肃省草原生态研究所	农业、轻纺与环境
72	池志强	1924.11.16	中科院上海药物研究所	医药卫生
73	王振义	1924.11.30	上海瑞金医院上海血液研究所	医药卫生
74	王澍寰	1924.12.12	北京积水潭医院	医药卫生
75	朱光亚	1924.12.25	解放军总装备部科技委	能源与矿业
76	赵国藩	1924.12.29	大连理工大学	土木、水利与建筑

8. 2004年逝世院士名单(5人)

黄耀祥　陈太一　马福邦　许文思　何凤生

附：

已故院士名单(42人)

序　号	姓　名	逝世日期	出生日期	所属学部
1	戚元靖	1995.11.14	1929.04.29	化工、冶金与材料
2	楼之岑	1995.03.23	1920.01.28	医药卫生
3	江绍基	1995.05.16	1919.04.12	医药卫生
4	章基嘉	1995.10.05	1930.01.01	农业、轻纺与环境
5	汪菊渊	1996.01.28	1913.04.11	土木、水利与建筑
6	顾懋祥	1996.05.21	1923.01.25	机械与运载
7	李光博	1996.07.20	1922.06.16	农业、轻纺与环境
8	林　华	1997.03.11	1913.06.24	化工、冶金与材料
9	蒋新松	1997.03.30	1931.08.03	信息与电子
10	佘畯南	1998.07.29	1916.10.06	土木、水利与建筑
11	胡海涛	1998.10.31	1923.10.21	土木、水利与建筑
12	辛德惠	1999.05.27	1931.12.24	农业、轻纺与环境
13	黎　鳌	1999.08.21	1917.05.04	医药卫生
14	戚颖敏	1999.09.28	1929.11.04	能源与矿业
15	吴中伟	2000.02.04	1918.07.20	化工、冶金与材料
16	宋鸿钊	2000.02.17	1915.08.13	医药卫生
17	刘天泉	2000.03.28	1927.11.10	能源与矿业
18	殷　震	2000.07.18	1926.06.28	农业、轻纺与环境
19	陆孝彭	2000.10.16	1920.08.19	机械与运载
20	董建华	2001.01.26	1918.12.17	医药卫生
21	李绍珍(女)	2001.03.14	1932.09.16	医药卫生
22	孙俊人	2001.06.19	1915.11.15	信息与电子

（续表）

序　号	姓　名	逝世日期	出生日期	所属学部
23	于文虎	2001.08.28	1941.12.10	能源与矿业
24	姜泗长	2001.09.09	1913.09.15	医药卫生
25	张　维	2001.10.04	1913.05.22	土木、水利与建筑
26	姚绍福	2001.11.17	1932.10.13	机械与运载
27	许国志	2001.12.15	1919.04.20	信息与电子
28	陈力为	2001.12.26	1917.08.30	信息与电子
29	李鹗鼎	2001.12.30	1918.03.15	土木、水利与建筑
30	张启先	2002.05.25	1925.08.25	机械与运载
31	高鼎三	2002.06.13	1914.07.24	信息与电子
32	黄宗道	2003.04.26	1921.02.03	农业、轻纺与环境
33	梁春广	2003.05.27	1939.02.01	信息与电子
34	王三一	2003.08.05	1929.01.01	土木、水利与建筑
35	林华宝	2003.08.17	1931.05.29	机械与运载
36	莫伯治	2003.09.30	1915.03.02	土木、水利与建筑
37	侯德原	2003.10.17	1912.04.24	信息与电子
38	黄耀祥	2004.02.22	1916.08.17	农业、轻纺与环境
39	陈太一	2004.05.06	1921.12.29	信息与电子
40	马福邦	2004.05.30	1934.07.26	能源与矿业
41	许文思	2004.08.18	1925.03.05	医药卫生
42	何凤生	2004.11.16	1936.06.26	医药卫生

四、全体外籍院士名单(26 名)

序 号	姓 名	国 籍	当选年
1	比施根斯	俄罗斯	1996 年
2	勃劳格	美 国	1996 年
3	克劳夫	美 国	1996 年
4	贝聿铭	美 国	1996 年
5	厉鼎毅	美 国	1996 年
6	不破祐	日 本	1996 年
7	巴丘卡耶夫	俄罗斯	1998 年
8	施 敏	美 国	1998 年
9	萨马桑达兰	美 国	1998 年
10	迈克·盖尔	英 国	1998 年
11	蒂奥莱	法 国	1998 年
12	普赖斯	英 国	2000 年
13	何毓琦	美 国	2000 年
14	邓文中	美 国	2000 年
15	罗依兹曼	美 国	2000 年
16	京特·施普尔	德 国	2001 年
17	托玛斯·贝尔	英 国	2001 年
18	阿道尔夫·罗曼	德 国	2001 年
19	黄煦涛	美 国	2001 年
20	弗斯贝格	瑞 典	2001 年
21	雅克·康	法 国	2001 年
22	吴 瑞	美 国	2001 年
23	乌克布拉托维奇	塞尔维亚和黑山	2003 年
24	藤岛昭	日 本	2003 年
25	梁基谢夫	俄罗斯	2003 年
26	何大一	美 国	2003 年

附：

已故外籍院士名单(3 名)

序　号	姓　名	逝世日期	国　籍	当　选　年
1	李天和	2001.02.04	美　国	2000 年
2	田长霖	2002.10.29	美　国	2000 年
3	哈尔布特	2004.11.06	美　国	1996 年

(以上均由王爱红提供)

五、2004年大事记

一月

1. 2日，经国务院领导批准，钱正英、张光斗院士任三峡枢纽工程质量检查专家组顾问，潘家铮院士任组长，谭靖夷、罗绍基院士任副组长，梁应辰、梁维燕院士为专家组成员。

2. 5日，钱正英院士在京主持召开“科技兴黔”工作中沼气工程和草地畜牧业发展规划等有关情况专题汇报会，听取农业部科技司和草原监理中心等有关情况的介绍。沈国舫副院长、卢良恕院士等有关方面的专家出席汇报会。

3. 5日，党组书记徐匡迪主持召开2004年第1次党组会议。传达中央农村工作会议精神和中央国家机关党的工作会议精神，研究竞聘局级干部有关事项。

4. 5日，我院向国务院呈报《中国航空发动机试验设施建设研究》的咨询报告。

5. 6日，我院向国务院呈报《发展我国大型锻压装备研究》的咨询报告。

6. 6－9日，农业、轻纺与环境学部组织海洋、环境、水产、管理等领域的10名院士和专家对大连海岸改造工程进行环境影响咨询评议。

7. 7日，常平秘书长主持召开机关全体人员会，王淀佐副院长传达《院机关竞聘局级干部情况通报》，常平秘书长传达中央人才工作会议、组织部长会议和人事厅局长会议精神。

8. 9日，机关党委书记常平主持召开机关党委会，总结2003年工作，研究2004年机关党建工作。

9. 10日，化工、冶金与材料学部与包头稀土高新区管委会在北京联合召开2004年座谈会，双方讨论了2004年合作的重点和主要设想，并就有关重点工作达成共识。学部主任周廉等6位院士和中科院有关院士专家参加。

10. 12日，党组书记徐匡迪主持召开第2次党组会。研究局级干部竞聘情况，听取院机关2003年考核工作情况汇报。

11. 12日，京津冀地区院士新春茶话会在京举行，徐匡迪院长致辞，并向到会的12位新当选院士颁发院士证书。

12. 15日，国务委员陈至立在国务院听取我院2003年工作总结和2004年工作要点汇报。王淀佐副院长代表院党组作汇报，全体党组成员出席。

13. 15日，王淀佐副院长会见美国纽约科技大学 Harold Sjursenjiaoshou 教授，探讨纽约科技大学与中国工程科技类高校间的交流及学生交换等合作。

14. 16日，徐匡迪院长主持召开2004年第1次院常务会议。传达我院向国务院领导汇报的会议精神，研究落实有关工作。

15. 16 日,2003 年机关工作总结暨迎新年联欢会在京召开。院机关各部门总结 2003 年工作,表彰先进工作者。

16. 19 日,党组书记徐匡迪主持召开第 3 次党组会。研究竞聘局级干部有关事宜。

二月

17. 2 日,徐匡迪院长主持召开第 2 次院常务会议,通报中国工业经济联合会的有关情况以及综合办公楼建设、下一代网、数字电视等工作的进展情况,研究外事工作。

18. 2 日,党组书记徐匡迪主持召开第 4 次党组会,传达中央有关文件,研究院机关人事工作。

19. 3 日,徐匡迪院长主持召开“润滑优化”座谈会。谢友柏等 9 位院士参加。

20. 4 日,杜祥琬副院长应邀出席中组部、人事部在北京联合召开的“贯彻全国人才会议精神座谈会”,并就加强国防高科技人才队伍建设做重点发言,并刊登在《人民日报》。

21. 10 日,徐匡迪院长主持召开第 3 次院常务会议,研究第七次院士大会学术会议和 2004 年世界工程师大会的有关工作。

22. 11 日,常平秘书长主持召开机关党委扩大会,讨论审议 2003 年机关党委工作总结、2004 年机关党委工作要点。

23. 12 日,王淀佐副院长在京会见台湾工业技术研究院代表团。顾真安院士等参加会见。

24. 12 日,杜祥琬副院长会见来华访问的波兰科学院工程技术学部主任 Wladyslaw Wlosinski 教授。双方交流两院的基本情况,表达加强两院在工程技术领域开展合作与交流的愿望。

25. 13 日,院增选政策委员会召开 2004 年第 1 次会议。总结 2003 年增选工作,研究“专业学科分类”、“高层次工程科技人才”咨询课题等工作。

26. 13－20 日,根据国务院领导的批示,我院组织 14 位院士分两个调研组赴贵州省进行“农村沼气工程”和“草地畜牧业”调研。

27. 16 日,党组书记徐匡迪主持召开第 5 次党组会,学习中央有关文件,听取机关党委工作汇报,研究人事工作等。

28. 17 日,院咨询工作委员会在京召开 2004 年第 1 次工作会议。会议听取 2003 年咨询与学术活动情况汇报和 2004 年咨询与学术活动安排。徐匡迪院长对我院咨询工作的发展提出要求。

29. 18 日,产业工程科技委员会在京召开第 4 次全体委员和团体成员会议,审议通过《中国工程院产业工程科技委员会下属研究会章程》。

30. 20 日,王永志院士荣获 2003 年度国家最高科学技术奖。

31. 20 日,经院机关公开竞聘,任命谢冰玉同志为办公厅副主任;高中琪、李仁涵同志为学部工作局副局长,试用期一年。

32. 20 日,机关党委书记常平主持召开机关党员大会,总结 2003 年机关党委工作,部署 2004 年机关党委工作要点。

33. 20 日,经中央机构编制委员会办公室批准,我院“学部工作部”更名为“学部工作局”;“国际合作部”更名为“国际合作局”;“科技咨询与政策研究室”更名为“政策研究室”。另办公厅综合处(院长办公室)改设综合处和院长办公室两个处室;政策研究室下设调研处、信息宣传处和出版处,取消原咨询调研处和出版宣传处。

34. 23 日,徐匡迪院长主持召开第 4 次院常务会议,研究国家审计署对我院 2003 年的审计报告，研究第七次院士大会和建院十周年纪念活动的有关事项，审议《中国工程院2004年工作要点》等。

35. 24日，徐匡迪院长在钓鱼台国宾馆会见BP集团执行董事Byron Grote博士，双方就世界能源格局、中国能源面临的挑战与对策、BP集团在中国长期投资的战略等问题交换意见。

36. 25日－3月2日，白玉良副秘书长一行访问瑞典、希腊。

37. 26日，王大珩院士从事科研工作66周年暨90岁寿辰座谈会在京举行，杜祥琬副院长应邀出席并讲话。

三月

38. 1日，院党组推荐邬贺铨副院长兼任中国工业经济联合会副会长；常平秘书长兼任工经联副秘书长。

39. 2日，党组副书记王淀佐主持召开第6次党组会，学习温家宝总理在省部级主要领导干部“树立和落实科学发展观”专题研究班上的讲话和国务院第二次廉政工作会议上的讲话。

40. 2日，常平秘书长约请英国、瑞典、芬兰、挪威四国驻华使馆科技参赞，向他们通报世界工程师大会筹备情况。

41. 9日，杜祥琬副院长主持召开“反爆炸、生物、化学、核与辐射恐怖活动的科学技术问题和对策研究”咨询项目工作会议，沈倍奋等4位院士和有关专家以及国家反恐办公室领导和项目办公室工作人员出席会议。

42. 10日，新疆阿勒泰地区领导来我院访问。陈毓川、殷瑞钰院士等有关人员参加。

43. 11日，农业、轻纺与环境学部常委扩大会议在北京召开，会议议题是：讨论学部学科设置；第七次院士大会的有关事宜；通报今年学部的主动咨询项目；光华奖评审。

44. 12日，钱正英院士主持“东北水资源”项目组会议。张光斗、沈国舫、潘家铮等35位院士、专家出席会议，会议研究启动“东北水土资源配置、生态环境建设和可持续发展战略研究”咨询项目。

45. 16日，徐匡迪院长主持召开第5次院常务会议，审议我院2004年外事工作计划，研究第七次院士大会和建院十周年纪念活动的有关安排等。

46. 16日，党组书记徐匡迪主持召开第7次党组会，学习中央领导同志关于科学发展观的讲话，研究有关人事工作，通报有关事项。

47. 16日，我院向国务院呈报《三峡库区水环境安全保障机制及水质控制对策研究》的咨询报告。

48. 16日，我院向国务院呈报《废旧机电产品资源化》的咨询报告。

49. 16－23日，钱正英院士在香港大学举行的第169届学位颁授典礼上被授予香港大学名誉理学博士学位。

50. 18日，常平秘书长主持召开机关党委会。讨论预备党员转正等。

51. 18日，综合办公楼取得建设用地规划许可证（规地字[2004]0042号）。

52. 20－26日，刘德培副院长率我院代表团访问英、法两国，在法国医科院学术会议上作报告，王正国院士代表我院及中国科学院在国际医学组织执委会上申请承办第二届国际医学组织（IAMP）全球大会，并取得成功。

53. 21－26 日，云南省政府邀请云南籍两院院士赴滇考察。

54. 22－26 日，“中国可持续发展油气资源战略研究”专题报告讨论会在京召开，徐匡迪院长出席并讲话。王淀佐副院长、侯祥麟等项目组院士、专家及有关人员近 70 参加了会议。

55. 24－25 日，我院与 APCAEM 共同在北京举办动物饲料生物技术国际研讨会。

56. 26 日，第 26 场工程科技论坛“循环经济与可持续发展报告会”在深圳举行，论坛由沈国舫副院长主持，钱易等 4 位院士以及高等院校、政府部门和相关企业的 160 多人参加。

57. 27 日，王淀佐副院长会见澳门运输公司司长欧文龙一行。

58. 29 日，党组书记徐匡迪主持召开第 8 次党组会。传达中央文件，通报招聘学部工作局局长工作情况，审议处级干部竞聘工作汇报和机关长期聘用人员招聘工作安排意见等。

59. 29 日，徐匡迪院长主持召开第 6 次院常务会议，研究对五矿集团公司的委托咨询，审议关于成立工业研究院所联合研究生学术委员会的建议等。

60. 29 日，袁隆平院士获世界粮食基金会授予的“2004 年度世界粮食奖”。

61. 30 日，沈国舫副院长会见哈萨克斯坦工程院第一副院长 H. K 纳基络夫一行。

62. 31 日，受徐匡迪执行主席的委托，王淀佐副院长主持召开第三届主席团第 9 次会议，学习中央领导同志关于科学发展观的有关论述，审议《中国工程院 2004 年工作要点》，审议第七次院士大会的有关安排，评议中国工程院院徽设计方案。

63. 31 日，钱正英院士主持“东北水资源”项目组与东北四省区水利厅厅长联席会议，通报“东北水资源”项目立项情况，并研究下一步工作计划。

四月

64. 2 日，徐匡迪院长会见法国威立雅 VEOLIA 公司北中国执行董事罗荣汉先生，就先进的水处理、污水处理、中水利用技术进行探讨。

65. 4－5 日，我院与 APCAEM 共同举办的“信息通讯技术在农业及乡镇企业的应用”国际研讨会在京召开。

66. 7 日，徐匡迪院长会见澳大利亚 FMG 公司总裁 Andrew Forrest 先生，就中国未来经济发展及澳大利亚与中国的矿产资源合作等问题广泛交换意见。

67. 14 日，宋健院士、王淀佐副院长会见美国波音公司副总裁兼航空航天系统总经理迈克·莫特先生一行。

68. 4－10 日，应韩国工程院的邀请，方智远、吴明珠院士率团访问韩国，对园艺科研、生产、流通等方面进行考察。

69. 4－15 日，钱正英院士率东北水资源项目组有关院士、专家 30 余人赴黑龙江省、吉林省、辽宁省和内蒙古自治区就“东北水资源配置、生态环境建设和可持续发展战略研究”咨询项目的研究内容、重点问题征询 4 省区领导、有关部门和专家的意见。

70. 6 日，我院重点咨询项目“中国可持续发展油气资源战略研究”油气需求和政策研究成果汇报会在京召开，徐匡迪院长出席会议并听取汇报，会议由项目组长侯祥麟院士主持，邱中建等 8 位院士以及有关专家出席会议。

71. 6 日，中央国家机关工委委员、宣传部长陈祥如一行 4 人对我院党组织“围绕中心、服务大局，发挥保证监督作用”情况进行调研。常平、宋学敏同志分别代表院党组、院机关党委汇报党建工作情况。

72. 8日，钟南山、汤钊猷院士荣获“2004年白求恩医学奖”。

73. 8－11日，由化工、冶金与材料学部等17家单位联合举办的“中日环境材料、循环产业与环境管理研讨会”在苏州举行，师昌绪等4位院士及中日有关专家178人出席。

74. 9日，院党组决定在院机关内部对处级干部进行竞聘上岗。经过竞聘和考察，4位同志调整到处级领导岗位。

75. 11－13日，沈国舫副院长出席在天津召开的“2004海水淡化及利用技术国际研讨会”并在开幕式上致辞。

76. 12日，印发《中国工程院互联网站管理办法（暂行）》。

77. 12－15日，徐匡迪院长率我院“城市化”项目组有关院士、专家赴河南省中原城市群进行实地考察与调研。吴良镛等6位院士以及20余位专家参加调研活动。

78. 14－16日，沈国舫副院长及部分院士和专家考察陕西秦岭植物园，为植物园的建设提出意见和建议。

79. 20日，印发《中国工程院学术著作出版管理办法》。

80. 21，温家宝总理听取我院中长期科技发展规划“制造业发展科技问题研究”专题汇报。徐匡迪院长代表课题组作汇报，柳百成、孙家广、屈贤明等参加汇报会。

81. 21日，国务院南水北调工程建设委员会专家委员会正式成立，我院钱正英、张光斗院士任专家委员会顾问，潘家铮院士任专家委员会主任，郑守仁、陈厚群、钱七虎、谭靖夷、朱伯芳、周镜、曹楚生、葛修润、马洪琪、张超然、陆佑楣、陈志恺、金鉴明、钱易、魏复盛、刘昌明、孙鸿烈等院士和18位相关专家为委员。

82. 22日，我院向国务院呈报《反爆炸、生物、化学、核与辐射恐怖活动的科学技术问题和对策研究》的咨询报告。

83. 23日，党组书记徐匡迪主持召开第9次党组会。讨论党的十六届四中全会征求意见问题，传达中纪委、中组部《关于对党政领导干部在企业兼职进行清理的通知》，机关党委汇报关于机关编制分配情况等。

84. 23日，钱正英院士主持召开“东北水资源”项目综合组扩大会议，40余位院士和专家出席会议。讨论项目立项报告及各课题研究大纲，并讨论修改给国务院的立项报告。

85. 26日，海南省科技顾问委员会在海口市正式成立。沈国舫、袁隆平、李文华、张齐生、徐洵、袁业立、汪燮卿、张寿荣、胡见义、曾恒一、张彦仲等11位院士被聘为科技顾问。

86. 29日，温家宝总理对“东北水资源”项目立项批示：“开展东北地区水土资源和生态环境战略研究很有必要，对于东北老工业基地的振兴和可持续发展具有重要意义”。

87. 29日，徐匡迪院长主持召开第7次院常务会议，听取院士大会暨建院十周年庆祝活动各项筹备工作汇报；审议对国家中长期科技发展规划的咨询工作计划等。

88. 29日，王淀佐副院长在京会见美洲中国工程师学会代表团。

89. 30日，徐匡迪院长率部分院士出席深圳市政府、中国工程院第五次合作委员会全体会议。

五月

90. 1日，常平秘书长调联合国亚太经社会所属农业工程与机械中心任副主任。

91. 8 日,“东北水资源”项目召开综合组会议,由钱正英院士主持,各课题负责人等 40 多位院士、专家出席会议。会议再次讨论立项报告和各课题研究大纲,并研究确定赴东北四省区的综合调研计划和调研重点等。

92. 8 日,工程院首次举办“发展中国家工业化道路”网上论坛,由邬贺铨副院长、刘人怀院士主持,9 月底结束。

93. 10－11 日,产业工程科技委员会薄板连铸连轧技术交流与开发研究会第二次技术交流会在内蒙古包头钢铁公司召开。殷瑞钰等 4 位院士以及从事此项研究和生产的 80 余名代表参加会议。

94. 10－14 日,农业、轻纺与环境学部组织学部常委及海洋、环境领域的 18 位院士赴广西北海、钦州、防城港等沿海地区进行实地考察和相关学术活动。

95. 11 日,上海市人民政府、中国工程院合作委员会第三次会议在上海科学会堂召开,杜祥琬副院长出席会议并讲话。

96. 15－16 日,第 27 场工程科技论坛“现代生物医学暨第六届青岛国际眼科学术研讨会”在青岛举行。谢立信院士主持开幕式,闻玉梅等 4 位院士出席会议并作学术报告,300 余位专家、学者出席会议。

97. 17－19 日,徐匡迪院长主持召开会议,对我国中长期科技发展规划中的 20 个专题进行评审,163 位院士和 107 位专家参加。

98. 17－25 日,沈国舫副院长率我院代表团一行 7 人应俄罗斯建筑科学院的邀请赴俄罗斯访问,并续签两院合作协议备忘录。

99. 18 日,党组书记徐匡迪主持召开第 10 次党组会,研究有关人事工作,通报有关事项。

100. 18 日,徐匡迪院长主持召开第 8 次院常务会议,审议院士大会暨建院十周年庆祝活动各项筹备工作等。

101. 21 日,王淀佐、杜祥琬副院长出席中国工程院建院 10 周年工作人员座谈会。原秘书长葛能全等 12 位来院工作 10 年的同志参加座谈会。

102. 21 日,机关党委请原党组成员、秘书长、机关党委书记葛能全同志给机关全体人员作院史报告。

103. 23－30 日,徐匡迪院长率我院代表团一行 7 人赴挪威参加 CAETS 理事会会议和“全球能源展望”国际研讨会,并对挪威议会和挪威主要工程科技机构进行访问。

104. 25－31 日,钱正英院士率我院“东北水资源”项目组赴辽宁省大连、盘锦、沈阳、抚顺、本溪等地就“东北地区水资源配置、生态环境建设和可持续发展战略研究”项目进行实地调研。30 余位院士、专家参加调研。

105. 26 日,杜祥琬副院长在京会见加拿大国家研究院代理院长 Michael Raymont 一行。

106. 27 日,王淀佐副院长主持召开 2004 年第 1 次院长办公会议,检查院士大会暨建院十周年活动的各项准备工作。

107. 31 日,王淀佐副院长在京会见美国工程院 George Bugliarello 博士。

六月

108. 1 日,徐匡迪执行主席主持召开第三届主席团第 10 次会议,审定第七次院士大会议程,审议各学部常委会换届选举的有关事项。

109. 1 日，邬贺铨副院长会见英国工程院副院长彼德·撒拉加。

110. 1 日，杜祥琬副院长、沈国舫副院长会见参加院庆活动的俄罗斯代表。

111. 2 日，杜祥琬副院长会见参加院庆活动的捷克代表团。

112. 2－5 日，中国工程院第七次院士大会在北京人民大会堂隆重召开。胡锦涛等党和国家领导人出席开幕式并作重要讲话，并在开幕式前接见两院院士并合影。温家宝总理、陈至立国务委员分别在大会上作报告。会议期间，举行建院十周年庆祝活动。徐匡迪院长在院庆大会上作“为了祖国的繁荣，为了社会的发展”的讲话。大会还举行学术报告会并进行各学部常委会的换届选举。

113. 2 日，徐匡迪院长、王淀佐副院长在钓鱼台国宾馆代表中国工程院分别与瑞典皇家工程院、德国弗劳恩霍夫协会、克罗地亚科学艺术院、克罗地亚工程院、泰国亚洲理工大学签署合作协议备忘录。签字仪式后，徐匡迪院长主持主席团晚宴，欢迎出席第七次院士大会的外籍院士和各国工程院代表，共约 80 余位外宾出席。

114. 3 日，温家宝总理在人民大会堂会见来华参加中国工程院第七次院士大会暨中国工程院建院十周年学术活动的 39 位外国来宾。

115. 3－4 日，院士大会举行“工程科技与社会发展”学术报告会，瑞典工程院院长莱娜·托瑞、英国皇家工程院副院长彼得·萨里嘉、美国工程院外务秘书乔治·巴格列瑞洛等 3 位外籍学者和郑健超、钟南山、石元春、李文华、汪成为等 5 位院士作大会报告。

116. 4 日，“光华工程科技奖”颁奖大会在人民大会堂举行。师昌绪院士荣获“光华工程科技奖”成就奖；徐滨士、庄逢甘、龚惠兴、范滇元、陆钟武、邱定蕃、陈毓川、潘家铮、许钟麟、季国标、赵法箴、顾建人、钟南山、刘源张院士荣获科技奖；钟志华、胡伟武、王玉忠、彭苏萍、李建成、陈剑平、付小兵荣获“光华工程科技奖”青年奖。

117. 4 日，《西北水资源配置、生态环境建设与可持续发展战略研究》(1－10 卷)首发式在京举行，钱正英院士出席。

118. 5 日，徐匡迪执行主席主持召开第三届主席团第 11 次会议，审议批准各学部常委会换届选举结果。

119. 5 日，农业、轻纺与环境学部一行 74 位院士参观考察总后军需装备研究所中试基地。

120. 6 日，工程管理学部部分院士赴航天城参观考察。

121. 6－12 日，邬贺铨副院长出访日本，出席网络国际会议。

122. 10－16 日，中组部、工程院等单位组织“院士专家东北行”，朱高峰等 11 位院士、专家分赴黑龙江、吉林进行实地考察。

123. 14 日，党组书记徐匡迪主持召开第 11 次党组会，学习中央有关文件，通报有关事项。

124. 14 日，钱易院士及有关专家赴深圳南山区就“循环经济与可持续发展”做报告。

125. 15－21 日，“东北水资源”项目组赴吉林省白城等 8 个地市进行综合调研。项目组长钱正英院士、副组长沈国舫副院长、石玉林等 11 位院士及各课题组专家 30 余人对蓄水工程、玉米带、污水处理、森工企业、水土保持、农业产业化等工程和项目进行实地考察。

126. 16 日，咨询工作委员会召开第 2 次会议，主要议题是讨论我院组织对国家中长期科技规划专题研究报告征求意见稿的咨询评议意见，审议第二批咨询研究项目的立项等，邬贺铨副院长主持会议。

127. 17 日,邬贺铨副院长主持召开在京资深院士座谈会,征求对"国家中长期科技发展规划战略研究"咨询报告的意见。王大珩、罗沛霖等 14 位院士参加会议。

128. 17 日,徐匡迪院长接受华盛顿邮报采访。

129. 20 日,第 28 场工程科技论坛"摩擦学工程科技论坛——润滑应用技术"在上海举行。来自全国机械、石油、化工、铁道、船舶、电力、军队以及院校、科研等 90 多家单位 180 余位专家参加论坛。

130. 22 日,徐匡迪院长主持召开第 9 次院常务会议,审定中国技术创新有限公司股权划转及隶属关系变更事宜,传达中央保密工作会议精神,审议建立"浙江省院士中心"等事宜。

131. 23-27 日,中组部、工程院等单位组织"院士专家东北行",邬贺铨副院长带队对辽宁省进行考察。

132. 25 日,温家宝总理主持召开会议,听取"中国可持续发展油气资源战略研究"项目汇报。温家宝总理对课题研究成果给予高度评价。徐匡迪院长、王淀佐副院长、杜祥琬副院长、项目负责人侯祥麟等院士、专家参加。

133. 26-28 日,第 29 场工程科技论坛"城市地下空间开发与施工技术论坛暨学术研讨会"在京召开。来自全国各地、海内外的 400 余位专家学者出席会议。

134. 28-30 日,农业、轻纺与环境学部与中国洗涤用品工业协会等单位联合举办的"2004(第八届)国际表面活性剂和洗涤剂会议"在大连市召开。600 多名国内外代表出席会议,围绕"绿色化、经济化、信息化——日化行业与可持续健康发展"的主题,展开互动交流,展示和沟通最新成果。

135. 29 日,杜祥琬副院长主持召开第三届科学道德建设委员会第 4 次会议,讨论投诉信的处理和如何加强我院的科学道德和学风建设。

136. 30 日,侯云德院士代表我院并以 IRGC 科技委员会成员的身份出席在瑞士日内瓦召开的国际风险管理理事会(IRGC)正式挂牌成立大会和 IRGC 科技委员会及第 4 次理事会会议。

七月

137. 1 日,徐匡迪院长主持第 10 次院常务会议,通报向温家宝总理汇报油气资源咨询课题的情况,传达全国依法行政工作会议精神,研究审议我院担任第六届上海工博会组委会成员等事项。

138. 2 日,杜祥琬副院长主持召开第 2 次院长办公会议,专题研究我院的保密工作,调整院保密委员会成员。

139. 2 日,邬贺铨副院长主持召开"中国重大工程成就展暨论坛"组织委员会会议。组委会名誉主席徐匡迪院长出席。

140. 5 日,邬贺铨副院长会见以 Terasaki Akira 先生为团长的日本国家信息通讯技术研究所(NICT)和日本横须贺开发管委会代表团一行。日本驻华使馆一等秘书 Kazuaki Omori 先生等陪同会见。

141. 5-15 日,钱正英院士率"东北地区水资源配置、生态环境建设和可持续发展战略研究"项目组院士、专家赴黑龙江省佳木斯等 9 个地市进行综合调研,10 位院士及各课题组专家 40 余人参加调研。

142. 8 日,受国防科工委委托,师昌绪院士主持召开"军用先进材料技术发展战略研究"课题组第1次会议，正式启动课题研究工作。

143. 13日，党组书记徐匡迪主持召开第12次党组会，传达中央有关文件，研究有关人事工作。

144. 17－21日，沈国舫副院长出席在承德召开的河北省院士联谊会第3次会员会议。

145. 18－23日，我院与中科院共同主办的华人生物学家大会在北京召开，刘德培副院长出席。

146. 19日，土木、水利与建筑学部与水利部水资源司等单位共同主办的大凌河水资源使用权初始分配实施方案咨询会在京召开。沈国舫副院长出席会议并讲话。石玉林等3位院士及有关方面专家50多人参加会议。

147. 20－23日，由化工、冶金与材料学部与多家单位联合主办的"中国（青岛）国际新材料应用与制造技术展览会暨材料科技周"活动在青岛举行。

148. 22日，徐匡迪院长、王淀佐副院长与教育部部长周济、副部长吴启迪进行会谈，商议成立工业研究院所研究生教育学术委员会及加强工程院和教育部的合作等问题。

149. 26日，受国家发改委委托的"高技术产业发展'十一五'专项规划发展重点咨询研究"项目在京召开正式启动会议。王淀佐副院长主持，邬贺铨副院长、中科院李静海副院长和8个课题组正副组长出席会议。

150. 26－28日，应山西省人事厅的邀请，化工、冶金与材料学部主任周廉院士等一行8人赴山西省太原市和阳泉市，对山西省镁和磁材产业进行考察。

151. 29日，院经济适用住房配售组草拟的《中国工程院机关经济适用住房配售工作暂行办法》经三次征求群众意见后定稿印发。

152. 31日－8月1日，医药卫生学部与中国生物医学工程学会联合主办的"中国生物医学工程论坛——科技与产业研讨会"在京召开。俞梦孙院士等50位专家学者出席会议。

八月

153. 4－10日，"中国可持续发展矿产资源战略研究"咨询项目第十三次会议在银川市召开。王淀佐副院长主持会议，陈毓川等12位院士和近40位专家出席。

154. 6日，柳百成院士主持召开"高技术产业发展'十一五'专项发展重点咨询研究"先进制造领域发展重点咨询研究课题组第一次专家会议。钟掘等3位院士及有关专家参加会议。

155. 7－13日，以陈良惠院士为团长的中国工程院代表团就"发展我国白光照明技术及产业的研究"项目对日本进行专项访问。

156. 8－12日，由化工、冶金与材料学部主办的"2004国际稀土研究与应用研讨会"在内蒙古包头市召开。周廉等8位两院院士以及来自国内外稀土产业有关领域近500位代表出席会议。

157. 9日，"航空航天产业领域发展重点"咨询研究课题组召开第一次专家会议。张彦仲等9位院士及有关专家参加会议。

158. 9－11日，我院与中国科协、宁夏回族自治区人民政府联合召开的"第七届中国西部科技进步与经济发展专家论坛学术研讨会"在银川市举行。王淀佐、邬贺铨、杜祥琬副院长出席会议，13位院士作大会特邀学术报告，6位领导向大会作专题报告。26位两院院士和全国近300名科技工作者参加会议。

159. 11－13日，受吉林省政府邀请，国家发改委、中国工程院联合组织吉林"企业技术创新院士行"活动。机械与运载学部和农业、轻纺与环境学部8位院士、13位专家参加这次活动。

160. 17日,徐匡迪院长主持召开第11次院常务会议,通报国家发改委“十一五”高技术产业规划委托咨询研究项目落实情况,审议通过2004年第二批咨询项目等。

161. 17日,党组书记徐匡迪主持召开第13次党组会,讨论修改中央文件征求意见稿,通报有关事项。

162. 17日,白玉良副秘书长会见美国两院院士爱德华·戴维博士。

163. 19日,教育委员会2004年年会在京召开。徐匡迪院长和20多位委员、教育部高教司的领导及有关专家出席会议。

164. 19-20日,我院与国家发改委联合组织的“哈尔滨电站设备集团公司院士行”活动在哈尔滨举行。杨奇逊等6位院士及7位专家参加此次活动。

165. 19-21日,“21世纪公共卫生中日国际研讨会”在安徽合肥市举办。于维汉等院士及来自世界各地100余位专家学者参加会议,王正国院士担任会议名誉主席。

166. 22-26日,我院与国家发改委联合主办的“辽宁镁质材料行业技术创新院士行”活动在辽宁举行。顾真安等8位院士和11位专家参加。

167. 23日,产业工程科技委员会“金属矿产资源综合利用技术开发与交流研究会”成立大会在四川成都召开。

168. 23-26日,我院与国家发改委共同组织开展的“吉化集团公司、吉林石化公司技术创新院士行”活动在吉林省举行。周廉等5位院士、4位专家以及省市有关领导和专家200多人参加活动。

169. 26日,徐匡迪院长会见瑞典皇家理工大学副校长Ramon Wyss教授。双方就工程教育的发展和中外合作办学等问题交换意见。

170. 26日,沈国舫副院长听取优秀留学人员服务团赴新疆开展服务工作的成果汇报。

171. 26-28日,医药卫生学部与哈尔滨医科大学联合举办的“医药工业基地改造药学学术研讨会暨生命科学院士论坛”在哈尔滨召开,刘耕陶等4位院士出席并作主题报告。

172. 27日,“反爆炸、生物、化学、核与辐射恐怖活动的科学技术问题和对策研究”咨询项目工作会议在京召开。项目负责人杜祥琬副院长和沈倍奋院士主持会议。潘自强、陈冀胜、钱七虎等院士和国家反恐办公室领导、专家出席会议。

173. 27日,由医药卫生学部和中国生物医学工程学会联合组织的“中医临床医学工程研讨会”在京召开。俞梦孙院士主持会议并致辞。

174. 27-29日,农林高等教育咨询项目综合组会议在南京召开,张齐生等6位院士及20余位专家出席,会议明确项目研究计划及各专题的研究任务。

175. 28日,为纪念邓小平同志诞辰100周年,机关党委组织党员群众参观《纪念邓小平同志诞辰一百周年书画展》。

176. 28日-9月8日,杜祥琬副院长率我院代表团一行5人赴捷克、波兰、俄罗斯访问,与俄罗斯科学院、俄罗斯科工联签署合作协议。

177. 30日-9月8日,钱正英、沈国舫院士率我院“东北水资源”项目组赴内蒙古东四盟进行综合调研,石玉林等7位院士和各课题组专家40余人参加此次调研。

九月

178. 2 日，院士增选政策委员会“专业学科划分”课题综合组召开会议，沈国舫副院长主持，课题组成员出席会议。会议审定《中国工程院院士增选学部专业划分标准》。

179. 2 日，侯云德院士主持召开“生物与医药产业领域发展重点咨询研究”项目工作交流会，课题组成员参加会议。

180. 3 日，由 CNGI 专家委员会主办的“下一代互联网/IPV6 演进与发展战略研讨会”在京召开，邬贺铨副院长等专家委员会成员出席会议。

181. 5－9 日，化工、冶金与材料学部与山东省科技厅、淄博市人民政府共同举办“第三届新材料技术论坛和院士专家淄博科技行”活动，师昌绪等 40 多位院士、专家出席。

182. 6 日，徐匡迪院长会见瑞典投资署署长暨世界促进投资机构协会主席 Mr. Kai Hammerich，双方就瑞典在科技研发工程技术等方面的国际合作进行交流，以探讨建立中国工程院与瑞典相关学院及研发机构的合作机会。

183. 7 日，土木、水利与建筑学部有关院士与台湾海峡两岸土木交流团举行座谈会。

184. 7－10 日，我院、国家自然科学基金委员会与美国工程教育协会联合主办的“第三届国际工程教育大会”在清华大学召开。陈至立国务委员在中南海会见出席第三届国际工程教育大会的主要中外来宾代表。徐匡迪院长出席开幕式并致辞，中外工程教育学者 350 余人参加会议。

185. 10 日，党组书记徐匡迪主持召开第 14 次党组会，传达中央人才工作协调小组第五次会议精神和全国培养选拔党外干部工作座谈会精神。

186. 10 日，徐匡迪院长主持召开第 12 次院常务会议，传达国务院第 63 次常务会议精神，研究国家知识产权局提出的有关合作事项，审议第 12 次主席团会议议程等。

187. 10－12 日，医药卫生学部顾健人、沈倍奋院士主持召开第 234 次香山科学会议学术讨论会，主题为“抗原表位组学、抗体组学和抗体组药物”。

188. 10－17 日，应浙江省林业厅邀请，沈国舫副院长及林业、环境方面的 8 位院士赴浙江开展“浙江生态建设院士行”活动。

189. 12－18 日，医药卫生学部与中国药学会在广州北海共同主办“2004 年全国生化与生物技术药物学会研讨会”。侯云德等 3 位院士到会并作报告。

190. 13 日，经院党组研究决定，钱左生同志任国际合作局巡视员，主持该局工作。高中琪同志主持学部工作局工作。

191. 14 日，综合办公楼建设规划许可证（[2004]规建字 0318 号）办理完毕。

192. 15 日，党组书记徐匡迪主持召开第 15 次党组会，研究有关人事工作。

193. 19－23 日，第 30 场工程科技论坛“2004 国际生殖生物学与生物技术”（青年科学家论坛）在内蒙古举行。来自日本、美国、澳大利亚、英国和国内的青年科学家共 40 余人参加论坛。

194. 20 日，院士增选政策委员会召开 2004 年第 2 次会议。研究 2005 年院士增选工作，向院主席团会议提出建议。

195. 20－24 日，由化工、冶金与材料学部等单位联办的北京国际镁会议在京举办，师昌绪等院士出席。

196. 21 日，党组书记徐匡迪主持召开第 16 次党组会。学习传达党的十六届四中全会精神。

197. 21 日,第 31 场工程科技论坛“可再生能源发展”在京召开。沈国舫副院长出席论坛开幕式并致辞。10 余位院士和来自国内外的 250 多位专家学者出席会议。

198. 21 – 22 日,中国工程院与济宁市人民政府第三次合作会议在济宁市召开。王淀佐副院长出席会议并讲话,我院 9 位院士、2 位专家参加会议。

199. 22 日,院士增选政策委员会“高层次人才成长规律”研究课题组召开会议,确定工作纲要,调查问卷、工作进度。

200. 22 – 26 日,由我院和联合国亚太经社会、信息产业部、山东省人民政府共同主办的“第二届中国(济南)国际信息技术博览会”在济南召开,邬贺铨副院长出席。

201. 23 日,经院党组研究决定,学部工作局 8 位处级干部进行轮岗;同时调整各专门委员会秘书。

202. 23 – 27 日,由我院和联合国亚太经社会、科技部、山东省人民政府共同主办的“第六届国际果蔬博览会”在烟台市召开。徐匡迪院长、沈国舫副院长出席会议。沈国舫副院长在果蔬博览会农业企业发展战略研讨会上致辞。

203. 26 – 29 日,由化工、冶金与材料学部等联合主办的“国际工业结晶研讨会”在天津举行。

204. 27 日,王淀佐副院长主持召开国家发改委“高技术产业发展‘十一五’专项规划发展重点咨询研究”项目交流会。8 个课题组分别汇报了前一阶段课题研究进展情况,并进行讨论和交流。

205. 29 日,徐匡迪院长兼任中国美国友好协会会长。

206. 29 日,日本早稻田大学授予宋健院士名誉博士。

207. 30 日,邬贺铨副院长主持召开综合办公楼基建评标小组会议。中资、京发、华银等三家公司入选我院工程咨询代理公司。

十月

208. 1 – 9 日,王淀佐副院长率我院代表团赴土耳其参加国际矿物加工大会理事会会议。

209. 8 日,我院确定华银公司为我院综合办公楼工程咨询代理招标公司。

210. 11 日,党组书记徐匡迪主持召开第 17 次党组会。传达中央有关文件;研究选调石立英同志来院工作有关事项;听取机关党委关于支部改选工作的汇报;听取关于招聘工作进展情况的汇报;听取机关党委关于开展保持共产党员先进性教育准备工作情况汇报。

211. 11 日,徐匡迪院长、王淀佐副院长主持召开第 13 次院常务会议,研究审议 2005 年院士增选有关事项。审议矿产资源咨询项目向国务院的汇报材料等。

212. 11 日,徐匡迪院长会见来访的爱尔兰皇家科学院院长、爱尔兰 Chester Beatty 国家图书馆馆长 Michael Ryan 教授一行。爱尔兰驻华大使 Declan Kellecher 先生出席了会见活动。

213. 12 日,温家宝总理主持召开会议,听取我院“中国可持续发展矿产资源战略研究”项目汇报。徐匡迪院长简要介绍项目情况,王淀佐副院长代表项目组作汇报。各专题组负责人、院士、专家等参加会议。

214. 12 日,徐匡迪院长、王淀佐副院长会见来访的美国工程院院士威斯康星大学教授张永山(Austin Y. China)博士。

215. 12 – 24 日,沈国舫副院长代表我院赴美国参加“世界粮食奖”向袁隆平院士颁奖的活动,并赴巴西进行考察。

216. 12 日,“第六届深圳高新技术成果交易会”在新落成的深圳会展中心隆重开幕。我院首次作为主办单位,邬贺铨副院长等 8 位院士出席会议。

217. 13 日,我院和深圳市政府联合主办的“第四届中国青年科技企业家管理论坛”在深圳召开。郭重庆院士主持论坛报告会。

218. 13 - 15 日,办公厅在京召开“《院士通讯》特约通讯员座谈会”。来自全国 18 个省、区、市的 19 位特约通讯员代表参加会议。刘德培副院长、白玉良副秘书长出席开幕式并讲话。

219. 15 日,我院和 APCAEM 在北京共同举办“欠发达地区农业装备和农业机械化发展战略国际论坛”。徐匡迪院长到会祝贺并致开幕词。

220. 15 - 19 日,化工、冶金与材料学部联合主办的“第十二届国际混凝土碱集料反应会议”在京举行。学部副主任汪燮卿院士代表学部在开幕式上致辞。

221. 18 日,土木、水利与建筑学部的 8 位院士在京研讨如何进一步落实科学发展观,搞好奥运建筑等重大项目。

222. 18 日,杜祥琬副院长会见来访的英国伦敦国王学院 Peter D Zimmerman 教授。

223. 18 日,我院再次面向社会招聘机关 16 名干部。《北京青年报》、《科技日报》、《中国人才网》等媒体同时刊登招聘启事。

224. 18 - 20 日,化工、冶金与材料学部与美国矿业勘探学会联合主办的“21 世纪湿法冶金新理论、新技术、新装备、新材料”会议在西安召开,来自世界各国的专家、学者 113 名代表出席会议,何季麟院士代表化工、冶金与材料学部致辞。

225. 22 日,第 32 场工程科技论坛“我国综合交通运输发展战略”在西安交通大学召开。郭重庆等 7 位院士和 200 余位代表出席论坛。

226. 22 日,邬贺铨副院长会见应邀来访的瑞典皇家工程院代表团。

227. 22 - 25 日,应新疆医科大学邀请,王正国等 4 位院士赴新疆出席“新疆重大疾病院士论坛”并做学术报告。会后参观和考察新疆医科大学重点实验室并与各专题领域的科技人员和临床医生进行学术交流。

228. 25 日,徐匡迪院长主持召开第 14 次院常务会议,研究审议《中国工程院院士增选工作实施办法》,审议《中国工程院 2004 - 2006 年度工作纲要》等。

229. 25 日,杜祥琬副院长会见来访的匈牙利工程院院长 Janos Ginsztler 教授一行。双方就工程教育问题交换意见。

230. 26 日,由国家档案局副局长杨公之带队的《档案法》行政执法检查组来我院检查《档案法》执行情况。办公厅宋学敏主任汇报我院档案情况。

231. 26 日,徐匡迪院长会见来访的澳大利亚 BHP Billiton 公司首席执行官 Chip Goodyear 先生率领的代表团,殷瑞钰院士参加会见。

232. 26 - 28 日,于德泉院士应邀赴新疆参加“新疆医药产业发展科技行动战略咨询会”。

233. 26 - 30 日,徐匡迪院长率“我国城市化进程中的可持续发展战略研究”项目组有关院士、专家赴江苏省南京、无锡、苏州等地,就“城市化的可持续发展”问题进行考察调研。

234. 27 日,农业、轻纺与环境学部常委扩大会议在北京召开,主要议题包括:学部主任分工;明年增选有关事宜;讨论明年咨询与学术活动安排;近期工作。

235. 27 - 28 日,王梦恕等 3 位院士出席在洛阳市召开的中铁隧道集团第二届科技大会。就地下空间开发与生态环境效益、城市地下空间开发与控制地表沉降、岩石工程锚固技术的发展等方面作专题报告。

236. 29日，院机关党委组织全体人员学习胡锦涛同志在十六届四中全会上的讲话。

237. 31日，“工程科技与可持续发展国际研讨会”在苏州召开，刘德培副院长主持开幕式，徐匡迪院长和中日韩的12位院士、专家以及国内有关来宾180多人出席研讨会。

十一月

238. 1日，由我院主办的“第八届中日韩（东亚）工程院圆桌会议”在苏州召开。会议期间，三国工程院院长签署“关于工程道德的倡议”。

239. 2日，徐匡迪执行主席在上海主持召开第三届主席团第12次会议，研究审定2005年院士增选的各有关事项，审议通过《中国工程院2004—2006年度工作纲要》，审议通过石立英同志担任中国工程院副秘书长。部分主席团成员出席了2004年世界工程师大会的有关活动。

240. 3－6日，我院与中国科协、上海市政府联合主办的“2004年世界工程师大会”在上海召开。徐匡迪院长主持开幕式，黄菊副总理出席并讲话。

241. 3日，刘德培副院长在上海会见法国工程院副院长 Francois Guinot 教授，共同草签了中国工程院与法兰西工程院合作协议。

242. 3日，杜祥琬副院长在上海会见出席 WEC 会的俄罗斯代表团。

243. 4－6日，“中国重大工程技术成就论坛”在上海图书馆举行。徐匡迪院长出席开幕式并作题为“制造业发展的科技问题”的主旨报告。

244. 4－9日，由我院和上海市科协共同主办的“中国重大工程成就展”，在上海新国际博览中心举行。

245. 6日，吴佑寿等4位院士出席河南广电移动数字电视试播仪式。

246. 7－11日，王淀佐副院长率队开展的“甘肃省技术创新院士行”活动在甘肃省兰州市和白银市举行，8位院士和16位专家参加。

247. 9日，我院向国务院呈报《国家大型工程项目管理问题的调查研究》的咨询报告。

248. 10日，杜庆华、唐希灿、戴尅戎、邱蔚六、郑守仁、王天然、邱竹贤、毛炳权、谢和平9位院士获何梁何利基金奖。

249. 10－11日，徐匡迪院长出席由我院与建设部在昆明共同主办的“国际城市可持续发展市长论坛”。并以“树立科学发展观，促进城市可持续发展”为主题作主旨演讲。

250. 11日，医药卫生学部与山东省医学科学院召开合作会议，赵铠等10位院士出席，双方讨论确定下一步合作事项。

251. 12日，徐匡迪院长赴香港出席香港管理专业协会年会，并以“领导力与成功”为题作演讲。

252. 12－14日，医药卫生学部桑国卫院士带队一行10余人应鲁南制药集团邀请，对其进行考察咨询。

253. 14日，我院面向社会公开招聘机关干部，共有745人报名应聘。经过资格审查，有247人参加综合知识和英文笔试。

254. 15日，徐匡迪院长主持召开第15次院常务会议，审定《中国工程院院士增选工作实施办

法》、《中国工程院2004—2006年度工作纲要》，研究举办“2004年我国工程进展与技术创新”论坛事宜，审议《中国工程院咨询项目管理办法(修订稿)》等。

255. 16日，机关党委常务副书记宋学敏主持召开机关党委会。学习中央文件，审议各支部改选结果，讨论机关党委换届工作。

256. 16日，受国家发改委委托，农业、轻纺与环境学部组织召开“对现代农业高技术产业化专项实施情况进行中期评估”专家组工作启动会。方智远等5位院士出席会议。

257. 16-17日，王淀佐副院长出席在昆明召开的第八届“中俄双边新材料、新工艺研讨会”组委会会议。王淀佐副院长担任中方组委会主席，左铁镛等7位院士任组委会委员。

258. 19日，交通部张春贤部长一行来院参加我院与交通部就《国家大型工程项目管理问题的调查研究》课题召开座谈会。徐匡迪院长、刘德培副院长以及有关负责人和课题组专家40余人出席。

259. 20日，第34场工程科技论坛“网络计算机NC产业化工程科技论坛”在深圳举行。

260. 22日，院基建办组织专家对工程施工、监理队伍进行初选。5家特级、2家一级工程公司入选；4家甲级监理公司入选。

261. 24日，徐匡迪院长会见德国驻华大使史丹泽博士。

262. 24-26日，“东北水资源”项目组在北京召开学术研讨会，研讨各课题的阶段研究报告。

263. 25日，王淀佐副院长会见西澳政府资源环境部副部长Neol Ashscroft先生率领的代表团。

264. 25日，院咨询工作委员会召开第3次会议，主要议题是总结2004年院咨询工作和审议2005年咨询研究项目的立项等。

265. 26日，党组书记徐匡迪主持召开第18次党组会议。传达中央有关文件并讨论贯彻情况，听取机关党委关于各支部改选结果和机关党委换届有关问题的汇报。研究其他有关事项。

266. 26日，党组书记徐匡迪主持召开党组民主生活会。

267. 28-12月3日，由中国工程院、香港工程师学会、香港工程科学院共同主办的“工程管理国际研讨会”在香港召开。工程管理学部郭重庆院士一行11人赴港参会。

268. 28-12月9日，王淀佐副院长率我院代表团一行6人赴澳大利亚、新西兰访问，就矿产资源的开发利用进行考察。

269. 30日，徐匡迪院长会见法中委员会执行主席钱法仁先生。

270. 30日，徐匡迪院长会见瑞典驻华大使雍博瑞先生。

271. 30日，四川两院院士咨询服务中心在成都市高新区正式揭牌。刘德培副院长出席揭牌仪式。

十二月

272. 1日，徐匡迪院长主持召开第16次院常务会议，研究向国家科教领导小组汇报的准备工作及我院与国家开发银行合作事宜；通报上报财政部明年经费预算和明年院士咨询经费的安排；审议院士新春茶话会以及明年院士增选会议的有关安排等。

273. 1-3日，机械与运载学部常委扩大会在福州召开，会议就2005年本学部院士增选工作有关事项及其他方面的工作进行了讨论。

274. 3-10日，院机关对外招聘进行面试。各部门负责人参加了对84位同志进行面试。

275. 6 日,根据《中国工程院章程》有关规定,我院向国务院各有关部委、直属机构、直属事业单位,中国人民解放军四总部,各省、自治区、直辖市人民政府,中国科协发出中国工程院 2005 年"关于提名和遴选中国工程院院士候选人"的通知。

276. 6 日,"三峡库区水污染防治战略研究"咨询项目课题组部分院士,参加并听取国家环保总局和国务院三峡建设委员会办公室的工作汇报。

277. 6 日,印发《中国工程院咨询项目管理办法》。

278. 6 日,沈国舫副院长会见俄罗斯建筑科学院副院长 Travush。

279. 6－9 日,机械与运载学部张彦仲院士一行 13 人应广东顺德科技局邀请,开展机械装备制造业创新院士咨询活动。

280. 7 日,第 33 场工程科技论坛"工程哲学与科学发展观"在京举行,杜祥琬副院长到会致辞,殷瑞钰等 7 位院士及 4 位专家作大会报告。

281. 11－18 日,"三峡库区水污染防治战略研究"咨询项目对成都、重庆等地的长江支流进行实地考察,听取当地政府和环保等部门的汇报,召开专家座谈会。

282. 11－18 日,农业、轻纺与环境学部对"现代农业重大专项"项目实施情况分别到湖南省、四川省、山西省进行实地考察。

283. 13 日,党组书记徐匡迪主持召开第 20 次党组会。传达中央经济工作会议和全国发展改革工作会议精神,听取全国组织部长会议情况的汇报。

284. 13－17 日,沈国舫副院长率团赴越南出席 APCAEM 第三届理事会及技术顾问委员会会议。

285. 15 日,国家发改委副主任张国宝一行就加快振兴装备制造业来我院听取意见。徐匡迪和王淀佐等 12 位院士出席座谈会。

286. 16－18 日,我院与国家航天局、ESCAP 共同主办的"社区电子中心国际研讨会"在昆明召开。

287. 17 日,印发《中国工程院保密规定(修订稿)》。

288. 19 日,邬贺铨副院长在京主持召开"信息化可持续发展战略研究"研讨会。

289. 20－22 日,北京市建委组织我院施工、监理评标、开标工作,最后中国第三建筑集团公司施工中标,精京大坊公司监理中标。

290. 20－23 日,由金甬院士率队开展的"贵州省技术创新院士行"在贵阳市举行,6 位院士和 8 位专家参加。

291. 23 日,党组书记徐匡迪主持召开第 21 次党组会。机关党委汇报推荐机关党委委员候选人有关情况,关于对外招聘机关干部面试情况汇报,通报中央人才工作协调小组第 7 次会议精神等。

292. 23 日,徐匡迪院长主持召开第 17 次院常务会议,主要议题有:审议我院与国家开发银行的合作协议;研究确定 2005 年院士增选工作通报会的安排;审议我院与广西自治区政府共同主办"中国医药产业发展论坛"的事宜;通报我院与中科院共同主办"博鳌科技论坛"的情况;研究五矿集团委托咨询项目向国务院领导汇报事宜等。

293. 23 日,"振兴农业装备制造业与促进农业机械化发展的战略对策研究"咨询项目筹备会在京召开。会议对课题的研究内容、总体设计和人员组成进行研究,形成初步方案。

294. 24日,杜祥琬副院长主持召开第三届科学道德建设委员会第5次会议,讨论中科院“我国科学道德与学风问题基本分析和建议”的报告,研究投诉信处理等有关问题。

295. 25-26日,我院与国家自然科学基金委员会共同举办的“摩擦学科学与工程前沿研讨会”在京举行。谢友柏等多位院士及100多位专家出席会议。

296. 26日,由我院和中国科协等单位共同主办的“朱光亚院士科技思想座谈会暨朱光亚星命名仪式”在人民大会堂举行。温家宝总理出席。徐匡迪院长在会上发言。

297. 30日,我院英文网页正式开通。

298. 30日,国务委员陈至立在国务院听取我院2004年工作总结和2005年工作要点汇报。王淀佐副院长代表院党组作汇报,全体党组成员出席。

299. 本年度黄耀祥、陈太一、马福邦、许文思、何凤生院士分别在2月、5月、8月、11月不幸逝世。

(刘　畅　肖　芬提供)